国家社科基金
后期资助项目

唐代公主的日常
生活考论

On the Everyday Life of
the Princesses in Tang Dynasty

李娜 著

陕西新华出版
陕西人民出版社

图书在版编目（CIP）数据

唐代公主的日常生活考论／李娜著. —西安：陕西人民出版社，2023.12

ISBN 978-7-224-14990-6

Ⅰ.①唐… Ⅱ.①李… Ⅲ.①贵族—女性—生活状况—研究—中国—唐代 Ⅳ.①D691.968

中国国家版本馆 CIP 数据核字（2023）第 130444 号

责任编辑：晏 藜 张 现
封面设计：蒲梦雅

唐代公主的日常生活考论
TANGDAI GONGZHU DE RICHANG SHENGHUO KAOLUN

作　者	李　娜
出版发行	陕西人民出版社
	（西安市北大街 147 号　邮编：710003）
印　刷	陕西隆昌印刷有限公司
开　本	787 毫米×1092 毫米　1/16
印　张	39.75
插　页	25
字　数	680 千字
版　次	2023 年 12 月第 1 版
印　次	2024 年 7 月第 2 次印刷
印　数	1001—3000
书　号	ISBN 978-7-224-14990-6
定　价	98.00 元

如有印装质量问题，请与本社联系调换。电话：029-87205094

彩图 1　新城公主墓室第四过洞东壁北幅、第五过洞东壁中幅捧书画轴侍女
（图片来源：《唐新城长公主墓发掘报告》①）

彩图 2　传金仙公主增修云居寺建五峰之塔
（图片来源：《房山古塔》②）

---

① 陕西考古所、陕西历史博物馆、礼泉县昭陵博物馆：《唐新城长公主墓发掘报告》，科学出版社 2004 年版，彩版。
② 赵佳琛：《房山古塔》，北京联合出版公司 2015 年版，第 36 页。

彩图3　宋仁宗曹皇后、宋徽宗皇后像

（图片来源：《南薰殿历代帝后图像》①）

彩图4　新城公主墓出土小玉佩

（图片来源：《唐新城长公主墓发掘报告》彩版七）

彩图5　永泰公主墓出土大、小蝙蝠形玉佩、玉带銙表框

（图片来源：《玲珑剔透——陕西古代玉器》②）

彩图6　西周晋穆侯次夫人墓出土玉组佩

（图片来源：《文史月刊》③）

---

① 林莉娜：《南薰殿历代帝后图像》上册，台北故宫博物院2020年版，第90、126页。
② 杨岐黄：《玲珑剔透——陕西古代玉器》，陕西人民出版社2016年版，第238页。
③ 《文史月刊》2015年第7期，封底。

彩图 7　永泰公主墓出土玉偏心孔环、玉璜
（图片来源：《玲珑剔透——陕西古代玉器》，第 238 页）

彩图 8　唐李倕墓出土玉佩
（图片来源：《唐李倕墓发掘简报》①）

彩图 9　唐宗女李倕大带、裙腰佩饰
（图片来源：《唐李倕墓发掘简报》，第 18 页）

---

① 陕西省考古研究院：《唐李倕墓发掘简报》，《考古与文物》2015 年第 6 期，第 11 页。

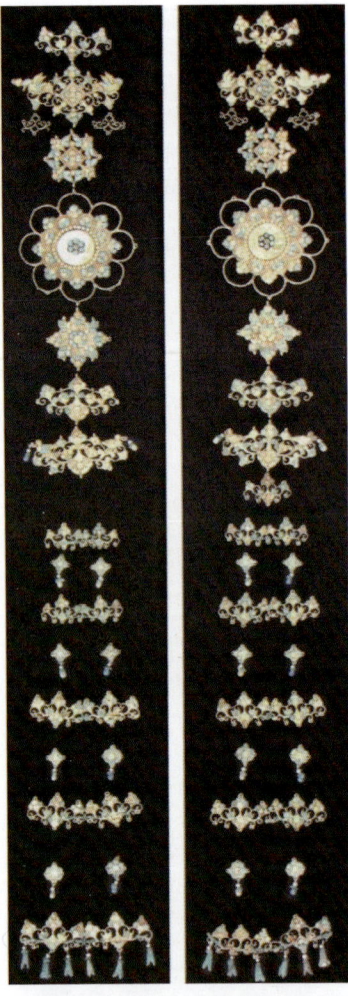

彩图10　唐宗女李倕裙腰下身佩饰
（图片来源：《唐李倕墓发掘简报》，第19页）

彩图11　新城公主墓出土金箔、小绿松石片
（图片来源：《唐新城长公主墓发掘报告》彩版七）

彩图12　新城公主墓出土坠玉、水晶鸡心饰
（图片来源：《唐新城长公主墓发掘报告》彩版七）

彩图13　新城公主墓出土铜片饰、丝及珠
（图片来源：《唐新城长公主墓发掘报告》彩版七）

彩图 14　扬州博物馆展复原萧后冠、十三朵花树细节
（图片来源：《从花树冠到凤冠——隋唐至明代后妃命妇冠饰源流考》[1]）

彩图 15　新城公主墓鎏金铜花钿、六瓣形铜钿
（图片来源：《唐新城长公主墓发掘报告》彩版七）

彩图 16　萧后花树冠花钿
（图片来源：《从花树冠到凤冠——隋唐至明代后妃命妇冠饰源流考》，第 20 页）

彩图 17　复原的盛唐宗女李倕墓出土的凤鸟形冠
（图片来源：《唐李倕墓发掘简报》，第 13 页）

---

[1] 杨眉剑舞（陈诗宇）：《从花树冠到凤冠——隋唐至明代后妃命妇冠饰源流考》，《艺术设计研究》2017 年第 1 期，第 20 页。

彩图 18　永泰公主墓室前室东壁南侧宫女
（图片来源：《新城、房陵、永泰公主墓壁画》[①]）

彩图 19　永泰公主墓室壁画侍女服饰
（图片来源：《大唐壁画》[②]）

---

① 陕西历史博物馆：《新城、房陵、永泰公主墓壁画》，文物出版社 2007 年版，图版四八，第 63 页。
② 李国珍：《大唐壁画》，陕西旅游出版社 1996 年版，第 16 页。

彩图20　宋徽宗摹张萱《捣练图》真迹局部
（图片来源：《（珍藏中国）帝王巨观：波士顿的87件中国艺术品》①）

彩图21　曾侯乙墓内棺漆画、海昏侯墓漆盒上的羽人图像
（图片来源：《海昏侯墓所见"羽人"考》②）

---

① ［日］木下弘美：《（珍藏中国）帝王巨观：波士顿的87件中国艺术品》，上海书画出版社2018年版，第122页。
② 宋艳萍：《海昏侯墓所见"羽人"考》，《南方文物》2018年第4期，第160页。其海昏侯墓羽人引自王金中：《精美绝伦：海昏侯墓中的吉祥纹饰》，《光明网》2017年3月14日。

彩图 22 日本正仓院藏鸟毛立女屏风
（图片来源：日本正仓院官网）

彩图 23 新城公主墓室北壁东幅着窄袖襦露胸衣侍女
（图片来源：《新城、房陵、永泰公主墓壁画》
图版二三，第37、73页）

彩图 24　新城公主墓室北壁西幅、西壁北幅侍女
（图片来源：《新城、房陵、永泰公主墓壁画》图版二三、二四，第 38、39 页）

彩图 25　新城公主墓室西壁中幅、西壁南幅侍女
（图片来源：《新城、房陵、永泰公主墓壁画》图版二五、二六，第 40、41 页）

彩图26　房陵公主墓室前室南壁、后甬道西壁侍女
（图片来源：《新城、房陵、永泰公主墓壁画》图版四一、四三，第56、58页）

彩图27　三彩骑马女俑
（永泰公主墓出土，图片来源：《中华国宝：陕西珍贵文物集成·唐三彩卷》①）

---

① 李炳武、陈安利：《中华国宝：陕西珍贵文物集成·唐三彩卷》，陕西人民教育出版社1998年版，第141页。

彩图 28 新城公主墓室第二过洞西壁中幅、前室西壁持扇侍女与男装侍女
（图片来源：《新城、房陵、永泰公主墓壁画》图版三、三九，第 18、54 页）

彩图 29 房陵公主墓前甬道西壁、后室北壁着波斯裤男装侍女
（图片来源：《新城、房陵、永泰公主墓壁画》图版三一、四六，第 46、61 页）

彩图30　新城公主墓室第四过洞西壁北幅秉烛着波斯裤男装侍女
（图片来源：《新城、房陵、永泰公主墓壁画》图版一〇、图片说明，第25、72页）

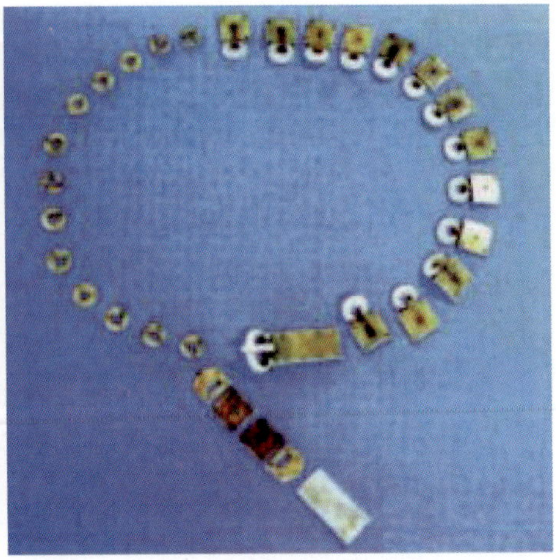

彩图31　江苏扬州隋炀帝墓出土十三环带
（图片来源：《古代中国服饰时尚100例》[①]）

彩图32　何家村出土九环玉带、唐窦皦墓出土玉梁金筐宝钿珍珠装玉环带
（图片来源：《玲珑剔透——陕西古代玉器》第251、253页[②]）

彩图33　何家村出土白玉伎乐人纹、白玉狮纹带銙
（图片来源：《中国玉器全集：秦汉—明清》[③]）

[①] 冯盈之、余赠振：《古代中国服饰时尚100例》，浙江大学出版社2016年版，第90页。
[②] 论著将图左定名九环蹀躞玉带者，更名九环玉带，将图右定名玉梁金筐宝钿真珠装蹀躞带者，更名玉梁金筐宝钿真珠装玉环带（陕西省考古研究所藏）。
[③] 杨伯达主编，卢兆荫卷，敦竹堂等图版摄影：《中国玉器全集：秦汉—明清》（中册），河北美术出版社2005年版，第423页。

彩图 34 何家村出土斑玉带、白玉有孔带
（图片来源：《玲珑剔透——陕西古代玉器》，第 253、254 页）

彩图 35 唐狩猎纹金钿鞢带
（图片来源：《内蒙古珍宝：金银器》[①]）

彩图 36 永泰公主墓出土系钿鞢带、鞶囊捧盒、执胡瓶男装侍女俑
（图片来源：《中华历代服饰泥塑》[②]）

---

① 高延青：《内蒙古珍宝：金银器》，内蒙古大学出版社 2007 年版，第 94 页。
① 李之檀、季元：《中华历代服饰泥塑》，文化艺术出版社 2015 年版，第 77 页。

彩图 40　《挥扇仕女图》中梳抛家髻仕女
（图片来源：《中国设计全集》[①]）

彩图 41　榆林窟戴凤鸟、花钿发饰贴绿色花子翠钿五代女供养人
（图片来源：《中国设计全集》卷八《服饰类编容妆篇》，第 186 页）

彩图 42　翠羽簪
（图片来源：《珠光翠影：中国首饰史话》[②]）

[①] 许星、廖军：《中国设计全集》卷八《服饰类编容妆篇》，商务印书馆 2012 年版。
[②] 王苗：《珠光翠影：中国首饰史话》，金城出版社 2012 年版，第 252 页。

彩图 47　新城公主墓室第三过洞东壁南幅、第四过洞东壁北幅侍女
（左图左侍女梳双刀半翻髻，左图右与右图侍女梳单刀半翻髻。图片来源：《新城、房陵、永泰公主墓壁画》图版七、九、图版说明，第22、24、71、72页）

彩图 48　新城公主墓室第五过洞东壁南幅、西壁北幅侍女
（左图左侍女梳单刀半翻髻，右梳双刀髻，右图两侍女均梳单刀半翻髻。图片来源：《新城、房陵、永泰公主墓壁画》图版一一、一四、图版说明，第26、29、72页）

彩图 49 新城公主墓南壁北幅梳双刀半翻髻、东壁北幅簪珠花宝树侍女
（图片来源：《新城、房陵、永泰公主墓壁画》图版二七、二一、图版说明，第42、36、74页）

彩图 50 新城公主墓室甬道东壁中幅、墓室东壁中幅侍女
（图片来源：左图见《新城、房陵、永泰公主墓壁画》图版一七、图版说明，第32、72—73页，右图自《神韵与辉煌：陕西历史博物馆国宝鉴赏（唐墓壁画卷）》，第60页）

彩图51　永泰公主墓梳胡髻三彩女立俑
（现藏陕西历史博物馆。图片来源：《中华国宝：陕西珍贵文物集成·唐三彩卷》，第112页）

彩图52　唐鎏金菊花纹银钗、鎏金蔓草蝴蝶纹银钗
（图片来源：上图自《〈陕西历史博物馆珍藏〉金银器》[1]，下图自陕西历史博物馆官网）

---

[1] 申秦雁：《〈陕西历史博物馆珍藏〉金银器》，陕西人民美术出版社2003年版，第116页。

彩图 53 《簪花仕女图》
（图片来源：《中国美术全集·绘画编二·隋唐五代绘画》①）

彩图 54 《簪花仕女图》局部：簪海棠花仕女、簪荷花仕女
（图片来源：《中国历代绘画鉴赏》②）

---

① 中国美术全集编委会编：《中国美术全集·绘画编二·隋唐五代绘画》，人民美术出版社 1984 年版，第 59 页。
② 赵启斌主编：《中国历代绘画鉴赏》，商务印书馆国际有限公司 2013 年版，第 164、165 页。

彩图 55 《簪花仕女图》局部：簪芍药花（一说牡丹花）仕女
（图片来源：《中国历代绘画鉴赏》，第 166 页）

彩图 56 唐宗女李倕墓出土小螺钿镜（宝相花纹）、大螺钿镜
（图片来源：《唐李倕墓发掘简报》）

彩图57　唐宗女李倕墓出土银背海兽葡萄镜

（图片来源：《唐李倕墓发掘简报》）

彩图58　传晋顾恺之《女史箴图》镜台

（图片来源：《古物的声音：古人的生活日常与文化》[①]）

彩图59　房陵公主墓前室东壁南侧、后甬道东壁晕染胭脂侍女

（图片来源：《新城、房陵、永泰公主墓壁画》图版三三、四二、图版说明，第48、57、74、75页。）

---

① 原载《文物天地》1994年第6期，后收入《逝去的风韵》第9—12页，又收入杨泓：《古物的声音：古人的生活日常与文化》，商务印书馆2018年版，第174页。

彩图 60　房陵公主墓后室东壁、永泰公主墓前室北壁捧盝顶盒侍女
（图片来源：《新城、房陵、永泰公主墓壁画》图版四五、五五，图版说明，第 59、70、76、77 页）

彩图 61　敦煌莫高窟第 98 窟饰花钿供养人
（图片来源：《中国敦煌壁画全集九·五代宋》[①]）

---

① 段文杰、樊锦诗：《中国敦煌壁画全集九·五代宋》，天津人民美术出版社 2006 年版，第 23 页。

彩图 62　唐《宫乐图》
（图片来源：《服饰中华——中华服饰七千年》①）

彩图 64　鎏金蔓草纹银羽觞
（图片来源：陕西历史博物馆官网②）

彩图 63　新城公主墓出土青釉深腹瓷缸
（图片来源：《唐新城长公主墓发掘报告》
彩版六）

彩图 65　唐镶金兽首玛瑙杯
（图片来源：陕西历史博物馆官网③）

彩图 66　唐代金筐宝钿团花纹金杯
（图片来源：陕西历史博物馆官网④）

---

① 黄能福、陈娟娟、黄钢：《服饰中华—中华服饰七千年》卷二，清华大学出版社 2011 年版，第 73 页。
②③④ 陕西西安何家村窖藏出土。

彩图 67 房陵公主墓前室东壁南侧侍女

（图片来源：《新城、房陵、永泰公主墓壁画》图版三四，第48页）

彩图 68 房陵公主墓后室北壁拿高足杯、胡瓶侍女

（图片来源：《新城、房陵、永泰公主墓壁画》图版四四，第59页）

彩图 69 汉代银卮

（图片来源：《饮食器具考》①）

彩图 70 唐宗女李倕墓出土三足白釉瓷铛

（图片来源：《典雅静谧：唐代李倕公主墓出土文物精品》②，按：李倕应是宗室女，非公主，标题有误）

---

① 李春祥：《饮食器具考》，知识产权出版社2006年版，第147页。
② 刘铁：《典雅静谧：唐代李倕公主墓出土文物精品》，《收藏》2018年第11期，第116页。

彩图 71　双狮纹金铛
（图片来源：陕西历史博物馆官网）

彩图 72　唐宗女李倕墓出土铜缶
（图片来源：《典雅静谧：唐代李倕公主墓出土文物精品》，第 115 页，按：李倕是唐宗室女，非公主，标题有误）

彩图73 房陵公主墓前室西壁持多曲盘
侍女
（图片来源：《新城、房陵、永泰公主墓壁画》
图版四〇、图版说明，第55、75页）

彩图74 永泰公主墓出土三彩盘
（现藏陕西历史博物馆。图片来源：《中华国宝：
陕西珍贵文物集成·唐三彩卷》，第4页）

彩图75 新城公主墓室第三过洞东壁
中幅、第五过洞西壁南幅捧
果盘、深盘侍女
（图片来源：《神韵与辉煌：陕西历史博
物馆国宝鉴赏（唐墓壁画卷）》，第53页；
《唐新城长公主墓发掘报告》彩版一四）

---

① 《陕西历史博物馆国宝鉴赏（唐墓壁画卷）》，第53页。《新城、房陵、永泰公主墓壁画》图版六、图版说明，第21、71页。

彩图 76 永泰公主墓室壁画捧葡萄果盘侍女
（图片来源：《大唐壁画》，第 16 页）

彩图 78 房陵公主墓前室东壁持食案侍女
［图片来源：《神韵与辉煌：陕西历史博物馆国宝鉴赏（唐墓壁画卷）》，第 81 页］

彩图 77 唐宗女李倕墓出土铜盘
（图片来源：《唐李倕墓发掘简报》，《考古文物》2015 年第 6 期，第 9 页）

彩图 79 唐代鸳鸯莲瓣纹金碗
（陕西西安何家村出土，图片来源：陕西历史博物馆官网）

彩图 80　唐宗女李倕墓出土银碗
（图片来源：《典雅静谧：唐代李倕公主墓出土文物精品》，第 115 页。按：标题李倕公主有误，应为宗室女）

彩图 81　鎏金折枝花纹银盖碗
（图片来源：陕西历史博物馆官网）

彩图 82　唐永泰公主墓出土三彩碗
（图片来源：《中华国宝：陕西珍贵文物集成·唐三彩卷》，第 4 页）

彩图 83　唐永泰公主墓出土绿釉碗
（图片来源：《永泰公主与永泰公主墓》[①]）

彩图 84　唐宗女李倕墓出土铜碗
（图片来源：《唐李倕墓发掘简报》，第 9 页）

彩图 85　房陵公主墓前室西壁捧小瓶侍女
（图片来源：《新城、房陵、永泰公主墓壁画》图版三九，第 54 页）

---

① 拜根兴、樊英峰：《永泰公主与永泰公主墓》，三秦出版社 2004 年版，彩版。

彩图 86　新城公主墓出土青釉细颈瓷瓶
（图片来源：《唐新城长公主墓发掘报告》彩版六）

彩图 87　唐宗女李倕墓出土瑞禽花卉纹三足银壶
（图片来源：《唐李倕墓发掘简报（中）》，《考古与文物》2015 年第 6 期封二）

彩图 88　唐宗女李倕墓出土铜提梁罐、双系白瓷罐
（图片来源：《典雅静谧：唐代李倕公主墓出土文物精品》，第 115、116 页
按：李倕非公主，为宗室女，标题有误）

彩图89 唐宗女李倕墓出土塔式罐、铜提梁罐
[图片来源：《唐李倕墓发掘简报》（中），《考古与文物》2015年第6期封三]

彩图90 长乐公主墓室壁画《甲胄仪仗图》摹本
（图片来源：《中国出土壁画全集》[①]）

---

① 徐光冀：《中国出土壁画全集六·陕西上》，科学出版社2011年版，第160页。

彩图 91　长乐公主墓室壁画《战袍仪卫图》
（图片来源：《丝路画语：唐墓壁画中的丝路文化》①）

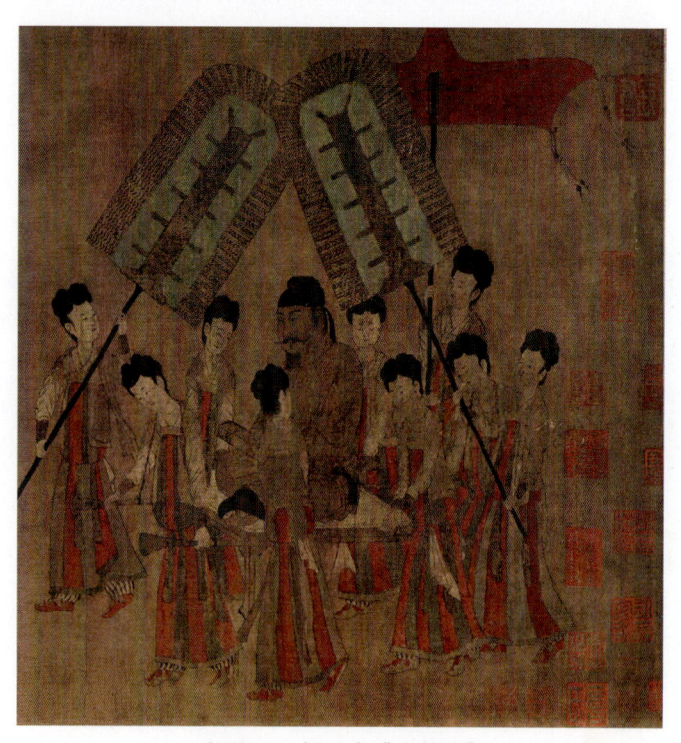

彩图 92　阎立本《步辇图》
（图片来源：《中国历代绘画》②）

① 程旭：《丝路画语：唐墓壁画中的丝路文化》，陕西人民出版社 2016 年版，第 176 页。
② 故宫博物院藏画集编辑委员会：《中国历代绘画：故宫博物院藏画集·东晋隋唐五代部分》，人民美术出版社 1978 年版，第 36 页。

彩图 93　永泰公主墓出土三彩仰头马和低头马俑
（现藏陕西历史博物馆。图片来源：《中华国宝：陕西珍贵文物集成·唐三彩卷》，第 179 页）

彩图 94　新城公主墓室墓道东壁《牵马图》
（图片来源：《新城、房陵、永泰公主墓壁画》图版一、图版说明，第 16、71 页）

彩图 95　新城公主墓出土方形、花瓣形、圭形、三叶形铜片饰
（图片来源：《唐新城长公主墓发掘报告》彩版六）

彩图 96　新城公主墓出土鎏金铜马镳、铜马镫
（图片来源：《唐新城长公主墓发掘报告》彩版六）

彩图 97 新城公主墓出土 A 型男骑俑、A 型女骑俑
（图片来源：《唐新城长公主墓发掘报告》彩版四）

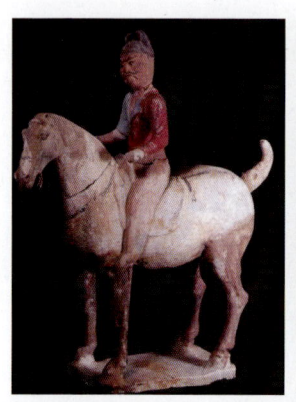

彩图 98 新城公主墓出土 B 型男骑俑、B 型女骑俑
（图片来源：《唐新城长公主墓发掘报告》彩版四、五）

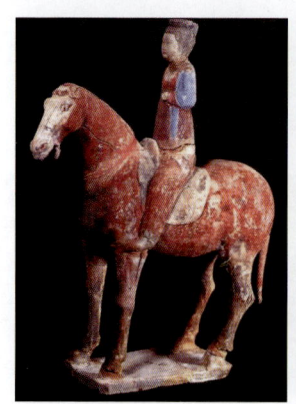

彩图 99 新城公主墓出土 B 型、C 型女骑俑
（图片来源：《唐新城长公主墓发掘报告》彩版五）

彩图 100　永泰公主墓室东壁《牵马胡人图》
（图片来源：《新城、房陵、永泰公主墓壁画》，第 62 页）

彩图 101　永泰公主墓出土三彩牵马胡人俑
（现藏陕西历史博物馆。图片来源：《中华国宝：陕西珍贵文物集成·唐三彩卷》，第 156 页）

彩图 102　新城公主墓室墓道东壁《檐子图》
（图片来源：《新城、房陵、永泰公主墓壁画》，第 17 页）

彩图 103　长乐公主墓室壁画《云中车马图》及其人物细节
（图片来源：《古壁丹青：唐墓壁画集》①）

彩图 104　唐懿德太子墓室壁画阙楼、长乐公主墓室第一天井北壁《门阙图》
（图片来源：左图自陕西历史博物馆官网，右图自《古壁丹青：唐墓壁画集》，第 26 页）

彩图 105　李昭道《龙舟竞渡图》
（图片来源：《如鸟斯革 如翚斯飞——古画中的亭台楼阁》②）

彩图 106　白练鸟
（白色绶带鸟、寿带鸟。
图片来源：《鸟类图鉴》③）

---

① 昭陵博物馆等：《古壁丹青：唐墓壁画集》，文物出版社 2023 年版，第 12 页。
② 乘方：Artlib 线上展览《如鸟斯革 如翚斯飞——古画中的亭台楼阁》，弘雅书房微信公众号，2020 年 9 月 18 日。
③ 赵欣如、赵碧清主编，央美阳光绘：《鸟类图鉴》，青岛出版社 2019 年版，第 384 页。

彩图107　淮南大长公主墓室后甬道西壁《云鹤图》

（图片来源：《神韵与辉煌：陕西历史博物馆国宝鉴赏（唐墓壁画卷）》，第101页）

彩图108　传李思训《宫苑图》局部

（图片来源：《〈中国山水画通鉴十一〉界画楼阁》①）

彩图109　南宋佚名摹《九成避暑图》

（故宫博物院藏，图片来源：《晋唐两宋绘画：山水楼阁》②）

彩图110　李嵩《高阁焚香图》《汉宫乞巧图》

（图片来源：《大宋楼台——图说宋人建筑》③）

---

① 卢辅圣主编，彭莱文：《〈中国山水画通鉴十一〉界画楼阁》，上海书画出版社2006年版，第25页。
② 金卫东主编，胡锤、马志军摄影：《晋唐两宋绘画：山水楼阁》，上海科技出版社、商务印书馆（香港）有限公司2004年版，第231页。
③ 傅伯星：《大宋楼台——图说宋人建筑》，上海古籍出版社微信公众号，2020年6月23日。

彩图 111　永泰公主墓前室西壁南侧捧烛台宫女
（图片来源：《新城、房陵、永泰公主墓壁画》图版五四、图版说明，第 69、77 页）

彩图 112　莫高窟中唐 159 窟西龛、五代 146 窟北壁灯轮图
（图片来源：《敦煌家具图式》①）

---

① 邵晓峰：《敦煌家具图式》，东南大学出版社 2018 年版，第 401、404 页。

彩图 113　绿地对羊对鸟灯树文锦、彩绘木连枝灯
（新疆维吾尔自治区博物馆藏、甘肃文物考古研究所藏，图片来源：左图自《异宝西来：考古发现的丝绸之路舶来品研究》[1]，右图自《武威文物精品图集》[2]）

彩图 114　战国十五盏连枝灯、东汉洛阳七里河十三枝陶灯
（图片来源：左图自《火树银花树形灯》[3]，右图自《中国设计史》[4]）

---

[1] 葛嶷、齐东方：《异宝西来：考古发现的丝绸之路舶来品研究》，上海古籍出版社 2017 年版，第 185 页。
[2] 唐祜：《武威文物精品图集》，读者出版社 2019 年版，第 65 页。
[3] 李智瑛：《火树银花树形灯》，《收藏家》2009 年第 7 期。
[4] 高丰：《中国设计史》，广西美术出版社 2004 年版，第 115 页。

彩图 115　莫高窟 220 窟北壁药师经变乐舞图的灯楼、433 窟隋代药师经变佛两侧的灯轮

(图片来源：《一幅珍贵的唐长安夜间乐舞图——以莫高窟第 220 窟药师经变乐舞图中灯为中心的解读》[①])

---

① 沙武田：《一幅珍贵的唐长安夜间乐舞图——以莫高窟第 220 窟药师经变乐舞图中灯为中心的解读》，《敦煌研究》2015 年第 5 期，第 36 页。

彩图 116　东晋顾恺之《列女图卷》
（图片来源：《中国历代绘画·故宫博物院藏画集·东晋隋唐五代》[①]）

彩图 117　唐鎏金卧龟莲花纹、双凤纹五足朵带银炉与炉台
（图片来源：《石破天惊的盛世佛光：法门寺博物馆》[②]）

彩图 118　鎏金镂空缠枝纹银香囊（球、炉）
（图片来源：陕西历史博物馆官网）

彩图 119　日本正仓院藏紫檀金钿柄立狮子香炉细节
（图片来源：《正仓院考古记》[③]）

彩图 120　李嵩《水殿招凉图》
（图片来源：《大宋楼台——图说宋人建筑》）

[①] 故宫博物院藏画集编辑委员会：《中国历代绘画·故宫博物院藏画集·东晋隋唐五代》，人民美术出版社1978年版，第22页。
[②] 李炳武：《石破天惊的盛世佛光：法门寺博物馆》，西安出版社2018年版，第171页。
[③] 傅芸子：《正仓院考古记》，上海书画出版社2014年版，第116页。

彩图 121　日本正仓院藏螺钿
　　　　　紫檀琵琶全貌图、细节图
　　（图片来源：正仓院官网）

彩图 122　日本正仓院藏螺钿
　　　　　紫檀五弦琵琶正面、
　　　　　背面图
　　（图片来源：正仓院官网）

44

彩图 123　日本正仓院藏螺钿紫檀阮咸正面、背面图
（图片来源：正仓院官网）

彩图 124 《韩熙载夜宴图》
(图片来源:《画史上的名作(中国卷)》[①])

---

① 冯骥才著:《画史上的名作(中国卷)》,文化艺术出版社 2016 年版,第 45—47 页。

彩图 125　佚名《明皇击毬图》
（图片来源：《故宫画谱·牛马》①）

彩图 126　佚名《明皇击毬图》贵妃与其他妃嫔细节图
（图片来源：《故宫画谱·牛马》，第 203、209 页）

---

① 故宫博物院编：《故宫画谱·牛马》，故宫出版社 2018 年版，第 108—201 页。

彩图 127　章怀太子李贤墓《打马毬》壁画
（图片来源：《从唐墓壁画看丝路文明》①）

彩图 128　唐彩绘打马毬女俑、唐骑马打毬女俑
图片来源：《中国国家博物馆藏文物研究丛书陶俑卷》②）

彩图 129　唐打马毬女俑
[法国吉美国立东方美术馆藏。图片来源：《海外藏中国历代雕塑（中）》③]

---

① 程旭：《从唐墓壁画看丝路文明》，文明杂志微信公众号，2017年3月9日。
② 中国国家博物馆：《中国国家博物馆馆藏文物研究丛书陶俑卷》，上海古籍出版社2015年版，第317页。
③ 林树中：《海外藏中国历代雕塑（中）》，江西美术出版社2006年版，第484页。

彩图 130　唐章怀太子墓室东道《狩猎图》
（图片来源：《从唐墓壁画看丝路文明》）

彩图 131　永泰公主墓骑马狩猎俑、骑马驾鹰狩猎俑
（图片来源：《中华国宝：陕西珍贵文物集成·唐三彩卷》，第 163、165 页）

彩图 132　永泰公主墓胡人带犬狩猎俑、胡人斗豹俑
（图片来源：左图自《唐代狩猎俑中的胡人猎师形象研究》，右图自《丝绸之路鼎盛时期的唐代帝陵》①）

彩图 133　永泰公主墓胡人力士骑马俑、胡人骑马狩猎俑
（图片来源：左图自《丝绸之路鼎盛时期的唐代帝陵》，第 277 页，右图自《唐代狩猎俑中的胡人猎师形象研究》图 12）

---

① 左图自葛承雍：《唐代狩猎俑中的胡人猎师形象研究》（《故宫博物院院刊》2010 年第 6 期，第 130 页）；右图刘向阳、王效锋、李阿能：《丝绸之路鼎盛时期的唐代帝陵》，三秦出版社 2015 年版，第 279 页。

国家社科基金后期资助项目出版说明

　　后期资助项目是国家社科基金设立的一类重要项目，旨在鼓励广大社科研究者潜心治学，支持基础研究多出优秀成果。它是经过严格评审，从接近完成的科研成果中遴选立项的。为扩大后期资助项目的影响，更好地推动学术发展，促进成果转化，全国哲学社会科学工作办公室按照"统一设计、统一标识、统一版式、形成系列"的总体要求，组织出版国家社科基金后期资助项目成果。

全国哲学社会科学工作办公室

目 录

绪 论 ··· 1
一、前人相关研究综述 ··· 2
　(一)日常生活研究综述 ··· 2
　(二)唐代公主研究综述 ··· 4
　(三)唐代公主衣食住行研究 ······································· 8
二、基本思路与研究方法 ··· 13
三、主要内容与基本观点 ··· 14
四、学术创新与价值 ··· 17
　(一)学术创新 ·· 17
　(二)研究价值和意义 ··· 18
五、著作编排的补充说明 ··· 18

第一章　膏腴封其井赋:唐代公主的册封及生活财物来源 ····· 21
一、唐代公主的册封 ··· 21
　(一)唐代公主的册命 ··· 22
　　1. 册封仪式 ··· 22
　　2. 封号的家国意义与道教信仰寄寓 ························ 24
　　3. 未嫁册封特例 ·· 25
　　4. 加封与追赠特例 ··· 26
　(二)唐代公主的虚封食邑与食实封 ···························· 27
　　1. 唐代公主的虚封食邑 ······································· 28
　　2. 唐代公主的食实封 ·· 29
　　3. 食实封的管理:公主邑司 ·································· 33
二、唐文所见公主册封、追赠谥号的原因 ························ 34
　(一)出嫁册封的原因 ··· 34
　　1. 立爱展亲与保障生活 ······································· 35
　　2. 沿袭遵从旧典恒规 ·· 36
　　3. 品性表彰及广妇道 ·· 37

（二）未嫁册封的原因 ··· 39
　　1. 表彰德行已如成人的公主 ····················· 39
　　2. 伤悼命运殊异有兼爱之慈的公主 ············ 40
　　3. 昭示念其早夭、倍轸哀情的亲情 ············ 40
　　4. 表彰特殊品行尤其是孝行的特封 ············ 41
　　5. 告慰先帝、明敦睦之风的长公主特封 ······ 41
（三）合规加封、改封与追封的原因 ··················· 41
　　1. 表彰品行的加封长公主 ························ 41
　　2. 推恩、表彰公主的改封 ························ 42
　　3. 表彰品行、安慰亲人的逝后追封 ············ 42
（四）突破旧规加封的原因 ································ 43
　　1. 定宗社之功与更传带砺 ························ 43
　　2. 托名表彰品性宣示殊宠 ························ 44
（五）追赠谥号的原因 ····································· 44
　　1. 依照旧礼、表彰德行 ··························· 44
　　2. 寄托哀思、昭示典范 ··························· 45

三、唐代公主的日常生活财物来源 ··························· 46
（一）常规稳定的正当财物来源 ························ 46
　　1. 未嫁前的宫廷供给与个别公主的册封收入 ···· 46
　　2. 出嫁后的财物来源 ······························ 46
（二）个别公主的非常规不稳定财物来源 ············ 47
　　1. 不当收入 ··· 47
　　2. 正当收入 ··· 48

本章结论 ·· 50

第二章　禀训公宫，法度彰于懿范：唐代的公主教育 ······ 51
一、习礼度于公宫，修威仪于紫禁：唐代的公主师 ······ 51
（一）朝廷任命的专职公主师：侍书宫官、女师、彤史 ···· 52
　　1. 侍书宫官 ··· 52
　　2. 宫廷女师 ··· 52
　　3. 宫廷彤史 ··· 55
（二）生活陪伴保育的公主师：傅姆、阿保 ········ 55
　　1. 册文、墓志中的傅姆、阿保 ················· 55

2. 何为傅姆、阿保 …………………………………………… 56
　(三) 言传身教的皇室公主师:帝、后、妃、主 ……………………… 57
　　1. 帝王的训导 ……………………………………………… 57
　　2. 皇后、妃、主的教导 ……………………………………… 58
　(四) 施以规谏的间接公主师:朝中大臣 ……………………………… 59
　　1. 大臣的礼仪劝谏 ………………………………………… 60
　　2. 大臣的行为规谏 ………………………………………… 60
　(五) 嘉行垂范的间接公主师:朝中士女 ……………………………… 61
　　1. 史籍、墓志中的公主学于士女记录 …………………… 61
　　2. 唐代册文、墓志中被称颂为女师的士女 ……………… 61
　(六) 教义训导的公主宗教师:道士、高僧 ……………………………… 61
　　1. 公主的道教师 …………………………………………… 61
　　2. 公主的佛教师 …………………………………………… 62
　(七) 文艺培育的公主艺术师:乐师、书画师 ………………………… 62
　　1. 公主的乐师 ……………………………………………… 62
　　2. 公主的书画师 …………………………………………… 63

二、鉴图取则,闻诗服仪:唐代的公主教育目标与内容 ……………… 63
　(一) 册封文与墓志所见的公主教育目标与形象期许 ……………… 64
　　1. 册封文特殊句式中隐含的公主教育培养预期目标 …… 64
　　2. 册文、墓志高频词中的公主教育目标与形象期许 …… 66
　(二) 以儒家女德为本的广博教育内容 ……………………………… 79
　　1. 图训典则、女史箴规、彤史之言与公宫道训 ………… 79
　　2. 经史子典籍教育 ………………………………………… 88
　　3. 文学教育 ………………………………………………… 89
　　4. 艺术教育 ………………………………………………… 90
　　5. 佛、道经典教育 ………………………………………… 92

三、唐代的公主教育的成效 ………………………………………………… 95
　(一) 拥有家国意识、敢于担当的巾帼英雄公主 …………………… 96
　　1. 开疆拓土、力挽狂澜、以身殉国的公主 ……………… 96
　　2. 许身社稷、保国安边的和亲、嫁藩公主 ……………… 97
　　3. 倾其财物、才智效力国事的公主 ……………………… 98
　(二) 恪守礼法、以仁孝为准则的温良恭俭公主 …………………… 98

       1. 史书中简叙其仁孝品德的公主·················· 98
       2. 墓志中称颂的恪守礼法的公主·················· 98
    (三) 颖悟聪敏、才华横溢的才女型公主·················· 99
       1. 史书中简叙的聪慧敏悟、精于文艺的公主·················· 99
       2. 墓志中称颂的聪敏明慧、才华横溢的公主·················· 99
    (四) 兼具美德识见、才艺才干众美的典范公主·················· 100
       1. 正史与墓志均称赞的才德皆备的公主·················· 100
       2. 墓志称颂的才德堪为妇则的典范公主·················· 101
  本章结论·················· 103
第三章 瑜珮升青殿，秾华降紫微：唐代公主的服饰、妆容·················· 104
 一、唐代公主的祭服、朝服与常服·················· 107
    (一) 唐代公主的祭服、朝服·················· 109
       1. 公主翟衣、褕翟的整体形制·················· 110
       2. 公主礼服的主要配饰·················· 111
       3. 安乐公主婚礼朝参着礼服通规外的翠服考释·················· 122
       4. 唐代诗文中的公主嫁衣与朝会服饰·················· 125
    (二) 唐代公主的常服·················· 128
       1. 公主的珠襦·················· 129
       2. 公主的月帔·················· 129
       3. 公主的裙装·················· 130
 二、贡品所见唐代公主服饰、妆容材质及装饰物·················· 131
    (一) 域内衣料贡品·················· 131
       1. 绢绵等基本衣料·················· 132
       2. 各类布料·················· 133
       3. 丝绸绝缎·················· 135
       4. 绫绮锦罗等丝织品·················· 137
       5. 纱缯縠练等精细轻薄衣料·················· 141
       6. 纻葛麻等纤维衣料·················· 142
       7. 皮革毛褐等特殊衣料·················· 144
    (二) 域内服用成品贡品·················· 145
       1. 成衣贡品·················· 145
       2. 衣服佩饰成品贡品·················· 145

（三）域内染料、珠宝与羽毛等服饰装饰贡品 …………………… 145
  1. 红蓝 …………………………………………………………… 146
  2. 紫草 …………………………………………………………… 146
  3. 金 ……………………………………………………………… 146
  4. 银 ……………………………………………………………… 147
  5. 珠 ……………………………………………………………… 147
  6. 玳瑁 …………………………………………………………… 147
  7. 羽毛 …………………………………………………………… 147
（四）藩属国及域外服饰、妆容装饰与熏香贡品 ………………… 148
  1. 珍珠绢、朝霞绸、貂皮豹皮、细白氎等衣料 ……………… 148
  2. 珠玉、水精、玻璃、玛瑙等装饰物与香料 ………………… 148

三、群像与个体、唐初至唐末的公主服饰 ……………………………… 149
（一）简约之风与奢华个例：初唐高祖太宗时的公主服饰 ……… 149
  1. 简约之风 ……………………………………………………… 149
  2. 奢华个例 ……………………………………………………… 150
（二）锦绣罗绮与追新求异：初唐高宗至睿宗时的公主服饰 …… 150
  1. 素简倡导 ……………………………………………………… 150
  2. 奢华追新之风 ………………………………………………… 151
（三）淳朴素简倡导与奢巧争竞风：盛、中、晚唐的公主服饰 …… 153
  1. 不断颁布的禁奢诏令 ………………………………………… 153
  2. 奢华之风 ……………………………………………………… 158
（四）恪守简约的个例与乱世缯帛尺寸难求的寒素困境 ………… 158
  1. 恪守简约的公主典范 ………………………………………… 158
  2. 乱世、末世的寒素困窘之况 ………………………………… 160

四、唐代公主的典型服饰考释 …………………………………………… 160
（一）唐代公主的羽衣考论 ………………………………………… 161
  1. 何以着羽衣 …………………………………………………… 162
  2. 何为羽衣 ……………………………………………………… 166
（二）可资公主常服参照的墓室壁画侍女服装 …………………… 170
  1. 窄袖襦、露胸衣 ……………………………………………… 170
  2. 条纹裙 ………………………………………………………… 170
  3. 红色石榴裙 …………………………………………………… 170

（三）太平公主的武官男装考论 …………………………… 171
    1. 胡服男装的源流与风尚 ………………………………… 171
    2. 公主武官男装的形制 …………………………………… 172

五、唐代公主的典型发型、发饰考释 …………………………… 179
  （一）唐代公主的典型发型考释 ………………………………… 180
    1. 隶属并引领宫样妆的唐代公主妆 ……………………… 180
    2. 唐诗中的公主云鬟、绿色系云鬟鬓等发式考论 ……… 181
    3. 唐诗中的公主堕马鬟 …………………………………… 203
    4. 云鬟及胡妆的参照：公主墓室文物宫样发髻 ………… 203
  （二）唐代公主的典型发饰考释 ………………………………… 206
    1. 唐代文学中的公主玉叶冠考论 ………………………… 207
    2. 唐代公主的发钗与发簪 ………………………………… 216
    3. 可资参照的公主墓室壁画簪花之饰 …………………… 218

六、唐诗与文物所见唐代公主典型妆具与妆容 ………………… 222
  （一）唐代公主的妆饰用具 ……………………………………… 224
    1. 唐代公主之龙凤、菱花、螺钿等宝镜与镜匣 ………… 224
    2. 唐代诗文中的公主七子镜与镜台考论 ………………… 226
    3. 唐代公主的妆盒 ………………………………………… 229
    4. 唐代公主的胭脂、铅粉与润发兰膏 …………………… 230
    5. 唐代公主的自制洗衣方 ………………………………… 232
  （二）诗文所见唐代公主妆容、饰品 …………………………… 232
    1. 唐代公主的额黄妆 ……………………………………… 232
    2. 唐代公主的花钿 ………………………………………… 234
    3. 唐代公主的宫样眉 ……………………………………… 234
    4. 唐代公主墓志中的公主耳饰 …………………………… 235

本章结论 …………………………………………………………… 236

第四章　视膳饔饩之均和，主馈醴酏之品齐：唐代公主的饮食 ……… 238
一、文献中的唐代公主日常饮食 ………………………………… 238
  （一）史书中的唐皇室本土饮食贡品 …………………………… 239
    1. 粮食类 …………………………………………………… 239
    2. 调味类 …………………………………………………… 240
    3. 蔬菜类 …………………………………………………… 240

4. 珍禽走兽类 … 241
　　　5. 海鲜类 … 241
　　　6. 奶类 … 241
　　　7. 水果类 … 241
　　　8. 坚果类 … 242
　　　9. 饮料类 … 242
　　　10. 药品类 … 243
　　(二) 史书、唐人笔记中的唐皇室外来饮食贡品 … 244
　　　1. 品类众多的药材与药品 … 245
　　　2. 域外水果、蔬菜、调味品、饮料 … 245
　　　3. 唐人笔记中的域外粮食类贡品 … 245
　　(三) 唐代文学中的公主饮食 … 246
　　　1. 唐代文学中的公主进奉食物场面 … 246
　　　2. 唐代笔记中的御赐公主食物 … 247
　　　3. 唐诗所见公主府宴饮及修道公主饮食 … 247
　　　4. 唐代崇俭诏令与奏议所见公主饮食的奢靡之风 … 248
　　　5. 唐代公主中的素简节制饮食个例 … 248
　二、唐代公主的饮食用具 … 249
　　(一) 史书与笔记中的食具贡品 … 249
　　　1. 新、旧《唐书》中的食具贡品 … 250
　　　2.《唐会要》中的藩属国、域外食具贡品 … 250
　　　3. 唐人笔记中的食具贡品 … 250
　　(二) 唐代诗文与文物中的公主食具、酒具 … 251
　　　1. 酒具 … 251
　　　2. 食具 … 254
　　　3. 酒具和食具之间的精美多用碗具 … 256
　　　4. 酒具、食具、盥洗与装饰的瓶、壶等多用器具 … 258
　本章结论 … 260
第五章　车服次于王后，容卫荣于戚藩：唐代公主的出行 … 261
　一、唐代公主出行的总体风貌 … 261
　　(一) 出入宫禁、出行频繁隆重、车马盈门之状 … 261
　　　1. 唐文所见公主出行用度国家供给、车骑盈门之况 … 261

2. 墓志所见公主出行频繁、隆重之况 …………………… 262
　(二)公主出行及车马精美豪奢之况 …………………………… 262
　　　1. 公主出行的豪奢与车马之精美 ………………………… 262
　　　2. 禁止出行奢华的诏令 …………………………………… 264
二、史书与文物所见唐代公主出行仪卫与车具 ………………… 264
　(一)唐代公主的出行仪卫 ……………………………………… 265
　　　1. 朝会大典的出行仪卫规制 ……………………………… 265
　　　2. 日常的出行仪卫规制 …………………………………… 265
　(二)史书中的唐代公主出行工具 ……………………………… 266
　　　1. 唐代公主大典时的标配、越级、降级出行工具 ……… 267
　　　2. 唐代公主的步障、行障、坐障 ………………………… 269
　　　3. 婚礼出行的障车之俗 …………………………………… 273
三、唐代文学中的公主出行典型意象 …………………………… 274
　(一)客观实写的陆上出行工具意象 …………………………… 274
　　　1. 唐代公主的步辇、玉辇及其七宝步辇、七香车考论 … 275
　　　2. 唐代公主府之马与马场及宝马、花骢考论 …………… 291
　　　3. 唐代公主的轩车 ………………………………………… 299
　　　4. 唐代公主的犊车(轻车)、软舆(檐子)考论 …………… 300
　　　5. 唐代公主的犊车 ………………………………………… 309
　　　6. 唐代公主的灵车(辇、舆、辂) ………………………… 310
　　　7. 唐代公主婚礼、出行、丧葬仪卫之宝扇 ……………… 311
　(二)客观实写的水上出行游赏工具意象 ……………………… 311
　　　1. 烟波画舲(舟) …………………………………………… 311
　　　2. 五彩楼船 ………………………………………………… 312
　(三)虚拟的仙界空中出行工具 ………………………………… 312
　　　1. 青龙紫凤、青鸟之车 …………………………………… 312
　　　2. 云车 ……………………………………………………… 313
　　　3. 羽车 ……………………………………………………… 317
　(四)现实与虚拟之间:唐诗中的公主軿车、绿軿车考论 …… 318
　　　1. 何为軿车 ………………………………………………… 318
　　　2. 何以用绿軿 ……………………………………………… 319
本章结论 …………………………………………………………… 322

第六章　旧识平阳佳丽地：唐代公主的生活空间及相关建筑 …………… 323
一、唐代公主宅第、园林的总体风格与特点 …………………………… 323
（一）唐代公主相关居住、生活空间分类 ………………………… 324
1. 公主宅第 ……………………………………………………… 324
2. 公主园林 ……………………………………………………… 324
3. 公主道观 ……………………………………………………… 324
4. 公主寺庙 ……………………………………………………… 324
5. 公主祠堂 ……………………………………………………… 325
（二）唐代公主相关居住、生活场域及建筑的总体特色 ……… 326
1. 国家建造 ……………………………………………………… 327
2. 等级规制 ……………………………………………………… 328
3. 国家与皇室的象征 …………………………………………… 328
4. 家国性、政治性及公共事件性 ……………………………… 328
5. 地理位置绝佳 ………………………………………………… 330
6. 世俗富贵繁华与宗教超凡脱俗性的融合 …………………… 331
7. 密集精美建筑群与名贵珠宝、香熏、花木装饰 …………… 331
8. 一定的变化与个性 …………………………………………… 331

二、唐代公主营建宅第、园林、道观之风的递变 …………………… 331
（一）初唐由推崇简约到竞事奢华的渐变 ……………………… 332
1. 初唐高祖太宗时的简约之风 ………………………………… 332
2. 初唐高宗至睿宗时的争竞奢华与僭肖宫省 ………………… 332
（二）盛唐初期的简约与后期的竞事奢华 ……………………… 336
1. 前期的节制导向与简约之风 ………………………………… 336
2. 后期的违规破例与奢华争竞 ………………………………… 337
（三）中唐的简约与奢华并举 …………………………………… 338
1. 多事之秋的无暇顾及甚或典卖公主园林之况 ……………… 338
2. 国力恢复后的规格渐长与奢华无度之风 …………………… 338
（四）末世的节俭与奢华交错 …………………………………… 339
1. 奢华之风的不断规制与禁戒 ………………………………… 339
2. 奢靡无度的最后狂欢 ………………………………………… 339

三、唐代公主宅第、道观、寺庙在长安、洛阳的分布 ……………… 340
（一）长自公宫：公主出嫁前皇宫内苑的居住区 ……………… 341

1. 长安的内苑居住区 ……………………………… 341
   2. 洛阳的内苑居住区 ……………………………… 343
  (二)离开宫苑:公主的宫外居住或修道、礼佛区 ……… 343
   1. 唐代公主在洛阳的宅第、道观 ………………… 343
   2. 唐代公主在长安的宅第、道观、寺庙 ………… 344
   3. 唐代公主宅第分布特点 ………………………… 353
 四、唐代文学中的唐代公主生活空间书写 ……………… 355
  (一)唐代的公主生活空间文学创作及个案 …………… 367
   1. 初唐高祖太宗时隐去公主的零星创作及个案 … 367
   2. 初唐高宗至睿宗时冠名公主的集体唱和及个案 … 372
   3. 盛唐的现时与追忆、冠名公主或驸马的吟咏及个案 … 387
   4. 中唐的公主生活空间吟咏与唐诗中的中唐公主生活空间
    ………………………………………………… 389
   5. 晚唐的冠名驸马现地游宴诗与追忆诗 ………… 398
  (二)唐代公主宅第、园林诗文特点及映照的宅第、园林境况、特质
    ………………………………………………… 400
   1. 藉由神话、仙话表现、模塑的仙境气韵 ……… 403
   2. 前朝园林代称暗隐的富贵奢华、佳客云集内质 … 422
   3. 天人合一的自然与人文景观交相辉映特质 …… 438
 五、奢华富丽的家具装饰与日常生活用具 ……………… 492
  (一)宅第的照明、取暖、降温、隔挡、熏香装饰 …… 493
   1. 公主府的照明、辉映器具:灯烛、灯轮、灯树、夜明珠 … 493
   2. 公主府的遮蔽、装饰器具:精致华美的屏风 … 504
   3. 公主府的熏香、取暖用具:精美馥郁的香炉 … 505
   4. 公主府的夏天:避暑的水阁、洞府及纳凉器具 … 507
  (二)宅第的珠宝装饰 …………………………………… 522
   1. 海中的珊瑚、玳瑁等珍宝 ……………………… 522
   2. 本土黄金、美玉与异域贡金精、砗磲等宝石 … 523
  (三)宅内日用家具、装饰 ……………………………… 525
   1. 精美奢华的寝具、床上用品与坐卧用具 ……… 525
   2. 遮蔽装饰用的帘、幕、帐、幌、帷、幄 ……… 530
   3. 琴棋书画、笔墨纸砚与古物清玩装饰 ………… 535

  4. 建筑物绘饰与壁画装饰 …………………………………… 538
 本章结论 ……………………………………………………………… 539

第七章 主家盛时欢不极,才子能歌夜未央:唐代公主的社交与娱乐 …………………………………………………………………… 542

一、唐代文学中的唐代公主宴集情境及社交、娱乐之风嬗变 …… 542
 (一)烛影屏风里的公开夜宴:高宗至睿宗时受宠公主的密集社交 ………………………………………………………………… 543
  1. 典故暗隐的词人擅场、堪比仙境的宴饮之雅 …………… 546
  2. 白描铺叙渲染的歌舞不歇的宴饮之乐 …………………… 549
  3. 簪缨之词高频选入凸显的贵客云集宴饮之盛 …………… 551
 (二)幕前幕后的交接:盛唐的驸马宴集与公主自由交游个例 ………………………………………………………………… 551
  1. 玉真公主的公开直接频繁交游个例 ……………………… 551
  2. 因驸马而来的公主府频繁密集交游 ……………………… 552
 (三)中唐时帘幕之后的隐性社交 ………………………………… 552
  1. 昇平公主帷幄之后的欢宴观览 …………………………… 552
  2. 驸马社交宴饮无度的惩罚与节制 ………………………… 554
 (四)最后的繁华与谢幕退场:晚唐密集的内帷宴集、交游 …… 554
  1. 礼教与规制禁戒下的内帷交游限制与变化 ……………… 555
  2. 规制突破后的奢华无度交游 ……………………………… 556
二、唐代公主的社交、娱乐活动 ……………………………………… 557
 (一)特定时节的娱乐活动 ………………………………………… 558
  1. 四时游赏 …………………………………………………… 558
  2. 节日狂欢 …………………………………………………… 561
 (二)不受时节限制的常规活动 …………………………………… 566
  1. 歌舞曲乐的文艺赏心乐事 ………………………………… 566
  2. 打毬、拔河、斗鸡、狩猎的竞技观赏或参加之乐 ………… 567
  3. 驯养禽鸟与宠物的逗弄、观赏之乐 ……………………… 572
 本章结论 ……………………………………………………………… 577

结语 车如流水马如龙,仙史高台十二重:唐代公主的日常生活总论 …… 578

参考文献 …………………………………………………………………… 582

索引 ………………………………………………………………………… 609

黑白插图索引 …………………………………… 609
彩色插图索引 …………………………………… 611
表格索引 ………………………………………… 615
后　记 …………………………………………… 616

绪　论

　　素以疆域广阔、昌盛繁荣的姿态被后世形塑的唐代，其初盛期的帝王更是以视华夷如一的强大心态屹立于世，当中最引人注目的女性群体自然是"身为皇室贵胄、俗称'金枝玉叶'的公主们"①。公主的名称，周中叶即有，据《初学记》：

> 故(《古今合璧事类备要》作"并")公主未有封邑之号，至周中叶，天子嫁女于诸侯，天子至尊，不自主婚，必使诸侯同姓者主之，始谓之公主(《事物纪原》引《春秋公羊传》《续事始》之说与此同)。秦代因之，亦曰公主。……汉制，帝女为公主，帝姊妹为长公主，帝姑为大长公主。后汉制，皇女皆封县公主，仪服同藩王，(以下句，《古今合璧事类备要》无)其尊崇者加号长公主……自汉已来，皆别置第舍府属……唐神龙初，又置府属，景龙末复省。②

　　唐诗对公主的称呼(代称)更多，包括：弄玉〔韦嗣立(一作赵彦昭)《奉和初春幸太平公主南庄应制》"谷里莺和弄玉箫"③〕、凤女(沈佺期《送金城公主适西蕃应制》"那堪将凤女"④)、织女(李峤《奉和送金城公主适西蕃应制》"还将弄机女"⑤)、月下琼娥(薛稷《奉和送金城公主适西蕃应制》"月下琼娥去"⑥)、宝婺(婺女星，常借指女神，薛稷《奉和送金城公主适西蕃应制》"星分宝婺行")、秾李树(李峤《奉和送金城公主适西蕃应制》"所嗟秾李树")、姮娥(唐远悊《奉和送金城公主适西蕃应制》"姮娥月去

---

① 拙著：《唐代公主的婚姻生活》导言，三秦出版社2008年增订版，第1页。
② 〔唐〕徐坚撰：《初学记》卷一〇《帝戚部·公主六》，中华书局2004年版，第244页。〔宋〕谢维新：《古今合璧事类备要》前集卷二二《帝属门》，《影印文渊阁四库全书·子部二四五·类书类》，第九三九册，台湾省商务印书馆1983年版，第189页。
③ 〔清〕彭定求等编：《全唐诗》卷一〇三，第二册，中华书局1997年版，第1087页。
④ 陶敏、易淑琼校注：《沈佺期宋之问集校注·沈佺期集校注》卷三〔诗(景龙二年至开元二年)〕，中华书局2001年版，第170页。
⑤ 徐定祥注：《李峤诗注·苏味道诗注》卷一，上海古籍出版社1995年版，第75页。
⑥ 《全唐诗》卷九三，第二册，第1002页。

秦"①)、珠玉(韦元旦《奉和送金城公主适西蕃应制》"来就掌珠圆"②,沈佺期《送金城公主适西蕃应制》"玉就歌中怨,珠辞掌上恩")、贵主(许浑《破北虏太和公主归宫阙》"贵主西还盛汉宫"③)、天孙(徐坚《奉和送金城公主适西蕃应制》"星汉下天孙"④)、帝子(李山甫《阴地关崇徽公主手迹》"谁陈帝子和番策"⑤)、帝女(苏颋《奉和送金城公主适西蕃应制》"帝女出天津"⑥)等。

"贵为天姬"的公主们,拥有丰厚的物质基础与一定的自由空间,可接受全面丰富的教育,生活丰富传奇,不仅在唐代被天下人关注,在后世典籍乃至今天的新文学样式如影视剧等中仍被不断书写,自然亦成为研究热点。

一、前人相关研究综述

前人相关研究包括:作为研究背景的有间接启示的日常生活、唐代公主等研究及直接相关的唐代公主衣食住行研究。

(一)日常生活研究综述

日常生活研究在西方先从哲学领域兴起,可上溯至20世纪30年代,胡塞尔呼吁向生活世界还原,许茨提出"日常生活"概念,列斐伏尔建构日常生活批判理论。80年代初,该研究引入国内,目前成为学界热点。随着国内历史学领域日常生活史转向的新趋势,相关研究不断明晰与升温,黄正建有《关于唐代日常生活史研究现状的思考》⑦、《唐代衣食住行研究》、《韩愈日常生活研究:唐贞元长庆间文人型官员日常生活研究之一》⑧等论著,常建华《从社会生活到日常生活》⑨亦做深层探讨。同时不断有研讨会召开,如"中国日常生活史的多样性"国际学术研讨会(2011年)等。于赓

---

① 《全唐诗》卷六九,第二册,第769页。
② 《全唐诗》卷六九,第二册,第770页。
③ 〔唐〕许浑著,罗时进笺证:《丁卯集笺证》卷八,中华书局2012年版,第470页。
④ 《全唐诗》卷一〇七,第二册,第1110页。
⑤ 《全唐诗》卷六四三,第十册,第7421页。
⑥ 《全唐诗》卷七三,第二册,第799页。
⑦ 黄正建:《关于唐代日常生活史研究现状的思考》,《中国社会科学院院报》2004年9月14日。
⑧ 黄正建:《韩愈日常生活研究:唐贞元长庆间文人型官员日常生活研究之一》,《走进日常:唐代社会生活考论》,中西书局2016年版,第243页。
⑨ 常建华:《从社会生活到日常生活》,《人民日报》2011年3月31日。

哲新著《唐朝人的日常生活》①，虽属通俗社科著作，但也考据严谨、行文生动。而多人合著的唐代社会生活史论著如《隋唐五代社会生活史》也包含了大量日常生活内容②；饮食、服饰、家具、节日等层面的研究，如张泽咸的《唐代的节日》等，亦颇多助益。

台湾省有关唐代日常生活的研究较少，代表论著有赖瑞和、庄申的《唐代士人的日常生活》③、宋肃懿的《唐代之长安研究》④，侯乃慧的《诗情与幽境：唐代文人的园林生活》⑤等。

国外的唐代日常生活史专题研究较少，代表论著如查尔斯·本2002年出版的著作《中国的黄金时代：唐朝的日常生活》⑥等。一些长时段或其他角度的研究亦有涉及，如《撒马尔罕的金桃——唐朝的舶来品研究》⑦等。

日常生活视角下的唐代文学研究尚属新的增长点，中国文学自古就有叙写脉流，既是文学自身的要求，亦与研究拓展及国内外其他学科的影响相关。

唐代文学生活层面的探究，涉猎交集相对较多，可稍做梳理：20世纪80年代初傅璇琮在《唐代诗人丛考》的序言中提出：要着重叙述这一时期的政治经济、群众生活和风俗特色⑧，后二者已与日常生活研究领域接近。陈伯海在1987年的《唐代文人的生活道路与诗歌创作》中即指出文学史研究中缺少了文人生活环节的问题⑨。许嘉璐的《中国古代衣食住行》较早关注到古代诗文中常见的服饰、饮食、起居等问题⑩，与日常生活研究范围略同。以生活为题的专题研究并不多，如徐有富的《唐代妇女生活与诗》⑪、吴在庆的《唐代文士的生活心态与文学》⑫、尚永亮的《诗映大唐春：

---

① 于赓哲：《唐朝人的日常生活》，上海文化出版社2022年版。
② 李斌城等：《隋唐五代社会生活史》，中国社会科学出版社1998年版。
③ 庄申、赖瑞和：《唐代士人的日常生活》，香港大学美术博物馆2008年版。
④ 宋肃懿：《唐代之长安研究》，大立出版社1983年版。
⑤ 侯乃慧：《诗情与幽境：唐代文人的园林生活》，东大图书股份有限公司1991年版。
⑥ [美]查尔斯·本著，姚文静译：《中国的黄金时代：唐朝的日常生活》，经济科学出版社2012年版。
⑦ [美]爱德华·谢弗著，吴玉贵译：《撒马尔罕的金桃——唐朝的舶来品研究》，中国社会科学出版社1995年版。
⑧ 傅璇琮：《唐代诗人丛考》，中华书局1980年版。
⑨ 陈伯海：《唐代文人的生活道路与诗歌创作》，《学术月刊》1987年第9期。
⑩ 许嘉璐：《中国古代衣食住行》，北京出版社1988年版。
⑪ 徐有富：《唐代妇女生活与诗》，中华书局2005年版。
⑫ 吴在庆：《唐代文士的生活心态与文学》，黄山出版社2006年版。

唐诗与唐人生活》①等,亦有探入酒、药、园林、节日等具体生活领域的。但这些研究要么宏观叙述,要么虽具体且范围相同,但视角、理念等却有本质区别。

从生活到日常生活,自觉清晰以日常生活为题的代表论著如韩梅的《唐宋词与唐宋文人日常生活》②、刘景会的《杜甫诗歌中的日常生活物象》③、彭梅芳的《中唐文人日常生活与创作关系研究》④、李丹丹的《杜诗日常生活描写研究》⑤、刘宁的《盛衰体验对欧阳修诗歌日常化书写的影响》⑥等。而笔者2005年提交的硕士论文摘要概括研究内容时即明确叙及"唐代公主的日常生活",论文第一章亦设置专节讨论"唐代公主的饮食、服饰等日常生活及享受的特权"。

日本、欧美目前亦有一些探究,如美籍华裔杨晓山的《私人领域的变形——唐宋诗歌中的园林与玩好》⑦等;日本学者丸山茂的《唐代文化与诗人之心》的第三部分即从唐代诗人的日常生活角度展开⑧。

随着日常生活与文学研究的不断深入,作为唐代文学中最突出的女性群体,唐代公主的日常生活在文学中的书写问题,也期待系统的探究。

(二)唐代公主研究综述

目前的唐代公主研究,包括两类:一是把公主们作为研究社会生活或妇女生活中的一个指标。在一些通史、通论类的著作中,会简略提及或论及唐代公主,如陈东原先生的《中国妇女生活史》⑨、陈鹏先生的《中国婚姻史稿》⑩等著作,在阐明一些论点时都将公主作为特例;还有一些断代的唐代专论,如高世瑜的《唐代妇女》中亦简略述及唐代公主的生活状况。段塔丽的《唐代妇女地位研究》,系统研究了唐代女性的参政、社交、教育、体

---

① 尚永亮:《诗映大唐春:唐诗与唐人生活》,北京大学出版社2017年版。
② 韩梅:《唐宋词与唐宋文人日常生活》,浙江大学2007年博士论文。
③ 刘景会:《杜甫诗歌中的日常生活物象》,江西师范大学2007年硕士论文。
④ 彭梅芳:《中唐文人日常生活与创作关系研究》,人民出版社2011年版。
⑤ 李丹丹:《杜诗日常生活描写研究》,江西师范大学2015年硕士论文。
⑥ 刘宁:《盛衰体验对欧阳修诗歌日常化书写的影响》,《苏州大学学报(哲学社会科学版)》2018年第1期。
⑦ [美]杨晓山:《凤凰文库·海外中国研究系列·私人领域的变形——唐宋诗歌中的园林与玩好》,江苏人民出版社2008年版。
⑧ [日]丸山茂著,张剑译:《唐代文化与诗人之心》,中华书局2013年版。
⑨ 陈东原:《中国妇女生活史》,商务印书馆1998年版(1934年初版)。
⑩ 陈鹏:《中国婚姻史稿》,中华书局1990年版。

育运动等内容,唐代公主亦作为个例散见于各章①。李斌城等的《隋唐五代社会生活史》亦稍稍提及了唐代公主的生活。《唐宋女性与社会》收录的关于唐代女性的研究论文,也有提到唐代公主②。

二是唐代公主专题研究。作为少数被史书立传记录的女性群体之一,唐代公主一直是文学表现的重要对象,于是成为文史研究的热点。其研究亦包括两类:一类为宏观的整体性论述,仅有个别论著,如笔者2005年的硕士论文《唐代公主的生活与文学》,共分六章:第一章为唐代公主的生活(包括食实封、教育礼仪、宅第山庄及与其相关的道观寺庙、饮食服饰及其他奢侈生活、参政等五节),第二章唐代公主的婚姻,第三章唐代公主的形象,第四章唐代公主与文学,第五章唐代公主的悲剧,第六章唐代公主谱表,基本上构建出有关唐代公主研究的系统框架。之后将第二章打磨深化,出版了22万字的《唐代公主的婚姻生活》专著。其后有研究者就笔者硕士论文大系统中的分论展开研究,如孙丽丽的《唐代公主生活研究》、王晓林的《唐代公主类型分析》等,而郭海文2020年出版的《大唐公主命运图谱》又从整体论述,均有推进。

另一类则研究唐代公主的某一个片段,具体可做如下分类:

其一,有关唐代公主婚姻的研究论著极多,亦为日常生活的观照面,但因笔者已出专著,不再探讨。唐代公主与政治的论述,与本研究关联甚少,亦不梳理。

其二,唐代公主及其亲属尤其是驸马、子女墓室出土文物研究,尤其是墓志研究相当多,包括墓志载录、分析、考释、阐述等,为本研究的展开提供了丰富坚实的文献与实物图像材料。如王其祎、周晓薇的《唐代公主墓志辑略》对《房陵大长公主墓志》《淮南大长公主墓志》《长乐公主墓志》《临川长公主墓志》《弘化(西平)大长公主墓志》《永泰公主墓志》《金仙长公主墓志》《郯国大长公主墓志》《寿昌公主墓志》《宜都公主墓志》《唐安公主墓志》《文安公主墓志》《朗宁公主墓志》《平原长公主墓志》《普康公主墓志》《汝南公主墓志》等作了辑录,并就相关问题作了按语③。《碑林集刊》亦刊发多篇唐代公主墓志论文,如张云的《唐〈新城公主墓志〉考》,崔

---

① 段塔丽:《唐代妇女地位研究》,人民出版社2001年版。
② 邓小南主编:《唐宋女性与社会》,上海辞书出版社2003年版。
③ 王其祎、周晓薇:《唐代公主墓志辑略》,《碑林集刊》第三辑,陕西人民美术出版社1995年版。

庚浩、王京阳的《唐纪国大长公主及夫郑沛墓志合考》①;陈忠凯的《唐〈淮阳公主墓志〉考》②等。其他论文,如李文英的《唐普安公主及其夫郑何墓志考》③、岳连建的《富平县唐淮南大长公主与驸马封言道合葬墓志考释》(录出原文,并阐释封言道的异名、家世、事迹)④、岳连建等的《唐淮南大长公主墓志所反映的唐代历史问题》(考证了淮南公主墓志,亦梳理了其中的太平公主史事)⑤、张全民的《〈唐故普康公主墓志铭〉与道教五方真文镇墓石》⑥等。焦杰、孙华的《唐代文安公主杂考》发现《新唐书·公主传》《唐会要》与《文安公主墓志》均记载有文安公主,但分别为德宗女、顺宗女,并对此做出解析。⑦ 郭海文近年亦有数篇公主墓志研究论文,如与赵文朵等的《〈大唐故寿光公主墓志铭并序〉考释》⑧,亦独撰《唐淮南大长公主墓志铭研究》⑨一文。

将墓志与唐代文学结合的研究较少,陈尚君的《新出石刻与唐代文学研究》指出:"唐代公主墓志已出土二十多方。不少碑志中提及公主的文学才能。"⑩

墓室出土文物研究,以永泰公主墓的相关研究为多,如拜根兴等的《永泰公主与永泰公主墓》以历史记录为依据,叙述永泰公主的生平,陵墓的建造、设计、墓内壁画及出土器物等⑪。而关于其他公主的文物领域研究较少,《唐郭仲恭及夫人金堂长公主墓发掘简报》介绍了合葬墓中出土的

---

① 张云:《唐〈新城公主墓志〉考》,崔庚浩、王京阳:《唐纪国大长公主及夫郑沛墓志合考》,《碑林集刊》第六辑,陕西人民美术出版社2000年版。
② 陈忠凯:《唐〈淮阳公主墓志〉考》,《碑林集刊》第十六辑,三秦出版社2010年版。
③ 李文英、师小群:《唐〈普安公主及其夫郑何墓志〉考》,《陕西历史博物馆馆刊》第八辑,陕西人民美术出版社2002年版。
④ 岳连建:《富平县唐〈淮南大长公主与驸马封言道合葬墓志〉考释》,《考古与文物》2004年第4期。
⑤ 岳连建、柯卓英:《唐淮南大长公主墓志所反映的唐代历史问题》,《华夏考古》2008年第2期。
⑥ 张全民:《〈唐故普康公主墓志铭〉与道教五方真文镇墓石》,《唐史论丛》第十六辑,陕西师范大学出版总社有限公司2013年版。
⑦ 焦杰、孙华:《唐代文安公主杂考》,《平顶山学院学报》2016年第3期,第75—77页。
⑧ 郭海文、赵文朵、贾强强:《〈大唐故寿光公主墓志铭并序〉考释》,《唐史论丛》第二十辑,三秦出版社2015年版。
⑨ 郭海文:《唐淮南大长公主墓志铭研究》,《社会科学战线》2017年第10期。
⑩ 此文收入早稻田大学《中国文学研究》第28期,2002年,[日]佐藤浩一译。又被刊于逢甲大学中国文学系主编的《六朝隋唐学术研讨会论文集》(文史哲出版社2004年版),亦收录在陈尚君《贞石诠唐》(复旦大学出版社2016年版,第25页)中。
⑪ 拜根兴、樊英峰:《永泰公主与永泰公主墓》,三秦出版社2004年版。

器物①。

其三,和亲公主、入道公主研究亦较多。和亲公主研究,史学领域论述较多(与本研究关联不大,仅稍做叙述)。较早的探讨如邝平章的《唐代公主和亲考》②,刘铭恕的《唐代公主下降回纥婚礼考察》③等。21世纪以来论述尤多,但与公主日常生活相关的却不多,如郭声波的《唐代河西九曲羁縻府州及相关问题研究》,提及鄯州都督杨矩为奏请将河西九曲作为金城公主汤沐的史事。

入道公主探究,既有总体论述,也有个案探究,一般多聚焦于玉真公主。史学研究较多,代表论著如李嘉郁的《长伴吹箫别有人——谈唐代中后期女冠公主的社交与恋情》考察入道公主的社交与恋情④。邹流芳的《唐代公主入道现象探析》阐释唐代公主修道有崇道风气影响、求祛病延年和摆脱和亲等原因⑤。焦杰的《论唐代公主入道原因与道观生活》分析唐代公主入道原因、社交、生活等⑥。石润宏的《唐长安城唐昌观玉蕊花景观兴废考》考释唐昌观玉蕊花景观的流变⑦。

从文学角度的研究,或统观群体,如林雪玲的《唐诗中的女冠》有专节全面细致阐述唐代的公主女冠⑧;滕云的《论唐代公主的道教情缘——兼论唐代公主庄园宅第诗的道教自然生态意识》指出"唐代公主日常生活、庄园宅第建造体现出深厚的道教印记"⑨。或阐述个别入道公主,亦多聚焦于玉真公主,如陶敏的《刘禹锡诗中的九仙公主考》考证九仙公主即玉真公主,"安国观原为太平公主宅,后玉真于观中建精思院,即刘诗中之旧院"⑩。郁贤皓的《李白与玉真公主过从新探》和《再谈李白诗中"卫尉张卿"和"玉真公主别馆"——答李清渊同志质疑》,阐释李白与玉真公主的

---

① 西安市文物保护考古研究院:《唐郭仲恭及夫人金堂长公主墓发掘简报》,《文博》2013年第2期。
② 邝平章:《唐代公主和亲考》,《史学年报》1935年第2卷第2期。
③ 刘铭恕:《唐代公主下降回纥婚礼考察》,《中央日报》1947年5月19日。
④ 李嘉郁:《长伴吹箫别有人——谈唐代中后期女冠公主的社交与恋情》,《中华女子学院学报》1999年第4期。
⑤ 邹流芳:《唐代公主入道现象探析》,《衡阳师范学院学报(社会科学版)》2001年第4期。
⑥ 焦杰:《论唐代公主入道原因与道观生活》,《世界宗教研究》2013年第2期。
⑦ 石润宏:《唐长安城唐昌观玉蕊花景观兴废考》,《唐都学刊》2016年第1期。
⑧ 林雪玲:《唐诗中的女冠》,文津出版社2002年版。
⑨ 滕云:《论唐代公主的道教情缘——兼论唐代公主庄园宅第诗的道教自然生态意识》,《桂林师范高等专科学校学报》2014年第4期。
⑩ 陶敏:《刘禹锡诗中的九仙公主考》,《云梦学刊》2001年第5期。

交往及其别馆①。丁放、袁行霈的《玉真公主考论——以其与盛唐诗坛的关系为归结》钩稽史料，考述玉真公主的生平、政治地位、道教活动，及其与盛唐诗人的关系，但认为其在文坛的影响可谓唐代公主中的第一人②，此论尚待商榷，因太平、安乐公主对文坛影响应超过玉真公主。王晓晓的《玉真公主的道观诗情——玉真公主与盛唐诗歌研究》考证玉真公主生卒、入道年份及与玄宗的关系，钩稽其与李白、王维等诗人的交往及对盛唐诗坛的影响，并叙及后世诗人对其的关注③。丁放的《玉真公主、李白与盛唐道教关系考论》指出玉真公主与李白有共同的上清派背景，并推荐李白入朝（非史书所载吴筠），又书写了《灵飞经》④。

（三）唐代公主衣食住行研究

虽然有关唐代公主的研究极多，但有关唐代公主食实封、教育、服饰、饮食、宅邸园林、出行、社交娱乐等日常生活的探讨并不多，或仅从单一学科角度研究其日常生活的某一面，以史学研究为多，且因视角仅取一端，材料不全，使研究对象的很多面成为盲角，更无系统细化并将文学、历史与文物汇通的整体性研究。事实上，史学材料重点在公主生平大事记，其衣食住行等材料极为有限、零散，且不足以探其情感、心理史，而唐代文学中丰厚生动的材料能给其有力补充。而个别的整体研究，亦缺少对其整体性与历时性的认知，忽略了其皇室大背景及在不同时间段的特点、变化及个例。如笔者2005年的硕士论文专辟"衣食住行"章节，但因未关注文物，且对墓志关注不全，仅框定框架，未能深入细部。孙丽丽的《唐代公主生活研究》则探寻了唐代公主的物质、家庭、精神生活场景，其第二部分探究公主衣、食、住、行等生活内容⑤，阐释虽全面，亦有推进，但由于对文学材料尤其是墓志关注甚少，更未能细读，忽略了其中的高频词、物象，文物材料亦有限，仅据个别公主墓葬与壁画，亦未能借助出土器物与诗文相互参照，循此探

---

① 《李白与玉真公主过从新探》最早刊于《文学遗产》1994年第1期，《再谈李白诗中"卫尉张卿"和"玉真公主别馆"——答李清渊同志质疑》刊于《南京师范大学学报（社会科学版）》1994年第1期，后收入郁贤皓：《李白与唐代文史考论第2卷·李白论稿》，南京师范大学出版社2008年版，第191、203页。

② 丁放、袁行霈：《玉真公主考论——以其与盛唐诗坛的关系为归结》，《北京大学学报（哲学社会科学版）》2004年第2期。

③ 王晓晓：《玉真公主的道观诗情——玉真公主与盛唐诗歌研究》，天津师范大学2013年硕士论文。

④ 丁放：《玉真公主、李白与盛唐道教关系考论》，《复旦学报（社会科学版）》2016年第4期。

⑤ 孙丽丽：《唐代公主生活研究》，陕西师范大学2007年硕士论文。

索出其衣食住行的细节,失之笼统概括。李晶莹的《唐代后妃与公主经济生活初探》考察"公主的日常收支基本情况",指出其经济来源"依靠国家供给",又有帝王赏赐,还有"更多的经济渠道"敛财①。而笔者仍继续思考、搜集材料,2010年申请学校的"唐代公主衣食住行"课题,2014年9月形成20多万字的文稿,包括唐代公主的食实封、礼仪教育、衣食住行、社交娱乐等八章,申报过陕西省哲学社会科学后期资助项目,未获批,遂继续打磨。郭海文2016年后有大唐公主居住、饮食、出行方面的论文,其《大唐公主命运图谱》收录此三篇论文,又有服饰研究,亦因对文学、文物材料关注不全不细,缺少细节观照,且未注意其皇室背景。

唐代公主的食实封研究,多在唐代妇女生活通论中被简单叙及,如高世瑜的《唐代妇女》,孙丽丽的《唐代公主生活研究》(第一章,据一些史料和墓志分析其食邑数量,但并未关注其册封礼节、原因等细节)。该方向的专论极少,如李晶莹的《唐代公主与食封制度》理清其食实封的发展轨迹、规律,并分析变化原因(仅分析感情、政治因素,且释例极简,本研究通过细读公主册封文,提出上承惯例、嘉奖品性等其他原因),并做以常规收入(食实封)、非常规收入(皇帝赏赐、嫁资)、特别收入(受贿卖官、荫封家族、商业利润、霸占田居)分类②。

公主宅第、园林研究,多在园林诗研究中被当作事例提出或附带提及,如斯蒂芬·欧文的《唐代别业诗的形成》一文探析中宗第二次临朝时的别业诗,主要以公主庄园诗为例,叙及李峤、上官婉儿、杜审言等的诗作③。李浩的《论唐代园林别业与文学的关系》在阐释"园借诗文而传"的分论点时,叙及唐代的太平、安乐、长宁、玉真等公主的园林等"虽崇丽宽敞,但后世湮没无闻"的情形④。林继中的《唐诗与庄园文化》第一章谈及唐代的超豪华型庄园时,以太平公主山庄、安乐公主定昆池为例,还列举了杜甫《郑驸马宅宴洞中》题写的玄宗女临晋公主园林⑤;其《唐诗,日丽中天》提及题写贵族旧庄旧宅(包括唐代公主)的中唐诗歌⑥。葛晓音的《山水田园诗派研究》对中宗朝公主庄园宅第诗偶有提及⑦。聂永华的《初唐宫廷诗风流

---

① 李晶莹:《唐代后妃与公主经济生活初探》,首都师范大学2007年硕士论文。
② 李晶莹:《唐代公主与食封制度》,《首都师范大学学报(社会科学版)》2006年第6期。
③ [美]斯蒂芬·欧文:《唐代别业诗的形成》,《古典文学知识》1997年第6期。
④ 李浩:《论唐代园林别业与文学的关系》,《陕西师范大学学报(哲学社会科学版)》1996年第2期,第56—57页。
⑤ 林继中:《唐诗与庄园文化》,漓江出版社1996年版。
⑥ 林继中:《唐诗,日丽中天》,广西师范大学出版社2000年版。
⑦ 葛晓音:《山水田园诗派研究》,辽宁大学出版社1993年版。

变考论》简要提及景龙宫廷诗人题写本朝公主庄园宅第的诗歌①。李浩的《唐代园林别业考论》考证了几处唐代公主园林②。王兆祥的《唐代住宅别业建筑的豪华、野趣风格》提及笔记所载同昌公主宅的奢华情形③。刘永连的《唐代园林与西域文明》分论唐代园林中的西域物种时，列举郑愔描绘的长宁公主东庄芰荷池、杜甫感叹的安乐公主定昆池荷花④。杨国荣的《唐代庄园别业中诗歌创作的同题共咏现象研究》提及景龙三年唐中宗李显幸太平公主庄、安乐公主西庄、长宁公主庄的同题吟咏之事⑤。

有关公主宅第、园林的专题研究较少，有京洛的《唐长安城太平公主宅第究竟有几处》据《两京城坊考》梳理太平公主在长安城的宅第⑥。鲁玉洁的《唐代长安朱雀街西坊增订几则》点及延康坊的"静法寺西院木浮图，当是安成长公主所建，并非成安公主"⑦。另有蒙曼的《唐代长安的公主宅第》⑧，梳理了唐代公主长安宅第，制作出分布图，并分析其与唐代政治的关系。

有关唐代宅第、园林诗的专题研究，笔者硕士论文有专节"唐代公主的宅第、山庄及与其相关的道观、寺庙"，对唐代诗文笔记中的太平、长宁、安乐、玉真、同昌公主等的宅第、道观、园林创作做了叙述，总括了唐诗中的其他公主宅第、园林、道观（罗列诗题，未展开），又在蒙曼分布图基础上，据阎文儒等的《两京城坊考补》制作出公主宅第及相关建筑长安分布图，数量从五十八增加到八十一，还梳理了其在洛阳的宅第、道观⑨。之后，发表《唐代文学中的公主园林别墅》（《西北大学学报》2010年第1期）一文。滕云2005年的硕士论文《初唐公主庄园宅第诗研究》，属初唐公主庄园专题研究，论证较充分细致，尤其是注意到诗中的仙界意象群、动植物等自然美的吟咏及文人雅集现象，亦简述了太平、长宁、安乐公主广为营建庄园的现象⑩，但亦存在以下问题：其一，论题将时间

---

① 聂永华：《初唐宫廷诗风流变考论》，中国社会科学出版社2002年版。
② 李浩：《唐代园林别业考论》，西北大学出版社1996年版。
③ 王兆祥：《唐代住宅别业建筑的豪华、野趣风格》，《中国房地产》2006年第8期。
④ 刘永连：《唐代园林与西域文明》，《中华文化论坛》2008年第4期。
⑤ 杨国荣：《唐代庄园别业中诗歌创作的同题共咏现象研究》，《福建广播电视大学学报》2012年第3期。
⑥ 京洛：《唐长安城太平公主宅第究竟有几处》，《中国历史地理论丛》1999年第1期。
⑦ 鲁玉洁：《唐代长安朱雀街西坊增订几则》，《成都师范学院学报》2016年第2期。
⑧ 蒙曼：《唐代长安的公主宅第》，《唐研究》卷九，北京大学出版社2003年版，第215—234页。
⑨ 拙著：《唐代公主的生活与文学》，西北大学2005年硕士论文，第9—13页。
⑩ 滕云：《初唐公主庄园宅第诗研究》，广西师范大学2005年硕士论文。

段限定为初唐,但仅谈及高宗、武周、中宗、睿宗时期,忽略了高祖、太宗时期,而初唐的这两个时段里,帝王好尚不同,公主们营建园林的风气也不同,高祖、太宗时国家初创,帝王倡导节俭,除平阳昭公主外,公主直接且频繁参与政治的现象并不多,广建庄园宅第的情形见诸史籍和文学的亦极少,因此因研究对象不全得出一些并不客观公允的结论;其二,因忽略了驸马之于公主园林的重要性,亦未关注高祖、太宗时的驸马园林,即虽未冠名但实际上却属公主园林的书写境况;其三,提出公主宅第诗中的仙界意象群,并列举了"菌阁""瑶岑""仙舆""鲛人室""凤女台""红泉""云汉"等意象,但并未展开,失之较简,且不细不全,尚有大量使用的蓬莱瀛洲、瑶池昆阆、圆峤夜壑、郁洲、仙榜、金银榜等意象未予关注,亦遗漏了不常用的秦始皇泛海寻仙时登临并刻石的芝罘、道教名山衡霍等;其四,未以史家视角对公主逝去后其宅第庄园的情境再做观照,事实上其留下的宅第、园林,有的仍为皇家所有,有的改作道观、寺庙,有的零落,仍然被诗人们追忆。滕云2012年亦有《论初唐公主庄园宅第诗的园林艺术》一文发表。魏徽2014年的《初盛唐公主庄园诗研究》将研究对象的时间范围从初唐延伸至盛唐,分析了研究现状及不足,指出这些研究"只是泛泛而谈",未宏观解读"产生背景、创作心态等",也未"微观、细致"体察文本①,事实上滕云论文已有具体深入论证,对文本的细读、体悟、分析亦堪称细致,亦分析过产生背景,但其所言未能全面正确、中肯客观观照相关问题,则属公允之论。其论文又稍有推进,在仙家意象外又提出公主意象,如"鸣凤楼""凤凰楼""平阳馆""沁水园"四种标识皇家公主身份的建筑意象,也提及盛唐时的一些驸马诗作。但亦存在几点问题:其一,所举公主意象并不全,还有齐楼(齐宫)、窦主(馆陶)、汉武帝女鄂邑公主、东汉光武帝姊湖阳公主等,鸣凤楼也并非标识公主身份的地域,秦台、凤台、萧史台等才是,这涉及另一重要的皇室园囿与龙凤之名地域意象群,包括秦汉时的太液池、宜春苑,或者带龙凤的一些楼名、地名等,如晋代的濯龙门、鸣凤楼、鸣凤岭、饮龙川等,其分析亦极简。其二,仅是叙述用韵情况时点及若干盛唐驸马园林诗,不全不细且论述时几乎未采用、分析,而这些诗作才是重要材料与研究对象,反映出盛唐书写与高宗至睿宗时的重要差异,即一个大量并冠公主之名书写,一个却多是冠名驸马为题,以致论文题目说的是初盛唐公主,但其实主要是谈高宗至睿宗时期。其三,对于盛唐公主宅第庄园诗,仅提及几首创作

---

① 魏徽:《初盛唐公主庄园诗研究》,湘潭大学2014年硕士论文,第3页。

于玄宗时期的吟咏玉真公主的诗作，忽略了有关玉真公主的道观诗及永穆公主亭子诗等。

中唐乃至晚唐的公主宅第园林文学尚未有系统论述，仅个别阐述中唐公主与文学之关系或公主个例的论文，论及其宅第，事实上中唐又一度出现书写小高潮。另外这些研究主要观照诗歌，未系统观照唐代文学的其他体裁。基于此，本研究会通过更广、更全面的资料细读，展开更深入、细致、全面的论述。

唐代公主服饰、妆容的研究极少，或在服饰专著中点及，或在一些美容知识科普类文章中被简述，专论极少。如李鹏翔的《唐代美容术》叙及唐玄宗女永乐公主所饮沙苑蒺藜茶美容的传说①。笔者硕士论文专设"唐代公主的饮食、服饰及其他奢侈生活"②。肖雪的《桃花，美容养颜第一花》叙及太平公主的桃花面膜，将农历三月三的桃花阴干研为粉末，调和七月初七的乌骨鸡血制成③。卢秀文的《敦煌壁画中的妇女饰黄妆——妆饰文化研究之七》点及"公主、贵妇浓妆艳抹花满面"④。王苗的《珠光翠影：中国首饰史话》简略点及唐代公主凤冠⑤。刘飞龙、崔金一的《以永泰公主墓壁画说唐代妇女服饰》分析壁画中侍女的服饰、妆容、发髻⑥。葛英颖、孟小愉的《唐代鸟羽装考辨》叙及安乐公主"百鸟裙"⑦。姜捷等的《永泰公主墓所现帽冠、发髻、服饰考》对唐时宫廷服饰做了分类⑧。

娱乐方面的研究极少，仅在运动或游戏通论或断代史中被举例，如陈根远的《珠球忽掷月杖争击——唐代马球运动》提及中宗景龙四年吐蕃使团与唐王室的马球比赛⑨。袁红军的《古老的纸牌游戏：叶子戏》指出叶子戏是目前世界上最早的扑克牌雏形，其最早文献记载见于苏鹗的《同昌公主传》⑩。单留的《扑克牌》指出纸牌游戏源于中国，亦提及《同昌公主

---

① 李鹏翔：《唐代美容术》，《民族大家庭》1999年第6期。
② 拙著：《唐代公主的生活与文学》，西北大学2005年硕士论文，第18—21页。
③ 肖雪：《桃花，美容养颜第一花》，《女性天地》2012年第4期。
④ 卢秀文：《敦煌壁画中的妇女饰黄妆——妆饰文化研究之七》（"古都长安与隋唐文明"国际学术研讨会、中国唐史学会第十届年会暨"唐代国家与地域社会研究"国际学术研讨会会议论文），《唐史论丛》第十一辑，三秦出版社2009年版。
⑤ 王苗：《珠光翠影：中国首饰史话》，金城出版社2012年版。
⑥ 刘飞龙、崔金一：《以永泰公主墓壁画说唐代妇女服饰》，《剑南文学》2012年第2期。
⑦ 葛英颖、孟小愉：《唐代鸟羽装考辨》，《兰台世界》2015年第12期。
⑧ 姜捷、刘向阳、王仓西等：《永泰公主墓所现帽冠、发髻、服饰考》，樊英峰主编：《乾陵文化研究》第九辑，三秦出版社2015年版，第41页。
⑨ 陈根远：《珠球忽掷月杖争击——唐代马球运动》，《华夏文化》1996年第4期。
⑩ 袁红军：《古老的纸牌游戏：叶子戏》，《文史知识》2013年第1期。

传》①。

饮食方面更少,如郭海文的《唐代公主饮食及其文化研究》阐述唐代公主的饮食(包括主食、肉食、水果与蔬菜、饮料、药膳等)与食具(包括餐具、酒具、茶具、炊具等),指出其饮食品种多样,融会中西,既遵循传统,又有所突破②,分析细致,但仅参照少量出土壁画和唐人笔记,亦仅引用唐代鲍君徽和后蜀花蕊夫人的诗句,未留意大量文物和公主宴饮诗歌及唐文。

出行方面,在中国古代社会生活史论著中偶尔会有一点而过的阐述,为开展本研究的背景;一些断代的唐代社会生活史研究,亦会稍稍涉及,缺少细化研究。与本研究关系较为密切者,如李佳蔚的《唐代妇女出游研究》第四章"唐代妇女的嫁游",以公主为个案进行研究③。关小艳的《唐宫廷女性出行研究》简述公主出行的服饰、交通工具(极简叙述了辇、舆、马)和特点等,亦详述了和亲公主出行的内容、场面和特点等④。专题研究极少,如郭海文的《大唐公主出行工具及其文化研究》指出,目前尚无公主出行的系统研究,仅在黄正建的《唐代的衣食住行》等论著中被简单提及,并通过文献考释公主的出行工具,探析其出行意图⑤,阐释亦不全。

社交与游赏方面:多是在一些衣食住行研究中穿插些许表述,专题研究较少。如段莹的《大历诗风向齐梁复归中的女性介入:以升平公主为中心》中以升平公主对其驸马郭暧门下大历十才子创作风气的引导作为中心,展开分析⑥。

同时,网络世界里也存在大量良莠不齐的零碎声音。但总体而言,这项研究还处在零乱、细琐的阶段。

二、基本思路与研究方法

在总体的叙述思路上,本研究通过文学、历史文献的细读,结合出土文

---

① 单留:《扑克牌》,《上海集邮》2014 年第 2 期。
② 郭海文:《唐代公主饮食及其文化研究》,《南开学报(哲学社会科学版)》2017 年第 9 期。
③ 李佳蔚:《唐代妇女出游研究》,四川师范大学 2006 年硕士论文。
④ 关小艳:《唐宫廷女性出行研究》,安徽大学 2014 年硕士论文。
⑤ 郭海文:《大唐公主出行工具及其文化研究》,《唐史论丛》第二七辑,三秦出版社 2018 年版,第 147—165 页。
⑥ 段莹:《大历诗风向齐梁复归中的女性介入:以升平公主为中心》,《云梦学刊》2013 年第 6 期。

物的辅证,从唐代公主身份的确定和生活的物质保障——封号、虚封食邑与食实封等方面开始,对唐代公主的教育、衣食住行、社交、娱乐等日常生活进行整体勾勒,对其中的高频词、典故、意象等的使用频次、暗含的公主衣食住行特质及唐人认知等问题展开细致分析,同时探讨唐代公主日常生活书写之特点、流变、规律,力图对这一问题做宏观的把握与微观的探索,在理性与感性、历史与文学的交互观照下,将述、论、考结合,以期还原唐代公主日常生活现场、生活细节,理清唐代公主日常生活题材创作的特点、演变等头绪。

基本研究方法包括:

1. 文本细读与例证法,通过文献细读、梳理钩稽、比照印证,进入其日常生活现场,借由大量的例证铺绘鲜活生动的唐代公主日常生活图景;

2. 坚持文史互证的基本原则,结合出土文物的辅证,以跨学科的研究方法和思路,借鉴多学科的理论和成果,以求深入直观地阐释问题;

3. 野外考察与文献结合,对其生活、墓葬地、碑志、文物做实地考察;

4. 文献考证与理论概括、宏观与个案、理性阐释与感性体悟相结合;

5. 采用语用学与统计学方法,对高频词、典故、意象等的使用频次做以统计,分析其中暗含的公主衣食住行特质及唐人认知等问题;

6. 采用图像与表格的方法,从多方面论证,以求更直观地论述。

三、主要内容与基本观点

本著作是围绕唐代公主、日常生活等命题展开的,于是有必要先界定其范围、概念。日常生活是个体日常活动的总称,包括衣食住行、节日活动、生老病死、婚恋情感、娱乐休闲等。

作为帝王之女,唐代公主及其驸马身边围绕众多文人,或随帝王游赏、宴饮于公主府,或追随公主、驸马出外游赏,或干谒于公主府,甚至贬谪或罢秩后仍与其有书信往来,留下了大量描绘唐代公主日常生活风貌的诗文、笔记;同时唐代的册封文、公主或驸马及其后嗣墓志中或详或简地叙述了公主的日常生活,唐代公主或驸马墓出土文物等亦直观呈现了公主的日常生活。本著作即以此为主要材料,并以唐代公主的教育、衣食住行、交游、娱乐等日常生活(婚姻生活因笔者已有专著,不再探讨)作为研究对象,分七章展开:

第一章 膏腴封其井赋:唐代公主的册封及生活财物来源。通过对册封文、墓志的细读,力图阐释史书记载简略或缺载的唐代公主的册封、再封、虚封食邑与食实封的原因、嬗变及生活的其他财物来源。

第二章 禀训公宫,法度彰于懿范:唐代公主的教育。通过细读史书的极简叙述与唐代公主册封文、墓志中的丰厚材料,尤其是以往研究视作溢美谀墓之词或程序化的文辞,及其中随处可见的严守阃则、肃雍之德、妇德、礼、孝、柔等表述高频词,从另一角度审视,关注其背后所反映的唐皇室对唐代公主的形象期许、教育目标、教育内容及渴望在公众面前树立的公主形象,从而得出唐皇室对公主们有极高的期许,希望其堪为举国之表率。阐释并还原唐皇室的公主教育情境,梳理其丰富的教育师资,包括官方任命的直接公主师,如侍读、女师等,也包括间接的公主师,如保姆、帝后妃主、士女、朝臣、艺术师与宗教师等。分析唐代公主的教育内容包括女德、经史子、文学艺术、佛道经典教育等,指出其教育仍然建立在传统女教基础上,但突破了女子被排除在教育之外的传统窠臼,教育内容丰富广博,教育成效显著,出现了一大批德行俱佳、才能卓越的唐代公主,亦有个别纵恣骄奢的公主,最终也都付出了生命或自由的代价。

第三章 瑜珮升青殿,秋华降紫微:唐代公主的服饰、妆容。以史书《车服志》中的极简记录,梳理公主服饰的负责机构,及翟衣、钿钗礼衣、公服等的形制与规定。以史书中的贡品记录,梳理公主服饰材质与装饰物。从散见于史书的公主服饰的零星记录,加之唐代公主墓中出土的服饰器物、女俑、壁画,以及留存的唐代贵族女性生活绘画,分析其日常着装的形制、总体特色、风格流变。以唐王朝不同时期的经济、政治、国力状况,结合唐帝王不断颁布的节俭诏令,综合考虑女性对美本能而执着追逐的天性,分析不同时期唐代公主的服饰风尚。分析其妆容之雍容华贵,以及作为服饰风向标为唐代其他女性争相仿效的情形。概描其服饰宏观特点、面貌,并个案阐释、考论公主服饰典型意象,如公主嫁衣、安乐公主婚礼朝参翠服特例、羽衣、宫样妆、绿云鬟、玉叶冠、男装胡服、玉佩、䩞鞢七事、七子镜等。

第四章 视膳飨馔之均和,主馈醴酬之品齐:唐代公主的饮食。从史书中的贡品记录梳理公主饮食的材质,通过唐代的公主、驸马府第宴饮诗文、笔记小说及墓志,还原唐代公主进食场面、饮食过程、总体特点、诗酒聚会情形,结合出土文物与诗文观照其典型酒具、食具,如觞(羽觞)、杯(琥珀杯、鹦鹉杯、玛瑙杯、金银杯)、琥珀盏、金银碗,来自域外的胡瓶、多曲盘等。指出公主出嫁前饮食在皇宫,出嫁后虽在公主府,但会得到宫中的御制精品,水准仍如宫中。唐王朝虽不断禁止奢华之风,但其饮食仍以精美奢华为总体特色。

第五章　车服次于王后，容卫荣于戚藩：唐代公主的出行。钩稽唐代公主出行车马的特点，还原其出行境况，分析唐代诗文中现实的陆上车具、神话虚拟的空中车具及水中舟船等三大系统出行工具，并个案考论诗文中的公主七宝步辇、七香车、宝马花骢、绿軿车，乃至为渲染仙境气韵的紫凤、青鸟、五云车等典型出行工具意象。指出唐代诗文中虽有较多表述，但多以"香""珠玉金宝"等词语做极简修饰，从中大致可知公主车马的两大特点，即装饰的豪华富丽与熏香的芬芳。

第六章　旧识平阳佳丽地：唐代公主的生活空间及相关建筑。唐代公主相关建筑包括其生长的皇宫、出降后的府第与园林、入道的道观及公主营建或家人为其营建的佛寺。本章通过文献梳理明确其宅第园林的总体风格与特点，营建风气的递变、分布；勾勒唐代文学中唐代公主园林书写的特点、嬗变及原因，分析其书写范式及书写的公主园林的特点、空间格局、园内状况，分析其高频词、典故、修饰词暗隐的建园追求与标准；阐释其室内的照明、取暖、熏香、避暑、日用家具、琴棋书画、古物清玩、装饰等，考论公主府的灯树、灯轮、水亭、水阁。

第七章　主家盛时欢不极，才子能歌夜未央：唐代公主的社交与娱乐。分析公主宴饮、社交之风的嬗变，及其他娱乐活动境况，包括四时游赏，节日狂欢，观赏歌舞、曲乐与拔河、斗鸡、打马球等竞技，驯养宠物等。

通过各章节分析，可以得出唐代公主日常生活总体上具备的特性：

其一，皇室特性。又分作两个大的阶段。公主出嫁前，其衣食住行就在皇宫，出嫁后虽有一定独立性，但仍属其中之一分子，其宅第由唐王朝从国库出资，并派出专门官吏建造，其服饰、饮食器物与饮食亦有一部分来自皇室的赐予，包括节日庆典的赏赐与帝后出于宠爱的日常赠送。

其二，政治性。公主们的衣食住行，与唐王朝的社稷稳定甚至安危息息相关，其日常生活的节俭或奢侈，往往成为帝王政治清明或昏聩、仁爱百姓或不恤民生的象征，于是其建筑的营造，亦会成为朝堂上的争议事件。

其三，等级性。宗法社会里，衣食住行均有严格的礼制规定，公主的衣食住行亦是其身份地位的保障与象征，不容改易。但特殊时期或极受宠爱的一些公主往往会僭越这样的规定，其衣食住行规格会上升到帝后等级，甚至超越皇宫，而一些极受宠爱的公主，帝后亦会允许其享用高等级规格的衣食住行器物。

其四，阶段性。这个阶段性与唐王朝不同时段的经济、政治、意识形态乃至帝王的政策调整、风尚倡导及喜好息息相关。

其五，个体性。其衣食住行的风格，奢华或节俭，还与公主因个人品性、修养、喜好、个人信仰而来的个体生活选择相关。

其六，时尚性与标杆性。"上有所好，下必效焉"，作为皇室成员，唐代公主的日常生活具有引领整个唐代女性生活方式的时尚性与标杆性。

其七，奢华珍稀与包容古今中外性。唐代公主的衣食住行集合了唐朝举国并融汇了域外最优质、稀奇珍贵的材质，并由当时全国甚至域外技艺之最精者制造的。

四、学术创新与价值

(一)学术创新

首先，本成果对唐代公主日常生活进行了系统全面、细化深入的研究。近年来，相关研究仍处在片段化、碎片化、零乱细琐的阶段。笔者2005年的硕士论文，全面框定了系统大框架，此后又有将其各章节所列分论部分拆解所做的专题研究，虽有推进，但又将研究碎片化，相对于丰富的研究内蕴与外延而言，均显不足，仍需完善补充。

其次，目前的唐代公主日常生活研究不仅极少，且缺乏会通学科尤其是文学、历史、考古的系统细化观照，以致研究浮于表面，概述多，细致还原少。史学研究，较少关注文学的史料价值，缺少深度结合。事实上，尽管史书有公主列传，但多集中在生平事迹，生活细节记述极简，并不足以窥其真貌，而唐代文学中恰恰存在丰厚生动的材料，能给客观真实但数量有限且不足以探其情感心灵的史学材料以有力补充。本研究文史互证式的探索与复原，自当为创新之处。

其三，通过文本细读，将一个个出现在唐代诗文中的物象集合起来，集腋成裘，聚沙成塔，亦能一点点厘清其生活之一角。从语词使用的角度，分析引入唐代文学的关键词、物象、修饰词、典故，推究选用原因、意欲表达的情感和认知及反映出的表现对象的最突出的特征，以此考量唐代公主衣食住行的特点与细节，并从文体的不同表达特点入手，指出诗歌所选物象往往是给诗人造成最深、最强烈观感、留下深刻印象的载体，是诗人眼里心中所见所感的最突出的部分和特征。

其四，考、述、论结合，阐述唐代公主日常生活及其相关文学创作在不同时期的样貌、流变、特点、普遍与个例等，其衣食住材质，园林的布局，大量频繁出现的意象群；考索唐代诗文中的唐代公主日常生活的典型物象及其源流，如绿云鬟、羽衣、公主男装、玉叶冠、安乐公主嫁衣的翠服特例，虚拟与现实融合的五云车、七宝香辇、七香车、宝马花骢、绿軿车、犊(轻)车软舆,以及水阁水亭、金银榜;论述其典型意象、高频词反映出的认知及其生活特质等,尤其是一些首次出现的具体物象如亭台楼阁建筑群、动植物、门窗、室内装饰等。

其五,以与公主等级相同者和稍低者的图像作为参照,尤其是内外命妇,因为其衣食住行有定制,其不同等级衣食住行用具在整体的基本构件、形状、形式上大体相通,其差别主要是在规格、材质、数量或一些构件装饰上。

其六,内容与行文结构的创新。目前的少量研究,缺少对其整体性与历时性、群体与个例的认知,亦忽略了其皇室背景,本研究以此基础认知为根本,以时空变化为线索,对唐代公主的日常生活做深层还原,历时论述其不同时段的特点、变化、特例,给其以立体、丰富、有层次、有变化的勾勒:首先,确定其皇室境遇改变后(如出嫁或入道或随夫外任、贬谪)的分期,注意分析其此前的皇室规格及此后仍以皇室特征为根本,但增加的夫家家族性或道教元素的二重特征;结构上注重安排对其皇室大背景的勾勒。其次,以唐王朝不同阶段为坐标,勾勒其日常生活随国运、帝王个性喜好、风尚不同而来的总体变化史。最后,阐释因公主不同喜好与个性而存在的个例。

(二)研究价值和意义

其一,在女性仅是男性从属品的中国古代社会,唐代公主却对唐代政治、文学及社会生活有极大的影响,往往引领大唐的风尚,甚至左右历史的走向,加之与唐代文人千丝万缕的联系,亦成为唐代文学的重要表现对象。因而研究她们,对了解唐代的政治、经济、军事、教育、民族交往、社会生活、文学艺术、妇女生活及外来文化交流状况等均有相当重要的意义。

其二,唐代公主生活的传奇性,使之仍是今天的影视剧、网络文学创作的重要表现对象,而其内容有待真实视听,同时探究此类创作的模式、机制、方法与经验教训,对当代文学创作亦有一定的启示与匡正意义。

其三,文化遗产的保护要面向世界,更要面对当代,若能深挖细究,寻觅古为今用的渠道与方法,将之纳入生活,让唐代公主的衣食住行等生活场景焕发出新的生机,则会以潜移默化的方式得到传承,亦会产生较大的现实价值。

五、著作编排的补充说明

有关著作编排需要说明的是，首先，著作所引古代文献中存在一些异体字、繁简转化的不同字等问题，其中"著"依照所引原文献未转化为"着"字，个人创作的则用"着"字；"昇"和"升"的意义、具体使用情境有一定区别，"升"为象形字，表示量器，而"昇"则有太阳上升之意，可用以比太平盛世，昇平公主的名号即寓此意，因此选择用所引原文献的"昇"字，但若后人论著采用的是"升"字，则以其论著为准。虽然"苹"的繁体字为"蘋"字，但根据《通用规范汉字表》"蘋"表述叶片浮在水中的蕨类植物时，不简化作"苹"；繁体字中"于"和"於"有一定区别，"於"字根据情况一部分化作简体字"于"字，但"於戏"表"呜呼"之意，则未改。唐墓壁画中的女子多为墓主衣食住行等日常生活的服侍、追从者，有些为女官，有些为侍女，于是统一采用"侍女"之名，与"簪花仕女图"中的"仕女"所指称的贵族官宦之家的女性有一定差别。此外，"徵"用于人名时不宜简作"征"；"瀚"的异体字虽为"浣"，但依原文未加替换。"綵"和"彩"，因具体使用稍有区别，綵有三种词义，"彩的异体字""有五色纹彩的丝织品""花纹、颜色等"，依原文献未做改动。"毬"与"球"，有区别，"球"是珠子类的美玉，"毬"是填充毛等物的鞠，依原文不改。"珮"是"佩"的异体字，又有区别；"繇"通"尤"或"由"，又有它意；其他如"褵"与"缡"、"马脑"与"玛瑙"、"玻瓈"与"玻璃"，"车渠"与"砗磲"，"师子"与"狮子"，"紬"与"绸"，"疋"与"匹"，"绉"与"皱"，"蹀躞"或"鞢韘"或"鞊韘"或"鞊鞢"，"珮"和"佩"，"裘"和"䘩"，"勑"和"敕"，"案"和"按"，"珍羞"与"珍馐"，"僮"与"童"，"薰"与"熏"，"酒樽"与"酒尊"，"折衷"与"折中"，"想像"与"想象"，"萧史"与"箫史"等，均以原文为主，不做改动。

其次，参考文献的大分类，以时空分作古今中外，古代文献则以传统的四部分类法，又再做细分；今人著作则以学科分类。以载体分作纸本文献与网络、微信公众号等新媒体。以发布形式分作著作、论文，论文又分作学位论文、期刊论文和报纸、新媒体论文等。需要说明的是参考文献仍然罗列了一部分辞典，并未采用前辈学者关于文献学参考文献目录不该有辞典的观点，因做具体的考论阐释，展开个人观点前，需叙及目前的一些前人通行解释，于是引用了其中的相关原文，因此理应在参考文献中注明。

再次，文中引文若参考多种文献，一般以年代排序，若标注异文，则以标注后的为参校本,排序则在后。

另外,有关墓志加"并序",因墓志汇编等总集中墓志录文中"并序"与墓志题目的其他文字字体有差异,为标识则以括号区别,若引自论文中未加括号,则不加。

然而由于所涉内容极为广泛,一些意象因所见材料有限,仅是提出问题,未能深入展开,尚待材料积累后再做探讨,亦难免存在个别疏漏或管窥蠡测之处,敬请各方家指正。

第一章 膏腴封其井赋：
唐代公主的册封及生活财物来源

　　作为皇室成员，公主年少时长自宫廷，成年后出嫁，会得到皇室的册封，赐予封号并获得封邑和食实封，也有个别未出嫁即册封者，以确定其崇高的身份、地位，封邑为虚封，而食实封则可以保障其离开皇宫后的生活。虽说其财物给予的数量会因为国家财力、国势以及帝王政策、国家风气倡导等的变化而发生变化，但总体而言，和平年代的唐代公主不会像普通人那样"为生活中的衣食住行而奔波忧虑"，或者像文人们因"口腹自役"在仕与隐的纠结中感叹人生的矛盾与不自由，"她们从出生之日起，便开始锦衣玉食的生活"。

　　"唐代制度对公主的身份与物质生活权利有极其细致的规定"①。有关公主的食实封问题，高世瑜的《唐代妇女》中有过简述，而李晶莹的《唐代公主与食封制度》细致梳理了史书中的公主食实封规定在武后、中宗、睿宗时的畸形发展以及唐玄宗的改革、唐后期的情形等问题，但仅据新旧《唐书》、《唐会要》、《通典》、《唐六典》，并未关注唐文中的册封文、墓志、神道碑等材料，因此所得结论亦停留在表层，或得出错误结论，如认为未见唐初的大长公主实封户数记录，玄宗时"才做出'主不下嫁，亦封千户'的规定"②等。事实上唐代公主墓志中是有记录的。如高祖女淮南公主三岁即被册封，在高宗时作为大长公主又追加了五十户，达到三百五十户③。而通过对史书与唐文叙写的相互参照补充，则可大致勾勒出唐代公主之身份确定与生活保障的情形。

一、唐代公主的册封

　　唐代公主的册封（包括封号、虚封与食实封）在史书中的记载较少，有

---

① 见拙著：《唐代公主的生活与文学》，西北大学2005年硕士论文，第5页。
② 李晶莹：《唐代公主与食封制度》，《首都师范大学学报》2006年第6期，第26页。
③ 封言道：《大唐故淮南大长公主墓志铭（并序）》，《唐代公主墓志辑略》，《碑林集刊》第三辑，第64页。另见《唐淮南大长公主墓志所反映的唐代历史问题》，《华夏考古》2008年第2期，第136页。

关其册封年代、仪式、数量、原因,仅有个别公主的被提及,多半缺载,但册封文、出土的墓志对此有较多记叙,合此二端即可对此做出勾勒。

(一)唐代公主的册命

根据史书记录,可知公主册封大略。一般而言,公主未出嫁前并无封号,择定日期出嫁前,帝王会出诏,由审批到下发诏令的过程,从临川公主墓出土的两件诏书可知①,相当严谨烦琐,先由门下省批转,仅签名就二十四人,再由尚书省批复。由封爵公侯或位及尚书的大臣充任正使,并派副使协同,持节册封。

1. 册封仪式

册封仪式极为严格隆重,据《唐六典》记载:"凡册皇后、皇太子、皇太子妃、诸王、王妃、公主,并临轩册命,陈设如冬、正之仪;讫,皆拜太庙。"②如冬至、元正仪式,足见规格之高,地位之重。中国古代有"冬至大如年"之说。《通典》"元正冬至受朝贺"条,对汉至唐的这一大典做出溯源:

(武帝)其仪:夜漏未尽七刻,钟鸣,受贺及贽……百官贺正月。……③

隋制,正朝及冬至,文物充庭,皇帝出西房,即御座。皇太子卤簿至明阳门外,入贺。复诣皇后御殿,拜贺讫,还宫。皇太子朝讫,群官客使入就位,再拜。上公一人,诣西阶,解剑,升贺;降阶,带剑,复位而拜。有司奏诸州表。群官在位者又拜而出。皇帝入东房,有司奏行事讫,乃出西房。坐定,群官入就位,上寿讫,上下俱拜。皇帝举酒,上下舞蹈,三称万岁。皇太子与会,则设座于御东南,西向。群臣上寿毕,入位,解剑以升。会讫,先兴。④

(大唐开元八年十一月)自今以后,冬至日受朝,永为恒式。⑤

公主册封有专人代帝王拟定册封诏书,遣专人宣读,并由中书省负责行册礼事宜。李德裕在《早入中书行公主册礼事毕,登集贤阁成咏》写道:

---

① 陕西省文管会、昭陵文管所:《唐临川公主墓出土的墓志和诏书》,《文物》1977年第10期,第52、53页。
② 〔唐〕李林甫等著,陈仲夫点校:《唐六典》卷四《尚书礼部》,中华书局1992年版,第114页。
③ 〔唐〕杜佑著,王文锦等点校:《通典》卷七〇《礼三〇》,第二册,中华书局1985年版,第1927页。
④ 《通典》卷七〇《礼三〇》,第二册,1933页。
⑤ 《通典》卷七〇《礼三〇》,第二册,1934页。

第一章 膏腴封其井赋:唐代公主的册封及生活财物来源

明星入东陌,灿灿光层宙。皎月映高梧,轻风发凉候。金门列葆吹,钟室传清漏。简册自中来,貂黄忝宣授。更登天禄阁,极眺终南岫……倾夺非我心,凄然感田窦。①

从中可知册封时辰极早,皇宫的东陌之上明星灿灿,皎月映着高大的梧桐,金门外排列着庄严隆重的葆吹仪仗,钟室传来清漏之声,册封的简册从中书省传来,诗人穿戴好公服(貂黄是汉代侍中的佩饰)宣授公主册诏。董晋的《公主出嫁行册礼奏》《册公主典故奏》简述了代宗女的册礼典故:

今月十日,新都长公主出嫁,行五礼,准旧例,并合前一日于光顺门行五礼。今奉敕,其日早于光顺门便行册礼。遂为故事。……

今月八日,正衙册新都长公主,准开元礼。其日皇帝御正衙,命使行册礼,陈乐悬。伏准贞元二年五月册嘉诚公主。二年三(《全唐文》、《全唐文新编》作"二")月册长林公主,皇帝并不御正殿,亦不设乐悬。遂为典故。(《唐会要》卷六)②

可知按照《开元礼》,公主出嫁前一日在光顺门行册礼,皇帝驾临正殿,由使者行册礼,且有沿袭周礼的庄严肃穆的乐悬。周王朝以礼乐维护统治秩序,规定了严格的以等级用乐的制度——乐悬制度。所谓乐悬本义指只有"悬挂起来才能演奏的钟磬类大型编悬乐器"③。《文选·东京赋》"宫悬金镛",李善注:"《周礼》曰'正乐悬之位,王宫悬',郑司农曰'宫悬,四面也'。"④任昉《天监三年策秀才文三首》云"因六代之乐,宫判始辨",李善注:"《周礼》曰'王诸侯轩悬,卿大夫判悬,士植(一作"特")悬'。"⑤宫悬摆列四面,轩悬三面,判悬两面,士之乐仅一面。《新唐书·诸帝公主传》对其册礼亦有记述:

---

① 《全唐诗》卷四七五,第七册,第5431页。
② 《唐会要》卷六,第70页。《全唐文·唐文拾遗》卷二三,第十一册,第10626页。周绍良主编:《全唐文新编》卷四四六,第二部第四册,吉林文史出版社1999年版,第5235页。
③ 孙伟刚、梁勉:《大音希声:陕西古代音乐文物》,陕西人民出版社2016年版,第29页。
④ 〔南朝梁〕萧统著,〔唐〕李善注:《文选》卷三,上册,中华书局1977年版,第61页。
⑤ 《文选》卷三六,上册,第512页。

> 嘉丰公主……与普宁公主同降,有司具册礼光顺门,以雨不克,罢。
> 长林公主……贞元二年具册礼,德宗不御正殿,不设乐,遂为故事。
> 新都公主,贞元十二年下嫁田华,具礼光顺门,五礼由是废。①

公主因册封拥有封号与赖以生活的粉田、并赋,亦成为朝廷的命妇。按照唐代的命妇制度,公主属外命妇,并有一定的品级。据记载:

> 皇姑为大长公主,正一品;姊妹为长公主,女为公主,皆视一品;皇太子女为郡主,从一品;亲王女为县主,从二品。②

由此可知,唐王朝的公主们拥有作为人臣的最高品级,身份尊贵,地位极高。

2. 封号的家国意义与道教信仰寄寓

公主的封号一般是出嫁前帝王派遣使节颁布诏令并举行隆重仪式赐予的,以确定其高贵的等级与身份地位。但亦有个别未嫁册封的特例,亦有的公主的封号会发生改变,拥有多个封号。在古代,女子地位低下,多数女性连名字尚无,仅以姓氏称呼,出嫁后又以丈夫姓氏称呼,遑论封号。

对比公主与后妃的封号,亦可发现,与强调贤良淑德女德、容貌等特质的后妃封号,如淑、贤、德、惠、丽、华、昭仪、昭容、昭媛、修仪、修容等不同,公主的封号具有极强的家国特质,要么以国郡等地域为名,要么以象征国家国泰民安、长治久安、和美宜居、升平安乐、福寿安康等的吉祥词语命名,如玄宗女的美名信成、昌乐、永宁、兴信(徙封宁亲)、咸宜、宜春、广宁、万春、太华、寿光、乐城、新平、寿安等,仅个别公主的追赠谥号,据其德行涉及女德,如齐国昭懿、赵国庄懿、韩国贞穆、魏国宪穆、郑国庄穆、燕国襄穆、梁国恭靖、梁国惠康、郑国温仪、岐阳庄淑等,但即便如此其前亦有家国、地域的限定。对此《唐会要·公主》亦有表述:

> 凡公主封有以国名者,郧国、代国、霍国是也;有以郡名者,平阳、

---

① 〔宋〕欧阳修、宋祁等:《新唐书》卷八三《诸帝公主传》,第十二册,中华书局1975年版,第3663、3664页。
② 《新唐书》卷四六《百官一》,第四册,第1188页。

宣阳、东阳是也；有以美名者，太平、安乐、长宁是也。惟元宗之女，皆以美名名之。①

而玄宗朝宋璟则拟有《定诸王公主封邑名号奏》：

> 窃以郑郯王等皆傍有古邑字，臣等以类（《册府元龟》作"数"）推择（《册府元龟》无"择"字），谨件（《册府元龟》作"条"）三十国名。……又公主邑号，亦选择三十美名；皆文不害意，言足定体。又令臣等别撰一佳名及一美邑号者。七子均养，百王至仁，今若同等别封，或缘母宠子爱，骨肉之际，人所难言。……上彰覆载无偏之德。②

虽说其地域封号"与所封的国、郡也没有什么关系"③，与其实际封地无关，所封美名也不一定与其性格、形象吻合，但显然寄寓着唐皇室希望长久掌控天下的家国寄托与期许，而追赠的谥号则多为据公主事迹、个性的论定评判。

另有一些崇道入道公主的封号，则与其道教信仰有关，如玉真、金仙、灵仙、玉清、华阳、玉虚等，亦有一些公主虽入道，但史书仅记其入道前封号，如文安、平恩、浔阳、邵阳、永嘉、永安、义昌、安康等。

3. 未嫁册封特例

作为天女、帝女，唐代公主高贵的身份地位虽得自天生，但其封号多要到成年及笄出嫁时经过册封礼，才会获得。但偶尔也会破例，如高祖女淮南公主年仅三岁即被册封，代宗女华阳公主未出嫁时亦册封；亦有早薨未及出嫁册封的，如中宗女永寿公主，玄宗女普康公主，代宗女灵仙、真定、玉清公主等。

另有太宗女汝南、金山公主，玄宗女孝昌、灵昌、上仙、怀思、宜春公主，代宗女玉虚、西平、章宁公主，德宗女普宁、义川、晋平公主，顺宗女临汝、平恩、邵阳公主，宪宗女衡阳、普康、义宁、贵乡公主等，因早薨，史书虽未明确叙说其封号为追封，但按常规应是未嫁册封或追封之号。

---

① 〔宋〕王溥：《唐会要》卷六《公主》，商务印书馆1935武英殿聚珍版，第63页。
② 〔清〕董诰等：《全唐文》卷二〇七，第三册，中华书局1983年版，第209页。参见〔宋〕王钦若等编纂，周勋初等校订：《册府元龟》卷三二〇《宰辅部》，凤凰出版社2006年版，第3624页。《全唐文新编》卷二〇七第一部，第四册，第2374页。
③ 高世瑜：《唐代妇女》，三秦出版社1988年版，第31页。

4. 加封与追赠特例

唐代公主中亦存在生前未册封死后追封，或已册封又追封长公主、大长公主，以及追赠谥号。如高宗女定安公主（《诸帝公主传》未列）被追封，义阳公主被加赠金城长公主〔《唐故袁州刺史右监门卫将军驸马都尉天水权君（毅）墓志铭（并序）》①〕；中宗女永泰郡主"以神龙元年追封为永泰公主"（《大唐永泰公主志石文》②）；睿宗女凉国公主"载瞻汤沐，爰赋井田，其创也与多于仙源，其徙也称长于凉国"（《凉国长公主神道碑》③）。

亦有公主去世获得追赠谥号。《旧唐书》记载："故唐安公主赐谥曰庄穆。公主赐谥，自唐安始也。"④此事在唐人笔记《大唐传载》中载录更详细〔但称唐安公主谥为贞穆，有出入。《唐会要》则记叙为："义章（降张茂宗……赠郑国，谥庄穆。）"⑤《新唐书》为"郑国庄穆公主，始封义章。下嫁张孝忠子茂宗。薨，加赠及谥。"⑥〕：

> 贞元中，张茂宗所尚义章公主，赠郑国公主，谥为庄穆。韦宥所尚故唐安公主，赠韩国公主，谥为贞穆。所司择日册命。国朝以来，公主即有追封者，未有加谥者。公主追谥，自此始也。⑦

关于公主追赠谥号从唐安公主开始之说需商榷，高宗时其长女被赐谥号，据《旧唐书·高宗本纪》载：

> （麟德元年春三月）丁卯，长女追封安定公主，谥曰思，其卤簿鼓吹及供葬所须，并如亲王之制，于德业寺迁于崇敬寺。⑧

---

① 穆兴平、白艳妮：《唐义阳公主驸马权毅墓志考》，《乾陵文化研究》第九辑，三秦出版社2015年版，第365页。
② 吴钢主编，陕西古籍整理办公室编，王阳京等点校：《全唐文补遗》第一辑，三秦出版社1994年版，第84页。《全唐文新编》卷二六七，第二部第一册，第3029页。
③ 〔宋〕李昉：《文苑英华》卷九三三《碑九○·神道五二·妇人上》，第六册，中华书局影宋刊补配明刊本1956年版，第4908页。赵平编辑的《中国西北地区历代石刻汇编》第三册有拓片，但漫漶不清（天津古籍出版社2000年版，第54页）。《全唐文新编》第二部有录文，第2887—2888页。
④ 〔五代后晋〕刘昫等：《旧唐书》卷一三本纪一三《德宗本纪下》，第二册，中华书局1975年版，第390页。
⑤ 《唐会要》卷六，第63页。
⑥ 《新唐书》卷八三《诸帝公主传》，第3664页。
⑦ 〔唐〕佚名撰，罗宁点校：《大唐传载》，中华书局2019年版，第10—11页。
⑧ 《旧唐书》卷四本纪二《高宗本纪》，第一册，第85页。

另据沈佺期拟《故安兴公主谥议文》(《唐大诏令集》《全唐文》无"故"字)可知,睿宗第二女安兴公主亦有谥号,其许嫁薛林,早薨,谥昭怀。睿宗第三女淮阳公主,据《唐淮阳公主墓志》:"景云二年七月十六日,有制追封淮阳公主。史臣考行谥曰:恭懿。"①

再参照《新唐书》公主本传,可知对唐代公主追加谥号之举,在唐代高宗武后时期即有提议,且有施行。但此后再无公主追加谥号之记载,直到德宗贞元时期。而宪宗女梁国惠康公主追加谥号的情形,韩愈在诗歌中亦有吟咏,《梁国惠康公主挽歌二首》其一写道:"定谥芳声远,移封大国新。"②

(二)唐代公主的虚封食邑与食实封

唐代公主的封户有食邑与食实封之分。公主的食邑与食封,不同于一般贵族,有专有名词"汤沐""汤邑",如"汤邑揖美,家陪撰德"〔《大唐故临川郡长公主墓志铭(并序)》③〕、"宠盛簪珥,邑延汤沐"(《大唐永泰公主志石文》④)。而"汤沐"邑,源于周朝分封制度,是天子赐封朝见诸侯的王畿之地,供其住宿、斋戒与沐浴,亦称"汤邑""井邑"。井赋亦来自周朝制度,据《周礼》当时"五曰贡赋,以驭其用……(注云:'家邑,大夫之采地……大都,公之采地,王子弟所食邑也'。)案:都鄙制井田。小司徒井牧之法,四井为邑,四县为都。故大夫曰家邑,公卿子弟曰大小都。"⑤如"赋列千乘,家开万井"(《大唐永泰公主志石文》⑥)另有"脂田""脂赋""沐赋""粉田"之特殊称谓。如高祖女高密公主的封田,据其女《大唐故邳国夫人段氏墓志铭(并序)》称"脂田超于鲁邑,沐赋广于湖阳"⑦;太宗女遂安公主封田,据其驸马《大唐故使持节歙州诸军事歙州刺史驸马都尉王君(大礼)墓志

---

① 拓片,录文见赵力光主编:《西安碑林博物馆新藏墓志汇编》上,线装书局2007年版,第291页。

② 〔清〕方世举笺注,郝润华、丁俊丽整理:《韩昌黎诗集编年笺注》卷九,中华书局2012年版,第512页。

③ 西安昭陵博物馆藏石,拓片见中国文物研究所、陕西省古籍整理办公室:《新中国出土墓志》陕西一上,文物出版社2000年版,第81页。录文见《唐代公主墓志辑略》,第67页;周绍良、赵超主编:《唐代墓志汇编续集》永淳〇〇九,上海古籍出版社2001年版,第260—261页;张沛编著:《昭陵碑石》,三秦出版社1993年版。

④ 《全唐文补遗》第一辑,第84页。《全唐文新编》卷二六七,第二部第一册,第3029页。

⑤ 〔清〕孙诒让著,汪少华整理:《周礼正义》卷二《天官·大宰》,中华书局2015年版,第81页。

⑥ 《全唐文补遗》第一辑,第84页。《全唐文新编》卷二六七,第二部第一册,第3029页。

⑦ 《昭陵碑石》,第121页。

铭(并序)》言"大姬戚重,苑丘广其脂赋;鲁元望降,宣平崇其井邑"①;另有"始封汤邑,俄赐粉田"(《唐昌公主墓志铭》②)、"乃疏汤邑,仍锡粉田"(《册益昌公主文》③)等。唐诗多采用"汤沐"之称,从唐诗的叙述看,"汤沐三千",应是指其虚封食邑,偶用"脂粉田""粉田",如"汤沐荣天女"④、"汤沐三千赋"⑤(李乂《淮阳公主挽歌》《高安公主挽歌二首》其一)、"雾湿汤沐地,霜凝脂粉田"〔权德舆《赠梁国惠康公主挽词(〈全唐诗〉作"挽歌词二首")》⑥〕、"追饰崇汤沐"(权德舆《赠郑国庄穆公主挽歌二首》其一)、"粉田风露寒"(权德舆《赠魏国宪穆公主挽歌词二首》其二)、"汤沐成陈迹"〔羊士谔《梁国惠康公主挽歌词二首(驸马即司空于公之子)》其一〕、"汤沐疏封在"(李敬方《太和公主还宫》)等。

1. 唐代公主的虚封食邑

食邑为虚封,户数远超食实封。史书记叙极少,但出土墓志较多,可知唐初高祖、太宗时,公主食邑多为三千户。如高祖女淮南公主武德六年"册拜淮南郡公主,食邑三千户。帝子、帝妹、帝姑、帝孙,书契以来,崇高斯极"⑦,而食实封仅有三百户,高宗时作为长公主又追加五十户,才达到三百五十户。太宗女临川公主,"食邑三千户"⑧,(《临川公主册封诏书》拓片为"三千户",《唐代公主墓志辑略》《唐代墓志汇编续集》录文均为"二千户",当以拓片为是)。另据李俨撰文、畅整书《大唐故清河长公主碑》记载"贞观二年,诏封清河郡公主,食邑三千户"⑨。据《大唐故长乐公主墓

---

① 《全唐文补遗》第一辑,第 49 页。
② 参见张全民《〈唐昌公主墓志铭〉考释》(《唐研究》卷二〇,北京大学出版社 2014 年版,第 265—267 页)录文和拓片。
③ 《文苑英华》卷四四六《翰林制诏二七·册文五·公主册文》,第三册,第 2257 页下。〔宋〕宋敏求:《唐大诏令集》卷四一《公主·封号》,中华书局 2008 年版,第 199 页。《全唐文》卷八三八,第九册,第 8825 页。
④ 《文苑英华》卷三一〇《挽歌》,第二册,第 1589 页。《全唐诗》卷九二,第二册,第 992 页。
⑤ 《文苑英华》卷三一〇《挽歌》,第二册,第 1590 页。《全唐诗》卷九二,第二册,第 993 页。
⑥ 《文苑英华》卷三一〇《挽歌》,第二册,第 1594 页。《全唐诗》卷三二七,第五册,第 3666 页。郭广伟校点:《权德舆诗文集》卷八,上海古籍出版社 2008 年版,第 135 页。
⑦ 《大唐故淮南大长公主墓志铭(并序)》,《唐代公主墓志辑略》,《碑林集刊》第三辑,第 64 页。《唐淮南大长公主墓志所反映的唐代历史问题》,《华夏考古》2008 年第 2 期,第 135 页。
⑧ 《新中国出土墓志》陕西一上有《大唐故临川郡长公主墓志铭(并序)》拓片,无录文,食邑户数漫漶不清(第 81 页)。《唐代公主墓志辑略》录文为"二千户"(《碑林集刊》第三辑,第 67 页)。《唐代墓志汇编续集》永淳〇〇九无拓片,有录文(文后标识录自西安昭陵博物馆藏石)为"二千户"(第 260 页)。出土诏书《唐临川公主墓出土的墓志和诏书》有《贞观十五年封临川郡公主诏刻石》拓片,其食邑数清晰显示为"三千户"(《文物》1977 年第 10 期,第 52 页)。《全唐文补遗》第一辑无拓片,有录文亦为"三千户"(第 1 页)。
⑨ 《全唐文新编》卷二〇一,第一部第四册,第 2292 页。

志》"贞观二年,诏封长乐郡公主,食邑三千户。礼优珪组,赋极膏腴。地兼城阳,帝刘愧其茂册;邑启长乐,皇音恧其徽章"①。李义府《大唐故兰陵长公主碑》云"食邑三千户……永徽元年,别拜长公主,仍加封五十户,〔《昭陵碑石》有'(空十五格)'〕恩崇汤沐,宠茂辐辁"②;《大唐故新城长公主墓志铭》云"以永徽三年五月廿三(张云录作'二')日,改封新城郡长公主,增邑三(《全唐文补遗》作'五')千户"③。公主食邑在唐诗中亦有反映。李乂《高安公主挽歌二首》其一云"汤沐三千赋"④,公主开元时去世,但仍以三千食邑代指其富贵。张谓《玉清公主挽词》〔《全唐诗》作《玉清公主挽歌(代宗之女)》〕亦云"初封千户邑"⑤,可见时人对公主食邑的基本认识。

2. 唐代公主的食实封

公主出嫁后的实际利益、经济来源在于"食实封",即国家封给的一定数量的土地与农户,征收封户的租调钱粮、布帛等。高世瑜《唐代妇女》指出公主出嫁后赐封"作衣食之资",但接着说唐玄宗时起,未嫁公主也有赐给的⑥。

唐代公主的封户亦随时代不同发生变化,史书对此有简要叙述。初唐时,据《新唐书》记载:

> 唐制:亲王封户八百,增至千;公主三百,长公主止六百。高宗时,沛英豫三王、太平公主武后所生,户始逾制。垂拱中,太平至千二百户。圣历初,相王、太平皆三千……神龙初,相王、太平至五千,卫王三千……安乐公主二千,长宁千五百,宣城、宜城、宣安各千,相王女为县主,各三百。相王增至七千,安乐三千,长宁二千五百,宜城以下二千。相王、太平、长宁、安乐以七丁为限,虽水旱不蠲,以国租、庸满之。⑦

可知,唐初公主的封户并不多,且远低于亲王。

---

① 拓片见吴钢主编:《隋唐五代墓志汇编·陕西卷》第二册,天津古籍出版社1991年版,第21页。录文见《唐代墓志汇编续集》贞观〇三六,第29页。
② 《昭陵碑石》,第148页下。《全唐文新编》卷一五三,第一部第三册,第1759页。
③ 《全唐文补遗》第五辑,三秦出版社1998年版,第127页。另见《唐〈新城长公主墓志〉考》,《碑林集刊》第六辑,第34页。
④ 《文苑英华》卷三一〇《挽歌》,第二册,第1590页。《全唐诗》卷九二,第二册,第993页。
⑤ 《文苑英华》卷三一〇《挽歌》,第二册,第1592页。《全唐诗》卷一九七,第三册,第2025页。
⑥ 《唐代妇女》,第31页。
⑦ 《新唐书》卷八二《玄宗诸子传》,第十二册,第3615页。

而一些得到帝王极度宠爱的公主，不仅取用丰腴多丁之地，且封户往往超过规定。据《资治通鉴》"中宗景龙三年"条记载宋务光上书：

"于时食实封者凡一百四十余家……皆割上腴之田，或一封分食数州；而太平、安乐公主又取高赀多丁者，刻剥过苦，应充封户者甚于征役……征封使者烦扰公私，请附租庸，每年送纳。"上弗听。①

开元以后，对公主的封户有所抑制，据《新唐书·玄宗诸子传》记叙：

帝妹户千，中宗诸女如之，通以三丁为限。及皇子封王，户二千，公主五百。咸宜公主以母惠妃故，封至千，自是，诸公主例千户止。②

《新唐书·诸帝公主传》对此有详述：

开元新制：长公主封户二千，帝妹户千，率以三丁为限；皇子王户二千，主半之。左右以为薄。帝曰："百姓租赋非我有，士出万死，赏不过束帛，女何功而享多户邪？使知俭啬，不亦可乎？"于是，公主所禀殆不给车服。后咸宜以母爱益封至千户，诸主皆增，自是著于令。主不下嫁，亦封千户，有司给奴婢如令。③

以后的公主基本都遵从这一定例。史书中对公主食封仅有概览性的整体表述。但册封文、墓志、神道碑对此有更为具体的表述。

唐高祖、太宗时期保留的册封文不多，高宗、武后时，无公主封册文、制文，但有郡主出降册文，如：《新都郡主出降制》《乐安郡主出降制》《义安郡主出降制》《寿昌仙源郡主出降制》等，这些当时以郡主身份被封号并出降者，之后均被封为公主。

高祖女淮南公主据《大唐故淮南大长公主墓志铭(并序)》记载"永徽元年，加大长公主，旧别食实封三百户，又加五十户"，"弘道元年，又加食实封五十户"④。太宗女临川公主"(贞观)十七年，加食洪州实封三百五十

---

① 〔宋〕司马光：《资治通鉴》卷二〇九《唐纪二五》，中华书局1956年版，第6638页。
② 《新唐书》卷八二列传七《玄宗诸子传》，第十二册，第3615页。
③ 《新唐书》卷八三列传八《诸帝公主传》，第十二册，第3658页。
④ 《唐代公主墓志辑略》，《碑林集刊》第三辑，第64页。《唐淮南大长公主墓志所反映的唐代历史问题》，《华夏考古》2008年第2期，第135页。

户"[《大唐故临川郡长公主墓志铭(并序)》①]。

高宗时,太平公主深受宠爱,封户逾越制度,至武则天掌控实权的唐睿宗时,又加封,至武则天朝,与亲王等同,一再加封,中宗时,对太平、相王及其女封户颇丰;到睿宗朝,因平乱有功,封户竟增至万户。据中宗《太平公主加(〈全唐文〉作"加太平公主")实封制》云"可加实封五千户,进号镇国公主"②,可知太平不仅被赐镇国公主封号,食实封也大幅度增加。中宗还将长宁等公主的食封由一千户调至二千户,《长宁安乐公主加(〈全唐文〉作"加长宁安乐公主")实封制》云"可更加食实封一千户"③。

睿宗时又颁布《镇国太平公主加(〈全唐文〉作"加镇国太平公主")实封制》云"可加实封一千户"④,亦颁布《宣城公主加(〈全唐文〉作"加宣城公主")实封制》云"可加实封五百户"⑤。

而高安公主的实食封在中宗时为一千户,至睿宗时增为一千五百户,至玄宗时逐渐增至两千户,据《高安长公主神道碑》:"中宗禹物不改,汉仪初复,乃命宗正卿李珍册拜宣城长公主,食实封一千户,并置府僚,比侯王之封,齐令丞之秩。太皇御极,又增五百户,改封于高安,且重永康之册,允符长广之拜。今上握图,又通前加至二千户,尚于德,先于亲也。"⑥

玄宗朝公主册封制文极多。《封唐昌公主等制(开元十六年)》《常芬公主(〈全唐文〉作"加常芬公主")食实封制》等记载了玄宗诸女的食封情况:

> 第四女可封唐昌公主,第六女可封常山公主,第八女可封宁亲公主,各食实封五百户。⑦
>
> 常芬公主……可食实封五百户。⑧

---

① 西安昭陵博物馆藏石,拓片见《新中国出土墓志》陕西一上,第81页。录文见《唐代公主墓志辑略》,《碑林集刊》第三辑,第67页;《唐代墓志汇编续集》永淳〇〇九,第260页。
② 〔宋〕宋敏求:《唐大诏令集》卷四二《公主·加实封》,中华书局2008年版,第204页。《全唐文》卷一六,第一册,第192页。
③ 《唐大诏令集》卷四二《公主·加实封》,204页。《全唐文》卷一六,第一册,第196页。
④ 《唐大诏令集》卷四二《公主·加实封》,第204页。《全唐文》卷一八,第一册,第214页。
⑤ 《唐大诏令集》卷四二《公主·加实封》,第204页。《全唐文》卷一八,第一册,第219页。
⑥ 《文苑英华》卷九三三《碑九〇·神道五二·妇人上》,第六册,第4908页。《全唐文》卷二五七,第三册,第2608页上。
⑦ 《唐大诏令集》卷四一《公主·封号》,第194页。《全唐文》卷二四,第一册,第267页。
⑧ 《唐大诏令集》卷四二《公主·加实封》,第205页。《全唐文》卷二三,第一册,第270页。

从中大略得知经高宗至睿宗时的逾制情形后，从玄宗朝开始，遵循旧制，以五百户为标准。亦可和史书记载相互参证。

但其后增至一千户，据玄宗时的《封临晋公主制》《封高阳公主制》《封太华公主制》《封寿光公主等（"等"字〈全唐文〉作"乐成公主"）制》《封广宁公主制》等册文记载："第二女……食实封一千户"①，"第二十女……食实封一千户"②，"第二十一女……食实封一千户"③，"二十二女……二十三女……仍各食实封一千户"④，"顺成公主……依前实封一千户"⑤。孙逖拟《封高都公主等制》《封永宁公主制》《封平昌公主制》云"第十一女等……可依前件，仍各实封一千户"，"第十七女……实食封一千户"，"第十九女……食邑一千户"⑥。

玄宗朝的长公主实食封更多，如金仙长公主，据《大唐故金仙长公主（无上道）志石铭（并序）》云"进封长公主，加实赋一千四百户焉"⑦。郐国长公主食实封则有一千二百户、一千四百户、一千一百户、一千百户之说⑧，《张说集校注》为"一千一百户"，又作注释"底本原注：'唐文作四'。《英华》、朱刻作'二'，《全文》作'四'，伍刻、《四库》无此字"⑨。《文苑英华》收《郐国长公主神道碑》云"推恩由已，进封郐国长公主，食邑一千二百户。田赋广而弥俭，礼秩尊而益恭"⑩。但根据出土神道碑铭看，"户"前所刻字迹虽稍有漫漶，但仍残留有左右两竖的痕迹，以此推断不可能为"二"和

---

① 《文苑英华》卷四四六《翰林制诏二七·册文五·公主册文》，第三册，第2257页下。《唐大诏令集》卷四一《公主·封号》，第194页。《全唐文》卷二三，第一册，第275页。
② 《唐大诏令集》卷四一《公主·封号》，第194页。《全唐文》卷二四，第一册，第279页。
③ 《唐大诏令集》卷四一《公主·封号》，第195页。《全唐文》卷二四，第一册，第283页。
④ 《唐大诏令集》卷四一《公主·封号》，第195页。《全唐文》卷二四，第一册，第283页。
⑤ 《唐大诏令集》卷四一《公主·封号》，第195页。《全唐文》卷二四，第一册，第289页。
⑥ 《文苑英华》卷四四六《翰林制诏二七·册文五·公主册文》，第三册，第2258页上。《唐大诏令集》卷四一《公主·封号》，第194页。《全唐文》卷三一〇，第3151页。
⑦ 拓片见《隋唐五代墓志汇编·陕西卷》，第三册，第162页。录文见《唐代墓志汇编续集》，第553页。
⑧ 有关郐国公主食邑具体户数在文献流播中出现的数目不等问题，朱玉麒《郐国长公主碑——御书刻石与文本流传》（荣新江主编：《唐研究》第二三卷第2期，北京大学出版社2017年版）一文在对石刻及传世文献中的异文做出逐一罗列时，即有关注，并指出《新唐书》中的录文应是据碑志而来，亦认为此文的流传存在碑志与张说家中所出文集本两大系统，而出现异文时应以碑志为主。其文并未就具体户数做出细究，而张说集仅为一千一百户，似仅存整数，脱落或遗漏具体的数字，出土碑志于此之后显然有数字，但又稍有漫漶。
⑨ 〔宋〕姚铉：《重校正唐文粹》卷五五之下，《四部丛刊》影元翻宋小字本。熊飞校注：《张说集校注》卷二一《碑》，第三册，中华书局2013年版，第1015、1018页。
⑩ 《文苑英华》卷九三三《碑九〇·神道五二·妇人上》，第六册，第4910页。《重校正唐文粹》卷五五之下。

"一"字,更可能是"四"字,根据其时的唐制,规定公主封户五百,又至一千

图1 郇国长公主神道碑铭刻"食邑"细节图
(图片来源:《郇国长公主神道碑铭》①)

户,而比公主等级高的长公主,封户以礼应高于公主,所以张说集中的一千百户之说,显然脱漏具体的数字。同时对比金仙长公主碑志所载一千四百户,与其等级相同的郇国长公主实食封亦应为一千四百户。

玄宗之后无封制文言及公主食实封的具体情况,基本是在封文后言"可依前件",如《封永阳长公主制》《封真宁公主等制》《封十二妹等四人长公主制》《封太和长公主制》《封延庆公主等制》《封万寿公主制》②等,于是从旧典可知其整体情形。

3. 食实封的管理:公主邑司

公主邑司主要管理其食邑收入等事务,据《唐六典·诸王府公主邑司》记载:

> 公主邑司,令一人,从七品下;丞一人,从八品下;录事一人,从九

---

① 《郇国长公主神道碑铭》,见《中国西北地区历代石刻汇编》第三册,第55页。
② 《唐大诏令集》卷四一《公主·封号》,第196页。

品下。公主邑司官各掌主家财货收入、田园征封之事。①

唐玄宗开元中改为由国家统一收取,然后再交给她们。到唐代宗时,公主实封已渐成虚名,改由国家直接拨给封物,如德宗皇帝颁布《给公主等封物勅》:

> 又勅(《唐会要》有此二字)诸公主,每年各给封物七百段疋,此依旧例,春秋两限支给。诸郡主每季各赐钱一百贯文,诸县主每季各赐钱七十贯文。其郡县主婿见任前资正员外员官等,一依支给。②

《唐会要》收录此诏令,并叙及具体时间,在"贞元六年十一月"③。宣宗时为规避公主邑司干政的风险,曾专门制定敕书,据《旧唐书》记载:

> (大中五年)八月,敕:"公主邑司,擅行文牒,恐多影庇,有紊条章。今后公主除缘征封外,不得令邑司行文书牒府县,如缘公事,令邑司申宗正寺,与酌事体施行。"④

从敕文可知,宣宗时只允许公主邑司发文牒征赋,其他公事不允许擅自发文,须交给宗正寺酌酌后裁定。

二、唐文所见公主册封、追赠谥号的原因

唐文中的公主墓志、神道碑、册封文等,提供了大量的史书之外公主册封的材料,从中可知,公主册封、加封等原因。

(一)出嫁册封的原因

唐代公主受册封的原因如《封长宁公主等制》中所言,是因为品性纯良并予以发扬光大(当然长宁公主品性并非如制文所言,但申说赐封理由

---

① 《唐六典》卷九,第733—734页。
② 《全唐文·唐文拾遗卷五·德宗皇帝》,第10422页。《全唐文新编》第一部,第一册,第671页。
③ 《唐会要》卷六《杂录》,第71页。
④ 《旧唐书》卷一八下本纪一八下《宣宗本纪》,第二册,第629页。

时需述及),也是为展父兄亲情,还因皇室基业重建据礼仪册封:

璇(《全唐文》阙)宿扬辉,爰称婺女;绛河分彩,是曰天孙;柔德所资,乃生淑媛。长宁公主等,孕灵圆魄,禀粹方仪,载极幽闲,用光婉顺。皇基再造,景命维新,凡在懿亲,咸申礼命。肃雍之地,未展徽章,宜正此银宫,署兹金榜;并开汤沐,广宣朝庆。可依前件。①

但凡册封公主的制文,对其原因均会有所交代,总结起来大致为三点:
1. 立爱展亲与保障生活
册封是公主出嫁,帝王向普天之下昭示爱心、亲情与恩典,赐予公主的一种生活保障。这在册封文中几乎均有表述,如"特荷掌中之爱,尤钟膝下之慈","文皇帝爱既缠心,特流(阙二字)"(李义府《大唐故兰陵长公主碑》②)等。

玄宗朝的《封(〈全唐文〉有"皇第二女为"等字)常芬公主等制(开元三年十二月)》《封唐昌公主等制(开元十六年)》云:

朕抚临亿兆,宪章古昔,俾裂河山之赋,用畴汤沐之恩。③
今选婚华族,待礼笄年,宜加玺绶之典,俾开汤沐之赋。④

而玄宗朝孙逖拟《封高都公主等制》《封永宁公主制》叙及食实封常在公主及笄或将归(出嫁)时,而汤沐之赐是为了"车服之用":

初笄甫及,外馆将归,宜司(《唐大诏令集》《全唐文》作"因")待礼之期,式备疏封之典。
将择近日,言遵下嫁,宜承汤沐之赐,以备车服之庸(《唐大诏令集》作"容")。⑤

白居易拟《封太(〈文苑英华〉作"大")和长公主制》亦清楚言明:"公

---

① 《唐大诏令集》卷四一《公主·封号》,第193页。《全唐文》卷一六,第一册,第195页。
② 《全唐文新编》卷一五三,第一部第三册,第1759页。
③ 《文苑英华》卷四四六,第2257页下。《唐大诏令集》卷四一《公主·封号》,第193页。《全唐文》卷二五三,第2557页。
④ 《唐大诏令集》卷四一《公主·封号》,第194页。《全唐文》卷二四,第一册,第267页。
⑤ 《文苑英华》卷四四六《翰林制诰二七·册文五·公主制文》,第三册,第2258页上。《唐大诏令集》卷四一《公主·封号》,第194页。《全唐文》卷三一〇,第四册,第3151页。

主之封号也,或以善地,或以嘉名,立爱展亲……俾开汤沐之封。"①蒋廷珪为唐昭宗拟《册益昌公主文》亦言"鬻钟爱以分封"②。

2. 沿袭遵从旧典恒规

唐代公主的册封文均强调册封源于旧典恒规,且多数在诏令起句即陈述。李义府《大唐故兰陵长公主碑》云"汤沐之典,抑有恒规"③,玄宗朝《封唐昌公主等制(开元十六年)》《封(〈全唐文〉有"皇第二女为"等字)常芬公主等制(开元三年十二月)》《封临晋公主制(开元二十五年十二月)》《封高阳公主制(开元二十九年)》《封太华公主制(天宝四年)》《封寿光公主等("等"字,〈全唐文〉作"乐成公主")制》,孙逖拟《封高都公主等制》《封永宁公主制(开元二十六年)》《封平昌公主制》等制文,均在起始即言明册封源于通典、旧制:"邦女下嫁,义著周经,帝子建封,制存汉传"④,"汤沐建封,古今通典","黄门:诸女皆封,先王之制"⑤,"疏封锡号,礼典攸在","汤沐疏封,古训斯在","皇帝二十二女,二十三女……式备开封之制"⑥,"汤沐之赐,爱著国章","门下:自昔帝女,必建封邑,典章不易,等数犹(《唐大诏令集》作'攸',《全唐文》作'犹')存","《礼》有封建,久存于简策。……宜开汤沐,俾叶典章。"⑦

白居易拟《封太和长公主制》将其原因精简概括为"兹惟旧典"⑧。蒋廷珪拟《册益昌公主文》起始即言"粤(《唐大诏令集》无'粤'字)昔汉颁鲁国,魏锡常山……前王茂典,历代成规。朕今嗣守,不敢失坠"⑨,文中仍申说"爰稽(《唐大诏令集》作'考')旧章,俾率彝训(《唐大诏令集》作'制')"。

---

① 《唐大诏令集》卷四一《公主·封号》,第196页。《文苑英华》卷四四六《翰林制诏二七·册文五·公主册文》第三册,第2258页下。《全唐文》卷六五九,第七册,第6701页。朱金城笺校:《白居易集笺校》卷五三,上海古籍出版社1988年版,第3081页。

②⑨ 《唐大诏令集》卷四一《公主·册文》,第199页。《文苑英华》卷四四六《翰林制诏二七·册文五·公主册文》,第三册,第2257页下。《全唐文》卷八三八,第九册,第8825页。

③ 《全唐文新编》卷一五三,第一部第三册,第1759页。

④ 《唐大诏令集》卷四一《公主·封号》,第194页。《全唐文》卷二三,第267页。

⑤ 《文苑英华》卷四四六《翰林制诏二七·册文五·公主册文》,第三册,第2257页下。《唐大诏令集》卷四一《公主·封号》,第193、194页。《全唐文》卷二五三、卷二三,第275、2557页。

⑥ 《唐大诏令集》卷四一《公主·封号》,第194、195页。《全唐文》卷二四,第一册,第279、283页。

⑦ 《文苑英华》卷四四六《翰林制诏二七·册文五·公主册文》,第三册,第2258页上。《唐大诏令集》卷四一《公主·封号》,第194页。《全唐文》卷三一〇,第四册,第3151页。

⑧ 《全唐文》卷六六九,第七册,第6701页。《白居易集笺校》卷五三,第3081页。

3. 品性表彰及广妇道

蒋廷珪作《册益昌公主文》明言"繇钟爱以分封,亦旌贤而别壤"①,指出册封原因之一是表彰公主的贤明品性。唐代的公主册封文亦均用较多篇幅表述公主的卓越品性,以宣示册封源于表彰公主品性。李义府《大唐故兰陵长公主碑》云"第十九女,理识幽闲,质性柔顺,幼娴礼训,夙镜诗文"②。

玄宗朝的《封临晋公主制》《封高阳公主制》《封太华公主制(天宝四年)》《封广宁公主制》,孙逖拟《封高都公主等制》《封永宁公主制》《封平昌公主制》等制文,均在起句表明源于通用经典旧例后,承接对公主品性的叙写:"第二女,性与柔和,生知法度","第二十女,资身淑慎,禀训柔明","第二十一女……璁珩既佩,柔愿无违","顺成公主……惠心有孚,淑问斯著。凤蕴柔闲之操,克彰婉娩之规","第十一女等……温惠之性,颇有天姿","第十七女,幼而闲和,长实徽懿,引图史以自鉴,用肃雍而成德","第十九女,尚柔成德,克顺由衷,禀于天然,自有闲和之性"。蒋廷珪拟《册益昌公主文》亦言:

> 咨尔第七女,兰茝(《全唐文》作"芷",并注出《诏令》作"茝")芳猷,肃雍懿范。坤顺之性,体于自然。天倪(《全唐文》作"倪")之资,禀于阴教。不明尔德,孰慰我心。③

册封公主,还是为了推广、宣扬妇德之教化,如《大唐故纪国大长公主墓志铭》所云"汤沐疏封,内广《关雎》之化"④。孙逖拟《册信成公主文》《册昌乐公主文》《册高都公主文》《册永宁公主文》在起句交代具体时间,接着引经典(多为《诗经》)表明公主出嫁正人伦、正内外、成教化、成妇道的缘由与意义后,均会对公主的品性做以综述:

> 咨尔信成公主,淑慎由衷,聪(《唐大诏令集》作"柔")明形外。
> 昌乐公主,生知法度,性与柔和,亚闻彤史之言,颇识采蘋之事。
> 咨尔高都公主,生于公宫,自禀幽闲之性;教以师氏,更彰(《唐大

---

① ③ 《唐大诏令集》卷四一,第199页。《文苑英华》卷四四六,第2257页下。《全唐文》卷八三八,第8825页。
② 《全唐文新编》卷一五三,第一部第三册,第1759页。
④ 《全唐文》卷六三一,第七册,第6364页。吕温:《吕衡州文集附考证》卷七,中华书局1985年版,第77页。

诏令集》作"有")徽柔之则。能循法度,克慎言容。

咨尔永宁公主,自幼及长,终温且惠,引图史为镜鉴,用柔和为粉泽。许嫁而笄,既遵于礼(《全唐文》作"彝")典;备物之册,宜承于宠命。①

代宗朝,有《册普宁公主出降(〈全唐文〉无"出降"二字)文》:

咨尔普宁公主,孝敬闲婉,朗然夙成,法度言容,资于内训。②

代宗女嘉诚公主,德宗时才被册封,其缘由陆贽《册嘉成(〈文苑英华〉〈全唐文〉作"诚")公主出降(〈文苑英华〉〈全唐文〉无"出降"二字)文》言:

咨尔嘉成(《文苑英华》《全唐文》作"诚")公主,孝友柔谦,外和内睦(集、《全唐文》作"外和内敏"),公宫禀训,四实(集、《全唐文》作"德")备修(十六字《唐大诏令集》作"特禀生知,重承先训,行必中则,意不违仁。柔谦惠和,孝友纯懿,嘉乃全德,时惟成人")。③

宪宗朝则有《封真宁公主等制》:

门下:第二女等,皆以柔懿,备闻风训。④

武宗朝有《封延庆公主等制》:

并禀庆绛河,流芳彤管,秾华懿淑,雅志静专。柔顺之心,叶于礼度;肃雍之道,发(《全唐文》作"庆")于言容。⑤

---

① 《文苑英华》卷四四六《翰林制诏二七·册文五·公主册文》,第三册,第2256页。《唐大诏令集》卷四一《公主·封号》,第198页。《全唐文》卷三一一,第四册,第3154、3155页。
② 《唐大诏令集》卷四二《公主·出降册文》,第203页。《全唐文》卷四九,第一册,第537页。
③ 陆贽著,刘泽民校点:《陆宣公集》,浙江古籍出版社1988年版,第50页。《文苑英华》卷四四六《翰林制诏二七·册文五·公主册文》,第三册,第2257页。《唐大诏令集》卷四二《公主·出降册文》,第203页。《全唐文》卷四六四,第五册,第4744—4745页。
④ 《全唐文》卷五六,第一册,第607页。
⑤ 《唐大诏令集》卷四一《公主·封号》,第197页。《全唐文》卷七六,第一册,第801页。

宣宗《封长女等为公主制》,《唐大诏令集》作《封万寿公主等制》:

> 长女等坤道禀柔,条风育德。庄敬柔顺,受粹气于灵源;言容法度,穆昭徽于《内则》。祥降北渚,教袭南薰,克茂天和,更承姆训。虽年方龆龀,而体备肃雍,用洽宠私,俾开井赋。①

宣宗女盛唐公主,蒋伸拟《封盛唐公主制》对其符合女德、妇道的品性这样叙写:

> 第七女……孝敬生知,柔闲早(《唐大诏令集》作"凤")禀……法度自持,秋华益茂。②

不管公主是否具备这个品性,但从上述册文不难看出唐皇室所认同的册封公主的原因,还在于以此表彰公主的品性,并广妇道、成教化。

(二)未嫁册封的原因

唐王朝尚有少数公主未嫁、未成年即被册封,作为特例其册封目的、原因在册封文中往往表述更详细:一是源于公主的美德才华、仪容法度等品性,已达到成人的标准;二是公主多病,长期沉绵于枕席,命运特殊;三是源于帝王对公主的宠爱;四是用以缅怀和悼念公主。

1. 表彰德行已如成人的公主

如代宗《册华阳公主文》用诸多文字表述公主之德行、品性,并言明公主虽未出嫁,但声誉、品德已如成人,所以册封:

> 皇帝若曰:汉家旧制,诸女皆封,仪服比于藩王,膏腴封其井赋。咨尔第某女……仁孝才明,凤有天资之庆;言容法度,成于壶教之慈。敏达知微,周旋中节。肃雍是宪,婉静流芳。虽仅在龆年,礼未主于同姓;而载扬淑问,德已冠于成人。宜锡典章,用疏国邑,是用册曰某公主。③

---

① 《唐大诏令集》卷四一《公主·封号》,第197页。《全唐文》卷七九,第一册,第825页。
② 《文苑英华》卷四四六《翰林制诰二七·册文五·公主册文》,第三册,第2258页。《唐大诏令集》卷四一《公主·封号》,第197页。《全唐文》卷七八八,第八册,第8242页。
③ 《唐大诏令集》卷四一《公主·封号》,第199页。《全唐文》卷四九,第一册,第536页。

2. 伤悼命运殊异有兼爱之慈的公主

其《追封华阳公主制》先是述及周汉礼仪制度,接着惋叹公主卓富德行却早夭,未及婚配,然后列举东汉时未嫁追封之例;又详述公主的仁孝及事例,最后申说追封之原因,包括因其殊常之命与兼爱之慈:

> 周汉之仪,汤沐之制,车服次于王后,容卫荣于戚藩。其有(《全唐文》无"有"字)淑德竟夭于茂年,成礼未主于同姓。则加其懋荣,举于前典。是以东汉追平原之封……故第五公主,天纵柔和,性成聪敏……仁孝(《全唐文》作"义")切于衷诚,怡顺过(《全唐文》作"适")于师训。先意承旨,不待明言,省醴适馔,每加丰洁。送迎匪惮于寒暑,温清(《全唐文》作"扇")无待于傍人。甘去繁奢,乐闻礼教,将有词请,必候温颜。或遇忧劳,辄形焦色。周旋六行,讽咏七篇,霁威怒以拯危,迎(《全唐文》作"伺")欢愉而进善。常求惠下,聚请求贤,而龆龀之辰,清羸多疾……异其(《全唐文》作"在")殊常之命,实有兼爱之慈,与之名都,假以荣号。未及(《全唐文》二字阙)筑馆之盛,乃从受邑之期,优典未彰,幼龄已谢,追怀既往,痛悼滋深。方展礼于旧章,稍申哀于备物。叶予素志,厚尔饰终。可追封华阳公主。〔大历九年四月(《全唐文》无)〕①

3. 昭示念其早夭、倍轸哀情的亲情

如代宗朝《追封玉虚公主文》,先是称颂公主孝顺知礼的品性,接着叙及其修道悟道之行,最后表明追封公主是由于感念其早夭,所以追封其汤沐邑,并赐其道号:

> 故第七(《全唐文》作"六")公主……纯孝之性,自合于天经;柔顺之心,凤成于壼(《全唐文》作"阃")则。动惟中礼,言必知微(《全唐文》作"徵")。承凤烈之玄(《全唐文》作"元")风,悟道家之真箓。方开鲁馆,甫往有行,未启汉封,遽幽长往。念其早夭,倍轸哀情,用追汤沐之荣,载锡灵仙之号。可追封玉虚公主。②

---

① 《唐大诏令集》卷四二《公主·追封》,第208页。《全唐文》卷四六,第一册,第505下—506页上。
② 《唐大诏令集》卷四二《公主·追封》,第208页。《全唐文》卷四六,第一册,第506页上。

4. 表彰特殊品行尤其是孝行的特封

元稹拟《第(〈元稹集〉无"第"字)七女封公主制》：

> 长女等……朕以四海奉皇太后于南宫,问安之时,诸女侍侧。《螽斯》之庆,上慰慈颜……虽秾华尚少,出阁未期,而汤沐先施,分封有据。宜加美号,以表令仪。可依前件,主者施行。①

指出公主因勤加侍奉皇太后,以其孝行得以未出嫁而册封。

5. 告慰先帝、明敦睦之风的长公主特封

白居易拟《第十二妹等四人各封长公主制》指出"近代或有未笄年而赐汤沐者,亦如公主之号,以宠重之"的未嫁先封特例,细述其原因在于:一是"先皇帝之子也,比朕之子,宜加等焉";二是"故当幼年,各封善地,咸命为长公主,未及笄降,先开邑封,所以慰太后慈念之心";三是"表先帝肃雍之训";四是"欲使吾孝理之道,敦睦之风,自骨肉间以及天下"②。

(三)合规加封、改封与追封的原因

此外还存在加封现象,源于时间推移后其父身份的改变,或公主与帝王关系改变而来的册封改变。如一些公主,在其父还是王子、太子时,已获封县主、郡主,其父继帝位获得新号。亦有公主由帝王之女演变为继任帝王的姊妹从而加封为长公主,以及成为再继任帝王的姑母加封为大长公主的现象。

1. 表彰品行的加封长公主

其原因从加封长公主、大长公主制文可见,如白居易拟《封太(〈文苑英华〉作"大")和长公主制》云:

> 敕……第四妹(《全唐文》作"女",因为长公主,故显然有误)端明成性,和顺禀教。静无违礼,故组纴有常训;动必中节,故环珮有常声。岁茂秾华,日新淑问。乃眷肃雍之德,俾开汤沐之封。③

---

① 《文苑英华》卷四四六《翰林制诰二七·册文五·公主册文》,第三册,第2258页。《全唐文》卷六四七,第七册,第6554页。冀勤点校:《元稹集》卷四九,中华书局1982年版,第540页。

② 《文苑英华》卷四四六《翰林制诰二七·册文五·公主册文》,第三册,第2258页。《全唐文》卷六六三,第七册,第6739页。《白居易集笺校·外集卷下》,第3927页。

③ 《白居易集笺校》卷五三,第3081页。《文苑英华》卷四四六《翰林制诰二七·册文五·公主册文》,第三册,第2258页。《唐大诏令集》卷四一《公主·封号》,第196页。《全唐文》卷六五九,第七册,第6701页。

可知加封公主的原因在于公主突出的品性,又有庄严、雍容、和谐的肃雍女德。

2. 推恩、表彰公主的改封

改封公主,与加封长公主等不同,是为推恩、表彰公主采用的一种方式。如宪宗《封(〈全唐文〉"封"前有"改"字,作"改封")永昌公主制》:

> 门下:普宁公主……纂组之华,每工于经目;阿保(《全唐文》作"保阿")之训,深得于雅(《诏令》作"稚")言(《全唐文》作"稚年")。礼必叶中,言无出闱(《诏令》《全唐文》作"容礼必叶,言行无间"),从容珩璜之韵,婉娩柔嘉之仪。而封疏旧邦,礼宜改避。是择美邑,再申异恩。可改封永昌公主,主者施行。①

从制文看公主被改封的主要原因是为表彰其在礼、容、言、女红等方面的突出表现,认为旧封已不匹配公主的美德,于是选择"美邑",以伸张"异恩"。

3. 表彰品行、安慰亲人的逝后追封

唐代公主去世后追封的原因,从唐文看,一是表彰公主品行,二是安慰亲人。如永泰公主逝去后"顾复兴念,追崇峻典。铜岩北麓,剑水东湍。赋列千乘,家开万井。疏彤壤之赡腴,锡黄(《全唐文新编》作'□')泉之首命","以神龙元年追封"(《大唐永泰公主志石文》②)。元稹《追封王潜母齐国大长公主制》写道:

> 敕:检校兵部尚书王潜母赠晋国大长公主,于朕祖宗之姑姊妹也。始以肃雍之德,下嫁于公侯,淑问怡声,礼无违者。训其爱子,有过严君,不因恩泽以求郎,每致忠贞而事主。使勤富贵,戒戮廉能,郁为勋臣,实资圣善。徽猷尽在,典礼宜加。犹狭平阳之封,式广营邱之地。克宣朕命,用慰潜心。可赠齐国大长公主。③

可知,因公主生前恪守礼法且严教子嗣,使得后辈亦为国家勋臣,因此

---

① 《文苑英华》卷四四六《公主册文》,第三册,第2258页。《全唐文》卷五九,第一册,第637页。
② 《全唐文补遗》第一辑,第84页。《全唐文新编》卷二六七,第二部第一册,第3029页。
③ 《全唐文》卷六四七,第七册,第6556页。《元稹集》卷五〇,第547页。

一为表彰公主的品性,二为告慰其子,于是给予公主赠号并赐封。

(四)突破旧规加封的原因

中国古代宗法社会,极其遵从祖训与前典,若需突破规章,则必须有特殊缘由。高宗至睿宗时,女性干政意识浓厚,权力增强,以致公主食实封加倍增长。加封制文亦专门表述原因,可知其主要原因是为表彰功绩或品性突出的公主。中宗颁布的《加太平公主实封制》叙述极详,可作为典范,一开始即开明宗义,表明立场,指出尽管为敦睦宗亲制定的秩序不好逾越,但为褒扬善行,亦可突破,不会因此亲戚失和。接着极写太平公主的仁爱、妇德、聪明、博学、孝行,而增加食实封则是为了褒扬其功绩与肃雍之德:

> 鸾台:睦亲之序,诚有节而难逾;褒善之方,谅无和而不洽。太平公主……践素依仁,更缉柔闲之范;闻诗蹈礼,还表婉顺之容。毓悟发于天机,聪明协于神授。所以特钟先爱,偏荷圣慈,动辄承恩,言必中旨。故秦台下凤,礼越于常仪……自鼍轩即路,蛮岩冈寝……公主亲承委属,代申悲苦。涉履山川,念徒行而弥切;奠奉明夕,哀独荐而逾勤。宫务毕脩,闱容胥备,中外咸允,情理兼极。朕以其虽有殊效,盖是恒途,而凡典枢机,固事奏请,岂可以私亲之嫌,累夫公道之分。宜增汤沐之荣,以表肃雍之誉,可加实封五千户,进号镇国公主。①

公主加食实封的原因,主要有两点:
1. 定宗社之功与更传带砺
睿宗时,颁布《加镇国太平公主实封制》:

> 门下:功定宗社者,可以高迈等夷;事超缣简者,故能永昭徽烈。镇国太平公主……忠孝行己,仁明绝伦。……顷夷国难,爱戴朕躬,大义动天,恳诚贯日。氛祲已廓,每听鸣谦之词;井田未优,复闻辞贵之请。朕方至公被物,岂以小节从人,宜增土宇,更传带砺。②

从制文中可知,为表彰太平公主功定宗社、平复国难的功绩、大义,更为了

---

① 《全唐文》卷一六,第一册,第 192 页。
② 《唐大诏令集》卷四二《公主·加实封》,第 204 页。《全唐文》卷一八,第一册,第 214 页。

"更传带砺"(因公主于国家安定有大功,从而宣示恩宠,希冀国家长治久安,公主能与之休戚与共,同享繁荣),睿宗不再拘泥旧例法则,突破了前朝旧规。

2. 托名表彰品性宣示殊宠

尽管史载长宁公主奢侈挥霍,中宗时加其食实封,仅仅是为了一己之私,但其颁布的加封制文,亦须极言公主品性之突出,可见表彰公主们突出的品性,也应是加封的重要理由。其《加长宁安乐公主实封制》云:

> 长宁公主、安乐公主等,金波毓彩,宝婺凝辉,蕴《诗》《礼》于心台,畅柔明于性府。肃雍成德,婉娩居怀。非弄玉之能方,岂修瑶之是(《唐大诏令集》作"足")美。特荷掌中之爱,尤钟膝下之慈。宜锡宠荣,再崇汤沐。①

《加宣城公主实封制》指出宣城公主因"义归从子,荣匪求郎"的德行,加之国难初平,为了奖励其行迹,并推"优宠"之恩,增加了食实封:

> 门下:敦教睦亲,事光彝典……宣城公主庆联霄极,荣开邸馆,柔(阙)应图,婉顺为范。义归从子,荣匪求郎。国难初平,朝奖思及,宜加井赋,式崇优宠。②

玄宗朝《加常芬公主实封制》指出加封公主是因为虽前已"推恩食邑",但仍未尊崇,于是应昭示其荣耀:

> 常芬公主,公宫成训,归妹有仪,锡号疏封,虽已洽于前典,推恩食邑,犹未崇于后命。宜书沐赋之荣,式昭筑馆之义。③

(五)追赠谥号的原因

公主亦有追赠谥号之特例,虽所存唐文极少,但亦可据此得知其原因。

1. 依照旧礼、表彰德行

据《故安兴公主谥议文》指出赐予公主名号,是考量其德行而来的,公

---

① 《全唐文》卷一六,第一册,第196页。《唐大诏令集》卷四二《公主·加实封》,第204页。
② 《全唐文》卷一八,第一册,第219页。
③ 《全唐文》卷二三,第一册,第270页。

主自幼即有风范,英姿勃勃,且极聪慧,长成后孝顺、懂礼法,又谦和:

> 臣闻表终受名,按(《唐大诏令集》作"案")存考行。王姬内范,胎(《唐大诏令集》作"贻")教潜流……贞惠日严,柔明天纵。英姿灼乎龆龀,凤智形于襁褓。孝为德本,资色以养亲;礼即敬舆,履谦而轨物……不忘于浣(《唐大诏令集》作"澣")濯;歌钟成列,载玩于图史(《唐大诏令集》作"史图")。恭闻懿风,庶睹嫔则……皇帝正位瑶图,追荣金榜。秾华失(《唐大诏令集》作"大")秀,轸余悼于生前;彤管凝芳,追令名于没(《唐大诏令集》作"殁")后。谨按《周礼(《唐大诏令集》作"书")·谥法》:"容仪恭美曰昭,慈仁短折曰怀",请谥曰昭怀公主。①

从谥议文行文范式即可知,撰文者从起句即言明是依照旧闻旧知规定,追以谥号,是表彰公主的德行,在其去世后授予其名号,接着极力叙述公主嘉行,盛赞其品行,收束时再次重申是按照旧时谥法授予公主名号。

2. 寄托哀思、昭示典范

懿宗朝沈畋拟《赠同昌公主卫国公主制》,即表明追赠同昌公主封号,并加谥号的原因,在于追怀公主,以缛礼表达帝王极致的悲哀之情,表彰公主生前的德行,尊崇昭示公主美好的典范,并告慰公主在天之灵:

> 每念肃雍之德,载经悲怆之怀。疏土易名,用申彝典。故同昌公主,生知孝敬,天锡聪明。桃李凝华,芝兰蕴秀。克奉公宫之训,宁烦女史之箴……蘋蘩洁净,环珮铿锵。不矜帝子之尊,尽执家人之礼。谓乎积善,享彼修龄。……粉田芜没,金榜凄凉。荒沁水之林园,寝平阳之箫鼓。哀情靡极,缛礼宜加。启卫国之山河,择周公之谥号。式崇徽教,用慰营魂。可赠卫国公主,兼赐谥曰文懿。②

综上,亦可看出唐帝王后妃对待那些因特殊原因早凋的公主,以及备受宠爱的公主们,为了表达对其的殊宠,并寄托长久哀思,亦会赐予其谥号,这已和对帝王与诸侯大臣等男性建功立业者的殊宠同等,亦和女

---

① 《沈佺期宋之问集校注·沈佺期集校注》,第 312 页。《全唐文》卷二三五,第三册,第 2377 页。《唐大诏令集》卷四二《公主·谥议》,第 209 页。
② 《唐大诏令集》卷四二《公主·追封》,第 208 页。《全唐文》卷八〇六,第九册,第 8479 页。

性中的最高级别者皇后的通列齐肩了,可谓对公主的突破常规的最高褒奖。

三、唐代公主的日常生活财物来源

唐代公主生活之物质保障与来源,如《大唐故纪国大长公主墓志铭(并序)》所云"赐金之外,无恃宠以私求;食租之余,不与人以争利"①,点及四端:正当的皇室赐金与食租以及非正当的恃宠私求和与人争利,可谓注脚。

(一)常规稳定的正当财务来源

综合文献,可知正当来源主要有四端:

1. 未嫁前的宫廷供给与个别公主的册封收入

是公主出嫁前生活来源。公主未嫁之前长自皇宫,其衣食住行均由皇宫统一按规制供给。在特殊的庆典,节日,又会有额外供应与赏赐。一些恃宠公主,会有更多丰厚的供给,如太平、安乐公主会着男装、特制羽衣。一些未嫁公主亦有册封,有来自食邑的特殊收入。

2. 出嫁后的财物来源

包括三端:

其一食邑,虽是虚封,但由朝廷拨给相当户数的物资钱财,不能世袭。

其二食实封,封给确定数目的土地与户口收取租税。顺宗女汉阳公主"常用铁簪画壁,记田租所入"②。《资治通鉴》景龙三年韦嗣立谏议:

> 食封之家,其数甚众,昨问户部,云用六十余万丁;一丁绢两匹,凡百二十余万匹。臣顷在太府,每岁庸绢,多不过百万……比之封家,所入殊少……封户之物,诸家自征,僮仆依势,凌轹州县,多索裹头,转行贸易,烦扰驱迫,不胜其苦。不若悉计丁输之太府,使封家于左藏受之,于事为愈。③

---

① 《全唐文》卷六三一,第七册,第 6364 页。《吕衡州文集附考证》卷七,第 77 页。《唐纪国大长公主及夫郑沛墓志合考》,《碑林集刊》第六辑,陕西人民美术出版社 2000 年版,第 65 页。
② 《新唐书》卷八三《诸帝公主传》,第十二册,第 3665 页。
③ 《资治通鉴》卷二〇九《唐纪二五》,第 6634 页。

以此可知,食实封是公主日常生活最重要且数量巨大、持久稳定的保障。亦可知由于租赋可以自征,亦常有多索多征、僮仆依势乱征、通过贸易等手段以获取更多钱财,使征户苦不堪言的现象,唐初即有大臣意识到这一弊端,建议改由国家统一征收,并按照固定标准拨发给个人。

其三驸马的食实封,亦是公主的日常生活保障。据《旧唐书》记载:

(神龙元年正月)内直郎、驸马都尉王同皎……食实封五百户。
(神龙元年二月)驸马都尉武攸暨封定王……加实封四百户,通前一千户。①
子伯阳……驸马都尉,亦以功封安邑郡公,别食实封四百户。②
延秀拜席日,授……驸马都尉,改封恒国公,实封五百户。③

(二)个别公主的非常规不稳定财物来源

除过常规的物质、经济来源外,个别公主的特殊财物来源包括正当来源与非正当收入两大类。

1. 不当收入

其一,一些公主参政,倚靠权势大肆敛财,强占民田,或官员进奉,甚至卖官鬻爵。据《资治通鉴》"中宗神龙二年丙午"、"景龙二年"、"景龙三年"条载:

安乐公主恃宠骄恣,卖官鬻狱,势倾朝野。④
安乐、长宁公主……皆依势用事,请谒受赇,虽屠沽臧获,用钱三十万,则别降墨敕除官,斜封付中书……三万则度为僧尼。其员外、同正……凡数千人。西京、东都各置两吏部侍郎,为四铨,选者岁数万人。
长宁、安乐诸公主多纵僮奴掠百姓子女为奴婢,侍御史袁从之收系狱,治之。公主诉于上,上手制释之。⑤

---

① 《旧唐书》卷七本纪七《中宗本纪》,第一册,第136、137页。
② 《旧唐书》卷七三列传二三《薛收传附元超从子稷传》,第八册,第2592页。
③ 《旧唐书》卷一八三列传一三三《外戚传·武承嗣传附子延秀传》,第十四册,第4734页。
④ 《资治通鉴》卷二○八《唐纪二四》,第6608页。
⑤ 《资治通鉴》卷二○九《唐纪二五》,第6623、6631页。

公主卖官鬻爵所出现的"斜封官",数量巨大,亦敛财无数。

据《旧唐书·隐太子建成传》记载:"复与诸公主及六宫亲戚骄恣纵横,并兼田宅,侵夺犬马。"①安乐公主为修建定昆池,就曾强占民田。

其二,放债取利。据《旧唐书·高季辅传》记载太宗时高季辅曾就此上书:

> 今公主之室,封邑足以给资用;勋贵之家,俸禄足以供器服。乃咸戚于俭约,汲汲于华侈,放息出举,追求什一……谓宜惩革。②

其三,公主亦拥有多处碾硙,甚至争抢碾硙以获利。太平公主亦曾强占碾硙。据《资治通鉴》"中宗景龙二年"条载:"(十一月)丙辰……太平公主与僧寺争碾硙,雍州司户李元纮判归僧寺。"③昇平公主亦有两处碾硙,因农田灌溉,在帝王告诫下,为做表率毁掉。据《资治通鉴》"代宗大历十三年"条记载:

> 敕毁白渠支流碾硙以溉田。昇平公主有二硙,入见于上,请存之。上曰:"吾欲以利苍生,汝识吾意,当为众先。"公主即日毁之。④

其四地方供奉。武韦干政时一些权势熏天的公主会得到地方的供给,据《旧唐书·外戚传·武承嗣传附攸暨妻太平公主传》记载:"公主由是滋骄,田园遍于近甸膏腴,而市易造作器物,吴、蜀、岭南供送,相属于路。"⑤而一些有卓越贡献的公主,亦会得到帝王的特殊优待,诏令地方供给公主所需。据《和政公主神道碑》记载:"上之在陕,忧主匮乏,乃命中使屡敕节度及转运使,随主所须,务令肃给。主以国用空罄,退而叹曰:'吾方竭家财以资战士,其能饕餮,首冒国经?'唯请名香数斤,赋于佛寺,为主祈福而已。"⑥

2. 正当收入

其一皇室赐封赏,是公主的不稳定收入。得宠公主常会收到大量赏

---

① 《旧唐书》卷六四列传一四《隐太子建成传》,第七册,第2416页。
② 《旧唐书》卷七八列传二八《高季辅传》,第八册,第2702页。
③ 《资治通鉴》卷二〇八《唐纪二四》,第6606—6607页。
④ 《资治通鉴》卷二二五《唐纪四一》,第7250页。
⑤ 《旧唐书》卷一八三列传一三三《外戚传·武承嗣传附攸暨妻太平公主传》,第4739页。
⑥ 〔唐〕颜真卿:《颜鲁公文集》卷八,《三长物斋丛书》本。《全唐文》卷三四四,第四册,第3491—3492页。《全唐文新编》卷三四四,第二部第二册,第3940页。

赐,如"裕妻即高祖妹同安大长公主也。太宗时,以公主属尊年老,特加敬异,数幸其第,赏赐累万"①。再如同昌公主因"妃有宠,出降之日,倾宫中珍玩以为赠送之资"②。但失势公主则很少有,甚至还有因事受罚追回封物者。据《新唐书·后妃传上·杨贵妃传》记载:

> 建平、信成二公主以与妃家忤,至追内封物,驸马都尉独孤明失官。③

在各种节会庆典、祭典时,均会赏赐公主,如玄宗朝《天宝三载亲祭九宫坛大赦天下制》所记"新封建……长公主各三百匹,公主各二百匹"④。

敬宗、文宗分别颁布《宝历元年正月南郊赦》《太和三年南效赦》,武宗时颁布的《加尊号后郊天赦文》叙及"亚献、终献、正衣各赐物四十匹。大长公主、公主、嗣王、郡主、县主各有赐物"⑤。即便是入道公主,朝廷亦会赐予封物供其生活,如文宗朝即颁布《赐入道公主封物勒》:

> 浔阳、平恩、邵阳三公主,皆舍俗入道,宜令每年各赐封物七百段足,仍准旧例,春秋两限支付。(《唐会要》六)⑥

其二,赐赏驸马的财物。如柳昱迎取德宗女宜都公主时,则被赐以大量财物,包括府第园林、车服器用、僮仆田亩与钱财,据《大唐故银青光禄大夫行殿中次监驸马都尉赠工部尚书河东柳府君墓志铭(并序)》云:"遂膺嘉命,锡以华第沃野,车舆器服,竹栗亩树,羊蹄僮指,赀巨万计。"⑦

其三,贸易取利。而另有一些公主,甚至通过贸易,获取大量财物。如肃宗女和政公主,据《新唐书》记载"自兵兴,财用耗,主以贸易取奇赢千万澹(《资治通鉴补》作'助',《续通志》《唐书合抄》《(雍正)陕西通志》《渊鉴类函》等作'赡')军。及帝山陵,又进邑入千万"⑧。

---

① 《旧唐书》卷一八五上列传一三五《良吏传上·王方翼传》,第十五册,第4802页。
② 《旧唐书》卷一七七列传一二七《韦保衡传》,第十四册,第4602页。
③ 《新唐书》卷七六列传一《杨贵妃传》,第十一册,第3493页。
④ 《唐大诏令集》卷七四《典礼》,第417页。《全唐文》卷三一〇,第四册,第3151页。
⑤ 《唐大诏令集》卷七〇、七一、七二《典礼》,第394、397、405页。《全唐文》卷六八、七五、七八,第一册,第721、794、820页。
⑥ 《唐会要》卷六《杂录》,第73页。《全唐文新编》卷七四,第一部第二册,第898页。
⑦ 《全唐文新编》卷四八二,第三部第一册,第5740页。
⑧ 《新唐书》卷八三《诸帝公主传》,第十二册,第3661页。

本章结论

其一，唐代公主出嫁前长自宫中，出嫁时皇室对其的册封，是对其身份的确定，并赋予其日后生活的财物保障，但也存在未嫁册封与死后追封的特例。其封号、封邑、食实封亦会随帝王与公主身份、赠谥、再封、改封等的变化发生变化。

其二，据册封文、公主或驸马墓志，唐代公主出嫁册封的原因，包括立爱展亲、保障生活、沿袭册封惯例、对端良品性的认同与表彰等。未嫁册封是由于公主的突出品性或疾病等原因，加食实封则由于公主有定宗社之大功和突出的品性。

其三，唐代公主日常生活的物质来源，未出嫁时靠朝廷供给，出嫁后主要来自个人与驸马的实食封，也有朝廷供给、赏赐等，亦有一些公主倚靠权势取利或贸易、放贷取利。

第二章　禀训公宫,法度彰于懿范: 唐代的公主教育

教育的作用相当重要,甚至在一定程度上决定个人乃至国家的命运与前途。对身为皇室重要成员的唐代公主而言,教育更是肩负着家与国的双重使命。目前专题研究极少,妇女生活、教育及唐代社会生活史论著有简述,笔者2013年据硕士论文形成从师资、内容、成效等阐述的论文。

在中国古代的宗法社会里,虽说妇女地位非常低下,但由于压迫女性的观念、"风俗、道德、教条、信仰"①等,往往藉由教育传播并延续,于是其受教育的机会亦未被完全剥夺。只是女子教育在方式、内容等层面显然迥异于男子。古代教育机构分官学、私学两大类,除此之外,家学教育也承担重要功能。对女性而言,未能如男子一样去官学或私学读书,其教育主要由家学完成,于是其父兄、家族、丈夫的社会地位与受教育程度,往往直接影响女性所能接受的教育。加之古代教育有阶级性,男性尚且仅有少部分人能获得受教育的权利,遑论处于附庸地位的女性了。于是研究唐代女性教育,相比于男性而言要困难得多,材料的不足,限定了研究范围、对象往往仅能停留在少数身份、地位较高的群体之上,唐代公主自是其中最为重要的一支,从此入手即能曲折地管窥唐代女性教育的些许状况。同时有关公主教育的史料亦相当有限,致使单方的史学研究往往仅能停留在外围,无法深入。但唐代文学中存在大量更多、更详细的相关叙述与描绘,尤其是公主册封公文与墓志,从中则可更多地还原其所受教育的情境。

一、习礼度于公宫,修威仪于紫禁:唐代的公主师

不同于普通女性,作为皇室血脉,公主们会于宫廷接受教育,《大唐故长乐公主墓志》即云公主"资淑灵于宸极,禀明训于轩曜","紫庭就养,金墀授巾"②,《大唐故郯国大长公主墓志铭(并序)》亦云唐肃宗女郯国公主

---

① 陈东原:《中国妇女生活史》,上海文艺出版社1928年版,第1页。
② 拓片见《隋唐五代墓志汇编·陕西卷》第二册,第21页。录文见《昭陵碑石》,第110页;《唐代墓志汇编续集》贞观〇三六,第28页。

"生自霄汉,长于彤闱,习礼度于公宫,修威仪于紫禁"①。承担唐代公主教育职责,可称之为公主师的人员极为广泛,虽未有系统详细的记载,但从散落在史料与文献当中的片言只语中,仍可窥见唐代公主师的端倪,如《唐昌公主墓志》称颂玄宗女唐昌公主天资聪敏时云"岂烦保傅之功,不待姆师之训"②,也从侧面反映出公主教育中保傅、姆师之存在。而对和政公主"服女师母仪之训"的叙述,七字中即言及公主教育师从的重要两端:女师与母仪。狭义的唐代公主师仅包括以师称名的公主师,但事实上公主所接受的教育,远不止于此,还存在众多虽无师名,但事实上给其以教育者,以此为标准则可将公主师分作两类:一是直接的公主师,仅包括有师名的女师、侍书;二是间接的公主师,数量众多,身份多样,包括负责其日常生活教育的阿保,言传身教的帝后,有嘉行的公主,对其言行做以规谏、修正的大臣、士女,有特殊艺术天赋的公主还有乐师、画师,而入道、信道、信佛的公主又有给其宗教教育的道士与高僧作为老师等。具体而言,唐代的公主师包括以下数类:

(一)朝廷任命的专职公主师:侍书宫官、女师、彤史

唐皇室非常注重对王子、公主们的教育,有专人负责帝王血脉的系统教育,亦有优越的物质条件,这些可称为专职公主师,从史书和墓志的记录看,包括侍书、侍读的宫官,女师和彤史等。

1. 侍书宫官

"公主的侍读官不长置",但公主若有特殊天赋与才能,帝王也选择有专长者侍书,专门教授。据《大唐故临川郡长公主墓志铭》记载,公主随父避暑甘泉时手自缮写之表,太宗阅览后认为其卓具天赋,年纪小,又未专门拜师学习,词迹就"足以慰人",又赐王羲之之女"孟姜"之字为其字,并"令宫官善书者侍书,兼遣女师侍读"③。

2. 宫廷女师

绝大多数公主的教育,来自德才兼备、通晓诗文的宫中女官,即女师。唐文中的公主册封制文、册文、墓志,亦惯用"师氏""公宫"之训等词语,标识公主接受过良好教育。《大唐故淮南大长公主墓志铭(并序)》云"女则女仪,雅

---

① 《全唐文新编》卷四七八第三部第一册有录文,第5609页。
② 参见张全民《〈唐昌公主墓志铭〉考释》(《唐研究》卷二〇,第265、267页)录文和拓片。
③ 周绍良主编:《唐代墓志汇编》,上海古籍出版社1992年版,第703页。

合班文之诫;惟纮(硌)惟纮(碾),匪资师氏之言"①,苏颋《故高安大长公主挽歌(〈全唐诗〉作"词")》云"雕(一作'彤',《全唐诗》作'彤')管承师训,青圭备礼容……柔轨题贞顺,闲规赋肃雍"②,称颂公主承袭女史以彤管记录的师训,谙熟礼制仪容,品性贞顺柔和、肃雍高雅。中宗女永泰公主被称颂"奉言彤史,承训紫闱。敏学云文,雕词锦绣。歌庶姜之绝风,吟师氏之明诰"(《大唐永泰公主志石文》)③。玄宗朝《封唐昌公主等制》不仅言及皇室负责训导公主的专人是女师,还谈及其教育目标是培养公主们温婉的性情,成就其庄严雍容的美德,令她们能鉴别图史,懂得法度:

  朕训导诸子,旧有女师,因其婉娩之性,进成肃雍之德。能鉴图史,颇知法度。④

  《封(〈全唐文〉后有"皇第二女为"字)常芬公主等制(开元三年十二月)》云"常阅礼于后庭,必闻诗于师氏"⑤,《册高都公主文》则云公主"生于公宫,自禀幽闲之性;教以师氏,更彰徽柔之则"⑥,《封临晋公主制》《封寿光公主等("等"字〈全唐文〉作"乐成公主")制(天宝五载)》《封广宁公主制》《册信成公主文》等册文中仍指出公主们秉承师氏之训,而成就美德:"率以师氏之训,成其天然之质"⑦,"颇渐(《全唐文》作'沐')公宫之训,遵师氏之则","习训公宫"⑧,"训以师氏"⑨。孙逖拟《封高都公主等制》《封平昌公主制》云"训以师氏","训以师氏,备详图史之学"⑩。韦述

---

① 《唐淮南大长公主墓志所反映的唐代历史问题》,《华夏考古》2008年第2期,第135页。刘兰芳、刘秉阳编著:《富平碑刻》,三秦出版社2013年版,第130页。其录文有异文,据拓片判断不应为"硌"和"碾",《富平碑刻》录文"纮"字较接近。
② 《文苑英华》卷三一〇《挽歌》,第二册,第1591页。《全唐诗》卷七三,第二册,第802页。
③ 《全唐文补遗》第一辑,第83页。《全唐文新编》卷二六七,第二部第一册,第3029页。
④ 《唐大诏令集》卷四一《公主·封号》,第194页。《全唐文》卷二四,第一册,第267页。
⑤ 《文苑英华》卷四四六,第三册,第2257页下。《唐大诏令集》卷四一,第193页。《全唐文》卷二五三,第三册,第2557页。
⑥ 《唐大诏令集》卷四一《公主·册文》,第198页。《全唐文》卷三一一,第四册,第3155页。
⑦ 《文苑英华》卷四四六,第三册,第2257页下。《唐大诏令集》卷四一,第194页。《全唐文》卷二四,第一册,第275页。
⑧ 《唐大诏令集》卷四一《公主·封号》,第195页。《全唐文》卷二四,第一册,第283、289页。
⑨ 《唐大诏令集》卷四一《公主·册文》,第198页。《全唐文》卷三一一,第四册,第3155页。
⑩ 《文苑英华》卷四四六,第2258页上。《唐大诏令集》卷四一,第194页。《全唐文》卷三一〇,第四册,第3151页。

《大唐故寿光公主墓志铭(并序)》云"兹师氏之言容,备公宫之诗礼。"①

公主的女师大多湮没无闻,彰显名姓的当属宋氏姊妹。据《旧唐书》记载:

> 女学士,尚官宋氏者,名若昭,贝州清阳人。父庭芬,世为儒学……生五女皆聪惠,庭芬始教以经艺,既而课为诗赋……皆能属文。……姊妹中,若昭犹通晓人事,自宪、穆、敬三帝,皆呼为先生,六宫嫔媛、诸王、公主、驸马皆师之,为之致敬。②

可知,作为公主师的女学士须在经艺、诗赋、文章、人事等方面才能突出。

王建《宋氏五女(若芬五女:若华、若昭、若伦、若宪、若荀)》详述其贞孝自持品行、精通儒家经义精髓、精于诗书,甚至妆容清素,奉行古风,身着短窄古衣,及因德才卓著闻名于乡里乃至唐皇室,最终成为女师的过程:

> 五女誓终养,贞孝内自持。兔丝自萦纡,不上青松枝。晨昏在亲傍,闲则读书诗。自得圣人心,不因儒者知。少年绝音华,贵绝父母词。素钗垂两髦,短窄古时衣。行成闻四方,征诏环珮随。同时入皇宫,联影步玉墀。乡中尚其风,重为修茅茨。圣朝有良史,将此为女师。③

以此亦可知晓唐代公主教育的主要承担者女师,是征召的品行闻于天下的贤女。

元稹《追封宋若华河南郡君制》亦对宋氏姊妹之才德品行有更多记述:

> (德宗)命女子之知书可付信者,省奏中官,而若华等伯姊季妹,三英粲兮,皆在选中,参掌宥密。班妃"裂素"之咏,谢氏"散盐"之章……先皇帝乙夜观书之际,亦尝传"窈窕""德象"之篇于若华。④

---

① 《〈大唐故寿光公主墓志铭并序〉考释》,《唐史论丛》第二〇辑。
② 《旧唐书》卷五二列传二《后妃传下》,第七册,第2199页。
③ 王宗堂校注:《王建诗集校注》卷四,中州古籍出版社2006年版,第176页。
④ 《全唐文》卷六四七,第七册,第6557页。《元稹集》卷五〇,第552页。

有礼有德、知书达礼,有堪比班婕妤、谢道韫之才,是其入选女师的主要原因。

《唐故二品宫墓志铭》则记录了一位被称作女师的宫人,其"温柔俭素,明敏卑谦。虚心以待物,尽礼而事上。……椒庭共号女师,彤管咸书悦美"①,因品性温和、知礼谦卑而被称颂。

可见大唐的公主师,往往由皇室精选专人承担,必须聪慧,且精通典章、谙熟经艺、善为诗赋文章,甚至通晓人事,从而给公主们以全方位的教育。

3. 宫廷彤史

"彤史",是古代宫中掌管宫闱起居等事的女官名,亦指宫史。《永泰公主志石文》称公主"奉言彤史";唐玄宗时的《册昌乐公主文》叙及公主"亟闻彤史之言,颇识采蘋之事",可推知公主亦接受宫廷女官在起居等具体事务上的言传教育。

(二)生活陪伴保育的公主师:傅姆、阿保

除过负责正规教育的女师外,公主的教育还来自阿保、傅姆。傅姆是古代承担辅导、保育贵族女性的老年妇女。而阿保,文中也作"保阿",也是抚养教育贵族女性的妇女。姆师是古时以妇道教女子的女师,公主的成长与受教育,均离不开她们的教导。

1. 册文、墓志中的傅姆、阿保

这在公主册封文、墓志中多有提及。如《大唐故长乐公主墓志铭》云"保傅相仪,俨铜驼之路"。《封太华公主制》云:

> 第二十一女,践修闱则,素承阿保之严;砥砺嫔仪,率由图史之范。②

《大唐故纪国大长公主墓志铭》云"保姆之训,不肃而成"③。宪宗朝《封真宁公主等制》《封(〈全唐文〉作"改封")永昌公主制》云"禀傅姆女史

---

① 《全唐文补遗》第五辑,第448页。
② 《唐大诏令集》卷四一《公主·封号》,第195页。《全唐文》卷二四,第一册,第283页。
③ 《全唐文》卷六三一,第七册,第6364页。《吕衡州文集附考证》卷七,第77页。《唐纪国大长公主及夫郑沛墓志合考》,《碑林集刊》第六辑,第65页。

之规"①,"保阿之训,深得于雅(《唐大诏令集》《全唐文》作"稚")年"②。宣宗朝蒋伸拟《封盛唐公主制》也提及公主"克奉姆师之训,每遵诗礼之文"③,《封万寿公主等制》(《全唐文》作《封长女等为公主制》)亦云"长女等……更承姆训"④。

2. 何为傅姆、阿保

唐代公主册文与墓志中大量提及的阿保、傅姆、保姆、姆师等,按照《仪礼·士昏礼》的解释:

> 姆纚、笄、宵衣,在其右。(姆,妇人年五十无子,出而不复嫁,能以妇道教人者,若今时乳母矣。)……姆在女右,当诏以妇礼(疏)……释曰……以为姆,既教女,因从女向夫家也。……汉时乳母与古时乳母别。案《丧服》乳母者,据大夫子有三母:子师、慈母、保母。其慈母阙,乃令有乳者,养子谓之为乳母,死为之服缌麻。师教之乳母,直养之而已。汉时乳母则选德行有乳者为之,并使教子,故引之以证姆也。⑤

清人胡培翚对"姆"的解释有更细致的补充:

> 姆,盖齿德兼优之妇,可为女之师表者,或为乳母,或为幼时抚育之人。更有老而无夫,老而无子,无所归依,而德行犹堪导人者,可胜斯任。⑥

《礼记·内则》:"女子十年不出,姆教婉、娩、听从,执麻枲,治丝茧,织纴、组、紃,学女事,以共衣服,观于祭祀,纳酒浆、笾豆、菹醢,礼相助奠。"⑦

---

① 《唐大诏令集》卷四一《公主·封号》,第196页。《全唐文》卷五六,第一册,第607页。
② 《文苑英华》卷四四六《翰林制诏二七·册文五·公主册文》,第三册,第2258页。《唐大诏令集》卷四一《公主·封号》,第196页。《全唐文》卷五九,第一册,第637页。
③ 《文苑英华》卷四四六《翰林制诏二七·册文五·公主册文》,第三册,第2258页。《唐大诏令集》卷四一《公主·封号》,第197页。《全唐文》卷七八八,第八册,第8242页。
④ 《唐大诏令集》卷四一《公主·封号》,第197页。《全唐文》卷七九,第一册,第825页。
⑤ 〔汉〕郑玄注,〔唐〕贾公彦疏:《仪礼注疏》卷五《士昏礼二》,下册,〔清〕阮元校刻:《十三经注疏》,中华书局1980年版,第21页下—22页上,总第965页。
⑥ 〔清〕胡培翚正义:《仪礼正义》卷三《士昏礼二》,商务印书馆万有书库本1933年版,第18页。
⑦ 〔汉〕郑玄注,〔清〕孙希旦集解,沈啸寰、王星贤点校:《礼记集解》卷二八《内则第十二之二》,中华书局1989年版,第772—773页。

其不同称呼者,负责不同的教育与生活事务,保姆偏重家务,姆母负责教育女子,姆师偏重妇道教育。从唐文可知,姆训指女师的训诫,姆教指传授妇道。从"深得于稚年""严""克奉"等叙写可知,公主自幼就接受严格的教育。

(三)言传身教的皇室公主师:帝、后、妃、主

帝王之训导与后妃之母仪,对公主的教育至关重要。《大唐故淮南大长公主墓志铭(并序)》即云公主"内昭嫔则,外训母仪","怡声严父之敬,抚念特隆;养色慈母之欢,恩深膝下"[①]。《大唐故长乐公主墓志》亦云公主"禀明训于轩曜",轩曜指轩辕星的光芒,代指帝妃,《文选·谢朓〈齐敬皇后哀策文〉》有"轩曜怀光"句,李善注引《淮南子》"'轩辕者,帝妃之舍。'高诱曰:'轩辕,星也'"[②],可知长乐公主的教育里最重要的一环来自帝后的训导,其父唐太宗与母长孙皇后自然是其最重要的言传身教者。唐德宗女宜都公主亦被称"荷帝绪之光华,禀圣慈之训则"(《唐故宜都公主墓志铭(并序)》[③])。

虽说由于特殊的身份,唐代公主由女官负责正规教育,但在古代社会,家训、家人的言传身教对女子教育尤为重要,于是其父帝王、母仪后宫的皇后或宫妃、兄长、家族成员等亦可视作广义的公主师。

1. 帝王的训导

唐帝王对唐代公主的训导,散见于文献。据《唐故金堂长公主赠凉国大长公主墓志铭(并序)》叙述宪宗即颁令告诫其女:

先是国家富有六合,卑视汉魏,主第或恃大宠,宣骄炽横。朝庭百吏不敢问,士人畏惮羞薄,难肯议□(婚)姻者。宪宗持礼法,变天下风俗,先去宫壸之弊,敕其爱女岐阳主家,无得骄杜氏。宪主亦能率妇道,变贵戚风俗。[④]

据《唐语林》记载宣宗即在日常言行与生活用度上教育其女:

[①]《唐淮南大长公主墓志所反映的唐代历史问题》,《华夏考古》2008年第2期,第135页。
[②]《文选》卷五八,下册,第799页。
[③] 拓片见《隋唐五代墓志汇编(陕西卷)》第二册,第22页。录文见《唐代墓志汇编续集》,第787页。
[④]《唐郭仲恭及夫人金堂长公主墓发掘简报》,《文博》2013年第2期,第17页。

  万寿公主,宣宗之女……及下嫁,武德禁中旧仪,车舆有白金为饰者,及呈进,上曰:"我方以俭化天下,宜从近戚始。"乃命以铜制。主既行,每进见,上常诲曰"无轻待夫,无干预时事。"又降御札勖励,其末曰:"苟违吾戒,当有太平、安乐之祸。汝其勉之!"①

《新唐书·诸帝公主传》还记载,由于宣宗的不断训诫,使"诸主祗畏,争为可喜事"②。

2. 皇后、妃、主的教导

  长孙皇后著《女则》十卷,教育后宫女性和公主。武韦时期,公主群里女性意识高涨,则多因武则天的影响。研究者指出武则天在后位"曾亲蚕四次,并在麟德元年参与按传统仅能由男性参加的'封禅'大礼"③,直至自称为帝。太平公主耳濡目染母亲的言传身教,其行为处事"武后以为类己"。此时做出不合传统女教规范行为的公主相当多,安乐公主甚至意欲为"皇太女"。

  一些受宠妃子,亦会成为公主师,如《明皇杂录》所记"诸王贵主洎虢国以下,竞为贵妃琵琶弟子"④。

  而一些德行极佳的公主,亦会被帝王立为典范,令其他公主们学习。据《旧唐书》记载:"(襄城)公主雅有礼度,太宗每令诸公主,凡厥所为,皆视其楷则。"⑤《新唐书》仍记此事,稍有差别:"襄城公主……性孝睦,动循矩法,帝敕诸公主视为师式。"⑥太宗女临川公主被盛赞:"可谓九族妇德、千载女师者乎"〔《大唐故临川郡长公主墓志铭(并序)》〕。而肃宗第六女纪国公主据墓志记载"辅时阴教,为国女师"⑦。肃宗女和政公主,亦曾据理力争一改贵戚诸主之风,"广德二载春二月,归于上都,诸主高会,议际夫党,觊其亲族,多旷周旋,咸以为时经百罹,粗略可矣!主抗词曰:'女之移天,遂成他族,怙贵长傲,何以律人?上方理定,闻必不悦。'诸主蹴然,竞崇

---

① 〔宋〕王谠著,周勋初校证:《唐语林校证》卷一《德行》,中华书局 1987 年版,第 18—19 页。
② 《新唐书》卷八三《诸帝公主传》,第十二册,第 3672 页。
③ 陈弱水:《初唐政治中的女性意识》,邓小南主编:《唐宋女性与社会》,上海辞书出版社 2003 年版,第 661、669 页。
④ 〔唐〕郑处诲著,田廷柱点校:《明皇杂录·逸文》,中华书局 1994 年版,第 51 页。
⑤ 《旧唐书》卷六三列传一三《萧瑀传附子薛锐传》,第七册,第 2404 页。
⑥ 《新唐书》卷八三《诸帝公主传》,第十二册,第 3645 页。
⑦ 《唐纪国大长公主及夫郑沛墓志合考》,《碑林集刊》第六辑,第 65 页。

讨习。礼之降杀,亲之薄厚,翕然一变,职主之由。"①顺宗女汉阳公主在教育自己子女时,曾提及同为公主的既是其姑婆又是婆婆的昇平公主的教诲:"主尝诲诸女曰:'先姑有言,吾与若皆帝子,骄盈贵侈,可戒不可恃。'"而她自己的言行甚至衣服尺寸,也被文宗用来作为典范教育告诫诸公主:"帝悦,诏宫人视主衣制广狭,遍谕诸主"②。宪宗女岐阳公主亦成为当时其他公主和驸马的楷模,并因此改变了当时驸马骄纵的风俗,据《唐故岐阳公主墓志铭》叙述:

> 当贞元时,德宗行姑息之政,王武俊、王士真、张孝忠子联为国婿。宪宗初宠于顿,来朝,以其子配以长女。皆挟恩佩势,聚少侠狗马为事,日截驰道,纵击平人,豪取民物,官不敢问,戚里相尚,不为以为穷弱。自主降于尚书,壁绝外之,初怒中笑,后皆敬畏。累圣亦指示主德以诫警之,至于今,以主、尚书显重于中外,戚里亦皆自检敛,随短长为善,于是旧俗灭不复有。③

穆宗女凉国公主亦被其他公主视为楷模,被称颂有母仪天下风范,是整个皇室的标杆与效法之则,《唐故金堂长公主赠凉国大长公主墓志铭(并序)》云"凉国能用宪皇遗训,执蘋藻之礼,躬服澣濯,琴瑟宜家,自是主第,咸仰以为则……三十年间,岁时出入中禁,入则为天子姑,姊妹尊重优渥;出则俭静,无贵游勋戚之态。呜呼!可谓贤明德度,有母仪矣。……贤明礼法,标冠戚里"④。

(四)施以规谏的间接公主师:朝中大臣

诸多大臣亦可就皇室成员的礼仪与行为提出建议,做出规范,这也为公主教育提供了另一途径与渠道。比如,魏徵就曾谏阻太宗意欲为长乐公主准备超过长公主嫁妆的行为:"然则长公主者,尊公主矣。制有等差,渠可越也?"⑤

---

① 《颜鲁公文集》卷八,《三长物斋丛书》本。《全唐文》卷三四四,第四册,第3492页。《全唐文新编》第二部,第二册,第3940页。
② 《新唐书》卷八三《诸帝公主传》,第十二册,第3666页。
③ 吴在庆校注:《杜牧集系年校注·樊川文集卷八》,第三册,中华书局2008年版,第721页。
④ 《唐郭仲恭及夫人金堂长公主墓发掘简报》,《文博》2013年第2期,第17页。
⑤ 《新唐书》卷八三《诸帝公主传》,第十二册,第3645、3646页。

1. 大臣的礼仪劝谏

唐王朝的大臣对公主的礼仪问题提出的劝谏保留下来的较多，如《谏衡山公主出降疏》《谏公主昼婚书》《驳奏安乐公主请为武崇训造陵疏》《唐昌公主婚礼当移别殿疏》《安定公主不得合葬王同皎墓驳议》《请罢永昌公主祠堂疏》《论公主上表状》《请定公主出降仪奏》等，尤其是公主出嫁时不拜舅姑的礼仪，皇室亦曾采纳大臣谏议，或令礼仪使制定法令，或令有司督查纠正。据记载贞观十一年，侍中王珪子王敬直尚太宗女南平公主，王珪曾就"公主出降，此礼皆废"提出规谏，认为公主执拜舅姑礼是"动循法制"，其接受公主谒见是"成国家之美耳"，"自是公主下降，有舅姑者皆备礼"①。元稹《去杭州（送王师范）》亦称颂此事云"昔公令子尚贵主，公执舅礼妇执笲。返拜之仪自此绝，《关雎》之化皎不昏。"②可见公主的礼仪之事，在朝臣心中亦是关乎国家的大事。此后，高宗颁布过《公主王妃见舅姑父母勿答拜诏》，认为此行为"乃子道云替，妇德不循，何以式序家邦，仪刑闺阃（《全唐文》）作'列辟'）"③，不仅制定法令"明加禁断"，而且"令有司"对此类行为随事纠闻。

2. 大臣的行为规谏

唐王朝的大臣亦曾对有关公主及公主自身的行为提出规谏。如睿宗为金仙、玉真公主营建道观，就曾遭到多位大臣的规谏（参第六章）。据《资治通鉴》记载辛替否曾对公主广建佛寺的行为提出规谏：

> 上及皇后、公主多营佛寺。左拾遗京兆辛替否上疏谏……又曰："公主，陛下之爱女，然而用不合于古义，行不根于人心，将恐变爱成憎，翻福为祸。何者？竭人之力，费人之财，夺人之家；爱数子而取三怨，使边疆之士不尽力，朝廷之士不尽忠，人之散矣，独持所爱，何所恃乎！君以人为本，本固则邦宁，邦宁则陛下之夫妇母子长相保也。"④

作为大臣，辛替否的奏疏中即提出要以"合于古义""根于人心"作为公主行为的准则，而不应恃爱而骄，做出伤民之事，亦间接教导公主立身处事之道。

---

① 《唐会要》卷六《公主》，第67页。
② 《元稹集》卷二六，第306页。
③ 《唐大诏令集》卷四二《公主·出降》，第202页。《全唐文》卷一二，第一册，第146页。
④ 《资治通鉴》卷二〇九《唐纪二五》，第6624页。

(五)嘉行垂范的间接公主师:朝中士女

除过上述公主教育的师从外,公主亦会向一些以才华、品性声闻于皇室的士女学习。

1. 史籍、墓志中的公主学于士女记录

《大唐故纪国大长公主墓志铭》中的"士女之行,有闻必践"[1],说明公主的教育还会来自当时有良好风评的贵族、官僚或士大夫之家的女性,当她们的美好行为被传入宫廷之中,公主们听闻后亦会师从并践行。另外,从唐皇室选择有嘉行风评的宋氏姊妹入宫教导成员的举动看,一些贵族、官员之家的仕女,如果品行极佳,亦会或得到嘉奖或声闻于皇室,从而成为妇则典范,被包括公主在内的皇室女性主动或被动地效法、学习,从而成为公主的间接之师。

2. 唐代册文、墓志中被称颂为女师的士女

而一些唐文中亦称颂一些士女为女师,如"礼冠女师"(《册陈王韦妃文》[2]),"行为女师……闺门之训,朝野称多。既而家列公侯,地连妃主"(《工部尚书夫人赠太原郡夫人京兆王氏墓志铭》[3]),"既作女师,乃为嫔则"(《祭韩氏老姑文》[4]),"岂徒动作女师,故亦言成士则。始光妇道,终擅母仪,藉其朝野,流形内外"(《唐陇西李氏清河太夫人之碑》[5]),"可谓九宗之嫔,则百代之女师者欤?"(《大周朝请大夫行雍州录事参军崔君故太夫人太原王氏墓志》[6]),"闺阃之内,肃邕著声……郁然女师,摽风闾阈"(《唐光州刺史李府君(潘)博陵崔夫人玄堂志铭》[7]),"乃作女师,敬惠极于中外"〔《大唐故李府君夫人严氏(真如海)墓志铭》[8]〕等。

(六)教义训导的公主宗教师:道士、高僧

还有一些崇奉道教与佛教的公主,会以当时有名的道士或高僧为师。

1. 公主的道教师

金仙公主和玉真公主修道,就以方士史崇玄为师,据记载:"金仙公主

---

[1] 《全唐文》卷六三一,第6364页。《吕衡州文集附考证》卷七,第77页。《唐纪国大长公主及夫郑沛墓志合考》,《碑林集刊》第六辑,第65页。
[2] 《唐大诏令集》卷四〇《册妃》,第187页。
[3] 《全唐文》卷三二七,第3317页。
[4] 《全唐文》卷七八二,第8178页。
[5] 《全唐文补编》卷一四八,第1795页。
[6] 《全唐文补遗》第七辑,第336页。
[7] 《全唐文补遗》第一辑,第406页。
[8] 《全唐文补遗》第四辑,第30页。

……太极元年,与玉真公主皆为道士,筑观京师,以方士史崇玄为师。"①玉真公主还曾从司马承祯修道,据《旧唐书·司马承祯传》:"俄又令玉真公主及光禄卿韦縚至其所居修金箓斋,复加以锡赉"②。代宗女据《旧唐书·后妃传下·代宗贞懿皇后独孤氏传》载"初,公主疾,上令宗师道教,名曰琼华真人"③,但其师名未被记载。

2. 公主的佛教师

唐睿宗女代国长公主,据《代国长公主碑》记载:"逮乎晚年,归心圣域,六斋蔬食,二时静念……又于僧义福跪受陁禅观,又于金刚三藏受陁罗尼灌顶。"④飞锡《大唐真化寺多宝塔院故寺主临坛大德尼如愿律师墓志铭》云"弟子长乐公主与当院嗣法门人登坛十大德尼常真敕赐弟子证道、政定……凡数千人,则懿戚相门,爱道花色,而为上首"⑤,可知如愿律师也曾是奉佛公主的宗教师,但所载记长乐公主却存疑问,唐太宗女长乐公主公元643年即逝去,高祖女常乐公主在武则天时去世,而如愿律师却是于大历十年(775)去世,以其生平,与之可能发生交集的公主应是玄宗女、肃宗女或代宗女,并无封号为长乐者,仅玄宗有昌乐公主,生卒不详,与长乐最为接近,其他公主封号与此相差甚远。

(七)文艺培育的公主艺术师:乐师、书画师

唐代亦有一些在书法、绘画、音乐等艺术领域极有天分的公主,而唐帝王在发现其特殊禀赋后,亦会选择当时的书法、绘画名家、乐师等教授公主。

1. 公主的乐师

高祖女淮南公主即因为有卓越的音乐天赋,帝王特令朝廷乐工王长通教授其乐器和佛曲,据载公主"才至七岁,渐能弹曲,乃令王长通教钵乐背当,二日便了……长通亦得赐焉。又七月十四日,宫内欲迎佛盆,十三日敕令长通入内,教公主龟□〔兹〕佛曲"⑥。

---

① 《新唐书》卷八三《诸帝公主传》,第十二册,第3656—3657页。李志生在《唐人理想女性观念——以容貌、品德、智慧为切入点》中以金仙公主墓志称其"师大宗",未提拜史崇玄为师一事。
② 《旧唐书》卷一九二列传一四二《司马承祯传》,第十六册,第5128页。
③ 《旧唐书》卷五二列传二《后妃传下》,第七册,第2191页。
④ 《全唐文》卷二七九,第三册,第2827页。王翰章等:《唐〈代国公主碑〉考略》,陕西历史博物馆馆刊编辑部编:《陕西历史博物馆馆刊》第四辑,西北大学出版社1997年版,第211页。
⑤ 《全唐文》卷九一六,第十册,第9543页上。
⑥ 《唐淮南大长公主墓志铭(并序)》,《唐代公主墓志辑略》,《碑林集刊》第三辑,第65页。《唐淮南大长公主墓志所反映的唐代历史问题》,《华夏考古》2008年第2期,第135页。

白居易有《代琵琶弟子谢女师曹供奉寄新调弄谱》云"琵琶师在九重城,忽得书来喜且惊。……《蕤宾》掩抑娇多怨,《散水》玲珑峭更清(《蕤宾》《散水》皆新调名)"①,从中可知宫廷女师专门谱写新曲,并教授弟子。

2.公主的书画师

唐代帝王、贵族之家极好书画收藏与品鉴,公主亦不例外,唐诗中即叙及文士们于驸马府观看绘画之事,新城公主墓室壁画上的两幅捧卷轴侍女图(参插页彩图1),正是这种风气的写照。对书画的喜好、品鉴、藏之风,均会影响公主对书画的喜好乃至修习,亦从另一侧面见出公主接受书画教育的情境。太宗亦命专人教授临川公主,其师未留下名字,但从公主"文笔及手写诸经,又画佛像等,并流行于代"的造诣看,当受到极好教育。

从以上叙述可见,对公主而言,不同于普通女性,作为皇室血脉,特殊的身份,使得她们所获得的教育,几乎是多渠道与全方位的,承担唐代公主教育职责,可称之为公主师者亦极为广泛,既有因品行才智卓越被皇室任命直接教导公主并称名为师者,如女师、宫官;亦有和其密切相伴,对其言行有极重要影响,实际上可视作其师者,如来自家庭成员的帝王、王公、后妃,甚至公主群中的佼佼者、傅姆、阿保;还包括可以朝谏以修正、规范其言行、可视作间接公主师者;至于有特殊宗教信仰的公主,亦会以当朝有名的道士和高僧为师。

二、鉴图取则,闻诗服仪:唐代的公主教育目标与内容

对公主而言,作为帝女,其教育亦必须承担起特殊的家国意义。从公主册封文中"懿风""嫔则""风范"等使用频率极高的词语,如《大唐故长乐公主墓志》之公主"发言垂范,动容应图",即可见公主的言行品性必须承载的国家风范意蕴。苏颋《高安长公主神道碑》云"有循其礼,无择于言。鉴图取则,闻诗服义","我长公主则不然,避荣守静,退藏于密;端操正色,进寡其辞。为皇女焉,为皇姊焉,为皇姑焉,非不贵也,能戒盈忌满,智崇礼卑,俭德之恭,让德之益,主无攸遂不专也,勤无告劳不匮也。宜于秋裧,以助宗人;率彼春蚕,以从王后,则未尝忽诸"②,道出公主所接受的

---

① 《白居易集笺校》卷三二,第2189页。
② 《文苑英华》卷九三三《碑九〇·神道五二》,第六册,第4908页上。《全唐文》卷二五七,第三册,第2608页下。

部分教育内容。其所拟《封皇第二女常芬公主等制》又云,公主们"常阅礼于后庭,必闻诗于师氏",可见诗礼当是其教育的主要内容。颜真卿《和政公主神道碑》对公主接受的教育内容记载更为详备,说她:"至若左右图史,开示佛经,金石丝竹之音,缋画工巧之事,耳目之所闻见,心灵之所领略,莫不一览悬解,终身不忘。"①

沈佺期拟《安兴公主谥议文》所言公主在女德、女容、礼仪、图史等方面的表现,可算作对公主教育内容的较全面叙说:

> 公主……孝为德本,资色以养亲;礼即敬舆,履谦而轨物……不忘于浣濯;歌钟成列,载玩于图史。恭闻懿风,庶睹嫔则。②

虽说留存文献并无对公主教育的专门、明确叙写,但通过史籍对公主品性、作为等的零星分散的记叙,结合对制册文、墓志的梳理与分析,亦可窥其大略。

(一)册封文与墓志所见的公主教育目标与形象期许

从保存的唐代公主册文的行文、用语与公文范式,均可见唐王朝所认同的公主教育目标与内容。

1. 册封文特殊句式中隐含的公主教育培养预期目标

唐代的公主册封文往往有固定叙述范式,往往先是道明祖训通典,接着叙写公主已具备的贤良品性,之后会在末尾反复叮嘱与告诫。从这些特定的叙述句式与语言中,不难见出隐含其中的皇室对公主形象的期许,而这些自当是公主教育中遵循的核心部分,其教育目标与宗旨自会围绕这些展开。

唐玄宗时的《册信成公主文》《册昌乐公主文》《册高都公主文》《册永宁公主文》等册文,格式基本一致:

> 於戏!《易》著于(《唐大诏令集》作"乙")归,《诗》称下嫁,所以正风化、厚人伦也。咨尔信成公主,淑慎由衷,聪(《唐大诏令集》作"柔")明形外。训以师氏,颇详环佩之仪;修其妇功,更习纮綖之

---

① 《颜鲁公文集》卷八,《三长物斋丛书》本。《全唐文》卷三四四,第四册,第3490页。《全唐文新编》第二部,第二册,第3939页。
② 《全唐文》卷二三五,第三册,第2377页。《沈佺期宋之问集校注·沈佺期集校注》卷五,第312页。

艺……尔其光昭闻德,弘长国风,无怠厥心,永绥介福,可不慎欤!

於戏! 好合之礼,以正人伦,肃雍之德,用成妇道。咨尔昌乐公主,生知法度,性与柔和(《唐大诏令集》作"和柔"),亟闻彤史之(《唐大诏令集》作"□□□□□")言,颇识采蘋之事。素以为绚,既闲于(《唐大诏令集》作"□□")内则……尔其钦崇四教,承顺六姻,式是大邦,受兹明命,可不慎欤!

於戏! 古之圣人,垂训作则,必正内外之位,以明婚姻之礼。咨尔高都公主……能循法度,克慎言容……尔其自下于心,增修厥德,式瞻清懿,永固恩荣,可不慎欤!

於戏! 人伦式叙,以正国风,女子有行,将成妇道。咨尔永宁公主,自幼及长,终温且惠,引图史为镜鉴,用柔和为粉泽……尔其谦恭自下,淑慎为先,无忝公宫之教,永贻邦媛之则,可不慎欤!①

从这些册文中的表彰与颂美文字中,亦可约略见出唐代官方所推行与尊崇的公主美德,亦是公主教育中的重要内容。"采蘋"出自《诗经》,叙述女子采摘浮萍、水藻,置办祭祀祖先等的活动,可知公主出嫁前,大至祭祀等典礼的操办,小至家务均是被教授并修习的内容。《内则》是《礼记》的一部分,主要记载侍奉父母、舅姑之法,即家庭主要遵循的礼则。

册文中近乎一致的公文范式,诸如起句呼吁的"於戏! 人伦式叙,以正国风,女子有行,将成妇道"等,文末重申反复告诫的"尔其……无忝公宫之教"等勉诫,以及反复使用的"国风""邦媛之则"等词语,不仅标示出唐王朝对公主的希冀与勉励,也从侧面反映出唐王朝对大唐公主的教育目标,她们应是标识宫廷最好教育的典范,也理应成为整个邦国里女性的标杆,而公主们更应该肩负起"守妇道""正国风"的国家责任,做好国家表率。

《刘禹锡集·补遗》收录的《拟公主册文》(《文苑英华》标示"《刘禹锡集》无",公主为谁册文未标明,仅可知为长女,据刘禹锡在京履历,晚年任职礼部,会昌元年加检校礼部尚书,此后任礼部郎中,或为唐武宗长女):

礼秩克柔,肃雍载美。……乃躅通规,用光懿范。咨尔长女,金枝

---

① 《文苑英华》卷四四六《翰林制诏二七·册文五·公主册文》,第三册,第 2256 页。《唐大诏令集》卷四一《公主·封号》,第 198 页。《全唐文》卷三一〇,第四册,第 3155 页。

宠爱,玉质辉奇。蕴异体和,含章挺秀。柔顺懿德,幽闲可贞。……於戏! 何彼秾矣,《诗》之《国风》。盖美王姬,能成妇道。尔其克念,以敬所从,无忝我之休命。不其猗欤!①

册文在开始先是称颂概述公主的品性,接着以"乃躅通规,用光懿范"的表述,指出册封公主是采用历来的规制,并用来彰显发扬女子美好的品德风范,紧接着又详述公主美好的品性。但将"於戏"的感叹放置末尾,并与"尔其克念"的反复告诫并联,从其结构、范式的安排亦不难见出唐王朝对公主的期许。

唐代公主墓志中虽无册文中这样的范式,但也会偶尔穿插希冀的语言,如《大唐故新城长公主墓志铭(并序)》云"谅以调谐琴瑟,韵偃笙簧。标海内之嫔风,为天下之妇则者矣"②。也会有於戏之叹,《大唐故纪国大长公主墓志铭(并序)》云"於戏! 以顺成之德,柔立之操,茂正家道,宣美国风……淑慎吾止,聿观厥终,信戚里之高标,天人之秀出者也。宜其崇享五福……辅时阴教,为国女师"③。所选"家道""国风""高标"等词语,亦寄托着唐皇室的期许与厚望。

2. 册文、墓志高频词中的公主教育目标与形象期许

唐代公主的制册文与墓志中有些词会被反复使用,可称作高频词,亦可见出唐皇室对公主的教育目标以及对公主品性培养的心理期待。通过细读与统计,可以发现唐代公主册文、墓志中"妇道""德""肃雍""礼""仁孝"等词使用频率极高,几乎在每一篇中均会采用,而表述儒家传统伦理道德所要求的男女均应具备的温良恭俭让等品德的词语,表述作为女性更应具备的顺从、柔和、贤淑、婉静等品性的词语,亦会反复出现,以至组合成程序化的概述模式。其使用频次示例列表如下:

---

① 《文苑英华》卷四四六《公主册文》,第三册,第 2256 页。卞孝萱校订:《刘禹锡集·诗文补遗》,中华书局 1990 年版,第 622 页。
② 《全唐文补遗》第五辑,第 127 页。另见《唐〈新城长公主墓志〉考》,《碑林集刊》第六辑,第 34 页。
③ 《全唐文》卷六三一,第 6364 页。《吕衡州文集附考证》卷七,第 77 页。

表1　公主册封文、墓志高频词表

词语	用语	出处	公主父	频次
妇道（坤道）、妇德（懿德、德、女德）、则（阃则、内则、嫔则、女则）、坤规、内训	1. 内昭嫔则，外训母仪 2. 每称妇德、妇礼，岂在读书 3. 闺门睦睦，有妇道焉 4. 既彰妇道，还遵濯衣 5. 女则女仪	《大唐故淮南大长公主墓志铭（并序）》	高祖	41次
	标海内之嫔风，为天下之妇则	《大唐故新城长公主墓志铭》	太宗	
	1. 可谓九族妇德、千载女师者乎 2. 公主躬循妇道，志越家人 3. 公主创题嘉颂，光赞坤规 4. 有仪有则，多艺多才 5. 阐扬嫔则，盛述秋华 6. 敢树幽扃，庶传芳则 7. 语必奉于先姑，动无违于旧则	《大唐故临川郡长公主墓志铭（并序）》	太宗	
	1. 德备幽闲，有逾贞姜之节 2. 惟懿德之鲜俦，校往图其谁侣 3. 佩金燧于兰室，妇德□称；弄玉梭于春机，家道以正 4. 有仪有则，如应图籍	《大唐故长乐公主墓志》		
	习女德于闺阁，览史经于嫔则	《唐故袁州刺史右监门卫将军驸马都尉天水权君（毅）墓志铭（并序）》	高宗	
	雅著闺闱文则	《册真阳公主文》	玄宗	
	肃雍之德，用成妇道	《册昌乐公主文》		
	女子有行，将成妇道	《册永宁公主文》		
	逮公主之归郭氏也，约己正身，以勤妇道	《大唐故寿光公主墓志铭（并序）》		
	事叶母仪，言成内则。考诸图史，罕见其伦	《大唐故纪国大长公主墓志铭》	肃宗	
	公主克谐妇道，行叶《螽斯》，宾敬齐眉，不失其德	《大唐故郯国大长公主墓志铭（并序）》		

续表

词语	用语	出处	公主父	频次
妇道（坤道）、妇德（懿德、德、女德）、则（阃则、内则、嫔则、女则）、坤规、内训	1. 蘋藻谒严敬之心，成妇道也 2. 备女史之阙文，纪妇德于幽壤 3. 颜如蕣英，德如瑶琼	《唐故虢国大长昭懿公主墓志铭（并序）》	代宗	41次
	资于内训	《册普宁公主文》		
	第二十一女，践修阃则	《封太华公主制》		
	可以轨范人伦，光昭妇道者已	《唐故宜都公主墓志铭（并序）》	德宗	
	1. 敬顺自然，奉姑纪国公主以孝闻，执妇道（下缺） 2. 妇道率从，荣耀非尚，谦和处中	《唐故普安公主册赠梁国大长公主墓志》	顺宗	
	1. 而贵主作嫔君子，妇道克脩 2. 女德咸具，妇道聿彰	《唐故汾阳公主赠郑国温仪大长公主墓志铭（并序）》	宪宗	
	知中闱《内则》之义	《封真宁公主等制》		
	宪宗持礼法……敕其爱□岐阳主家，无得骄杜氏。宪主亦能率妇道，变贵戚风俗	《唐故金堂长公主赠凉国大长公主墓志铭（并序）》（其中记叙有岐阳公主事迹）		
	1. 所谓言、容、功、行四德者 2. 凉国能用宪皇遗训，执蘋藻之礼，躬服澣濯，琴瑟宜家 3. 可谓贤明德度，有母仪矣	《唐故金堂长公主赠凉国大长公主墓志铭（并序）》	穆宗	
	长女等坤道禀柔，条风育德	《封长女等为公主制》	宣宗	
	女仪妇道，可不慎欤	《册益昌公主文》	昭宗	

续表

词语	用语	出处	公主父	频次
肃雍之德（范、道）	1. 肃雍之德,受之于天性 2. 叶和琴瑟,肃雍宾敬	《大唐故淮南大长公主墓志铭(并序)》	高祖	38次
	窈窕□芬,肃雍成德	《大唐故新城长公主墓志铭》	太宗	
	易称元吉,诗美肃雍	《大唐故临川郡长公主墓志铭(并序)》		
	播肃雍于闺闱,流婉嫕于邦国	《大唐故长乐公主墓志》		
	宜增汤沐之荣,以表肃雍之誉	《加太平公主实封制》	高宗	
	成其肃雍,率由俊彩	《高安长公主神道碑》		
	肃雍之地,未展徽章	《封长宁公主等制》	中宗	
	长宁公主、安乐公主……肃雍成德,婉娩居怀	《加长宁安乐公主实封制》		
	1. 是以彼茇者唐,赞肃雍之礼;坎其击鼓,殷作配之仪 2. 桃李伊秾,王姬肃雍	《大唐永泰公主志石文》		
	平王之孙,肃雍其德;连华前志,代有其人	《鄎国长公主神道碑铭》	睿宗	
	媛成肃雍,侯守禄位	《凉国长公主神道碑》		
	肃雍之德,用成妇道	《册昌乐公主文》	玄宗	
	因其婉娩之性,进成肃雍之德	《封唐昌公主等制》		
	肃雍之范,以成女德	《封高都公主等制》		
	引图史以自鉴,用肃雍而成德	《封永宁公主制》		

续表

词语	用语	出处	公主父	频次
肃雍之德（范、道）	《诗》美肃雍,远著于《风》《雅》	《封平昌公主制》	玄宗	38次
	克备肃雍之仪,允彰图史之德	《封高阳公主制》称为玄宗第二十女,考《诸帝公主传》玄宗无封高阳之公主,其第二十女为永宁公主		
	将就肃雍之德,必分内外之规	《诸王纳妃公主下降不合于宫殿门行揖让礼疏》		
	始以肃雍之德,下嫁于公侯	《追封王潜母齐国大长公主制》（潜父縉尚玄宗女永穆公主）①		
	第二女,昇平公主:义弘好合,礼洽肃雍	《唐故虢国大长昭懿公主墓志铭（并序）》	代宗	
	下嫁诸侯,谅惟古制,肃雍之德,见美诗人	《册嘉诚公主文》		
	肃雍是宪,婉静流芳	《册华阳公主文》		
	适齐之美,更洽肃雍	《册普宁公主文》		
	敬慎其仪,肃雍其德	《大唐故唐安公主墓志》	德宗	
	1.䘏躬以奉于蘋藻,降志以成于肃雍 2.德盛肃雍,化宣柔懿	《唐故宜都公主墓志铭（并序）》		
	式分汤赋之荣,庶承肃雍之德	《封真宁公主等制》	宪宗	
	乃眷肃雍之德,俾开汤沐之封	《封太和公主制》		
	所以慰太后慈念之心,表先帝肃雍之训	《第十二妹等四人各封长公主制》②		
	爱生惠淑之姿,克奉肃雍之训。行成天性,德备人伦	《唐故朗宁公主墓志铭（并序）》	文宗	

① 《元稹集》卷五〇,第547页。
② 《白居易集笺校》外集卷下,第3927页。

续表

词语	用语	出处	公主父	频次
肃雍之德（范、道）	肃雍之道,庆于言容	《封延庆公主等制》	武宗	38次
	体备肃雍,用洽宠私	《封长女等为公主制》		
	每念肃雍之德,载经悲怆之怀	《赠同昌公主卫国公主制》		
	将俟肃雍之范,以从桃李之时	《故普康公主墓志铭(并序)》		
	唐兴公主、永平公主,誉洽肃雍,禀庆于降嫔之典	崔致远《贺封公主表》	僖宗	
	肃雍懿范	《册益昌公主文》	昭宗	
柔、顺（柔明、柔娴、柔嘉、柔和、柔惠）	1. 至如柔顺之道,合之于自然 2. 合章有贞,柔顺无竞	《大唐故淮南大长公主墓铭(并序)》	高祖	43次
	□□贤明,夙标柔令	《大唐故清河长公主碑》		
	1. 孝友禀□□年,柔明彰于龀□ 2. 柔顺□风,幼彰于闺阃 3. 幽闲表质,柔明在躬	《大唐故新城长公主墓志铭》	太宗	
	1. 若乃润柔范于椒庭,(阙六字)包四德而由已 2. 理识幽闲,质性柔顺 3. 惟公主妙质柔明,雅识详润,芝兰成性,瑰琰(璧)为心,庄敬自持,温谦逮下	《大唐故兰陵长公主碑》		
	幽闲之操,冠图籍以腾芳;贞顺之容,播闺闱而擅美	《大唐故临川郡长公主墓铭(并序)》		
	行归柔顺,因得伯姬之心;德备幽闲,有逾贞姜之节	《大唐故长乐公主墓志》		
	体逾尚柔	《高安长公主神道碑》	高宗	
	践素依仁,更缉柔闲之范;闻诗蹈礼,还表婉顺之容	《加太平公主实封制》		
	贞惠日严,柔明天纵	《安兴公主谥议文》		
	柔嘉奕德,婉嫕其容,其□允淑,既温而肃	《大唐永泰公主墓铭》	中宗	

续表

词语	用语	出处	公主父	频次
柔、顺（柔明、柔娴、柔嘉、柔和、柔惠）	柔祗不忒,芳问允塞	《凉国长公主神道碑》	睿宗	43次
	孝让天挺,柔娴自得	《大唐故淮阳公主墓志铭（并序）》		
	资身淑慎,禀训柔明	《封高阳公主制》	玄宗	
	生于公宫,自禀幽闲之性;教以师氏,更彰徽柔之则	《册高都公主文》		
	性与柔和,生知法度	《封临晋公主制》		
	柔顺因心,幽闲表质	《册真阳公主文》		
	用柔和为粉泽	《册永宁公主文》		
	生知法度,性与柔和	《册昌乐公主文》		
	性质闲婉,襟灵敏悟。柔顺外澈,和惠内融	《册平昌公主文》		
	柔仪明婉,淑性和惠。端娴外肃,敏悟内昭	《册广宁公主文》		
	生而柔和婉嫕,长而淑顺矜庄	《大唐故寿光公主墓志铭（并序）》		
	以顺成之德,柔立之操,茂正家道,宣美国风	《大唐故纪国大长公主墓志铭》	肃宗	
	1.处谦履顺,体柔乘刚 2.承夫以婉顺和,检身以贞白立 3.外成刚健,内备柔则	《大唐故郑国大长公主墓志铭（并序）》		
	1.非四德天纵,百行师古,则柔嘉之操,贞顺之规,曷能全哉! 2.和鸣于敬顺之间,崇德于唱随之际 3.既柔且惠,以保其荣	《唐故虢国大长昭懿公主墓志铭（并序）》	代宗	
	孝友柔谦,外和内敏	《册嘉诚公主文》		
	璁珩既佩,柔愿无违	《封太华公主制》		

续表

词语	用语	出处	公主父	频次
柔、顺（柔明、柔娴、柔嘉、柔和、柔惠）	德盛肃雍,化宜柔懿	《唐故宜都公主墓志铭(并序)》	德宗	43次
	若乃茂范中积,徽柔外朗,非礼勿动,惟义之从	《大唐故唐安公主墓志》		
	幼植柔惠之性,长资幽闲之德	《唐故文安公主墓志铭(并序)》	顺宗	
	□□柔淑,著于宫闱,贞顺谦和,布在闺阃	《唐故普安公主册赠梁国大长公主墓志》		
	柔闲自著于宫闱,婉丽日彰于仪范	《唐故朗宁公主墓志铭》	文宗	
	长女等坤道禀柔,条风育德。庄敬柔顺,受粹气于灵源	《封万寿公主等制》(一作《封长女等为公主制》)	宣宗	
	况复懿顺日新,柔明天纵,晦言功而窈窕,茂诗礼以幽闲	《故赠平原长公主墓志铭(并序)》		
	坤顺之性,体于自然	《册益昌公主文》	昭宗	
仁、孝	孝有纯迹,玄无奥绪	《大唐故临川郡长公主墓志铭(并序)》	太宗	28次
	孝友禀□□年,柔明彰于龀□	《大唐故新城长公主墓志铭》		
	1.仁为性道,岂资冥助,孝实天经,因心必极 2.践孝资忠,履仁基信 3.敦睦亲于娣姒,竭蒸孝于舅姑	《大唐故兰陵长公主碑》		
	1.然而孝友天发,仁爱冥感 2.比夫益部孝女,非有帝子之尊	《大唐故长乐公主墓志》		
	孝焉而终,仁则何辅?	《高安长公主神道碑》	高宗	

续表

词语	用语	出处	公主父	频次
仁、孝	1.神媛诞灵,常言所绝,免怀之岁,天夺圣善,不食三日,哀比成人,文母流胎教之慈,曾子得生知之孝。由是宫闱延瞩,邦国远闻 2.孝思惟则,道远乎哉! 3.挺生淑媛,慈和孝恭	《鄎国长公主神道碑铭》	睿宗	28次
	孝让天挺,柔娴自得	《大唐故淮阳公主墓志铭(并序)》		
	1.服慈友,敦孝敬 2.以其年十二月三日,陪葬桥陵,孝也 3.烝烝孝敬,抑抑威仪	《代国长公主碑》		
	1.特以公主孝友凤成,尤所钟爱 2.虽季姜徐淑之雅正,鸿妻莱妇之孝敬 3.屈己重礼,忘身循孝	《大唐故寿光公主墓志铭(并序)》	玄宗	
	事姑以孝养著,恤下以慈惠称	《大唐故郑国大长公主墓志铭(并序)》	肃宗	
	第二女,昇平公主:舅姑悦德养之色,睦宗族也!	《唐故虢国大长昭懿公主墓志铭(并序)》	代宗	
	1.韶惠之性,发于自然;孝敬之道,匪资外饰 2.明惠凤茂,孝心天至	《唐故宜都公主墓志铭(并序)》	德宗	
	1.故琬琰成性,自然孝友,兰桂含姿,居常□惠 2.公主疾不言倦,孝以安亲	《大唐故唐安公主墓志》		
	敬顺自然,奉姑纪国公主以孝闻	《唐故普安公主册赠梁国大长公主墓志》	顺宗	
	孝敬生知	《封盛唐公主制》	宣宗	
	1.资仁孝为教先,谅慈爱为理本 2.仁惠信于生知,敏晤深于天性	《故普(晋)康公主墓志铭(并序)》	懿宗	

第二章　禀训公宫,法度彰于懿范:唐代的公主教育　　75

续表

词语	用语	出处	公主父	频次
礼	1. 言合礼仪,动中规矩 2. 慎行修身,无忘于造次;守礼制节,匪离于斯须 3. 家人降礼,亲敬日崇 4. (教子)言诗立礼,必诲箕裘之业 5. 及乎丧姑,居服缞麻,俯礼备哀感之道,终尽卜兆之安措 6. 每称妇德、妇礼 7. 礼成椒掖,德备彤闱	《大唐故淮南大长公主墓志铭(并序)》	高祖	47次
	访史伫戒,问礼贻则	《大唐故长乐公主墓志》	太宗	
	1. 既申追事之欢,弥馨亲承之礼 2. 箴礼无阙,言容毕备	《大唐故临川郡长公主墓志铭(并序)》		
	1. 幼娴礼训,夙镜诗文 2. 义叶三从,情归百两,宾敬之礼,必表于闺庭;喜愠之容,不形于造次 3. 敦睦亲于娣姒,竭蒸孝于舅姑,言应礼经,动合规矩 4. 礼崇举案,慈流断机	《大唐故兰陵长公主碑》		
	翔诗骛礼	《大唐故清河长公主碑》		
	秋华凝照,丝缛袭礼	《大唐故新城长公主墓志铭》		
	1. 有循其礼,无择于言 2. 能戒盈忌满,智崇礼卑,俭德之恭,让德之益	《高安长公主神道碑》	高宗	
	动必由礼,备保傅之容	《大唐永泰公主志石文》	中宗	
	习礼明诗,日渐庭闱之训	《鄎国长公主神道碑铭》	睿宗	
	九族敦叙,百礼罔分	《代国长公主碑》		
	顺颜承志,约礼知节	《凉国长公主神道碑》		

续表

词语	用语	出处	公主父	频次
礼	常阅礼于后庭	《封皇第二女为常芬公主等制(开元三年十二月)》	玄宗	47次
	1. 长习《诗》《礼》 2. 公主辅佐君子,周旋《礼经》,尽志以奉舅姑,降心以谐姻族 3. 礼为藩分俭为宝	《大唐故纪国大长公主墓志铭》	肃宗	
	1. 允釐家政,率礼内成 2. 礼法孔嘉,威仪不忒	《大唐故郯国大长公主墓志铭(并序)》		
	乐闻礼教	《追封华阳公主制》	代宗	
	动惟中礼,言必知徽	《追封玉虚公主文》		
	词礼是则,令淑增华	《册普宁公主文》		
	非礼勿动,惟义之从	《大唐故唐安公主墓志》	德宗	
	1. 礼崇宗戚,荣被族姻 2. 不恃天人之贵,必循士庶之礼	《唐故宜都公主墓志铭(并序)》		
	容礼必叶,言行无间	《改封永昌公主制》	宪宗	
	1. 虽出自九重,而动必中礼 2. 昔奉先姑,动合礼仪	《唐故汾阳公主赠郑国温仪大长公主墓志铭(并序)》		
	1. 其他宜为妇礼者 2. 屏息拜起,一同家人礼度 3. 始终尽礼,大小周旋	《唐故岐阳公主墓志铭》		
	礼秩克柔,肃雍载美	刘禹锡《拟公主册文》(或为武宗长女,参上述)	武宗	
	柔顺之心,叶于礼度	《封延庆公主等制》		
	每遵诗礼之文	《封盛唐公主制》	宣宗	
	不矜帝子之尊,尽执家人之礼	《赠同昌公主卫国公主制》	懿宗	
	晦言功而窈窕,茂诗礼以幽闲	《故赠平原长公主墓志铭(并序)》		
	年未资于姆傅,礼近就于诗书	《故普康公主墓志铭(并序)》		
	凤兴夜寐,无忘女史之箴。下气怡声,勉习家人之礼	《册益昌公主文》	昭宗	

第二章 禀训公宫,法度彰于懿范:唐代的公主教育　　77

续表

词语	用语	出处	公主父	频次
范（懿范、雅范、柔范、仪范、内范、容范）风（国风、惠风、懿风、遗风、风化、闺风、王风、风训、柔风、风俗）懿（懿德、懿风）	1. 空余懿范,传诸缣素 2. 泛兰吹以藻芳猷,贻蕙问而流雅范 3. 馨周折旋,必贻来范	《大唐房陵大长公主墓志铭（并序）》	高祖	52次
	懿德垂范,家道斯正	《大唐故淮南大长公主墓志铭（并序）》		
	1. 发言垂范,动容应图。 2. 惟懿德之鲜俦,校往图其谁侣	《大唐故长乐公主墓志》	太宗	
	1. 若乃润柔范于椒庭（阙六字）包四德而由已,总六行以立身 2. 裁箴作范,草赋开蒙 3. 神鉴详明,风徽韶美	《大唐故兰陵长公主碑》		
	1. 贞静之风,必取诫于绵册 2. 风态独高,绰而能和	《大唐故清河长公主碑》		
	1. 标海内之嫔风,为天下之妇则 2. 柔顺之风,幼彰于闺闼	《大唐故新城长公主墓志铭》		
	1. 乃命国史,昭铭懿迹 2. 故以式瞻贵里,仪范通门 3. 如千花之泛惠风,百卉之涵膏露	《鄎国长公主神道碑铭》	睿宗	
	《内范》一部,尤皆精炼	《代国长公主碑》		
	1. 王姬内范,胎教潜流 2. 恭闻懿风,庶睹嫔则	《故安兴公主谥议文》		
	惠风拂于琼蕊	《大唐故金仙长公主（无上道）志石铭（并序）》		
	又昭乎遗风,谁著缣简?	《凉国长公主神道碑》		

续表

词语	用语	出处	公主父	频次
范（懿范、雅范、柔范、仪范、内范、容范）风（国风、惠风、懿风、遗风、风化、闺风、王风、风训、柔风、风俗）懿（懿德、懿风）	肃雍之范，以成女德	《封高都公主等制》	玄宗	52次
	1.正风化，厚人伦 2.光昭阃德，宏长国风	《册信成公主文》		
	人伦式叙，以正国风	《册永宁公主文》		
	砥砺嫔仪，率由图史之范	《封太华公主制》		
	1.以顺成之德，柔立之操，茂正家道，宣美国风 2.镂德音于沉础，传风树于遗老	《大唐故纪国大长公主墓志铭》	肃宗	
	1.生知懿恭，幼挺明哲 2.谥曰"昭懿" 3.(其女)道光宫教，礼播闺风	《唐故虢国大长昭懿公主墓志铭（并序）》	代宗	
	笄年下嫁，光大其门，德礼容范，昭彰彤管	《大唐故金紫光禄大夫左散骑常侍驸马都尉上柱国袭代国公赠工部尚书郭府君墓志铭（并序）》		
	1.王者以义睦宗亲，以礼敦风俗 2.懋敦王风，勿坠先训	《册嘉诚公主文》		
	载扬凤徽，永作来范	《册普宁公主文》		
	若乃茂范中积，徽柔外朗	《大唐故唐安公主墓志》	德宗	
	存懿范于宗籍，垂芳猷于篆刻	《唐故文安公主墓志铭（并序）》		
	1.德盛肃雍，化宣柔懿 2.虔奉纶言，恭题懿躅 3.可以轨范人伦，光昭妇道者已	《唐故宜都公主墓志铭（并序）》		
	第二女等，皆以柔懿，备闻风训	《封真宁公主等制》	宪宗	
	淑德柔风，天下倾耳	《唐故岐阳公主墓志铭》		

续表

词语	用语	出处	公主父	频次
范（懿范、雅范、柔范、仪范、内范、容范） 风（国风、惠风、懿风、遗风、风化、闺风、王风、风训、柔风、风俗） 懿（懿德、懿风）	夫人金堂贵主，志慕关雎，礼范汉官，道俘秦晋，夫言妇从，亦公之教也	《唐故驸马都尉将作少监赠殿中监郭公墓志铭（并序）》	穆宗	52次
	1.（岐阳公主）宪主亦能率妇道，变贵戚风俗。 2. 女皆淑顺有先范	《唐故金堂长公主赠凉国大长公主墓志铭（并序）》		
	柔闲自著于宫闱，婉丽日彰于仪范	《唐故朗宁公主墓志铭》	文宗	
	1. 乃蹈通规，用光懿范 2. 柔顺懿德，幽闲可贞	《拟公主册文》	武宗	
	长女等坤道禀柔，条风育德	《封长女等为公主制》	宣宗	
	况复懿顺日新，柔明天纵	《故赠平原长公主墓志铭（并序）》		
	将俟肃雍之范，以从桃李之时	《故普康公主墓志铭（并序）》	懿宗	
	肃雍懿范	《册益昌公主文》	昭宗	

（二）以儒家女德为本的广博教育内容

统计分析分散于文献中的材料可知，唐代公主所受教育大致包括以下内容：

1. 图训典则、女史箴规、彤史之言与公宫道训

唐朝的公主教育仍以传统的女德教育为核心，其主要内容是专门针对宫廷女子教育的女史箴规、图训典则与宫廷法度规章，包括前朝典则与新修图则等。

在有关唐代公主的册文、墓志当中，图训、法度、规矩、典范、公宫道训、女史箴规、彤史之言、范则等词被频频提及。图训，如玄宗的新平公主"习知图训"[1]。法度，如玄宗女据《封临晋公主制》言"生知法度"[2]；《册广宁

---

[1] 《新唐书》卷八三《诸帝公主传》，第十二册，第3660页。
[2] 《文苑英华》卷四四六《翰林制诏二七·册文五·公主册文》，第三册，第2257页下。《唐大诏令集》卷四一《公主·封号》，第194页。《全唐文》卷二四，第一册，第275页。

公主出降(《全唐文》无"出降"二字)文》云"禀训公宫,法度彰于懿范"①等。

训即典式、法则,是指一些教导之辞或告诫之文,包括前人著说的教育典籍,尤其是女教典籍。对公主而言,既有"公宫道训"、皇室专著典则,用来教育与框范皇室成员的行为举止与修养品行,也有前人的"女史箴规""女范""女则",诸如《礼记》的《内则》,即用来作为家庭内部女子孝顺侍奉公婆等应遵行的规则。《礼记·内则疏》说:"朱子……又曰:郑氏以为记男女居室事父母舅姑之法,闺门之内,仪轨可则,故曰《内则》。此必古者学校教民之书。"②在此基础上后代不断有新的规范女子言行的规则,东汉有班昭《女诫》,唐时长孙皇后制定《女则》十卷,用以规范包括唐代公主在内的皇室女性的言行;《内范》同样是用来规范妇德的闺门范式,武则天"尝召文学之士周思茂、范履冰、卫敬业",令撰"《古今内范》"一百卷、"《凤楼新诫》《孝子列女传》各二十卷"、"《内范要略》"十卷,藏于秘阁③;此后还有《女孝经》《女论语》等。宫中又有专门记载宫闱生活的宫史,即彤史(亦将宫中负责起居者称作"彤史"),对于公主而言修习针对皇室女性的宫史,亦是重中之重。

训范、女史箴规、彤史,如"故能聪颖外发,闲明内映。训范生知,尚观箴于女史;言容成则,犹习礼于公宫"〔虞世南《大唐故汝南公主墓志铭(并序)》④〕;"公主礼承于训"(杜甫《唐故德仪赠淑妃皇甫氏神道碑》⑤);玄宗女据《册平昌公主出降(〈全唐文〉无"出降"二字)文》云"公宫道训,备闻勤俭之则;女史箴规,克慎言容之范"⑥;宣宗女"斯所以邃开玉房,永流彤史"〔《故赠平原长公主墓志铭(并序)》⑦〕;昭宗女"夙兴夜寐,无忘女史之箴"(《册益昌公主文》)。

述及公主德行时亦多次运用符合《内则》《内范》的表述,如称赞高宗女高安公主为"古有女仪嫔则焉,或孟母之勤学,敬姜之知礼……然出于素族,书之缇史,未有居高益下,托体至尊,如长主之俦矣。故能九师让能,三

---

① 《唐大诏令集》卷四二《公主·出降册文》,第196页。《全唐文》卷三八,第一册,第418页。
② 《礼记集解》卷二七《内则》,第724页。
③ 《旧唐书》卷六本纪六《则天皇后》,第一册,第133页。
④ 《全唐文新编》卷一三八,第一部第三册,第1578页。
⑤ 〔清〕仇兆鳌注:《杜诗详注》卷二五,中华书局1979年版,1999年重印,第2226页。
⑥ 《唐大诏令集》卷四二《公主·出降册文》,第196页。《全唐文》卷三八,第一册,第418页。
⑦ 《唐代墓志汇编续集》咸通一五,第1044页。录自《隋唐五代墓志汇编·陕西卷》第四册,第146页。

子闻教"(《高安长公主神道碑》①);睿宗女金仙公主被称颂为"凤承训于姒则。生知女范"(《大唐故金仙长公主神道碑铭(并序)》②),睿宗女代国公主被称赞为"《内范》一部,尤皆精炼"(《代国长公主碑》③);玄宗女昌乐公主"亟闻彤史之言,颇识采蘋之事。素以为绚,既闲于《内则》"(《册昌乐公主文》④);宪宗女真宁公主等被称颂为"知中闱《内则》之义,禀傅姆女史之规"(《封真宁公主等制》⑤);宣宗《封长女等为公主制》亦云"言容法度,穆昭徽于《内则》"⑥。足见这些内则当是公主教育中的主要部分。

  这些典则的核心应当是建立在封建道德规范下的"女史箴规",而一众规章,均以《礼记》中的《内则》为基础敷演展开,其核心要义为四德。颜真卿盛赞和政公主具备"德言容功之四美",肃宗女郯国公主亦是"义闻六姻,贤备四德"(《大唐故郯国大长公主墓志铭(并序)》⑦),陆贽《册嘉诚公主文》说代宗女"孝友柔谦,外和内敏,公宫禀训,四德备修"⑧。代宗女昇平公主被盛赞为:"威容之度,蔑以过之逮夫,佐夫家也!蘋藻谒严敬之心,成妇道也;舅姑悦德养之色,睦宗族也!以义和娣姒也,以诚恂恂然、怡怡然。非四德天纵,百行师古,则柔嘉之操,贞顺之规,曷能全哉!"(《唐故虢国大长昭懿公主墓志铭(并序)》⑨)。宪宗女汾阳公主被称颂为"容德冠于当时"⑩(《唐故汾阳公主赠郑国温仪大长公主墓志铭(并序)》)。穆宗女亦被称颂为"凉国生而聪慧有奇意,嬉戏举动不与诸儿等。所谓言、容、功、行四德者。自得扵天,不独淮阳、义丰、延安姊妹主之亲者,宫中疎远皆爱之,人人自以为己不及"〔《唐故金堂长公主赠凉国大长公主墓志铭(并

---

① 《文苑英华》卷九三三《碑九〇·神道五二》,第六册,第4908页上。《全唐文》卷二五七,第三册,第2608页下。
② 陈垣编纂:《道家金石略》,北京:文物出版社1988年,第119页。
③ 《全唐文》卷二七九,第三册,第2826页。
④ 《文苑英华》卷四四六《翰林制诏二七·册文五·公主册文》,第三册,第2256页上。《唐大诏令集》卷四一《公主·封号》,第198页。《全唐文》卷三一一,第四册,第3155页。
⑤ 《唐大诏令集》卷四一《公主·封号》,第196页。
⑥ 《唐大诏令集》卷四一《公主·封号》,第197页。《全唐文》卷七九,第一册,第825页。
⑦ 《全唐文新编》卷四七八第三部第一册有录文,第5609页。《全唐文补遗》第三辑,第123页。
⑧ 《陆宣公集》,第50页。《文苑英华》卷四四六《翰林制诏二七·册文五·公主册文》,第三册,第2257页。《全唐文》卷四六四,第五册,第4744—4745页。
⑨ 郭青萍:《太原郭氏金石注集》,福建郭氏文化研究会自印2014年版,第245页。郭海文、张平、刘紫祺:《新出唐代昇平公主墓志研究》,《唐史论丛》第二九辑,三秦出版社2019年版,第346页。
⑩ 郭海文、远阳:《新见〈唐故汾阳公主赠郑国温仪大长公主墓志铭〉考释》,《唐史论丛》第三一辑,三秦出版社2020年版,第350页。

序)》①]。昭宗女义阳公主"端庄合度,取(《全唐文补遗》作'□')法应图。习女德于闺阁(《全唐文补遗》作'□□'),览(《全唐文补遗》作'□')史经于嫔则"〔《唐故袁州刺史右监门卫将军驸马都尉天水权君(毅)墓志铭(并序)》②]。这些范式与语词选用从侧面反映出唐皇室理想中的公主教育标准与教育内容,仍建立在儒教尤其是四德的基础上。

甚至公主们对女儿的教育也以此为标准,据独孤及《唐新平长公主故季女姜氏墓志铭》:"长公主叹季女姿度荣茂,温惠淑慎,能修女师之训,动中礼范",赞美其女"宜君子家室,且贻芳于彤管,乃未笄而夭,命也夫!呜呼!窈窕专柔,含德而未形,虽当《鹊巢》《小星》《采蘩》《殷雷》之德,今已矣夫,史氏蔑由记之矣"③。

这种"女史箴规"往往十分强调德的重要性,才反而在其次,而诸多册文对公主"习知图训"后的具体品性的强调与赞美,亦足见唐王朝在公主教育中对道德行为的重视。比如《封高阳公主制》中即强调公主"资身淑慎,禀训柔明。克备肃雍之仪,允彰图史之德"(此处的高阳公主按唐文为玄宗女,但玄宗女无封高阳者,太宗女高阳公主,并不谙合女德标准,但制文反映出唐王朝看重的公主教育标准)。同时但凡公主在品行方面表现突出时,史书与文献常常赞美她们可为师训。这种德,既包括儒家所强调的"仁义礼智信"与孝道等,还包括身为女性所必须遵从的女德的修养与规范,包括：

(1)女德教育

唐代的制、诏、册等文描绘公主的概括性语汇、美誉之词大体为:"性与柔和,生知法度"(《封临晋公主制》)、"性质闲婉,襟灵敏悟。柔顺外澈,和惠内融"〔《册平昌公主出降(〈全唐文〉无"出降"二字)文》]、"柔仪明婉,淑性和惠。端闲外肃,敏悟内昭"〔《册广宁公主出降(〈全唐文〉无"出降"二字)文》]等。制文虽不足以判断公主性情,但足以看出对公主寄予的希望,即要求她们具备女德之美,表现为"柔"、"和"、"顺"、"娴婉"、"和惠"、端肃、贤淑、敏悟等,唐皇室自然也以此标准教育、培养唐王朝认同的公主形象,至于公主是否按此标准规范自己,自然与个人的天性等诸多因素有关。

这种对女德的重视,在唐王朝早期即存在,据史书记载太宗襄城公主

---

① 《唐郭仲恭及夫人金堂长公主墓发掘简报》,《文博》2013年第2期,第17页。
② 《全唐文补遗》第五辑,第23页。
③ 《全唐文》卷三九一,第四册,第3978页。

就因"性孝睦,动循矩法",太宗颁布敕文,"令诸公主视为师式"①。但到武韦时期有所松动,由于此时公主们得以参政,突破了传统女德的匡范与束缚。玄宗朝以后,又呈现出"儒教化"趋势。尤其是9世纪以后,皇室一再严格限制公主的行为。权德舆《赠郑国庄穆公主挽歌二首》其二云"淑德图书在,皇慈礼命彰"②,因公主品性淑德,亦受到帝王表彰。其《赠魏国宪穆公主挽词(〈全唐诗〉作"挽歌词二首")》其一云"汉制荣车服,周诗美肃雍。礼尊同姓主,恩锡大名封。外馆留图史,阴台(〈全唐诗〉作'堂')闭德容"③,亦盛赞公主有肃雍贤德,可载图史。文宗开成二年,颁布《更定驸马为公主服制诏》,依照常礼将驸马为公主服丧三年,改为齐衰一年:

> 制服轻重,必资典礼。如闻往者驸马为公主行服三年。缘情之义,殊非故实;违经之制,今乃闻知。宜令期周,永为定制。④

宣宗大中四年颁布《万寿公主出降诏》,明确强调以女德为公主的行为准则,且遵从古礼:

> 女人之德,雅合慎修,严奉舅姑,夙夜勤事,此妇之节也。先王制礼,贵贱同遵,既以下嫁臣寮,仪则须依古典。⑤

大中五年四月还颁布《公主县主有子女者不得再降敕》,强调的仍是建立在儒家伦理基础上的女德教育,认为公主教育的儒家教化人伦事关国风,须严格奉行:

> 夫妇之际,教化之端……况枝连帝戚,事系国风,苟失常仪,即紊彝典。其有节义乖常,须资立制,如或情有可愍,即务从权。俾协通规,必惟中道。起自今以后,先降嫁公主、县主,如有儿女者,并不得再请从人;如无儿女者,即任陈奏……如有儿女,妄称无有,辄请再从人

---

① 《新唐书》卷八三列传八《诸帝公主传》,第十二册,第3645页。
② 《权德舆诗文集》卷八,第134页。《全唐诗》卷三二七,第五册,第3666页。
③ 《文苑英华》卷三一〇《挽歌》,第二册,第1594页。《全唐诗》卷三二七,第五册,第3666页。《权德舆诗文集》卷八,第135页。
④ 《全唐文》卷七三,第一册,第766页。
⑤ 《唐会要》卷六《杂录》,第74页。《全唐文》卷八〇,第一册,第840页。

者,仍委所司察获奏闻,别议处分,并宣付命妇院,永为常式。①

宋氏五姐妹中宋若昭的《女论语》对女德女容等做了非常具体的规定与约束,并用此来教育皇室成员。其中的《立身章》《事夫章》这样写道:

> 凡为女子,先学立身,立身之法,惟务清贞……行莫回头,语莫掀唇,坐莫动膝,立莫摇裙,喜莫大笑,怒莫高声。内外各处,男女异群,莫窥外壁,莫出外庭。②
> 将夫比天,其义匪亲。夫刚妻柔,恩爱相因。……夫若发怒,不可生嗔,退身相让,忍气吞声,莫学泼妇,斗闹频频。粗丝细葛,熨帖缝纫,莫教寒冷,冻损夫身。家常茶饭,供待殷勤,莫教饥渴,瘦瘠苦辛。③

从这些教授给皇室女子的立身行为准则和规范条文,可以很清楚地得知唐皇室中后期对包括公主在内的女子行为的约束极细极多,柔和、忍让、顺从,以男子为尊、相夫助夫是核心,以至于怎样坐、立、行、走、喜、笑、怒、悲的行为与表情仪态,怎样进退礼让、侍奉丈夫、操持家务等理家相夫的事务,都有极严格的教导与规范。

(2)言容、女红教育

女德、女言、女容、女红,对宗法伦理社会中的女性而言,是其必须修行之教育内容,唐代公主也不例外。玄宗朝孙逖拟《册信成公主文》云:

> 训以师氏,颇详环佩之仪;修其妇功,更习纮綖之艺。④

环佩是指古人所系的佩玉,女子多配于膝部以下,用以压裙脚。《礼记·经解》:"天子者,与天地参……行步,则有环佩之声",郑玄注:"环佩,佩环、佩玉也。所以为行节也。《玉藻》曰:'进则揖之,退则扬之。然后玉

---

① 《唐会要》卷六《杂录》,第74页。《全唐文》卷八一,第一册,第846页。
② 〔唐〕宋若莘、宋若昭:《女论语》,〔清〕陈宏谋编:《五种遗规》之《教女遗规》,线装书局2015年版,第94页。
③ 《女论语》,第96页。
④ 《文苑英华》卷四四六《翰林制诏二七·册文五·公主册文》,第三册,第2256页上。《唐大诏令集》卷四一《公主·封号》,第198页。《全唐文》卷三一一,第四册,第3154页。

锵鸣也。'环取其无穷止,玉则比德焉。"①纮綖是古代冠冕上装饰的绳带,《国语·鲁语下》载公父文伯劝其母勿绩,其母云"王后亲织玄纮,公侯之夫人加之以纮、綖,卿之内子为大带,命妇则祭服……男女效绩,愆则有辟,古之制也。"②后因以"纮綖"称贵显妇女的勤俭美德。从这一典故的使用,亦可知公主出嫁前会修习女容、女红,而信成公主在女师教育下对环佩之仪、纮綖之艺均有通悟。

玄宗女唐昌公主"躬学组紃"③,唐代宗女昇平公主被称颂"闺门诗礼之训,酒食组紃之事。动循雅度,罔不臻要"〔《唐故虢国大长昭懿公主墓志铭(并序)》④〕。组紃本指丝绳带,代指女红。《礼记·内则》:"女子十年不出,姆教婉、娩、听从(婉谓言语也,娩之言媚也,媚谓容貌也)。执麻枲,治丝茧,织纴、组、紃,学女事,以共衣服。"正义曰:"按《九嫔》注云:'妇德贞顺,妇言辞令,妇容婉娩,妇功丝枲。'则婉娩合为妇容。此分婉为言语,娩为容貌者,其意以此上下备言四德,以婉为妇言,娩为妇容,听从为妇顺,执麻枲以下为妇功。""组、紃俱为绦也……然则薄阔为组,似绳者为紃。"⑤

《册高都公主文》云公主"克慎言容"⑥;武宗《封延庆公主等制》云"肃雍之道,发(《全唐文》作'庆')于言容"⑦;宣宗《封长女等为公主制》云"言容法度,穆昭徽于《内则》"⑧。均提及并强调公主言容的修习与卓越。

(3)礼仪教育

唐王朝亦以礼教作为公主教育的重要内容,公主未出嫁时生活于内宫,宫中专设尚仪局,有专人负责专门事物,各司其职,据《新唐书·百官二》记述:

---

① 〔汉〕郑玄注,〔唐〕孔颖达疏,《十三经注疏·礼记正义》卷五〇,中华书局1980年版,第1611页上。
② 〔战国〕左丘明著,(三国吴)韦昭注,胡文波校点:《国语》卷五,上海古籍出版社2015年版,第74页。
③ 参见《〈唐昌公主墓志铭〉考释》(《唐研究》卷二〇,第265、267页)录文和拓片。
④ 《太原郭氏金石注集》,第245页。《新出唐代昇平公主墓志研究》,《唐史论丛》第二九辑,第346页。
⑤ 《十三经注疏·礼记正义》卷二八,第1471页中、下。
⑥ 《文苑英华》卷四四六《翰林制诏二七·册文五·公主册文》,第三册,第2256页上。《唐大诏令集》卷四一《公主·封号》,第198页。《全唐文》卷三一一,第四册,第3155页。
⑦ 《唐大诏令集》卷四一《公主·封号》,第197页。《全唐文》卷七六,第一册,第801页。
⑧ 《全唐文》卷七九,第一册,第825页。

尚仪二人,掌礼仪起居。总司籍、司乐、司宾、司赞。①

玄宗女唐昌公主据墓志云"早习《诗》、《礼》"②。代宗女昇平公主被称颂"闺门诗礼之训……罔不臻要"〔见《唐故虢国大长昭懿公主墓志铭(并序)》〕。宪宗第六女据《唐故汾阳公主赠郑国温仪大长公主墓志铭(并序)》云"妇道克脩,虽出自九重,而动必中礼。逮事先姑秦国太夫人,垂三十年,未曾纤木(按:语义不通,作'纤末'则通)以娇贵自失。服澣濯之衣,奉蒸尝之祀,虽山东士族无以加也"③。《郑何墓志》称颂普安公主"克循礼教,敦睦夫族"④。

对于公主而言,所要接受的礼仪教育,既包括传统儒家教育中所强调的礼,也包括作为大唐的命妇,在享有国家给予的利益外,还得遵从各种朝中礼仪,诸如大朝会、集会、重大庆典等。如皇帝谒陵的大典,公主们即须参加:

或皇后从谒,则设大次寝宫东,先朝妃嫔次于大次南,大长公主、诸亲命妇之次又于其南……皇后钿钗礼衣,乘舆诣寝宫,先朝妃嫔、大长公主以下从。至北门,降舆,入大次……妃嫔、公主位于西。⑤

另外,皇后季春时进行的先蚕礼,公主仍须参加:

前享三日,尚舍直长设大次于外壝东门之内道北……守宫设外命妇次,大长公主、长公主、公主以下于南壝之外道西。⑥

但凡唐王朝皇室的重大庆典,公主们参加时,都必须严格遵从包括礼服、位置、行动、举止、姿势等方面的礼仪。

公主与皇帝、王子、朝臣之间还会有严格的答拜礼仪。中宗朝曾针对答拜礼仪混乱的情形,做出规范,其《令宗属姑叔不得拜子侄制》(《全唐

---

① 《新唐书》卷四七志三七《百官二》,第四册,第1227页。
② 参见《〈唐昌公主墓志铭〉考释》(《唐研究》卷二〇)录文和拓片。
③ 《新见〈唐故汾阳公主赠郑国温仪大长公主墓志铭〉考释》,《唐史论丛》第三一辑,第350页。
④ 《唐普安公主及其夫郑何墓志合考》,《陕西历史博物馆刊》第八辑,第268页。
⑤ 《新唐书》卷一四志四《礼乐四》,第四册,第361页。
⑥ 《新唐书》卷一五志五《礼乐五》,第二册,第367—368页。

文》作《相王及太平公主不得拜诸王公主制》)云:

> 君臣朝序,贵贱之礼斯殊;兄弟天伦,先后之仪亦异。圣人之制,率繇斯道。朕临兹宝极,位在崇高,负扆向(《全唐文》作"当")阳,虽受宗枝之敬,退朝私谒,仍用家人之礼。近代以来,罕遵轨度,王及公主,曲致私情,姑叔之尊,拜于子侄,违法背礼……自今已后,宜从革弊。①

据《旧唐书·德宗诸子传》记载:因"德宗仁孝,动循法度,虽子弟姑妹之亲,无所假借",于是"建中初"就公主不拜舅姑以致抗礼之事颁布诏令:

> 爰自近古,礼教陵夷,公郡法度,僭差殊制。姻族阙齿序之义,舅姑有拜下之礼,自家刑国,多愧古人。……其令礼仪使与礼官博士,约古今旧仪及《开元礼》,详定公主、郡县主出降、觐见之文仪以闻。②

其后还有记载德宗对出降皇姬们制定的礼仪新制:

> 礼官定制曰:"既成婚于礼会院,明晨,舅坐于堂东阶西向,姑南向,妇执笲,盛以枣栗,升自西阶,再拜,跪奠于舅席前。退降受笲,盛以腶修。升,北面再拜,跪奠于姑席前。降,东面拜婿之伯叔兄弟姊妹。已而谢恩于光顺门,婿之亲族亦随之,然后会宴于十六宅。"③

李德裕《论公主上表状》就公主上表的称呼礼仪陈辞:

> 臣等伏见公主上表称妾李者,伏以臣妾之义,取其贱称。家人之称,即宜区别,因循旧章,恐未为得。臣等商量,今日以后,公主上表,从大长公主以下,并望令称某邑公主第几女上表。④

---

① 《唐大诏令集》卷四〇《诸王·睦亲族》,第189页。《全唐文》卷一六,第一册,第196页上。
② 《旧唐书》卷一五〇《德宗顺宗诸子传》,第十二册,第4046页。《全唐文》卷五〇,第一册,第552页。
③ 《旧唐书》卷一五〇《德宗顺宗诸子传》,第4047页。
④ 傅璇琮、周建国校笺:《李德裕文集校笺》卷一一,中华书局2018年版,第243页。《全唐文》卷七〇一,第七册,第7197页。

由此可见，公主们所要接受的礼仪教育之繁缛严格。她们的一言一行、衣食住行都有一定的规则法度，包含繁富细琐的程序礼节，甚至公主们上书的措辞、称谓都有一定规范，而朝中大臣们对其行为不合先朝礼仪之处都会随时提出建议，予以完善。至于公主们的婚礼则有更细致的规范。

2. 经史子典籍教育

对公主的教育而言，来自文字的书籍，包括前贤典则（诸如儒家、道家、佛家的经典等）与皇室制度，公宫道训等自然也是教育的主要内容。尚仪局则有负责图书典籍的人员，据《新唐书·百官二》记述：

> 司籍、典籍、掌籍，各二人，掌供御经籍。分四部，部别为目，以时暴凉。教学则簿记课业，供奉几案、纸笔，皆预俟焉。①

高祖女淮南公主"及儿子幼学，多自教授《尚书》《周易》《毛诗》《论语》，试读三次，略欲诵得（《唐淮南大长公主墓志所反映的唐代历史问题》《富平碑刻》等均作'试读之，次略欲诵得'）。每称妇德、妇礼，岂在读书。然耻于不知，聊寻阅解闷。至于经史，无不游涉"②。太宗女兰陵公主"九龄读《易》，穷谦损之微言；七（《全唐文新编》作"阙一字"）岁学书，尽钟张之妙迹"（李义府《大唐故兰陵长公主碑》③）。

公主册封文、墓志中"图史"被频频提及。如太宗女"□行而合图史，置言而成表缀"（《大唐故新城长公主墓志铭》④）；睿宗女"得茧馆从蚕之仪，采公宫习史之艺"（《凉国长公主神道碑》⑤）；玄宗女"克备肃雍之仪，允彰图史之德"（《封高阳公主制》，是否为玄宗女待考）、"能鉴图史，颇知法度"（《封唐昌公主等制》）、"图史之学，仍闻日就"、"引图史以自鉴"、"备详图史之学"、"亟闻彤史之言，颇识采蘋之事"、"引图史为镜鉴"（孙逖拟《封高都公主等制》《封永宁公主制》《封平昌公主制》《册昌乐公主

---

① 《新唐书》卷四七志三七《百官二》，第四册，第1227页。
② 《大唐故淮南大长公主墓志铭（并序）》，见《唐代公主墓志辑略》，《碑林集刊》第三辑，第65页。《唐淮南大长公主墓志所反映的唐代历史问题》，《华夏考古》2008年第2期，第136页。《富平碑刻》，第131页。《唐淮南大长公主墓志铭研究》，《社会科学战线》2017年第10期，第86页。
③ 《昭陵碑石》，第148页。《全唐文新编》卷一五三第一部，第三册，第1759页。
④ 《全唐文补遗》第五辑，第127页。另见《唐〈新城长公主墓志〉考》，《碑林集刊》第六辑，第34页。
⑤ 《文苑英华》卷九三三《碑九〇·神道五二》，第六册，第4908页。《中国西北地区历代石刻汇编》第三册有拓片，但漫漶不清，第54页。《全唐文新编》第二部第一册有录文，第2887—2888页。

文》《册永宁公主文》)、"砥砺嫔仪,率由图史之范"(《封太华公主制》①);德宗女"佩服图史,淑慎威仪"(《唐故宜都公主墓志铭(并序)》②)。

从一些唐代公主的言行中,亦可见出公主对经史的熟知。高祖女常乐公主在越王将举兵联络其驸马时的一段慷慨陈词即引前朝史事:

> 主进使者曰:"为我谢王,与其进,不与其退……我闻杨氏篡周,尉迟迥乃周出……况诸王国懿亲,宗祏所托,不舍生取义,尚何须邪?人臣同国患为忠,不同为逆,王等勉之。"③

从中不难看到公主对史籍及儒家"舍身取义"思想的了悟。

3. 文学教育

唐代公主与文学的渊源更深,唐帝王多喜爱诗歌,诗歌也是社交应酬的主要方式之一,自然少不了对公主的文学教育。唐高祖女高安公主"闻诗服仪";房陵公主据《大唐房陵大长公主墓志铭(并序)》云"敦诗悦礼,照史披图。文场翰□之奇,体物缘情之妙。故知班姬掞藻,远谢词条;左嫔彤笔,深惭丽则"④。虽说据史书记载房陵公主曾在长广公主丧期与其子杨豫之乱,驸马窦奉节不忿,私杀杨豫之,并因此与公主离婚,墓志对此仅以"琴瑟调乖"避开,但所记公主诗词文笔造诣,当为事实。据《大唐故淮南大长公主墓志铭(并序)》:

> 尝□□□,公主等侍宴奉上寿。仍令催酒唱歌词,公主随即作歌唱云:今宵送故,明旦迎新。漏移善积,年来庆臻。院梅开花袭蕊,檐竹挺翠含筠,二圣欢娱百福,九族献寿千春。
>
> 又于洛城门陪宴,御制洛城新制,群官并和,亦令公主等同作。公主应时奉和云"承恩侍奉乐嘉筵"。凡诸敏速皆此类也。⑤

可在侍宴时即兴作词作诗,足见淮南公主才思之敏捷,从其作品看既应景

---

① 《唐大诏令集》卷四一《公主·封号》,第 195 页。《全唐文》卷二四,第一册,第 283 页。
② 拓片见《隋唐五代墓志汇编·陕西卷》第二册,第 21 页。录文见《唐代墓志汇编续集》,第 787 页。
③ 《新唐书》卷八三列传八《诸帝公主传》,第十二册,第 3644—3645 页。
④ 《唐代墓志汇编续集》,第 201 页。
⑤ 见《唐代公主墓志辑略》,《碑林集刊》第三辑,第 64 页;《唐淮南大长公主墓志所反映的唐代历史问题》,《华夏考古》2008 年第 2 期,第 136 页。另见《唐淮南大长公主墓志铭研究》,《社会科学战线》2017 年第 10 期,第 86 页。

又协律,既能以精准传神之词摹形写态,又能以颂美之词称赞功德,也足以见出其在锻炼词句、作诗作歌上所受之教育。而高祖女长广公主,据记载"聪悟有思,工为诗"①。玄宗朝《封皇第二女常芬公主等制(开元三年十二月)》说公主"必闻诗于师氏"。宣宗朝《封盛唐公主制》则云公主"每遵诗礼之文"②。

保留下来的唐代诗文中,完整诗文均为和亲公主的,如宜芬公主的《虚池驿屏风》,金城公主的《谢恩赐锦帛器物表》《乞许赞普请和表》《请置府表》。另有高祖女淮南公主侍宴时,即兴赋诗留下的诗句。亦有公主的一些联句,如《景龙四年正月五日移仗蓬莱宫御大明殿会吐……柏梁体联句》,长宁公主有"鸾鸣凤舞向平阳",安乐公主有"秦楼鲁馆沐恩光",太平公主有"无心为子辄求郎"联句。虽是联结传唱的文字游戏,"充满着歌功颂德的赞誉气息,但也写得雍容华贵、庄重典雅,显示了一定的文字创作功底"③与文学素养。

此外,因公主爱好诗歌,于是积极举办诗酒文会。唐代初期,公主拥有与文士交往、游宴聚会的自由,经常举办通宵达旦的欢宴,席间的诗歌酬唱、歌舞伎乐必不可少,保留下来的宴游集会诗,则是其接受文学教育、雅好诗文的侧面证据。安史之乱后,公主自由公开的社交受到限制,但并未消减公主在幕后观看府内文人雅士即席创作、谈诗论道的热情。据《唐国史补》叙述:"郭暧,昇平公主驸马也。盛集文士,即席赋诗,公主帏而观之。"④《新唐书·文艺传(下)》则云:"始,郭暧尚昇平公主,主贤明有才思,尤招纳士,故端等多从暧游"⑤,突出了公主的诗赋才情及在驸马郭暧招纳文士中的主导作用。

4. 艺术教育

唐代公主中有相当一部分卓富才艺,这和她们接受的教育息息相关。高祖女淮南公主,据《大唐故淮南大长公主(李孟姜)墓志铭(并序)》记述:

> 年三四岁,见弹琵琶,即于扇上拨成小曲。至年五岁,指小仍未及柱,乃令人捻弦,遂弹得《达摩支》《无愁》等曲。……才(岳作"砀")

---

① 《新唐书》卷八三《诸帝公主传》,第十二册,第3643页。
② 《文苑英华》卷四四六《翰林制诏二七·册文五·公主册文》,第三册,第2258页。《唐大诏令集》卷四一《公主·封号》,第197页。《全唐文》卷七八八,第八册,第8242页。
③ 见拙著《唐代公主的婚姻生活》,第154页。
④ 〔唐〕李肇:《唐国史补》,《唐五代笔记小说大观》,上海古籍出版社2000年版,第167页。
⑤ 《新唐书·文艺传(下)》卷二○三列传一二八《卢纶传附李端传》,第十八册,第5686页。

第二章 禀训公宫,法度彰于懿范:唐代的公主教育

至七岁,渐能弹曲……神尧皇帝对妃嫔等看弹,一无错□,□□□叹,特蒙爱赏,赍杂彩(岳作"硷")及物数百段……十四日迎佛盆处,公主即弹,大蒙赏异,特赐紫檀槽金镮(岳作"瑅")琵琶一,并锦彩(岳作"硷")等。此后,每受琵琶并五弦三两遍,合便得,□〔不〕须续上。其于挡(岳、郭作"插")弹知音,实为绝妙。又常云:"音声一解,闻即自知。蔡琰夜别断弦,何足书之史籍。"①

郭正一《大唐故临川郡长公主墓志铭(并序)》对临川公主才艺叙述尤详:

麟德之岁,纪国太妃韦氏薨……自后年别,手写《报恩经》一部,自画佛像一铺。

有仪有则,多艺多才。……公主创题嘉颂,光赞坤规。援笔斯成,排闼进上。词符金石,思激风霜。天后览奏兴哀,批文警虑。亲纡墨令,奖喻殷勤。圣札冠含章之文,英词助王姬之德,求之遂古,乃绝其伦。

至于繁弦促管之妙,肇悦组纫之工,爰在□□,咸推绝美……所撰文笔及手写诸经,又画佛像等,并流行于代,可谓九族妇德、千载女师者乎。②

并在铭文中总结其品性才艺,称颂公主"涉艺穷远,观图尽秘,露彩垂毫,泉华涌思"。从中可知公主卓越的书法、音乐、绘画天赋。

太宗女晋阳公主幼时即表现出书法上的卓越天分,以至"临帝飞白书,下不能辨"③。其新城公主据《大唐故新城长公主墓志铭》记叙"染花笺于□□,体穷龙翰;发缥□于□□,词□凤篆"④,应亦留心于翰墨花笺,通晓书法与文辞。

---

① 录文见《昭陵碑石》,第 197 页;《唐代公主墓志辑略》,《碑林集刊》第三辑,第 64 页;《唐淮南大长公主墓志所反映的唐代历史问题》,《华夏考古》2008 年第 2 期,第 135 页;《唐淮南大长公主墓志铭研究》,《社会科学战线》2017 年第 10 期,第 86 页。
② 《新中国出土墓志》陕西一上,有拓片无录文,第 81 页。录文见《唐代公主墓志辑略》,《碑林集刊》第三辑,第 67 页;《唐代墓志汇编》永淳〇二五,第 703—704 页;《唐代墓志汇编续集》永淳〇〇九,第 260 页。
③ 《新唐书》卷八三列传八《诸帝公主传》,第十二册,第 3649 页。
④ 《全唐文补遗》第五辑,第 127 页。另见《唐〈新城长公主墓志〉考》,《碑林集刊》第六辑,第 34 页。

睿宗之女代国公主更是才艺双绝,对此驸马郑万钧在《代国长公主碑》中盛赞公主,可知其精通多种乐器,且书法造诣颇高,又擅长舞蹈:

> 聪明锐澈,韵清虑远。耳目所经,无不讽诵……至于箜篌笛琴,挡琵琶、七弦、阮咸、筝。隔帘□之,随手便合,有若天与,寔同生知。冰碧在躬,学无不通;聪捷若神,声皆绝伦……昼恒不寐,留情翰墨。书荐福寺经柱三百余言。拂石云散,垂钩露凝;兔转仙毫,初从夜月;麝霏烟墨,尽落天花。……公主年四岁,与寿昌公主对舞西凉殿上,群臣咸呼万岁。①

至于和政公主更是"金石丝竹之音,缋画工巧之事"无所不精。吴通微《大唐故唐安公主墓志》称公主"丝竹繁和,纨绽缛丽,群材众艺,一见旁通"②。

玄宗公主们在一些庆典中,还会亲自表演歌舞,如《明皇杂录》:"武惠妃生日,上与诸公主按舞于万岁楼下。"③

5. 佛、道经典教育

唐代在思想文化领域"兼收并蓄",三教并存。佛、道二教更是影响广泛,对人们的思想观念以及日常生活、行为等产生了深远的影响。作为皇室成员的唐代公主,自然会受到尚道、尚佛氛围的影响。

道教为唐代国教,李唐多位帝王大力推崇道教。唐代的入道公主数量众多,有十八人之多,占唐代公主总数的百分之八。包括中宗女新都公主,睿宗女金仙、玉真公主,玄宗女永穆、万安、新昌、楚国、咸宜五位公主,代宗女华阳公主,德宗女文安公主,顺宗女浔阳、平恩、邵阳、永嘉四位公主,宪宗女永安公主,穆宗女义昌、安康两位公主。高宗女太平公主为避和亲,亦曾托于道观。这些公主接受的教育,自然有道家典籍。《大唐故金仙长公主(无上道)志石铭(并序)》即指出金仙公主"悟指马以齐物,归道德以全贞"④,可见其曾阅读并参悟道家经典。而玄宗女唐昌公主"况支离其道,沉薤(瀣)为生。采三秀以还年,炼九丹以轻举。厌从人世,将诣玄都",

---

① 《全唐文》卷二七九,第三册,第2826页。
② 赵力光主编,西安碑林博物馆编:《西安碑林博物馆新藏墓志续编》中册二一四,陕西师范大学出版总社有限公司2014年版,第541页。
③ 《明皇杂录·补遗》,第47页。
④ 录文见《唐代墓志汇编续集》开元一四五,第552页;樊光春:《陕西新发现的道教金石》,卓新平、杨富学主编:《中国西北宗教文献·道教》卷四,甘肃民族出版社2012年版,第283页;《西安碑林博物馆新藏墓志续编》中册二一四,第541页。

第二章 禀训公宫,法度彰于懿范:唐代的公主教育

"慕彼真侣,深入道源,每亲九转,颇究三番。其心杳杳,其道存存"①,不仅深入探究道教经典,并且亲自实践炼制丹药。宪宗女汾阳公主虽未入道,但笃信道教,接受了要求严格且程序复杂的授符箓仪式,据《唐故汾阳公主赠郑国温仪大长公主墓志铭(并序)》云"奉玄元清净之教,授法箓,服道衣,往往蔬食,动经旬时"②。

佛教对唐皇室成员的思想乃至生活的影响亦相当大。唐太宗就曾为他所钟爱的晋阳公主"营佛祠墓侧"③。《两京新记》《唐会要》简记的佛寺中多有唐王室为公主或公主为家人祈福而兴建的寺庙,《唐两京城坊考》对其事记述较详,如新昌坊青龙寺,则是因苏州僧法朗诵观音经祈愿使公主重病得愈,由公主奏立而来,初名观音寺④。崇敬尼寺是"龙朔二年,高宗为高安长公主立为尼寺"⑤。废建福寺是"龙朔三年为新城公主所立"⑥。大宁坊兴唐寺是由神龙元年太平公主为武太后所立,由罔极寺在开元二十年改名而来的⑦,东都洛阳的太平寺为"垂拱二年太平公主建"⑧。长寿坊的崇义寺是武德二年(《唐会要》作"三年")桂阳公主为驸马赵慈景所立⑨,其后中宗为永泰公主追福而改名永泰寺⑩。永安坊永寿寺为"景龙三年,为永寿公主所立"⑪。正觉寺据《两京城坊考》引《寺塔记》"乾封二年,移长宁公主佛堂于此,重建此寺"⑫。北京房山云居寺,据《白带山志·碑碣》:"又《仙释卷》内载,释静琬……采石造十二部石经,因构云居寺,明皇第八妹金仙公主增修之";《白带山志·考工》:"云居五峰曰五台,唐金仙公主于山顶各建浮屠,今惟中台、南台浮屠尚存。"⑬又有学

---

① 参见张全民《〈唐昌公主墓志铭〉考释》(《唐研究》卷二〇)录文和拓片。
② 《新见〈唐故汾阳公主赠郑国温仪大长公主墓志铭〉考释》,《唐史论丛》第三十一辑,第350页。
③ 《新唐书》卷八三列传八《诸帝公主传》,第十二册,第3649页。
④ 〔清〕徐松著,张穆校补:《唐两京城坊考》卷三,中华书局1995年版,第87页。
⑤ 《唐两京城坊考》卷三,第46页。
⑥ 《唐两京城坊考》卷三,第81页。
⑦ 《唐两京城坊考》卷三,第71页。
⑧ 《唐两京城坊考》卷五,第173页。
⑨ 〔唐〕韦述著,陈子怡校正:《校正〈两京新记〉》,西京筹备委员会1936年版,第20页。《唐会要》卷四十八《寺》,第845页。《唐两京城坊考》卷四,第119页。〔清〕徐松著,阎文儒、阎文钧编补:《〈两京城坊考〉补》,河南人民出版社1992年版,第569页。
⑩ 《唐两京城坊考》卷四,第119页。
⑪ 《唐会要》卷四八《寺》,第846页。
⑫ 《唐两京城坊考》卷二,第41页。
⑬ 《唐金仙公主生平事迹考略》,杜文玉主编:《唐史论丛》第二六辑,三秦出版社2018年版,第159页。引溥儒辑,杨璐校点:《白带山志》卷六、卷三,第74、18页。

者推证并非玉真公主增修,姑存之(见插页彩图2)。又有太皇太后为昇平公主追福"奏立奉慈寺"①。足见其与佛教渊源之深。

太宗女临川公主"手写《报恩经》一部,自画佛像一铺","研几释典,游刃玄门"②。宋之问拟《为太平公主五郎病愈设斋叹佛文》可见公主祈福之诚:

> 至矣哉! 释迦之本愿也,念起于大悲,业成于广济……众生以诸病作身,至诚能愈……公主上祈妙福,蒙降慈恩……今者上报慈恩,大张名供,于是披甲第,辟梵筵,幢盖乘空而下来,龙象接武而爱集。回供绝(《全唐文》《宋之问集校注》作"纯")陁之国,求馔香积之宫,面为邱而蔽庭,酪为沼而环砌。龙王献水,喷车马之埃尘;天女散花,缀山林之草树……伏愿以斯妙福,上荐圣朝。应天皇帝长保金图,永临璇极……顺天皇后庆垂椒掖,德盛兰宫……皇太子业跻圣敬,本固元良;诸王、公主等擢秀本枝,崇荣汤沐……俱超解脱之津,永拔轮回之地。③

除此外,李峤还拟有《为太平公主请住山陵转一切经表》,从中亦可窥知太平公主对佛教之尊奉、对佛经之崇信:

> 所冀扶杖坟茔,结庐山隧,瞻奉觞奠,依凭园寝……转一切之经,庶邀冥福。上以资未来之果,下以摅罔极之心。④

高宗第二女高安公主"犹深悟色空,大依禅惠,观我生之进退,究人事之终始,盖泡梦之为喻也。乃散以檀那,离于染著,景云岁,请罢赋邑,蠲属官,遂沈冥,从省旷,书上而制违之"(《高安长公主神道碑》⑤)。

睿宗之女代国公主曾手书"荐福寺经柱三百余言","逮乎晚年,归心

---

① 《唐两京城坊考》卷三,第59页。
② 《大唐故临川郡长公主墓志铭(并序)》,拓片见《新中国出土墓志》陕西一上,第81页。录文见《唐代公主墓志辑略》、《碑林集刊》第三辑,第67页;《唐代墓志汇编续集》永淳〇〇九,第260—261页。
③ 《文苑英华》卷四七二《翰林制诰五三》,第三册,第2413—2414页。《全唐文》卷二四一,第三册,第2439页。《宋之问集校注》卷八《叹文》,第717—718页。
④ 《文苑英华》卷六〇五《表五三》,第3139页。《全唐文》卷二四五,第三册,第2485页。
⑤ 《文苑英华》卷九三三《碑九〇·神道五二》,第六册,第4908页上。《全唐文》卷二五七,第三册,第2608页下。

圣域,六斋蔬食,二时静念。(阙一字)诵《金刚经》两部(阙一字),《华严》八(阙一字)卷、《宝积》一百廿、《大般若》六百、《法华》《药师》《大集》等经,领晤了然,色空不著,撤声乐,投珠翠,十有余年矣"(《代国长公主碑》)①。尤其需要指出的是睿宗女金仙公主入道,尊奉道教,但也对佛经多有尊奉,王守泰在《记山顶石浮图后》(一作《唐金仙公主请译经施田记》)中记述了金仙公主资助佛寺经书及田园之事并予以盛赞:

> 开元十八年,金仙长公主为奏圣上,赐大唐新旧译经四千余卷,充幽州范阳县为石经本。……又委禅师元法,岁岁通转一切经……②

但对此日本学者提出疑义,指出此事何以仅此记录,而金仙公主墓志却不曾提及,并结合史书,指出这本是唐玄宗为缓和释、道矛盾,令胞妹奏请,既成就其"以德报怨"的美德,又能替唐王朝解决思想领域内的冲突,并认为公主请赐云居寺的"大唐新旧译经"即《开元一切经》,在开元二十八年由《开元释教录》的编者智升亲自护送而来。③ 玄宗朝一些公主亦曾前往寺庙拜谒,如王维《大唐大安国寺故大德净觉师塔铭(并序)》所言"外家公主,长跽献衣;荐绅先生,却行拥篲"④。和政公主据记载也曾"开示佛经"。

三、唐代的公主教育的成效

教育师资的雄厚,教育内容的广博,使得唐代公主呈现出多样的风貌,在军事、政治、品行、文学艺术等方面,表现出特有的德行与才干。如果对这些公主进行分类,她们有的以卓越的政治、军事才干见长,可称为政治型公主,有的以传统品德著称,可称为贤德型公主,有的以才华卓著传闻于世,堪称才女型公主,即使同被划分在一个类别中,她们也各有自己的特色,而有的公主身上兼具有众多的品行。

《新唐书·诸帝公主传》是对唐代公主群体的集中叙写,但绝大多数

---

① 《全唐文》卷二七九,第2827页上。
② 《全唐文》卷三五三,第四册,第3576页。《全唐文新编》(第二部第二册,第4033页)录文极简,多有缺略,但又有据《金石萃编》增补《全唐文》脱略者。
③ 手岛一真:《关于金仙公主送纳经典的事业——"新旧译经四千余"与〈开元释教录〉》,房山石经博物馆、房山石经与云居寺文化研究中心编:《石经研究》第一辑,北京燕山出版社2016年版,第176页。
④ 陈铁民校注:《王维集校注》卷一二(未编年文),中华书局1997年版,第1169页。

仅简记其封号、父名,一部分出嫁、再嫁者加驸马名,个别公主加生母和模糊的去逝信息,入道或早薨的会简要标注。晚唐的更简略,仅留封号的,敬宗2女,文宗2女,武宗4女,宣宗6女,懿宗6女,昭宗10女;多加去逝时间的,敬宗1女,文宗2女,武宗3女,宣宗1女,懿宗1女;上述二者之外又加驸马名的,宣宗2女;叙述事迹的仅宣宗女万寿和广德公主(其传记又述及永福公主事)、懿宗女同昌公主,昭宗女平原公主。

再有几位公主虽记述文字稍多,但仅是提及其出嫁时"以雨不克,罢"册礼、"不设乐""乘金根车"的特例,或记述帝王话语、驸马简要事迹。而有公主个人品性才干、事迹行为等叙写的仅44人,品行优异的24位,纵肆不法、荒淫奢侈的16人〔如房陵(《诸帝公主传》未载,见于列传)、高阳、太平、安乐、宜城、长宁、郜国、义阳、襄阳、安康、永兴、天长、宁国、兴唐("在外颇扰人",诏还南内①)、永福、同昌公主等〕,另加3位嫁藩镇以安社稷者,1位驸马拟出任藩镇节度使未果者,和1位仅记述其和亲可汗名的真公主〔但其事迹在《回纥(公元788年更名为"回鹘")列传》中有较多载录〕,共计49人,所谈教育成效则以此为主。

同时参照出土的公主墓志数十篇,其所记公主品性才干事迹比史书详细得多。

(一)拥有家国意识、敢于担当的巾帼英雄公主

在唐王朝建国及其后的危难时期,均会涌现以非凡才干胆识或开疆拓土或舍身报国或力挽狂澜的巾帼公主,另有一些和亲(仅阐述真公主)、嫁藩镇的公主更是以人生甚至性命肩负家国重任,还有一些公主以财物、智力支持国事。这类公主,史书记述较多的就有14位。

1. 开疆拓土、力挽狂澜、以身殉国的公主

她们中有在风云变幻的战火中做出一番大业的巾帼英雄,如平阳公主、和政公主;也有卓具不凡胆识及帝王之家儿女应有的家国担当意识,以鲜血在李唐王朝的动荡岁月里谱出可歌可泣篇章者,如高祖女常乐公主、宣宗女广德公主等。

唐王朝建国时,高祖女平阳公主即在征战中立下赫赫战功,她曾建立有名的"娘子军",令"远近咸附,勒兵七万,威振关中。帝度河,绍以数百骑并南山来迎,主引精兵万人与秦王会渭北"②。

---

① 《新唐书》卷八三《诸帝公主传》,第十二册,第3644、3645页。
② 《新唐书》卷八三《诸帝公主传》,第十二册,第3642页。

武后拟称帝代唐的危难时期,高祖女常乐公主即道出为国效命的慷慨陈词:"若诸王皆丈夫,不应淹久至是……不舍生取义,尚何须邪?"(参前述"经史子典籍教育")最终事败,亦以身殉唐王朝。

安史之乱时,代宗女和政公主也曾在一次次的危急时刻,以卓越的胆识效力家国,力挽狂澜,先是毂弓授驸马平息郭千仞叛乱,又在"吐蕃犯京师,主避地南奔,次商於"时,凭借非凡才华说服群盗,更是在妊娠期遇到吐蕃入寇的国家困局不顾安危陈诉计策,最后因操劳过度而亡;同时她多次以财物支持唐王朝的用兵等国事所需,还时时心系国事、百姓疾苦,屡次献言进谏①。

晚唐时,宪宗女岐阳庄淑公主,开成中随驸马从忠武节度使任上还朝时正值病重,但亦道出"愿朝兴庆宫,虽死于道,不恨"之语,结果薨于道中②。宣宗女广德公主的驸马于琮被黄巢所害,公主大义凛然,不愿独存,令黄巢杀掉自己,未果后自缢室中③。

2. 许身社稷、保国安边的和亲、嫁藩公主

唐王朝有三位和亲的真公主,均以柔弱身躯担负家国重任,不仅要承受远离家乡及父母、亲人之苦,更甚者则要以生命安危换取、保障社稷安宁,对此公主亦是深知其意义。而肃宗女萧国(宁国)公主乾元元年远嫁回纥时所言:"国家事重,死且无恨。"④则是对身为帝女肩负责任的清醒认知。德宗女咸安公主为了家国使命多次再嫁,最终亦未能回归故土。宪宗女太和公主,下嫁回鹘崇德可汗,几经辗转回归皇室时,"乘辂谒宪、穆二室,欷歔流涕",在与亲人诉说离别相聚之亲情家事后,则是"退诣光顺门易服、褫冠镊待罪,自言和亲无状"⑤,可知公主亦是深知和亲事重,并自觉以此为使命的。

安史之乱后,亦有多位公主为家国安定,嫁藩镇节度使或其后代,这种婚姻亦被称作另一种和亲。代宗女赵国庄懿公主,下嫁魏博节度使田绪。德宗女郑国庄穆公主,下嫁张孝忠之子茂宗。宪宗女梁国惠康公主,下嫁于季友。而昭宗女平原公主,"帝在凤翔,以主下嫁李茂贞子继偘"⑥,虽然皇后反对,但帝坦言:"不尔,我无安所!",于是以其婚姻换取唐皇室的

---

① 《新唐书》卷八三《诸帝公主传》,第十二册,第3661页。
② 《新唐书》卷八三《诸帝公主传》,第十二册,第3667—3668页。
③ 《新唐书》卷八三《诸帝公主传》,第十二册,第3672页。
④ 《旧唐书》卷一九五《回纥列传》,第十六册,第5200页。
⑤ 《新唐书》卷八三《诸帝公主传》,第十二册,第3669页。
⑥ 《新唐书》卷八三《诸帝公主传》,第十二册,第3675页。

安宁。

3. 倾其财物、才智效力国事的公主

代宗女昇平公主家有砲,亦能在帝王的"吾为苍生"劝导下,率先为国事而弃私利。顺宗女汉阳公主,个人生活节俭,但元和时国家用兵,却能把所赐的大量珍稀物品全部拿出赏给战士。

(二)恪守礼法、以仁孝为准则的温良恭俭公主

唐代公主中也有恪守礼法,以儒家仁孝为行为准则,并以温良恭俭让著称的。唐代公主中因彰显纯孝品质而被史书或碑志称颂的极多。

1. 史书中简叙其仁孝品德的公主

《新唐书·诸帝公主传》中记述了5位有孝行的公主。

高祖女高密公主选择安葬墓地时,亦希望东向"以望献陵,冀不忘孝也"①。太宗女襄城公主温驯孝睦、循礼法,"事舅姑如父母"②;其女临川公主"高宗立,上《孝德颂》";其女晋阳公主"自幼孝顺","帝有所怒责,必伺颜徐徐辩解,故省中多蒙其惠,莫不誉爱"③。肃宗女和政公主"事妃有孝称"(参后叙归类),德宗女韩国贞穆公主"幼谨孝"等。

2. 墓志中称颂的恪守礼法的公主

当然册封文和墓志中叙及"孝"更多,墓志更详细,并对具体言行、事迹多有描述,可参见参表1(公主册封文、墓志高频词表)。

高祖女淮南公主据《大唐故淮南大长公主墓志铭(并序)》云"慎行修身,无忘于造次;守礼制节,匪离于斯须","常惧满溢,故能富贵长守,骄奢不至","其于家人嗃嗃,有严君焉;闺门睦睦,有妇道焉。尝见江敩(岳作'学')《让婚表》,叹云:'前代公主,一何骄纵!令此表文繁秽晋宋两史,足是异事。'斯可谓淑慎其身,仪表将来者矣"④。

代宗女昇平公主被称颂为"谦心益劳,贞节愈峻,殊艳倾代。不以色事夫,恩渥冠时;不以贵骄物,从容中礼,慈俭理情",而咸安公主和亲时,德宗亦因昇平公主贤,令其送公主出嫁,其晓谕、训导咸安公主的言论亦备受称颂:"以长主贤,诏送于振武,谕导之善,备诸彤管"〔《唐故虢国大长昭懿公

---

① 《新唐书》卷八三列传八《诸帝公主传》,第十二册,第3643页。
② 《新唐书》卷八三列传八《诸帝公主传》,第十二册,第3645页。
③ 《新唐书》卷八三列传八《诸帝公主传》,第十二册,第3648页。
④ 《唐淮南大长公主墓志所反映的唐代历史问题》,《华夏考古》2008年第2期,第136页。《富平碑刻》,第132页。《唐淮南大长公主墓志铭研究》,《社会科学战线》2017年第10期,第86页。

主墓志铭(并序)》①]。顺宗女汉阳公主以孝顺、勤俭著称,有强烈的家国意识,元和用兵时"悉出禁藏纤丽物赏战士"②。宪宗女岐阳庄淑公主以恪守礼法为世闻妇,极为恭谨温顺,随夫外出为官,沿途经过州郡也决不扰民,据《唐故岐阳公主墓志铭》云"主卑委怡顺,奉上抚下,终日惕惕,屏息拜起,一同家人礼度,二十余年,人未尝以丝发间指为贵骄"③。宣宗的广德公主,则以贤德为世闻妇④。

(三)颖悟聪敏、才华横溢的才女型公主

唐代公主中也不乏颖悟聪敏、才华横溢,琴棋书画、诗文礼乐无不精通的才女型公主。除此而外,唐代特殊的和亲公主群体,也以其特别的才华与智慧,为唐代多民族的融合与文化的交流与传播做出贡献。

1. 史书中简叙的聪慧敏悟、精于文艺的公主

此类公主,《新唐书·诸帝公主传》中记载有6人,包括高祖女长广公主"聪悟有思,工为诗";太宗女临川公主"工籀隶,能属文",其女晋阳公主"临帝飞白书,下不能辨";玄宗女新平公主"幼智敏,习知图训";肃宗女和政公主"性敏惠";代宗女华阳公主"韶悟过人"。

2. 墓志中称颂的聪敏明慧、才华横溢的公主

墓志中记载的聪慧有才艺的公主更多、更细致:初唐时,高祖女淮南公主"性特聪敏,精彩尤异",在音乐上更是极具天赋(参前述"艺术教育")。太宗女汝南公主"聪颖外发,闲明内映"(《大唐故汝南公主墓志》);其女长乐公主"惠心开朗,沉识韶□。散玉轴于缥帙,悬镜惭明;耀银书于彩笺,春葩掩丽。是以遐观遗篆,俯寻蠹册。周室王姬,徒兴秾李之咏;汉朝公主,终致柏梁之讥"(《大唐故长乐公主墓志铭》⑤);其女临川公主"幼而聪敏,志识明慧,雅好经书,尤善词笔",精通绘画、书法、音律和诗文;其女晋阳公主在书法上极具天分(参前述"艺术教育");其女清河公主据《大唐故清河长公主碑》云"翔诗鹜礼……绰而能和,华而不冶,琅情书史,瑶心组织,飞文属思"⑥;其女兰陵公主亦通晓文艺,见后述典范公主。

---

① 《太原郭氏金石注集》,第245页。《新出唐代昇平公主墓志研究》,《唐史论丛》第29辑,第346页。
② 《新唐书》卷八三《诸帝公主传》,第3665—3666页。
③ 《杜牧集系年校注·樊川文集卷八》,第三册,第720页。
④ 《新唐书》卷八三《诸帝公主传》,第3673页。
⑤ 《唐代墓志汇编续集》贞观○三六,第28页。
⑥ 《全唐文新编》卷二○一,第一部,第四册,第2292页。

中宗女永泰公主"敏学云□,雕词锦缛……慧志罔渝,韶音允塞"①(《大唐永泰公主志石文》)。睿宗女淮阳公主"玉轴银编不曾离手,香铭绮赋成诵于心"〔《大唐故淮阳公主墓志铭(并序)》②〕,其女代国公主"聪明锐澈,韵清虑远""学无不通,聪捷若神",精通多种乐器,书法绝佳,又善舞蹈;其女凉国公主"清扬神洁,妙指心闲,犹白雪之词,冥通则应,类青溪之曲,多领悟皆赏"③;其女鄎国公主"习礼明诗,日渐庭闱之训……手写金字梵经三部,躬绣彩线佛像二铺"④。

中唐时,肃宗女和政公主更是聪慧多才(见单独归类);德宗女唐安公主"恕情以周物,降贵以接卑,丝竹繁合,纮绖缛丽,群材众艺,一见旁通"⑤。

晚唐时,懿宗女普康公主"适蕴妍华,才凝淑艳,含芳欲吐,擢秀方滋。仁惠信于生知,敏晤深于天性"〔《故普康公主墓志铭(并序)》⑥〕。

(四)兼具美德识见、才艺才干众美的典范公主

唐代公主中还存在一批以才德卓异被称赞堪为妇则典范的公主,史书中记载的仅有襄城("为师式")、广德公主("世闻妇")两位,墓志中则有多位。

1. 正史与墓志均称赞的才德皆备的公主

肃宗女和政公主与宪宗女岐阳公主是史书和墓志均称颂的典范公主。

(1)集众美于一身的和政公主

肃宗女和政公主,更是无论史籍还是墓志均对其才德大加称颂、大书特书的。其以美德识见、才艺才干载入史册,不仅孝事长辈,礼让呵护兄弟姐妹,安史之乱中选择舍弃"三子,夺潭马以载宁国";且极具胆识和才干,吐蕃犯京师,主避地南奔在商於竟能使盗匪"皆稽颡愿为奴"。更令人称叹的是,公主亦有卓越的经商才干,"以贸易取奇赢千万赡(标点本《新唐书》作'澹',据意改)军"⑦。颜真卿在长篇鸿文《和政公主神道碑》中有非

---

① 《全唐文新编》卷二六七,第二部,第一册,第3029页。
② 拓片、录文见《西安碑林博物馆新藏墓志汇编》上,第191页。《<大唐故淮阳公主墓志铭(并序)>考释》,《唐史论丛》第二十辑。
③ 《文苑英华》卷九三三《碑九〇·神道五二》,第4908页。《中国西北地区历代石刻汇编》第三册有拓片,但漫漶不清,第54页。《全唐文新编》第二部第一册有录文,第2887页。
④ 《重校正唐文粹》卷五五之下。《张说集校注》卷二一《碑》,第三册,第1015页。
⑤ 《西安碑林博物馆新藏墓志续编》中册二一四,第541页。
⑥ 《隋唐五代墓志汇编(陕西卷)》第四册有拓片,第151页。录文见《唐代墓志汇编续集》咸通三九,第二册,第1065页。《唐代墓志汇编续集》录文题为晋康公主,但从墓志拓片看,公主名号处虽有漫漶,但其字上的两点分明可见,依字形判断应为普康公主。
⑦ 《新唐书》卷八三《诸帝公主传》,第3660—3661页。

常详细深情的叙述,盛赞其是一位集众美于一身的公主:

> 某学于旧史,少识前载,历考长代跋(《全唐文》《全唐文新编》作"跋")彼(疑)之盛,未有如公主者焉……铭曰:……今上之妹,生人之矩。德言容功,义仁孝忠。温良恭俭,敬让宏通。①

(2)才德卓越改易戚里颓风的岐阳公主

宪宗女岐阳公主在《新唐书》中即被称颂克己自律,而《唐故岐阳公主墓志铭》更是倍加称道:"主贤益彰,虽至宫闱贵号,亦加尊敬。……尚书所至必称,囧囧为名公伟人,主实有内助焉。……穆宗以皇太后,敬主尤为亲信。俯首益卑,车服侍使,愈自贬抑,觐谒温清外,口不言他事。……累圣亦指示主德以诫警之,至于今,以主、尚书显重于中外,戚里亦皆自检敛,随短长为善,于是旧俗灭不复有。"②

2. 墓志称颂的才德堪为妇则的典范公主

史书中记录简要,但墓志中对其才德备为称赏,并认为堪为典范的公主亦有多位。

(1)与史载才女贤妇齐名比肩的兰陵公主

《大唐故兰陵长公主碑》称颂公主德行"首无金翠之饰,耳绝丝桐之声。共梁妻而比行,与莱妇而齐名";品性"婉顺幽闲,端凝淑美""仁为性道""妙质柔明""雅识详润,芝兰成性,琬璧为心,庄敬自持,温谦逮下,聿修蘋藻";其才华则是"虽左姬之含华挺秀,谢媛之毓德扬芬,式镜前芳,流风讵远。九龄读《易》,穷谦损之微言;□岁学书,尽钟张之妙迹……幼娴礼训,凤镜诗文";并认为其"信可以流芳鼎室,垂训台庭,茂麟趾于黄图,敞龙门于赤县"③。

(2)标海内嫔风、为天下妇则的新城公主

《大唐故新城长公主墓志铭》对称颂公主的德行才艺可为妇则典范,可知其品性绝佳,孝友节俭,且精通书法,擅长女红:"孝友禀□□年,柔明彰于龀□……染花笺于□□,体穷龙翰;发缥□□□□,词□□篆。……□行而合图史,置言而成表缀……躬执玉梭,节俭昭于澣濯;亲纡金燧,爱敬

---

① 《颜鲁公文集》卷八,《三长物斋丛书》本。《全唐文新编》第二部,第二册,第3941页。
② 《杜牧集系年校注·樊川文集卷八》,第三册,第720、721页。
③ 《全唐文新编》卷一五三,第一部,第三册,第1759、1760页。

(3) 可比缇史所载女仪嫔则的高安公主

《高安长公主神道碑》列举前朝女则中称颂的贤明女子,指出她们出身素族,像公主这样身份极其尊贵又极有贤德的女子则是几乎未有的:

> 古有女仪嫔则焉:或孟母之勤学,敬姜之知礼,仲妻之辞相,惠妇之光夫。然出于素族,书之缇史,未有居高益下,托体至尊,如长主之俦矣。故能九师让能,三子闻教。②

(4) 考诸图史罕见其伦的纪国公主

肃宗女纪国公主,史书叙述极简,但墓志对其才德极为称颂,并认为追溯历史亦无与伦比:"公主辅佐君子,周旋《礼经》,尽志以奉舅姑,降心以谐姻族。……恒自砥砺,未尝以箫歌废日;动循法度,曾不以嚬笑为容。事叶母仪,言成内则,考诸图史,罕见其伦。……以顺成之德,柔立之操,茂正家道,宣美国风,历奉五朝,殆将六纪。"③

(5) 容德冠于当时的温仪公主

《唐故汾阳公主赠郑国温仪大长公主墓志铭(并序)》对宪宗女大加赞赏,从中可知公主极其孝顺,恪守知礼节妇道,容德皆为当时之冠,亘古亦未有:

> 生禀奇姿,幼摽异相。……孝敬出于天性,容德冠于当时。由是六宫称叹而一人偏爱矣……而贵主作嫔君子,妇道克修,虽出自九重,而动必中礼……虽山东士族无以加也……以帝女之尊,展家人之敬,不其美欤。求之前古,未见其比也。……韦公追赴班资,贵主亦朝天阙,每令节佳辰,参对别殿,敷奏必合于睿旨,渥泽不群于他家。④

(6) 言容功行四德皆备的金堂公主

---

① 《全唐文补遗》第五辑,第 127 页。另见《唐<新城长公主墓志>考》,《碑林集刊》第六辑,第 34 页。

② 《文苑英华》卷九三三《碑九〇·神道五二》,第六册,第 4908 页上。《全唐文》卷二五七,第 2608 页下。

③ 《全唐文》卷六三一,第 6364 页。《唐纪国大长公主及夫郑沛墓志合考》,《碑林集刊》第六辑,第 65 页。

④ 《新见<唐故汾阳公主赠郑国温仪大长公主墓志铭>考释》,《唐史论丛》第三一辑,第 350 页。

穆宗女金堂公主,据《唐故金堂长公主赠凉国大长公主墓志铭(并序)》记述:"凉国生而聪慧有奇意,嬉戏举动不与诸儿等。所谓言、容、功、行四德者。自得拎天,不独淮阳、义丰、延安姊妹之亲者,宫中疎远皆爱之,人人自以为己不及。"①

(7)"轨范人伦"的宜都公主

《唐故宜都公主墓志铭(并序)》称颂德宗女之孝敬、淑慎、谦顺、克己复礼等品性,并认为以其德行贤惠足以成为人伦妇道之典范:"韶惠之性,发于自然;孝敬之道,匪资外饰。佩服图史,淑慎威仪。故得戚里称贤……至于谦顺正家,端诚接下。不恃天人之贵,必循士庶之礼……可以轨范人伦,光昭妇道者已。"②

可以说唐代公主的教育,使得她们大多德才兼备,但也存在少量因品性方面缺失,从而行为越位违规,被后世定义为骄纵、淫乱的公主。这与正式的公主教育无关,而是和所处时代及个性有关,同时这些公主往往付出了失去自由乃至生命的代价。

本章结论

其一,唐代公主拥有女师、傅姆等直接且专职的老师,亦有帝后妃主、朝中大臣等间接公主师,一些有特殊信仰和文艺天分的公主还有宗教师和艺术师。其教育仍以根深蒂固的传统女性四德教育为本,教育内容多样,在德容言红、经史子集、文学艺术、宗教经典等方面都有修习。

其二,得天独厚的教育师资、丰富珍稀的教育资源、家国天下的格局、教育内容的广博多元,使得唐代公主大多视野开阔,德才智识俱佳,且在一定程度上突破传统规范。和平年代的公主们,在升平岁月中得享繁华,而一旦动乱时,其因教育而具有的军事、政治等方面才干即得到激发凸显。

---

① 《唐郭仲恭及夫人金堂长公主墓发掘简报》,《文博》2013年第2期,第17页。
② 拓片见《隋唐五代墓志汇编(陕西卷)》第二册,第21页。录文见《唐代墓志汇编续集》,第二册,第787页。

第三章 瑜珮升青殿,秾华降紫微:
唐代公主的服饰、妆容

　　唐代服装上承隋制,在隋文帝"复汉魏衣冠"服饰改革基础上,唐太宗、高宗初创唐朝服制,一直相沿到盛唐玄宗时期。唐代女性服饰总体而言丰富多彩,唐代公主自然是引领当时风尚的最重要群体。服饰对公主的日常生活而言极为重要,既是身份、地位、等级的象征,又是其生活的重要物质外现要素,亦是公主精神、气质与品性等的外部表征。唐王朝对公主服饰极为重视,不仅以制度细致匡范其着装要素,甚至公主去世安葬时,其丧葬之服亦被隆重、精心地安置,古人视死如生的观念,使得公主下葬时陪伴她的必定与其日常着装的样式、规格基本相当,甚至更为隆重、精细、繁复,以此寄托着对来世生活的期望。如太宗女临川公主的丧葬之事,帝王即"赐绢布五百段、米粟副焉……将葬之日,又遣内给使赍衣裳一副,重申临诀。恩加送往,礼备饰终"①,所赐既有衣料,又有成衣,足见重视程度。

　　唐代诗文极少对公主的容颜做具体细描,而是习惯以"珠""玉""宝""金""天""神"等词语修饰,或以"桃李""红莲"等花朵比喻,这些概描既是公主衣饰妆扮的容颜给人的总体观感,亦透着世人对公主外形特质的普遍认知。李乂《淮阳公主挽歌》云"玉颜生汉渚,汤沐荣天女"②,以玉颜称颂公主姣好的容颜。又如"禀神婺之姿,挺仙娥之质,孕丽水之金府,播瑶池之玉英"、"桂月徘徊,永绝金娥之影;榆星曜彩,长沦宝婺之晖"(《大唐房陵大长公主墓志铭(并序)》③)、"皎若夜月之照琼林,烂若晨霞之映珠浦"(《大唐故长乐公主墓志》④)、"何彼秾矣,诞灵帝胄;婺精毓彩,天姿挺茂。婉懿岐嶷,仁明童幼"(《大唐故淮南大长公主墓志铭(并序)》⑤)、"遂

---

① 《大唐故临川郡长公主墓志铭(并序)》,西安昭陵博物馆藏石,拓片见《新中国出土墓志》陕西一上,第81页。录文见《唐代公主墓志辑略》,《碑林集刊》第三辑,第67页;《唐代墓志汇编续集》永淳〇〇九,第261页。录自《昭陵碑石》。
② 《文苑英华》卷三一〇《挽歌》,第二册,第1589页。《全唐诗》卷九二,第二册,第992页。
③ 《唐代墓志汇编续集》,第201页。《全唐文补遗》第七辑,第292页上。
④ 拓片见《隋唐五代墓志汇编·陕西卷》第二册,第21页。录文见《昭陵碑石》,第110页;《唐代墓志汇编续集》贞观〇三六,第29页。
⑤ 《唐淮南大长公主墓志所反映的唐代历史问题》,《华夏考古》2008年第2期,第136页。《唐淮南大长公主墓志铭研究》,《社会科学战线》2017年第10期,第86页。

第三章 瑜珮升青殿,秾华降紫微:唐代公主的服饰、妆容

安长公主,即太宗之第四女也。灵蛇诞贶,宝婺含姿。气婉瑶台,神华椒掖"〔《大唐故使持节歙州诸军事歙州刺史驸马都尉王君(大礼)墓志铭(并序)》①〕、"故气禀灵粹,神凝丽和""颜如舜英"(《唐故虢国大长昭懿公主墓志铭(并序)》)、"玉质辉奇"(刘禹锡《拟公主册文》)等唐文对公主姿容的概描。其美丽的容貌离不开服饰的装扮与衬托,而华贵、精美的服饰有赖皇室赐予的丰厚汤沐保障,甚至其食实封亦被称作"脂粉田""粉田",出嫁时亦有专门的妆粉钱,从唐文宗《出降县主妆粉钱敕》可见一斑:

> 出降县主妆粉钱,宜令所司自今以后,从出降日支付。②

因史书中唐代公主服饰的直接记载极少,目前的相关研究多仅是通过史书中的典章叙述做以概述,且多和唐代其他外命妇或贵族一起通论,系统详细的论述极少。如笔者2005年的硕士论文虽设有"唐代公主的服饰"专节,但仅是根据史籍概述;而《唐代政治文明》第三篇"唐代帝制与礼仪"中主要依据《唐六典》卷四《尚书礼部》对外命妇的花钗翟衣、钿钗礼衣做了简述③;《唐代宫廷服饰》第三章"唐代宫廷女服"从唐代宫室和宫廷制度等入手对命妇之服做了概述,公主亦属命妇之列④。尽管史籍中直接记述极少,亦未留下直观完整的壁画或绘画图像,仅能通过公主墓室发现的大量散落的珠宝以及与其身份、地位、等级最接近的复原的宗女李倕的头冠等窥其一斑,但文学中的记述、描绘较多,通过笔记中详细铺绘或一笔带过,唐诗中精简点及或稍事描绘的意象,唐代公主墓志、神道碑中的专述,以及驸马或其儿女墓志、神道碑中点滴的叙及,尤其是其女儿,因自幼长于公主府邸,其服饰妆容均来自公主府,因此亦可直接用以还原公主的装饰,如太平公主女万泉县主墓志称颂公主才艺时言其"思入纤徽,艺兼妙巧。裁红剪翠,晔若春林;缛黛攒朱,粲成锻锦"〔卢藏用《大唐故万泉县主薛氏墓志铭(并序)》⑤〕。苏颋为高宗第二女高安公主所拟的碑文中亦对比历来奢华的公主日常生活历史,称颂其身处富贵之乡但深谙简约之道的卓越品行,反衬比对中亦可得知公主衣食住行的常态,即"富贵乃骄奢之资,不期而至……由是黄金象牙、明珠翠羽之饰积于外;雕文刻镂、衣纨履丝之巧

---

① 《全唐文补遗》第一辑,第49页。
② 《全唐文新编》卷七四,第一部第二册,第899页。
③ 胡戟、刘后滨主编:《唐代政治文明》,西安出版社2013年版,第261页。
④ 胡戟、刘后滨主编,吕卓民、赵斌著:《唐代宫廷服饰》,西安出版社2013年版,第130页。
⑤ 《全唐文新编》卷二三八,第一部第四册,第2700页。

充于内,然后坚车良马,浆酒藿肉,吹笙竽学歌舞于其间者……鲁元所以好过度,窦太所以纵逾礼,鄂邑所以怼抵罪,湖阳所以匿犯法,馆陶所以求不获,昭平所以免河上"(《高安长公主神道碑》①),通过这些材料的条分缕析亦可以唤起想象与追忆。

同时公主墓室出土大量侍女俑,壁画亦绘有众多侍女,于是亦会选择入文,一则,虽然按等级在服饰、妆容及其装饰物的材质与数量、制作的精细繁复华贵程度、织绣图案、色彩、款式上与公主有天壤之别,但仍可提供其基本要素与轮廓。对此《通典》(新旧《唐书》)有明确叙述:

六尚、宝林、御女、采女及女官等服,礼衣通用杂色,制与上同,唯无首饰佩绶。七品以上有大事则服之,寻常供奉则公服(公服去中单、蔽膝、大带也)……东宫准此。女史则半袖裙襦。②

二则,她们是公主日常生活的陪伴者、参与者、见证者,公主服饰、妆容、发饰的服侍、操作者,或负责公主的梳洗、衣食,或追随公主出行,自然是公主服饰妆饰最便捷、最直观的效仿者、追随者。当然有服制等级的差别,但二者在形制上必有相通之处,于是亦可借此想象公主服饰、发式与妆容的大体形式。同时,宫中的生活时尚与模式,尤其是唐代公主服饰常常受到皇室女性,以及宫外上自贵族官吏命妇家眷,下至民间百姓们的仿效,史籍也有记载,如顺宗女汉阳公主因将衣物赏赐战士而引起民间的争相效仿,"元和后,数用兵,悉出禁藏纤丽物赏战士,由是散于人间,内外相矜,忸以成风"③。而唐诗中亦多处提及宫女们以至于宫外女子们对以公主为核心的宫样妆的追摹,于是在公主服饰图像稀缺的情形下,以她们的图像推知公主服饰是有理可循、有章法可依的。

公主墓室壁画上的侍女服饰、发髻,虽然形式变化多样,但未用绫罗衣料,亦无织绣,金银珠宝装饰极少,更无象征身份的组佩,偶尔佩戴简单的荷包。而诗文对公主服饰车马的描写,则多提及其耀目特质,这种光彩当然是由服饰的材料、色彩与金银珠宝装饰得来。唐代绘画中的贵族女性服饰,则以轻薄的纱、绸等为材质,装饰精美华丽,织绣繁复精美,因身份、等级与公主较接近,服饰亦基本接近,将其与公主墓室侍女图像结合,以唐史

---

① 《文苑英华》卷九三三《碑九〇·神道五二》,第六册,第4907下—4908页上。《全唐文》卷二五七,第三册,第2608页下。

② 《通典》卷一〇八《礼六八》,第三册,第2806—2807页。

③ 《新唐书》卷八三《诸帝公主传》,第十二册,第3666页。

记录为标准,参照唐代诗文、笔记的描绘,则约略可见唐代公主的服饰面貌。

据《新唐书·百官志》记述宫中侍女负责后妃公主们的礼仪、衣食住行等各项生活,尚服局负责服饰、盥洗、沐浴等:

> 尚服二人,掌供服用采章之数,总司宝、司衣、司饰、司仗。
> 司宝二人,掌神宝、受命宝、六宝及符契,皆识其行用,记以文簿。
> 典宝、掌宝各二人,凡出付皆旬别案记,还则朱书注入。
> 司衣、典衣、掌衣各二人,掌宫内御服、首饰整比,以时进奉。
> 司饰、典饰、掌饰……掌汤沐、巾栉。凡供进,识其寒温之节。[1]

一、唐代公主的祭服、朝服与常服

唐代公主未出嫁时服饰主要由掌管工艺、织染、冶炼等事物的少府和负责宫内服饰制作与穿戴的尚宫局经办,这里聚集着能工巧匠,可为公主制作精美绝伦的华服,《新唐书》详细记载少府的设置与职责:

> 监一人,从三品;少监二人,从四品下。掌百工技巧之政。总中尚、左尚、右尚、织染、掌冶五署及诸冶、铸钱、互市等监。供天子器御、后妃服饰及郊庙圭玉……钿镂之工,教以四年;车路乐器之工,三年;平漫刀槊之工,二年,矢镞竹漆屈柳之工半焉;冠冕弁帻之工,九月。教作者传家技,四季以令丞试之,岁终以监试之,皆物勒工名。
> 丞六人,从六品下。掌判监事。给五署所须金石、齿革、羽毛、竹木,所入之物,各以名数州土为籍。工役众寡难易有等差,而均其劳逸。
> 中尚署
> 令一人……丞二人……掌供郊祀圭璧及天子器玩、后妃服饰雕文错彩之制。凡金木齿革羽毛,任土以时而供。……岁……五月,献绶带……腊日,献口脂;唯笔、琴瑟弦,月献;金银暨纸,非旨不献。
> 织染署
> 令一人,正八品上;丞二人,正九品上。掌供冠冕、组绶及织纴、色染。锦、罗、纱、縠、绫、䌷、絁、绢、布,皆广尺有八寸,四丈为匹。布五

---

[1] 《新唐书》卷四七志三七《百官二》,第四册,第1227—1228页。

丈为端,绵六两为屯,丝五两为絢,麻三斤为繶。凡绫锦文织,禁示于外。高品一人专莅之,岁奏用度及所织。……

掌冶署

令一人……丞二人……掌范镕金银铜铁及涂饰琉璃玉作……①

以及掌管内宫服饰制作与穿戴的尚功局的设置与职责:

尚功二人,掌女功之程,总司制、司珍、司彩、司计。
司制、典制、掌制,各二人,掌供御衣服裁缝。
司珍、典珍、掌珍,各二人,掌珠珍、钱货。
司彩、典彩、掌彩,各二人,掌绵彩、缣帛、丝枲。……
司计、典计、掌计,各二人,给衣服、饮食、薪炭。②

裁制所用针线、衣料、装饰物是来自全国各地乃至域外的贡品,甚至会直接进贡成衣,如"扬、益、岭表刺史,必求良工造作奇器异服,以奉贵妃献贺,因致擢居显位"③。有些公主出于爱美天性还会自己设计喜爱的服饰款式。公主服饰材料珍稀绝美,品质优良、制作精工、款式多样、华美新巧,裁制技艺与款式设计均为举国一流,亦透着皇室气度,引领着唐时的服饰时尚。

当公主们出嫁离开皇宫,丰厚的物质财富仍然可以保障她们衣饰的标新立异、华丽精美追求。但按照服制的严格规定,玄宗时亦曾有过出嫁后降等的情形,对此褒信王李璆认为不合常典,上《皇妹服制奏》:

皇妹及女,准礼出嫁后,各降本亲一等,今后并降为第二等。臣以为执礼破亲,有亏常典,宜请一切依服属等第为定,不在降服限。仍望永为常式。(《唐会要》六五)④

公主服饰、妆容须遵从衣冠礼仪制度,皇室衣冠制度极为繁复严格。

---

① 《新唐书》卷四八志三八《百官二》,第四册,第 1268—1270 页。
② 《新唐书》卷四七志三七《百官二》,第四册,第 1230 页。
③ 《旧唐书》卷五一列传一《后妃列传》,第 2179 页。
④ 《全唐文·唐文拾遗》卷一二,第 10495 页。《全唐文新编》卷一〇〇,第一部第二册,第 1159 页。

(一)唐代公主的祭服、朝服

祭服,是冠服中最肃穆郑重的礼服,在祭祀天地宗庙及各种神灵、四时等典礼中服之,据《汉官仪·中宫及号位》解释:"祭服者,冕服也,天地宗庙群神五时之服。"[1]"作为大礼服的祭服和朝服,不能背弃先王遗制,故称法服"[2]。唐代公主的祭服墓志亦有提及,《大唐故淮南大长公主墓志铭(并序)》云"及乎丧姑,居服缞麻"[3],和政公主"每至伏腊,祫祠蒸尝,必具礼衣花钗之饰,以躬中馈堂室之奠"[4]。

所谓朝服,又名"朝衣""具服",是中国古代帝王、百官及后妃、命妇参加朝会坐朝议政时所穿的礼服,由祭服演变而来,举行祭神、宗庙、亲蚕等大典时也可穿用。根据文献记载西周"已有朝服,称为'皮弁'"[5],为公主入朝参加朝会或一些大典时,按其身份等级必须穿着之正装。其朝会庆典时,命妇们齐聚时的盛况,在太平公主女儿万泉县主的墓志中亦有勾勒:"每至婚姻会同,少长咸集,珩璜节步,金翠耀首,有婉嫕之心,无骄矜之色。"[6]

《旧唐书·舆服志》与《新唐书·车服制》叙及不同等级命妇的祭服、朝服,作为外命妇,大长公主为正一品,其他公主为一品,所着包括翟衣、钿钗礼衣、公服等,用于不同情境。据《通典·皇后王妃内外命妇服及首饰制度》记叙:

> 内外命妇服花钗(施两博鬓,宝钿饰。一品九树,二品八树……宝钿准花树)翟衣,青质(罗为之,绣为翟。褕衣,一品翟九等,二品八等……),并素(《新唐书》作"青")纱中单〔令云:"黼领,朱襈,襈,(《新唐书》有'裾'),亦通用罗縠。"〕,蔽膝(随裳色,以缎为领缘,加以文绣,重翟为章,二等。一品以下同。),大带(《新唐书》有"随衣色"),以青衣,革带,青韈、舄,珮,绶,内命妇受册、从蚕、朝会则服之。其外

---

[1] 卫宏撰,孙星衍校:《汉旧仪(附补遗)》卷下,中华书局1985年版,第12页。
[2] 黄能福、陈娟娟、黄钢编著:《服饰中华:中华服饰七千年》卷二,清华大学出版社2011年版,第16页。
[3] 《唐淮南大长公主墓志所反映的唐代历史问题》,《华夏考古》2008年第2期,第135页。《唐淮南大长公主墓志铭研究》,《社会科学战线》2017年第10期,第86页。
[4] 《颜鲁公文集》卷八,《三长物斋丛书》本。《全唐文》卷三四四,第四册,第3491页。《全唐文新编》第二部,第二册,第3939页。
[5] 沈周编著:《印象中国·纸上博物馆·服饰》,黄山书社2016年版,第36页。
[6] 张说:《延州豆卢使君万泉县主薛氏神道碑》,《张说集校注》卷二一,第三册,第1024页。

命妇及受册、从蚕、大朝会亦准此。

　　钿钗(一品九钿,二品八钿……)礼衣,通用杂色(《新唐书》无),制与上同,加双珮、小绶(令云:"去舄,加履。"),内命妇寻常见,外命妇朝参辞见及礼会则服之。

　　凡公主、王妃珮绶同,诸郡县主、内命妇各准品服。外命妇各从夫及子;若不同夫及子而加邑号,亦准品。①

《大唐郊祀录》《唐六典·尚书礼部》《大唐开元礼》《旧唐书》《册府元龟》等均有记载,文字稍有出入,并调整文字次序,以"翟衣者""钿钗礼衣者"等起句,紧接着具体使用场合,再细述形色结构,搭配款式等,更清晰。如《新唐书》:

　　公服者,常供奉之服也。去中单、蔽膝、大带……半袖裙襦者,东宫女史常供奉之服也。公主、王妃佩、绶同诸王。②

从中可知不同等级的命妇,其服饰的差别主要以纹饰、花树、钿钗的数量、等级,衣服的材质、颜色,织绣的图案及数量等做以区分。

1. 公主翟衣、褕翟的整体形制

据《通典·开元礼纂类二四·嘉礼八·公主出降》,翟衣、花钗、褕翟是公主婚礼所着礼服,受册时"公主花钗翟衣,司言引就受册位",亲迎当日"著花钗,褕翟纁袡",见舅姑"公主夙兴,沐浴,著花钗,服褕翟"③。

花钗翟服(又称翟衣),是命妇受册、祭奠和参加大朝会等大型事务时的礼服,为命妇最高级别的礼服,包括"袆衣、褕翟、阙翟"三种(见图2),合称"三翟",与男子礼服的"六冕"相对应。袆衣为皇后礼服,以公主一品外命妇的等级,其翟衣为褕翟,所配纹饰为九等,衣钗九树,颜色以青色为底,配套中衣为白色纱质单衣,领口装饰黼纹,蔽膝同下裳色,配青色袜子。

公主的翟衣无直接图像,但唐代太子墓室壁画中有侍女朝服画像、紧承唐代的宋代皇后的画像仍存(见插页彩图3),公主的朝服大体形状与之相同,差别仅在服饰材质与标识等级的颜色、花钗数量等,可结合二者复原

---

① 《通典》卷一〇八《礼六八》,第三册,第2806页。
② 《新唐书》卷二四制一四《车服制》,第二册,第523页。
③ 《通典》卷一二九《礼八九》,第三册,第3321、3324、3325页。

图 2　皇后的袆衣、阙翟、褕翟 (图片来源：《新定三礼图·后服图》①)

公主的朝服。

2. 公主礼服的主要配饰

公主礼服亦有相应的佩饰装点,其中最重要的是珮和绶。珮是身上的玉饰,绶是悬挂印佩的长条形丝织带饰,佩绶制度为衣冠等级尊卑的一种显著特征。佩绶亦有一定的规制,据《旧唐书·舆服志》花钗礼衣有"青衣……珮,绶……。钿钗礼衣……唯无雉及珮绶","公服……诸公主、王妃珮绶同"②。

（1）玉珮

在有关公主嫁衣的有限材料叙述中,玉佩是出现较多的典型事物,唐新城公主墓中即出土有小玉佩(见插页彩图 4)。唐文中多处叙及公主之珮(佩),《唐故新城长公主墓志铭(并序)》云"锵珮金酹(《唐〈新城长公主墓志〉考》作'闺'),鸣金琼陛"③,叙及其佩玉之铿锵之声。宋之问《为太平公主五郎病愈设斋叹佛文》云"我镇国太平公主,娥灵袭彩,女曜联英,

---

① 〔宋〕聂崇义集注:《新定三礼图》卷二,第一册,上海古籍出版社 1985 年版,第 25 页。
② 《旧唐书》卷四五志二五《舆服志》,第六册,第 1956、1957 页。
③ 《全唐文补遗》第五辑,第 127 页。另见《唐〈新城长公主墓志〉考》,《碑林集刊》第六辑,第 34 页。

戒环佩于中闱"①。《凉国长公主神道碑》对公主的服饰装扮有整体勾勒："杂珮明珰，裦衣锦裳，荧荧煌煌，有秀(《文苑英华》此二字未详)有芳"②。公主行走时环佩叮当，耳垂上的明亮装饰品摇摇曳曳、闪闪烁烁，出嫁途中穿着遮蔽尘土的单罩衣——裦衣，下衣则以有彩色花纹的丝织品——锦为材质，衣服上点缀的珠宝闪闪生辉、明亮辉耀，亦织有秀丽的花草，散发着芬芳的香味。《大唐故金仙长公主(无上道)志石铭(并序)》云"首冠霄冕，腰鸣山珮"③，选择最突出的物象——头戴的高高冠冕与腰间鸣响的玉佩，描述公主的非凡服饰。张鷟的《永安公主出降，有司奏礼钱加长公主二十万，造第宅所费亦如之，群下有疑(公主二条)》中亦叙及公主出嫁时的服饰："玲珑玉佩，振霞锦于仙衣。"④公主身着彩霞般艳丽华美的锦衣，款步时衣服上的玲珑玉佩发出清脆之声。肃宗女纪国公主出降时"辎軿将其百两，环珮出乎九重"⑤(《大唐故纪国大长公主墓志铭》)。"环佩铿锵，再齿平阳之列"(《封定安大长公主制》⑥)，叙及公主铿锵的佩玉之声。

唐代公主题材诗作中的佩意象更多，如"鸣珠佩晓衣"(李治《太子纳妃太平公主出降》)、"星津动归佩"(胡元范《奉和太子纳妃太平公主出降三首》其二)、"瑜珮升青殿"(裴守真《奉和太子纳妃太平公主出降三首》其一)等，可知华贵珠宝装饰的明亮玉佩，是公主服饰中无论在视觉上还是听觉上，抑或是身份的标识上都极为突出的事物，以此被诗人遴选为公主服饰的典型代表。

玉佩是公主服饰必不可少的装饰，既是身份象征，亦可增添步态叮咚的韵致。《礼记·玉藻》：

> 古之君子必佩玉……趋以《采齐》，行以《肆夏》，周还中规，折还中矩，进则揖之，退则扬之，然后玉锵鸣也。故君子在车则闻鸾和之声，行则鸣佩玉，是以非辟之心，无自入也。君在不佩玉，左结佩，右设

---

① 《文苑英华》卷四七二，第2413页。《全唐文》卷二四一，第2439页。《宋之问集校注》卷八，第717页。
② 《文苑英华》卷九三三《碑九〇·神道五二》，第六册，第4908页。《中国西北地区历代石刻汇编》第三册有拓片，但漫漶不清，见第54页。《全唐文新编》第二部第一册有录文，见第2887—2888页。
③ 西安昭陵博物馆藏石，拓片见《隋唐五代墓志汇编·陕西卷》第三册，第162页。录文见《唐代墓志汇编续集》开元一四五，第552页；《陕西新发现的道教金石》，《中国西北宗教文献·道教》卷四，第283页；《西安碑林博物馆新藏墓志续编》中册二一四，第541页。
④ 《全唐文》卷一七二，第二册，第1751页上。
⑤ 《全唐文》卷六三一，第6364页。《吕衡州文集附考证》卷七，第77页。
⑥ 《全唐文》卷七六，第一册，第800页下。

佩,居则设佩,朝则结佩,齐则绮结佩,而爵韠。凡带必有佩玉,唯丧否。佩玉有冲牙;君子无故,玉不去身,君子于玉比德焉。①

唐诗还叙及公主服饰中的杂佩,如"星光移杂珮"(任希古《奉和太子纳妃太平公主出降》)、"时闻杂佩声珊珊"(杜甫《郑驸马宅宴洞中》②)。顾况《义川公主挽词》亦提及公主墓门传出的玉佩声:"杂珮分泉户"③。

杂珮,也叫玉组佩、组玉佩,新石器时代已有,至西周、春秋时期流行,是由多条绳将珠、管、环、璧或珩、瑀、璜、琚、冲牙等穿系于腰间的多组玉器组合的佩饰,用玉料有玛瑙、水晶、绿松石等④,行路时佩玉发出叮咚之声,以节行止。古人对玉极为珍视,赋予其"仁、义、礼、智、信"五德的特殊意蕴⑤。《诗·郑风·女曰鸡鸣》云"知子之来之,杂佩以赠之",《毛传》解释"杂佩者,珩、璜、琚、瑀、冲牙之类"⑥。《诗集传·郑风·遵大路·女曰鸡鸣》:"杂佩者,左右佩玉也。上横曰珩,下系三组,贯以蠙珠。中组之半,贯一大珠,曰瑀;末悬一玉,两端皆锐,曰冲牙。两旁组半,各悬一玉,长博而方,曰琚;其末各悬一玉,如半璧而内向,曰璜。又以两组贯珠,上系珩两端,下交贯于瑀,而下系于两璜。行则冲牙触璜而有声也。"⑦西周晋穆侯次夫人墓出土的玉组佩是迄今所见玉璜最多者,由以四十五件玉璜为主体的二百零四件玉饰组成。⑧(见插页彩图6)

永泰公主墓出土玉器十件,其中谷纹璜(两面均雕颗粒饱满的谷纹,内外缘均琢弧形凸棱,中部靠上三粒谷纹之间钻一细孔,从谷纹、形制等特征判断,应为汉代遗物)、镂空出廓璧、走兽游鱼纹珩为唐前传世品,另有蝙蝠形珩两件、玉璜两件、玉带銙表框一件、椭圆形偏心孔环两件及玉手镯残件⑨(见图4及插页彩图5、7),这些玉器被研究者指出应为玉组佩中的部

---

① 《十三经注疏·礼记正义·玉藻》卷三〇,中华书局1980年版,第1482页。华梅等:《中国历代〈舆服志〉研究》,商务印书馆2015年版,第75页。
② 《杜诗详注》卷一,第46页。
③ 赵昌平校编:《顾况诗集》卷三,江西人民出版社1983年版,第74页。
④ 孙机《周代的组玉佩》对其源流、形制构成有极细考索(《华夏衣冠:中国古代服饰文化》,上海古籍出版社2016年版,第1—20页。原载《文物》1998年第4期)。其后又在此基础上的阐述与定义,可参收藏家杂志社编著:《收藏鉴赏图鉴——玉器》,中国轻工业出版社2010年版,第56页。
⑤ 钱玉林、黄丽丽主编:《中华传统文化辞典》,上海大学出版社2009年版,第81页。
⑥ 〔汉〕毛亨传,〔汉〕郑玄笺注,〔唐〕孔颖达疏:《十三经注疏·毛诗正义》卷四之三,中华书局1980年版,第340页下。
⑦ 〔宋〕朱熹集注:《诗集传》卷四,中华书局上海编辑所1958年版,第51页。
⑧ 《文史月刊》2015年第7期,封底。
⑨ 杨岐黄:《玲珑剔透——陕西古代玉器》,陕西人民出版社2016年版,第237页。

件,但因原始位被扰乱,加之有的被盗,无法复原。而唐宗女李倕墓亦出土玉佩,亦可资参照(见插页彩图8)。懿德太子李重润墓石椁线刻画中有两个宫女腰部佩有完整的玉组佩,虽其磬形玉佩与公主墓出土的青白玉蝙蝠形大、小玉佩形状不同,但亦可借之清楚直观永泰公主墓玉璜与玉佩的组配关系①。(见图3)

图3 懿德太子墓棺椁外壁线刻画戴凤冠穿
　　　朝服腰垂玉组佩侍女图
(图片来源:《线条艺术的遗产:唐乾陵陪葬墓石椁线刻画》②)

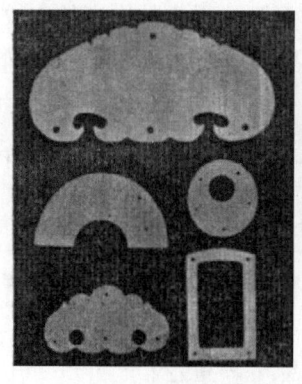

图4 永泰公主墓出土玉器、玉璜
(图片来源:《唐永泰公主墓出土玉器研究》④)

(2)珪璋

唐代公主题材诗文中亦叙及青圭、黄珪、珪璋。唐诗仅苏颋《故高安大

---

①④ 王瑛:《唐永泰公主墓出土玉器研究》,《故宫文物月刊》1999年总第192期,第34—41页。
② 樊英峰、王双怀编著:《线条艺术的遗产:唐乾陵陪葬墓石椁线刻画》,文物出版社2013年版,第184页。

长公主挽歌(《〈全唐诗〉作"词"》)》云"青圭备礼容"①。唐文中较多,如"礼优珪组,赋极膏腴"〔《大唐故长乐公主墓志铭》(贞观十七年九月廿一日)②〕、"锡重珪瑞,礼崇汤沐"〔《大唐故汝南公主墓志铭(并序)》〕、"于是曳红绶,赐青圭"(《高安长公主神道碑》③)、"紫罽盈軿,黄珪委绶"(《大唐永泰公主志石文》④)、"绲带青圭,公主之贵也"〔《大唐故金仙长公主(无上道)志石铭(并序)》⑤〕、"介圭作瑞,外强磐石之宗"(《大唐故纪国大长公主墓志铭》⑥)、"鏧带珪璋,光施主第"〔《唐故虢国大长昭懿公主墓志铭(并序)》⑦〕等。

珪璋是古代用以朝聘、祭祀的玉质礼器,不同身份爵位等级者持不同形制大小的礼器。青圭,亦作青珪,以青玉制成,上尖下方,用以礼祭东方。《周礼·春官》对此即有规范:"以玉作六瑞,以等邦国:王执镇圭,公执桓圭,侯执信圭","以玉作六器,以礼天地四方,以苍璧礼天,以黄琮礼地,以青圭礼东方,以赤璋礼南方,以白琥礼西方,以玄璜礼北方。"⑧开元时人赵慎言在《郊庙舞人宜依古制疏》中即引《周礼》匡范当时郊庙祭祀舞工衣绛色的违礼着色,并以此引申曰:"以青珪礼东方……是知五天帝德,色玉不同,四时文物,各随身变,冀以同色相感,同事相宜,阴阳交泰,莫不由此。"⑨

公主墓志中所言"珪组",也作圭组,圭为玉器,组为佩印丝带,"皆高官用物,也代指高官显位"⑩。

但其中所言"黄珪"却极为少见,从永泰公主葬礼规格以皇后礼,所用"紫罽盈軿"亦为皇后出行车具(详述参"唐代公主的出行")看,黄珪之黄色,当为帝后之色,而圭则为标识身份的玉质礼器。

---

① 《文苑英华》卷三一〇《挽歌》,第二册,第1591页。《全唐诗》卷七三,第二册,第802页。
② 《唐代墓志汇编续集》贞观〇三六,第28页。
③ 《文苑英华》卷九三三《碑九〇·神道五二》,第六册,第4908页上。《全唐文》卷二五七,第三册,第2608页下。
④ 《全唐文新编》卷二六七,第二部第一册,第3029页。
⑤ 西安昭陵博物馆藏石,拓片见《隋唐五代墓志汇编》陕西卷,第三册,第162页。录文见《唐代墓志汇编续集》开元一四五,第552页;《陕西新发现的道教金石》,《中国西北宗教文献·道教》卷四,第283页;《西安碑林博物馆新藏墓志续编》中册二一四,第541页。
⑥ 《全唐文》卷六三一,第七册,第6364页。《吕衡州文集附考证》卷七,第77页。
⑦ 《太原郭氏金石注集》,第245页。《新出唐代昇平公主墓志研究》,《唐史论丛》第二九辑,第346页。
⑧ 〔清〕孙诒让撰,王文锦、陈玉霞点校:《周礼正义·春官·大宗伯》卷三六,第五册,中华书局1987年版,第1380、1389—1390页。
⑨ 《通典》卷一四七,第3748页。《全唐文》卷三〇四,第3094页。《全唐文新编》第二部第二册,第3474页。
⑩ 江蓝生、陆尊梧主编:《实用全唐诗词典》,山东教育出版社1994年版,第524页。

(3)组绶带、绲带

绶带、组绶也是公主礼服中标识身份的极为重要的佩饰;绲带,绲通"衮",指系结帝王及公侯礼服之带,于是自然是被选入诗文的代表事物。《大唐故淮南大长公主墓志铭(并序)》中有"组绶光于懿亲"①的称颂;高安公主出嫁时礼服的佩饰则是"曳红绶,赐青圭,香满玉炉,彩摇金缕"(《高安长公主神道碑》)。《大唐永泰公主志石文》云"黄珪委绶",亦言及公主服饰上的珪璋与绶带。《大唐故金仙长公主(无上道)志石铭(并序)》云"若夫金印紫绶,县主之荣也;绲带青圭,公主之贵也","蔑彼钓缙,捐其绲带",则言及公主入道前的服饰。权德舆《赠魏国宪穆公主挽词(〈全唐诗〉作"挽歌词二首")》云"红绶兰桂歇"②,即以红绶代指公主。

古人服装于衣襟、腰间系带绾结,即绶带,"秦以前民皆佩绶"③,随后则为系玉或官印的丝带,是社会身份地位高低、官阶品级大小的象征。组绶则是冕服的重要组成部分,组是系腰的窄带,绶是垂在腰间一侧的宽丝绦(参图3 懿德太子墓线刻侍女图),其颜色、绪头、长度因官阶不同而有不同规定④。《礼记》云:"天子佩白玉而玄组绶,公侯佩山玄玉而朱组绶,大夫佩水苍玉而纯组绶,世子佩瑜玉而綦组绶……"⑤以组绶系官印始自秦朝,汉代形成具体制度⑥。《汉旧仪》记述汉代皇帝印绶颜色、质地:"皇帝带绶,黄地六彩,不佩玺。"⑦《东观汉记》对其他品阶的印绶亦做了叙述:"建武元年,复设诸侯王金玺缥绶,公、侯金印紫绶。"⑧其《车服志》描述更细,指出公主的印绶规制:"公、侯、将军紫绶,二采,紫白,纯紫圭,公主、封君同。"⑨汉代官员有印必有绶,"平时将印纳入腰右侧的鞶囊中,把组绶垂于腰前","帝王百官、后妃、命妇印纽上的彩色绦带,也叫'印绶',简称'绶'"⑩。

---

① 《唐淮南大长公主墓志所反映的唐代历史问题》,《华夏考古》2008 年第 2 期,第 136 页。《唐淮南大长公主墓志铭研究》,《社会科学战线》2017 年第 10 期,第 86 页。
② 《文苑英华》卷三一〇《挽歌》,第二册,第 1594 页。《全唐诗》卷三二七,第五册,第 3666 页。《权德舆诗文集》卷八,第 135 页。
③⑦ 《汉旧仪(附补遗)》,第 1 页。
④ 周汛:《中国古代服饰风俗》,陕西人民出版社 2002 年版,第 58 页。
⑤ 《十三经注疏·礼记正义·玉藻》卷三〇,第 1482 页下。华梅等:《中国历代〈舆服志〉研究》,商务印书馆 2015 年版,第 75 页。
⑥ 周巍峙主编,吴效群、彭恒礼本卷主编:《中国节日志·春节》河南卷上,光明日报出版社 2014 年版,第 333 页。
⑧ 〔汉〕刘珍等撰,吴树平校注:《东观汉记校注》卷四《百官表》,上册,中华书局 2008 年版,第 143 页。
⑨ 《东观汉记校注》卷五《车服志》,第 183 页。
⑩ 《中国历代〈舆服志〉研究》,第 75 页。

(4) 施衿与结缡(褵):公主的佩巾、腰带、鞶带与大带饰物

唐代公主诗文中多提及婚礼时的施衿与结缡两种礼仪,其中关联的是公主服饰中的佩巾与革带。如"象辂初乘雁,璇宫早结褵"(元万顷《奉和太子纳妃太平公主出降》),"结褵星□","双带结缡,六珈环发"(《大唐永泰公主志石文》),"某结缡之戒明欤"(《大唐故纪国大长公主墓志铭》①)等。

结缡是古代女子临嫁时其母为其系结佩巾的一种礼仪,以示至男家后奉事舅姑,操持家务。《诗·豳风·东山》云"亲结其缡,九十其仪"②,《后汉书·马援传》云"施衿结褵,申父母之戒"③。《说文解字注》对巾有较详细的解释:"巾,佩巾也。(带下云:佩必有巾。佩巾、礼之纷帨也。郑曰:纷帨,拭物之佩巾也。按:以巾拭物曰巾。如以帨拭手曰帨。……《玉篇》曰:本以拭物,后人著之于头。"④可知巾是系佩之物,也指头巾。

在公主礼服(祭服、朝服)的主要佩饰中还有系于腰间的革带、大带和垂在腰下左右侧的部分,其装饰往往极为华美。革带由皮革制成,也称"鞶革""鞶带";大带用丝线或丝帛织成,也称"丝绦",加在革带之上。女子系在腰间的带子也叫"衿",男子系于腰间的下垂部分称作绅。公主出嫁即有施衿之仪式,即由其母亲为其整衿,告诫其出嫁所守为妇礼仪,其礼仪源自《仪礼·士昏礼》。如太宗女汝南公主被称颂为"学殚绛素,艺兼鞶绂"⑤(《大唐故汝南公主墓志铭(并序)》),太宗女遂安公主出降时,据《大唐故使持节歙州诸军事歙州刺史驸马都尉王君(大礼)墓志铭(并序)》言"从施衿于雁贽"⑥。《唐故虢国大长昭懿公主墓志铭(并序)》云"鞶带珪璋,光施主第"⑦。太平公主女万泉县主被称赏为"环佩有节,鞶帨有文",可知其大带和佩巾上织有精美花纹。

唐宗女李倕墓中还出土有"三组佩饰,一组出在胸部,是用珍珠串连接而成的璎珞","编成网状,网眼之中均缀饰四瓣花钿。下缘装饰一排珍珠

---

① 《全唐文》卷六三一,第七册,第6364页。《吕衡州文集附考证》卷七,第77页。
② 程俊英、蒋见元注析:《诗经注析》十五《国风·豳风》,中华书局1991年版,第424页。
③ 〔南朝宋〕范晔著,〔唐〕李贤等注:《后汉书》卷二四列传一四《马援列传》,第三册,中华书局1965年版,第844页。
④ 〔汉〕许慎著,〔清〕段玉裁注:《说文解字注》七篇下《巾部》,上海古籍出版社1988年版,第357页上。
⑤ 《全唐文新编》卷一三八,第一部第三册,第1578页。
⑥ 《全唐文补遗》第一辑,第49页。
⑦ 《太原郭氏金石注集》,第245页。《新出唐代昇平公主墓志研究》,《唐史论丛》第二九辑,第346页。

串,其下还缀有九个小铜铃",另两组"是分别佩于前腰部以下两侧的垂饰组合","均由17组造型各异的金框宝钿饰件上下连接组成,下端缀饰至少有6个铜铃"①(见插页彩图9、10),其腰饰极为精美华贵。公主的腰饰在数量上应更为繁复,材质、做工上亦应胜之一等,墓志在形容公主行走仪态时,常常提及的款步叮咚之声,即由此而来。

(5)礼冠(花树冠)

张鷟《(永安)公主出降礼钱判》选取公主熠熠生辉的花冠做特写:"熠燿花冠,点星珠于宝胜。"②简短勾勒中约略可见公主礼服花冠的特质,其上有宝胜,宝胜上又装点诸多珠宝,如星辰般闪烁着耀眼的光芒。

花树冠是命妇朝服中最重要的装饰之一,既是身份等级的象征,又是营造出公主朝服富贵华美风格的要素。唐代公主的礼冠尚无完整保存并复原的实物,但以皇后礼安葬的新城公主墓出土了一些残留的冠饰散件,包括铜鎏金饰件、金饰、两件小玉饰、一些琉璃饰件(见图5)等③(学者亦确定其属于礼冠构件,见插页彩图11、12),另有"水晶鸡心饰、小坠玉等"④(见插页彩图12)。出土花饰以薄铜片压制成立体花朵,有的带料珠和螺旋状花梗,一件铲形玉(白玉)饰有小穿孔,另一件已残⑤(见插页彩图13)。

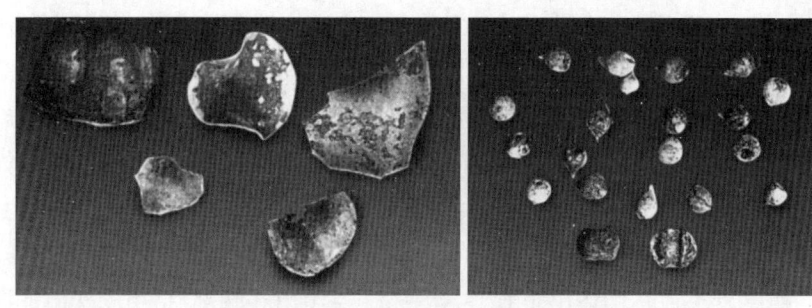

图5 新城公主墓出土琉璃花饰、琉璃球
(图片来源:《唐新城长公主墓发掘报告》图版十六)

由于不同等级的礼冠基本规制相同,差别主要在冠饰的材质和数目

---

① 张建林:《李倕墓出土遗物杂考》,《考古与文物》2015年第6期,第68页。
② 《全唐文》卷一七二,第二册,第1751页。
③ 陕西省考古研究所、陕西历史博物馆、昭陵博物馆:《唐昭陵新城长公主墓发掘简报》,《考古与文物》1997年第3期,第16页。
④ 《唐昭陵新城长公主墓发掘简报》,第14页。
⑤ 顾梦宇:《隋唐贵族妇女冠饰研究》,陕西师范大学2018年硕士论文,第11页。

上,而目前尚有出土的等级规格高于公主的皇后礼冠,与公主品级相同的太子妃礼冠,低于公主的宗女、县主的礼冠,于是公主礼冠的基本型质、构件,还是有所循的。

花树冠究竟是何种形制,前人多有探讨,如孙机先生《步摇、步摇冠与摇叶饰片》细密考证了步摇冠的形制、源流及具体构件①;沈从文在《中国古代服饰研究》中指出宋代皇后的"龙凤花钗冠"是重大礼仪场合使用的礼冠②;扬之水在《中国古代金银首饰》中指出花树钗即隋唐首服制度中的花树③;王永晴等的《隋唐命妇冠饰初探——兼谈萧后冠饰各构件定名问题》考索隋唐命妇的冠饰源流,并对其出土首饰构件予以定名,可知萧后头冠有金属条围成的冠体基座,上饰十二枚"莲瓣形饰"、若干簇"花树",莲瓣形饰下方为一长条形饰,两头各延展出一枚"博鬓"。与冠同出的饰件,又有十二枚金属长钗④。陈诗宇的《从花树冠到凤冠——隋唐至明代后妃命妇冠饰源流考》指出萧后被唐太宗以皇后礼安葬,提供了唐代后妃礼服冠的实物,并通过萧后、唐二品蜀国公夫人贺若氏首饰、欧洲私人藏唐七钿七花树冠等,解释后妃、公主等命妇冠服中出现的花树、花钿、博鬓,而晚唐五代敦煌壁画供养人头上的成对花钗并非花树,隋唐式花树"不再是汉晋时在枝干上缀饰摇曳的珍珠或叶片,而是直接将花朵装于可弹动的螺旋枝之上,依然可'随步摇动'"⑤,宋代才开始流行凤冠。顾梦宇在《隋唐贵族妇女冠饰研究》中分析隋唐贵族妇女冠饰的礼冠、常礼冠的源流⑥。《珠花龙凤冠高髻——风华绝代的传统冠饰》一文描述隋李静训墓出土的镶嵌珠宝和花树的金冠饰,其下部以金片做成圆台座,台座上插有粗金丝编成的花枝;枝头缀金箔、银箔剪裁的花朵,镶嵌珍珠做花蕊;花冠上缀一只金丝编成的蝴蝶,蝴蝶双眼以珍珠镶嵌,蝶身中空可放香料,当为立春日戴的金花冠。⑦

前人相关研究基本认同花冠是源于步摇。东汉时皇后参加谒庙、亲蚕

---

① 孙机:《仰观集·古文物的欣赏与鉴别(修订本)》,文物出版社2015年第2版,第236—250页。原文载《文物》1991年第11期,有修改。
② 沈从文:《中国古代服饰研究》,商务印书馆2013年版。
③ 扬之水:《中国古代金银首饰》,故宫出版社2015年版。
④ 王永晴、王尔阳:《隋唐命妇冠饰初探——兼谈萧后冠饰各构件定名问题》,《东南文化》2017年第2期,第78页。
⑤ 扬眉剑舞(署笔名,即陈诗宇):《从花树冠到凤冠——隋唐至明代后妃命妇冠饰源流考》,《艺术设计研究》2017年01期/春,第20页。
⑥ 顾梦宇:《隋唐贵族妇女冠饰研究》,陕西师范大学2018年硕士论文,第11页。
⑦ 马大勇:《珠花龙凤冠高髻——风华绝代的传统冠饰》,《读者欣赏》2020年第4期,第49页。

等大典时即有"一爵(雀)九华(花)"的服制,《后汉书·舆服志下》皇后谒庙礼服首饰"步摇,以黄金为山题,贯白珠,为桂枝相缪,一(《唐大典》卷十二《宫官》引司马彪《续汉志》作'八')爵(雀)九华(花)。熊、虎、赤黑、天鹿、辟邪、南山丰大特六兽"①。北周时不仅提出了"花树"的概念,还明确规定了数目依级别递降,皇后花树十二,《隋书·志第六·礼仪六》:"诸命秩之服,曰公服,其余常服,曰私衣。皇后华(花)皆有十二树。诸侯之夫人,亦皆以命数为之节"②。而隋唐因袭北周之制,再做细分。

通过上述品级接近的命妇礼冠实物以及公主墓出土的冠饰散件,结合前人研究,可知唐代公主花树冠的基本形制与萧后冠一样也应是"花树、钿、钗、博鬓的组合模式"③,萧后冠的花树形制为"框架上装有13组花饰,每组花饰的基座包有一个直径3厘米的木质短柱,中有一根铜管为柄,其上伸出12根弹簧状的螺旋花柄。花柄首端为鎏金铜箔片制成的花朵,其中有玻璃花蕊、小石人、细叶等装饰,中央还有一朵宝花"④(见插页彩图14),其中按皇后等级安葬的唐代公主如新城公主、永泰公主等的墓葬礼冠形制应与萧后冠基本一致,但其生前的礼冠也应与其他唐代公主的礼冠一样,递减其花树、花钿数量为九。

①花树冠的博鬓

两博鬓,《三才图会》认为"即今之掩鬓"⑤,各种辞典引此解释,指出博鬓"下垂过耳","鬓上饰有花钿、翠叶之类的饰物,为一种假鬓"⑥。这种发式始于隋,而流行于"唐、宋、明各朝"的贵族妇女。扬之水对博鬓源流做了较详细考释,指出博鬓与掩鬓并非一物,并据"明建文刻本《皇明典礼》'妆奁'之'首饰冠服'一项有'珠翠九翟博鬓冠',又有'金掩鬓一对'"推出"博鬓为冠饰,掩鬓为发饰,两物同时存在,各有其式,各有其名。仅从字面来看,掩鬓,是掩住鬓发;博鬓,是扩充鬓发"⑦的结论。从复原的萧后冠可知,唐代的博鬓是花冠构件的一部分,安置于花冠下方的环状头箍

---

① 《后汉书》卷一二〇志三〇《舆服志下》,第十二册,第3676—3677页。《唐六典》卷一二,第350页。

② 〔唐〕魏徵、令狐德棻等:《隋书》卷一一,中华书局1973年版,第249页。

③④ 陈诗宇:《从花树冠到凤冠——隋唐至明代后妃命妇冠饰源流考》,《艺术设计研究》2017年01期/春,第20页。

⑤ 〔明〕王圻著、王思义编著:《三才图会》卷三《衣服》,中册,上海古籍出版社1988年版,第1537页。

⑥ 周峰编著:《中国古代服装参考资料(隋唐五代部分)》,北京燕山出版社1987年版,第299页。吴山、陆原主编:《中国历代美容美发美饰辞典》,福建教育出版社2013年版,第103页。徐家华:《中国历史人物造型图典系:汉唐盛饰》,上海文艺出版社2018年版,第71页。

⑦ 扬之水:《"博鬓"造型溯源》,《文汇学人》2019年3月29日。

两侧,垂于耳边,一边一条,上为长条状,下边则向上弯曲,基本是竖直下垂,稍有弧度,镶嵌花朵型或填花朵型宝钿,边缘一圈珍珠状饰物(见图6)。

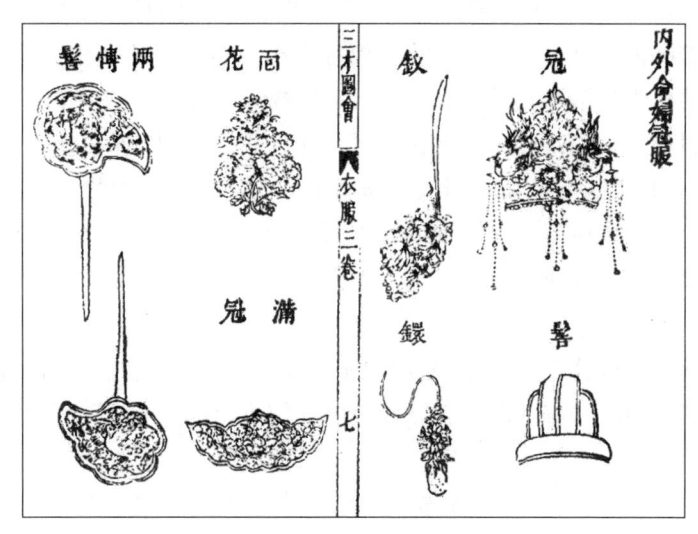

图6 两博鬓、钗、冠等发饰图
(图片来源:《三才图会》①)

②花树冠的花钿

公主朝服花冠以品级应饰九钿,新城公主墓出土有花钿(见插页彩图15)。萧后冠上有"12枚'水滴形饰件',用琉璃或玉石贝壳镶嵌出花型,四周镶珍珠"②(见插页彩图16),即花钿。懿德太子墓宫女冠饰上宝钿仅一个,品级应较低,冠上着凤衔宝胜钗饰。

③公主花树冠的钗饰

唐代公主等上层贵族女性的花树冠上往往簪戴钗饰,随身份等级的不同,钗饰的数量、工艺、造型亦有不同。《珠花龙凤冠高髻——风华绝代的传统冠饰》一文指出:"晋唐以来的女性……头上中央有时则会插戴凤鸟首饰。如宗女李倕冠饰,有凤鸟两翅和上扬的两尾,中央有花饰,还有若干长钗,钗首装饰小型凤鸟。"③(见插页彩图17)复原时长钗被安装为十字

---

① 《三才图会》卷三《衣服》,第1537页。
② 《从花树冠到凤冠——隋唐至明代后妃命妇冠饰源流考》,《艺术设计研究》2017年01期/春,第24页。
③ 马大勇:《珠花龙凤冠高髻——风华绝代的传统冠饰》,《读者欣赏》2020年第4期,第49页。

形,但更可能为壁画所现的横插式。

3. 安乐公主婚礼朝参着礼服通规外的翠服考释

按照唐制,花钗翟服是唐代公主出嫁及参加受册、从蚕、大朝会等重大典礼时所着的最重要的礼服,而次一等的钿钗礼衣,则是寻常朝参、辞见及礼会所着服饰,相比翟衣,钗钿礼衣相对简省,少了花树和博鬓。唐代服制对公主的礼服包括冠、装饰物、佩、革带、鞋袜等从上至下的细节,无论从形制、织绣物还是色彩上都有严格规定。其色彩,翟服以青质为主,辅以朱色,钿钗礼衣服制与翟衣同,但据《新唐书》记载安乐公主婚后的第二天参加朝中大会时本应着翟衣或钿钗礼衣,却不知何故变为"翠服":"翌日,大会群臣太极殿,主被翠服出,向天子再拜,南面拜公卿,公卿皆伏地稽首。"[1]

欲解答安乐公主婚仪着"翠服"的问题,需从唐代服制色彩制度规定,以及现实生活中一直存在的衣服着色混乱如着青乱紫、诈着绿与借绯紫等问题入手。

(1)朱紫绯绿青五等色制与乱紫之色的建议:唐代服制的基本色

服饰色彩在宗法社会是身份的标识,有严格的规定。据《旧唐书》记载:

(贞观四年)八月丙午,诏三品已上服紫,五品已上服绯,六品七品以绿,八品九品以青;妇人从夫色。[2]

(龙朔二年)九月,司礼少常伯孙茂道奏称:"八品、九品旧令著青,乱紫,非卑品所服,望令著碧。"[3]

改咸亨五年为上元元年,大赦。戊戌,敕文武官三品已上服紫,金玉带;四品深绯,五品浅绯,并金带;六品深绿,七品浅绿,并银带;八品深青,九品浅青,鍮石带;庶人服黄,铜铁带。[4]

可知唐代官员公服色彩依品级分朱、紫、绯、绿、青五等。为了以颜色区分官员等级的效果更显著,史书中还叙及高宗时司礼官员孙茂道就服制中八九品着青以致深青乱紫现象提出的改制建议,就是因为深青色是由蓝靛多次浸染所得,还泛着红光,与三品以上所着的紫色非常接近,易混淆,

---

[1] 《新唐书》卷八三《诸帝公主传》,第十二册,第3655页。
[2] 《旧唐书》卷三本纪三《太宗本纪下》,第一册,第40页。
[3] 《旧唐书》卷四本纪四《高宗本纪上》,第一册,第83页。
[4] 《旧唐书》卷五本纪五《高宗本纪下》,第一册,第99页。

于是建议换成区别明显、不宜混淆的碧色。

(2)诈着绿与借绯紫:日常生活审美追逐的僭越与禁断

然而虽说唐代服制规定严格,但事实上在日常生活中,人们却常常突破服色的界限,以至于有"诈着绿"的现象,为此玄宗朝"(开元)四年二月二十三日"还颁发了《禁僭用服色诏》:

> 彰施服色,分别贵贱,苟容僭滥,有乖仪式。如闻内外官绝无著碧者,皆诈著绿,以为常事。又军将在阵,赏借绯紫,本是从戎缺胯之服,一得以后,遂别著长袍,递相仿效。又入蕃使等别敕借绯紫者,使回合停,或有便著,曾无愧耻。宪司不能举劾,遂令此弊滋甚。自今已后,衙内宜专定,殿中侍御史本司官长,并量事贬降。〔《唐会要》有"(天授二年八月二十日,左羽林大将军建昌王攸宁,赐紫金带。九月二十六日,除纳言,依旧著紫带金龟。借紫自此始也。)"等字。〕①

从诏令可知虽说服色是用来区别贵贱等级的,有制度不容僭越,但事实上无论是朝廷的内外官②,还是军阵中的武将,甚至入蕃使者,常常会在制度边界突破规定着装。碧色按唐制应是八、九品改青后的服色,但内外官员均不着本色,而是身穿六、七品官员所著之色。而将领还会在军营或赏赐或借用高等级官员三品以上或四、五品官员所著的紫色、绯色,一旦得到就争相仿效。入蕃使者因代表王朝出使,可借用更高等级者的衣服从而服绯紫,按规定出使回返后应当停用,但有些却就此穿着下去,也不觉得心中有愧,而立法执法机构的宪司对此亦持包容态度,并不弹劾,于是这种逾制穿着的现象则愈演愈烈。

事实上,尽管玄宗朝颁布禁令,但直到肃宗咸亨五年四月(五月十日)仍在发布《官人百姓衣服不得逾令式诏》(《补编》作"《禁衣服不依品秩及别立诸社诏》")的禁令,可见此弊并未禁住:

> 采章服饰,本明贵贱,升降有殊,用崇劝奖。如闻在外官人、百姓,有不依令式,遂于袍衫之内,著朱紫青绿等色短小袄子,或于间野,公然露服,贵贱莫辨,有蠹彝伦。自今以后,衣服上下,各依品秩,上得通

---

① 《唐会要》卷三一《舆服上》,第571页。李希泌主编,毛华轩等编:《唐大诏令集补编》卷二二,第三册,上海古籍出版社2003年版,第1026页。《全唐文》卷二七,第一册,第307页。
② 龚延明:《中国历代职官别名大辞典》,上海辞书出版社2006年版,第128页。

下,下不得僭上。仍令所司严加禁断,不得更然。①

从诏令可知在唐王朝的服饰制度中,颜色也是用来区别贵贱等级,并用以表彰劝勉嘉奖的。但事实上,尽管从官方角度对服饰颜色有很严格的规定,以颜色作为身份的象征,而在具体的生活中,人们往往会根据情况违规着色。或出于人天生喜爱多种色彩的天性,或因为公务需要官方抬高官吏的身价借给其高官阶者的服饰,或在军营中为了鼓舞士气,鼓励军功,甚或个人为了自抬身价,或为了炫耀而突破颜色的限制,且方式多样。要么是借而不还,要么是内衣着色隐于外衣里偷偷穿着,甚至公然随意穿着不同色彩服装。这种风气一直在民间流行,且屡禁不止。于是代宗不得不再颁禁令,并且明确规定,在上者可以穿着在下者的服色,但在下者却不可僭越在上者的服色。

(3)上着下色的自由:唐代公主的青质礼服、朱紫之色与自由着色

根据《舆服志》的规定,公主礼服之中青色应是其礼服的常着之色,而根据唐代服制的品阶规定朱紫之色亦应是公主们服色中的基本之色。除此之外,她们还会有自由着色的选择权。

为了审美喜好,在下者甚至民间地位低下者常想尽方法突破制度禁断自由着色,对于身份等级处于顶端的公主而言,这种审美的自由追求会更甚,她们的自由着色不仅有制度的保障,更有足够的物质与个人喜好的自由,于是公主们作为至高等级者更可以根据自己的喜好,选择喜爱的服饰颜色。

(4)安乐公主的碧色喜好

安乐公主是中宗极为宠爱的公主,其容貌明艳姣好,个性极为骄纵恣肆,为了追求奢侈放纵的生活,常有违背礼仪制度之处,更何况有唐制中明确允许的上着下色制度保障,因此即会有婚后第二天身着"翠服"入朝礼拜的情形。安乐公主出嫁时所着服饰还有蜀川所献单丝碧罗笼裙,其毛裙亦曾引发采补奇禽异兽的奢靡之风,"开元初,姚、宋执政,屡以奢靡为谏,玄宗悉命宫中出奇服,焚之于殿廷,不许士庶服锦绣珠翠之服。自是采捕渐息,风教日淳"②。史书中零星的安乐公主服饰色彩记述中,翠色、碧色竟出现三次,足见安乐公主对翠绿之色的偏爱。从玄宗朝的禁令中也可看出锦绣珠翠连在一起是代表奢华的服饰之风的。于是也可看出,尽管在唐

---

① 《唐大诏令集》卷一〇八《政事·禁约上》,第562页。《唐大诏令集补编》下,第1025页。
② 《旧唐书》卷三七志一七《五行志》,第四册,第1377页。

代的服制之中,绿色是等级较低的六、七品官员的服色,但却是无论高贵还是卑下者均喜爱的色彩。而公主们服饰、冠饰中的绿松石、碧玉、点翠工艺、翠鸟的羽毛等来自天然的妆饰物品,亦都闪着绿色的光彩。显然这一来自大自然的基本色,是为唐人所极喜的,而诈着绿的现象也从侧面反映出碧绿翠色在公主乃至唐人服饰中的重要。

(5)钗钿礼衣的通用杂色规制

又或者作为杂色的翠色本就是公主礼服规定的可用之色。《通典》在解释钿钗礼衣时相比于《唐六典》、新旧《唐书》、《大唐开元礼》、《大唐郊祀录》、《册府元龟》等大多数典籍,衍出一句"通用杂色",以此推测钗钿礼衣色彩可用杂色。中国传统的色彩中有五方正色之说,对应东、西、南、北、中五个方位,《周礼·冬官·考工记·画缋》最早叙及:"画缋之事,杂五色,东方谓之青,南方谓之赤,西方谓之白,北方谓之黑,天谓之玄,地谓之黄。"①而先民认为青、白、赤、黑、黄五种颜色,是大自然的五种基本颜色②。在唐代的服制等级色彩阶梯中有紫色、深绯色、浅绯色、深绿色、浅绿色、深青色、浅青色,还有庶人的黄色,而翠并不在色阶之中,当属杂色。

综上可知,安乐公主的礼服为翠服的原因是多方面的,一方面或许是出于公主对翠色的喜爱,而安乐公主在服饰上亦常常是标新立异,同时唐代服制允许在上者自由选择在下者的服色;又或者是由于有公主礼服可"通用杂色"的服制规定。

4. 唐代诗文中的公主嫁衣与朝会服饰

婚礼是唐代公主的人生大事,也是国家的重要庆典,往往花费巨大,极为隆重,但也会因国势、国运及帝王的节俭倡导而有所抑制。据《旧唐书》记载,开元时在崇仁里设置的用于公主等贵戚婚礼的礼会院在兵兴以后"废而不修",唐德宗时一些皇族子弟流落在外,而"公、郡、县主不时降嫁,殆三十年,至有华发而犹卯者,虽居内馆,而不获觐见十六年矣",德宗即位后才"以时婚嫁","将谒太庙,始与公、郡、县主相见于大次中",而岳阳等十一县主同月出降,则下诏令"所司大小之物,必周其用":

> 至于栉、缉、笄、总,皆经于心,各给钱三百万,使中官主之,以买田业,不得佗用。其衣服之饰,使内司计造,不在此数。是时所司度人用

---

① 〔汉〕郑玄著,〔唐〕贾公彦疏:《十三经注疏·周礼注疏》卷四〇,中华书局1980年版,第918中、下页。

② 黄仁达编:《中国颜色》,东方出版社2013年版,第7页。

一笼花,计钱七十万。帝曰:"笼花首饰,妇礼不可阙,然用费太广,即无谓也。宜损之又损之。"及三万而止。帝谓主等曰:"吾非有所爱,但不欲无益之费耳。"各以余钱六十万赐之,以备他用。①

栉为梳发用具,缅本是束发之帛,代指冠。《仪礼·士冠礼》:"缁缅,广终幅,长六尺。"郑玄注:"缅,今之帻梁也……一幅长六尺,足以韬发而结之矣。"②笄为簪子,用以插住头发或帽子,做妆饰。《仪礼·士冠礼》:"皮弁笄,爵弁笄,缁组纮纁边",郑玄注:"笄,今之簪。有笄者,屈组为纮,垂为饰。无笄者,缨而结其绦。"③总即束穗、流苏,是古代的器物装饰品。《周礼·春官宗伯·巾车》:"王后之五路,重翟,钖面朱总。"贾公彦疏:"释曰:……凡言'翟',皆谓翟鸟之羽,以为两旁之蔽。言'重翟'者,皆二重为之。'厌翟'者,谓相次以厌其本,下有翟车者,又不厌其本。凡言总者,谓以总为车马之饰,若妇人之总,亦既系其本,又垂为饰,故皆谓之总也。"④以此可见唐皇室对公、郡、县主的婚嫁服饰极为重视,小到梳洗用具、流苏装饰、簪戴乃至笼花首饰,大到衣服之饰,都有专门机构打造、统计、计价,费用巨大。

唐诗中亦有一些吟咏公主婚礼的诗作,从其中片言只语的描写中,约略可见其礼服与妆饰。裴守真《奉和太子纳妃太平公主出降三首》其一写道:

瑜珮升青殿,秾华降紫微。还如桃李发,更似凤凰飞……彩缨纷碧坐,缋(绩)羽泛褕衣。⑤

其所选取的公主嫁衣典型佩饰包括瑜珮、彩缨、缋羽,点出公主与太子妃出嫁时所着礼服褕衣及其装饰给观礼者的最突出的印象。又以彩、纷碧等修饰词加以描摹,亦点出公主、太子妃嫁衣上丝绳繁复、五彩绚烂且以碧色为主的特点。

瑜珮指佩戴的玉佩,在宗法社会里更是身份的象征。诗人先以瑜珮代

---

① 《旧唐书》卷一五〇列传一〇〇《德宗顺宗诸子传》,第十二册,第4046—4047页。
② 《十三经注疏·仪礼注疏》卷二〇《冠礼二》,第6页下。
③ 《十三经注疏·仪礼注疏》卷二〇《冠礼二》,第6页下、7页上(总第950页下、951页上)。
④ 《十三经注疏·周礼注疏》卷二七,第824页上。
⑤ 《全唐诗》卷四四,第一册,第548页。

指身着礼服、佩戴玉佩,款步叮咚升青殿的出嫁公主,足见瑜珮于公主嫁衣的重要性,是其嫁衣少不了的佩饰,唐诗中多有描述(参前述)。

彩缋指用彩色的丝线、带子或绳等做的装饰品,亦有认为是指香囊。缋则点出公主衣饰的重要特征,以五彩的织绣点缀出精美富丽的特色。

缋的解释较多,《说文解字》云"织余也","一曰,画也",段玉裁注"此亦兼布帛言之也……此织余为机尾。缋之言遗也,故训为织余。织余,今亦呼为机头,可用系物及饰物"①。《玉篇》云"纽缋也"②。《急就篇》颜师古注云"亦绦组之属,似纂而色赤"③。《周礼·冬官·考工记·画缋》云"设色之工,画、缋、钟、筐、㡛","画缋之事,杂五色"④。《礼记·曲礼》云"饰羔雁者以缋",疏"缋,画也。画布为云气以覆羔雁为饰,以相见也"⑤。《汉书·食货志》云"缘以缋,为皮币",师古注"缋,绣也。绘五采而为之"⑥。《礼记·玉藻》云"缁布冠缋緌,诸侯之冠也"⑦。综合上述解释,缋羽或为织绣出的细致逼真的禽鸟羽毛,或为以翠鸟等珍禽羽毛装饰的织绣。

褕衣,指华美的衣服。褕则有两种释义,一指褕翟(一名褕狄),是古代王后礼服中的祭服,以衣服上彩绘长尾野雉即翟得名⑧;一指延伸了的礼服。而有关公主出降的诗文描述中,则是指公主婚礼所着礼服,李俨撰文、畅整书丹的《大唐故清河长公主碑》云"褕衣在饰,翟(缺)"⑨,《大唐故长乐公主墓志》则云"翟衣振采,锵玉佩而出仙□"⑩,诗歌中的褕衣当是指公主的礼服,以公主的褕衣、翟车(皇后所乘饰以雉羽的车子)代指其即将出嫁。

翟衣是中国古代后妃命妇的礼服(参前述)。据《通典·后妃命妇服章制度》:

---

① 《说文解字注》一三篇上《糸部》,第645页。
② 〔南朝〕顾野王:《大广益会玉篇》,中华书局1987年版,第124上左页。
③ 史游著,张传官校理:《急就篇校理》卷三,中华书局2017年版,第244页。
④ 《十三经注疏·周礼注疏》卷三九《冬官·考工记六》、卷四〇《冬官·考工记六》,第906页上、918页下。
⑤ 《十三经注疏·礼记正义》卷二,第1244页下、1245页上。
⑥ 〔汉〕班固:《汉书》卷二四《食货志第四下》,第四册,中华书局1999年版,第1163、1164页。
⑦ 《十三经注疏·礼记正义·玉藻》卷二九,第1476页下。
⑧ 卢翰明编:《学佛雅集——古代衣冠辞典》,常春树书坊1980年版,第464页。
⑨ 《全唐文新编》卷二〇一第一部,第四册,第2292页。
⑩ 拓片见《隋唐五代墓志汇编(陕西卷)》第二册,第21页。《昭陵碑石》有录文,第110页。《唐代墓志汇编续集》贞观〇三六,第29页。

> 周制,内司服掌王后之六服:袆衣,揄翟,阙翟,鞠衣,展衣,褖衣。素沙。(王后之服,刻缯为之形而采画之,缀于衣以为文章。袆衣,画翚者。揄翟,画摇者。阙翟,刻而不画。此三者皆祭服。从王祭先王则服袆衣,祭先公则服揄翟,祭群小祀则服阙翟。今世有圭衣者,盖三翟之遗俗。鞠衣,黄桑服也,色如麴尘,象桑叶始生。)①

是皇后的最高形制的礼服,相当于皇帝的十二章衣。

袿衣,指长襦,《释名·释衣服》云"妇人上服(意为上等服饰)曰袿,其下垂者,上广下狭,如刀圭也"②。而袿衣按《通典》所言"今世有圭衣者,盖三翟之遗俗"。作为礼服翟衣的一部分,在唐代公主题材诗文中多有选入,如郭正一《奉和太子纳妃太平公主出降》云"金龟开瑞钮,宝翟上仙袿",在诗人眼里公主出嫁时的翟衣缀满珠宝,其上服长襦如仙服一般。《大唐故清河长公主碑》云"耍筓襦簮",其中的襦即长襦,袿襦即袿衣。哀悼公主逝去时,也选择以香袿消逝比附,如"香袿□灭,哀挽风分"(《大唐永泰公主志石文》),"被袿裳兮导绣旗,环蕙障兮殿荃帷"(《故赠平原长公主墓志铭(并序)》)③。

花冠亦是公主出嫁、朝会等大典上少不了的头饰,元万顷《奉和太子纳妃太平公主出降》云"冠玉丽秾姿",描述玉质的头冠衬托得公主容颜更为秾丽。白居易《渭村退居,寄礼部崔侍郎、翰林钱舍人诗一百韵》云"分庭皆命妇,对院即储皇。贵主冠浮动,亲王缨闹装。金钿相照耀,朱紫间荧煌。球簇桃花绮,歌巡竹叶觞。洼银中贵带,昂黛内人妆"④,追忆朝中任职时的宫廷所见,贵公主浮动的花冠,金钿照耀、朱紫辉煌的服饰,宫样妆的内人襟带嵌银、黛眉高挑,大家在皇宫庭院里抛着成簇的绮丽桃花样彩球,听着歌曲,捧着金觞喝着竹叶酒,气氛热烈隆重又欢乐祥和。

(二)唐代公主的常服

日常服装称为常服,具有时代特征。从总体形式而言,唐代女装包括四种类型:窄袖衫、襦配长裙、胡装、女穿男装。孙机先生在《唐代妇女的服

---

① 《通典》卷六〇,第二册,第1738页。
② 〔汉〕刘熙:《释名》卷五《释衣服第一六》,中华书局1985年版,第80页。
③ 录文见《唐代墓志汇编续集》咸通一五,第1044页。拓片见《隋唐五代墓志汇编(陕西卷)》第四册,第146页。
④ 《白居易集笺校》卷一五,第847页。

装与化妆》中指出"唐代女装的基本构成是裙、衫、帔"①,不同身份等级的女装,在衣料材质、装饰、织绣上有差别。隋至初唐女子服装主要为"窄袖衫襦、长裙"②。衫与襦皆是上衣,据《中华古今注·衫子背子》:"始皇元年,诏宫人及近侍宫人,皆服衫子,亦曰半衣,盖取便于侍奉"③,其"布衫"条云"秦始皇以布开胯名曰'衫'。用布者,尊女工之尚,不忘本也"④。《事物纪原·衣裘带服·衫子》云:"又曰:'女子之衣与裳连,如披衫,短长与裙相似,秦始皇方令作衫子,长袖犹至于膝。宜衫、裙之分自秦始也。'"⑤襦,据《演繁露》云"襦者,短衫也"⑥,由庶人所着短褐襦,演变为女性着装,唐代时更成为女子的"盛装",有袒胸襦、圆领、对领半袖、交领窄袖等形式⑦。

1. 公主的珠襦

公主所着之襦自是以名贵珠玉装饰的,对此特质唐文中亦有叙及,如"珠襦玉匣竟何向"(《大唐永泰公主志石文》⑧),"珠襦玉匣尽元夜"(《代国长公主碑》)。袿衣为大典时所着长襦,非常服(参前述)。

2. 公主的月帔

唐文中亦言及公主服装中的帔,如"于是曳月帔"〔《大唐故金仙长公主(无上道)志石铭(并序)》⑨〕。

帔,据《释名》解释为"披也,披之肩背不及下也"⑩,《释名疏证补》注释:"叶德炯曰:《潜确类书》引《二仪实录》云:'三代无帔说,秦有披帛,以缣帛为之,汉即以罗,晋永嘉中,制绛晕帔子,是披帛始于秦,帔始于晋也。'愚按《说文》:'帔,宏农谓裙帔也。'非此物。此云披之肩背,则是今之披肩矣。然则帔实始于汉末,不得云始于晋。"⑪披帛,据《中华古今注·女人披帛》:"古无其制,开元中,诏令二十七世妇及宝林御女、良人等,寻常宴参

---

① 《华夏衣冠:中国古代服饰文化》,第113页。原载《文物》1984年第4期。
② 《中国古代服装参考资料(隋唐五代)》,第36页。
③ 〔五代〕马缟:《中华古今注》卷中,中华书局1985年版,第20页。
④ 《中华古今注》卷中,第24页。
⑤ 《事物纪原》卷三《衣裘带服部》第一五,第151页。
⑥ 〔宋〕程大昌撰,许逸民校证:《演繁露校证》卷八,中华书局2018年版,第5517页。
⑦ 黄辉:《中国历代服制服式》,江西美术出版社2011年版,第33、34页。
⑧ 《全唐文新编》卷二六七,第二部第一册,第3029页。
⑨ 拓片见《隋唐五代墓志汇编·陕西卷》第三册,第162页。录文见《唐代墓志汇编续集》开元一四五,第552页;《陕西新发现的道教金石》,《中国西北宗教文献·道教》卷4,第283页;《西安碑林博物馆新藏墓志续编》中册二一四,第541页。
⑩ 《释名》卷五《释衣服第一六》,第80页。
⑪ 〔清〕王先谦:《释名疏证补》,上海古籍出版社1984年版,第257页。

侍,令披画披帛。至今然矣。至端午日,宫人相传谓之'奉圣巾',亦曰'续寿巾''续圣巾',盖非参从见之服"①。《事物纪原》"帔"又做补充:"《实录》曰:……开元中,令三妃以下通服之……今代帔有二等,霞帔非恩赐不得服,为妇人之命服;而直帔通用于民间也。唐制,士庶女子在室搭帔帛,出适披帔子,以别出处之义,今仕族亦有循用者。"②

金仙公主的月帔应以此为基本形制,又是道家仙人常着之法服的标配,如《上清大洞真经》所言法服"(帝一尊君)身著九色羽衣,披龙文之帔,头建玉晨之冠"③;《真诰》云"(司命君)著青锦绣裙、紫毛帔巾、芙蓉冠"④;《上清太上帝君九真中经》亦叙及多种着帔之法服,包括不同材质、颜色、样式的帔、羽裙、冠,如"(日中有青帝)青玉锦帔、苍华飞羽裙、首建翠蓉扶晨冠……(日中赤帝)衣绛玉锦帔……(日中白帝)衣素玉锦帔……(日中黑帝)衣玄玉锦帔……(日中黄帝)衣黄玉锦帔……","(月中青帝夫人)衣青琼锦帔、翠龙凤文飞羽裙……(月中赤帝夫人)衣丹蕊玉锦帔、朱华凤络飞羽裙……(月中白帝夫人)衣白琳四出龙锦帔……(月中黑帝夫人)衣玄琅九道云锦帔……(月中黄帝夫人)衣黄云山文锦帔、黄羽龙文飞华裙"。⑤

3. 公主的裙装

裙是中国古代女子的主要服装,据《释名》解释:"裙,群也,联接群幅也。"⑥公主裙装在唐代诗文中未叙及,但唐史记有安乐公主的百鸟毛裙、蜀川献单丝碧罗笼裙(参后述),唐代公主墓室壁画亦有大量着裙装侍女与出土女俑,可提供公主服装的基本形制与要素。永泰公主墓室的九宫女图,为首宫女即"身穿襦衫长裙,肩搭帔帛"⑦(见插页彩图18、19)。

即便是入道公主也会身着华丽的法服,其材质源于皇室赐封,据《新唐书》言"(顺宗女)浔阳公主……大和三年,与平恩、邵阳二公主并为道士,

---

① 《中华古今注》卷中,第21页。
② 〔宋〕高承著,〔明〕李果订,金圆、许沛藻点校;《事物纪原》卷三《衣裘带服部》第一五,中华书局1989年版,第150页。
③ 《上清大洞真经》卷一,明《正统道藏》洞真部本文类,第一册第六部,文物出版社、上海书店、天津古籍出版社1988年版,第515页下。
④ 〔南朝梁〕陶弘景著,〔日〕吉川忠夫、麦谷邦夫校注,朱越利译:《真诰校注》卷二,中国社会科学出版社2006年版,第59页。
⑤ 《上清太上帝君九真中经》卷下,明《正统道藏》正一部,第三四册第一三九六部,第39页中、下。
⑥ 《释名》卷五《释衣服第一六》,第80页。
⑦ 李国珍主编,范淑英著:《新城、房陵、永泰公主墓壁画》,文物出版社2002年版,图版四九永泰公主墓室前室东壁南侧宫女图局部图说明,第76页。

岁赐封物七百匹"①,并经由特殊工艺制造,绚丽灼目。

二、贡品所见唐代公主服饰、妆容材质及装饰物

唐代公主服装所用之材料,包括衣料、金银等装饰材料、服用成品等,在出嫁前,取用自宫廷,制衣材料自然是来自国内各地乃至异域的贡品。其出嫁后会带着丰厚的取用不尽的衣饰嫁妆,亦时常会在祭祀、大典、朝会、节令时得到赏赐,多为衣料布帛之类,如孙逖《天宝三载亲祭九宫坛大赦天下制》写道:

> 亚献太子讳宜赐物二千匹,终献庆王琮一千匹……贤妃三百匹,长公主各三百匹,公主各二百匹,嗣郡王各一百匹。②

而公主违背宫规,被责罚时,亦会罚织物。在唐代,绫、罗、绢、帛、布、缣等织物亦可兼做钱货,用于交易。如武宗《罚宣城公主等敕》写道:

> 定安大长公主自蕃还京,莫不哀悯。百辟卿士,皆出拜迎。宣城、贞宁、临真、贞源、义昌等公主,并宗室近亲,合先慰问。晏然私第,竟已不至……各罚封绢一百匹,以塞愆违。阳安长公主既不与定安光顺相见,又两日就宅宣事,皆不在家。罚封物三百匹。③

这些赏赐与处罚时的布帛、锦缎、丝绢制品,足以说明衣料在当时生活中的重要性。而皇室日用与封赏之物,多取自各地贡品,于是梳理皇室接受的衣料、织物与装饰类贡品,即可得知公主衣料的材质及妆饰物的境况。

(一) 域内衣料贡品

《唐六典》将天下丝织贡品以精粗为标准分作九个等级:

> 凡绢、布出有方土,类有精粗。绢分为八等,布分为九等,所以迁

---

① 《新唐书》卷八三《诸帝公主传》,第十二册,第3666页。
② 《唐会要》卷七四《典礼·九宫贵神》,第417页。《全唐文》卷三一〇,第四册,第3150—3151页。
③ 《唐会要》卷六《杂录》,第78页。《全唐文》卷七六,第一册,第805页。

有无,和利用也。(宋、亳之绢,复州之纻,宣、润、沔之火麻,黄州之赀,并第一等。郑、汴、曹、怀之绢,常州之纻,舒、蕲、黄、岳、荆之火麻,庐、和、晋、泗之赀(订正:原点校本为"赀",不通,似为"紵"误),并第二等。……)①

根据《新唐书·地理志》记载,唐时各地会源源不断地向朝中进贡当地特色物品,尤以各种各样的布料为多,湖州吴兴郡甚至是专门进贡御服之地。

1. 绢绵等基本衣料

(1) 绢

唐代贡品中进奉最多者为绢,贡地多达三十处,包括滑州灵昌郡、郑州荥阳郡、许州颍川郡、陈州淮阳郡、汴州陈留郡、宋州睢阳郡、亳州谯郡、徐州彭城郡、宿州、郓州东平郡、濮州濮阳郡、兖州鲁郡、齐州济南郡、曹州济阴郡、棣州乐安郡、相州邺郡、深州饶阳郡、赵州赵郡、德州平原郡、冀州信都郡、幽州范阳郡、瀛州河间郡、莫州文安郡、泌州淮安郡、阆州阆中郡、果州南充郡、魏州魏郡、卫州汲郡、贝州清河郡、越州会稽郡(吴绢)、常州晋陵郡(绢布)、陵州仁寿郡(鹅溪绢)②。

绢的本义是小巧的丝织物,《释名》:"绢,缣也。其丝缣厚而疏也。"③《说文解字》:"绢,缯如麦䅌色……谓粗厚之丝为之。"④绢丝是织纺原料,采用蚕丝副产品经过精梳、牵伸、加捻等纺纱工序加工出的纱线,其织物也叫绢绸,丝滑润泽。唐时尤以越州会稽郡贡吴绢的制作工艺为高。

亦有练(绢)(见插页彩图 20《捣练图》)、花练(花绢):练多指洁白的熟绢,《释名》:"练,烂也。煮使委烂也。"⑤花练,指带有花纹的绢织品。建州建安郡土贡。

绢布:泛指丝麻织物。贡地为常州晋陵郡。

(2) 绵

绵是蚕丝结成的片或团,可供絮衣被等用。《释名》:"绵,犹湎湎,柔而无文也。"⑥据杨慎《升庵集·绵花之始》云:"绵有三,一曰丝绵,出于蚕

---

① 《唐六典》卷二〇《太府寺》,第 541 页。
② 贡品梳理自《新唐书》卷三七至四三志二七至三三下《地理志一至七》,第四册,第 960—1157 页。
③ 《释名》卷四《释采帛第一四》,第 69 页。
④ 《说文解字注》十三篇上《糸部》,第 649 页下。
⑤ 《释名》卷四《释采帛第一四》,第 69 页。
⑥ 《释名》卷四《释采帛第一四》,第 70 页。

缉;一曰木绵,出于交广名斑(原书作'班')枝花;三曰草绵。"①

史书中有二十六地贡绵,包括关内道(京兆、同、华、岐调绵)、颍州汝阴郡、濠州钟离郡、齐州济南郡、曹州济阴郡、卫州汲郡、洺州广平郡、冀州信都郡、易州上谷郡、幽州范阳郡、莫州文安郡、文州阴平郡、壁州始宁郡、巴州清化郡、蓬州蓬山郡、通州通川郡、阆州阆中郡、渠州潾山郡、扬州广陵郡、处州缙云郡、婺州东阳郡、泉州清源郡、绵州巴西郡等。

2. 各类布料

布是棉、麻经纺纱后的织成物。《释名》:"布,布也。布列众缕为经,以纬横成之也。又太古衣皮,女工之事始于是,施布其法度,使民尽用之也。"②贡地有七处,包括泌州淮安郡、凤州河池郡、湖州吴兴郡、温州永嘉郡、徐州彭城郡、循州海丰郡、郁林州郁林郡等。

贡布种类多样,可从材质(綌布、蕉布、苎布、竹布、纻锡布等)、产地(楚布、胡布)、工艺(高杼布、交梭布、花布、朝霞布)分。贡地较多的有:

(1)綌布(一种细麻布)

《说文解字》卷十三上解释"綌,綌綌,布也",段玉裁注引《急就篇》"服琐綌綌与缯连",颜师古注:"綌綌,绤布之尤精者"③,郭生波推论"绤布在夔州称为'纻锡布','锡'即'绤',也就是细布,綌(原书误,订正,非'綌'应为'綌')布也应是纻麻布之一种"④。进贡地亦颇多,达十二地,包括:泗州临淮郡、登州东牟郡、莱州东莱郡、密州高密郡、潞州上党郡、江陵府江陵郡、巴州清化郡、楚州淮阴郡、滁州永阳郡、黄州齐安郡、申州义阳郡、鄂州江夏郡等。

(2)蕉布(用芭蕉纤维制成的布,另有解释为生麻织成的布)

福州长乐郡贡。据文献记载汉代已有。蕉布在古代较为名贵,可以用来做袍服。《后汉书·王符传》引其《浮侈篇》云:"而今京师贵戚,衣服饮食,车舆庐第,奢过王制,固亦甚矣。且其徒御仆妾,皆服文组彩牒,锦绣绮纨,葛子升越,筩中女布。犀象珠玉,虎魄玳瑁,石山隐饰,金银错镂,穷极丽靡,转相夸咤。"李贤注引沈怀远《南越志》:"蕉布之品有三:有蕉布,有竹子布,又有葛焉。虽精粗之殊,皆同出而异名。"⑤古代南方多产此布。清李调元《南越笔记》说:"蕉类不一,其可为布者曰蕉麻,山生或田种,以

---

① 〔明〕杨慎:《升庵集》卷七九,上海古籍出版社1993年版,第793、794页。
② 《释名》卷四《释采帛第一四》,第68页。
③ 《说文解字注(第2版)》,第661页上。
④ 郭声波:《四川历史农业地理》,四川人民出版社1993年版,第220页。
⑤ 《后汉书》卷四九列传三九《王符传》,第六册,第1635、1636页。

蕉身熟踏之,煮以纯灰水,漂澼令干,乃绩为布。本蕉也,而曰蕉麻,以其为用如麻。故葛亦曰葛麻也。广人颇重蕉布,出高要、宝查、广利等村者尤美,每当墟日,土人多负蕉身卖之。"①《格致镜原》:"《南越志》:'蕉布之品有三:有蕉布,有竹子布,又有葛焉。'《事物绀珠》:'红蕉布、白蕉布出婆罗'。"②

蕉:可指蕉布(蕉麻纤维织成的布),蕉衣(麻布制的衣服),蕉衫(用麻布缝制的衣衫),如蕉纱(蕉布)、蕉葛(蕉布);还可指植物香蕉、芭蕉、美人蕉等,因此语义不明,但按《新唐书·地理志》贡品排列的语序看,夹杂在丝织类贡品中,当属制衣材料。贡地五处,包括建州建安郡、鄞州富水郡、泉州清源郡、潮州潮阳郡、新州新兴郡等地。

(3)斑布(用各种色纱经纬相间,织成不同形式的条子或格子的棉布,又称五色布)

《南史·夷貊传》上:"古贝者,树名也。其华成时如鹅毳。抽其绪纺之以作布,布与纻布不殊。亦染成五色,织为斑布。"③有六处贡地:南州南川郡、溱州溱溪郡、荣州和义郡、泸州泸川郡、振州延德郡、富州开江郡贡。

(4)胡布

庆州顺化郡、绥州上郡、单于大都护府(本云中都护府)、隰州大宁郡、石州昌化郡(胡女布)、胜州榆林郡贡。

其他则如:楚布,海州东海郡贡;芘布,西州交河郡贡;皂布,是黑色麻布,常州晋陵郡、湖州吴兴郡贡;高杼布与"交梭布",因织布工艺不同而名,成都府蜀郡、彭州濛阳郡、汉州德阳郡贡;白交梭,传统织花布,一种颜色一枚梭,往返穿梭,不断变换,又称梭布,洋州洋川郡贡;花:巂州越巂郡贡;竹布,韶州始兴郡贡,是将竹子制成浆粕再进行纺丝加工制取的天然纤维布,柔软强韧,透气性、回弹性好,且瞬间吸水,晋嵇含《南方草木状·筭竹》:"筭竹,叶疏(一本作'练')而大,一节相去六七尺,出九真。彼人取嫩者碓浸纺绩为布,谓之竹疏布。"④朝霞布:武安州武曲郡贡;纻锡布:夔州云安郡贡;女稽布,银州银川郡、胜州贡(《唐六典》:"胜、银等州贡女稽布");獠布,涪州涪陵郡贡,《华阳国志》言及永昌郡的物产"有兰干(《四

---

① 〔清〕李调元著,林子雄点校:《清代广东笔记五种·南越笔记》,广东人民出版社2006年版,第267页。
② 〔清〕陈元龙:《格致镜原》卷二七,上册,江苏广陵古籍刻印社1987年版,第278页下。
③ 〔唐〕李延寿:《南史》卷七八列传六八,中华书局1975年版,第1948页。
④ 〔晋〕嵇含:《南方草木状附图》卷下,商务印书馆1955年版,第14页。

部丛刊》影明刊本作'干')细布。兰干,獠言纻也,织成,文如绫锦"①。郭声波指出"'纻细布',僚人称作'兰干细布'……即'僚布'或'僚麻布'",并指出李敬洵《唐代四川经济》一书误把"僚麻布"归入大麻布,而石汉声先生早已指出,两汉以前的"麻"才专指大麻。②

3. 丝绸缎段

(1) 丝

丝一般指蚕吐出的像线一样的东西,是织绸缎等的原料。贡地五处:齐州济南郡、西州交河郡、泉州清源郡、青州北海郡、山南道厥等。

丝布,是蚕丝与麻、葛等纱交织的布。《中国贡品大观》列举"625 年(唐高祖武德八年)桂阳郡贡丝布"③。丝布在南北朝时已有,《周书·武帝纪》建德六年:"九月戊寅,初令民庶以上,唯听衣绸、绵绸、丝布、圆绫、纱、绢、绡、葛、布等九种,余悉停断。朝祭之服,不拘此例。"④庾信在《谢赵王赉丝布启》中表达了得赠杂色丝布的感激之情,亦叙及妻妾得知新衣料时的心情:

> 某启:奉教垂赉杂色丝布三十段。
> 去冬凝闭,今春严劲……远降圣慈,曲垂矜贶。论其蚕月,殆罄桑车;津实秉杼,几空织室。
> 遂令新市数钱,忽疑败(疑作"贩")彩;平陵月夜,惊闻捣衣。妾遇新缣,自然心伏;妻闻裂帛,方当含笑。⑤

《格致镜原》引《云间郡志》"以丝作经,而纬以棉纱,旧志谓之丝布,即俗所称云布也"⑥。可知蚕丝与其他植物纤维交织的织物可称丝布或云布。

但《至精至好且不奢:手工艺卷》一书引《松江府志》指出"宋元以后有棉布,丝棉交织的丝布,近代始有,多为纱经丝纬,俗称棉绸"⑦。唐代丝布

---

① 〔晋〕常璩著,任乃强校注:《〈华阳国志〉校补图注》卷四,上海古籍出版社 1987 年版,第 286 页。
② 《四川历史农业地理》,第 220 页。
③ 龚予等主编:《中国历代贡品大观》,上海社会科学院出版社 1992 年版,第 219 页。
④ 〔唐〕令狐德棻:《周书》卷六《帝纪第六武帝下》,中华书局 1971 年版,第 104 页。
⑤ 〔北周〕庾信著,〔清〕倪璠注,许逸民校点:《庾子山集注》卷八,中华书局 1980 年版,第 568 页。
⑥ 《格致镜原》卷二七,上册,第 276 页上。
⑦ 马美惠编著:《至精至好且不奢:手工艺卷》,北京工业大学出版社 2013 年版,第 247 页。

贡地多达十八处,包括齐州济南郡、濠州钟离郡、沧州景城郡、邓州南阳郡、滁州永阳郡、寿州寿春郡、洪州豫章郡、虔州南康郡、潭州长沙郡、郴州桂阳郡、邛州临邛郡、巂州越巂郡、梓州梓潼郡、遂州遂宁郡、剑州普安郡、邢州钜鹿郡、果州南充郡、利州益昌郡等。

丝布采用不同工艺或加入其他材料,又有多种品类,如:金丝布,抚州临川郡贡;交梭丝布,庐州庐江郡贡;丝绵、八蚕丝,苏州吴郡贡。

(2)䌷(同"绸")

䌷,一指粗绸,用废茧残丝纺织成的织物,如今之绵绸。《释名》:"䌷,抽也。抽引丝端出细绪也。又谓之絓,絓,挂也,挂于帐端,振举之也。"①《急就篇》云:"绛缇絓䌷丝絮绵。"颜师古注:"抽引粗茧绪纺而织之曰䌷。"②其二,同"绸"。䌷的贡地有十处:洺州广平郡、定州博陵郡、易州上谷郡、文州阴平郡、壁州始宁郡、通州通川郡、阆州阆中郡、渠州潾山郡、常州晋陵郡、荣州和义郡。

绵䌷:抽引茧滓粗丝纺织而成的绸。产地亦极多,有七处,包括湖州吴兴郡、徐州彭城郡贡、巴州清化郡、蓬州蓬山郡、简州阳安郡、忠州南宾郡、魏州魏郡等。

平䌷:即绨,一种厚重光洁的丝织物。《急就篇》云"绨络縑练素帛蝉",唐颜师古注:"绨,厚缯之滑泽者也,重三斤五两,今谓之平䌷。"③怀州河内郡、魏州魏郡、博州博平郡贡。

花䌷:当是有花纹的绸。魏州魏郡贡。

(3)段

即绸缎。汉州德阳郡贡衫段。

(4)绝

绝,一指粗绸,一为绢的别称,是自蚕茧缫制白丝或以蚕丝织成的织物。《史记·范雎蔡泽列传》:"须贾意哀之……曰:'范叔一寒如此哉!'乃取其一绨袍以赐之。"司马贞索隐:"绨,厚缯也……盖今之绝也。"张守节正义:"今之粗袍"。④濠州钟离郡贡绝,魏州魏郡、洺州广平郡贡䌳("䌳"疑为"绝")。

---

① 《释名》卷四《释采帛第一四》,第71页。
② 张传官校理:《急就篇校理》卷二,中华书局2017年版,第141、142页。
③ 《急就篇校理》卷二,第139页。
④ 〔汉〕司马迁著,〔唐〕司马贞索隐,〔唐〕张守节正义:《史记》卷七九列传一九,中华书局1959年版,第2413页。

4. 绫绮锦罗等丝织品

（1）绫

绫、绢是真丝织物品种。《说文解字》云"东齐谓布帛之细者曰绫"①，绫是斜纹底斜纹花的中国传统丝织物，《释名·释采帛》解释"绫，凌也。其文望之如冰凌之理也"②，或因此得名。《双林镇志》指出"绫绢"是"绫与绢的合称，'花者为绫，素者为绢'"③。绫有花素之分，《正字通·系部》："织素为文者曰绮，光如镜面有花卉状者曰绫。"④

绫由绮发展而来，汉代以前即有，至唐代以绫做官服，花样更多、更精美。在唐代绫、绢既是奢华衣料，又可抵代货币，史书中即记载其供赏赐、军需之用，而诏令中，又和绮罗等为奢侈品的代称。据《旧唐书》记载：

玄宗天宝十三载三月"丙午，御跃龙殿门张乐宴群臣，赐右相绢一千五百疋，彩罗三百疋，彩绫五百疋……极欢而罢。"⑤

代宗永泰六年四月戊寅时颁布的诏令中三次提及绫锦："其绫锦花文所织盘龙、对凤、麒麟……长行高丽白锦、大小花绫锦，任依旧例织造。有司明行晓谕。"⑥（参下文的《禁断织造淫巧诏》）

德宗贞元七年"十一月乙丑，令常参官趋朝入阁，不得奔走。周亲已下丧者禁惨服，朝会须服本色绫袍金玉带"⑦。

宪宗元和十四年二月乙卯"以镇、冀水灾，赐王承宗绫绢万匹"⑧。

宪宗崩，穆宗（继大统尚未改元）于元和十五年六月己卯颁布诏令"宜委令狐楚，以楚山陵用不尽绫绢，准实估付京兆府，代所放青苗钱"；改元后的长庆二年七月亦曾颁布诏令，"丁未，内出绫绢五十万匹付度支，以供军用"⑨。

敬宗多次以绫赏赐或颁令制造绫锦，其未改元的穆宗长庆四年"（二月）丁未，御中和殿击球，赐教坊乐官绫绢三千五百匹"，"（三月）乙亥，幸

---

① 《说文解字注》一三篇上《糸部》，第649页。
② 《释名》卷四《释采帛第一四》，第69—70页。
③ 宋银虎主编：《双林镇志》，方志出版社2018年版，第18页。
④ ［明］张自烈、［清］廖文英：《正字通》未集中，上海古籍出版社1996年版，第830页。
⑤ 《旧唐书》卷九本纪九《玄宗本纪下》，第一册，第228页。
⑥ 《旧唐书》卷一一本纪一一《代宗本纪》，第二册，第298页。
⑦ 《旧唐书》卷一三本纪一三《德宗本纪下》，第十册，第372—373页。
⑧ 《旧唐书》卷一五本纪一五《宪宗本纪下》，第二册，第466页。
⑨ 《旧唐书》卷一六本纪一六《穆宗本纪》，第二册，第478、498页。

教坊,赐伶官绫绢三千五百匹","(九月)诏浙西织造可幅盘绦繚绫一千匹。"①

文宗时则多次颁令禁止奢侈之用,其中则少不了绫锦之类的华丽布料,如大和二年"(五月)庚子,敕:'应诸道进奉内库,四节及降诞进奉金花银器并篡组文缬杂物,并折充铤银及绫绢。其中有赐予所须,待五年后续有进止。'"②其后,大和三年又颁布诏令:

> (九月)辛巳,敕两军、诸司、内官不得著纱縠绫罗等衣服。
> (十一月)甲申……节文禁止奇贡,云:"四方不得以新样织成非常之物为献,机杼纤丽若花丝布缭绫之类,并宜禁断。敕到一月,机杼一切焚弃。刺史分忧,得以专达。事有违法,观察使然后奏闻。"③

大和四年五月"敕度支每岁于西川织造绫罗锦八千一百六十七匹,令数内减二千五百十匹";七月"赐十六宅诸王绫绢二万匹";八月"甲子,内出绫绢三十万匹,付户部充和籴";九月"内出绫三千匹,赐宥州筑城兵士"。④

五年正月"诏端午节辰,方镇例有进奉,其杂彩匹段,许进生白绫绢"⑤。

宣宗未改元的会昌(武宗纪年)六年"十二月,刑部尚书、判度支崔元式奏:'准七月二日敕,绫纱绢等次弱疋段,并同禁断,不得织造。臣欲与盐铁户部三司同条疏,先勘左藏库,令分析出次弱疋段州府,即牒本道官搜索狭小机杼,令焚毁。其已纳到次弱疋段,具数以闻'。"⑥

懿宗咸通十一年十一月丁卯,敕"宜赐宣徽库绫绢十万匹,助其宴犒"⑦。

唐高祖武德元年江南道贡绫⑧。博州博平郡、德州平原郡、幽州范阳郡、隋州汉东郡、汉州德阳郡、绵州巴西郡、海州东海郡、卫州汲郡等地亦贡绫。

---

① 《旧唐书》卷一七本纪一七《敬宗·文宗本纪上》,第二册,第508、509、512页。
② 《旧唐书》卷一七上本纪一七上《敬宗·文宗本纪上》,第二册,第529页。
③ 《旧唐书》卷一七上本纪一七上《敬宗·文宗本纪上》,第二册,第532、533页。
④ 《旧唐书》卷一七下本纪一七下《文宗本纪下》,第二册,第537、538页。
⑤ 《旧唐书》卷一七下本纪一七下上《文宗本纪下》,第二册,第540页。
⑥ 《旧唐书》卷一八下本纪一八下《宣宗本纪》,第二册,第616页。
⑦ 《旧唐书》卷一九上本纪一九上《懿宗本纪》,第三册,第676页。
⑧ 《中国历代贡品大观》卷四《隋唐贡品》,第159页。

绫极受唐皇室喜爱,贡品中花色品种极多,如:

文(纹)绫:即彩绫。河南府河南郡、澧州澧阳郡、睦州新定郡贡。

水纹绫:唐高祖武德三年,丹阳郡贡①。

方纹绫:滑州灵昌郡、江陵府江陵郡贡。

仙纹绫:青州北海郡贡。

双丝绫:指丝与棉混合织成之布。唐高祖武德五年徐州彭城郡贡②。

独窠绫:定州博陵郡、扬州广陵郡贡。

衫段绫:幽州范阳郡、隋州汉东郡贡。

绯绫:唐太宗贞观四年余杭郡、唐肃宗乾元二年吴郡贡③。

蔡州汝南郡贡四窠、云花、龟甲、双距、溪等绫。兖州鲁郡贡镜花绫、双距绫。定州博陵郡贡细绫、瑞绫、两窠绫。扬州广陵郡贡二包绫、熟线绫。阆州阆中郡贡莲绫,凉州武威郡贡白绫,润州丹杨郡贡水纹、方纹、鱼口、绣叶、花纹等绫,湖州吴兴郡贡乌(鸟)眼绫,杭州余杭郡贡白编绫、绯绫,越州会稽郡贡白编、交梭、十样花纹等绫,明州余姚郡贡吴绫、交梭绫,梓州梓潼郡贡红绫,遂州遂宁郡贡樗蒲绫。

李峤的《绫》写道:

> 金缕通秦国,青缣达汉君〔《全唐诗》及诸本并作"为裘指魏君",《丛书》《珠尘》作"为衾值汉君";今据敦煌残片(S_{555})校改〕。落花遥写雾,飞鹤近图云。马眼冰凌影,竹根雪霰文。何当画秦女,烟际坐氤氲。④

诗人对这种如绕雾轻花、云环飞鹤,有着冰凌清影马眼纹、竹根冰雪粒纹样的轻绫做了细绘,而高贵的公主(唐人常常以秦女比况公主)或秦地女子穿这样的花绫,亦如坐在氤氲的轻烟中,飘飘有仙女之态。

佚名的《广异记·豆卢荣》,则叙述了和亲公主金河公主("十姓可汗"之一的匈奴首领阿史那怀道的女儿)在王卒之后回归中土,并于唐肃宗宝应年间随女儿女婿在温州生活的片段:

> 公主尝下嫁辟叶,辟叶内属,其王卒,公主归来。荣出佐温州,公

---

① 《中国历代贡品大观》,第176页。
② 《中国历代贡品大观》,第207页。
③ 《中国历代贡品大观》,第323页。
④ 徐定祥注:《李峤诗注·苏味道诗注》卷四,上海古籍出版社1995年版,第199页。

主随在州数年。宝应初……公主令人置吴绫数千匹,故恋而不去。①

金河公主应是非常喜欢吴地生产之绫,不仅大量购置,且在面临动乱时,亦因贪恋吴绫而不愿舍弃。

(2) 绮

绮,细绫也。《释名》:"绮,欹也。其文欹邪不顺经纬之纵横也。有杯文,文形似杯也;有长命,其彩色相间,皆横终幅,此之谓也。言长命者,服之使人命长,本造者之意也。有棋文(删'者',依毕校),方文如棋也。"②宣城郡贡。

(3) 罗

罗:罗是轻软有稀孔的绞经丝织品。《释名》:"罗,文疏罗也。缅,莅也,粗可以莅物也。苓(各本'苓'误'令',今改),辟经丝贯杼中,一间并,一间疏,疏者苓苓然,并者历辟而密也。"③唐代的罗品类繁多:定州博陵郡贡罗,镇州常山郡贡孔雀罗、瓜子罗、春罗,隋州汉东郡贡合罗,越州会稽郡贡宝花、花纹等罗,成都府蜀郡、蜀州唐安郡贡单丝罗,彭州濛阳郡贡段罗,润州丹杨郡贡衫罗。

绫罗是当时贵族女性最喜选用的服饰材质,公主也不例外。《旧唐书·舆服志》云"既不在公庭,而风俗奢靡,不依格令,绮罗锦绣,随所好尚"④,即道出当时女性喜用绫罗锦绣为衣料的史事。高宗女太平公主府的侍女"披罗绮,常数百人"⑤。王建《九仙公主旧庄》以"罗衣"指代公主(九仙公主据考为玉真公主):"罗衣自买院前溪"⑥,可见其意识中公主服饰材质最突出的特质。

(4) 锦

锦是有彩色花纹的丝织品。《释名》:"锦,金也。作之用功重(删'于',依毕校),其价如金,故其制字帛与金也。"⑦泗州临淮郡、成都府蜀郡、蜀州唐安郡贡锦,扬州广陵郡贡蕃客袍锦、被锦、半臂锦。

李峤拟《为武攸暨谢赐锦表》,不仅叙说了公主出嫁后服装材料来源

---

① 〔唐〕戴孚:《中国图书馆基本馆藏系列·广异记》,远方出版社2005年版,第42页。
② 《释名》卷四《释采帛第一四》,第69页。
③ 《释名》卷四《释采帛第一四》,第70页。
④ 《旧唐书》卷四五志二五《舆服志》,第六册,第1957页。
⑤ 《旧唐书》卷一八三列传一三三《外戚传》,第十四册,第4739页。
⑥ 《王建诗集校注》卷六,第304页。
⑦ 《释名》卷四《释采帛第一四》,第69页。

的途径之一,即皇室赐予,也告知锦是公主衣服所用材料之一,同时细绘了这种锦的花纹与观感,如初升朝霞、竞发春花一样璀璨绚烂,即便是非常有名的成都濯具、朝鲜制衣也难与之比拟争胜:

> 臣攸暨言:伏奉恩旨,以臣昨扈游上苑,执辔还宫,特赐臣瑞锦一匹,臣某中谢。臣承晖日月,渐润云霄,叨符圣慈,累延宸照,遂得入陪金殿,出捧玉舆,瑶水参八骏之游,璿台翊二龙之举……陛下恩爱曲成,绸缪累洽,俯回珍异,猥及庸微。跪开缄题,伏视文彩,烂若朝霞之初起,粲如春花之竞发。成都濯具,本自非侔;朝鲜制衣,则知难拟。方且裁而学政,希勉励于天工;服以昼游,庶光荣于戚里。①

5. 纱缯縠练等精细轻薄衣料

(1)纱

纱是棉、毛、麻等将纤维拉长加捻纺成的细缕。据《汉书》:"自请愿以所常被服冠见上。上许之。充衣纱縠禅衣",颜师古注:"纺丝而织之也。轻者为纱,绉者为縠。"②唐高祖武德元年江南道贡纱③。据《新唐书·地理志》相州邺郡、惠州、爱州九真郡、滑州灵昌郡贡纱。纱的品类繁多,从《新唐书》所见贡品可知的品类包括:

隔纱:京兆府京兆郡贡。

花纱:织有花纹的经纬密度较稀而质薄的一种织物。古代多以丝为之。庐州庐江郡、越州会稽郡、蜀州唐安郡贡;紧纱:常州晋陵郡贡;平纱:怀州河内郡贡。

轻容:无花薄纱。《齐东野语·轻容方空》:"纱之至轻者,有所谓'轻容',出唐《类苑》云:'轻容,无花薄纱也'。王建《宫词》云:'嫌罗不著爱轻容。'元微之有寄白乐天白轻容,乐天制而为衣,而诗中'容'字,乃为流俗妄改为'庸',又作'榕',盖不知其所出。"④越州会稽郡、绵州巴西郡贡。

王建的《宫词》云"缣罗不著轻容,对面教人染退红。衫子成来一遍出,今朝看处满(《全唐诗》作'明朝半片在')园中"⑤,既描绘出宫中衣饰的风尚追求,亦描绘出宫中制衣的过程。先是选择最上乘的衣料,接着染

---

① 《全唐文》卷二四六,第三册,第2491页下—2491页上。
② 《汉书》卷四五《江充传》,第七册,第2176页。
③ 《中国历代贡品大观》,第160页。
④ 〔宋〕周密:《齐东野语》卷一〇,中华书局1983年版,第98页。
⑤ 《王建诗集校注》卷一〇《宫词补遗九首》,第657页。

色,原织无色的天然布料,如果需要色彩,则需要染的工序不同于一般的织染工艺,宫中采用的是更复杂、更精细,染制出来会更细腻、更富色彩动感及层次变化之感的退染法。退染法本是中国工笔画中的基本染色方法之一,也叫退晕,是通过将有深浅差别的不同色阶的颜色一层层浸染,每染一层退后一层的方法制成美丽的吸引人的渐变色,此法被引入制衣的染色工序中,退则更接近漂洗的工序,因天然布料往往会存在杂质,于是要经过退浆、煮练、漂白等工序①。宫中女子服装追求轻薄袒露的时尚,而由双丝织的细绢——缣和质地轻软的丝织品——罗剪裁而成的薄衫亦不为其所喜,而是索求当时更为珍贵轻薄的纱,制成流行的轻容渐变的红色衫子。

(2) 縠

古称质地轻薄、纤细透亮、表面起绉的平纹丝织物为縠。《释名》:"縠,粟也。其形踧踧(各本'踧踧'误'足足',今改),视之如粟也。又谓之沙(视上删'而踧','沙'上补'之',下删'縠',皆依毕校),亦取踧踧如沙也。"②河南府河南郡、阆州阆中郡、兴元府汉中郡贡。绛州绛郡贡白縠。

(3) 缯

古代对丝织品的总称。河南府河南郡贡。

(4) 练

练,古代织物。《类篇》云"绤属",《玉篇》则曰"仿粗丝"。《桂海虞衡志》云"练子,出两江州洞,大略似苎布,有花纹者谓之花练。"③滁州永阳郡贡。竹练:建州建安郡、虔州南康郡贡。

6. 纻葛麻等纤维衣料

(1) 纻

同"苎",指苎麻纤维织成的布。贡地四处:滁州永阳郡、常州晋陵郡、湖州吴兴郡、山南道。

纻布:苎麻布。贡地十二处:郢州富水郡、楚州淮阴郡、和州历阳郡、舒州同安郡、申州义阳郡、婺州东阳郡、郴州桂阳郡、汉州德阳郡、岳州巴陵郡、虔州南康郡、吉州庐陵郡、贵州怀泽郡等。

白纻:是白色苎麻所织的夏布。《周礼·典枲》郑玄注"白而细疏曰纻"④。后世称为白细布。有七处贡地,包括复州竟陵郡、开州盛山郡、蕲

---

① 石裕纯等编:《服饰图案设计》第二版,中国纺织出版社1991年版,第141页。蔡苏英主编:《染整技术实验》,中国纺织出版社2005年版,第116页。
② 《释名》卷四《释采帛第一四》,第70页。
③ 〔宋〕范成大:《桂海虞衡志校注》,广西人民出版社1986年版,第41页。
④ 《十三经注疏·周礼注疏》卷八,第691页上。

州蕲春郡、宣州宣城郡、歙州新安郡、袁州宜春郡、道州江华郡等。

白纻布:黄州齐安郡贡;白纻细布:连州连山郡贡;竹纻练:连州连山郡贡;纻锡布:夔州云安郡贡;青纻布:青色的苎麻,也指用青色苎麻织成的粗布,青苎麻质粗硬,色泽不匀,刮制难于精致,止堪做绳索、粗布或麻袋①,旧时用以制酒旗,武德四年安陆郡贡②。

弥牟:细纻布。汉州德阳郡贡。《后汉书·礼仪志中》:"日夏至……其礼:以朱索连荤菜,弥牟〔朴〕蛊钟。"③清方以智《通雅·衣服·布帛》:"弥牟,阑干,言细纻也。《唐志》:'剑南贡交梭弥牟布,……'弥牟,言细也"④。

(2) 葛

葛,指蔓草。有些土贡与丝布、绵绸等并列,则应为织物葛。贡地十二处:朗州武陵郡、隋州汉东郡、郢州富水郡、婺州东阳郡、泉州清源郡、洪州豫章郡、江州浔阳郡、抚州临川郡、齐州济南郡、邛州临邛郡、简州阳安郡、荣州和义郡等。

以其茎之纤维所制织物叫葛布,俗称"夏布",质地细薄。早在西周先民已利用葛藤纤维纺织,《诗经·葛覃》云"葛之覃兮,施于中谷,维叶莫莫。是刈是濩,为絺为绤,服之无斁"⑤。光州弋阳郡、普州安岳郡、泸州泸川郡等地贡。

又有与其他材料混合而成者,如纻葛:贡地有峡州夷陵郡、归州巴东郡等;丝葛:苏州吴郡、吉州庐陵郡、潭州长沙郡、河南府河南郡等地贡。

其他如葛纤:"葛衣"就是葛纤制品,戎州南溪郡贡;绯葛:绯本意是指红色,深红色,申州义阳郡贡;细葛:陵州仁寿郡贡。

鲍溶《采葛行》曾细致铺绘了贡地采葛织布的艰辛:

春溪几回葛花黄,黄麝引子山山香。蛮女不惜手足损,钩刀一一牵柔长。葛丝茸茸春雪体,深涧择泉清处洗。殷勤十指蚕吐丝,当窗袅袅声高机。织成一尺无一两,供进天子五月衣。水精夏殿开凉户,冰山绕座犹难御。衣亲玉体又何如,杳然独对秋风曙。镜湖女儿嫁鲛人,鲛绡逼肖也(一作"色")不分。吴中角簟泛清水,摇曳胜被三素

---

① 《四川历史农业地理》,第 217—219 页。
② 《中国历代贡品大观》,第 181 页。
③ 《后汉书》卷九五,第十一册,第 3122 页。
④ 〔明〕方以智:《通雅》卷三七,中国书店 1990 年版,第 452 页。
⑤ 《诗经·国风·周南》,第 6 页。

云。自兹贡荐无人惜,那敢更争龙手迹。蛮女将来海市头,卖与岭南贫估客。①

可知一到春天时,青葛开着黄色的花朵,满山飘香,也是蛮女开始辛勤劳作的时候,蛮女采摘葛藤,常常会损伤手足,攀爬山中拿着钩刀够取远处的柔条,又将茸茸的葛丝带至深谷的涧水清泉处清洗干净,十指殷勤如春蚕吐丝一样在高机上织出葛丝,织成重量精准轻细的长一尺却不到一两的葛布,进贡皇室以做天子五月的衣服。在天子水精、冰山环绕的宫殿里,蛮女织成的葛衣陪伴着帝王与宫中后妃、公主们,而蛮女却只是杳然一身独对着天色将曙的秋风。诗中还叙及鲛人和鲛绡,用以衬托夸饰镜湖女儿精湛高超的织作技艺。南海鲛人是传说中织作技艺高超的神人:"南海之外,有鲛人,水居如鱼,不废织绩。其眼泣则能出珠"②,而镜湖女儿就如嫁给如此善于且勤于织作,哭泣的泪珠都能化为绝美妆饰物珍珠的鲛人,其织作技艺如得鲛人真传自是出神入化,织作出极为轻薄的纱绢衣物——鲛绡,而泉先即鲛人,于南海潜藏织作的鲛绡纱,"一名龙纱,其价百余金",非常昂贵,还有特异处,即"以为服,入水不濡"③。

(3)麻

麻,草本植物,种类很多,有"大麻""苎麻""苘麻""亚麻"等。茎皮之纤维通常亦称"麻",可制绳索、织布。滁州永阳郡、成都府蜀郡贡。关内道、陇右道、江南道厥赋有麻。

火麻布:是用来缝制高级稀有装备的原材料之一,呈火红色,传说需以火淬。唐时畅销海内外,列为一等品。润州丹杨郡、洋州洋川郡贡。

野苎麻:洋州洋川郡贡;枲:为大麻类植物的纤维,坊州中部郡贡;弦麻:坊州中部郡、沁州阳城郡贡。

7. 皮革毛褐等特殊衣料

驼毛褐:利用驼毛纤维编制的驼毛棉袄、毛巾、毛袜等,非常柔软,轻便耐用。会州会宁郡、丰州九原郡贡。

兔褐:常州晋陵郡贡。

鲛革:鲛鱼皮制成的革。《荀子·议兵》云"楚人鲛革犀兕以为甲,鞈

---

① 《全唐诗》卷四八七,第八册,第5576页。
② 〔晋〕干宝著,曹光甫点校:《历代笔记小说大观·搜神记》卷一二,上海古籍出版社2012年版,第105页。
③ 〔南朝梁〕任昉:《述异记》上,《丛书集成初编》据《汉魏丛书》本排印中华书局1985年版,第2页。

如金石",杨倞注:"以鲛鱼皮及犀兕为甲,坚如金石之不可入。"①循州海丰郡、潮州潮阳郡、封州临封郡、安南中都护府贡。

裹皮:陆州玉山郡贡。

(二)域内服用成品贡品

唐王朝各地亦会进贡一些服用成品。

1. 成衣贡品

成衣包括一些裙装,如根据史书记载韦皇后与安乐公主就曾拥有蜀川献单丝碧罗笼裙(参后述)。还有金银衣服,如《旧唐书·宪宗本纪》载"(贞元四年冬十月)辛丑,吐蕃使论乞缑贡助山陵金银衣服"②。再有裘衣,如回鹘长庆元年献"驼褐、白锦、白练、貂鼠裘、鸭头子玉腰带等"③。另有供特殊天气使用的衣服,如油衣:用油布做的雨衣,洺州广平郡贡。

2. 衣服佩饰成品贡品

除过成衣外,各地亦会进贡各种精美的衣服佩饰,如巾、饰带等。

(1)纻练缚巾:澧州澧阳郡贡。

(2)红紫绵巾:常州晋陵郡贡。

(3)双紃:饰履的圆形饰带,汉州德阳郡、绵州巴西郡、普州安岳郡贡。

(4)食单:吃饭时用来围护衣服以免弄脏的方布或帛巾,类今之餐巾。宋人钱易《南部新书》中即叙述了一种紫丝制作的食单:"范指座上紫丝食单曰:'颜郎衫色如是。'"④

(三)域内染料、珠宝与羽毛等服饰装饰贡品

染色之颜料多是天然生成之物。唐代贡品中金银、珠宝、羽毛等类亦是极为重要的部分,这些金银珠宝被用于衣食住行等生活用品中,增添其华贵耀目的品性,唐代出土的金银器食具、用具极多,造型精美生动,而金银也被用于服饰中,是让服饰熠熠生辉与别致新奇的重要元素。吐蕃"献金五千两,自余宝玩数百事……并献金银珠宝十五种","神龙元年……遣使献金二千两",元和十二年献"玉带、金器等"。⑤

---

① 〔战国〕荀况著,〔唐〕杨倞注,耿芸标校:《荀子》卷一〇《议兵篇第一五》,上海古籍出版社2014年版,第180、181页。

② 《旧唐书》卷一五本纪一五《宪宗本纪》,第二册,第412页。

③ 《唐会要》卷九八,第1748页。

④ 〔宋〕钱易著,黄寿成点校:《南部新书》辛部,中华书局2002年版,第122页。

⑤ 《唐会要》卷九七,第1730、1732、1737页。

1. 红蓝

据记载,武德四年,灵武郡贡红蓝①。据《新唐书·地理志》兴元府汉中郡贡红蓝、燕脂,蜀州唐安郡、汉州德阳郡、青州北海郡、灵州灵武郡等亦贡红蓝。《证类本草·红蓝花》引苏颂《本草图经》曰:"即红花也。生梁、汉及西域,今处处有之……夏乃有花。……其花暴干,以染真红及作燕脂……叶颇似蓝,故有蓝名,又名黄蓝。"②

2. 紫草

既可入药,又可为染料,青州北海郡、魏州魏郡贡。

3. 金

唐代贡金之地多达三十处,包括洋州洋川郡(黄金)、利州益昌郡、扬州广陵郡、康州晋康郡、新州新兴郡、勤州云浮郡、恩州恩平郡、崖州珠崖郡、琼州琼山郡、振州延德郡、儋州昌化郡、万安州万安郡、邕州朗宁郡、澄州贺水郡、横州宁浦郡、浔州浔江郡、峦州永定郡、钦州宁越郡、贵州怀泽郡、岩州常乐郡、融州融水郡、白州南昌郡、绣州常林郡、党州宁仁郡、骥州日南郡、长州文杨郡、汤州汤泉郡、演州龙池郡、武安州武曲郡、温泉州温泉郡等。此外,江南道厥贡有金,具体州郡未明确标出,仅提及建州建安郡金泉、饶州鄱阳郡、虔州南康郡、信州、抚州临川郡、潭州长沙郡、永州零陵郡有金。

生金:指未经冶炼的丹砂、金砂或金矿石之一种。忠州南宾郡贡。

麸金:碎薄如麸子的金子。贡地多达三十二处:涪州涪陵郡、万州南浦郡、金州汉阴郡、文州阴平郡、巴州清化郡、廓州宁塞郡、宕州怀道郡、肃州酒泉郡、饶州鄱阳郡、衡州衡阳郡、施州清化郡、叙州潭阳郡、奖州龙溪郡、嘉州犍为郡、眉州通义郡、简州阳安郡、资州资阳郡、巂州越巂郡、雅州卢山郡、茂州通化郡、姚州云南郡、当州江源郡、悉州归诚郡、保州天保郡、绵州巴西郡、剑州普安郡、合州巴川郡、龙州应灵郡、陵州仁寿郡、昌州、泸州泸川郡、蒙州蒙山郡等。

金箔:是用黄金锤成的薄片。骥州日南郡贡。

如此品类繁多与贡地众多的数据,亦足以说明金在唐皇室日常生活中用量之大、需求之多。而唐代的金加工方法既多样又精熟,虽然明代杨慎《丹铅总录》引《唐六典》称唐代金加工方法有十四种,但仅列举了十二种:

---

① 《中国历代贡品大观》,第180页。
② 〔宋〕唐慎微撰,陆拯、郑苏、傅睿校注:《证类本草(重修政和经史证类备用本草)》卷九,中国中医药出版社2013年版,第593页。

"曰销金,曰拍金,曰镀金,曰织金,曰砑金,曰披金,曰泥金,曰缕金,曰撚金,曰贴金,曰嵌金,曰裹金。"[1]而检索现存《唐六典》并无此记录。然而这些加工方法亦绝非杨慎凭空即能想象得来,理应有现实依据,至于引自唐代的哪部典籍,尚无考论。

4. 银

唐皇室对银的需用量亦很大,贡地多达四十七处,包括邵州邵阳郡、饶州鄱阳郡、广州南海郡、康州晋康郡、泷州开阳郡、端州高要郡、新州新兴郡、封州临封郡、潘州南潘郡、春州南陵郡、勤州云浮郡、罗州招义郡、辩州陵水郡、高州高凉郡、恩州恩平郡、崖州珠崖郡、万安州万安郡、邕州朗宁郡、澄州贺水郡、横州宁浦郡、浔州浔江郡、峦州永定郡、钦州宁越郡、贵州怀泽郡、龚州临江郡、象州象郡、藤州感义郡、桂州始安郡、梧州苍梧郡、贺州临贺郡、柳州龙城郡、富州开江郡、昭州平乐郡、蒙州蒙山郡、严州循德郡、思唐州武郎郡、容州普宁郡、牢州定川郡、白州南昌郡、顺州顺义郡、党州宁仁郡、窦州怀德郡、禹州温水郡、廉州合浦郡、义州连城郡、陆州玉山郡、峰州承化郡等。此外,江南道厥贡有银,但具体州郡土贡仅标有两处,未明确标出,却叙及衢州信安郡、处州缙云郡、马鞍山福州长乐郡、建州建安郡、宣州宣城郡、歙州新安郡、池州、鄂州江夏郡、信州、抚州抚川郡、道州江华郡、桂州桂阳郡等十二处有银。而一些地方出产有银,但并未标注贡银,如渭州西南陇山、河南府河南郡太和山、汝州临汝郡尧山、莱州东莱郡卢乡县(东四十里有黄银坑)、代州雁门郡柏谷、凤州凤池郡、秦州天水郡等均产银。

5. 珠

贡地两处:崖州珠崖郡、白州南昌郡。

6. 玳瑁

贡地两处:崖州珠崖郡、陆州玉山郡。

7. 羽毛

(1) 翠羽

钦州宁越郡、安南中都护府、陆州玉山郡等地贡。

(2) 白羽与白雕羽

灵州灵武郡土贡有白羽、朔州马邑郡贡白雕羽。

---

[1] 〔明〕杨慎著,王大亨笺证:《丹铅总录笺证》卷七《冠服类·钿金》上册,浙江古籍出版社2013年版,第252页。

(四)藩属国及域外服饰、妆容装饰与熏香贡品

新旧《唐书》、《唐会要》亦记载一些藩属国及域外服饰、妆容贡品：

1. 珍珠绢、朝霞绸、貂皮豹皮、细白氍等衣料

据《旧唐书》记载"文宗开成三年十二月日本国贡珍珠绢"[①]。据《唐会要》：新罗(开元)十二年贡"头发、朝霞绸……纳绸、镂鹰铃、海豹皮、金银等"，"(天宝)七载，遣使献金银及六十总布……纳朝霞绸……头发"，大历八年献"金银……纳朝霞绸"；室韦开元天宝中"贡貂皮"；林邑国"天宝八载，其王……献……鲜白氍"；天竺国"(开元)八年五月，南天竺遣使献豹皮"；师子国"天宝五载正月，王尸罗迷伽遣使至，献……细白氍四十张"。[②]

2. 珠玉、水精、玻璃、玛瑙等装饰物与香料

《旧唐书》叙及"高丽莫离支遣使贡白金"[③]。据《唐会要》，林邑国"贞观四年，又贡火珠，大如鸡卵，圆白皎洁，状若水晶，正午向日，以艾承之，即火燃"，"(贞观)十四年，其国献通天犀一十枚，诸宝称是"，"先天开元中，其王建多达摩又献驯象、沉香、琥珀等"，"天宝八载，其王卢陀罗使献真珠一百条、沉香三十斤"；日本"永徽五年十二月，遣使献琥珀、玛瑙，琥珀大如斗，玛瑙大如五升器。……出玛瑙，有黄白二色。其琥珀好者，云海中涌出"；吐火罗国"(开元)十八年，遣使献红颇梨、碧颇梨、生马脑、金精"；拂菻国"贞观十七年，其王波多力遣使献赤玻璃石、绿金精"；诃陵国"十三年十一月，献……玳瑁瑱、生犀"；波斯国"自开元十年至天宝六载，凡十遣使朝贡，献方物……(九载)无孔真珠。至大历六年九月，遣使献真珠"；师子国"天宝五载正月，王尸罗迷伽遣使至，献大珠钿金宝璎珞"。[④]

来自唐代各地、藩属国及域外的贡品被源源不断地运入城中，正是这些丰富多样、材质绝好的衣料、珠宝装饰乃至染料贡品，构成唐代公主服装设计中所必有的元素，又在能工巧匠手里被剪裁织就、雕刻打造成绝美的服饰，以其柔软光滑的面料、精良华美的工艺、新巧精致的样式、五彩缤纷的色彩和夺目或温润的光泽，装点出唐代公主们的绝世容颜。

[①] 《旧唐书》卷一七本纪一七《文宗本纪》第二册，第576页。
[②] 《唐会要》卷九五、卷九六、卷九七、卷九八、卷一〇〇，第1712、1713、1713、1722、1751、1787、1793页。
[③] 《旧唐书》卷八〇列传三〇《褚遂良传》，第八册，第2735页。
[④] 《唐会要》卷九八、卷九九、卷一〇〇，第1751、1751、1751、1770、1773、1778、1782、1784、1793页。

三、群像与个体、唐初至唐末的公主服饰

作为帝女,唐代公主的服饰,不同于一般的女性。其服饰首先具有等级特性、家国特性,其次才具有个人性。在宗法社会里,服饰具有标识身份地位、等级秩序的意义,于是作为帝女,唐代公主的服饰,正如唐代册文中对唐代公主德行所一再言说的亦有着"光昭阃德,宏长国风""邦媛之则"之意,是家国风气的象征,也是整个国家女性群体的典范。于是其服饰的规格、材质、纹绣乃至色彩,均有一定的规范,其整体服饰风格,亦会随着唐王朝国力国风、政治需求的变化而发生变化。

(一)简约之风与奢华个例:初唐高祖太宗时的公主服饰

在唐初,国家初创,经过动乱与烽火,百废待兴,经济有待休养生息,无论是就客观上所能提供的物质基础还是政治需要而言,素简才是此时的国家风尚。但也存在一些公主因受宠或个性等原因生活奢华无度。

1. 简约之风

唐太宗时,长孙皇后母仪天下,制规则以匡范皇室女性,"性约素,服御取给则止,又为尝采古妇人事著《女则》十篇,又为论斥汉之马后不能检抑外家,使与政事,乃戒其车马之侈,此谓开本源,恤末事"[1],听闻魏徵对超越等级赐长乐公主嫁妆的谏言,认为此举是置公主"于义",据《新唐书·诸帝公主传》记载:

> 魏徵曰:"……然则长公主者,尊公主矣。制有等差,渠可越也?"帝以语后,后曰:"尝闻陛下厚礼徵而未知也,今闻其言,乃纳主于义,社稷臣也。……愿许之,与天下为公。"[2]

足见当时后宫所崇尚的朴素简约之风,在此氛围倡导与约束下成长的唐代公主们,在服饰上的追求自然也应以简朴为主。据记载,高祖女淮南公主告诫子女"乘肥衣轻,每诫绮纨之性;言诗立礼,必诲篡裘之业",而公主"志惟清慎,不尚奢侈;衣多汗(岳文作'咲',《碑刻》、郭文作'汗',应为

---

[1] 《新唐书》卷七六列传一《后妃传》,第十一册,第3470—3471页。
[2] 《新唐书》卷八三列传八,第十二册,第3645、3646页。

'瀚')濯,食不重味"①。太宗女临川公主在特殊忌日会摒弃醒醲甘脆辛辣之味、丝竹管弦之宴乐和华美的服饰,"每登忌月,辄断熏辛。至于丝竹妙伎,绮罗荣饰,□□□□□",平日里也"处贵能约,居荣以素"(《大唐故临川郡长公主墓志铭(并序)》②),兰陵公主"深诫骄侈,常安俭薄","首无金翠之饰"(《大唐故兰陵长公主碑》③)。

2. 奢华个例

但也有特例,如高密公主,史书云"豪侈自肆,晚稍折节",据其女《大唐故邳国夫人段氏墓志铭(并序)》云"绮罗山积,罕或经心;珠玉川盈,讵尝留目"④,可知公主之家绮罗珠玉盈积,但其女对此并不在意。据其"以寿薨"的记载,以及"永徽六年薨"的记载,可知其豪奢也是在高宗时由初唐向盛唐过渡的阶段。而高阳公主"负所爱而骄",其服饰的追求也当属例外,从其赠予"浮屠辩机金宝神枕",和"更以二女子从遗爱,私饷亿计"⑤的事迹记录看,其生活追求包括服饰亦当奢华。

(二)锦绣罗绮与追新求异:初唐高宗至睿宗时的公主服饰

高宗至睿宗时虽有诏令倡导节俭,但总体以奢华为主流。

1. 素简倡导

虽说高宗亦曾倡导简约,并诏雍州长史李义玄曰:

> 朕思还淳返朴,示天下以质素……其异色绫锦,并花间裙衣等,糜费既广,俱害女工。天后,我之匹敌,常著七破间裙,岂不知更有靡丽服饰,务遵节俭也。其紫服赤衣,闾阎公然服用……可严加捉搦……⑥

从中可知高宗与天后作为国家的掌控者,其亦深知服饰之简朴风尚于国于民之重要,文中专门提出有着奇异色彩的华美丝织物——绫锦和褶幅

---

① 《唐淮南大长公主墓志所反映的唐代历史问题》,《华夏考古》2008年第2期,第136页。《富平碑刻》,第130页。《唐淮南大长公主墓志铭研究》,《社会科学战线》2017年第10期,第86页。
② 拓片见《新中国出土墓志》陕西一上,第81页。录文见《唐代墓志汇编续集》永淳〇〇九,第260、261页。
③ 《全唐文新编》卷一五三第一部,第三册,第1759、1760页。
④ 《昭陵碑石》,第121页。
⑤ 《新唐书》卷八三《诸帝公主传》,第十二册,第3648页。
⑥ 《旧唐书》卷五本纪五《高宗本纪下》,第一册,第107页。

多,又染印或织有花朵的花间裙衣,指出其花费巨资,又伤劳女工,并将武后所着的简约七破间裙作为节俭的典范,发布于诏令中,以此劝诫喜服朱紫之色的奢华世风,并以国家政令做以约束。武后的七破裙,是剪裁成七片制成的裙子,与百褶相比,几乎无褶皱,自然不费衣料与女工。

2. 奢华追新之风

但素约之风,随着武则天与中宗、睿宗政权交替时国力的强盛,女性意识的张扬,渐渐转向奢华与追新。有关唐朝女性的服饰追求,整个社会的风尚,连一向严肃的史书中也有了生动的描述,《旧唐书·舆服志》写道:

> 风俗奢靡,不依格令,绮罗锦绣,随所好尚。上自宫掖,下至匹庶,递相仿效,贵贱无别。①

其服装花纹,从唐文中颁布的有关禁令(《禁用珠玉锦绣诏》《禁断织造淫巧诏》等)的记载看,灵活多样,有以传说中的吉祥动物如龙凤、仙鹤等为装饰图案花纹的,也有来自西域的动物,如麒麟狮子、天马辟邪等,还有各种花草纹饰,甚至有以万字或其他异样文字为纹饰的。这些美丽多样的图案对服装而言是极好的映衬。

高宗至武韦时期,唐代女性追求服饰高贵、华丽和新异的风气,在史书与笔记的记述中,可略探一二,据记载睿宗先天二年正月十五、十六夜观灯时:

> 宫女千数,衣罗绮,曳锦绣,耀珠翠,施香粉。一花冠、一巾帔,皆万钱,装束一妓女皆至三百贯。妙简长安、万年少女妇千余人,衣服、花钗、媚子亦称是……②

这段描写可谓绝美的唐时女性服饰剪影,其罗绮锦绣、珠翠辉耀的装饰特质,所用之香粉,头饰之花冠,搭配之巾帔,甚至着装之费用,均有交代。而当时女子的服饰中花钗与媚子亦是常用的时尚。媚子南北朝时已有,庾信《镜赋》所言"量髻鬟之长短,度安花之相去。悬媚子于搔头,拭钗梁于粉絮"③,当是悬挂在搔头上的装饰物,也是唐代女性喜用之发饰。张

---

① 《旧唐书》卷四五列传二五《舆服志》,第六册,第1957页。
② 张鷟著,赵守俨点校:《朝野佥载》卷三,中华书局1979年版,第69页。
③ 《庾子山集注》卷一,第87页。

鹭《游仙窟》云"徐行步步香风散,欲语时时媚子开"①,清抄本与日藏庆安本均有注释:"媚子者,妇人头上饸,华金及翠毛作之。媚子者,以金玉、翠毛为之,所以饸首而垂。"②因为高坠于搔头,行走时摇曳多姿,自生妩媚。其名曰媚子,从字面看即有妩媚以悦心之意,是当时流行的戴在女子头发上以金玉翠毛制成的发饰。

身穿罗绮华服,头戴昂贵花冠,周身珠光宝物环绕,闪亮耀目,宫女衣饰尚且如此靓丽奢华,那么公主们服饰之光彩夺目自不待言说。

唐高宗女太平公主,中宗女安乐公主、长宁公主均以生活奢侈而著称,她们在衣食住行上的攀比与争竞,亦多被史书记录,被文学描绘。此时的公主们作为帝女,在长安这个当时的时尚之都里,更是引领时尚,影响力巨大。

骄奢爱美的安乐公主,在衣饰上巧用心思别出心裁,一度站在唐代服饰潮流浪尖之上,引领整个京城的女性服饰风尚。唐皇室尚方局专供韦后与安乐公主的百鸟毛裙,设计奇特新颖,制作精美。其又命尚方局采百兽之毛,织作出可视各种兽形的华美绝伦的鞯面。据《旧唐书·五行志》记述:

> 中宗女安乐公主,有尚方织成毛裙,合百鸟毛,正看为一色,旁看为一色,日中为一色,影中为一色,百鸟之状,并见裙中。凡造两腰,一献韦氏,计价百万。又令尚方取百兽毛为鞯面,视之各见本兽形。韦后又集鸟毛为鞯面。③

此裙对唐代女性生活影响深远,以致时人争相仿效,京畿鸟雀被搜罗殆尽:

> 造百鸟毛裙,以后百官、百姓家效之。山林奇禽异兽,搜山荡谷,扫地无遗,至于网罗杀获无数。开元中,禁宝器于殿前,禁人服珠玉、金银、罗绮之物,于是采捕乃止。④

---

① 〔唐〕张鷟:《游仙窟》卷二,上海书店1929年版,第12页。
② 〔唐〕张鷟著,曹小云校注:《日藏庆安本〈游仙窟〉校注》,黄山书社2014年版,第38页。
③ 《旧唐书》卷三七志一七《五行志》,第四册,第1377页。
④ 《朝野佥载》卷三,第71页。

安乐公主出嫁所着服饰,则有工艺精湛奇绝的贡品——单丝碧罗笼裙,据《旧唐书·五行志》记载:

> 安乐初出降武延秀,蜀川献单丝碧罗笼裙,缕金为花鸟,细如丝发,鸟子大如黍米,眼鼻嘴甲俱成,明目者方见之。自安乐公主作毛裙,百官之家多效之。江岭奇禽异兽毛羽,采之殆尽。开元初,姚、宋执政,屡以奢靡为谏,玄宗悉命宫中出奇服,焚之于殿廷,不许士庶服锦绣珠翠之服。自是采捕渐息,风教日淳。①

其颜色为碧色,形状为笼形,上有缕金花鸟,这种运用在裙装上的缕金织造工艺,制作极为精细巧妙,装饰花鸟细如发丝、生动逼真,仅如黍米大小的鸟儿,也能眼鼻嘴甲皆有。其豪奢之服饰亦深受史官谴责,并将之归入服妖一类。

由此足见此时唐代公主服饰千姿百态、灿烂夺目之特色对整个唐王朝的巨大影响力、号召力,其服饰上的追求往往牵动、引领着全国的风尚与潮流。

(三)淳朴素简倡导与奢巧争竞风:盛、中、晚唐的公主服饰

从盛唐到唐后期的帝王们注意到弥漫在整个皇宫乃至上层贵族官僚之家的这股竞逐奢华的逆流,三令五申予以制止。

1. 不断颁布的禁奢诏令

玄宗就有《禁用珠玉锦绣诏》,诏令措辞严厉,将其上升到伤风败俗的境地,多管齐下予以禁止,对已有者要染成皂色或没收或销毁,制作者要决杖、降职处理,足见对此风的痛恶:

> 雕文刻镂,衣纨履丝,习俗相夸,殊涂竞爽,致伤风俗(《全唐文》作"伤风败俗"),为弊良久。珠玉锦绣,概令禁断。准式三品以上饰以玉,四品以上饰以金,五品以上饰以银者,宜于腰带及御镫酒杯杓依式,自外悉铸为铤。妇人衣服,各随其夫子。其已有锦绣衣服,听染为皂,成段者官为市取。天下更不得采取珠玉,刻镂器玩。造作锦绣珠绳织成帖绢二色、绫绮罗作龙凤禽兽等异文字及竖栏(《全唐文》作"竖捆")锦文者,决杖一百,受雇工匠降一等科之。两京及诸州旧有官

---

① 《旧唐书》卷三七志一七《五行志》,第四册,第1377页。

织锦坊悉停。①

制文批判了当时竞相追逐锦绣华服、珠玉装饰的风气,禁令遏制,同时制定了等级服制规范,对违反者处以惩罚。据《旧唐书》记载玄宗在开元二年六月曾令"内出珠玉锦绣等服玩,又令于正殿前焚之"②,以至于史官在本纪末尾盖棺论定玄宗是非功绩时,亦特别称颂"焚后庭珠翠之玩,戒其奢也"③。

肃宗朝亦曾颁布节俭的诏令:"(乾元二年四月)壬寅,诏以寇孽未平,务怀拊挹,'自今以后,朕常膳及服御等物,并从节减,诸作坊造坊并停'"④。

代宗朝也颁布过《禁断织造淫巧诏》,提倡淳朴素元的服饰之风:

《王制》:"命市纳价,以观民之好恶。布帛精粗不中数,广狭不中量,不鬻于市。"汉诏亦云:"篡组文绣,害女工也。"朕思以恭俭克己,淳朴化人,每尚素元之服,庶齐金土之价。而风俗不一,逾侈相高,浸弊于时,其来自久。耗缣缯之本,资锦绮之奢,异彩奇文,恣其夸竞。今师旅未戢,黎元不康,岂使淫巧之工,更亏常制。在外所织造大张锦、硬软瑞锦、透背及大䌷锦、竭凿六破已上锦、独窠文纱四尺幅及独窠吴绫、独窠司马绫等,并宜禁断。其常行高丽白锦、杂色锦及常行小文字绫锦等,任依旧例造。其绫锦花文所织蟠龙、对凤、麒麟、狮子、天马、辟邪、孔雀、仙鹤、芝草、万字、双胜及诸织造差样文字等,亦宜禁断。⑤

从中可知至代宗朝以前的唐代服饰风尚、风貌,奢侈之风日久,唐人(以唐皇室、贵族等为代表)争相以奇异富丽的色彩、纹饰与奢华的锦绣材质相夸。代宗认为当时的唐王朝战事未歇,百姓生活困顿,于是禁止这种淫巧追求,提倡纯朴素元的服饰风尚。亦可知,当时的服饰织造技艺极为

---

① 《唐大诏令集》卷一○八《政事·禁约上》,第563页。《全唐文》卷二六,第一册,第300页下。
② 《旧唐书》卷八本纪八《玄宗本纪上》,第一册,第173页。
③ 《旧唐书》卷九本纪九《玄宗本纪下》,第一册,第236页。
④ 《旧唐书》卷一○本纪一○《肃宗本纪》,第一册,第255页。
⑤ 《册府元龟》卷六四《帝王部·发号令第三》,凤凰出版社2006年版,第682页。《全唐文》卷四七,第一册,第518页上—518页下。

高超,服饰材料极为丰富多样,本土主流外,亦吸收、接纳、融会外来元素,如日常所用的高丽白锦,绫锦上的本土龙凤与外来狮子、天马等纹样的融会、交织等。

尽管大历时颁布禁令,缣缯锦绮、绫罗锦绣,在以帝王口吻、眼光颁布的诏令中,亦屡屡被视作奢侈,但这种奢侈,恰恰是帝王之家常有,而富贵之家亦常有,世风以此夸竞的。而代宗朝公主之家追崇的锦绣材质、雕镂刻绣之风,在唐诗中亦有表现,戎昱的《赠别张驸马》即云"从奴斜抱敕赐锦,双双蹙出金麒麟"①。诗歌描摹驸马得皇室赏赐的衣物材质,即为华美的织锦,织绣或刻镂着闪着金光的成双成对的麒麟。

大历十四年代宗薨,德宗即位,亦施行了一系列节俭措施,其年五月"丙子,诏诸州府、新罗、渤海岁贡鹰鹞皆停。戊寅,诏山南枇杷、江南柑橘,岁一贡以供宗庙,余贡皆停","辛巳,罢邕府岁贡奴婢。癸未……剑南岁贡春酒十斛,罢之","丙戌,诏禁天下不得贡珍禽异兽,银器勿以金饰","丁亥,诏文单国所献舞象三十二,令放荆山之阳,五坊鹰犬皆放之"②。"(六月)己未,扬州每年贡端午日江心所铸镜,幽州贡麝香,皆罢之"。"(七月)庚午,诏:邕州所奏金坑,诚为润国,语人以利,非朕素怀。其坑任人开采,官不得禁","罢右银台门客省岁给廪料万二千斛","癸酉,减宫中服御常贡者千数"③。史官赞其"减太官之膳,诚服玩之奢。解鹰犬而放伶伦,止榷酤而绝贡奉"④。一系列的禁断奢侈诏令之下,公主们的服饰奢华理应有所收敛,而当时的德宗朝,内忧外患不断,国力虚弱,甚至诸多王子、公主不得及时嫁娶,如此的国势、国运,加之帝王的节俭表率、不断的诏令禁断之下,公主们自然也应是纯朴素元之风的表率。宪宗女汾阳公主"服澣濯之衣,奉蒸尝之祀,虽山东士族无以加也"〔《唐故汾阳公主赠郑国温仪大长公主墓志铭(并序)》⑤〕。

穆宗奢侈放纵、游荡无度,又趋向奢华。唐人笔记《杜阳杂编》对其宫廷内奢华的生活有一段妆奁中金银首饰蝶变的神奇描述,但透过神化的叙述,亦可得知其皇室女子以珠宝金玉为首饰的奢华特点:

---

① 臧维熙注:《戎昱诗注》,上海古籍出版社1982年版,第15页。
② 《旧唐书》卷一二本纪一二《德宗本纪上》,第二册,第320页。
③ 《旧唐书》卷一二本纪一二《德宗本纪上》,第二册,第322页。
④ 《旧唐书》卷一三本纪一三《德宗本纪下》,第二册,第400—401页。
⑤ 《新见〈唐故汾阳公主赠郑国温仪大长公主墓志铭〉考释》,《唐史论丛》第三一辑,第350页。

穆宗皇帝殿前种千叶牡丹，花始开，香气袭人，一朵千叶，大而且红。……自是宫中每夜，即有黄白蛱蝶万数，飞集于花间，辉光照耀，达晓方去。……于殿内纵嫔御追捉以为娱乐。迟明视之，则皆金玉也。其状工巧，无以为比。而内人争用绛缕绊其脚，以为首饰。夜则光起妆奁中。其后开宝厨，睹金钱玉屑之内，有蠕蠕将有化为蝶者……①

但长庆三年三月丁巳亦颁布诏令"敕应御服及器用在淮南、两浙、宣歙等道合贡进者，并端午诞节常例进献者，一切权停"②。

尤其是文宗时期，为制止宫中的奢华之风，对公主的服饰也有过严格约束：

> 诸亲朝贺宴会之服：一品、二品服玉及通犀，三品服花犀、班犀。车马无饰金银。衣曳地不过二寸，袖不过一尺三寸。妇人裙不过五幅，曳地不过三寸，襦袖不过一尺五寸。袍袄之制：三品以上服绫，以鹊衔瑞草，燕衔绶带及双孔雀……妇人衣青碧缬、平头小花草履、彩帛缦成履，而禁高髻、险妆、去眉、开额及吴越高头草履。③

其在位期间不断颁布诏令禁断奢侈之风，甚至躬身实践，从惩戒自己家人的服饰奢侈之风做起，仅涉及其女儿之家的就有多宗。据《旧唐书》记载：

> （大和二年五月）丁巳，命中使于汉阳公主及诸公主第宣旨：今后每遇对日，不得广插钗梳，不须著短窄衣服。
>
> （大和三年九月）辛巳，敕两军、诸司、内官不得著纱縠绫罗等衣服。帝性俭素，不喜华侈。驸马韦处仁戴夹罗巾，帝谓之曰："比慕卿门地清素，以之选尚。如此巾服，从他诸戚为之，唯卿非所宜也。"④
>
> （大和四年）（夏四月）壬戌，诏曰："俭以足用，令出惟行，著在前经，斯为理本。朕自临四海，愍（《全唐文》作"悯"）元元之久困，日昃

---

① 〔唐〕苏鹗：《杜阳杂编》卷中，《丛书集成初编》文学类，第二八三五册，据《学津讨原》本排印商务印书馆1936年版，第15页。
② 《旧唐书》卷一六本纪一六《穆宗本纪》，第二册，第502页。
③ 《新唐书》卷二四制一四《车服志》，第二册，第531、532页。
④ 《旧唐书》卷一七本纪一七《文宗本纪上》，第二册，第528、532页。

第三章 瑜珮升青殿,秾华降紫微:唐代公主的服饰、妆容 157

忘食,宵兴疚怀。虽(《全唐文》作"躬")绝文绣之饰,尚愧茅茨之俭。亦谕卿士,形于诏条。如闻积习流弊,余风未革。车服第室,相高以华靡之制;资用货宝,固启于贪冒之源。有司不禁,侈俗滋扇。盖(《全唐文》作"是")朕教导之未敷,使兆庶昧于耻尚也。……自今内外班列职位之士,各务素朴,弘(《全唐文》作"宏")兹国风。有僭差尤甚者,御史纠上。主者宣示中外,知朕意焉。"文宗承长庆、宝历奢靡之风,锐意惩革,躬行俭素,以率厉之。

(七年八月甲申朔)降诏:"……况朕不宝珠玉,不御纤华,逮于六宫,皆务俭薄。……比年所颁制度,皆约国家令式,去其甚者,稍谓得中。而士大夫苟自便身,安于习俗,因循未革,以至于今。百官士族,起今年十月,其衣服舆马,并宜准大和六年十月七日敕,如有固违,重加黜责。"①

作为禁令,其中亦透漏出当时公主们所追求的奢华服饰风尚的讯息:其鬟发应是盛饰钗和梳,而公主们亦多着百褶裙或短窄衣,以至于帝王要派遣使者去公主之家宣示诏令,予以禁断。而驸马的皂罗巾亦被谴责,认为以其门风应以清素为本。并一再要求子女与朝廷官宦弘扬朴素的国风。

然而尽管唐王朝三令五申,仍然阻断不了那些大胆的公主们对奢华服饰的倾心追求,一些公主仍然为此受到惩罚。据记载:

开成中正月望夜,帝于咸泰殿陈灯烛……诸亲王、公主、驸马、戚属皆侍宴。上性恭俭,延安公主衣裾宽大,即时遣还,罚驸马窦澣两月赐钱。②

文宗颁布的《罚驸马都尉窦澣赐钱勑("敕"的异体字)》亦云:

公主入参,衣服逾制。从夫之义,过有所归。宜罚窦澣两月赐钱。(《册府元龟》百四十一)③

---

① 《旧唐书》卷一七本纪一七《文宗本纪下》,第二册,第537、551页。壬戌诏为《崇俭诏》,见《全唐文》卷七一,第一册,第753页。
② 《旧唐书》卷五二列传二《后妃下》,第七册,第2203页。
③ 《全唐文·唐文拾遗》卷七,第10444页。

为了美,公主受到金钱上的惩罚,而精神上的惩罚其实更重,她们因此成为其他皇室成员的反面教材。

2. 奢华之风

虽说帝王们的节俭诏令不断禁止奢华的服饰之风,但唐王朝总体上的经济强盛、生活富庶,加之人们对美的追逐本性,使得一千多年前的唐朝,仍缔造出让后人惊异不止的服饰风范。而公主们特殊的身份、高贵的地位、丰厚的财力使得她们往往成为那时的时尚风向标,上有所行,下必效焉,引领着整个唐代时装的潮流。权德舆《赠梁(一作"凉")国惠康公主挽词(〈全唐诗〉作"挽歌词二首")》以发饰横插的白玉与盛服上雕镂的黄金概描公主服饰:"初笄横白玉,盛服缕(一作'镂',《全唐诗》作'镂')黄金。"①在中国古代的宗法社会里,黄金和白玉是等级身份的象征,显然在大臣的眼中、心中、意识中,只有黄金之富贵、白玉的珍贵洁白,才能描绘与代表公主的华丽富贵高洁形象。

晚唐懿宗时的同昌公主服饰更是奢华至极,据《资治通鉴》懿宗咸通十二年记载,其葬礼仪卫服玩乃至挽歌舞蹈者的服饰皆极为奢侈:

> 韦氏之人争取庭祭之灰,汰其金银。凡服玩,每物皆百二十舆,以锦绣、珠玉为仪卫、明器,辉焕三十余里……乐工李可及作《叹百年曲》……舞者数百人,发内库杂宝为其首饰,以缯八百匹为地衣,舞罢,珠玑覆地。②

(四)恪守简约的个例与乱世缯帛尺寸难求的寒素困境

任何时代都有与时尚绝缘,或者对时尚不屑的女性,唐代公主中当然也有俭约者。另有一大批生长于乱世、末世的公主因客观原因,亦只能承受生活寒素困窘的命运安排。

1. 恪守简约的公主典范

唐代公主中亦有较多的恪守女教的公主,其服饰则以素俭为主。如高祖女淮南公主,"其于训子之道,教以义方。乘肥衣轻,每诫绮纨之性","加以志惟清慎,不尚奢侈;衣多咲(《富平碑刻》及郭校录作'汗',以其意

---

① 《文苑英华》卷三一○《挽歌》,第二册,第1594页。《全唐诗》卷三二七,第五册,第3666页。《权德舆诗文集》卷八,第135页。
② 《资治通鉴》卷二五二《唐纪六八》,第8161页。

为'瀚')濯,食不重味。……自居岭外,凡经十年,替还之日,无丝膏腴之润者,盖承公主之助戒焉。"①太宗女新城公主"躬执玉梭,节俭昭于瀚濯","兰泽靡加,尘弥□□之镜;铅□罢饰,网缀回鸾之机"(《大唐故新城长公主墓志铭》②);其兰陵公主"深诫骄侈,常安俭薄,前后锡赉,莫不固辞","首无金翠之饰,耳绝丝桐之声","铅芳罢饰,纴组为工(《全唐文》《全唐文新编》作'阙一字')"(《大唐故兰陵长公主碑》③)。

以深明大义、贤德勤俭著称的肃宗女和政公主,"亲纫绽裳衣,诸子不服纨绮"④,"公主服无金翠之饰,居有冰雪之容。每至朔月六参,朝天旅进,嫣然班叙之内,迥出神仙之表","亲临稼穑,躬俭节用,不惮繁缛,雅好组纴,驸马裳衣,必亲裁纫,爰及子女,罔衣绮纨,绽新皆成主手。每加训诲,蠢迪检押"⑤,不饰铅华并且能亲制裳衣,不着华服,以至于亲自裁制缝补丈夫与子女的衣服,家风节俭,子女亦不着华美的纨绮衣服,是唐代公主中的特例。肃宗郯国公主亦是"粉铅罢饰,纨绮绝身,训子以义方,成家以严恪"⑥。再有顺宗女汉阳公主也能以节俭自持,在服装上从不追求时尚新异,所着服装皆是出嫁时宫中御赐的陪嫁,也未添置新衣,多年不变。据记载:

> 时戚近争为奢靡事,主独以俭,常用铁篦画壁,记田租所入。文宗犹恶世流侈,因主入,问曰……对曰:"妾自贞元时辞宫,所服皆当时赐,未尝敢变。元和后,数用兵,悉出禁藏纤丽物赏战士,由是散于人间,内外相矜,恌以成风。若陛下示所好于下,谁敢不变?"⑦

汉阳公主的举动,使得崇尚节俭的文宗皇帝龙颜大悦,"诏宫人视主衣

---

① 《唐淮南大长公主墓志所反映的唐代历史问题》,《华夏考古》2008年第2期,第136页。"衣多咲濯",《唐淮南大长公主墓志铭研究》校录作"衣多汗濯",未出理由,《社会科学战线》2017年第10期,第86页。

② 《全唐文补遗》第五辑,第127页。另见《唐〈新城长公主墓志〉考》,《碑林集刊》第六辑,第33页。

③ 《昭陵碑刻》,第148页。《全唐文补遗》卷八,第138页。《全唐文新编》卷一五三第一部,第三册,第1759—1760页。

④ 《新唐书》卷八三《诸帝公主传》,第十二册,第3661页。

⑤ 《颜鲁公文集》卷八,《三长物斋丛书》本。《全唐文》卷三四四,第四册,第3491页上、第3942页上。《全唐文新编》第二部,第二册,第3940页。

⑥ 《全唐文新编》卷四七八第三部第一册有录文,第5609页。《全唐文补遗》第三辑,第123页。

⑦ 《新唐书》卷八三《诸帝公主传》,第十二册,第3665—3666页。

制广狭,遍谕诸主,且敕京兆尹禁切浮靡"①。在当时,并不追求时尚的汉阳公主裙衣的尺寸,反而成了众公主的服饰样板。

2. 乱世、末世的寒素困窘之况

而至乱世、末世,公主服饰亦随着摇摇欲坠、惶惶不安的唐王朝而变得寒素,甚至冬天亦因缺少衣服而处于饥寒交迫之中。据《资治通鉴》记载:

> (神龙元年)初……武后所诛唐诸王、妃、主、驸马等,皆无人葬埋,子孙或流窜岭表,或拘囚历年,或逃匿民间,为人佣保。②

从中可知,武韦时期,政治动荡,多数公主处于流离困苦之中,服饰自然随其淹蹇的境遇而变得寒素。

《旧唐书》记载昭宗颁布敕书讨伐逆贼,叙及其与王子公主被胁迫羞辱以致饥寒冻馁的遭遇:

> 昨季述等幽辱朕躬,迫胁太子。李师虔是逆贼亲厚,选来东内主持……每有须索,皆不供承……朕所御之衣,昼服夜濯,凝冽之际,寒苦难胜。嫔嫱公主,衾裯皆阙。缗钱则贯百不入,缯帛则尺寸难求。③

当然简约不饰雕华,并非公主着装的主流,终唐一代,公主们作为唐代女性中最为特殊的群体,其服饰一直与唐代的服饰风尚紧密相连,总站在潮流的尖端,成为当时女性服饰风尚的典范。

四、唐代公主的典型服饰考释

唐代诗文中的公主服饰具体名称、细节描写较少,但亦有一些多次出现且凝聚着唐人对唐代公主服饰集体认知的典型意象,如公主羽衣、绿云鬟、玉叶冠、宫样妆、堕马鬟、七子镜、妆楼、额黄妆、宫样眉等,其形状如何,其鬟发何以有绿云之观感等,则是本节意欲阐释的主要问题。同时唐代公主墓出土文物与墓室壁画中亦有一些反复出现的装束与发饰,如男装、胡

---

① 《新唐书》卷八三《诸帝公主传》,第3666页。
② 《资治通鉴》卷二〇八《唐纪二四》,第6586页。
③ 《旧唐书》卷二〇本纪二〇上《昭宗本纪上》,第三册,第771页。

服、玉佩、绶带、鞢韐带、承露囊、簪花宝树、妆盒、面脂等,虽绝大多数为侍女服饰,但由于她们追随公主左右,有些经办甚至专门负责公主的着装与妆容,虽然服饰、妆容乃至佩饰等的颜色、材质、数量、雕刻纹样等有等级限制,不能僭越,但亦可模仿并追随其基本样式,于是亦可由此直观公主服饰的基本要素与形制。

(一)唐代公主的羽衣考论

羽衣是唐代文学中出现较多的公主服饰之一,驸马薛儆墓亦有羽人图(见图7),史书中可见公主的羽衣、羽毛裙,一度为皇室女性热衷,霓裳羽衣更是华美。

图7 薛儆墓出土墓志盖上的捧盘、合掌羽人图(图片来源:《唐代薛儆墓发掘报告》①)

羽衣在高宗、武周、中宗、睿宗时期直至盛唐亦极受宫廷女性的青睐。唐玄宗时的《霓裳羽衣曲》在当时即有诗文摹写,这一题材至晚唐仍受青睐,据《唐摭言》(《唐诗纪事》《全唐文纪事》亦引录,其中云"开成二年高侍郎锴主文,恩赐诗题曰《霓裳羽衣曲》,三年复前诗题为赋题"②),而主试高锴对帝王所出这一题目极力赞颂,并从中选出最佳者:

> 今年诗赋题目,出自宸衷,体格雅丽,意思邈远,诸生捧读相贺……进士李肱《霓裳羽衣曲》诗一首,最为迥出,更无其比。③

其舞蹈所着舞衣——霓裳羽衣之形态亦多有书写,从沈郎(《全唐文》

---

① 山西省考古研究所:《唐代薛儆墓发掘报告》,科学出版社2000年版,图七一,第55页;图七二,第56页。
② 〔清〕陈鸿墀:《全唐文纪事》上卷一五《贡举二》,上海古籍出版社1987年版,第182页。
③ 〔五代〕王定保著,陶绍清校证:《唐摭言校证》卷一五,中华书局2021年版,第618页。〔宋〕计有功撰,王仲镛校笺:《唐诗纪事校笺》卷五二,第1756页。《全唐文纪事》上卷一五《贡举二》,第183页。

《全唐文新编》作"朗")《霓裳羽衣曲赋》的"始讶遏云,振飘飘之舞容;忽惊回雪,既应弦而合雅"①,阙名的"霓裳绰约兮,羽衣蹁跹,高舞妙曲兮,似于群仙……迎拍动容,缥缈而罗衣曳雾……被羽衣,披霓裳……退若游龙之乍婉,进如惊鸿之欲翔……似到蓬莱之殿,见舞仙童……变态而波回风转,顾步而云飞霞新"②,陈嘏《霓裳羽衣曲赋》的"摇曳动容,宛似群仙之态。尔其绛节回牙(《全唐文》作'互'),霞袂飘飏。或盻盼以不动,或轻盈而欲翔"③可知,身着羽衣,无论动静,均有极美之态,而何以着羽衣,得自其舞动时轻盈如仙人的姿态。

羽衣是入道公主的日常重要着装,也是唐诗在描绘入道公主时会选择的重要服饰物象,被帝王厌弃的公主亦会被诏令穿此特殊的羽衣。据史书记载,"寿安公主,曹野那姬所生。孕九月而育,帝恶之,诏衣羽人服"④。

"羽衣重素几"(司空曙《题玉真观公主山池院》)⑤,追忆公主身着羽衣伴着素几(无雕饰的素雅矮小桌几)的清影;"羽衣轻步不生尘"(刘禹锡《和严给事闻唐昌观玉蕊花下有游仙二绝》其二⑥),描述化为仙人的唐昌公主身着羽衣观赏昔日修行道观中的玉蕊花的事迹。两首追忆入道公主的诗作,均选取羽衣作为描述公主容颜的典型物象,可见羽衣于入道公主之重要,而其身着羽衣款步而来,自有飘飘若仙、不生尘埃、素洁清净的姿态。

1. 何以着羽衣

何以公主会有制作并身着百鸟毛裙之奇想、热望,何以入道公主更多的身着羽衣,有其多方面的原因:其一得自所见飞鸟之轻盈美丽之态;其二像鸟儿一样拥有羽毛展翅飞翔,是人类在自然中生存并观察自然中的鸟类时,很早就萌生的梦想;其三,还得自道家对升仙飞翔的孜孜追求,其追求长生也想象出羽化升仙的情境,想象中的仙人或自带翅膀或身着羽衣飞翔于大化之中,于是羽衣也是人间修道者——道士们常着之衣,甚至以羽衣代指道士,于是公主羽衣亦会受到道教典籍描绘的羽人形象的影响或启发。

---

① 《文苑英华》卷七四,第334页上。《全唐文》卷七四一,第7666页。《全唐文新编》卷七四〇,第四部、第一册,第8628—8629页。
② 《文苑英华》卷七四,第334页。《全唐文》卷九六一,第十册,第9985页下、9986页上。
③ 《文苑英华》卷七四,第335页。《全唐文》卷七六〇,第八册,第7896页上。
④ 《新唐书》卷八三《诸帝公主传》,第十二册,第3660页。
⑤ 文航生校注:《司空曙诗集校注》,人民文学出版社2011年版,第1页。《全唐诗》卷二九二,第五册,第3304页。
⑥ 《刘禹锡集》卷三一(原外集卷一),第432页。

羽衣在《春秋左氏传》中已出现，但未称作羽衣。据《方言笺疏》："笺疏：《广雅》释器：'裯襧，袖也。'……《左氏传》云：'王皮冠，秦复陶，翠被，豹舄'，杜预注：'秦所遗羽衣也。''陶'与'裯'通。"①《史记》出现羽衣名称，《孝武本纪》载汉武帝为方士栾大"又刻玉印曰'天道将军'，使使衣羽衣，夜立白茅上，五利将军亦衣羽衣，立白茅上受印，以示弗臣也。"②此句《封禅书》亦收。《汉书·郊祀志》仅"以视不臣"稍有差异，颜师古注："以鸟羽为衣，取其神仙飞翔之意也。"③可知在汉代，羽衣是使臣与方士标识身份的装扮。

以羽毛为装饰的历史久远，杨小亮提出捕羽做矢外，也可用以"衣服装饰"④。王子今回顾以羽毛为装饰的历史⑤，指出《墨子·非乐上》言"今之禽兽、麋鹿、蜚鸟、贞虫，因其羽毛以为衣裘"⑥，即表明了当时以鸟羽为衣的社会情境。

羽衣当由神话中就已出现的羽人头戴的鸟冠与身着的羽毛装饰进一步想象、发展而来，《山海经》中即有多处叙及羽民，《山海经·海外南经》有"羽民国在其东南，其为人长头，身生羽。一曰在比翼鸟东南，其为人长颊"⑦；《大荒南经》乃有羽民国，"其民皆生毛羽"⑧。传世文物与图像中出现的由羽毛等装饰的羽人形象更早，商代已有，战国出土墓中亦有，汉代画像石中的羽人更多，而海昏侯墓中出土多件有羽人形象的文物。据研究者考证这与海昏侯渴望死后升仙的愿望相关（见插页彩图21）。

在道教经典里，如《洞真太上素灵洞元大有妙经》的《洞天混化内真变生宫号宝名》中"太上神仙洞天元洞元东极太元皇灵宝魂耀魄君"着"<u>冠青精玉冠，衣飞青羽裙</u>"。

而玉冠、云髻、羽裙则是太上神仙洞天元洞诸玉女、玉童、仙童的标配：

---

① 〔汉〕扬雄著，〔清〕钱绎撰集，李发舜、黄建中点校：《方言笺疏》第四，中华书局1991年版，第158页。
② 《史记》本纪一二《孝武本纪》，第463页。
③ 《汉书》卷二五《郊祀志上》，第四册，第1224、1225页。
④ 杨小亮：《里耶秦简中有关"捕羽成"的记录》，《出土文献研究》第十一辑，中西书局2012年版，第152页。
⑤ 王子今：《里耶秦简"捕羽"的消费主题》，《湖南大学学报（社会科学版）》2016年第4期，第30页。其论文第四部分专论"以羽毛为饰"，阐述了先秦汉魏晋文献中的以羽毛为服饰、首饰、羽扇、车饰、建筑装饰等的历史。
⑥ 〔清〕毕沅校注，吴旭民校点：《墨子》，上海古籍出版社2014年版，第139页。
⑦ 〔晋〕郭璞注，袁珂校注：《山海经校注》第六，上海古籍出版社1980年版，第197页。
⑧ 《山海经校注》第一五，第368页。

太阳耀灵南极丈人绛宫玉童……头作三角云髻,衣青羽飞裙。
景阳东皇青阳翠灵仙童……头作三建云髻,衣青文羽裙。
赤皇延龄娥容太丹赤圭玉女……头作頯云髻,衣朱文羽裙。①

《太平御览》引《真诰》曰:"紫元夫人……披锦服,青羽裙。"②

《无上秘要》中着羽裙、羽衣之仙君极多,如《众圣冠服品上·道君冠服》:"(太帝君)飞罗耀光羽袍。"③《元君冠服》:"太素三元君,乃一真之女子……九色龙锦羽裙。"④;《五帝玉司君冠服》:"青帝玉司君,衣飞青羽衣。"⑤《五方帝冠服》:"南方梵宝昌阳丹灵真老……衣三气丹羽飞衣","西方七宝金门皓灵皇老,号曰白帝,头戴白精玉冠,衣白羽飞衣","北方洞阴朔单郁绝五灵玄老,号曰玄帝,头戴玄精玉冠,衣玄羽飞衣。"⑥《灵童衣服》:"九气青天中,有元始青灵童,衣青羽衣……三气丹天中,有元始赤灵童,衣赤羽衣……中央黄天中,有元始黄灵童,衣黄羽衣……七气素天中,有元始素灵童,衣白羽衣……五气玄天中,有元始玄灵童,衣玄羽衣。"⑦

众日帝、九星君、五星帝君甚至四海神王亦多着不同色玉冠和不同色之羽飞裙、衣,魔王则着不同色彩之羽裘。据《日帝冠服》:"日中青帝,衣青玉锦帔,苍羽飞华裙","日中赤帝,衣绛玉锦帔,丹羽飞华裙","日中白帝,衣素玉锦帔,白羽飞华裙","日中黑帝,衣玄玉锦帔,黑羽飞华裙","日中黄帝,衣黄锦帔,黄羽飞华裙"。据《九星君冠服》:"阳明星……头建九晨玉冠,衣青羽飞裳","(阴精星)衣玄羽飞裳","(真人星)头建飞晨宝冠,衣青羽飞裳"。据《五星帝君冠服》:"(东方岁星)头建青玉冠,衣青羽飞裙","(南方荧惑星)头建朱精玉冠,衣绛羽飞衣","(西方太白星)头建金精玉冠,衣白羽飞衣","(北方辰星)头建玄精玉冠,衣玄羽飞衣","(中央镇星)头建黄精玉冠,衣黄羽飞衣"⑧。《四海神王冠服》云东海水帝神王

---

① 《洞真太上素灵洞元大有妙经》,《正统道藏·正一部》,第一三三四部,第三十三册,第401页下、402页上。
② 《太平御览》卷六七七道部一九《舆辇》,第三册,第3020页下。
③ 〔北周〕宇文邕敕纂,周作明点校:《无上秘要》卷一七,中华书局2016年版,第166页。
④ 《无上秘要》卷一七,第169页。
⑤ 《无上秘要》卷一七,第171页。
⑥ 《无上秘要》卷一七,第172、173页。
⑦ 《无上秘要》卷一七,第173、174页。
⑧ 《无上秘要》卷一八,第179、180页,第181、187页。

"衣青文翠羽飞裙"①;《魔王冠服》云东方青帝大魔王"衣青羽之裘",西方白帝大魔王"衣白羽之裘",北方黑帝大魔王"衣黑羽之裘",西北方皓帝大魔王"衣紫羽之裘",东南方吴帝大魔王"衣黄羽之裘",东北方苍帝大魔王"衣青羽之裘",西南方黄帝大魔王"衣绿羽之裘"。②

对于公主而言,得道者中地位至高的女性服饰更具参考意义。其中月中各夫人、九星内妃,多着织绣不同纹饰、不同色彩的巾帔与羽裙,据《月夫人冠服》：

> 月中青帝夫人,衣青华镇锦帔,翠龙凤文飞羽裙。
> 月中赤帝夫人,衣丹蕊玉锦帔,朱华凤络飞羽裙。
> 月中白帝夫人,衣白珠四龙锦帔。素羽变飞章华裙。
> 月中黑帝夫人,衣玄琅九道云锦帔,乌羽龙文飞华裙。
> 月中黄帝夫人,衣黄云山文锦帔,绿羽凤华绣裙。③

《九星内妃冠服》：

> 第二星中名中元宫……内嫔,着青锦帔,绿羽飞裙,颓云髻。
> 第三星中名真元宫……元圣母,着青锦帔,绣羽华裙,颓云髻。
> 第四星中名纽幽宫……中元内妃,着紫锦帔,黄华羽裙,颓云髻。
> 第七星中名关会宫……斗中少女,着丹锦帔,青华羽裙,颓云髻。
> 第八星中名帝席宫……斗中高皇左夫人……绣羽飞丹裙……
> 第九星中名上尊宫……斗中高皇右夫人……翠羽华裙……④

《五星夫人冠服》：

> 东方阳元宫,中有真皇帝君皇夫人,衣青锦帔,绿羽飞裙,颓云髻。
> 南方洞阳宫,中有真皇帝君皇夫人,衣丹锦帔,丹羽飞裙,颓云髻。
> 西方素明宫,中有真皇帝君皇夫人,衣素锦帔,紫羽飞裙,颓云髻。
> 北方玄斗宫,中有真皇帝君皇夫人,衣玄锦帔,翠羽飞裙,颓云髻。

---

① 《无上秘要》卷一八,第190页。
② 《无上秘要》卷一八,第191页。
③ 《无上秘要》卷一八,第180页。
④ 《无上秘要》卷一八,第184页。

中央上枢宫,中有真皇帝君皇夫人,衣黄锦帔,黄羽飞裙……①

《太真玉帝四级明经科》还详述了女子学上清升天之法时所着之元君之服:

当冠元君之服,披紫纱之褐,令用三丈四尺,身幅长短,就令取足。当使两幅作十六条,身中二十三条,合三十九条。又作青纱之裙,令用四十五尺,作八幅,幅长四尺九寸,余作攀腰,分八幅,作三十二条。此则飞青之裙,元君之服也。身冠此服,万真束带,千魔灭形。②

羽衣即为修仙入道者的服装,入道公主自然多着此。皇室的入道宫女亦会着这种羽衣。花蕊夫人《宫词》云"会仙观内玉清坛,新点宫人作女冠。每度驾来羞不出,羽衣初著怕人看"③。

而羽衣也成为唐诗叙写仙风道骨者或仙人形象的标配,或者仅提及羽衣,如"琼楼(一作'枝')试羽衣"(张子容《送苏倩游天台》④)、"日照昆仑上(一作'山'),羽人披羽衣"(李华《咏史十一首》其六⑤)、"好是仙家羽衣使"(赵嘏《山阳即席献裴中丞》⑥);或者以羽衣形容修道者的形神姿态,如"羽衣风淅淅,仙貌玉棱棱"(卢纶《送道士郄彝素归内道场》⑦)、"羽衣使者峭于鹤"(赵嘏《赠王先生》⑧)、"风紧羽衣偏"(鹿虔扆《女冠子》⑨)等。

2. 何为羽衣

何为羽衣,从字面看当是和羽毛相关的衣服。羽衣最基本、最突出的要件自然是羽,少不了禽鸟羽毛,身份等级高贵者与寒素者的羽衣差别主要在材质、针线、珠玉、装饰物、工艺上。唐皇室的羽衣,在安乐公主所制百

---

① 《无上秘要》卷一八,第 187、188 页。
② 〔东晋〕佚名:《太真玉帝四极明科经》卷四,《正统道藏·洞真部·戒律类》,第三册,第 434 页上、中。
③ 〔明〕毛晋辑:《三家宫词》,《丛书集成初编》文学类,第一七五九册,《诗词杂俎》影印本商务印书馆 1936 年版,第 50 页。〔明〕曹学佺:《蜀中广记·蜀中名胜记》卷四《成都府四》,上海古籍出版社 1993 年版,第 48 页。《全唐诗》卷七九八,第十二册,第 9073 页。
④ 《全唐诗》卷一一六,第二册,第 1177 页。
⑤ 《全唐诗》卷一五三,第三册,第 1589 页。
⑥ 谭优学注:《赵嘏诗注》,上海古籍出版社 1985 年版,第 86 页。
⑦ 刘初棠校注:《卢纶诗集校注》卷一,上海古籍出版社 1989 年版,第 99 页。
⑧ 《赵嘏诗注》,第 76 页。
⑨ 《全唐诗》卷八九四,第十三册,第 10172 页。〔后蜀〕赵崇祚编,沈祥源、傅生文注:《花间集新注》卷九,江西人民出版社 1997 年版,第 415 页。

鸟毛裙的实录中,即可见一斑,采集有各种珍禽的羽毛,五彩斑斓。白居易的《霓裳羽衣歌(和微之)》中对舞者的舞衣有细描与铺陈,从中约略可见羽衣之形态:

> 我昔元和侍宪皇,曾陪内宴宴昭阳。千歌百(《全唐诗》一作"万")舞不可数,就中最爱霓裳舞。舞时寒食春风天,玉钩栏下香案前。案前舞者颜如玉,不著人家俗衣服。虹裳霞帔步摇冠,钿璎累累佩珊珊。娉婷似不任罗绮,顾听乐悬行复止……飘然转旋回雪轻,嫣然纵送游龙惊。小垂手后柳无力,斜曳裾时云欲生。烟蛾敛略不胜态,风袖低昂如有情。上元点鬟招萼绿,王母挥袂别飞琼……翔鸾舞了却收翅,唳鹤曲终长引声。①

在白居易眼中、心中、笔下这种霓裳羽衣是不同凡俗之衣,舞者容颜如美玉,身着彩虹般的下裳、霞彩般的巾帔,头戴步摇冠,有累累花钿、层层璎珞,衣裙上佩玉珊珊,衣裙的材质为轻盈华丽的罗绮,旋转时如风起回雪般洁净轻盈,斜曳群裾时如云朵欲生,如风的舞袖,如飞翔的鸾鸟舞动后收却翅膀。舞者的这种服饰装扮显然与前举道家修道者中的至高者装扮一致,模拟的是仙人的装束,意欲达到的也是惊为天人、仙袂飘飘的效果。

鲍溶的《霓裳羽衣歌》中亦有对霓裳羽衣的细致铺绘与描述:

> 玉烟生窗午(一作"下")轻凝,晨华左耀鲜相凌。人言天孙机上亲手迹,有时怨别无所惜。遂令武帝厌云韶,金针天丝缀飘飘。五声写出心中见,捬石喧金柏梁殿。此衣春日赐何人,秦女腰肢轻若燕。香风间旋众彩随,联联珍珠贯长丝。眼前意是三清客,星宿离离绕身白。鸾凤有声不见身,出宫入征随伶人。神仙如月只可望,瑶华池头几惆怅。乔山一闭曲未终,鼎湖秋惊白头浪。②

因为做工极为精美,如玉烟般轻盈,又如清晨的日华般鲜艳耀目,人们都传说是天孙所织,帝王看过这种金针天丝织成的飘飘如仙的羽衣后,厌弃了平常的云韶之乐,生发灵感做出乐曲,并以金石伴奏,令秦女着飘飘的羽衣于富丽的宫殿中舞蹈。而这种衣服春日里,亦被赐给公主或杨玉环、宫中

---

① 《白居易集笺校》卷二一,第1410页。《全唐诗》卷四四四,第七册,第4991页。
② 《全唐诗》卷四八五,第八册,第5540页。

舞女(唐诗中的秦女根据不同的使用情境,所指不一,若和楚地、吴姬相对,指的是秦地女子,与秦楼相连,还可能指歌姬,但具体到公主驸马园林宅邸或宫廷中,秦女应是代指公主,但此处又应指杨玉环,武帝在唐诗中常常暗指唐玄宗,史书中亦有杨玉环表演其《霓裳羽衣曲》的记载,末尾的乔山则是唐玄宗的归葬处。不管所指为谁,均能由此窥见公主羽衣的形态),穿上这种衣服舞蹈身轻如燕,旋转之间香风四溢、彩华相随,羽衣上亦装饰着连贯的珍珠。而眼前羽衣飘飘的三清仙客,周身星光环绕、洁白光华。李贺《上云乐》亦曾云"三千宫女列金屋,五十弦瑟海上闻。天江碎碎银沙路,嬴女机中断烟素。(《全唐诗》有'断烟素'),缝舞衣(集作'衣缕'),八月一日君前舞"①。此处的嬴女,"曾益注:'嬴女,仙女……'……王琦《解》:'嬴女,谓织妇,借天河织女以比之,然谓之嬴女殊不可解'"②。可知至此王琦等亦有困惑,"断烟素"显然是织女所为,用织女即可,又何以用嬴女?而嬴女之典又是和秦穆公之女——公主弄玉相关的。或许从织作的行为看,觉得不该是公主所为,但是将一般的织作宫女称作嬴女,又令人不解,而有关唐代公主的唐诗中常常以织女或秦女、嬴女、弄玉代指公主,唐代墓志中亦曾记载公主亲纫衣服、在朝会中歌舞的事迹,综合判断此处的嬴女或当为公主,亦从此可知公主亦会因宫廷朝会准备羽衣舞衣。李肱的《省试霓裳羽衣曲》云"霞衣竞摇曳"③,将霓裳羽衣比作霞衣。

  唐诗中着羽衣的修道者形象极多,亦有通过比衬描摹可窥探或想象出羽衣一鳞半爪的诗句,如以高洁的竹林、艳丽的彩霞等物象以及动听的仙乐、袅袅的香气映衬出神奇、美丽的羽衣意象,如"初霞拂羽衣"〔张说《道家四首(奉敕撰)》其一④〕、"行香天乐羽衣新"〔王建《题应圣观(观即李林甫旧宅)》⑤〕、"层霞被羽衣"(李德裕《遥伤茅山县孙尊师三首》其三⑥)、"映竹羽衣新"(李益《寻纪道士偶会诸叟》⑦);也有描摹出较多羽衣的形状或特点细节的,如飘飘的羽衣,"羽衣忽飘飘"(白居易《梦仙》⑧)、"合有羽衣人,飘飖曳烟躅"(吴融《绵竹山四十韵》⑨)等;而"羽衣茸茸轻似雪"

---

① 吴企明笺注:《李长吉歌诗编年笺注》卷三,上册,中华书局2012年版,第319页。
② 《李长吉歌诗编年笺注》卷三,第320页。
③ 《全唐诗》卷五四二,第八册,第6314页。
④ 《张说集校注》卷九,第二册,第460页。
⑤ 《王建诗集校注》卷六,第307页。
⑥ 《全唐诗》卷四七五,第七册,第5432页。
⑦ 范之麟注:《李益诗注》,上海古籍出版社1984年版,第64页。
⑧ 《白居易集笺校》卷一讽喻一,第10页。
⑨ 《全唐诗》卷六八五,第十册,第7940页。

(杨嗣复《赠毛仙翁》①)描摹的羽衣是毛茸茸、轻飘飘和如雪般洁白的；"蝉鬓红冠粉黛轻，云和新教羽衣成"(刘言史《乐府杂词三首》其二②)，则写出羽衣和红冠相配的道服装扮。

日本正仓院藏有鸟毛立女屏风图(见插页彩图22)，其"鸟毛"即羽毛，多认为羽毛是贴上去的，如"贴在她着衣上的鸟毛，全已没落"③，"正如《正仓院献物帐》中记载，人物衣裳和树叶等部分原贴有羽毛，所以被称为'鸟毛屏风'"④。其残存羽毛"已被确定为日本种的山鸟与雉科鸟"⑤，但也有认为是"饰鸭毛"⑥，亦有专家猜测即中国文学中的"羽衣"。

综合上述材料可知有关公主羽衣的以下基本认知：

其一，唐代公主对羽毛裙、羽衣的喜爱，既源于当时崇道、信道的社会风尚，又源于人类自古对飞天成仙的向往，还源于对美丽的鸟类羽毛的喜爱，以翠羽装饰衣冠，装饰居所、出行工具，由来已久，亦和公主的天性息息相关。

其二，唐代公主的羽衣，具备一定的标识身份的特质，具有由来自全国各地上等材质打造出的珍稀奢华特性，其基本材质羽毛，也应极为丰富、珍贵，如安乐公主即有权力与财力着人采集并拥有众多且珍稀的鸟羽，其制作工艺亦是当时唐王朝最精巧优良的。此外也与唐王朝不同时期的国力、唐王朝统治者的喜好与倡导、公主个人个性、公主尚简朴或尚奢华的个人品性或审美追求息息相关。

其三，安乐公主特制的百鸟毛裙，其材质、工艺与形态，史书中有记录，其他入道公主的羽衣，唐诗中虽仅是点名引入，未做过多描绘，但依据唐诗中大量羽衣描摹的零散碎片，尤其是对唐皇室霓裳羽衣的细致描摹，加之道教典籍中对仙界至高者尤其是女性的服饰描绘，并结合留存的身着鸟毛的仕女图，同时结合未入道公主的礼服形制，基本可以勾勒出唐代入道公主的羽衣形态与法服样貌：上衣下裳加帔帛，头戴冠子，衣裙上有象征身份的玉佩，亦会有繁复的花钿、璎珞以及各种珍稀珠宝的点缀与装饰。

---

① 《全唐诗》卷四六四，第七册，第5308页。
② 《全唐诗》卷四六八，第七册，第5356页。
③ [日]关卫著，熊得山译述：《西方美术东渐史》，河南人民出版社2017年版，第240页。
④ [日]百桥明穗，苏佳莹译：《丝绸之路与古代日本——女性们的道路》，《东瀛西域》，上海书画出版社2013年版，第209页。
⑤ 《东瀛西域》，第210页。
⑥ 杨志谦等：《唐代服饰资料选》，北京市工艺美术研究所1979年版，第40页。

（二）可资公主常服参照的墓室壁画侍女服装

同为宫样装的一部分,唐代公主墓室壁画上的最突出常见的侍女服装,可为唐代公主服装整体样式提供轮廓,当然因等级的高贵,公主服装在材质、织绣,佩戴饰物样式的繁复精巧、新颖别致以及制作工艺的精细巧妙上要远远胜出。

1. 窄袖襦、露胸衣

唐代初期的公主墓室壁画中侍女常常是身着窄袖襦、露胸衣,窄袖襦于晚唐时亦盛行,且尤为当时的唐代公主们喜爱,以至于帝王要专门颁布诏令禁止,并去公主之家宣读(可参见前引唐文宗诏令)。

无论从传世绘画、出土墓室壁画、女俑,还是唐代诗文的描述,露胸衣均为唐代女性服装的显著特色,亦被作为唐代社会开放的明显证据。如新城公主墓室北壁东幅"中间的两名侍女均穿露胸窄袖襦"[1](参插页彩图23)。

2. 条纹裙

条纹裙盛行于初唐,新城公主墓室壁画中着条纹裙的侍女特别多,东南西北壁均有,三五成群的侍女中或一人着此,或两三个甚至全部着此。条纹的色彩有黑白相间的,亦有红灰色相间的。插页彩图23左、中与右侧女子着条纹裙;彩图24北壁西幅、西壁北幅侍女均有着条纹裙者;彩图25左图"中间两名侍女穿深色条纹裙,两侧侍女分别着白、黄色长裙"[2]。彩图25右图"四名侍女均……穿露胸窄袖襦,其中两名着浅色条纹裙,两名侍女肩披帔帛"[3]。彩图50共有七名侍女,其中五位着条纹裙,而右图右侧侍女不仅着条纹裙,还身披红白条纹相间的帔帛。彩图46、48、49、75均有一名着条纹裙侍女,足见新城公主所处时期女性对条纹裙的喜爱程度。亦有研究者认为盛唐时流行的霓裳羽衣即为条纹形鸟羽状的裙子。而公主的日常服装中应是少不了这样的流行元素,但其材质应是丝绸锦缎之类的高端衣料,装饰物应为珠玉珍宝之类奢华物,抑或会有精致繁复的纹样,颜色也应是与其身份、喜好相合者。

3. 红色石榴裙

石榴裙有多种说法,有说是石榴色裙,有认为是以茜草等染成的红色

---

[1] 李国珍主编,范淑英著：《新城、房陵、永泰公主墓壁画》,文物出版社2002年版,新城公主墓室北壁东幅侍女图图版说明,第73页。

[2] 《新城、房陵、永泰公主墓壁画》,图版二五新城公主墓室西壁中幅侍女图说明,第73页。

[3] 《新城、房陵、永泰公主墓壁画》,图版二六新城公主墓室西壁南幅侍女图说明,第74页。

裙子,还有认为是"绯色裙",并认为房陵公主墓室壁画中的侍女绯红色裙,"或即石榴裙"①(见插页彩图26)。石榴裙深为女性喜爱,武则天亦有,公主自然也不例外。

(三)太平公主的武官男装考论

着男装、胡服亦为唐时女性服饰的风尚,尤其是高宗时宫人喜穿男装,公主也同样如此。唐代史书中则记载了太平公主身着武官男装的装扮:

> 主衣紫袍玉带,折上巾,具纷砺,歌舞帝前。帝及后大笑曰:"儿不为武官,何遽尔?"主曰:"以赐驸马可乎?"②

此事《新唐书·五行志》也有记叙,但稍有差异,"高宗尝内宴,太平公主紫衫、玉带、皂罗折上巾,具纷砺七事,歌舞于帝前。帝与武后笑曰:'女子不可为武官,何为此装束?'"③

1. 胡服男装的源流与风尚

女子着胡服男装的风尚自唐初即有。据《旧唐书》记载:

> 武德来,妇人著履……又有线靴。开元来,妇人例著线鞋,取轻妙便于事……太常乐尚胡曲,贵人御馔,尽供胡食,士女皆竟衣胡服。④

据《大唐新语》(《旧唐书》亦记载,稍有差异):

> 武德、贞观之代,宫人骑马者,依《周礼》旧仪(《旧唐书》作"依齐、隋旧制"),多着幂罗(《旧唐书》作"䍦"),虽发自戎夷,而全身障蔽(《旧唐书》有"不欲途路窥之。王公之家,亦同此制。"句)。永徽之后,皆用帷帽施裙,到颈为浅露(《旧唐书》作"皆用帷帽,拖裙到颈,渐为浅露")。显庆中,诏曰(《旧唐书》作"寻下敕禁断,初虽暂息,旋又仍旧,咸亨二年又下敕曰"):"百家家口,咸厕(《旧唐书》作'预')士流。至于衢路之间,岂可全无障蔽。比来多著帷帽,遂弃幂罗(《旧唐书》作'䍦');曾不乘车,只(《旧唐书》作'别')坐檐子。(《旧唐书》有'递相仿效,浸成风俗,'句)过于轻率,深失礼容。(《旧唐书》有'前

---

① 《新城、房陵、永泰公主墓壁画》,图版四三后甬道西壁侍女图说明,第75页。
② 《新唐书》卷八三《诸帝公主传》,第十二册,第3650页。
③ 《新唐书》卷三四志二四《五行一》,第三册,第878页。
④ 《旧唐书》卷四五志二五《舆服志》,第六册,第1958页。

者已令渐改,如闻犹未止息。又命妇朝谒,或将驰驾车,既入禁门,有亏肃敬。此并乖于仪式,理须禁断'句)自今已后,勿使如此(《旧唐书》作'更然')。"神龙之末,幂罗始绝(《旧唐书》作"则天之后,帷帽大行,幂䍦渐息。中宗即位,宫禁宽弛,公私妇人,无复幂䍦之制")。开元初,宫人马上始著胡帽,靓妆露面,士庶咸效之。天宝中,士流之妻,或衣丈夫服,靴衫鞭帽,内外一贯矣。(《旧唐书》作"从驾宫人骑马者,皆著胡帽,靓妆露面,无复障蔽。士庶之家,又相仿效,帷帽之制,绝不行用。俄又露髻驰骋,或有著丈夫衣服靴衫,而尊卑内外,斯一贯矣。")①

由此可知,这种胡人幂罗,屡禁不止。唐代公主墓即出土了"头戴胡帽,身着窄袖紧身大翻领左衽胡服,足穿小蛮靴的女俑"②,如插页彩图27。

这种女着男装的风尚在唐朝中西交流频繁、胡化兴盛的"武则天至玄宗时期最为流行"③。唐代公主墓葬中出土壁画与女俑中着胡服、男装者极多,上装多为红色翻领袍,如插页彩图29;下装为裤,又以条纹波斯裤为多,如插页彩图28、29;足蹬线鞋,如插页彩图27、28、29。亦有一些会戴幞头,其形制与太平公主所着折上巾相类,如插页彩图28、29;或着半臂,如插页彩图27。

波斯裤裤型宽大,以黑白或红白条纹相间,"起源于古代波斯的胫衣"④,后传入中国,其具体盛行时代说法不一,一说开元时,一说唐中叶,但其在唐高祖女房陵公主(生活在高祖、太宗、高宗时)、新城公主(生活于太宗、高宗时)墓室中均出现多次。插页彩图29,"侍女着男装,戴黑色幞头(应为皂罗巾),穿红色翻领袍,系黑带,下着条纹波斯裤、线鞋"⑤。插页彩图30右边侍女着男装,身穿鹅黄色圆领窄袖长袍,下穿黑、白相间条纹波斯裤。彩图67房陵公主墓壁画亦有着波斯裤男装侍女。

2. 公主武官男装的形制

虽说史书中太平公主武官男装叙述极简,但从其点及的三个重要原

---

① 刘肃著,许德楠、李鼎霞点校:《大唐新语》卷一○《厘革第二二》,中华书局1984年版,第151页。《旧唐书》卷四五志二五《舆服志》,第六册,第1957页。
② 李炳武主编,陈安利本卷主编:《中华国宝·陕西珍贵文物集成·唐三彩卷》,陕西人民教育出版社1998年版,第140—141页。
③ 《新城、房陵、永泰公主墓壁画》,图版四六后室北壁侍女图说明,第76页。
④ [日]田中天著,苏黎衡译:《图说中世纪服装》,汕头大学出版社2006年版,第107页。
⑤ 《新城、房陵、永泰公主墓壁画》,图版说明,第74页。

件中，仍可看出融入了较多的胡服元素，如其服饰佩件中的纷砺七事与折上巾。

(1) 紫袍玉带

在古代宗法社会，服饰的颜色、佩饰均有严格规定，而太平公主所服紫袍，按唐高宗上元元年所颁制文应为三品以上文武官的服色，腰带饰物从高到低为玉、金、银、鍮石，而公主所佩玉带，则是最高等级的佩饰。

古人所佩腰带及带饰受等级限制，环带据不同品级有不同数量和材质，如有金玉环、玉环、金环带等，据《周书·李穆传》(《北史》卷五九同)云"(李穆)乃遣使谒隋文帝，并上十三环金带，盖天子之服也，以微申其意"①(见插页彩图31)，《周书·熊安传》云"高祖大悦……并赐象笏及九环金带"②。《通典》对唐代不同品级所佩腰带的材质、銙数均有叙及："上元元年八月，敕文武官三品以上，金玉带，十二銙；四品，金带，十一銙……"③根据唐代服制，三品以上武官和仪卫官公服有起梁宝钿玉带，带上可装饰精美珍稀的珠宝。长期以来以环数及材质标识身份的玉带常被错误定名为蹀躞，有学者考释指出"北朝末到隋唐初时"，已有据环数称名的"环带"(如"十三环带"等)，因此应沿用"环带"名，而非宋人错误的"蹀躞"名。④

出土文物中有多款玉环带，太平公主男装的玉带亦应为此，其环数应为十二环。如唐初窦皦墓出土的玉带由三个圆首矩形銙、八个圆形带銙、一个圆形偏心孔环、一个忍冬形蹀躞带饰和一个玉带扣组成(缺一件铊尾)。表框(唐代文献称"玉梁")缘为镂空的青白玉，下衬金板，以铜板托垫，框内为"金筐宝钿真珠装"(见插页彩图32)。何家村出土十副玉带(九副唐代制，九环玉蹀躞带为北周制)，附环玉方銙九枚，镂空柿蒂纹方銙两枚，偏心孔玉环八枚，三枚尖拱形有孔銙⑤(见插

---

① 《周书》卷三〇列传二二《于翼传附李穆传》，第529页。
② 《周书》卷四十五列传三七《儒林传》，第813页。
③ 《通典》卷六三《礼典二三·天子诸侯玉佩剑绶玺印》，第二册，第1769页。
④ 马冬：《"蹀躞带"综论》，《藏学学刊》第五辑，四川大学出版社2009年版，第105—113页。论文辨析蹀躞带得名源流及与环带的混淆，指出"出现在《梦溪笔谈》中的'蹀躞带'名谓，应该仅适用于带銙上开有'古眼'的各类古代腰带形制，其造型风格中具有较明显的'突厥传统'特征。沈氏将具有'东胡传统'、装配悬带銙的'环带'与之混淆，暗示了北宋时人已对……腰带形制不太熟悉"。
⑤ 《玲珑剔透——陕西古代玉器》，第251页。著作将此定名为十三环蹀躞带，其实仅有十三环玉带，并未垂挂蹀躞七事等物事，因此应更名为十三环玉带。

页彩图32、33、34)。

(2)佩饰:鞢鞢(鞊鞢)七事(纷砺七事、蹀躞带)

太平公主随身装佩的纷砺七事为标准的唐代高级武官的装束,亦为吸收游牧民族装扮而来,富外来文化内质。

①唐制中的七事鞊鞢(鞊鞢)

《唐律疏议》中叙及"《疏》议曰:谓随身七事及火幕、行具细小之物。临军征讨,有所阙乏,一事不充,即杖一百。"①《通典》:"景云二年四月赦文,敕令内外官依上元元年敕,文官武官咸带七事(谓佩刀、刀子、磨石、契苾真、哕厥、针筒、火石袋等也)。鞊鞢。其腰带,一品至五品并用金,六品、七品并用银,八品、九品并用输石。"②《旧唐书·舆服志》中官员服制叙述:

> 上元元年八月又制:"一品已下带手巾、算袋,仍佩刀子、砺石,武官欲带者听之。文武三品以上服紫,金玉带……。"
>
> 景云中又制,令依上元故事,一品已下带手巾、算袋,其刀子、砺石等许不佩。武官五品已上佩鞊鞢七事,七谓佩刀、刀子、砺石、契苾真、哕厥、针筒、火石袋等也。至开元初复罢之。③

《新唐书》记载:

> 职事官三品以上赐金装刀、砺石,一品以下则有手巾、算袋、佩刀、砺石。至睿宗时,罢佩刀、砺石,而武官五品以上佩鞊鞢七事……④

据学者考证此七事是以链条串联系挂于胸前或腰间的七种物件组合的佩饰,开元前为武官的装饰必佩,其后仍有赏赐的"锦袍金带七事"⑤。有研究者认为此七事起源地或为古代中亚地区,琐罗亚斯德教传统、远古萨满教习俗,均有标识信仰与宗教的"鞢鞢(蹀躞)七事"之制。粟特骑士

---

① 〔唐〕长孙无忌等著、刘俊文点校:《唐律疏议》卷一六《擅兴》,第二册,中华书局1983年版,第306页。
② 《通典》卷六三《礼典二三·天子诸侯玉佩剑绶玺印》,第1769页。
③ 《旧唐书》卷四五志二五《舆服志》,第六册,第1953页。
④ 《新唐书》卷二四《车服志》,第二册,第529页。
⑤ 马楠:《古代"七事"小考》,《文物世界》2018年第2期,第34页。

出征时,"腰间除悬挂五件自卫武器与行军必备用具外",还要另佩两件类似"护身符"的"契苾真、啰厥",以足七数,契苾真为用于雕刻的楔子,啰厥为用于解绳结的锥子。①

②从鞢韘(鞊鞢)七事到鞢韘(鞢韀、蹀躞)带

从传世文献看,唐前及唐代并无蹀躞带这一名词(马冬考释,鞢韀一词为沈括所言,与"鞊鞢"音同,至南宋多写作"蹀躞",后所引沈括著作中的此词,依原书,未改动),其始见于宋沈括《梦溪笔谈·衣冠用胡服》,并有较详细的解说:"中国衣冠,自北齐以来,乃全用胡服。窄袖绯绿短衣、长靿靴,有(鞢韀)〔蹀躞〕带,皆胡服也。窄袖利于驰射,短衣、长靿皆便于涉草……带衣所垂蹀躞,盖欲佩带弓剑、帉帨、算囊、刀砺之类。自后虽去蹀躞,而犹存其环,环所以衔蹀躞,如马之鞦根,即今之带銙也"②。帉帨即手巾,算囊是放东西的小皮包,刀砺为小刀、磨刀石、打火石之类。

从其叙述的形制看应是系挂鞊鞢七事坠有钩子、带环的腰带,是唐代男装的标配。辞典解释作"上有环可悬挂小饰物系于腰间的革带"③。孙机先生对此也有详细论述:"鞢韀是带鞓上垂下来的系物之带,垂鞢韀的革带则称为鞢韀带。但系鞢韀时须先在带鞓上装銙,銙附环,鞢韀系在环上"。④

鞊鞢带在两晋南北朝时传入中原⑤。至唐初甚至成为文武官员必佩之物,上面悬挂算袋、刀子等七件物品。开元以后规定一般官吏不再佩挂⑥。锡林郭勒盟即出土金片模压浮雕射狮、射虎、猎鹿狩猎带銙和带饰,十三銙下垂小带,挂錾花金鞘骨刀、金包角皮囊等⑦。(见插页彩图35)

这种鞊鞢带在唐皇室、贵族女性服饰中应极为流行,新城公主墓室即有系鞊鞢带侍女(见插页彩图38),永泰公主墓室有多幅腰系鞊鞢七事的侍女(见图8及插页彩图36),章怀太子墓壁画中亦有(见插页彩图37),太平公主所着男装形制应与此基本相同,但公主男装为紫袍,腰间有象征身份的玉带,另有腰间垂挂的七事。

---

① 戚琳琳编著:《古代佩饰》,黄山书社2016年版,第27页。
② 〔宋〕沈括:《历代笔记小说大观·梦溪笔谈》卷一《故事一》,上海古籍出版社2015年版,第3页。
③ 卢德平:《中华文明大辞典》,海洋出版社1992年版,第870页。
④ 孙机:《中国古舆服论丛》增订本,文物出版社2001年版,第269页。
⑤ 《珠光翠影:中国首饰史话》,第231页。
⑥ 冯盈之、余赠振:《古代中国服饰时尚100例》,浙江大学出版社2016年版,第90页。
⑦ 高延青主编:《内蒙古珍宝:金银器》,内蒙古大学出版社2007年版,第94页。

图8 永泰公主墓棺椁线刻画佩鞢鞢带捧盒侍女图
(图片来源:《线条艺术的遗产:唐乾陵陪葬墓石椁线刻画》①)

(3)公主男装或有的佩饰承露囊

佩腰带,带上系挂七事或承露囊,是一度盛行的唐代女子所着男装的标配,唐代公主墓室壁画中侍女佩"承露囊"亦多次出现。唐太宗昭陵陪葬墓壁画亦绘有六幅男子或女子着男装并佩戴"承露囊"的图像。承露囊是一种系挂于腰间可盛放细小物件并用作佩饰的类似于荷包的囊。

《封氏闻见记·降诞》:"近代风俗,人子在膝下,每生日有酒食之会。孤露之后,不宜以此日为欢会。……玄宗开元十七年,丞相张说遂奏以八月五日降诞日为千秋节,百僚有献承露囊者。"②孤露是指丧失父母之人,中国古代文化传统认为生日既是承受父母恩泽之日,亦是个体降生之日,按当时风俗要在此日庆贺,但父母去世后,不应欢庆。杜牧《过勤政楼》云"千秋佳节名空在,承露丝囊世已无"③,即在追忆中惋叹历史的递变,可知至晚唐,因玄宗而起的千秋节徒留下空名,而悬挂承露囊的服饰风俗亦已不存。

"露"本是水气遇冷凝结后附着在物体上的小水珠,是一种自然气象物,但由于其独具的沾溉润泽草木且晶莹剔透的特性,加之古人的天地万物有灵意识,被赋予特殊的象征意味,用以比附帝王或父母的恩泽,亦成为

---

① 《线条艺术的遗产:唐乾陵陪葬墓石椁线刻画》,第247页。
② 封演:《封氏闻见记》卷四,中华书局1985年版,第38页。
③ 《杜牧集系年校注·樊川文集卷二》,第一册,第204页。

重要的祥瑞物,是皇帝施仁政、德泽万民的征兆。在道家修仙术中,露珠被神奇化为服食修仙、延年益寿物。汉武帝好神仙,即制成高大精美的承露盘。据《史记》载:"其后则又作柏梁、铜柱、承露仙人掌之属矣。"①《资治通鉴》记述尤详:"(元鼎二年)春,起柏梁台。作承露盘,高二十丈,大七围,以铜为之;上有仙人掌,以承露,和玉屑饮之,云可以长生。宫室之修,自此日盛。"②

以此可知玄宗降诞日大臣以承露囊奉献,应有多重隐喻,既指沐浴父母之恩,又特指皇恩,同时投合其修仙的喜好。上行下效,在皇室与贵族之间流行的服装佩饰风尚,亦被民间仿制,以相互馈赠。佩于腰间的承露囊既是承载着象征意蕴的事物,亦具有实用和装饰的具体功能,不仅可以点缀服装,增添行步之风神、风韵,亦可用以盛放细小物件。

"承露囊"的缘起,正史无载。有研究者以其形制认为属荷包之分支。而荷包春秋战国时期已有,"最早用皮革,称囊;后来也用布帛,称包"③。

房陵公主墓即有系承露囊的男装侍女(见插页彩图29)。新城公主墓壁画有四幅承露囊。"秉烛与黑帔帛二女侍图"(参插页彩图30)中着男装侍女,腰佩以丝带系于革带的半圆形承露囊,下部边沿有波浪形花边,未见刺绣。永泰公主墓棺椁线刻画亦有佩鞊鞢带挂承露囊侍女(参前图8)。

(4)唐时男装的重要头饰:幞头及由之而来的折上巾

其所戴折上巾冠,据《后汉书》记载:"冀亦改易舆服之制,作平上轺车,埤帻,狭冠,折上巾,拥身扇,狐尾单衣。"④《通典》《旧唐书·舆服志》均有记载,可知隋代乌纱帽废后,折上巾成为隋唐时宴服穿戴之一:

> 宴服,盖古之亵服也,今亦谓之常服。……隋代帝王贵臣,多服黄文绫袍,乌纱帽,九环带,乌皮六合靴。百官常服,同于匹庶,皆著黄袍,出入殿省。天子朝服亦如之,惟带加十三环以为差异,盖取于便事。其乌纱帽渐废,贵贱通服折上巾,其制周武帝建德年所造也。……
>
> 武德初,因隋旧制,天子宴服,亦名常服,唯以黄袍及衫,后渐用赤

---

① 《史记》本纪一二《孝武本纪》,第459页。
② 《资治通鉴》卷二〇《汉纪一二》,第655页。
③ 张婉丽:《唐代服饰配饰之"承露囊"》,昭陵博物馆微信公众号2016-07-04。《唐代壁画中的承露囊:唐人荷包》(李炳武总主编,张志学主编:《大唐歌飞的千年传奇:昭陵博物馆》,西安出版社2018年版,第183—188页)对承露囊的源流亦有阐述。
④ 《后汉书》卷三四列传二四《梁统传》,第五册,第1180页。

黄,遂禁士庶不得以赤黄为衣服杂饰。四年八月敕:"三品已上,大科绸绫及罗,其色紫,饰用玉……"……其折上巾,乌皮六合靴,贵贱通用。①

《大唐新语》"出入殿省"前的句子基本相同,但对折上巾的解释更详细:

> 隋代帝王贵臣……后乌纱帽渐废,贵贱通用折上巾以代冠,用靴以代履。折上巾,戎冠也;靴,胡履也;咸便于军旅。昔袁绍与魏武帝战于官渡,军败,复巾渡河,递相仿效,因以成俗。初用全幅皂向后幞发,谓之"幞头"。周武帝才为四脚;武德以来,始加巾子。至贞观八年,太宗初服翼善冠,赐贵官进德冠,因谓侍臣曰:"幞头起自周武帝,盖取便于军容。今四海无虞,当息武事。此冠颇采古法,兼更类幞头,乃宜常服,可取服。"袴褶通用,此冠亦寻废矣。②

太平公主的男装,为武官戎装,即有皂罗折上巾的佩件,这种戎装更是边域军士的装束。其源可追溯至后汉孙冀改易服制,但改俗殊难,应是在汉末官渡之战后形成风俗,至北朝周武帝时又定为常制,其形式亦几经变化,最初为幞头,周武帝时加四角,唐初武德时加巾子,至唐太宗时定为常服,但不久就废止了。

幞头的演变及隋唐幞头的形制,沈括《梦溪笔谈·幞头》中有较详细叙述:

> 幞头,一谓之"四脚",乃四带也。二带系脑后垂之;二带反系头上,令曲折附顶,故亦谓之"折上巾"。唐制,唯人主得用硬脚。晚唐方镇擅命,始僭用硬脚。本朝幞头……又庶人所戴头巾,唐人亦谓之"四脚"。盖两脚系脑后,两脚系颔下,取其服劳不脱也;无事则反系于顶上。今人不复系颔下,两带遂为虚设。③

亦有研究者对其材质源流做出阐释,指出"此时幞头的质料由较粗厚

---

① 《旧唐书》卷四五志二五《舆服志》,第六册,第1951—1952页。
② 《大唐新语》卷一〇《厘革二二》,第148—149页。
③ 《历代笔记小说大观·梦溪笔谈》卷一《故事一》,第3页。

的缯、绝、绢之类改为薄罗纱……唐代的幞头脚(系脑后两根带子的剩余部分),初软而下垂,即'垂脚''软脚',后产生了硬脚幞头"①。折上巾由幞头发展而来,有将之解释为"折角向上的头巾"②,也有将之解释为"幅巾的一种着法。裹时将巾之上角折起……北周武帝裁幅巾为四角,名幞头,亦名折上巾"③。

唐代公主墓室壁画中身着男装、头戴幞头的侍女较多,插页彩图29房陵公主前甬道西壁右边侍女即着男装,头裹黑色幞头。其他如新城公主墓第二过洞西壁中幅左侍女、第四过洞西壁北幅持烛台侍女(参插页彩图28、30)以及第五过洞西壁中幅右一侍女戴幞头(参插页彩图38)。

综上可知,太平公主所着男装,应是紫色武官袍子,腰间系玉质十二环銙,玉带框内亦会镶嵌或填压各种名贵珍宝,下垂鞊鞢七事,亦可能垂挂香囊,头戴幞头或折上巾,下裳或为当时流行的波斯裤,或为纯色(紫色)裤子,既英姿飒爽,又娇俏可爱,既庄严威武,又华贵时尚。

五、唐代公主的典型发型、发饰考释

在中国古代,秀发的造型与妆饰是女性与男性外形上最突出的区别,也是展现、评判古代女子之美的最重要元素。女性自古就在头发的妆饰上巧用心思,创造了各种各样或美丽或新奇或华贵或别致的发型与发饰。《妆台记》云:"周文王于髻上加珠翠翘花,傅之铅粉,其髻高名曰凤髻。又有云髻,步步而摇,故曰步摇。始皇宫中悉好神仙之术,乃梳神仙髻,皆红妆翠眉,后宫尚之。后有迎春髻、垂云髻,亦相尚。汉武帝就李夫人取玉钗搔头,自此宫人多用玉。时王母下降,从者皆飞仙髻、九环髻,遂贯以凤头钗,孔雀搔头,云头篦以玳瑁为之。……唐武德中,宫中梳半翻髻,又梳反绾髻、乐游髻,即水精殿名也。开元中,梳双鬟望仙髻及回纥髻。贵妃作愁来髻。贞元中,梳归顺髻,帖五色花子……天宝初,贵族及士民好为异服,妇人则簪步摇钗,衫袖窄小。杨贵妃常以假鬓为首饰,而好服黄裙。"④从中可知唐代女性发式造型极为繁复多样。初唐样式较少,沿袭隋代帽髻旧式,"多作平顶式……层层堆上,顶部梳理成云朵状"。至贞观发髻样式多

---

① 朱正昌总主编,王绣等编著:《服饰》,山东友谊出版社2002年版,第19页。
② 华夫主编:《中国名物大典》上册,济南出版社1993年版,第516页。
③ 林剑鸣、吴永琪主编:《秦汉文化史大辞典》,汉语大词典出版社2002年版,第378页。
④ 〔唐〕宇文氏著,文怀沙主编:《四部文明·隋唐文明·妆台记》卷五〇,陕西人民出版社2007年版,第641页。

样、日渐高耸,玄宗时又流行"双鬟望仙髻",两髻高耸①。而身份极为尊贵的公主们,其发型、发饰自然更为繁复精美、光华耀目。

(一)唐代公主的典型发型考释

唐代公主发型细节的直接描述极少,尚无出土并复原的图像或实物,而复原的李倕头冠,因其为唐宗室亲王之女,同为外命妇,又与公主品级极为接近,于是可作为最重要的图像材料。同时公主墓室壁画的侍女发型图、女俑发式及唐代绘画中的贵族女性发型、发饰,以及时代前后因袭的隋代或宋代后妃冠饰亦可做参照,其整体模式应一致,差别应在装饰的材质、数量、做工的精美繁复程度,装饰物的华美珍稀度上。

从出土墓室壁画看,新城长公主侍女发式多变,房陵大长公主侍女"发式、服饰较单调",永泰公主侍女"发式虽无簪花、图案等装饰,但变化多端"②。

1. 隶属并引领宫样妆的唐代公主妆

唐代的宫样妆(亦称内家妆、官样)是皇室女性的专用妆容,唐诗中多有叙述,李隆基《好时光》云"宝髻偏宜宫样,莲脸嫩,体红香。眉黛不须张敞画,天教入鬓长"③,可知当时宫样妆中的发髻插戴珠宝,眉毛长入鬓角。其整体样式基本相同,但因等级的不同,装饰物材质、数量、雕刻技艺、繁复精致程度不同,未出嫁的唐代公主的妆容应属于其列,其实即便公主出嫁了,其发式、发型一方面多会沿用年少时在皇室中的装扮,另一方面又因与皇室常相往来,会吸收新的宫样妆式。这在有关唐代公主的诗作中均有叙及。

李敬方的《太和公主还宫》在描述公主从回鹘回还唐王朝的心理时写道:"宫髻怜新样,庭柯想旧围"④,以公主追忆和亲去时庭中绿树的旧围和如今已有新样的宫髻,映衬公主在异域的大漠风沙中逝去的年华。王涯《宫词》云:"为看九天公(一作'宫')主贵,外边争学内家妆"⑤,刘禹锡的《题于家公主旧宅》亦云"邻家犹学宫人髻"⑥,从中可知宫内女性妆饰被称作官样、内家妆,公主雍容华贵的妆容亦被广为仿效。而公主所梳宫髻的

---

① 卢玲:《屈辱与风流——图说中国女性》,团结出版社 2000 年版,第 34、35 页。其文作"双环望仙髻",应为"双鬟"。
② 范淑英:《唐新城、房陵、永泰公主墓壁画概述》,《新城、房陵、永泰公主墓壁画》,第 7 页。
③ 《全唐诗》卷八八九,第十三册,第 10112 页。
④ 《全唐诗》卷五〇八,第八册,第 5818 页。
⑤ 《全唐诗》卷三四六,第六册,第 3888 页。
⑥ 《刘禹锡集》卷三二(原外集卷二),第 450 页。

具体样式,唐诗中仅提到属于高髻的云髻和绿云髻。同时宝、金、光等则是修饰其发型最常见的词汇,足见公主鬓发装饰最突出的特质。

本部分在考释公主发型、发饰意象时着重采用唐诗中的材料,但因五代诗词,尤其是词中会有大量相关意象的描绘,而五代紧承唐代,其衣冠发饰亦承接唐代延续而来,对观照相关问题极为重要,于是亦会采用。

2. 唐诗中的公主云髻、绿色系云鬓鬟等发式考论

世事变迁,斗转星移,繁华落尽,只有出现在诗文中的物,留下些许线索与印记,诉说着公主华丽妆容下的绝世容颜。而云髻、绿云鬓鬟,则是多位诗人在雕绘公主华贵发饰装点下的剪影时撷取的精美发型物象之一。

唐诗中的公主发型有云髻或云鬟,式样不同,《中国风俗辞典》解释较详:

> 髻亦称"结""纱"……是将头发挽结于头顶的发式。汉王充《论衡·恢国》:"周时被发椎髻,今戴皮弁"……汉时妇女入庙、助祭时作剪氂帼、假纱,平时一般流行高髻……唐代妇人发髻,用髢髢加添而梳成,亦有用铁丝织成而外编以发加之于髻上者,即古之假髻,唐称义髻。有的还在其上插以梳、篦、簪、钗、步摇、翠翘、珠翠金银宝钿等为饰。
>
> 鬟是古代汉族妇女的一种环形发式,多为未婚女子所梳。以梳双鬟为多……式样众多,有梳于顶上,有垂于脑后,并有高低大小之别。①

"帼"即"巾帼"的"帼",是指"用帛或其他覆在发髻上的首饰","剪氂帼"则"形似剪牦牛尾缀起"。②

(1) 云髻

杜甫《即事》云"秋思抛云髻,腰支胜宝衣",借汉公主实写得以回归中原的唐代和亲真公主宁国公主,以"抛云髻"和"宝衣"概绘公主的服饰与发型。李山甫《代崇徽公主意》"金钗坠地鬓堆云"③,提及公主装饰金钗的

---

① 叶大兵、乌丙安:《中国风俗辞典》,上海辞书出版社1990年版,第370页。孙书安编著的《中国博物别名大辞典》(北京出版社2000年版,第899页)对髻亦有定义,指出髻是"盘结在头顶或脑后的头发",增加了盘发绾结于脑后的位置,但其将之定义为"头发"则不如前者的"发式"定义精确。
② 何本方等主编:《中国古代生活辞典》,沈阳出版社2003年版,第719页。
③ 《全唐诗》卷六四三,第十册,第7426页。

云鬟。

抛云髻,应为唐代流行的抛家髻(见插页彩图40),唐末更盛。据《新唐书·五行志》记载:"唐末,京都妇人梳发以两鬓抱面,状如椎髻,时谓之'抛家髻'。又世俗尚以琉璃为钗钏。近服妖也。抛家、流离,皆播迁之兆云。"①段成式《髻鬟品》中亦叙及。《中国设计全集·唐代妇女抛家髻》等对其梳法、特点等有较详细的解释②。

云髻是古代妇女常见发髻,《中国名物大典》指出其属"高髻中之高者,因其似云浮空,故称"③,唐代公主墓室壁画中即有梳高髻侍女。唐诗在概描女子的鬓发时多以云髻代称,如"眠罢梳云髻"(刘方平《新春》④)、"百花时节教人懒,云髻朝来不欲梳"(徐凝《读远书》⑤)、"云髻凤文细(一作'钿')"(鲍溶《范真传侍御累有寄,因奉酬十首》其三⑥)、"云髻罢梳还对镜"、"云髻懒梳愁拆凤"(薛逢《宫词》《贫女吟》⑦)、"云髻几迷芳草蝶"(温庭筠《偶游》⑧)、"月眉云髻选人(一作'尽名')家"(罗虬《比红儿诗》⑨)、"云髻慵邀阿母梳"(孙棨《赠妓人王福娘》⑩)、"恨枕堆云髻"(李建勋《殴妓》⑪)等。

白居易的"宴宜云髻新梳后"(《重题别东楼》⑫),写女子在参加宴会时往往选择梳理云髻,足见其流行之广及在唐代女性发型中的代表性意义。

唐诗对云髻的梳妆方法、细节叙写极少,但可知其应是一层层盘绕而成,如"台前也欲梳云髻,只怕盘龙手捻难"(施肩吾《冬词》⑬)、"云髻盘时

---

① 《新唐书》卷三四志二四《五行志一》,第三册,第879页。
② 许星、廖军主编的《中国设计全集》卷八(商务印书馆2012年版,第70页)、卢德平主编的《中华文明大辞典》(海洋出版社1992年版,第852页)、《中国古代生活辞典》(第738页)均有解释。陈桥驿主编的《中国都城辞典》(江西教育出版社1999年版,第566页)引段成式《髻鬟品》指出"在盛唐时已出现,至晚唐盛行于长安城中。原始于宫中",是在两鬓抱面外,"头上再加一个形状似'椎髻'一样的'朵子'(即假髻),故名抛家髻"。
③ 《中国名物大典》上册,第300页。
④ 《全唐诗》卷二五一,第四册,第2830页。
⑤ 《全唐诗》卷四七四,第七册,第5413页。
⑥ 《全唐诗》卷四八五,第八册,第5538页。
⑦ 《全唐诗》卷五四八,第八册,第6376、6379页。
⑧ 刘学锴校注:《温庭筠全集校注》卷四,上册,中华书局2007年版,第380页。
⑨ 《全唐诗》卷六六六,第十册,第7685页。
⑩ 《全唐诗》卷七二七,第十一册,第8407页。
⑪ 《全唐诗》卷七三九,第十一册,第8508页。
⑫ 《白居易集笺校》卷二三,第1568页。
⑬ 《全唐诗》卷四九四,第八册,第5655页。

未破瓜"〔韦庄《伤灼灼(〈全唐诗〉有'灼灼,蜀之丽人也……')》①〕等。

从唐代诗词的叙写可知云髻不仅是唐代女子喜欢的发式,且常常以雕镂不同形状的发钗装饰点缀,诸如金凤、紫凤、宝叶、犀梳、金鹨鹅等,以成各种花样的玲珑姿态,如"玲珑云髻生菜(《全唐诗》作'花',一作'菜')样"(《简简吟》②)、"云髻已收金凤凰"(施肩吾《妓人残妆词》③)、"霞衣重叠红蝉暖,云髻葱茏紫凤寒"(高蟾《偶作二首》其一④)、"宝叶随云髻"(郑鏦《婕妤怨》⑤)、"欲识旧来云髻样,为奴开取缕金箱"(太原妓《寄欧阳詹》⑥)、"拢云髻,背犀梳"(李珣《南乡子》⑦)、"小金鹨鹅沉烟细,腻枕堆云髻"(顾敻《虞美人》⑧)等。

由于装饰物繁复,其发髻亦显得沉重,有鬓发斜坠之感(或是本即堕马髻、倭堕髻的斜坠样式),李珣《南乡子》其九、其十二即云"拢云髻,背犀梳""云髻重"⑨;韦庄《思帝乡》写道:"云髻坠,凤钗垂。髻坠钗垂无力,枕函欹"⑩。白居易"行摇云髻花钿节"(《醉后题李、马二妓》⑪)写出了云髻上簪戴花钿、行动时摇曳生姿的情形。

云髻也是道教上界仙界中的玉女、玉童等常梳的发型,如《洞真太上素灵洞元大有妙经》之《洞地混化内真生官宝名》中太上神仙洞地洞真玉童、玉女着各种云髻:

> 太镇元黄太素黄机执中五玉童……作飞云角髻,衣黄罗裙。
> 镇星元神神耀玉瑛泰素中黄素玉女……作颒云髻,衣黄罗飞裙。⑫

《四宫雌真一内神宝名玉诀》中陈述上清真女"头戴玉宝飞云之髻"、

---

① 聂安福笺注:《韦庄集笺注·浣花集补遗》,上海古籍出版社 2002 年版,第 372 页。《全唐诗》卷七〇〇,第十册,第 8126 页。
② 《白居易集笺校》卷一二,第 698 页。
③ 《全唐诗》卷四九四,第八册,第 5640 页。
④ 《全唐诗》卷六六八,第十册,第 7710 页。
⑤ 《全唐诗》卷七六九,第十一册,第 8818 页。
⑥ 《全唐诗》卷八〇二,第十二册,第 9120 页。
⑦ 《花间集新注》卷一〇,第 444 页。
⑧ 《花间集新注》卷六,第 275 页。
⑨ 《花间集新注》卷一〇,第 444 页。第二首《花间集》未收,《全唐诗》卷八九六,第十三册,第 10185 页。
⑩ 《韦庄集笺注·浣花词》,第 443 页。《花间集新注》卷三,第 121 页。
⑪ 《白居易集笺校》卷一五,第 963 页。
⑫ 《洞真太上素灵洞元大有妙经》,第 402 页中。

太极帝妃"头戴七宝玄云之髻"、太上君后"头戴九玄玉精颓云之髻"①。

《无上秘要》之《洞天混化君冠服》《洞渊混化君冠服》中太上神仙洞天元洞、洞渊洞的不同玉女、玉童多着"飞云髻""三角云髻""三建云髻""颓云髻"②。其《九星内妃冠服》《五星夫人冠服》中内妃、夫人均梳"颓云髻"（参前述羽衣）；《九星夫人冠服》中"第一天枢星……魁精玄上真皇夫人""第二天璇星……灵精上玄皇夫人""第七摇光星……玉华灵皇夫人""第八洞明星……常阳大明常皇夫人"均着"飞云华颓之髻"。③

传吴道子《八十七神仙卷》中的女性神仙的云髻，则是其最直观的呈示（见插页彩图39）。

足见各种云髻，在道教女性修道者中之盛行，而地位极高者装饰更为华贵精美，以"玉宝""七宝""九玄玉精"装饰。

综上可知，公主的云髻，当是融合道教女性身份高贵者着装与俗世久已流传至唐代更盛的云髻双重特质而来，装饰华贵精美，与其身份等级相适应。

（2）唐代公主的绿色系云鬟、鬟发式考释

云髻之外，唐代公主的绿云鬟鬟亦是唐诗中叙及的重要公主发式意象，应是唐代女性妆容的突出意象之一，也应是研究唐代公主日常生活乃至唐代女性日常妆容需要关注的问题之一。然而有关古代诗歌中的绿云鬟发意象的探究并不多，一些研究者与中学教师在解释杜牧《阿房宫赋》中的"绿云扰扰"时注意于此并有简短解释，如谢云秋在《"绿云"浅探》④的短文中注意到古典诗文中以云喻发的现象，又提出何以用绿而不用黑形容黑发的问题，指出这里的"绿云"应是"青云"，二者在很多语境中是同义词，可以互训，亦有"青丝""绿丝"之用。胡桂芳《"绿云扰扰"中的"绿"字——兼谈"避实"修辞方式》则认为"绿"并不是实写，而是一种虚写，只是一个"为情造文"的"增强文学作品诗情画意特别是细而美的一个理想的颜色字"⑤。訾永明在《"绿云扰扰"新解》⑥中回顾《唐诗选》的"凡黑色之有光彩者似浓绿"等前人解释，指出这些并不能解释唐诗中的"碧云鬟"

---

① 《洞真太上素灵洞元大有妙经》，第407页中、下。
② 《无上秘要》卷一七，第175、176、178页。
③ 《无上秘要》卷一八，第185页。
④ 谢云秋：《"绿云"浅探》，《南京师范大学学报（社会科学版）》1982年第1期，第82—83页。
⑤ 胡桂芳：《"绿云扰扰"中的"绿"字——兼谈"避实"修辞方式》，《当代修辞学》1985年第1期，第38页。
⑥ 訾永明：《"绿云扰扰"新解》，《文史杂志》2011年第3期，第73页。

"翠鬟""翠云鬟"等,并提出"绿云是头发涂抹'香泽'或'兰膏'等润发油之后的观感"的观点。笔者2019年提交的书稿中提出绿云为簪戴的发饰之说,左高超的《再辨"绿云扰扰"》在回顾前人说法后,亦提出绿云是"一种佩戴绿色发饰的发型(绿云鬟)"①,指出通过上下文可知《阿房宫赋》以"梳妆镜""胭脂粉""椒兰香"等"妆具"叙写宫人梳妆过程,紧承着的"绿云扰扰"也应是妆具或发饰。又指出"扰扰"是纷乱之意,此处是极写宫女生活奢靡,显然当发饰讲更贴切。又以宋词中雪柳、黄金缕等首饰的命名,推测绿云亦符合中国古代首饰命名的特质。最后指出"'绿云'似乎是'绿云鬟'的简称"。

这些研究为理解绿云发式提供了一定的思路,但并未说明何为、何以绿云鬟、鬟、髻发式,又透露出公主们怎样的妆容装饰风尚等问题。从历史记载、诗文描述、文物呈现(包括唐代贵妇发饰图画,出土的唐代公主或郡县主发饰,服侍或操作公主妆容的侍女们的发型、发饰)等三处寻觅,或可还原。

①唐诗中的公主绿云鬟、鬟

严休复《唐昌观玉蕊花折有仙人游怅然成二绝》其一(一作何兆《玉蕊花》)叙及唐昌公主的绿云鬟:"羽车潜下玉龟山,尘世何由睹蕣颜。唯有多情枝上雪,好风吹缀绿云鬟。"②当已升天成仙的公主乘羽车悄悄潜入曾经修行的唐昌观,尘世之人均无法目睹其美丽的容颜,只有她曾经栽植的如雪的玉蕊花,轻轻飘落点缀着她的绿云鬟。

王涯的《宫词》其七云"一丛高鬟绿云光,官(一作'宫')样轻轻淡淡黄"③,描写宫中女性观看模仿公主妆容的情形,起句即勾勒公主隆起如云的高鬟,而"绿云光"则概描出其鬟发从整体上呈现给诗人的突出观感,既如云般高耸,又泛着绿色光泽,煜煜耀目。其《宫词》其二十又云"向晚移镫上银檠,丛丛绿鬟坐弹棋"。直接以"绿鬟"代指宫中女子,亦可见出这是宫中女子的群体妆容与风尚。白居易《和春深二十首》其七亦云"何处春深好,春深女学家……宋家宫样髻,一片绿云斜"④,可知如绿云般斜坠的绿云髻是宫样髻中的一种,公主们则是这种宫样妆发式的引领者。

一"绿"字,既是公主云鬟给诗人们的深刻观感与印象,也透着一派生机盎然,诉说着公主们在服饰色彩选择时对自然之美的特殊偏爱。

---

① 左高超:《再辨"绿云扰扰"》,《文史杂志》2020年第1期,第103页。
② 《全唐诗》卷四六三,第七册,第5297页。
③ 《全唐诗》卷三四六,第六册,第3888页。
④ 《白居易集笺校》卷二六,第1829页。

这种绿云鬟、鬟、髻发式,在叙写宫外女子妆容的唐诗中亦多有。白居易《筝》言"云髻飘萧绿"①,写弹筝女子云髻飘绿的观感。李商隐《深树见一颗樱桃尚在》云"矮堕绿云髻,欹危红玉簪"②,以插戴红玉簪的低矮斜堕绿云髻比绿树丛中的樱桃。欧阳炯《凤楼春》云"凤髻绿云丛"③,绘出插戴凤钗丛生如云的绿云髻。

②唐诗中的女子绿、翠鬓鬟

绿云鬟在包括唐代公主、宫廷女子在内的宫样妆乃至其他女性妆饰的描写中,均被时常选取,应是深受唐代女子喜爱的,也是唐代诗人眼中女性发式的主要观感与特征之一。唐诗中的绿色系发型包括绿云鬟、绿鬓、绿髻、绿云鬓、翠髻、翠鬓、翠云鬓、葱茏云髻等。既有代称概描的,亦有细节描绘的,其名称使用的数量不一:

绿鬓:直接叙及女性绿鬓的九处,将绿鬓与云错落连接的三首,如"云鬟绿鬓罢梳(缪本作'揽')结"(李白《久别离》④)、"绿鬓萦云裾曳雾"(韦应物《汉武帝杂歌三首》其一⑤)、"吴娥未笑花不开,绿鬓耸堕兰云起。陆郎倚醉牵罗袂,夺得宝钗金翡翠"(李贺《少年乐》⑥)。单独出现的七首,与"红颜""霜""白"等词相对的是指年少之意,如"况复落红颜,蝉声催绿鬓"〔乔知之《从军行》(一作《秋闺》)⑦〕、"空怜绿鬓风吹白"(孟郊,一作皇甫松《望远曲》⑧)等。还有一首间接叙及,如"小山妆,蝉鬓低含绿"(毛熙震《女冠子》⑨)等。

亦有五处以绿鬓描绘男性道士、官员,多与白发、苍须相对,指年少之时,如"绿鬓绝新知,苍须稀旧老"〔李绅《过梅里七首·忆东郭居(效丘迟)》⑩〕。

绿云鬟或云鬟绿:有三首,如"长吁不整绿云鬟,仰诉青天哀怨深"(李

---

① 《白居易集笺校》卷三一,第 2105 页。
② 刘学锴、余恕诚集解:《李商隐诗歌集解·编年诗》,中华书局 1998 年版,第 624 页。
③ 《花间集新注》卷六,第 252 页。
④ 王琦注:《李太白全集》卷四(乐府三十七首),中华书局 1977 年版,第 241 页。
⑤ 孙望校笺:《韦应物诗集系年校笺》卷一〇(写作年代无考者),中华书局 2002 年版,第 534 页。
⑥ 《李长吉歌诗编年笺注》卷六(未编年诗),下册,第 753 页。
⑦ 《全唐诗》卷八一,第二册,第 872 页。
⑧ 〔唐〕孟郊著,华忱之、喻学才校注:《孟郊诗集校注》,人民文学出版社 1995 年版,未收。《全唐诗》卷三七二,第六册,第 4200 页。
⑨ 《花间集新注》卷九,第 415 页。
⑩ 《全唐诗》卷四八一,第八册,第 5509 页。

白《相和歌辞·白头吟二首》其二①)、"几岁头梳云鬟绿,无时面带桃花红"(张仲方《赠毛仙翁》②),而"绿云鬓上飞金雀,愁眉敛翠春烟薄"(牛峤《菩萨蛮》③)则绘出簪戴金雀的绿云鬟。

绿髻:仅一处,"绿髻青蛾尚未衰"(长孙佐辅《古宫怨》④)。

葱茏云髻:仅一处,"霞衣重叠红蝉暖,云髻葱茏紫凤寒"(高蟾《偶作二首》其二⑤),则可看出葱茏的云鬟亦簪戴着紫凤,和云霞色的彩衣相对举。

翠+物+云鬓:间接见出的翠云鬓,如"翠翘云鬓动"(魏承班《菩萨蛮》⑥)。

绿鬓:有十处,如"绿鬓富去金钗多"(白居易《盐商妇》⑦)、"红绡带缓绿鬓低"(白居易《闺妇》⑧)、"绿鬓女伴含愁别"(殷尧藩《宫人入道》⑨)、"绿鬓深小院"〔张祜《少年乐》(一作《贵家郎》)⑩〕、"绿鬓羞妥么"(杜牧《代人作》)、"绿鬓侍女手纤纤"(黄滔《卷帘》⑪)、"睡觉绿鬓风乱"(韦庄《归国遥》⑫)、"约掠绿鬓云腻"(顾敻《酒泉子》其四⑬)、"绿鬓云散裊金翘"(毛熙震《浣溪沙》其三⑭)、"绿鬓红脸谁家女"(李珣《南乡子》其七⑮)等。

绿云鬟、云鬓绿或绿发+双云鬓:有五首。"岁岁逢迎沙岸间,北人多识绿云鬟"(杨巨源《相和歌辞·大堤曲》⑯)叙写嫁与五陵少的女子之发式。绿云鬟也是刘晨、阮肇入桃源所遇仙女的发式,如"芙蓉脂肉绿云鬟,罨画楼台青黛山"(元稹《刘、阮妻二首》⑰)。"商山驿路几经过,未到仙娥见谢娥。红锦机头抛皓腕,绿云鬟下送横波"(韩琮《题商山店》⑱),则叙写商山店中所见女子的妆容发式。它还是宴会上舞女的发式,如"香熏舞席云

---

① 《李太白全集》卷四,上册,第245页。
② 《全唐诗》卷四六六,第七册,第5330页。
③ 《花间集新注》卷四,第170页。
④ 《全唐诗》卷四九,第七册,第5367页。
⑤ 《全唐诗》卷六六八,第十册,第7710页。
⑥ 《花间集新注》卷八,第372页。
⑦ 《白居易集笺校》卷四,第241页。
⑧ 《白居易集笺校》卷一九,第1305页。
⑨ 《全唐诗》卷四九二,第八册,第5615页。
⑩ 《全唐诗》卷五一一,第八册,第5870页。
⑪ 《全唐诗》卷七○六,第十一册,第8208页。
⑫ 《韦庄集笺注·浣花词》,第420页。《花间集新注》卷二,第97页。
⑬ 《花间集新注》卷七,第297页。
⑭ 《花间集新注》卷九,第407页。
⑮ 《花间集新注》卷一○,第443页。
⑯ 《全唐诗》卷二一,第一册,第273页。
⑰ 《元稹集·外集卷七·续补一》,第685页。
⑱ 《全唐诗》卷五六五,第九册,第6605页。

鬟绿,光射头(一作'骰')盘蜡烛红"(曹唐《长安客舍叙邵陵旧宴,寄永州萧使君五首》其一①)。

绿云鬟也可以是青童的发型,梳理成双鬟的样式,如"偶然值青童,绿发双云鬟"〔李白《游泰山六首(天宝元年四月从故御道上泰山)》其三②〕。

翠鬟:以直接的"翠鬟"语词出现的十五处,有时会和红色对仗,如"红烛影回仙态近,翠鬟光动看(一作'见')人多"(李郢《中元夜》③)、"翠鬟丹脸岂胜愁"(高蟾《华清宫》④)。

也会描绘其具体姿态,如"翡翠鬟欹钗上燕"(林宽《长安即事》⑤),描绘装饰翡翠与燕子形发钗的翠鬟呈斜坠之势;"呵花满翠鬟"〔温庭筠《南歌子》("歌"或作"柯",一名《春宵曲》)⑥〕,写出插满花朵的翠鬟;"凤钗低袅翠鬟上"(牛峤《酒泉子》⑦),描绘垂着凤钗的翠鬟(见图9);"翠鬟冠玉叶"(毛熙震《女冠子》⑧)、"翠鬟抛掷一簪长"(张泌《浣溪沙》⑨),描绘翠鬟上的玉叶冠和取下簪子抛掷翠鬟的情境(见图9、图10)。

图9 章怀太子墓棺椁内壁线刻画插长簪侍女图、戴凤钗侍女图
(图片来源:《线条艺术的遗产:唐乾陵陪葬墓石椁线刻画》⑩)

---

① 《全唐诗》卷六四〇,第十册,第 7394 页。
② 《李太白全集》卷二〇,第 923 页。
③ 《全唐诗》卷五九〇,第九册,第 6904 页。
④ 《全唐诗》卷六六八,第十册,第 7708 页。
⑤ 《全唐诗》卷六〇六,第九册,第 7060 页。
⑥ 《花间集新注》卷一,第 48 页。
⑦ 《花间集新注》卷四,第 172 页。
⑧ 《花间集新注》卷九,第 415 页。
⑨ 《花间集新注》卷四,第 181 页。
⑩ 《线条艺术的遗产:唐乾陵陪葬墓石椁线刻画》,第 103、104 页。

第三章 瑜珮升青殿,秾华降紫微:唐代公主的服饰、妆容　189

图 10　永泰公主墓棺椁线刻插长簪侍女图
(图片来源:《线条艺术的遗产:唐乾陵陪葬墓石椁线刻画》,第 244、245 页)

"翠鬟初出绣帘中……碾玉钗摇鸂鶒战,雪肌云鬓将融"(和凝《临江仙》其一①),描绘女子行动时翠鬟上的鸂鶒玉钗摇曳生姿的美好姿态。"菱花掩却翠鬟欹"(顾敻《河传》②),描绘翠鬟斜坠的样子。

亦有摹写佳人整理翠鬟或俯身时翠鬟低垂的姿态的,如"中有佳人俯翠鬟"(徐铉《江舍人宅筵上有妓唱和州韩舍人歌辞,因以寄》③)、"双垂玉箸翠鬟低"(无名氏《杂诗》④)、"春睡觉,晚妆残,无人整翠鬟"〔李煜《阮郎归(一名醉桃源、碧桃春)》⑤〕、"荠华偷悴,翠鬟羞整"(杜牧《八六子》⑥)等。

而有些词则直接以翠鬟代称佳人,如"翠鬟女,相与共淘金"(毛文锡《中兴乐》⑦)、"翠鬟离人何处"(冯延巳《三台令》)等。

亦有并非直接相连的语词,而是"鬟""云""翠"错落连接,可解释为翠云丛鬟的,如张碧《美人梳头》:"玉容惊觉浓睡醒,圆蟾挂出妆台表。金盘解下丛鬟碎,三尺巫云绾朝翠。皓指高低寸黛愁,水精梳滑参差坠。须臾

---

① 《花间集新注》卷六,第 256 页。
② 《花间集新注》卷六,第 279 页。
③ 《全唐诗》卷七五二,第十一册,第 8644 页。
④ 《全唐诗》卷七八五,第十一册,第 8952 页。
⑤ 杨景龙校注:《花间集校注》附录一温博《花间集补》卷下,中华书局 2014 年版,第 1541 页。
⑥ 《杜牧集系年校注·集外诗三》,第四册,第 1434 页。
⑦ 《花间集新注》卷五,第 206 页。

拢掠蝉鬓生,玉钗冷透冬冰明。"①从中可见女子梳头的整个过程,睡醒后在妆镜台前梳妆,解开盘绾的如云翠鬟,以水晶梳参差装点鬓发,不一会儿梳拢起蝉鬓,鬓发上点缀的玉钗,泛起透亮晶莹的如冰寒光。

而"一朵佳人玉钗上,只疑烧却翠云鬟"(杜牧《山石榴》②),虽是以佳人发饰比喻山石榴,但从中亦可知绿云鬟上是会簪戴玉钗或花朵的。"云鬟高动水宫影,珠翠乍摇沙露光"(刘沧《洛神怨》③),虽未明言翠云鬟,但亦可见其高耸的云鬟上簪戴着珠翠,行动时光影闪闪。

翠髻:仅一处,且和绿鬓同时出现,"玉蝉金雀三层插,翠髻高丛绿鬓虚"(王建《宫词》其六十二④)。

碧云髻:仅一处,曹唐《小游仙诗九十八首》有诗句云"太一元君昨夜过,碧云高髻绾婆娑"⑤,描述太一元君的发式,即是绾着高耸如碧云的发髻。

碧云鬟(云鬟+瑟瑟,即碧色、碧绿色):唐诗中另有以瑟瑟宝石妆饰的云鬟,可视作碧云鬟。如温庭筠的《瑟瑟钗》:"翠染冰轻透露光,堕云孙寿有余香。"⑥诗中所绘瑟瑟发钗,晶莹剔透泛着翠绿的寒光,簪戴在堕云髻上散发着阵阵轻香。

③何以何为绿鬟鬓:唐诗中的绿色系发式还原及其绿云得因

何以诗人们如此中意于以"绿""翠"等色彩修饰鬓发,绿、翠、碧色系的鬓、鬟、髻该做何解释? 有解释认为绿本指"青黄色",但极为浓重的绿色则和青黑色接近,如青绿色、墨绿色,于是和青丝一样,用来形容女子浓密而黑的高耸的云鬟,且常常和红颜、白发等相连、相对,比喻人的青春年华。但由于唐诗提及绿鬓时,还会以翠字形容,翠是一种典型的嫩绿色,如果说绿色尚可理解为青丝或墨绿色,从而用以形容黑发的话,翠色则无论如何都不会和青或黑色相近,根本无法和黑发关联,于是当绿鬟不和白发、红颜等相接并用以描绘女子的妆容时,又该做何解释? 而其是否为诗人的现实观感呢? 如果是,那么又何以给人以绿云之观感呢? 这种绿色又是如何形成的呢?

---

① 《全唐诗》卷四六九,第七册,页 5371。
② 《杜牧集系年校注》卷三,第一册,第 426 页。
③ 《全唐诗》卷五八六,第九册,第 6586 页。
④ 《王建诗集校注》卷一〇,第 607 页。
⑤ 《全唐诗》卷六四一,第十册,第 7400 页。
⑥ 《温庭筠全集校注》卷九,第 847 页。

阙名《霓裳羽衣曲赋》云"夭夭而花（一作'仙'）貌呈妍,冉冉而云鬟垂绿"①,道出云鬟垂绿色装饰物的特点,似可解释何以有绿云鬟之观感。

以簪钗妆点云鬟,为唐代女性的风尚,元稹在《离思五首》其一中就说:"自爱残妆晓镜中,环钗漫篸绿云（《才调集》作'慢篸绿丝',《全唐诗》'云'作'丝',一作'云'）丛"。②

而绿云鬟当和唐代女性追求自然之风从而以红绿点缀为妆饰的风尚息息相关,唐诗描绘公主出嫁妆容时亦云"端正天花贵自然"。这种服饰追求,与唐人畅游之风的兴盛息息相关,悠游在自然山水中,会看到满眼的桃红柳绿之色,而崇尚自然的唐人,对昭示着勃勃生机的绿色自有特殊喜爱,亦延伸至文艺乃至衣食住行的风尚中,以至于起自六朝的青绿山水绘画表现形式,在唐代逐渐确立。延伸至服装、饰品中,则是对绿色系（包括翠、青绿等）的特殊偏爱,鬟发的装饰上多选翠绿之色,首饰的点翠工艺亦极为盛行。如安乐公主在出嫁第二天披翠服朝参。唐诗亦多有描述施红点翠的妆容,如"罗裙玉珮当轩出,点翠施红竞春日"（李峤《拟古东飞伯劳西飞燕》③）、"施红点翠照虞泉"（李贺《瑶华乐》④）、"绿云高髻,点翠匀红时世"（牛峤《女冠子》⑤）等。

于是翠绿云鬟的观感更可能和佩戴的翠绿色发饰相关,或由经过点翠工艺制作的发饰,或由鬟发上插戴的绿色珠宝、青绿玉石而来。牛峤《女冠子》即云"佩丁当,明翠摇蝉翼,纤珪理宿妆"⑥,正是鬟发间妆饰的翡翠宝钗花钿,令女子款步时摇动着明翠的光。而唐代富贵之家的女性更以繁复的发钗点缀为时尚,往往穿插数层,甚至布满鬟发,于是望去青绿一片亦是自然的了,对此白居易《盐商妇——恶幸人也》即云"绿鬟富去金钗多"⑦。

这种透着绿光的云鬟唐诗中极多,一些添加细节描绘的,则让绿云鬟的形态及绿色观感更清晰。唐诗中可使鬟发呈绿色、发出绿光的发饰有以下几种：

①玉蝉、金雀点缀的绿鬟

王建《宫词》其六十二同时点出翠髻和绿鬟且描写细致:"玉蝉金雀三

---

① 《文苑英华》卷七四,第334页。《全唐文》卷九六一,第十册,第9985页下—9986页上。
② 《元稹集·外集卷一·补遗一》,第640页。
③ 《李峤诗注·苏味道诗注》卷二（不编年部分）,第85页。
④ 《李长吉歌诗编年笺注》卷二,第217页。
⑤ 《花间集新注》卷四,第155页。
⑥ 《花间集新注》卷四,第156页。
⑦ 《白居易集笺校》卷四,第241页。

层插,翠髻高丛绿鬓虚"①,从中可知这种高耸的云髻,插戴数层金玉、珠宝制作的蝉形、雀形发簪,玉蝉所用之玉即为青绿之色,而发簪或许会采用点翠工艺雕饰青绿色的蝉翼或雀鸟的羽毛,于是给人以强烈的翠和绿色的视觉观感,以至于诗句会两次点出这种色彩。

唐诗中的玉蝉金雀叙写极多,当是唐代女性绿云鬓最常用的发饰。韦庄《怨王孙(〈全唐诗〉有"与河传、月照梨花二词同调")》云"锦里,蚕市,满街珠翠,千万红妆。玉蝉金雀,宝髻花簇鸣珰"②,描绘蚕市女子云集,宝髻上花朵成簇,插戴着青绿色的玉蝉金雀,满街望去皆是珠翠。李贺《夜来乐》云"绿蝉秀黛重拂梳"③,直接点出了这种蝉形发饰为黛绿色。元稹《莺莺传》附《会真诗三十韵》云"低鬟蝉影动,回步玉尘蒙"、"汗光珠点点,发乱绿松松"④,描写莺莺鬟状发型上蝉影摇动,行动后汗光点点、绿发蓬松。

唐诗中的玉蝉、宝蝉、金蝉妆饰较多,有十六首。王建《宫词》其四十二细致描绘装点蜂须蝉翅的发饰:"蜂须蝉翅薄松松,浮动摇头似有风。一度出时抛一遍,金条零落满函中。"⑤可知宫女鬓发的玉摇头首饰上有蜂须、蝉翅点缀,薄而透明,且满饰金条,行动或拿起摇动时,即会有飘飘来风的感觉。

有些描述蝉形发饰,并以金、宝等修饰词,如"歌鬟插宝蝉"(白居易《会昌春连宴即事》刘禹锡联句⑥)、"将鬟镜上掷金蝉"(李贺《屏风曲》⑦)"天宝年中事玉皇……钿蝉金雁今零落"(温庭筠《弹筝人》⑧)、"贺筵花畔玉蝉新"(张蠙《边将》⑨)、"低鬟蝉钗落"(牛峤《菩萨蛮》⑩)等。

有些写出鬟鬓上金蝉斜坠或走动时摇曳生姿的姿态,如"鬟欹蝉,钗坠凤"(李珣《酒泉子》其三⑪)、"捍拨双盘金凤,蝉鬓玉钗摇动"(牛峤《西溪

---

① 《王建诗集校注》卷一〇,第607页。
② 《花间集新注》未收。《全唐诗》卷八九二,第十三册,第10148页。《韦庄集笺注·浣花词》,第399页。
③ 《李长吉歌诗编年笺注》卷三,上册,第298页。
④ 《元稹集·外集卷六·补遗六》,第676页。
⑤ 《王建诗集校注》卷一〇,第586—587页。
⑥ 《白居易集笺校·外集中》,第3878页。
⑦ 《李长吉歌诗编年笺注》卷六(未编年诗),下册,第726页。
⑧ 《温庭筠全集校注》卷五,第474页。
⑨ 《全唐诗》卷七〇二,第十册,第8154页。
⑩ 《花间集新注》卷四,第171页。
⑪ 《花间集新注》卷一〇,第447页。

子》①)、"金虫玉燕锁香奁,恨厌厌。云鬟半坠懒重簪"(顾敻《酒泉子》,金虫即绿金蝉,制成蝉形的首饰②)。

另有一些则指出蝉钗较重,如"常嫌鬓蝉重,乞人白玉钗"(曹邺《代班姬》③)、"钿蝉新翅重"(唐彦谦《汉代》④)。而玉质的蝉钗则较为轻巧,如"香云双飐玉蝉轻"(和凝《宫词百首》⑤)。

金雀:金雀也是绿云鬟上的装饰物,牛峤《菩萨蛮》云"绿云鬟上飞金雀"⑥。金雀发钗常常用来修饰娇美如仙的佳人,如"绿窗娇女字莺莺,金雀鸦(《全唐诗》作'娅')鬟年十七"(李绅《莺莺歌》⑦)、"栖乌(一作'鸟')暗惊仙子落,步月鬓云堕金雀"(陈陶《殿前生桂树》⑧)、"金雀钗,红粉面"(温庭筠《更漏子》⑨)、"忆行时,背手授(一作'移')金雀"(韩偓《三忆》⑩)等。唐时的女性往往在鬓发上插戴多个金雀,刘驾《且可怜行》云"头上金雀多"⑪。而叙及女子鬓发的金雀时,亦往往和翠翘、花钿、鹨鹅等珍贵衣饰并举,如"花钿委地无人收,翠翘金雀玉搔头"(白居易《长恨歌》⑫)、"娇别翠钿黏去袂,醉歌金雀碎残尊"(杨莱儿《和赵光远题壁》⑬)、"宝函钿雀金鹨鹅"(温庭筠《菩萨蛮》⑭)等。

②翠钿妆饰的云鬟

翠钿亦可令鬓发发出绿光,以成绿鬟观感。翠钿在唐代的衣食住行生活日用中运用极广,壁画中亦可见这种翠钿(见插页彩图41)。其有两种妆用形式,一是插戴发髻的首饰,"以金银铜等制成花朵状,并在其上加贴翠绿色鸟羽"⑮;一是面饰,黏在眉心或面颊酒窝处,如"翠钿金压脸"(温庭

---

① 《花间集新注》卷四,第174页。
② 《花间集新注》卷七,第298页。
③ 《全唐诗》卷五九三,第九册,第6933页。
④ 《全唐诗》卷六七二,第十册,第7758页。
⑤ 《全唐诗》卷七三五,第十一册,第8477页。
⑥ 《花间集新注》卷四,第170页。
⑦ 《全唐诗》卷四八三,第八册,第5529页。卢燕平校注:《李绅集校注·编年诗》,中华书局2009年版,第4页。
⑧ 《全唐诗》卷七四五,第十一册,第8562页。
⑨ 《花间集新注》卷一,第23页。
⑩ 《全唐诗》卷六八三,第十册,第7907页。齐涛笺注:《韩偓诗集笺注》卷四,山东教育出版社2000年版,第267页。
⑪ 《全唐诗》卷五八五,第九册,第6834页。
⑫ 《白居易集笺校》卷一二,第660页。
⑬ 《全唐诗》卷八〇二,第十二册,第9124页。
⑭ 《花间集新注》卷一,第14页。
⑮ 《中国设计全集》卷八《服饰类编·容妆篇》,第186页。

筠《菩萨蛮》①)、"翠钿贴靥轻如笑"(顾敻《酒泉子》)②、"翠钿金缕镇眉心"(张泌《浣溪沙》③)等。也用以装饰他物,可装饰衣襟,如"翠钿束罗襟"(许浑《赠萧炼师二十韵并序》④);可装饰书轴,如"轴闲翠钿剥"(皮日休《二游诗·徐诗》⑤);也可装饰香车,如"香车翠钿装"(韦庄《和郑拾遗秋日感事一百韵》⑥)等。还用来比喻、比衬翠绿的事物,如"草色虽秋耀翠钿"(令狐楚《游晋祠上李逢吉相公》⑦)、"寄与湘妃作翠钿"(皮日休《木兰后池三咏·浮萍》)等。

晚唐五代叙及宫廷女性生活的诗词中常常会有翠钿,如"和尘扫翠钿"(殷尧藩《吴宫》⑧)、"日暮何人落翠钿"(花蕊夫人《宫词》)等。

其他女性尤其是歌儿舞女的装饰中也有翠钿,如"翠钿(一作'钗')红袖水中央"(李康成《采莲曲》⑨)、"高楼翠钿飘舞尘"(王建《失钗怨》⑩)、"练得霜华助翠钿,相期朝谒玉皇前"(罗虬《比红儿诗》⑪)、"妆奁拾翠钿"(路德延《小儿诗》⑫)、"娇别翠钿黏去袂"(杨莱儿《和赵光远题壁》⑬)、"翠钿同醉楚台巍"(史凤《锁莲灯》⑭)、"求仙去也,翠钿金篦尽舍"(薛昭蕴《女冠子》⑮)、"翠钿斜映艳梅妆"(毛熙震《浣溪沙》⑯)、"金缕翠钿浮动"(李珣《西溪子》⑰)、"翠钿檀注助容光"(李珣《浣溪沙》⑱)等。

③翡翠、翠翘、绿翘、金翘妆饰的绿鬓

翡翠的羽毛极为鲜妍美丽,于是被当作发饰,有直接插戴羽毛的,亦有通过工艺嵌于发簪或冠上的,被称作翠翘、绿翘(翘是鸟尾,据《说文解字》

---

① 《花间集新注》卷一,第 11 页。
② 《花间集新注》卷七,第 298 页。
③ 《花间集新注》卷四,第 184 页。
④ 《全唐诗》卷五三七,第八册,第 6176 页。《丁卯集笺证》卷一〇,第 650 页。
⑤ 《全唐诗》卷六〇九,第九册,第 7084 页。
⑥ 《韦庄集笺注》卷五,第 210 页。
⑦ 《全唐诗》卷三三四,第五册,第 3750 页。
⑧ 《全唐诗》卷四九二,第八册,第 5605 页。
⑨ 《全唐诗》卷二〇三,第三册,第 2131 页。
⑩ 《王建诗集校注》卷一,第 43 页。
⑪ 《全唐诗》卷六六六,第十册,第 7690 页。
⑫ 《全唐诗》卷七一九,第十一册,第 8337 页。
⑬ 《全唐诗》卷八〇二,第十二册,第 9123 页。
⑭ 《全唐诗》卷八〇二,第十二册,第 9127 页。
⑮ 《花间集新注》卷三,第 147 页。
⑯ 《花间集新注》卷九,第 409 页。
⑰ 《花间集新注》卷一〇,第 454 页。
⑱ 《花间集新注》,第 429 页。

解释:"尾长毛也"①,翠是翠鸟),与之相关的还有金翘、翘花等发饰,均可令云鬓呈现绿色光泽,毛熙震《浣溪沙》即云"绿鬓云散袅金翘"②。金翘"以金制成凤鸟之状,羽翅部分镶嵌翡翠"。另有翘花,"也称'花翘''翘花儿',以金银锤制成凤鸟之形,上饰翠羽珠宝,使用时连缀于簪钗之上,一说为翠羽制成的头饰"③。《妆台记》称周文王即"于髻上,加珠翠翘花"④,虽为传说,但也客观反映了男子亦加翠翘之风。出土文物中的翠羽簪、点羽簪(见插页彩图42、43),或与翠翘为一类饰品,极为精美,湖蓝色的羽毛和宝石珠玉搭配,即透出绿色的光泽。

翠羽在唐代公主妆饰中亦少不了,以至于墓志比喻公主容貌时,也要说"琼蕤泛彩,拂秾李之花;翠羽凝鲜,缀香苔之叶"(《大唐永泰公主志石文》⑤)。

唐人对鸟类极为喜爱,唐诗中的鸟类吟咏更是不计其数,衣饰中也少不了鸟儿的点缀,在衣服或首饰上织绣或刻镂禽鸟图像,且以不同的禽鸟代表不同等级,甚或直接以翡翠等鸟类的鲜艳羽毛做衣饰,安乐公主就曾令尚方司采百鸟之毛制成毛裙,带来鸟类的灾难。因羽毛鲜妍美丽、卓富光泽,唐代发饰上更是少不了翡翠的影迹。以鸟类羽毛直接装饰的行为,因违背"仁爱"的传统伦理取向,皇室的这种服饰若过于奢侈,往往会被规谏。而诗人们常会在诗歌中同情并哀叹美丽鸟儿因人类行为而导致的不幸命运。

唐彦谦《翡翠》云"莎草江汀漫晚潮,翠华香扑水光遥。玉楼春暖笙歌夜,妆点花钿上舞翘"⑥,先是描述江水中美丽自在的翡翠,接着将画面移入笙歌宴饮场中,翡翠的美丽羽毛已成为装点舞姬花钿的翠翘。吴融《池上双凫二首》其一云"可怜翡翠归云髻,莫羡鸳鸯入画图。幸是羽毛无取处,一生安稳老菰蒲"⑦,叹惋翡翠因羽毛美丽而被用以装饰云髻的悲剧命运,并将之和没有美丽羽毛而得以在菰蒲中逍遥自在、安稳终老的野凫做以对比,可知在唐代翡翠的青绿色羽毛常常是女性鬓发的重要点缀。李绅《重别西湖》云"浦边梅叶看凋落,波上双禽去寂寞。吹管

---

① 《说文解字注》四篇上《羽部》,第139页。
② 《花间集新注》卷九,第407页。
③ 中国文物学会专家委员会:《中国文物大辞典》(上册),中央编译出版社2008年版,第642页。
④ 《四部文明·隋唐文明·妆台记》卷五〇,第641页。
⑤ 《全唐文新编》卷二六七,第二部,第一册,第3029页。
⑥ 《全唐诗》卷六七一,第十册,第7729页。
⑦ 《全唐诗》卷六八七,第十册,第7967页。

曲传花易失,织文机学羽难飘"①,即引《梅花落》乐曲上接起句的梅叶凋零,又引《织锦回文诗》,承接在织机上织出鹨鹅羽毛,却也没有飞动之态,以此暗指鸟儿已飞去不见之落寞。刘禹锡《武陵书怀五十韵》云"披沙金粟见,拾羽翠翘翻"②,虽非吟咏佳人发饰之作,但也透漏出披沙拣金、拾取翡翠翠翘的社会现象。由于上层对翡翠的喜爱,秦汉时川湘等地少数民族即以翡翠羽毛为赋税,至唐代仍然如此,李商隐《碧瓦》云"吴市蟏蛸甲,巴赍翡翠翘"③。

翠翘的具体细节,唐代诗词描绘较少,但从"锦檀偏,翘股重。翠云欹,暮天屏上春山碧"(毛熙震《酒泉子》其一④)可知,其制作繁复、钗股厚重致使鬓发斜坠。韦庄《诉衷情》"越罗香暗销,坠花翘"⑤,亦点出花翘斜坠的情形。

唐诗中时时可见陌上、邻家、庭院里插戴翠翘的美丽女子,如"拾得当时旧翠翘"〔温庭筠《经旧游》(一作《怀真珠亭》)⑥〕、"邻家女伴频攀折,不觉回身罥翠翘"(司空图《杨柳枝寿杯词十八首》其十三⑦)、"半袖笼清镜,前丝压翠翘"(唐彦谦《汉代》⑧)、"妆发秋霞战翠翘"〔李洞《赠庞炼师(女人)》⑨〕、"采香陌上谁家女,湿损钗头翡翠翘"(李九龄《春行遇雨》⑩)等。

宴饮与游玩时,亦总会见到簪戴翠翘的女子。杨炎《赠元载歌妓》云"玉山翘翠步无尘"⑪,描绘发簪翠翘的歌妓步态之轻盈。刘禹锡追忆旧游,脑海中即回闪着簪戴翠翘的女郎身影,写道"长袂女郎簪翠翘"(《乐天寄忆旧游因作报白君以答》⑫)。"何筵不翠翘","我为分行近翠翘"〔李商隐《送从翁从东川弘农尚书幕》《梓州罢吟寄同舍(大中九年)》⑬〕亦直接

---

① 《全唐诗》卷四八二,第八册,第5522页。《李绅集校注·编年诗》,第78页。
② 《刘禹锡集》卷二二,第277页。
③ 《李商隐诗歌集解·不编年诗》,第1718页。
④ 《花间集新注》卷一〇,第425页。
⑤ 《全唐诗》卷八九二,第十三册,第10143页。《韦庄集笺注·浣花词》,第445—446页。
⑥ 《温庭筠全集校注》卷四,第429页。
⑦ 《全唐诗》卷六三四,第十册,第7332页。〔唐〕司空图著,祖保泉、陶礼天笺校:《司空表圣诗文集笺校》卷三,安徽大学出版社2002年版,第68页。
⑧ 《全唐诗》卷六七二,第十册,第7758页。
⑨ 《全唐诗》卷七二三,第十一册,第8375页。
⑩ 《全唐诗》卷七三〇,第十一册,第8443页。
⑪ 《全唐诗》卷一二一,第二册,第1214页。
⑫ 《刘禹锡集》卷三二(原外集卷二),第445页。
⑬ 《李商隐诗歌集解·编年诗》,第158、1309页。

以翠翘代指佳人。温庭筠《和周繇广阳公宴嘲段成式诗》云"卢姬逞十三。玳筵方喜睐……却略青鸾镜,翘翻翠凤篸"①,描绘了宴席上簪戴翠凤绿翘的卢姬形象。

一些佳人会在鬓发簪戴双支翠翘,再加上鸳鸯、凤凰、步摇、玉搔头等发钗,满头珠翠,煌煌炫目,如"头上鸳钗双翠翘"(韦应物《长安道》②)、"凤钗翠翘双宛转"(徐凝《郑女出参丈人词》③)、"丁丁海女弄金环,雀钗翘揭双翅关"(李贺《贝宫夫人》④)、"傍有堕钗双翠翘"(李商隐《偶题二首》其一⑤)、"翠翘金缕双𪆟𪅀"(温庭筠《菩萨蛮》其四⑥)、"金凤对翘双翡翠"(李郢《为妻作生日寄意》⑦)等。白居易《长恨歌》云"花钿委地无人收,翠翘金雀玉搔头"⑧,可知杨贵妃鬓发间插戴的发饰极多,有翠翘、金雀等形状的发钗,还有美玉制作的玉搔头。

而《花间集》更是借助翠翘映衬出花间绣户、舞榭歌台、宴饮交游中女子的万千姿态。或款步时罗袜生尘、翠翘袅袅,如"垂交带,盘鹦鹉,袅袅翠翘移玉步"(顾敻《应天长》⑨);或酒后初醒慵懒的姿态,如"宿妆犹在酒初醒,翠翘慵整倚云屏"(顾敻《虞美人》⑩);或鬓发上翠翘摇曳、娇羞袅娜的姿态,如"声颤觑人娇,云鬟袅翠翘"、"翠翘云鬓动,敛态弹金凤"(魏承班《菩萨蛮》⑪);或高髻上簪戴金翘的惆怅姿态,如"金翘峨髻愁暮云,沓飒起舞真珠裙"(李贺《河南府试十二月乐词·二月》⑫);或斜坠玉凤金翘簪钗笑语盈盈移步花丛的姿态,"笑迎移步小兰丛,弹金翘玉凤"(李存勖《阳台梦》⑬)。

唐诗亦吟咏了这种翡翠发簪,并直接显示出何以绿云鬓的原因以及绿鬓兰云的绿云鬓的某些造型特征。李贺《少年乐》云"吴娥未笑花不开,绿鬓耸堕兰云起。陆郎倚醉牵罗袂,夺得宝钗金翡翠"⑭,从中可见吴娥高耸

---

① 《温庭筠全集校注》卷八,第869页。
② 《韦应物诗集系年校笺》卷二,第103页。
③ 《全唐诗》卷四七四,第七册,第5416页。
④ 《李长吉歌诗编年笺注》卷五,下册,第656页。
⑤ 《李商隐诗歌集解·不编年诗》,第1798页。
⑥ 《花间集新注》卷一,第6页。《温庭筠全集校注》卷一〇,第909页。
⑦ 《全唐诗》卷五九〇,第九册,第6905页。
⑧ 《白居易集笺校》卷一二,第660页。
⑨ 《花间集新注》卷七,第302页。
⑩ 《花间集新注》卷六,第273页。
⑪ 《花间集新注》卷八,第373、372页。
⑫ 《李长吉歌诗编年笺注》卷一,第21页。
⑬ 《全唐诗》卷八八九,第十三册,第10113页。
⑭ 《李长吉歌诗编年笺注》卷六(未编年诗),中华书局2012年版,第753页。

的云鬓上斜坠着的即是蓝绿色的翡翠发簪。其所梳的应是高鬓,从其耸堕的造型看亦有可能是唐代流行的抛家髻或堕马髻,其上因插满宝钗和金翡翠,闪烁着兰翠的光华,因此给诗人的观感即是蓝绿的色彩,被诗人直接命名为绿鬓蓝云,而唐代公主以其高贵的身份,翡翠、绿松石等的插戴应是更多、更密集的。

④珠翠

珠翠亦是公主服饰中少不了之物,多装饰于鬓发,亦会在衣服上作为点缀,如"共怪满衣珠翠冷"(王涯《宫词三十首》其二十三)。据《杜阳杂编》记述同昌公主薨逝时,上"又教数千人作叹百年队。取内库珍宝雕成首饰……每一舞而珠翠满地"①。珠翠当是珍珠和翡翠的简称,殷尧藩《馆娃宫》即云"宫女三千去不回,真珠翠羽是尘埃"②。

当高耸的鬓发满饰珠翠后,亦如翠云一般,毛熙震《后庭花(或加"玉树"二字)》其二即云"步摇珠翠修蛾敛,腻鬓云染"③;珠翠自带光芒,和天光水影相交时,亦增添女子别样的韵致,刘沧《洛神怨》即云"云鬓高动水宫影,珠翠乍摇沙露光"④。珠翠满目是诗人绮筵场上最突出的观感,如"满楼珠翠胜吴娃"(韦庄《陪金陵府相中堂夜宴》⑤)、"满目绮罗珠翠"(尹鹗《金浮图》⑥)等。

盛饰珠翠亦是当时女子的普遍追求,诗人亦感觉到这不能承受之重,白居易《江南遇天宝乐叟》云"体弱不胜珠翠繁"⑦;薛能《戏题》亦云"拥头珠翠重"⑧;黄滔《启帐》则说"拨开珠翠待相逢"⑨。而女子们只是追求这种绿云鬓的美,却不知这将使珠翠产地付出沉重代价,杜光庭在《富贵曲》(一作郑邀诗)中感叹"美人梳洗时,满头间珠翠。岂知两片云,戴却数乡税"⑩,而杜牧亦曾在《怀钟陵旧游四首》其二云"连巴控越知何事,珠翠沉檀处处堆"⑪。

叙写皇室女性生活的唐诗里,更是少不了珠翠的影迹,正是这种满饰

---

① 《杜阳杂编》卷下,第28页。
② 《全唐诗》卷四九二,第八册,第5617页。
③ 《全唐诗》卷八九四,第十三册,第10181页。
④ 《全唐诗》卷五八六,第九册,第6856页。
⑤ 《韦庄集笺注》卷四,第155页。《全唐诗》卷六九七,第十册,第8090页。
⑥ 《全唐诗》卷八九五,第十三册,第10179页。
⑦ 《白居易集笺校》卷一二,第632页。
⑧ 《全唐诗》卷五五八,第九册,第6532页。
⑨ 《全唐诗》卷七〇六,第十一册,第8208页。
⑩ 《全唐诗》卷八五四,第十二册,第9728页。
⑪ 《杜牧集系年校注》卷四,第二册,第473页。

的珠翠令这些宫廷女性闪动着炫目的绿光,元稹《连昌宫词》感叹"楼上楼前尽珠翠,炫转荧煌照天地"①。而珠翠不仅在暗中会发出煌煌之光,在缓步时亦会叮咚作响,如"暗中珠翠鸣珊珊"(李颀《绝缨歌》②);芙蓉的韵致也比不过美人珠翠的妆饰,每当风来,不仅光影摇动,亦会馨香一片,如"芙蓉不及美人妆,水殿风来珠翠香"(王昌龄《西宫秋怨》③);逃离秦宫的宫女亦残留着当时珠翠羽毛为衣饰的旧迹,如"羽毛经汉代,珠翠逃秦宫"(常建《仙谷遇毛女意知是秦宫人》④);当六宫粉黛款步而来时,远远地先是会看到珠翠云翻的炫目景象,如"云翻珠翠六宫来"(薛逢《元日楼前观仗》⑤);提及汉宫,令诗人炫目的也是繁复稠密的珠翠,如"柏梁台中珠翠稠"(陆龟蒙《汉宫词》⑥);叙及宫中景象,宫女们满眼的珠翠亦是最典型的画面,如"下方珠翠压鳌头"(陈陶《朝元引四首》其二⑦);当然也会以珠翠三千代指六宫粉黛,如"六宫争近乘舆望,珠翠三千拥赭袍"(陆龟蒙《开元杂题七首·杂伎》⑧);而描写失宠宫女的寂寥与怨念时,也会以珠翠的冷落无用比况,如"满身珠翠将何用,唯与豪家拂象床"(高骈句⑨)、"懒修珠翠上高台"(章碣《东都望幸》⑩)、"钿笼金锁睡鸳鸯,帘冷露华珠翠"(张泌《满宫花》⑪);怀古感叹旧朝零落时亦会选取珠翠来比况曾经的繁华,如"珠翠繁华去不回"(孙逖《途中口号》⑫)。

皇室盛簪珠翠的发饰之风,亦延及高堂贵妇乃至歌儿舞女、民间百姓,唐诗中亦叙及各阶层女性的珠翠妆饰。如"曲房珠翠合"(刘长卿《少年行》)、"高堂珠翠繁"(王维《寓言二首》其一⑬)、"处处逢珠翠"(顾况《上

---

① 《元稹集》卷二四,第270页。
② 隋秀玲校注:《李颀集校注》(明铜活字本集外诗),河南人民出版社2007年版,第191页。
③ 胡问涛、罗琴校注:《王昌龄集编年校注》卷二(编年诗二十五首),巴蜀书社2000年版,第98页。
④ 《全唐诗》卷一四四,第二册,第1458页。
⑤ 《全唐诗》卷五四八,第八册,第6383页。
⑥ 《全唐诗》卷六二七,第九册,第7266页。何锡光校注:《陆龟蒙全集校注》卷一二,凤凰出版社2015年版,第716页。
⑦ 《全唐诗》卷七四六,第十一册,第8573页。
⑧ 《全唐诗》卷六二七,第九册,第7276页。《陆龟蒙全集校注》卷一二,第755页。
⑨ 《全唐诗》卷五九八,第九册,第6980页。
⑩ 《全唐诗》卷六六九,第十册,第7716页。
⑪ 《全唐诗》卷八九八,第十三册,第10211页。
⑫ 《全唐诗》卷一一八,第二册,第1198页。
⑬ 《王维集校注》卷一〔编年诗(开元上)〕,第47页。

元夜忆长安》①)、"长檠高张照珠翠"(韩愈《短灯檠歌》②)、"密坐列珠翠,高门涂粉臆"(韩愈《晚秋郾城夜会联句》③)、"奴僮被珠翠"(元稹《出门行》④)、"越艳荆姝惯采莲……此时莲浦珠翠光"(徐玄之《采莲》⑤)、"鸾歌凤舞飘珠翠"(佚名《与崔渥冥会杂诗》其二⑥)等。

宴游诗亦会叙及珠翠环绕的情形,白居易即有多首,如"桑落气薰珠翠暖"(《房家夜宴喜雪,戏赠主人》⑦)、"珠翠混花影"(《六年寒食洛下宴游,赠冯、李二少尹》⑧)、"珠翠歌钟俱绕身"(《夜闻贾常州、崔湖州茶山境会想羡欢宴因寄此诗》⑨)、"珠翠无非二八人"(《劝酒》⑩)等。其他诗人作品,则如"珠翠照天春未老"(刘兼《贵游》⑪)等。

叙写绮筵歌场、绣幌佳人的词作中,尤其是《花间集》,更会选择珠翠映衬女子情态。有卸妆珠翠零落的离恨,如"半妆珠翠落"(薛昭蕴《离别难》⑫);有风雪天发着寒光的珠翠,如"珠翠发寒光"(许浑《对雪》⑬);有风雨中的珠翠之声,如"珠翠有声风绕幡"(许浑《题舒女庙》⑭);亦有寂寥清冷的珠翠,如"寂寥珠翠想遗声"(刘沧《题王母庙》⑮);亦有烟雾笼罩日光照耀时珠翠明明灭灭的朦胧之美,如"烟笼日照,珠翠半分明"(牛希济《临江仙》)。

公主们的绿云鬓,自然也和珠翠之饰相关。韦应物(一作张萧远)《送宫人入道》云"公主(张作'师')与收珠翠后,君王看戴角冠时"⑯,卢纶《王评事驸马花烛诗》亦云"几多珠翠落香尘"⑰,刘沧《题秦女楼》云"珠翠香销鸳瓦堕"⑱。《大唐故兰陵长公主碑》称颂兰陵公主不同于其他公主,"首

---

① 《全唐诗》卷二六六,第四册,第2946页。
② 《韩昌黎诗集编年笺注》卷四,第244页。
③ 《韩昌黎诗集编年笺注》卷一〇,第530页。
④ 《元稹集》卷二三,第265页。
⑤ 《全唐诗》卷七七七,第十一册,第8884页。
⑥ 《全唐诗》卷八六四,第十二册,第9839页。
⑦ 《白居易集笺校》卷八,第1201页。
⑧ 《白居易集笺校》卷二二,第1516页。
⑨ 《白居易集笺校》卷二四,第1659页。
⑩ 《白居易集笺校·外集上·诗文补遗一》,第3821页。
⑪ 《全唐诗》卷七六六,第十一册,第8776页。
⑫ 《花间集新注》卷三,第144页。
⑬ 《丁卯集笺证》卷一,第4页。
⑭ 《丁卯集笺证》卷六,第333页。
⑮ 《全唐诗》卷五八六,第九册,第6846页。
⑯ 《韦应物诗集系年校笺》卷一〇(写作年代无考者),第548页。
⑰ 《卢纶诗集校注》卷二,第210页。《全唐诗》卷二七七,第五册,第3143页。
⑱ 《全唐诗》卷五八六,第九册,第6855页。

无金翠之饰"①,可知公主发饰中珠翠之重要,其婚礼中少不了给步障撒众多珠翠,其逝去后的秦女楼里也不再有珠翠的光和香。

清代文物中即有珠翠团花与点翠的妆饰(见插页彩图44)。

⑤碧玉簪、翠钗装饰的绿鬟

而鬓发上的碧玉簪、翠钗,亦会造成绿光观感。

唐诗中的碧玉簪饰亦较多,如"碧玉搔头落水中"(白居易《采莲曲》②)、"鬓绾青丝发,冠抽碧玉簪"(薛昭蕴《女冠子》③)、"碧玉搔头斜坠"(冯延巳《谒金门》④)等。

驸马家宴里也有簪翠钗的舞姬,如"翠钗低舞席"(上官仪《安德山池宴集》⑤),皇室女性亦簪翠云钗,如"春来新插翠云钗"(王涯《宫词》其二⑥);贵族之家的舞姬、青楼女子亦以翠钗装点鬓发,如"翠钗照耀衔云发"(上官仪《和太尉戏赠高阳公》⑦)、"顾步裴回拾翠钗"〔范元凯《章仇公席上咏真珠姬》(章仇公,大历中蜀州刺史)》⑧〕、"翠钗红袖坐参差"(白居易《与牛家妓乐雨后合宴》)、"翠钗先取一双(《全唐诗》一作'枝')悬"〔韩偓《荔枝三首(丙寅年秋到福州,自此后并福州作)》其二⑨〕、"翠钗横"(欧阳炯《春光好》)等。

而翠钗常常雕镂有凤凰、蝴蝶等形状,如"为问翠钗钗上凤"(李商隐《无题二首》其一⑩)、"翠钗金作股,钗上蝶双舞"(温庭筠《菩萨蛮》⑪)、"香玉,翠凤宝钗垂簏簌,钿筐交胜金粟"(温庭筠《归国谣》⑫)、"宝钗横翠凤"(冯延巳《菩萨蛮》⑬)。公主墓中侍女亦有插戴凤鸟步摇簪的(见图11)。

---

① 《全唐文新编》卷一五三第一部,第三册,第1760页。
② 《白居易集笺校》卷一九,第1303页。
③ 《花间集新注》卷三,第147页。
④ 《四部备要》集部影宋本校刊《花间集》十卷本不收,中华书局聚珍仿宋版。沈祥源、傅生文注《花间集新注》未收,《花间集笺注汇校汇注汇评》亦未收。《四部丛刊》影明万历刊巾箱本收入《花间集补》卷下末尾,《全唐诗》卷八九八亦有收录(第10216页)。
⑤ 《全唐诗》卷四〇,第一册,第510页。
⑥ 《全唐诗》卷三四六,第六册,第3887页。
⑦ 《全唐诗》卷四〇,第一册,第511页。
⑧ 《全唐诗》卷三一一,第五册,第3515页。
⑨ 《全唐诗》卷六八〇,第十册,第7860页。《韩偓诗集笺注》卷一,第53页。
⑩ 《李商隐诗歌集解·未编年诗》,第1441页。
⑪ 《花间集新注》卷一,第6页。《温庭筠全集校注》卷一〇,第906页。
⑫ 《温庭筠全集校注》卷一〇,第969页。
⑬ 《花间集新注》未收,《花间集笺注汇校汇注汇评》亦未收。《四部丛刊》影明万历刊巾箱本收入《花间集》卷一四《花间集补》卷下末尾,《全唐诗》卷八九八亦有收录(第十三册,第10216页)。

图11　永泰公主墓石刻插单支凤鸟口衔珠串步摇簪侍女图
(图片来源:《珠光翠影:中国首饰史话》①)

⑥碧牙雕饰青山的发饰

唐代宫廷中甚至会将牙骨雕镂成参差连绵的青山发饰,用以妆饰鬓发,于是望去自然会呈现出青绿之色。陈陶《西川座上听金五云唱歌》云:"旧样钗篦浅淡衣,元和梳洗青黛眉。低丛小鬟腻鬟鬓,碧牙镂掌山参差……自言本是宫中嫔,武皇改号承恩新。"②叙及在西川宴会上见到的流落民间的宫中妃嫔,其以宫中旧样妆扮鬓发,戴着发钗和梳篦,又以元和时的样式画出青黛之眉,低密丛生的斜坠小鬟,应是当时的倭堕髻的样式,其间妆饰着牙雕青绿山峦的发饰。

综合上述材料不难发现公主的绿云鬓,当是一种簪戴各种饰物而来的如云般高耸的发式,由于公主身份高贵,财力雄厚,于是各种珍稀珠宝、玉石、翠羽等饰物均被用于装点鬓发,甚至是重重叠叠地插戴满头,诸如玉蝉金雀、翠钿等饰物,来自翠鸟之羽毛经过点翠工艺而来的翡翠、翠翘、绿翘、金翘之饰,又或是珠翠、碧玉簪、翠钗,以及牙雕的青绿山峦发饰,无不透着光彩夺目的绿光,以造成公主鬓发远远望去的绿云、绿光之感。这种如绿云般的鬓发,既带来扑面而来的自然气息,又因道教文化的汇入透着浓浓的仙风仙气,自然为包括公主们在内的皇室宫样妆所乐于选用,于是经由诗人之眼目又经过其心灵之点亮,进入唐诗中,成就了公主发式中极具代

---

① 《珠光翠影:中国首饰史话》,第252页。
② 《全唐诗》卷七四五,第十一册,第8558页。

表性的公主绿色系云鬟意象。

3. 唐诗中的公主堕马鬟

"堕马鬟"别称"坠马鬟",又因与汉代"倭堕鬟"相似得其名,也有说法认为因似坠非坠的发型形似"堕马"之状,最初被称作"堕马鬟",但语意不吉,于是被称作"倭堕鬟"。二者稍有差别,汉代倭堕鬟是用绾于顶后的发梢绾结垂一侧的发缕,唐代堕马鬟在头顶束发后于一边再绾一束发鬟垂坠下来。①

据《后汉书》记载东汉权臣梁冀的妻子孙寿"色美而善为妖态,作愁眉,啼妆,堕马鬟",李贤注引《风俗通》解释:"堕马鬟者,侧在一边。……始自冀家所为,京师翕然皆放(通'仿')效之。"②这种妆容在"桓帝元嘉中"被"京都妇女"广为追捧③,史家将之列入服妖之列。《古今注·杂注》:"堕马鬟今无复作者。倭堕鬟,一云堕马之余形也。"④可知至晋代已无人梳堕马鬟。

有说法认为堕马鬟至天宝年间又开始出现。但从唐诗看,高宗、武周时的太平公主亦梳这种发式。张昌宗《太平公主山亭侍宴》(一作姚崇句)云"钗承堕马鬟"。从开元至晚唐均有女性梳此发鬟,如"宝钗新梳倭堕鬟"(许景先《折柳篇》⑤,诗人公元731年即去世,尚未至天宝时)、"雪发羞垂倭堕鬟"(司空曙《长林令卫象饧丝结歌》⑥)、"二八蛾眉梳堕马"(李颀《缓歌行》⑦)、"从来不堕马,故遣鬟鬓斜"〔刘禹锡《同乐天和微之深春二十首(同用家、花、车、斜四韵)》其十五⑧〕、"倭堕低梳鬟"〔温庭筠《南歌子(〈全唐诗〉有注"歌或作柯,一名春宵曲")》⑨〕等。

张萱《虢国夫人游春图》(见插页彩图45)与唐《宫乐图》(参插页彩图62)中均有女子梳堕马鬟。

4. 云鬟及胡妆的参照:公主墓室文物宫样发鬟

唐代公主的发鬟属宫样鬟,虽说并无公主画像(但有研究者认为《九

---

① 《中国设计全集》卷八《服饰类编容妆篇》,第62页。
② 《后汉书》卷三四列传二四《梁统列传》,第五册,第1180页。
③ 《后汉书》卷一〇三志一三《五行志一·服妖》,第十一册,第3270—3271页。
④ 王巍主编:《中国考古学大辞典》,上海辞书出版社2014年版,第52页。〔晋〕崔豹:《古今注》卷下,中华书局1985年版,第21页。
⑤ 《全唐诗》卷一一一,第二册,第1134页。
⑥ 《司空曙诗集校注》,第220页。
⑦ 《全唐诗》卷一三三,第二册,第1349页。《李颀集校注》卷中,第111页。
⑧ 《刘禹锡集》卷三二(原外集卷二),第436页。
⑨ 《花间集新注》卷一,第47页。《温庭筠全集校注》卷一〇,第987页。《全唐诗》卷八九一,第十三册,第10133页。

侍女图》为首者为永泰公主,《云中车马图》中车后男装之一为公主),但通过公主墓文物中的侍女发髻,亦可管窥当时的宫廷发样,公主发型应更为繁复精细,妆饰名贵珍稀珠宝制作的发冠、发钗和花朵。壁画中的宫样发髻极多,据形状的大小高低及来源地划分,有高髻、小髻、胡髻等,因唐诗中的公主云鬟为高髻,公主男装及胡装的发髻与胡髻、回纥(鹘)髻等密切相关,于是仅叙此。

(1) 高髻

战国时歌舞艺人为表演时凸显于群体之中或为美观,多梳高髻,汉代即广为流行,民谣云"城中好高髻,四方高一尺"①,魏晋南北朝更盛。唐代高髻有"云髻、螺髻、峨髻、凤髻……半翻髻……及双鬟望仙髻等"②。

公主的云髻亦应为高髻,才可成高耸入云之状,又从宫廷传至民间,如"高髻云鬟宫样妆,春风一曲杜韦娘"(刘禹锡《赠李司空妓》③)、"细腰沉赵女,高髻唱蛮姬"(杨敬之《客思吟》④)、"高髻不梳云已散"(程长文《狱中书情上使君》⑤)等,刘禹锡诗中将"高髻"与"云鬟"并联,指出这是宫样妆的一种,可作为公主云髻以高髻为基础的明证。唐代女性不断加高发髻,以使之看起来巍峨高耸,至中晚唐甚至高至一尺,如"髻鬟峨峨高一尺"(元稹句⑥)、"出意挑鬟一尺长,金为钿鸟簇钗梁"(段成式《柔卿解籍戏呈飞卿三首》其三⑦)。陆龟蒙《古意(〈全唐诗〉作"古态")》叹息古妆发型已不为人们喜用,如今城中女子均梳着一尺高的发髻,"古态日渐薄,新装(《全唐诗》作'妆')心更劳。城中皆一尺,非妾髻鬟高"⑧。她们还巧用心思将高髻梳成各种形状,或如鸟状,或如蝉翼,如"高髻若黄鹂,危鬟如玉蝉"(孟简《咏欧阳行周事》⑨)。亦在高髻上插戴金钿、金翘等发饰,如"侧垂高髻插金钿"(岑参《敦煌太守后庭歌》⑩)、"金翘峨髻愁暮云"(李贺

---

① 《后汉书》卷二四《马援列传》,第三册,第 853 页。
② 黄现璠《唐代社会概略》(商务印书馆 1926 年版,第 179 页)作"双镮望仙髻";黄能福、陈娟娟撰,汤一介主编的《中华文化通志·宗教与民俗典·服饰志》(上海人民出版社 1998 年版,第 278 页)作"双鬟望仙髻";高春明《中国历代服饰艺术》(中国青年出版社 2009 年版,第 162 页)作"双环",应为"鬟"字。
③ 《刘禹锡集·遗诗目录》,第 632 页。此篇卞孝萱考证为伪作。
④ 《全唐诗》卷四七九,第七册,第 5487 页。
⑤ 《全唐诗》卷七九九,第十二册,第 9091 页。
⑥ 《元稹集·外集卷七·续补一》,第 690 页。
⑦ 《全唐诗》卷五八四,第九册,第 6825 页。
⑧ 《陆龟蒙全集校注》卷七,第 442 页。《全唐诗》卷六二七,第九册,第 7247 页。
⑨ 《全唐诗》卷四七三,第七册,第 5402 页。
⑩ 廖立笺注:《岑嘉州诗笺注》卷二,上册,中华书局 2004 年版,第 421 页。

《河南府试十二月乐词·二月》①)等。

唐代绘画中的高髻女子形象较多(见后引彩图53《簪花仕女图》,前引彩图20《捣练图》),唐代公主墓室壁画侍女亦多高髻,形式多样,如半翻髻、望仙髻、螺髻等。

①单刀、双刀半翻髻

半翻髻分为"单刀半翻髻""双刀半翻髻",是真发与假发相互掺和做成的髻式。初唐时流行于宫中,新城公主墓壁画中非常多(见插页彩图1、46、47、48、49),永泰公主墓壁画中亦有。

②双鬟望仙髻

"双鬟髻,又名双鬟望仙髻,是将发丝分成两股于头顶或头之两侧用丝绦束缚成两鬟"②,望之如仙之状。

《剧谈录》曾描述唐昌观中降仙人的传说,而诗人集体唱和唐昌观玉蕊花时将前来观花的仙人称作"玉女""弄玉",引入萧史的典故,此观曾是唐昌公主修行处,可知当时人均认为仙人即是唐昌公主。虽说显系妄说,但亦反映出时人心目中公主的形容、服饰印象,而这里的仙人即梳着高高的双鬟:

> 上都安业坊唐昌观……忽一日,有女子年可十七八,衣绿绣衣,乘马,峨髻双鬟,无簪珥之饰,容色婉约,迥出于众。从以二女冠……既而下马,以白角扇障面,直造花所,异香芬馥,闻于数十步之外。观者疑出自宫掖,莫敢逼而视之……时观者如堵,咸觉烟霏鹤唳,景物辉焕。举辔百余步,有轻风拥尘,随之而去。③

唐代公主墓室壁画中亦有这种发髻,如新城公主墓室南壁北幅左侧侍女(见插页彩图49),墓甬道东壁中幅左边侍女、墓室东壁中幅左二与右一(见插页彩图50)。唐五代词中亦叙及这种双鬟,李珣《南乡子》云"双髻坠,小眉弯"④;阎选《谒金门》云"双鬟绾云颜似玉"⑤;周朴《赠双峰山和尚》云"峨峨双髻山"⑥。

---

① 《李长吉歌诗编年笺注》卷一〔编年诗(元和三年)〕,第21页。
② 《新城、房陵、永泰公主墓壁画》,图版说明,第73页。
③ 〔唐〕康骈:《剧谈录》,古典文学出版社1958年版,第38—40页。
④ 《花间集新注》未收,见《全唐诗》卷八九六,第十三册,第10185页。
⑤ 《花间集新注》未收,见《全唐诗》卷八九七,第十三册,第10198页。
⑥ 《全唐诗》卷六七三,第十册,第7761页。

(2) 回纥(鹘)髻与胡髻

唐代胡风盛行,皇室亦以此为风尚,有取自吐蕃、回纥(鹘)及西域其他胡人发型的妆饰。唐代公主墓葬亦出土梳胡髻的女俑,有专家考证更可能为吐蕃妆饰(见插页彩图51)。

唐安公主墓室壁画中则绘有梳着回纥(788年以后才改为"鹘")髻的侍女(见图12)。花蕊夫人(《全唐诗》作王珪诗)《宫词》即云"明朝腊日官家出,随驾先须点内人。回鹘衣装(《三家宫词》作'裳')回鹘马,就中偏称小腰身"①,这种回纥(鹘)髻即为吸收回纥(鹘)女性发型并有所改变的盛行于初盛唐的妆饰。

图12 唐安公主墓室壁画梳回纥(鹘)髻侍女图
(图片来源:《唐墓壁画珍品》)②

(二)唐代公主的典型发饰考释

欲使鬓发美丽妖娆、熠熠生辉,当然少不了发饰的装点,于是古代贵族女性热衷于在发饰上争奇斗艳,即便贫女亦对此喜爱不已,贵为公主自然会拥有更为珍奇美丽的发饰。虽说文献直接叙及公主发饰的并不多,出土文物中也仅有唐宗女李倕的头冠,但透过公主墓文物的侍女发饰,则可约

---

① 《蜀中广记·蜀中名胜记》卷四《成都府四》,第48页。《全唐诗》卷七九八,第十二册,第9071页。《三家宫词》,第47页。
② 陕西历史博物馆:《唐墓壁画珍品》,三秦出版社2011年版,第130页。

略得见其基本样式。

1. 唐代文学中的公主玉叶冠考论

唐代文学中直接叙及的公主发饰极少,发冠、玉叶冠和发钗是唐代文人创作时会选择的少数公主发饰物象。

(1)唐代公主的头冠:从唐诗中的玉真公主玉叶冠说起

我国上古文献无"帽"字,直至秦汉时也仅有"头衣"之称,又称元服,上古贵族的头衣主要有冠、冕、弁,"'冠'是一般贵族所戴的普通帽子"①,亦是儒家礼仪体系中极为重要的部分,甚至被视为"礼之始也。嘉事之重者也",冠成则可以使服饰完备、仪容体态周正,甚至使人"颜色齐,辞令顺","敬冠事所以重礼,重礼所以为国本也",因此"古者圣王重冠",并"行之于庙"②,对个人而言,冠礼十分重要,认为"已冠而字之,成人之道也",意味着成人且可以被女子许婚成家生子了。对公主而言,头冠极为重要,是重大典礼中所戴之物。于是在唐诗中少有的公主容貌描写中"冠"就成为被瞩目并纳入诗作中的少数发饰物象了。唐诗中叙及的公主之冠为玉真公主的玉叶冠。

李群玉《玉(《文苑英华》无"玉"字)真观》云"高情帝女慕乘鸾,绀发初簪玉叶冠(公主玉叶冠,时人莫计其价)"③,公主真容诗人并未直接描摹,而是选用了她簪戴于绀发之上的"玉叶冠"衬托,绀发原是佛教描述如来的绀琉璃色头发,这里指道教得道者之发,并在诗句中特别注释这件发冠当时人不知其价,足见其贵重无比之况,亦足见公主的高贵雍容姿态。罗虬《比红儿诗》亦云"知有持盈玉叶冠,剪云裁月照人寒"④,则称持盈公主玉叶冠,并对其精致的剪裁、光耀之态做了描述。持盈为玉真公主之号,可见唐诗中均将玉叶冠归属于玉真公主。但在其他文献中玉叶冠之归属则存在争议,而文学中仅表述出其剪裁的云和月样及发出的闪闪寒光之态,未有更细致描述。

①谁的玉叶冠

据《明皇杂录》记载:

(杨国忠)由是骄奢僭侈之态纷然,而昧处满持盈之道矣。太平公

---

① 《中国古代衣食住行》,第2页。
② 〔元〕陈澔注,金晓东校点:《礼记》卷一〇《冠仪第四三》,上海古籍出版社2016年版,第669—671页。
③ 《全唐诗》卷五六九,第九册,第6651页。《文苑英华》卷二二七,第二册,第1140页下。
④ 《全唐诗》卷六六六,第十册,第7686页。

主玉叶冠,虢国夫人夜光枕,杨国忠锁子帐,皆稀代之宝,不能计其直。①

此事《太平广记》"玄宗"条引《明皇杂录》②文字一致,但在其他文献载录中存在异文,如《太平御览》无"之道""太平"等字,而是将"持盈"与"公主"相连,后世阅读者若断句不一,则会有歧义发生:

《明皇杂录》曰:杨国忠骄奢僭侈之态复纷然未满。持盈公主玉叶冠,虢国夫人夜光枕,杨国忠锁子帐,皆希代之宝,莫能计其直。③

此后文献则有"玉真公主""持盈公主""太平公主"三种说法,有的云引自《明皇杂录》,有的未言明出处,如北宋钱易《南部新书》、南宋朱胜非《绀珠集》作"玉真公主",南北宋之交叶廷珪《海录碎事》、南宋曾慥绍兴六年成书的《类说》、南宋淳熙十五年的《锦绣万花谷》、明万历年间彭大翼《山堂肆考》、清康熙间陈元龙《格致镜原》、清雍正时王初桐《奁史》作"持盈公主",明陈耀文《天中记》、清李元仲《钱神志》、清张廷玉《骈字类编》(卷一六一器物门)、清张英及王士禛等的《渊鉴类函》作"太平公主玉叶冠"。

从文献的叙述看,《明皇杂录》的叙事和语意逻辑最为清楚,缺少了"而昧处满持盈之道矣"等文字的其他文献,持盈断句若在前,则语意不通,只能断于后(参前《太平御览》引文)。另据《新唐书》记载:"玉真公主,号持盈",《旧唐书》记载更详细,《玄宗本纪》云"玉真公主先为女道士,让号及实封,赐名持盈"④,在《宦官传·李辅国传》中则多次以持盈公主称谓玉真公主,如"上皇时召伶官奏乐,持盈公主往来宫中","因持盈待客,乃奏云","矫诏移上皇居西内,送持盈于玉真观",⑤于是断句为持盈公主亦可说通。

从叙述的顺序和逻辑看,这段文字先是叙及杨国忠的奢侈,紧接着将公主与虢国夫人、杨国忠的稀世珍宝并置比较,《明皇杂录》讲的均是玄宗朝的奢华往事,则更应为持盈公主,即玉真公主。

②何为玉叶冠

---

① 《明皇杂录》卷下,第29页。
② 李昉等:《太平广记》卷二三六《奢侈一》,第五册,中华书局1961年版,第1819页。
③ 《太平御览》卷八○二《珍宝部一》,第四册,第3561页。
④ 《旧唐书》卷九本纪九《玄宗本纪》,第一册,第218页。
⑤ 《旧唐书》卷一八四列传一三四《李辅国传》,第十五册,第4760页。

玉真公主的玉叶冠，究竟为何种形态，当从公主的双重身份着手，一是作为皇室成员的公主之冠，一是作为修道者的公主之冠。即便是修道者，以玉真公主在尘世的至高等级和身份，其所效法之修道者之冠，也应是道教体系中至高者法服所配头冠的标准。

A. 道教至高者的法服标配冠饰与玉真公主玉叶冠的关联

冠也是修道者非常重要的服饰标配，其冠饰又有别于红尘俗世中的礼服之冠，由于玉真公主特殊的女冠公主身份，其所佩戴之玉叶冠，在制作时也免不了效法道家仙界体系中的至高者尤其是女性的法服服制。《太真玉帝四极明科经》中叙及多种道家至高者的冠饰，如青帝玉司君"头戴九元宝冠"，存天皇君"头戴九光宝冠"，人皇君"头戴七色宝冠"，地皇君"头戴三晨玉冠"①，白帝玉司君"头戴飞精曜天宝冠"②，赤帝玉司君"头戴平天飞神玉冠"③，黑帝玉司君"头戴玉精通天宝冠"④。

《无上秘要》对得道者的服饰多有描绘，头戴各种冠，则是他们的标配，《众圣冠服品上》所述道君冠服以紫色为主，又以九气、七宝相配："元始天王，头建九气流精紫曜之冠"，"高上玉皇，头建无上七曜宝冠"，"九天丈人……头戴紫晨之冠"，"中央黄老君……巾金精巾，或扶华晨冠"，"太帝君，建七宝朱冠"，"玉佩魂精帝君……带月衔日，首建紫冠"，"金珰魄灵帝君……带日衔月，首建华冠"，"高圣太上大道君……巾须臾百变之冠"。⑤

元君冠服则多为紫色，又多芙蓉冠，女性冠饰有羽毛、璎珞装饰：白素右元君、黄素中央元君均"头建紫华芙蓉冠"，紫素左元君"头建紫晨扶华冠"，太素三元君（三素元君之母）"头建宝琅扶晨羽冠"，太素元君的长女、中女、少女紫素元君、黄素元君、白素元君均"头建太真晨婴之冠"。⑥

《日帝冠服》《九星君冠服》：日中青帝"翠容扶晨冠"，日中赤帝"建丹扶露五明之冠"，日中白帝"建皓灵扶盖之冠"，日中黑帝"建玄山扶容（原文作此，推测应为'芙蓉'）冠"，日中黄帝"扶灵紫冠"；阳明星"建九晨玉冠"，阴精星"头建玄精玉冠"，真人星"头建飞晨宝冠"，玄冥星"头建三华宝晨冠"，丹元星"头建七宝飞天冠"，北极星"头建精华冠"，天关星"头建

---

① 《太真玉帝四极明科经》卷一，第417页下—420页中。
② 《太真玉帝四极明科经》卷二，第421页上。
③ 《太真玉帝四极明科经》卷二，第426页下。
④ 《太真玉帝四极明科经》卷三，第432页上。
⑤ 《无上秘要》卷一七，第165—167页。
⑥ 《无上秘要》卷一七，第168、169页。

九元宝冠",辅星"头建飞精玉冠",弼星"头建飞天玉冠"。①

综合看上述道教至高者的冠饰,其统一的特点是以珍贵珠宝、美玉、水精装饰,闪着耀目光芒,又以九、七之数相配。而作为修道者,又是皇女、皇妹的玉真公主,其服饰冠带则应具有皇室与修道者的双重特质。

B. 玉的身份标识与玉真公主的玉叶冠

玉在古代宗法社会具有特殊的标识身份和品性的作用,以玉为服饰,是帝王及王公贵族身份的标识,《周礼》中还记述了专掌金玉的机构,据《周礼·大官·玉府》:"玉府掌王之金玉、玩好、兵器,凡良货贿之藏。共王之服玉、佩玉、珠玉。"汉郑众认为"服玉"即"冠饰十二玉"②。《礼记》:"天子居青阳左个,乘鸾路,驾仓龙,载青旂,衣青衣,服仓玉。"郑玄解释鸾路时言:"凡所服玉,谓冠饰及所佩者之衡璜也。凡此车马衣服,皆取于殷时而有变焉。"③

道教经典《洞玄灵宝三洞奉道科戒营始》卷之二《造像品》中对不同等级得道者的造像冠饰做了描述:

> 凡造像,皆依经具其仪相,天尊有五百亿相,道君有七十二相……衣冠华座,并须如法。天尊上帔,以九色离罗,或五色云霞山水,杂锦黄裳,金冠玉冠。左右皆璎珞环珮,亦金玉冠,绿色间错,上帔皆不得用纯紫丹青碧绿等。真人……并须戴芙蓉飞云元始等冠。④

其卷三《法服品》亦对女冠的服制有所规定,但从其规制看,应为未得道者中的低级女冠服制:"科曰:道士女冠,皆有冠帻,名有多种,形制各殊,具在经中,具如下卷。并用谷皮笋箨,或乌纱纯漆,依其本制,皆不得鹿皮及珠玉彩饰。"⑤入道公主的冠饰显然是以得道者中的较高等级规格制作的。

在道教经典里,如《无上秘要》(《洞真太上素灵洞元大有妙经》的《洞天混化内真变生宫号宝名》基本相同)中珠玉宝冠是太上神仙洞天元洞诸

---

① 《无上秘要》卷一八,第179—180、181—184页。
② 〔汉〕郑玄注,〔唐〕贾公彦疏,黄侃经文句读:《周礼注疏》卷六,上海古籍出版社1990年版,第95页。
③ 《礼记集解》卷一五,第410—411页。
④ 《洞玄灵宝三洞奉道科戒营始》卷二,《正统道藏·洞玄部》,第二十四册,第748页上、中。
⑤ 《洞玄灵宝三洞奉道科戒营始》卷三,第754页下。

君的重要服饰:"青耀少阳启明天君,头冠青建晨玉冠","东阳太岁重华耀灵大仙元命君,建飞晨玉冠""东极太元皇灵宝魂耀魄君,建青精玉冠"。①

五方帝冠服(南方、西方、北方全名参前羽衣引述)则是不同颜色水精的玉冠:"东方安宝华林青灵始老,号曰苍帝,头戴青精玉冠","(南方)赤帝,头戴赤精玉冠","中央玉宝元灵元老,号曰黄帝,头戴黄精玉冠","(西方)白帝头戴白精玉冠","(北方)玄帝头戴玄精玉冠"。②

洞地混化君冠服(《洞真太上素灵洞元大有妙经》之《洞渊洞玄混化内真生官宝名》与之基本相同):太上神仙洞地洞真"大荧惑大洞元生大灵机皇君""南阳炎域元执法延寿司录君""三天都录司命司录司危司度洞生君""南极大(《洞真太上素灵洞元大有妙经》作'太')赤星灵宝魂耀魄君""皇衡赤阳绛璋通灵仙童",分别冠"朱宝三梁之冠""玄云宝冠""玄晨玉冠""玉精宝冠""通天玉宝之冠"。③

而五星帝君(参前羽衣引述)几乎均为玉冠,五帝中的中央黄帝为玉冠,足见玉冠对道教至尊者之重要。《九星夫人冠服》:

> 第四天权星,其星则号上灵神妃华皇夫人,头建七称玉冠……第六阎阳星,其星则号安上晨华元皇夫人,头建玉晨进贤之冠……第九隐元星,则号空玄变灵上皇夫人,头建飞天七称玉冠……④

《大有妙经》之《四宫雌真一内神宝名玉诀》陈述上界四宫的太上君后冠"玄黄无极三宝玉冠"⑤。

C.唐诗中的玉冠与玉叶冠

虽说文献缺乏对玉叶冠的细致描绘,但出土文物中有复原了的宗女——县主李倕头冠,而唐五代诗词中叙及簪戴玉叶之冠、玉冠、冠子、花冠的非常多,将二者结合则大致可知其形态。

a.入道女冠的玉叶冠与玉冠

五代词《女冠子》中叙及"花冠玉叶"和"冠玉叶",应为玉叶冠,如"有佳期,霞帔金丝薄,花冠玉叶危"(尹鹗《女冠子》⑥)、"翠鬟冠玉叶"(毛熙

---

① 《无上秘要》卷一七,第174、175页。《洞真太上素灵洞元大有妙经》,《正统道藏》正一部,第401页下。
② 《无上秘要》卷一七,第172、173页。
③ 《无上秘要》卷一七,第176、177页。《洞真太上素灵洞元大有妙经》,第402页中。
④ 《无上秘要》卷一八,第185—186页。
⑤ 《洞真太上素灵洞元大有妙经》,第407页中、下。
⑥ 《全唐诗》卷八九五,第十三册,第10177页。

震《女冠子》①),从中可知这种玉叶冠为女道士所戴,非常精美华贵,和金丝对举,当为珍贵的玉质,雕刻剪裁为叶子的形状。

提及玉冠的唐五代诗词亦较多,其中仅有少数比喻植物或指官员服饰,如"素房含露玉冠鲜"(白居易《六年秋重题白莲》②)、"佩玉冠簪犀"(韩愈《南内朝贺归呈同官》③);多指入道者所戴头冠,如项斯《送宫人入道》云"初戴玉冠多误拜"④,曹唐《小游仙诗九十八首》之一"红云塞路东风紧,吹破芙蓉碧玉冠"⑤;五代词中亦云"雾卷黄罗帔,云雕白玉冠""降真函,髻绾青丝发,冠抽碧玉篸"(薛昭蕴《女冠子》⑥),可知黄罗帔、玉冠均是求仙修道的女冠法服,玉冠上亦可簪戴碧玉发簪。玉冠的材质可是白玉和碧玉,其上亦可簪戴各种发饰,如"焚修每遇三元节,天子亲簪白玉冠"⑦(花蕊夫人《宫词》)、"碧玉冠轻袅燕钗"(毛熙震《浣溪沙》其六⑧)。而从曹唐《小游仙诗九十八首》中的"吹破芙蓉碧玉冠"看,这种修道的玉冠可以碧玉为材质制成芙蓉花的形状。

b. 精美多样的皇室与贵族女性冠子

冠子为修道者所戴的特定法服,如"楮为冠子布为裳"(周渭《赠龙兴观主吴崇岳》⑨)、"戴个星冠子"(张白《武陵春色》⑩)。《宫词》中选入的极多,可见亦是皇室女冠的重要装束。王涯《宫词》云"冠子梳头双眼长"⑪;花蕊夫人《宫词》亦提及镌刻着交错的白玉花朵的新样式鸡冠子:"六宫一例鸡(一作'罗',《三家宫词》作'罗')冠子,新样交镌白玉花。"⑫

皇室冠子的材质珍贵、形态多样,制作极为精美。徐夤的《银结条冠子》对宫廷征召巧匠制作的冠子做了细致描绘:

---

① 《花间集新注》卷九,第415页。
② 《白居易集笺校》卷二六,第1852页。
③ 《韩昌黎诗集编年笺注》卷一〇,第563页。
④ 《全唐诗》卷五五四,第九册,第6480页。
⑤ 《全唐诗》卷六四一,第十册,第7399页。
⑥ 《花间集新注》卷三,第147页。《全唐诗》卷八九三,第十三册,第10163页。
⑦ 《三家宫词》,第41页。《蜀中广记·蜀中名胜记》卷四《成都府四》,第48页。《全唐诗》卷七九八,第十二册,第9069页。
⑧ 《花间集新注》卷九,第410页。
⑨ 《全唐诗》卷二八一,第五册,第3196页。
⑩ 《全唐诗》卷八六一,第十二册,第9799页。
⑪ 《全唐诗》卷三四六,第六册,第3887页。
⑫ 《蜀中广记·蜀中名胜记》卷四《成都府四》,第48页。《全唐诗》卷七九八,第十二册,第9069页。《三家宫词》,第41页。

第三章 瑜珮升青殿,秾华降紫微:唐代公主的服饰、妆容

日下征良匠,宫中赠阿娇。瑞莲开二孕(一作"朵"),琼缕织千条。蝉翼轻轻结,花纹细细挑。舞时红袖举,纤影透龙绡。①

可知皇室女性所用冠子是从全国征召巧匠打造的,极为精致,冠子上雕琢包含吉祥意蕴的成双莲花,千条琼玉细缕,绾结着轻薄的蝉翼,挑刻着细细的花纹。

和凝的《宫词》中多次叙及冠子,如"结金冠子学梳蝉,碾玉蜻蜓缀鬓偏","碧罗冠子簇香莲,结胜双衔利市钱……不知遗却蹙金蝉","芙蓉冠子水精簪"②,从中可知皇室的冠子往往以珍贵的美玉、碧罗为材质,会通过刻镂、镶嵌、捻金或绾结等方法雕饰剪裁成珍贵的黄金花鸟纹样装饰,或为芙蓉花等形状,其上亦会攒簇香莲等花朵,簪戴玉蜻蜓、蹙金蝉、水晶簪等精美发饰。

《杜阳杂编》则记述了敬宗时域外进贡舞女所着之轻金冠,这种冠子以金丝结成,又装饰着各种次第相续的细珠:

宝历二年,渤东国贡舞女二人:一曰飞鸾,二曰轻凤……衣耕罗之衣,戴轻金之冠,表异国所贡也……轻金冠以金丝结之为鸾鹤状,仍饰以五彩细珠,玲珑相续,可高一尺,秤之无二三分。③

皇室宫女有一种芙蓉冠子,应是被雕镂剪裁为芙蓉形态的冠子,秦汉时宫中女子即戴此冠,唐代修道宫女亦戴此芙蓉冠子。王建的《送宫人入道》云:"休梳丛鬓洗红妆,头戴芙蓉出未央"④。后来,民间闺阁女性甚至男子亦争相戴此冠,王建曾有诗专咏芙蓉冠子,其《答寄芙蓉冠子》写道:

一学芙蓉叶,初开映水幽。虽经小儿手,不称老夫头。枕上眠常戴,风前醉恐柔。明年有闺阁,此样必难求。⑤

起句即云芙蓉冠子是学芙蓉叶与花的形态制成的。

这种华美的冠子也传入贵族之家,材质精美,以碧罗为材料,亦会缕

---

① 《全唐诗》卷七〇八,第十一册,第8221页。
② 《全唐诗》卷七三五,第十二册,第8482、8483页。
③ 《杜阳杂编》卷中,第16—17页。
④ 《王建诗集校注》卷七,第384页。
⑤ 《王建诗集校注》卷五,第239页。

金,并簪戴犀簪、凤凰钗、金步摇、金翡翠等发饰,煌煌耀目,如"碧罗冠子稳犀簪,凤凰双飐步摇金"(欧阳炯《临江仙》①)、"冠子缕金装翡翠"(尹鹗《拨棹子》②)。

唐五代诗词中的冠还有鹿皮冠,特指入道者法服。据汉代刘向《列仙传·鹿皮公》云"鹿皮公……乃辞遣宗家室,令下山,着鹿皮衣,遂去复上阁"③,杜甫《耳聋》云"生年鹖冠子,叹世鹿皮翁"④。褚载的《送道士》云"鹿胎冠子水晶簪"、其《少年行》云"婵娟人坠玉搔头"⑤,上面还簪戴着水晶簪和玉搔头。花蕊夫人《宫词》云"老大初教学(一作'作')道人,鹿皮冠子澹(《三家宫词》作'淡')黄裙"⑥,提及皇室入道宫女亦戴鹿皮冠子。

c. 由公主的熠燿礼服花树冠到入道者的星点花冠

张鷟的《公主出降礼钱判》中亦叙及公主熠熠生辉的花树冠,极其繁复华美,其上簪戴点缀着闪闪的宝珠的宝胜(其形制参前叙公主"花树冠"):

(永安公主)熠燿花冠,点星珠于宝胜。⑦

叙及花冠的唐诗极多,仅少数指禽鸟花冠,如"花冠闲上午墙啼"(孙光宪《浣溪沙》其八⑧)等,多指女子发饰,如"薄铅残黛称花冠"(孙光宪《临江仙》⑨)、"偏戴花冠白玉簪"(张泌《浣溪沙》⑩),可知花冠上可簪戴发簪。

花冠还是朝臣朝会的朝服,包佶《元日观百僚朝会》云"花冠萧相府,绣服霍嫖姚"⑪,但更是修道者常服之头饰,以至于会以道士的星点花冠比喻戴胜的头冠,如"星点花冠道士衣"(贾岛《题戴胜》⑫)。亦会选择身披

---

① 《花间集新注》卷六,第 256 页。
② 《全唐诗》卷八九五,第十三册,第 10179 页。
③ 〔汉〕刘向:《列仙传》卷下,上海古籍出版社 1990 年版,第 16 页。
④ 《杜诗详注》卷二〇,第 1784 页。
⑤ 《全唐诗》卷六七,第十册,第 8064 页。
⑥ 《蜀中广记·蜀中名胜记》卷四《成都府四》,第 48 页。《全唐诗》卷七九八,第十二册,第 9073 页。《三家宫词》,第 50 页。
⑦ 《全唐文》卷一七二,第二册,第 1751 页。
⑧ 《花间集新注》卷七,第 323 页。
⑨ 《花间集新注》卷八,第 342 页。
⑩ 《花间集新注》卷四,第 184 页。
⑪ 《全唐诗》卷二〇五,第三册,第 2145 页。
⑫ 齐文榜校注:《贾岛集校注》卷一〇,人民文学出版社 2001 年版,第 521 页。

轻盈洁白的巾帔、头戴花冠映衬女冠冰雪容貌、婵娟之态,如"月帔花冠冰雪容"(杨凭《赠马炼师》[1])、"花冠蕊帔色婵娟"(刘言史《赠成炼师四首》其一[2])。白居易《长恨歌》亦云"云鬓半偏新睡觉,花冠不整下堂来"[3]。胡姬亦戴花冠,张说《苏摩遮五首(亿岁乐)》其二云"绣装帕额宝花冠,夷歌绮(伍刻、诗集、统签、全诗、四库、聚珍作'骑',朱刻作'妓')舞借人看"[4]。

D. 结论

综合上述,玉真公主的玉叶冠,当是公主舍弃尘世繁华后的女道士法服的标配,不再如以前的盛装——花树冠那样,簪满各种各样繁盛的珠宝点缀,以致辉煌炫目,而是以飘飘欲仙的仙人装束为理想样式。但身为公主,即便入道,其公主与女冠的双重身份亦使其道士冠仍然极为精美珍贵,价值莫可比拟,为难得的稀世珍宝,与奢华的虢国夫人妆饰物以及杨国忠宝物并为稀世珍宝,而材质亦当为可衬托洁白高贵气韵的稀世美玉,又雕刻成叶形或簪戴着叶子装饰。保留在唐诗与笔记中的玉真公主的绝世珍宝——玉叶冠,虽无实物留存,无法亲睹其华彩,但通过出土并复原的唐宗女李倕头冠,则可领略一二。其头冠由出土散落的"绿松石、琥珀、珍珠、红宝石、玻璃、螺钿、玛瑙、金银铜铁等480余件"宝物,以"铸造、锤打、金珠、掐丝、镶嵌等"制作工艺加"众多金饰"下的"点翠工艺"[5]制作而成。而宗女李倕的这枚华丽的头冠究竟是什么,是如《典雅静谧:唐代李倕公主墓出土文物精品》一文图片下定名的金框宝钿凤冠(参前引插页彩图17宗女李倕复原冠饰图),抑或学者指出的与笔记小说描述的轻金冠形制十分接近,还是与和凝词作中的"结金冠"相类似[6]?而笔者更倾向于认为是礼服必备之花树冠,因为无论是从其作为随葬品的特殊性质,古人视死如生的墓葬观念,会将墓主生前生活中最能代表墓主身份、最贵重者、最喜爱者随葬或重新制作、购置以随葬的通例看,还是从头冠本身的隆重繁复程度看,似均可断定是参加重大典礼所戴的礼服所用花树冠,由此可以想见唐代公主妆饰奢华富丽的程度,因公主品级要高于李倕,其材质的稀有贵重,其装饰物的数量、珍贵程度,其制作工艺的精美程度均要高出李倕

---

[1] 《全唐诗》卷二八九,第五册,第3292页。
[2] 《全唐诗》卷四六八,第七册,第5359页。
[3] 《白居易集笺校》卷一二,第659页。
[4] 《张说集校注》卷一〇,第二册,第548页。
[5] 刘铁《典雅静谧:唐代李倕公主墓出土文物精品》,《收藏》2018年第11期,第113页。
[6] 详考参见张建林《李倕墓出土遗物杂考》,《考古与文物》2015年第6期,第65—68页。

头冠。而玉叶冠的精美华贵亦可由此做出推断与想象,从其定名,结合公主最为隆重的花树冠,又融合道教仙界至高者所配之冠,其冠应为花树状,因枝干上叶片丛生,行走时叶片摇曳,珠光闪闪,于是选择其最突出的元素——叶片为其命名为玉叶冠。

2. 唐代公主的发钗与发簪

发钗是古代女子修饰装点美发的极重要的发饰。唐代诗文笔记在叙及公主容颜时,也选取了其簪戴的发饰,公主墓中出土有发簪,一些出土唐代发簪亦可做参照(见插页彩图52)。

(1)唐代文学中的公主发钗

张昌宗《太平公主山亭侍宴》云"钗承堕马鬟"[1],叙及公主堕马鬟上簪戴的宝钗。王涯《宫词》云"一丛高鬓绿云光",言其绿云之光由珠宝发饰而来。李山甫《代崇徽公主意》云"金钗坠地鬓堆云"[2],描摹公主云鬓上簪戴的金钗。

唐代公主的发饰属宫样妆的一部分。罗虬《比红儿诗》记唐僖宗广明时被杀官妓杜红儿,并以历代有名的美女如西施、绿珠、张丽华等比衬,更以唐代的嫔妃如杨玉环、宫女、皇室公主如玉真公主、皇戚如虢国夫人等作比,其中多处叙及其发钗,如"照耀金钗簇腻鬟""妆成浑欲认前朝,金凤双钗逐步摇""琥珀钗成恩正深,玉儿妖惑荡君心"[3],以此可知发钗是宫样妆中最重要的点缀,而宫廷发钗以金玉照耀、做工精细、样式精巧多样、钗簪繁饰华贵为最突出特点,会雕镂出各种形状。其材质、雕刻形状可参见"公主绿云鬓"阐释。

《杜阳杂编》中记有异域进贡皇室的龙角钗以及同昌公主从进献者处重金购得的前朝妃子的九玉钗:

> 大历中,日林国献灵光豆、龙角钗,其国在海东北四万里……龙角钗类玉而绀色,上刻蛟龙之形,精巧奇丽,非人所制。上因赐独孤妃。与上同游龙舟,池有紫云自钗上而生,俄顷满于舟楫。
>
> 九玉钗上刻九鸾,皆九色,上有字曰"玉儿"。工巧妙丽,殆非人工所制。有得之金陵者,以献公主,酬之甚厚。一日昼寝,梦绛衣奴授语云:"南齐潘淑妃取九鸾钗。"……洎公主薨,其钗亦亡

---

[1]《全唐诗》卷八〇,第二册,第867页。
[2]《全唐诗》卷六四三,第十册,第7426页。
[3]《全唐诗》卷六六六,第十册,第7686、7687、7688页。

其处。①

(2)唐代诗文中的公主发簪

发簪于公主发饰极为重要,其发型需要簪钗固定与装点,以至言及公主妆容之特殊恩宠时,多提及簪钗。

笄为一种特殊的簪子,尤为重要,中国古代女子成年亦被称作"及笄",而唐代公主墓志、唐诗中多叙及"及笄",亦言及"耍笄",指公主束发加簪的成人礼,如《大唐故长乐公主墓志铭》云"归宁丹掖,总笄□□",《大唐故清河长公主碑》云"翔诗鹜礼,(缺)式崇笄□,载加汤沐""耍笄裼箪";《高安长公主神道碑》云"至盥漱栉纵,笄总衣绅";睿宗女《鄎国长公主神道碑铭》亦云"迄今公主成笄之日""年及笄总";玄宗女册文《封高都公主等制》云"初笄甫及,外馆将归",《册永宁公主文》云"许嫁而笄,既遵于彝典";肃宗女《大唐故纪国大长公主墓志铭》云"乾元二年,年二十有四,许笄从周",《大唐故郑国大长公主墓志铭(并序)》云"爰始总笄,出嫔于外";代宗女据《大唐故金紫光禄大夫左散骑常侍驸马都尉上柱国袭代国公赠工部尚书郭府君墓志铭(并序)》云"笄年下嫁,光大其门"②,《唐故虢国大长昭懿公主墓志铭(并序)》云"及既笄之岁,将降诸侯"③;刘禹锡《拟公主册文》云"已及初笄,言从下嫁"④;唐德宗女《大唐故唐安公主墓志》云"平阳起第,笄纵耀□"⑤;唐宪宗女《唐故岐阳公主墓志铭》云"(宪宗)因命宰相曰:'我嫡女既笄可嫁'"⑥。唐诗则有"兰掖早升笄"(郭正一《奉和太子纳妃太平公主出降》)、"笄年下相门"(窦常《凉国惠康公主挽歌》⑦)等。权德舆《赠梁(一作"凉")国惠康公主挽词二首》其一以横插白玉发簪与雕镂黄金的盛服概描公主服饰:"初笄横白玉,盛服缕(一作'镂',《全唐诗》作'镂')黄金。"⑧

又有玉笄和玉簪,为玉质的簪子,材质名贵,如《大唐故长乐公主墓志

---

① 《杜阳杂编》卷上、卷下,第2—3、26页。
② 《太原郭氏金石注集》,第231页。
③ 《太原郭氏金石注集》,第245页。《新出唐代昇平公主墓志研究》,《唐史论丛》第二九辑,第346页。
④ 《刘禹锡集·诗文补遗》,第622页。
⑤ 《西安碑林博物馆新藏墓志续编》中册二一四,第541页。
⑥ 《杜牧集系年校注·樊川文集卷八》,第719页。
⑦ 《全唐诗》卷二七一,第四册,第3023页。
⑧ 《文苑英华》卷三一〇《挽歌》,第二册,第1594页。《全唐诗》卷三二七,第五册,第3666页。《权德舆诗文集》卷八,第135页。

铭》云"玉笄耀首",睿宗女《鄎国长公主神道碑铭》亦云"及乎玉笄耀首"。史书还叙及公主驸马簪戴发冠的玉簪,可见公主玉簪之一斑,据《新唐书》记载王准"过驸马都尉王铦,以弹弹其巾,折玉簪为乐"①。

亦会言及簪珥,如"宠盛簪珥,邑延汤沐"(《大唐永泰公主志石文》②),夸赞公主简约的品性时亦曰"无簪珥之饰"(《剧谈录》);定安大长公主因回鹘(因诏文在788年改为回鹘后)侵边,请罪时亦会"于光顺门内脱去簪珥,变服请罪"〔《请以罚公主封物宣付史馆奏(会昌三年中书门下)》③〕。

由唐代公主墓室壁画的侍女发饰,可见公主发饰形制,当然材质、装饰物、颜色、织绣、纹样、精致程度均会因等级有巨大差别。出土的唐代公主钗、簪较少,如唐安公主墓出土象牙簪,为名贵的域外贡物,材质稀有珍贵。(见图13)。

图13 唐安公主墓出土象牙簪图
(图片来源:《西安王家坟唐代唐安公主墓》④)

3. 可资参照的公主墓室壁画簪花之饰

女子簪戴随季节变化的时令之花的习俗,文献中出现较晚,但从文物看,汉代即已出现。四川成都羊子山西汉墓即有簪戴大菊花并以数朵小花环绕的女俑。此后簪花之俗仍沿袭,亦出现以珠宝等材质制成的假花⑤。

---

① 《新唐书》卷一三四列传五九《王铣传》,第十五册,第4565页。
② 《全唐文新编》卷二六七,第二部第一册,2000年版,第3029页。
③ 《全唐文新编》卷九六七,第五部第二册,第13194页。
④ 陈安利、马咏钟:《西安王家坟唐代唐安公主墓》,《文物》1991年第9期,第26页。
⑤ 程芳、李程编著《图说现代插花》(金盾出版社2007年版,第2页)、冯盈之《中国服饰文化的语言记忆》(东华大学出版社2014年版,第75页)等均叙及。

第三章 瑜珮升青殿，秾华降紫微:唐代公主的服饰、妆容　219

新城公主墓室壁画中多有侍女簪花（假花），如甬道东壁中幅左二和右一两名侍女(见插页彩图50)、墓室东壁北幅右一侍女均有簪珠宝花树①(见插页彩图49);亦多次出现侍女所执盘中盛放莲花，应为公主发髻插戴而用，如第三过洞东壁南幅左边侍女右手捏一枝莲花花头(见插页彩图47)，第二过洞东壁中幅侍女捧黑色盘盛红莲花(见插页彩图46)，第五过洞东壁南幅右一侍女捧盛红莲花黑盘(见插页彩图48)，甬道东壁中幅侍女持一长茎花枝(见插页彩图50)。郕国公主驸马石椁线刻画中亦有侍女持宝珠莲花与其他花朵(见随图14、15)。

图14　郕国公主驸马薛儆石椁内手持蝶舞宝珠莲花侍女刻纹
(图片来源:《唐代薛儆墓发掘报告》图版五六)

图15　薛儆石椁内十六、二十之上部手持宝珠莲花、花朵侍女
(图片来源:《唐代薛儆墓发掘报告》图版六一)

---

① 《新城、房陵、永泰公主墓壁画》，图版二一，第36页，图版说明，第73页。

《开元天宝遗事》记述玄宗朝皇室嫔妃簪花风尚：

> 开元末，明皇每至春时，旦暮宴于宫中，使妃嫔辈争插美（"顾氏本""历代小史本""四库本""和刻本"皆作"艳"）花。帝亲捉粉蝶放之，随蝶所止幸之。后因杨妃专宠，遂不复此戏也。
>
> 助娇花：御苑新有千叶桃花，帝亲折一枝，插于妃子宝髻（"顾氏本""历代小史本""四库本""和刻本"皆作"冠"）上，曰："此个花真能助娇态也。"①

花蕊夫人《宫词》云"立春日进内园花，红蕊轻轻漱浅霞。跪到玉阶犹带露，一时宣赐与宫娃"（《蜀中广记》作花蕊夫人《宫词》其九），"内家宣锡生辰宴，隔夜诸宫进御花。后殿未闻宫（《三家宫词》作'公'）主入，东门先报下金车"（《三家宫词》《华阳集》归为宋代王珪，《蜀中广记》花蕊夫人《宫词》未收，《全唐诗》作花蕊夫人），"月头支给买花钱，满殿宫人近数千"（《蜀中广记》作花蕊夫人《宫词》其三十），"慢梳鬟髻著轻红，春早争求芍药丛"（《蜀中广记》作花蕊夫人《宫词》其四十九，《全唐诗》作宋人王珪），"无限宫嫔乱插花"（《蜀中广记》作花蕊夫人《宫词》其五十九，《全唐诗》作王珪）②，即描绘为了参加生辰宴会，诸宫连夜进奉御花，公主乘坐金车也来到后殿，众人簪戴鲜花盛装打扮的情形，还叙及妃嫔们一到春天即争相来到芍药丛畔寻找最美的花朵，插戴满头。李珣《浣溪沙》云"晚出闲庭看海棠，风流学得内家妆，小钗横戴一枝芳"③，描述女子傍晚于闲庭观赏海棠，灵巧风流的她也学会了宫廷的内家妆，斜梳的云鬟上簪戴着雕金镂玉的发饰，当然也少不了在横叉的小钗上再添上一枝娇艳的海棠花。而公主的发饰亦属于宫样妆之列，簪戴花朵必为其装饰中的重要内容。

唐诗中的民间簪花叙述亦较多，贞观时的谢偃即在《踏歌词》三首其二云"簪花举复低"④。此后盛唐、中唐、晚唐诗中簪花的影迹更多，如"有恨簪花懒"（杜牧《为人题赠二首》其二⑤）、"丑妇竞簪花，花多映愈丑。邻

---

① 〔五代〕王仁裕：《开元天宝遗事》开元卷下、天宝上，中华书局2006年版，第15、21页。
② 《三家宫词》，第32、80、39、44、49页。《蜀中广记·蜀中名胜记》卷四《成都府四》，第48、49、50、51页。《全唐诗》卷七九八，第十二册，第9064、9065、9070、9070、9072页。
③ 《花间集新注》卷一〇，第429页。
④ 《全唐诗》卷三八，第一册，第495页。
⑤ 《杜牧集系年校注》卷四，第二册，第627页。《全唐诗》卷五二七，第八册，第6082页。

女恃其姿,掇之不盈手"(司空图《效陈拾遗子昂》①)、"花髻玉珑璁"(温庭筠《握柘词》②)、"结发簪花配君子"(冯待徵《虞姬怨》③)。符子珪《芳树》叙及阳春三月,花开满树,煌煌耀目,亦被美艳的女子们争相折取簪戴于花钿之上:

小叶风吹长,繁花露濯鲜。遂令秾李儿,折取簪花钿。④

从唐诗中亦可知,所簪之花为采摘的各种时令花朵。万楚《茱萸女》即描绘了民间女子在九月九日采摘茱萸将之插戴于高髻的情形:

山阴柳家女,九日采茱萸。复得东邻伴,双为陌上姝。插枝著(一作"花向")高髻,结子置长裾。⑤

有插戴樱桃、茱萸、石竹、梅花、牡丹、红杏、芍药、石榴、海棠等栽植的名贵花朵的,也有采摘山蕉等山花、野花的,如"山花插宝髻"(李白《宫中行乐词八首》其一⑥)、"簪香(一作'香簪')子月花"(窦常《奉送职方崔员外摄中丞新罗册使》⑦)、"樱桃千万枝,照耀如雪天……妖姬满髻插"〔刘禹锡《和乐天燕(〈全唐诗〉作"宴")李周美中丞宅池上赏樱桃花》⑧〕、"戴花红石竹"〔白居易《江南喜逢萧九彻因话长安旧游戏赠五十韵(见〈才调集〉)》⑨〕、"夷女采山蕉……野花满髻妆色新"(刘言史《潇湘游》)、"簪花间雪梅"(杜牧《代人作》⑩)、"蝉鬓插山榴"〔徐夤《依御史(一本无"御史"二字)温飞卿华清宫二十二韵》⑪〕、"钗重髻盘珊,一枝红牡丹"(牛峤《菩萨蛮》)、"金钗芍药花"(牛峤《女冠子》⑫)等。

---

① 《全唐诗》卷六三四,第十册,第7294页。《司空表圣诗文集笺校》卷一,第6页。
② 《温庭筠全集校注》卷七,第624页。
③ 《全唐诗》卷七七三,第十一册,第8853页。
④ 《全唐诗》卷七六九,第十一册,第8818页。
⑤ 《全唐诗》卷一四五,第二册,第1471页。
⑥ 《李太白全集》卷五(乐府四十四首),第297页。
⑦ 《全唐诗》卷二七一,第四册,第3025页。
⑧ 《刘禹锡集》卷三四(原外集卷四),第491页。
⑨ 《白居易集笺校·外集上·诗文补遗诗词一》,第3825页。
⑩ 《杜牧集系年校注·樊川外集》,第四册,第1158页。
⑪ 《全唐诗》卷七一一,第十一册,第8265页。
⑫ 《花间集新注》卷四,江西人民出版社1997年版,第169、156页。

插戴柰花亦是当时流行的宫样妆,柰花有赤、白两种,又认为是茉莉花或林檎。窦叔向《贞懿皇后挽歌》之二云"命妇羞蘋叶,都人插柰花"①,洪迈在《容斋四笔·用柰花事》云"窦叔向所用柰花事,出《晋史》,云成帝时,三吴女子相与簪白花,望之如素柰,传言天公织女死,为之著服"②。王建《故梁国公主池亭》叙及公主园林栽植素柰:"素柰花开西子面"③。罗虬《比红儿诗》云"柰花似雪簪云髻,今日夭容是后身"④,可知晚唐女子仍以簪戴柰花为风尚。

　　亦有在假髻上或剪裁后插戴的,如"隐髻连枝花"(张说《节义太子杨妃挽歌二首》其二⑤)、"唯有裁花饰簪鬟"(马怀素《奉和立春游苑迎春应制》⑥)。

　　综合上述,从唐皇室的簪花风尚,公主墓室壁画中的簪花或捧盛放花朵的器物,唐代贵族女性的簪花绘画(见插页彩图53、54、55)看,簪花理应是公主妆饰中极为重要的一幕。公主所簪之花亦应为珍稀少见、花色或繁华富丽或高雅素净的花朵,如玉蕊、素柰、牡丹、芍药等,或是有着吉祥寓意的花朵,如莲花。

六、唐诗与文物所见唐代公主典型妆具与妆容

　　化妆是公主日常生活中必不可少的部分,以至于其食实封亦被称作粉田,权德舆《赠魏国宪穆公主挽词(〈全唐诗〉作"挽歌词二首")》其二即云"粉田风露寒"⑦,《赠梁(〈全唐诗〉一作"凉")国惠康公主挽词(〈全唐诗〉作"挽歌词二首")》其二亦云"雾湿汤沐地,霜凝脂粉田",而唐王朝在公主出嫁赐予的用度中专列"妆粉钱"。公主们有妆楼,供化妆用,或将公主居所直接称作妆楼,足见其重要性。沈佺期《同李舍人冬日集安乐公主山池》云"紫岩妆阁透",描述修建在山峦紫岩中高耸的妆楼。王建《华清宫

---

① 《全唐诗》卷二七一,第四册,第3020页。
② 〔宋〕洪迈撰:《容斋随笔》下册《容斋四笔》卷六,上海古籍出版社1978年版,第678页。
③ 《王建诗集校注》卷八,第402页。
④ 《全唐诗》卷六六六,第十册,第7687页。
⑤ 《张说集校注》卷九,第二册,第490页。
⑥ 《全唐诗》卷九三,第二册,第1005页。
⑦ 《文苑英华》卷三一〇《挽歌》,第二册,第1594页。《全唐诗》卷三二七,第五册,第3666页。《权德舆诗文集》卷八,第135页。

第三章 瑜珮升青殿，秾华降紫微：唐代公主的服饰、妆容

感旧》云"公主妆楼金锁涩"①，提及公主在华清宫的妆楼，修建之华贵从所用金锁可略知一二。岑参《崔驸马山池重送宇文明府（分得苗字）》亦云"凤去妆楼闭"②。

化妆后的公主妆容，会是如何？唐文唐诗中均有叙写，但并未留下更直观的影像，虽有研究者认为永泰公主壁画《九宫女图》为首者是公主，然而从其衣着、饰品及装扮看，更倾向是侍女，但从侍女们的妆容亦可推断公主妆容。

有关公主梳妆与妆容，唐诗中做了细致专题描写的仅有二题三首诗，均为陆畅为顺宗女云安公主出嫁所作的催妆诗，其《云安公主下降（一本无此六字）奉诏作催妆诗（顺宗女下嫁刘士泾，百僚举畅为傧相）》描写公主出嫁时的妆容，非常隆重细致，母后亲调妆粉，皇兄赐花，并以夸张或者写实的手法，叙写整个化妆过程持续时间之久，以致东方欲晓、彩霞将出，众人要征询与催问：

> 云安公主贵，出嫁五侯家。天母亲调粉，日兄怜赐花。催铺百子帐，待障七香车。借问妆成未，东方欲晓霞。③

又有《云安公主出降杂咏催妆二首》（一作《傧相诗六首》），既以万人仰首等待公主妆成的烘托手法，又通过对公主梳妆的具体饰物银粉、金钿的白描手法，加之对其镜台前香气弥漫的夸写，精雕了公主出嫁装扮的细致精美、馨香馥郁及高贵隆重、万人仰望的特点，而端正自然则是公主妆容追求的境界：

> 天上琼花不避秋，今宵织女嫁牵牛。万人惟待乘鸾出，乞巧齐登明月楼。
> 少妆银粉饰金钿，端正天花贵自然。闻道禁中时节异，九秋香满镜台前。④

唐诗与出土文物中的公主妆饰用具极少，典型的有公主镜、七子镜台、

---

① 《王建诗集校注》卷六，第302页。
② 《岑嘉州诗笺注》卷三，下册，第510页。
③ 《全唐诗》卷四七八，第七册，第5477页。
④ 《全唐诗》卷四七八，第七册，第5478页。

妆盒、面脂,亦有医典叙及的公主自制洗衣方,其妆容则有额黄妆、花钿、宫样眉等。

(一)唐代公主的妆饰用具

唐代公主的妆饰用具,见于诗文典籍、文物的有镜、镜台、面脂、兰膏、铅粉;仅见于壁画的有妆盒;又有见于医典的洗衣方;另外从史籍中的贡品荜豆、澡豆(邠州新平郡贡),亦可知其洗护用品,荜豆为中药材,其粉末荜豆面是增白莹面护肤的配料,澡豆是洗涤、清洁、洗手用品的原材料。

1. 唐代公主之龙凤、菱花、螺钿等宝镜与镜匣

镜对女子的妆容而言,极为重要,是陪伴、见证公主整个化妆过程的重要事物,也是检验其妆容的重要工具,于是成为其生活当中极为重要的部分。《大唐永泰公主志石文》中两次言及公主之镜:"番匧(同'奁')凝镜""铣镜含葩,琼蕤可掬"①,从中可知公主放置梳妆用镜子的镜箱亦是来自番域,新奇珍贵,而泛着光泽的金属镜中呈现着其如琼蕤般的艳丽姿容。《驸马都尉天水权毅墓志铭》在描述高宗女义阳公主的容貌时,即叙及其穿衣时面对的散发着光芒的华美金属材质穿衣镜:

资灵质婺,毓庆琁柯。掩夜魄而凝晖,映晨霞而□□……衣临铣镜,砚上银台。②

据史书记载,"临淄王诛庶人,主方览镜作眉"③,而唐诗惋叹逝去的公主时,亦选择镜作为其遗留之典型物象,如"夜台飞镜匣,偏共掩蛾眉"(顾况《义川公主挽词》)④、"镜掩鸾空在"(司空曙《题玉真观公主山池院》⑤、"清镜掩孤鸾"〔权德舆《赠魏国宪穆公主挽词(〈全唐诗〉作"挽歌词二首")》其二⑥〕、"公主镜中争翠羽"(徐夤《汉宫新宠》⑦)足见唐人心目中公主之镜对公主形象与生活之重要性。

---

① 《全唐文新编》卷二六七,第二部第一册,第3029页。
② 《唐义阳公主驸马权毅墓志考》,《乾陵文化研究》第九辑,第365页。
③ 《新唐书》卷八三列传八《诸帝公主传》,第十二册,第3655页。
④ 《文苑英华》卷三一〇《挽歌》,第二册,第1593页。《顾况诗集》卷三,第74页。
⑤ 《司空曙诗集校注》,第1页。《全唐诗》卷二九二,第五册,第3304页。
⑥ 《文苑英华》卷三一〇《挽歌》,第二册,第1594页。《全唐诗》卷三二七,第五册,第3666页。《权德舆诗文集》卷八,第134页。
⑦ 《全唐诗》卷七一〇,第十一册,第8250页。

唐代公主镜由哪些材质制作,雕刻怎样的花纹,从唐诗与史料的点滴叙写可知与其皇室身份谙合的龙凤图样是其重要纹饰,其材质多为金银等贵重金属。

(1)公主的菱花宝镜

《大唐故长乐公主墓志铭》云"锦机字灭,宝镜菱销",在哀叹公主逝去时,选取其生前生活物象中的镜,足见其重要性,极简的四字中显示出公主镜的两个特质:其一极为名贵,以珠宝为材质或装饰;其二是菱花形。

(2)公主的龙凤镜

席豫的《奉和敕赐公主镜》叙及公主获得的御赐龙镜:

> 令节颁龙镜,仙辉下凤台。含灵万象入,写照百花开。色与皇明散,光随圣泽来。妍媸冰鉴里,从此愧非才。①

诗中所言龙镜或为雕刻蟠龙之镜,或因帝王所赐被尊称龙镜。而史书记载唐玄宗生日千秋节时也有赐予臣子千秋镜的惯例,据《旧唐书·玄宗本纪》:

> (开元十七年)八月癸亥,上以降诞日,宴百僚于花萼楼下。百僚表请以每年八月五日为千秋节,王公已下献镜及承露囊……
>
> (开元十八年)八月丁亥,上御花萼楼,以千秋节百官献贺,赐四品已上金镜、珠囊、缣彩,赐五品已下束帛有差。上赋八韵诗,又制《秋景诗》。②

可知在这一天王公大臣们要向帝王进献千秋镜,孙机先生曾在《中秋节·千秋镜·月宫镜》一文中指出这类镜子应为带"千秋"铭的蟠龙镜,此后随着千秋节的废止发展为月宫镜③。亦有学者进一步指出玄宗赐镜给"四品以上王公和公主等显贵",以"教化臣僚,兼示恩宠",而"群臣献镜意在贺寿和颂德",赐镜上铭刻有"千秋"字样,刻饰有盘龙、对鸟等纹样④。

---

① 《全唐诗》卷一一一,第二册,第1142页。
② 《旧唐书》卷八本纪八《玄宗上》,第一册,第193、195页。
③ 原载《中国文物报》1992年1月13日,后收入孙机:《仰观集》,文物出版社2015年版,第377页。
④ 陈灿平:《唐千秋镜考》,《中国国家博物馆刊》2011年第5期,第40页。

赐予公主的镜子,在诗人眼里带着圣泽、含着灵光,照鉴万物、催生花开,可冰鉴美与丑、材与非材。

张鷟《(永安)公主出降礼钱判》云:"飞鸾镜匣,向满月以开轮。"①可见雕刻飞鸾的公主镜或镜匣,或是因公主人中鸾凤的身份对其梳妆之镜的统称。

出土文物所见公主镜不多,穆宗女金堂公主镜磨损较多,花纹漫漶不清。

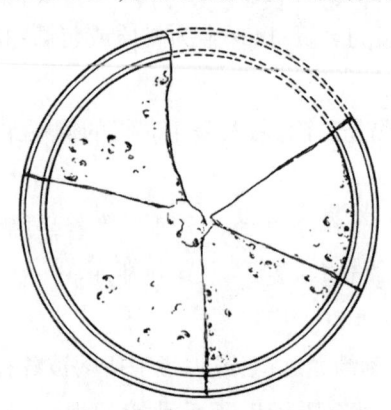

图16 唐穆宗女凉国公主墓出土镜
(图片来源:《唐郭仲恭及夫人金堂长公主墓发掘简报》②)

(3)螺钿镜

唐宗女李倕墓出土的三面镜,应是皇室用镜,日本正仓院亦保存有这种镜,可资公主镜参考,其小螺钿镜"六曲葵花形",嵌蚌片磨制图案,"内区六瓣花形,外区六组宝相花"(见插页彩图56);银背海兽葡萄镜"内弧八角形",俯卧怪兽镜钮,镜背鱼子纹底,有两只高浮雕狮形怪兽和两只飞翔的瑞鸟,穿插葡萄和枝蔓③(见插页彩图57)。大螺钿镜八曲葵花形,内区八组宝相花,外区四对鸳鸯,周围嵌绿松石④(见插页彩图56)。

2. 唐代诗文中的公主七子镜与镜台考论

徐彦伯撰《大唐故淮阳公主墓志铭(并序)》(唐睿宗第三女李花山)云"罗绫不贵,孰盼三寸之珠;纂组尤勤,岂忘七子之镜"⑤,称颂公主身份尊

---

① 《全唐文》卷一七二,第二册,第1751页。
② 《唐郭仲恭及夫人金堂长公主墓发掘简报》,《文博》2013年第2期,第14页。
③ 刘铁:《典雅静谧:唐代李倕公主出土文物精品》,《收藏》2018年第11期,第114页。按:李倕为唐宗室女,为县主,并非公主。
④ 《唐李倕墓发掘简报》,《考古与文物》2015年第6期。
⑤ 拓片录文见《西安碑林博物馆新藏墓志汇编》上,第291页。陈忠凯:《唐〈淮阳公主墓志〉考》,《碑林集刊》第十六辑,陕西人民美术出版社2011年版。

贵却不尚奢华,不以绫罗礼服、三寸珠为贵,又勤于组绶等女红技艺,亦不废规章礼仪,哪里能忘却七子之镜呢?七子镜既是常伴公主,修饰、检阅妆饰效果或补妆的梳妆工具,又是对公主恪守女则的嘉奖,象征着公主对女容的重视。

三寸珠,据《列仙传》(《艺文类聚》《初学记》《仙苑编珠》《太平御览》《事类赋》《云笈七签》均收录)记载:

> 朱仲者……常于会稽市上贩珠。汉高后时,下书募三寸珠。仲……赍三寸珠诣阙上书。珠好过度,即赐五百金。鲁元公主复私以七百金,从仲购珠。仲献四寸珠,送置于阙即去。……俯窥骊龙,扪此夜光。[1]

七子镜解释不一,尚存争议,一说是因"安装在饰有七子图案的镜台上而得名"[2];二说是由一面大镜及七面不同的小镜组装的一座镜台;还有学者认为是有七乳的镜子。孙机先生解释三子钗与九子铃的命名时,叙及七子镜,指出子的命名之法,源于汉、晋钱币"子母相权"的说法,"把一件器物上的小部件或小组成部分称为'子',比如东汉晚期至六朝时流行的七乳禽兽带纹镜,由于其花纹内的七枚乳突之中央皆有小钮……好像在大镜子上又饰以七面小镜子,故又名'七子镜'"[3]。杨泓、林乾良等承此说。有关七子镜究竟为何物,杨泓经细致考证,认为并非普遍认为且词典推广的七子镜台,而是东汉流行的多乳兽带镜,并举萧纲《望月》"形同七子镜",分析只有圆形镜子在外形上才和月亮相同,解释为镜台不通,又举《日本书记》记百济献一面七子镜,及出土的百济七子镜文物佐证[4]。其解释有理有据,而庾信《望月》亦云"照人非七子"[5],显然也是指"七子镜",加之古代的日用器具,不仅讲究美观,还附加、寄托着吉祥幸福的意蕴,七子亦可寄托多子多福的美好意愿。

---

[1] 《列仙传》卷上,第12页。
[2] 《中国名物大典·香奁类镜部》卷下,第178页。
[3] 原载《文物天地》1987年第6期。收入孙机:《从历史中醒来——孙机谈中国古文物》,生活·读书·新知三联书店2016年版,第367页。
[4] 杨泓:《七子镜》,《文物天地》1994年,录入其《古物的声音:古人的生活日常与文化》,商务印书馆2018年版,第175—178页。
[5] 《庾子山集注》卷四,第348页。

图17　东汉"宜子孙"铭七子镜、百济武宁王陵铜七子镜
(图片来源:左图自《从历史中醒来——孙机谈中国古文物》、
右图自《华烛帐前明:从文物看古人的生活与战争》①)

林乾良以详细考释,结合收集的十余面七子镜,指出汉镜多有凸出的乳钉,"三、五、七乳较少。其中只有七乳的汉镜有大而精的特色"。七乳镜七乳均分,"主纹饰区亦分七片,绝大多数都是在四灵(青龙、白虎、朱雀、玄武)上再加三种瑞兽(如羚羊、独角兽、蟾蜍、羽人、巨鹿、鸣禽、鱼等)"。其名多种,《中国古代铜镜》及《练形神冶:莹质良工》称作"四灵三瑞镜",林乾良认为不确切,"有些镜无四灵"。也有称作"七瑞镜""鸟兽纹镜"的,但羽人、独角兽又并非鸟兽。而沙孟海认为铜镜上的四乳、八乳"即古人理解宇宙天地之四维、八柱;七子之名可用,实即天象北斗七星之意"②。

图18　汉四灵七子镜、汉大鹏巨灵七子镜
(图片来源:《镜文化与铜镜鉴赏》,第53、57页)

---

①　杨泓:《名家讲坛·华烛帐前明:从文物看古人的生活与战争》,黄山书社2017年版,第171页。

②　林乾良:《镜文化与铜镜鉴赏》,西泠印社出版社2012年版,第52页。

公主的镜台:陆畅《云安公主出降杂咏催妆二首》其二(一作《傧相诗六首》)云"九秋香满镜台前",选取镜台为公主妆具的代表物象。公主镜台何种形貌,尚无出土文物,七子镜曾被认为是镜台,文献中亦有公主七子镜台的记录,《初学记》"镜台"条引《魏武杂物疏》曰:"镜台出魏宫中,有纯银参带镜台一,纯银七子贵人公主镜台四。"①《太平御览·镜台》(引《魏武杂物疏》略):

  《世说》曰:温峤为刘越石长史,北讨刘聪,得玉镜台。
  《三国典略》曰:胡太后使沙门灵昭造七宝镜台,合有三十六户。每室别有一妇人,手各执锁。才下一关,三十六户一时自闭。若抽此关,诸门皆启,妇人各出户前。
  晋《东宫旧事》曰:皇太子纳妃,有玳瑁钿镂镜台一。
  《宋起居注》曰:元嘉中,韦朗为广州刺史,作铜镜台一具。
  谢朓诗曰:玲珑类丹槛,孤高似玄阙。对凤临清水,乘龙挂明月……
  古诗曰:珊瑚挂镜烂生光。②

可知镜台有玉质、铜质的,亦有玳瑁、宝钿、珊瑚雕镂、七宝装饰的,还有雕刻户室楼台人物带锁具与机关的,谢朓诗描述了如玲珑高耸的阙楼栏杆并雕刻龙凤的镜台。杨泓《镜奁·镜盒·镜台》简要梳理了镜台源流,叙及魏宫七子贵人镜台③,霍宏伟《鉴若长河:中国古代铜镜的微观世界》详细解析了古代镜台源流④,古代绘画中亦可见镜台的绘图(见插页彩图58)。

3. 唐代公主的妆盒

唐代公主墓室壁画、石椁线刻画有侍女捧妆盒,如永泰公主墓壁画侍女捧涂金白色花纹盝顶盒(见插页彩图59),而房陵公主墓后室东壁侍女捧的盒子,则与出土唐代"盝顶银盒相同……据《旧唐书·李德裕传》载:'(长庆四年)七月诏浙西造银盝子妆具二十事进内。'"⑤

---

① 《初学记》卷二五《器物部镜十》,第609页。
② 《太平御览》卷七一七《服用一九》,第三册,第3179—3180页。
③ 原载《文物天地》1994年第6期。后收入《逝去的风韵》第9—12页,又收入杨泓:《古物的声音:古人的生活日常与文化》,商务印书馆2018年版,第171页。
④ 霍宏伟:《鉴若长河:中国古代铜镜的微观世界》,生活·读书·新知三联书店2017年版,第169页。
⑤ 《新城、房陵、永泰公主墓壁画》,图版四五说明,第76页。

图 19　永泰公主墓石椁外壁线刻画捧梳妆盒侍女

(图片来源:《线条艺术的遗产:唐乾陵陪葬墓石椁线刻画》,第 247 页)

这种方形的妆盒在章怀太子墓棺椁线描画中即有,装饰纹样更精美。

4. 唐代公主的胭脂、铅粉与润发兰膏

胭脂是唐代公主妆容中少不了的部分,亦称"燕脂""胭脂""燕支""口脂""唇脂",可以用来涂点两颊或嘴唇,文献的直接记载很少。唐代公主墓志在概描公主的容貌时云"眉凋翠柳,睑碎红莲"〔《大唐故淮南大长公主墓志铭(并序)》①〕,以面部如揉碎的红莲比喻公主的逝去,而此处的一抹红,则是公主面脂,即面部妆饰所涂染的胭脂。唐代公主墓室壁画可见侍女的胭脂妆容(见插页彩图 60)。

王建的《宫词一百首》有诗句提及宫中遣人为公主送面脂的事迹:"浴堂门外抄名入,公主家人谢面脂。"②

胭脂来源有两种说法。一是西域说。晋崔豹《古今注》:"燕支,叶似蓟,花似蒲公,出西方。土人以染,名为燕支。中国人谓之红蓝。以染粉为面色,谓为燕支粉。今人以重绛为燕支,非燕支花所染也,燕支花自为红蓝

---

① 《唐淮南大长公主墓志所反映的唐代历史问题》,《华夏考古》2008 年第 2 期,第 136 页。《唐淮南大长公主墓志铭研究》,《社会科学战线》2017 年第 10 期,第 86 页。

② 《王建诗集校注》卷一〇,第 599 页。

耳。旧谓赤白之间为红,即今所谓红蓝也。"①一是本土说。五代《中华古今注》云"盖起自纣,以红蓝花汁凝作燕脂。以燕国所生,故曰燕脂"②。宋高承《事物纪原·燕脂》云"秦宫中悉红妆,当是其物自秦始也。一曰燕支。(《续事始》云)"③。

《北户录》记载公主不以燕支花却以石榴花自制的胭脂,可谓心思奇巧:

> 又郑公虔云:"石榴花,堪作烟支。"代国长公主,睿宗女也,少尝作烟支,弃子于阶,后乃丛生成树,花实敷芬,既而叹曰:"人生能几?我昔初笄,尝为烟支,弃其子,今成树,阴映琐闱,人岂不老乎?"④

墓志在称颂新城公主不饰雕华时云"兰泽靡加,尘弥□□之镜;铅□罢饰"(《大唐故新城长公主墓志铭》⑤),可见用兰浸过带着香味的润发香油和敷面的铅粉,也是绝大多数公主平日极重要的化妆用品。太平公主女儿亦被称颂"兰膏铅泽,珍芳禠妙"〔卢藏用《大唐故万泉县主薛氏墓志铭(并序)》⑥〕。

兰膏在唐诗中出现的并不多,或与红烛、热和光等词语相连指兰泽子制成的脂膏用以点灯,而和女子的体貌相并举的则为散发幽兰芳香的润发油膏,如"复恐兰膏污纤指,常遣傍人收堕珥"(张籍《白纻歌》⑦)、"兰膏已尽股半折"(张籍《古钗叹》⑧)、"兰膏新沐云鬟滑,宝钗斜坠青丝发"(无名氏,一作白居易《任氏行》⑨)、"兰膏坠发红玉春,燕钗拖颈抛盘云"〔温庭筠《张静婉采莲曲(并序)》⑩〕、"中有兰膏渍红豆"〔韩偓《玉合(杂言)》⑪〕等。

---

① 《古今注》卷下《草木第六》,第20页。
② 《中华古今注》卷中,第19页。
③ 《事物纪原》卷三《冠冕首饰部》第一四,第145页。《中国风俗辞典》,第369页。
④ 〔唐〕段公路:《北户录》卷三,中华书局1985年版,第45页。
⑤ 《全唐文补遗》第五辑,第127页。另见《唐〈新城长公主墓志〉考》,《碑林集刊》第六辑,第33页。
⑥ 《全唐文新编》卷二三八,第一部第四册,第2699页。
⑦ 余恕诚、徐礼节整理:《张籍集系年校注》卷一,中华书局2011年版,第20页。
⑧ 《张籍集系年校注》卷一,第48页。
⑨ 陈尚君辑校:《全唐诗补编·外编三·全唐诗续补遗卷一六》,中华书局1992年版,第536页,1087页。
⑩ 《温庭筠全集校注》卷一,第42页。
⑪ 《韩偓诗集笺注》卷四,第252页。

铅粉是用来粉饰面容的化妆品。唐诗中的女子面部妆容铅粉,如"讵惜铅粉红"(徐彦伯《拟古三首》其一①)、"铅(与'铅'同)粉坐相误"(李白《代美人愁镜二首》其一②)、"徒劳掩袂伤铅粉"(乔知之《绿珠篇》③)、"洗却铅粉妆"(韦元甫《木兰歌》④)"薄施铅粉画青娥"(薛能《吴姬十首》其九⑤)、"薄薄施铅粉"(毛文锡《巫山一段云》其二⑥)等。

5. 唐代公主的自制洗衣方

唐代医书《外台秘要》中还收录了公主自制的洗衣方:

藿香 零陵香 甘松香(各一两) 丁香(二两)
上四味,细锉如米粒,微捣,以绢袋盛衣箱中。南平公主方。⑦

南平公主为唐太宗李世民第三女,洗衣方配制材料均为名贵香料,兼具医疗功效,可以想见此配方洗涤的衣物不仅洁净,更是芳香馥郁,还能提神醒脑。

(二)诗文所见唐代公主妆容、饰品

唐代诗文涉及的公主妆容极少,有额黄妆、花钿和八字眉、蛾眉、连娟眉等。

1. 唐代公主的额黄妆

王涯《宫词》云"官(一作'宫')样轻轻淡淡黄"⑧,描写公主的淡黄色宫样妆,以其从发到面容的叙写逻辑以及妆饰颜色看,多为额黄。李商隐《无题二首》其二(原作《蝶三首》其三,据戊签改)云"寿阳公主嫁时妆,八字宫眉捧额黄"⑨,以南朝宋寿阳公主的梅花妆,以及当时宫样妆的八字眉、额黄妆比喻蝴蝶的姿态、颜色。

额黄"因黄颜色厚积额间,状如小山,故亦称'额山'"⑩。古代妇女额

---

① 《全唐诗》卷七六,第二册,第821页。
② 《李太白全集》卷二五(古近体诗九十首),第1185页。
③ 《全唐诗》卷八一,第二册,第874页。
④ 《全唐诗》卷二七二,第五册,第3049页。
⑤ 《全唐诗》卷五六一,第九册,第6577页。
⑥ 《全唐诗》卷八九三,第十三册,第10155页。
⑦ 〔唐〕王焘:《外台秘要》卷三二《熏衣湿香方五首》,人民卫生出版社1955年版,第900页。
⑧ 《全唐诗》卷三四六,第五册,第3888页。
⑨ 《李商隐诗歌集解·未编年诗》,第1441页。
⑩ 钱玉林、黄丽丽主编:《中华古代文化辞典》,齐鲁书社1996年版,第79页。

部涂黄的风习,起源于南北朝或更早,受佛像妆容影响①,修行者涂此表达虔诚。南朝梁简文帝《戏赠丽人》云"异作额间黄"②,《木兰辞》云"挂(一作'对')镜帖花黄"③。《能改斋漫录·事始》将之归入"佛妆"之列,是异域胡妇的妆饰:

> 张芸叟《使辽录》云:"胡妇以黄物涂面如金,谓之佛妆。"予按:后周宣帝传位太子,自称天元皇帝,禁天下妇人不得施粉黛。自非官人,皆黄眉墨妆,以是知房妆尚黄久矣。④

唐代盛行胡风,这种妆容极为流行,唐诗中多有叙及,如"微汗欲消黄"〔梁锽《美人春卧(一作"怨")》⑤〕、"依约残眉理旧黄"(张泌《浣溪沙》⑥)。唐朝的额黄上承南北朝,但涂抹手法和风格均不同。南北朝采用"约黄"半额涂抹法,在前额仅涂一半黄色,再以清水推开,整个额头呈晕染状⑦,如北周庾信《舞媚娘》云"额角轻黄细安"⑧。唐朝采用"平涂"的全涂法,如"额黄无限夕阳山"(温庭筠《偶游》⑨)、"额黄侵腻发"(牛峤《女冠子》其二⑩)。但唐诗叙写中亦有半涂,如"半额微黄(一作'满额蛾黄')金缕衣"〔裴虔(一作"乾")馀《柳枝词咏篙水溅妓衣》⑪〕、"额畔半留黄"(吴融《赋得欲晓看妆面》⑫)。

除了涂抹,唐朝还有粘贴法,将金黄色的材料剪裁薄片状饰物,如花朵、飞鸟、星星、月亮等,贴满整个额头,又称"花黄"。如"翡翠贴花黄"(崔液《踏歌词》其一⑬)、"蕊黄香画贴金蝉"(张泌《浣溪沙》其十⑭)、"蕊黄无

---

① 李朋主编:《话说中国礼仪》第四册,天津古籍出版社2007年版,第1499页。
② 丁福保编:《全汉三国晋南北朝诗·全梁诗卷二》,中华书局1959年版,第908页。
③ 〔宋〕郭茂倩编:《乐府诗集》卷二五《梁鼓角横吹曲》,中华书局1979年版,第374页。
④ 〔宋〕吴曾:《能改斋漫录》(上册),上海古籍出版社1960年版,第31页。
⑤ 《全唐诗》卷二〇二,第三册,第2116页。
⑥ 《全唐诗》卷八九八,第十三册,第10209页。《花间集新注》卷四,第181页。
⑦ 《唐代社会概略》,第182页。管彦波:《中国头饰文化》,内蒙古大学出版社2006年版,第81页。《中国历代服饰艺术》,第186页。
⑧ 《庾子山集注》卷五,第405页。
⑨ 《温庭筠全集校注》卷四,第380页。
⑩ 《花间集新注》卷四,第156页。
⑪ 《全唐诗》卷五九七,第九册,第6967页。
⑫ 《全唐诗》卷六八七,第十册,第7972页。
⑬ 《全唐诗》卷五四,第一册,第668页。
⑭ 《花间集新注》卷四,第185页。

限当山额"(温庭筠《菩萨蛮》①)、"扑蕊添黄子"〔温庭筠《南歌子(〈全唐诗〉有注"歌或作柯,一名〈春宵曲〉")》②〕、"啼襟揾月黄"(李建勋《殢妓》③)等。还有专蘸鸦黄色的,称"鸦黄",如卢照邻《长安古意》云"纤纤初月上鸦黄。鸦黄粉白车中出,含娇含态情非一"④。

2. 唐代公主的花钿

花钿是将金箔、纸等材料剪成五颜六色、形状多样的装饰物,贴在眉间、额上或面颊,使面庞显得富贵娇媚,唐代壁画中即有饰花钿者(见插页彩图61)。陆畅《云安公主出降杂咏催妆》其二(一作《傧相诗六首》)云"少妆银粉饰金钿"⑤,对公主梳妆的具体描写仅选择银粉、金钿为代表,足见二者之重要。

3. 唐代公主的宫样眉

史书中仅提及安乐公主"览镜作眉",其眉样属宫样眉,样式多样。唐代诗文中即叙及多种。

(1) 柳眉

唐代公主墓志中有约略描述,在概描公主的容貌时云"眉凋翠柳,睑碎红莲"(《大唐故淮南大长公主墓志铭(并序)》),以翠柳的凋谢比喻公主的逝去,而柳叶之眉毫无疑问是公主较重要并极具代表性的眉样之一。

(2) 八字宫样眉

因为公主长成于宫中,即便出嫁,其仍会延续此前的妆容,因此通过宫样眉记录,仍可得到间接的认知。韦应物《送宫人入道》(一云张萧远作)叙述宫女入道后洗净铅华,不再对镜梳妆,描画时尚的八字眉:"宝镜休匀八字眉"⑥,从侧面反映了八字眉也应是宫中流行的眉样,公主们自然也会采用。

(3) 黛眉、月眉、广眉、长眉等

罗虬《比红儿诗》有多处描写红儿的眉妆,可知其"镜前眉样自深宫",选用了当时流行的黛眉("脸红眉黛入时妆""脸檀眉黛一时新")、月牙形的月眉〔"月眉云髻选人(一作'尽名')家"〕、半额的广眉("不藉城中半额

---

① 《温庭筠全集校注》卷一〇,第906页。
② 《温庭筠全集校注》卷一〇,第990页。《花间集新注》卷一,第48页。《全唐诗》卷八九一,第十三册,第10133页。
③ 《全唐诗》卷七三九,第十一册,第8508页。
④ 〔唐〕卢照邻著,李云逸校注:《卢照邻集校注》卷二,中华书局1998年版,第78页。
⑤ 《全唐诗》卷四七八,第七册,第5478页。
⑥ 《韦应物诗集系年校笺》卷一〇(写作年代无考者),第548页。

眉")、长眉、跳舞时的舞眉〔"晓向妆台(一作'纱窗')与画眉,镜中长欲助娇姿"、"真似红儿罢舞眉"〕。①

(4)公主的蛾眉

《郧国长公主神道碑铭》称颂公主容貌"清矑如神,蛾眉无双",在其如女神般清亮无比黑白分明的眼眸上,搭配的是举世无双的蛾眉。这种蛾眉,极具代表性,以至于成为佳人、美女的代称,其从《诗经》时代即为诸侯国公主喜爱的眉形,《硕人》细绘齐女庄姜之美有"螓首蛾眉"②,朱熹《诗集传》解释为"蛾,蚕蛾也。其眉细而长曲"③,可知是一种如蚕状的细而长曲的眉形。但又有不同看法认为"蛾"为"娥"的假借字,仅指美好之意。

(5)公主的连娟眉

宣宗女平原公主的容貌极美,《故赠平原长公主墓志铭(并序)》称"贵主生兮婉仪,盼美目兮娟眉。花容兮雪肥,掩琨树兮映琼枝"④,其顾盼流转的美目之上,则衬托以连娟眉。连娟眉在汉代已有,《史记·司马相如列传》:"长眉连娟,微睇绵藐。"司马贞索隐引郭璞曰:"连娟,眉曲细也。"⑤从其文之描述和注释可知,这种眉型从汉代就有,是一种弯曲又纤细的长眉。晚唐温庭筠有"连娟眉绕山"(《江南曲》)、"连娟细扫眉"(《南歌子》⑥)。卢仝《秋梦行》"长眉入鬓何连娟"⑦,可知此连娟眉多长入鬓角。章碣《东都望幸》云"眉月连娟恨不开"⑧,绘出愁容之下的连娟眉。

4. 唐代公主墓志中的公主耳饰

女子妆容中耳饰也是不可少的,唐代公主也不例外。但有学者以唐代墓室壁画中几无坠耳饰者,认为唐代公主无耳饰。然而唐文尤其是墓志中,却点及公主的耳饰,如"杂珮明珰"(《凉国长公主神道碑》),所选公主妆饰中即选择了其所佩戴的明亮的耳饰;"宠盛簪珥,邑延汤沐""神珰蕴笥,烁炎库之庭"(《大唐永泰公主志石文》),亦点及神珰散发的卓越光芒;而安定公主因回鹘背恩时,也是"于光顺门内脱去簪珥,变服请罪",珥即用珠子或玉石做的耳环,簪珥于此代指公主妆饰,足见耳饰于公主妆容的

---

① 《全唐诗》卷六六六,第十册,第 7687、7685、7688、7685、7690、7691 页。
② 《诗经注析》一五《国风·卫风》,第 165 页。
③ 〔宋〕朱熹注:《诗集传》卷三,中华书局上海编辑所 1958 年版,第 36 页。
④ 《唐代墓志汇编续集》咸通一五,第 1044 页。录自《隋唐五代墓志汇编·陕西卷》第四册,第 146 页。
⑤ 《史记》卷一一七列传五七《司马相如列传》,第九册,第 3040 页。
⑥ 《温庭筠全集校注》卷二、卷一〇,上册,第 158 页;下册,第 987 页。
⑦ 《全唐诗》卷三八八,第六册,第 4391 页。
⑧ 《全唐诗》卷六六九,第十册,第 7716 页。

代表意义。

本章结论

其一，作为外命妇，公主的公服和常服遵循自古传承的衣冠制度，有严格的等级规制，从材质、装饰、纹绣、佩饰到色彩、规格等均有详细规范，但亦有个别公主享有同皇后一样的逾越规制的服饰。虽说公主出嫁后为外命妇，但因长自皇宫，其服饰、妆容亦多为宫样妆，出嫁后亦会沿袭。其服饰、妆饰材质品类多样，因作为皇室成员，出嫁前会取用各地贡品，亦有异域进贡者，即便出嫁后其妆饰、服饰材质亦多半出自宫中，一方面出嫁时皇室会赐予丰厚的嫁妆，另一方面出嫁后亦会接受多种皇室赐予的服饰材质或成品。

其二，奢华是唐代公主服饰的总体特色，但亦随着唐王朝不同阶段的经济基础、政治需要、国力变化、社会风尚、帝王喜好的变化而发生变化，存在着从唐初的崇尚简约到高宗武后至睿宗时的奢华富丽、大胆求新，再到盛唐的华美，中晚唐提倡纯朴等的变化。总体而言，其服饰也如整个唐代审美观一样，呈现一种富丽鲜艳、明媚活泼的特色和大胆多变时尚的追求，令人叹为观止。

其三，唐代公主的服装分为祭服、朝服、常服，分别在不同场合使用，其中祭服为最重要的大典中所着之隆重礼服；朝服在次一级公共事务中服用；常服则以襦、裙、帔为主。其中公主翟衣、褕翟的整体形制在史籍中有较详细的记录，其主要佩饰在唐代诗文和公主墓志中均有叙及，如花冠、佩玉、青圭、珪璋、绶带、琨带等，而唐代公主墓志中亦屡屡提及施衿与结缡（褵），是指公主的佩巾、腰带饰物与大带饰物。虽说唐代公主的礼服以青质为规制，但亦存在安乐公主婚礼朝参时着翠服的特例，其原因在于唐代服饰制度在现实生活中常常被突破，如乱紫、诈着绿、借绯紫等僭越现象，以及在上者着在下者服色的自由、公主对碧色的特殊喜好等。唐代诗文亦叙及公主嫁衣，公主常服则叙及珠襦、袿衣、月帔与裙装，又从另一视角补充了公主服饰的某些元素。

其四，唐代诗文对公主的妆容、发饰、妆具往往以简洁的代称叙述，缺少细节描绘，其中亦有反复出现者，足见唐人对公主服饰的突出印象与集体认知，如羽衣、绿云鬓、玉叶冠、额黄妆、花钿、柳叶眉、蛾眉、八字眉、连娟眉、七子镜、珥、珰等。唐代公主墓室壁画、文物中亦有公主头冠及反复出现的露胸衣、男装、胡装侍女，亦可约略窥见唐代公主服饰与妆容的大致轮廓及某些细节。何为绿云髻,从当时盛行的发髻上的装饰物着手,而公主发髻又是重重插戴这些珠翠、玉蝉、翠羽、绿松石等钗饰,为高耸入云之状,于是远望去自有绿光如云的观感;而玉叶冠则需从入道公主的双重身份展开,玉为身份的象征,是无论道教仙界还是俗世中身份高贵者所戴,而公主花树冠中亦有层层叠叠的花朵与叶片,入道公主玉真公主的玉叶冠应是以重重叠叠的叶片为主。公主的男装明确载录的配置包括与其身份相匹配的紫袍玉带,当时时尚佩饰鞢七事,以当时的男装风尚和公主墓室壁画上侍女佩戴的承露囊之多看,或许应有此配置,而男装的折上巾或为其冠饰。公主的羽衣具有身份等级的标识性,又和当时的国力国风、帝王喜好、公主个人喜好相关,具有多变性与一定的个性,总体而言其羽衣的基本材质羽毛多为取自各地各种珍禽的珍稀物,其制作工艺绝好,百鸟毛裙即为其中的典型范例,而霓裳羽衣虽为宫中舞者乃至宠妃所着舞蹈之衣,但以玄宗朝公主们以杨玉环为琵琶师的史料看,公主们纷纷效法着霓裳羽衣,跳霓裳舞也是可推知之事,唐诗中的霓裳吟唱,亦提及秦女。入道公主的羽衣则具有双重特质,既是效法仙界体系中至尊得道者的法服标配而来,又具有俗世皇家服饰之特质。

第四章　视膳饔饩之均和，
主馈醴酏之品齐：唐代公主的饮食

民以食为天，饮食是普天之下饮食男女生活中最基本的事务，也在和人们的相依相伴中，形成丰富的饮食文化。中国自古有美食之邦的美称，这些凝聚着中国人特有智慧与文化特色的美味，在公主饮食中展现得更为丰富多彩。

一、文献中的唐代公主日常饮食

唐代公主的饮食与宫廷有千丝万缕的密切联系，未出嫁前由宫廷负责，即便出嫁了，仍会得到宫中赐予的精美御膳，亦会在宫廷宴会中品尝宫中美食。

唐代皇室的饮食管理机构，有负责帝王饮食的殿中省下属的尚食局与负责内宫的内侍省下属尚食局，亦有其他机构负责果蔬、饮品及宴飨祭祀时的膳食。公主们出嫁前的饮食与之息息相关，据《新唐书·百官志》记载，内侍省尚食局：

> 尚食二人，掌供膳羞品齐。总司膳、司酝、司药、司饎。凡进食，先尝。……
> 司膳二人，掌烹煎及膳羞、米面、薪炭。凡供奉口味，皆种别封印。典膳、掌膳各四人，掌调和御食，温、凉、寒、热，以时供进则尝之。……
> 司酝、典酝、掌酝各二人，掌酒醴酏饮，以时进御。……
> 司药、典药、掌药各二人，掌医方。凡药外进者，簿案种别。……
> 司饎、典饎、掌饎各二人，掌给宫人饩食、薪炭，皆有等级，受付则旬别案记。①

而尚寝局有"司苑、典苑、掌苑各二人，掌园苑莳植蔬果。典苑以下分

---

① 《新唐书》卷四七志三七《百官二》，第四册，第1228—1229页。

察之。果熟，进御。"①。另有光禄寺掌祭祀、朝会、宴飨的珍馐佳酿等事物，"掌酒醴膳羞之政，总太官、珍羞、良酝、掌醢四署。……朝会宴享，则节其等差"，下设太官署"掌供祠宴朝会膳食"，珍羞署"掌供祭祀、朝会、宾客之庶羞，榛栗、脯脩、鱼盐、菱芡之名数"，良酝署"掌供五齐、三酒。享太庙，则供郁鬯以实六彝；进御，则供春暴、秋清、酴醿、桑落之酒"，掌醢署"掌供醯醢之物：一曰鹿醢，二曰兔醢，三曰羊醢，四曰鱼醢。宗庙，用菹以实豆；宾客、百官，用醯酱以和羹"。② 祭祀用食物与公主饮食无关，但朝会、宴飨之物，则与公主饮食稍有关联，可从侧面见出当时的食品、菜品、酒品，乃至宴飨时用鱼肉等制成的酱——醯醢调和食物的饮食习惯等。

虽说有关公主饮食史书记载较少，但唐人笔记中有公主进食的场面描写，另有公主出嫁以后公主府的珍馐美味叙写，可知其水准不减，且宫中还会时常遣送御制精品。唐代诗文对此有生动描述，如张说《安乐郡主花烛行》以"百壶渌酒千斤肉"概描郡主的婚宴饮食。公主墓出土文物中亦有侍女捧持食物、水果、食具的图像，更为直观地呈现出唐代公主的饮食画面；同时公主出嫁前在宫中生活，一些绘画中亦会呈现唐代宫中宴饮生活（如五代周文矩的《宫乐图》描绘宫娥乐舞后休息品茶的情形，见插页彩图62），于是将诗文、史料和文物三方结合，仍可见出千年前公主饮食生活的情形。

（一）史书中的唐皇室本土饮食贡品

史书对唐代公主的具体饮食细节包括食物名称、制作方法等叙述极少，但详细载录了取用于各地贡品的皇室饮食材料，据此可约略见出唐代公主饮食的大背景。其食材贡品亦包括少数饮食成品种类亦较为丰富③，可分为以下几类：

1. 粮食类

其主食材料以米、麦为主，品类极多。亦有一些杂粮，如紫秆粟（京兆府京兆郡贡）、黄粟（润州丹杨郡贡）、煎玉粉屑（太原府太原郡贡）、苣（粱、黍一类的农作物或类似苦菜的植物，杭州余杭郡贡）、薯预（即薯蓣，通称山药，常州晋陵郡、明州余姚郡、宣州宣城郡贡）。

---

① 《新唐书》卷四七志三七《百官二》，第四册，第1229页。
② 《新唐书》卷四八志三八《百官三》，第四册，第1247、1248页。
③ 以下贡品梳理来自《新唐书》卷三七至四三志二七至三三下《地理志一至七》，第四册，第960—1157页。

(1) 各道所贡的麦类

白麦：属小麦的一种，籽实椭圆形。丰州九原郡贡。

䵍麦：《孟子·告子上》："今夫䵍麦，播种而耰之……至于日至之时，皆孰矣。"赵岐注："䵍麦，大麦也。"①京兆府京兆郡、陕州陕郡贡。

(2) 品种极多的米类

包括粱米（绛州绛郡、利州益昌郡贡）、节米（郢州富水郡贡）、黄穤米（一种上好米谷，扬州广陵郡贡）、乌节米（扬州广陵郡贡）、大小香粳（一种有香味的粳米，常州晋陵郡、苏州吴郡贡）、香粳（婺州东阳郡贡）、赤松涧米（婺州东阳郡贡）、糯米（湖州吴兴郡贡）、黄秔（湖州吴兴郡贡）等。

2. 调味类

甜味调味品有蜂蜜和糖，贡地较多。

白蜜：有解释作"蜂蜜之白色者"②。贡地五处，包括邠州新平郡、慈州文城郡、复州竟陵郡、文州阴平郡、翼州临翼郡。

蜜：贡地有九处，即隰州大宁郡、石州昌化郡、代州雁门郡、归州巴东郡、夔州云安郡、兴州顺政郡、通州通川郡、阶州武都郡、湖州吴兴郡。

石蜜：冰糖之异称，甘蔗汁或白糖曝晒或熬制成的固体蔗糖。潞州上党郡、巴州清化郡、越州会稽郡、虔州南康郡、永州零陵郡、眉州通义郡贡。

蔗糖：成都府蜀郡、梓州梓潼郡贡。

姜的贡量亦极多，还被制成蜜姜、干姜、姜粉等，其进贡情况，如姜（襄州襄阳郡贡）、蜜姜（以蜜浸的姜，扬州广陵郡、杭州余杭郡贡）、干姜（杭州余杭郡、台州临海郡贡）、高良姜（又名南姜、蜜姜，可入药，崖州珠崖郡、钦州宁越郡贡）、括姜粉（去皮的姜粉，扬州广陵郡贡）等。

其他如花油（巴州清化郡贡）、戎盐（即青海或西域内陆地区的岩盐，廓州宁塞郡贡）、椒与椒实（金州汉阴郡、黎州洪源郡贡）、夏蒜（兴元府汉中郡贡）、桂心（肉桂干燥后去皮，也作"桂辛"，述昆州贡）等。

3. 蔬菜类

包括芋（"芋艿""芋头"，襄州襄阳郡贡）、冬笋（兴元府汉中郡贡）、糟瓜（兴元府汉中郡贡）、笋（兴州顺政郡贡）、糟笋瓜（糟是带渣滓的酒，或酿酒的渣滓，用来烹制美食。《礼记·内则》将饮品分为"重醴，稻醴清糟，黍醴清糟，粱醴清糟，或以酏为醴"③，安州安陆郡贡）、藕（扬州广陵郡、苏州

---

① 〔汉〕郑玄注，〔唐〕孔颖达疏：《十三经注疏·孟子注疏》卷一一之《告子》，中华书局1980年版，第2749页中、下。

② 谢观主编：《中华医学大辞典》，辽宁科学技术出版社1994年版，第402页。

③ 《十三经注疏·礼记正义》卷二七《内则》，第1463页下。

吴郡贡)、白藕(绵州巴西郡贡)、木瓜(湖州吴兴郡、杭州余杭郡、潭州长沙郡贡)、杬子(植物的果实,湖州吴兴郡贡)、紫菜(海州东海郡贡)、萁(茅草的嫩芽,石州昌化郡贡)等。

4. 珍禽走兽类

包括鹿舌与鹿尾(会州会宁郡贡)、鹿脯(庐州庐江郡贡)、黄牛臆(黄牛的胸或胸骨,灵州灵武郡贡)、野鸡(泽州高平郡贡)、山鸡(夔州云安郡贡)、鸭胞(苏州吴郡贡)、熊与罴(夔州云安郡贡)等。

5. 海鲜类

海鲜类贡品以鱼为多,包括:白鱼(江陵府江陵郡贡)、黄鱼(孟州贡)、鯎鱼(利州益昌郡贡)、鲟(润州丹杨郡贡)、鲅(即比目鱼,苏州吴郡贡)、鳍(苏州吴郡贡)、肚鱼(苏州吴郡贡)。

还有各类加工后的鱼制品,包括:糟白鱼(颍州汝阴郡贡)、鳢鮬(乌鳢鱼卵加工的食品,沧州景城郡、江陵府江陵郡贡)、鱼脐(扬州广陵郡贡)、鱼鮬(扬州广陵郡贡)、鲊(用盐和红曲腌的鱼,润州丹杨郡贡)、鱼子(雌鱼未受精的卵子盐渍或熏制而成,苏州吴郡贡)。

其他则有蛤、蟹、鳖甲等,如文蛤(登州东牟郡、莱州东莱郡、密州高密郡贡)、海蛤(福州长乐郡贡)、糖蟹(糟腌的蟹,陆游《老学庵笔记》云"唐以前书传,凡言及糖者皆糟耳,如糖蟹、糖姜皆是"[1],沧州景城郡、扬州广陵郡贡)、海味(明州余姚郡贡)、鳖甲(岳州巴陵郡、广州南海郡贡)等。

6. 奶类

有牛酥(庆州顺化郡土贡)、干酪(茂州通化郡贡)、酥(庐州庐江郡、龙州应灵郡贡)等。

7. 水果类

所贡水果种类多样,尤以柑橘类为多,如柑、橙、橘贡地多达二十七处,其中贡柑地有江陵府江陵郡、峡州夷陵郡、朗州武陵郡、襄州襄阳郡、兴元府汉中郡、文州阴平郡、开州盛山郡、眉州通义郡、简州阳安郡、资州资阳郡、悉州归诚郡、梓州梓潼郡、普州安岳郡、荣州和义郡、端州高要郡等。贡橙之地有巴州清化郡、合州巴川郡。贡橘之地有杭州余杭郡、越州会稽郡。柑、橘皆贡之地有夔州云安郡、苏州吴郡、温州永嘉郡、澧州澧阳郡等。另有乳柑(即温州蜜柑,湖州吴兴郡、台州临海郡、洪州豫章郡贡)、朱橘(橘成熟后常呈红色,故称,抚州临川郡贡),甚至橘皮(梓州梓潼郡贡)。江陵府江陵郡则是柑、橙、橘均贡。

---

[1] 〔宋〕陆游著,李剑雄、刘德权点校:《老学庵笔记》卷六,中华书局1979年版,第80页。

其他水果及贡地,则如梨(虢州弘农郡、绛州绛郡、太原府太原郡、镇州常山郡)、酸枣人(即酸枣仁,京兆府京兆郡、河南府河南郡、滑州灵昌郡)、甘蔗(襄州襄阳郡、温州永嘉郡、绵州巴西郡)、枣(河中府河东郡、郢州富水郡)、枸杞实叶(河南府河南郡、甘州张掖郡)、樱桃(京兆府京兆郡)、柿(许州颍川郡)、凤栖梨(河中府河东郡)、美果华(河南府河南郡)、乌梅(江陵府江陵郡)、梅(虔州南康郡)、梅煎(梅制的蜜饯,梅脯,洪州豫章郡、成都府蜀郡)、荔枝(广州南海郡)、荔枝煎(戎州南溪郡)、枇杷(兴元府汉中郡)、橄榄(福州长乐郡)、槟榔(安南中都护府)、陛厘(又名侧梨、水苔、石发等,吉州庐陵郡)、甘棠(又名棠梨、杜梨,升州江宁郡)等。

冬柰,即苹果,古称"来禽""林檎""频婆"等。相传夏禹吃的"紫柰"即红苹果,汉代文献已有记载,魏晋已有栽培。《觉非盦笔记》引《采兰杂志》云:"燕地苹婆果……夜置枕边,微有香气,佛书苹婆,华言相思"①。晋郭义恭《广志》云"西方例多柰,家家收切曝干为脯……谓之频婆粮"②。甘州张掖郡贡。

椑,又名漆柿、鼠李或稠李子。《新唐书》将其罗列在柑、橙、橘之后,其他食物之前,应指果实。江陵府江陵郡贡。

8. 坚果类

有榛实(凤翔府扶风郡、陇州汧阳郡土贡)、松实(即松子,蔚州兴唐郡贡)、栗(幽州范阳郡贡)、大蛇粟(曹州济阴郡贡)、偏桃人(又称扁桃仁,安西大都护府贡)等。

9. 饮料类

茶:贡地多达十二处,包括怀州河内郡、峡州夷陵郡、归州巴东郡、夔州云安郡、兴元府汉中郡、寿州寿春郡、庐州庐江郡、蕲州蕲春郡、申州义阳郡、福州长乐郡、饶州鄱阳郡、雅州卢山郡等。

另有一些特别制作的茶品,如茶牙(溪州灵溪郡、金州汉阴郡贡)、细茶(睦州新定郡贡);甚至名茶及其特制冲泡之水,如紫笋茶(常州晋陵郡、湖州吴兴郡贡)及金沙泉(用金沙水冲泡紫笋茶,口感浓郁,湖州吴兴郡贡)。

酒类:则有葡萄酒(太原府太原郡贡)、生春酒(成都府蜀郡贡)、春酒曲(郢州富水郡贡)。而郢酒的制作方法还是玄宗女常芬公主驸马引入长

---

① 〔清〕顾堃:《觉非盦笔记》卷二,清光绪八年刻本。《续修四库全书》子部《杂家类》,第1154册,上海古籍出版社2002年版,第67页上。

② 〔明〕李时珍:《本草纲目》卷三〇,第三册,人民卫生出版社1978年版,第1776页。

安皇室的,据《唐六典·光禄寺·良酿寺》载:"今内有郢州春酒,本因其州出美酒。初,张去奢为刺史,进其法。今则取郢州人为酒匠,以供御及特燕赐。"①

葡萄五物酒浆煎皱干:西州交河郡贡。

生石斛:铁皮石斛加水煎煮制成茶饮,即生石斛。寿州寿春郡、庐州庐江郡、江州浔阳郡等地贡生石斛。舒州同安郡、光州弋阳郡、广州南海郡、韶州始兴郡、泷州开阳郡、封州临封郡、春州南陵郡、勤州云浮郡等地贡石斛。

10. 药品类

其中贡地较多的有麝香、犀角、当归、羌活、黄连、防风等,尤以麝香为多,足见其产地之多、取用范围之广、用量之充足。

麝香:贡地多达四十二处,包括商州上洛郡、岚州楼烦郡、忻州定襄郡、代州雁门郡、妫州妫川郡、檀州密云郡、营州柳城郡、均州武当郡、房州房陵郡、金州汉阴郡、洋州洋川郡、利州益昌郡、凤州河池郡、文州阴平郡、成州同谷郡、扶州同昌郡、通州通川郡、河州安昌郡、渭州陇西郡、兰州金城郡、阶州武都郡、洮州临洮郡、廓州宁塞郡、叠州合川郡、宕州怀道郡、甘州张掖郡、巂州越巂郡、嘉州犍为郡、黎州洪源郡、茂州通化郡、翼州临翼郡、维州维川郡、姚州云南郡、松州交川郡、当州江源郡、悉州归诚郡、静州静川郡、柘州蓬山郡、恭州恭化郡、保州天保郡、真州昭德郡、昌州等地。

犀角:澧州澧阳郡、朗州武陵郡、道州江华郡、邵州邵阳郡、黔州黔中郡、辰州卢溪郡、锦州卢阳郡、施州清化郡、叙州潭阳郡、奖州龙溪郡、夷州义泉郡、溪州灵溪郡、驩州日南郡贡。

当归:扶州同昌郡、茂州通化郡、维州维川郡、松州交川郡、当州江源郡、悉州归诚郡、静州静川郡、柘州蓬山郡、恭州恭化郡贡。

羌活:茂州通化郡、维州维川郡、松州交川郡、当州江源郡、静州静川郡、柘州蓬山郡、恭州恭化郡贡。

黄连:处州缙云郡、婺州东阳郡、宣州宣城郡、歙州新安郡、辰州卢溪郡、施州清化郡贡。

防风:郓州东平郡、齐州济南郡、淄州淄川郡、兖州鲁郡、绛州绛郡贡。

甘草:灵州灵武郡、朔州马邑郡、岷州和政郡、洮州临洮郡贡。

葛粉:葛根粉,也称粉葛。因加工工艺不同,分为葛根淀粉和葛根全粉。越州会稽郡、眉州通义郡、剑州普安郡、龙州应灵郡贡。

---

① 《唐六典》卷一五,第448页。

银花：即金银花，又名忍冬。"金银花"，据《本草纲目》记述，以三月初开时为白色，经一二日后转为黄色而得名。又因一蒂二花，两条花蕊成双成对探出，状似鸳鸯对舞，故称鸳鸯藤。睦州新定郡贡。

买子木子实，《新唐书·地理志》作"买子本实"，《新旧唐书所载若干植物名实考》考证为麦子木的子实①。渠州潾山郡贡。

其他药材，贡地不多，但亦可见聚集在皇室的药材种类之丰富和长自皇宫身为皇室重要成员的公主们所能取用的药材种类之广，则如胡粉（相州邺郡、卫州汲郡、澶州）、药实（渠州潾山郡、施州清化郡、合州巴川郡）、紫草（青州北海郡、魏州魏郡）、牛黄（登州东牟郡、密州高密郡）、牸犀角（鄯州西平郡、恭州恭化郡）、药子（万州南浦郡、扶州同昌郡）、芎䓖（扶州同昌郡、凉州武威郡）、白胶香（金州汉阴郡、洋州洋川郡）、大黄（廓州宁塞郡、真州昭德郡）、黄矾（沙州敦煌郡、瓜州晋昌郡）、胡桐律（瓜州晋昌郡、伊州伊吾郡）、升麻（恭州恭化郡、黎州洪源郡）、黄精（河南府河南郡）、花苁蓉（灵州灵武郡）、苁蓉（肃州酒泉郡）、柏实（陕州陕郡）、知母（相州邺郡）、贝母（江陵府江陵郡）、蔓荆实（平州北平郡）、杜仲（金州汉阴郡）、枳壳与枳实（金州汉阴郡）、雷丸（金州汉阴郡）、鹿茸（成州同谷郡）、狼毒（成州同谷郡）、防葵（成州同谷郡）、枫香（通州通川郡）、白药实（通州通川郡）、苶细实（开州盛山郡）、秦艽（渭州陇西郡）、绛矾（瓜州晋昌郡）、柏脉根（肃州酒泉郡）、阿魏截根（北庭大都护府）、附子（明州余姚郡）、附子天雄（龙州应灵郡）、石菖蒲（雅州卢山郡）、落雁木（雅州卢山郡）、牛黄（黎州洪源郡）、朴硝（松州交川郡）、天门冬（遂州遂宁郡）、天门冬煎（普州安岳郡）、厚朴（龙州应灵郡）、侧子（龙州应灵郡）、乌头（龙州应灵郡）、苦药（陵州仁寿郡）、甲煎（循州海丰郡）、甲香（潮州潮阳郡）、白石英（梧州苍梧郡）等。

另有一些既可做香料，又可药用的贡品，如沉香、甲香、詹糖香（均为广州南海郡贡）、零陵香（永州零陵郡贡）等。

又有修道用光明丹沙（砂）（辰州卢溪郡、锦州卢阳郡贡）、丹沙（砂）（溪州灵溪郡、溱州溱溪郡、茂州通化郡、容州普宁郡贡）等。

（二）史书、唐人笔记中的唐皇室外来饮食贡品

根据《唐会要》的记录，域外亦有众多饮食贡品。

---

① 萧正洪：《新旧唐书所载若干植物名实考》，《陕西师范大学学报（哲学社会科学版）》1996年第3期，第131页。

1. 品类众多的药材与药品

据《唐会要》：新罗"(开元)十二年,兴光遣使献……牛黄、人参……(天宝)七载,遣使献……牛黄、头发、人参","(大历)八年……并献金银、牛黄";吐火罗国开元八年献异药,十二年"献胡药乾陀婆罗等二百余品",十八年,献质汗等药;罽宾国开元七年献"秘方奇药";耨陀洹国"贞观十八年,遣使来朝贡,又献婆律膏";天竺国"(开元)十七年六月,北天竺国王三藏沙门僧密多献质汗等药"。①

2. 域外水果、蔬菜、调味品、饮料

《唐会要》记录的域外水果、蔬菜类,则有康国"(贞观九年)十一月,又献金桃银桃,诏令植于苑囿"②;(贞观)二十一年三月十一日,唐太宗还下诏将外来贡品中"草木杂物有异于常者"记录下来,包括：

> 叶护献马乳葡萄一房,长二尺,子亦稍大。……
> 康国献黄桃,大如鹅卵,其色如金,亦呼金桃。……
> 伽毗国献郁金香……九月花开,状如芙蓉,其色紫碧。香闻数十步。……
> 泥婆罗国献波棱菜……又酢菜……味虽少苦,久食益人。胡芹状如芹,而味香。浑提葱……辛嗅药……收干作末,味如桂椒。其根能愈气疾。……
> 西蕃胡国出石蜜,中国贵之。太宗遣使至摩伽佗国取其法,令扬州煎蔗之汁,于中厨自造焉,色味逾于西域所出者。葡萄酒,西域有之,前世或有贡献。及破高昌,收马乳葡萄实,于苑中种之,并得其酒法。自损益造酒,酒成,凡有八色,芳香酷烈,味兼醍醐。既颁赐群臣,京中始识其味。③

3. 唐人笔记中的域外粮食类贡品

另有外国进贡的粮食类贡品,亦会被赐予公主,《杜阳杂编》记载懿宗赐予同昌公主"金麦、银米共数斛,此皆太宗朝条支国所献也"④,还有宪宗元和八年进贡的碧麦、紫米:

---

① 《唐会要》卷九五、卷九九、卷一〇〇,第1712、1713、1773、1776、1779、1787页。
② 《唐会要》卷一〇〇,第1774页。
③ 《唐会要》卷一〇〇,第1796—1797页。
④ 《杜阳杂编》卷下,第25页。

大轸国贡……碧麦大于中华之麦粒,表里皆碧,香气如粳米,食之体轻,久则可以御风。紫米有类巨胜,炊一升得饭一斗,食之令人髭发填黑,颜色不老,久则后天不死。①

(三)唐代文学中的公主饮食

公主出嫁后会在公主府生活,但仍会参加宫中的祭祀进食、饮宴活动,宫中还会遣使送来御制精品。

1. 唐代文学中的公主进奉食物场面

唐人笔记有唐代鼎盛时期的公主进奉食物的场面描写,从中也可见出公主饮食的某些特点:

> 天宝中,诸公主相效进食,上命中官袁思艺为检校进食使,水陆珍馐数千,一盘之贵,盖中人十家之产。中书舍人窦华尝因退朝,遇公主进食……行于其间。宫苑小儿数百人奋梃而前,华仅以身免。②

可知公主们进食场面隆重威严、奢侈铺张,聚集各色美味珍馐。

王建《宫词》五十七亦曾叙述寒食时公主进献祭祀食品之事:"东风泼火雨新休,舁(《纪事》作'弄')尽春泥扫雪沟。走马犊车当御路,汉阳公主进鸡球。"(此诗《万绝》为第二十三首,《全唐诗》卷四七六又作熊孺登诗)③据《新唐书·礼乐志四》可知鸡球为寒食日进献之食物:

> 二十三年,诏献、昭、乾、定、桥五陵,朔、望上食,岁冬至、寒食各日设一祭。……桥陵日进半羊食。……天宝二年……又常以寒食荐饧粥、鸡球、雷车,五月荐衣、扇。④

这种鸡球还是唐代寒食节宴饮的必备食物,至中唐时仍延续着,白居易《会昌元年春五绝句·赠举之仆射(今春与仆射三为寒食之会)》云"鸡球饧粥屡开筵,谈笑讴吟间管弦。一月三回寒食会,春光应不负今年"⑤,

---

① 《杜阳杂编》卷中,第14—15页。
② 《明皇杂录·明皇杂录补遗》卷下,第47页。
③ 《王建诗集校注》卷一〇,第602页。
④ 《新唐书》卷一四《礼乐志四》,第二册,第364页。
⑤ 《白居易集笺校》卷三五,第2439页。

即此。

2. 唐代笔记中的御赐公主食物

另据笔记叙述,同昌公主出嫁后,唐懿宗经常赐其宫中的珍馐佳肴:

> 上每赐御馔汤物,而道路之使相属。其馔有灵消炙、红虬脯,其酒有凝露浆、桂花醑,其茶则绿华紫英之号。灵消炙,一羊之肉取之四两,虽经暑毒,终不见败。红虬脯,非虬也,但贮于盘中则健如虬。红丝高一尺,以箸抑之无数,分撒则复其故。迨诸品味,人莫能识,而公主家餍饫,如里中糠秕。……公主疾既甚,医者欲难其药饵,奏云:"得红蜜、白猿膏,食之可愈。"上令访内库,得红蜜数石,本兜离国所贡也。白猿脂数瓮,本南海所献也……虽日加饵,一无其验,而公主薨。①

由描述可知出嫁后的公主饮食仍然奢华。"一骑红尘妃子笑"说的是杨贵妃骄纵奢侈的饮食,当疾驰的驿使纵马而来踏过长安城的大道时,并非是前方战事紧急,只是为了满足妃子对荔枝的特殊嗜好。这样的情形亦为公主所享,成群结队的宫人在长安大道上迤逦而过,并不是宫中有了大事或庆典,那只是为了给帝王出嫁的女儿送宫中的上好美食或国外珍稀贡品制成的名贵药物。

3. 唐诗所见公主府宴饮及修道公主饮食

嫁与臣子之家的公主的饮食场面,撤去了皇室的重重帷幕,因而也更透明些,驸马们与文人间频繁的交往,宴饮诗酒聚会的随时举行,使得公主婚后的饮食状况,在唐代的酬唱诗中被生动地复述。从"鲙下玉盘红缕细,酒开金瓮绿醅醲"(陈羽《宴杨驸马山亭》)、"琥珀盏红疑漏酒……赐冰满碗沉朱实,法馔盈盘覆碧笼"(刘禹锡《刘驸马水亭避暑》)等诗句看,公主之家宴饮食从器具、美酒到菜肴均别致精美,引人入胜。以玉盘呈上制作精细的美味,以金瓮珍藏香醇的绿醅美酒,琉璃杯、琥珀盏映着的红色美酒,碧笼里盛装的晶莹法馔等,无不透着华美与诱人的气息。而炎热的夏季更有御赐的满碗冰块沉入色彩鲜艳的红色食物中,制成冰镇的美食。那经过两次或多次复酿的花酒,亦在公主夜宴上被一杯杯添满,散发着浓香,徐彦伯《夜宴安乐公主新宅应制》云"凤楼开阖引明光,花酎(一作'醑')连添醉益香"②。

---

① 《杜阳杂编》卷下,第 26—27 页。
② 《全唐诗》卷七六,第二册,第 826 页。

修道公主饮食又有不同。王维《奉和圣制幸玉真公主山庄因题石壁十韵之作应制》写其种田生玉,提炼丹砂,以石髓(膏状物,从河中流出渗入地面,形成奶酪状,携带其中的物质,据说食用可使齿发重生,祛病延年)为羹饭,又以胡麻制出喷香的饭食,以求修成仙道,获得永生。

> 溪留(底本原作"流",从宋蜀本、述古堂本、元本等改)上汉查。种田生白玉,泥灶化丹砂……御羹和石髓,香饭进胡麻。①

唐代公主墓室壁画中有侍女捧葡萄和果子(见插页彩图76、78),可知其日常所食的某些水果。

4. 唐代崇俭诏令与奏议所见公主饮食的奢靡之风

对于王公、公主等贵族之家弥漫的这种奢华之风,帝王不断禁止,如文宗下《崇俭诏》,告诫天下撇弃衣食住行的争竞奢侈风气(参服饰章节前述)。大臣们也不断呼吁节俭之风。开元时的裴耀卿曾上《请减宁王圹内食味奏》:

> 尚食所料水陆等味一千余种,每色瓶盛,安于藏内,皆是非时瓜果,及马、牛、驴、犊、獐、鹿等肉,并诸药酒三十余色,仪注礼料,皆无所凭。……天恩每申让帝之志,务令俭约……又非时之物马、驴、犊等,并野味、鱼、雁、鹅、鸭之属,所用铢两,动皆宰杀,盛夏胎养,圣情所禁。……千味不供,礼无所阙,伏望依礼减省,以取折衷。②

奏议从另一侧面也反映了包括公主在内的唐代上层社会的华靡风气,为了享有美食,他们不遗余力地搜集来自八方的山珍野味,储藏着非节令的瓜果蔬菜,只为品鲜,大肆屠宰家禽家畜,甚至包括盛夏胎养中的动物,而这样的奢侈生活的满足往往建立在对老百姓的征索压榨之上,给老百姓带来巨大的烦扰。

5. 唐代公主中的素简节制饮食个例

当然也有知礼自律的公主,以简素而著称。如宪宗女岐阳庄淑公主,据记载"惊为澧州刺史,主与偕……不肉食"③。张说《鄎国长公主神道碑

---

① 《王维集校注》卷三〔编年诗(天宝上)〕,第240页。
② 《全唐文》卷二九七,第三册,第3012—3013页。
③ 《新唐书》卷八三列传八《诸帝公主传》,第十二册,第3668页。

铭》对公主治家饮食做过概描:"其理家也,视膳饔饫之均和,主馈醴酏之品齐"①,饔是熟食,饫是鼎中的食物,醴是用稻、麦、粟、黍等谷子酿造的酒,酏是黍米酿的酒,从中可知公主在膳食上相当讲究,以均衡调和为标准,酒亦品类齐全。

二、唐代公主的饮食用具

唐代公主的饮食用具包括食具、酒具、炊具与盥洗盛放用具,品类丰富,且以金银宝玉之类为材质或镶嵌珍贵珠宝,雕饰精美纹样,制成精巧、多样的形状,功用齐全方便,设计独特。《杜阳杂编》即对其奢华用具做出描述:

> 又以金银为井栏、药臼、食柜、水槽、釜铛、盆瓮之属,仍镂金为笊篱、箕、筐。②

其形制、制作方法等细节,历史文献中并无专门的叙述,多是仅在人与事的叙述中提及名称而已,《新唐书·地理志》的各地贡品中的食具亦载录不多,公主未出嫁前的日常之用来自皇宫,而出嫁后亦有皇室赐予,于是透过这些贡品名单里的少量食用器具,亦可对其饮食器具有浮光掠影的概览。而若想有更细致深入形象的了解,则需借助文学作品中经作家们的心灵、视野和文笔表现出来的公主驸马府家宴上的精美器具。同时唐代公主墓文物,则透过历史的烟尘,以色彩、线条直观地呈现出当年公主们日常生活中的食用器具。

在古代,食具亦有严格的等级之分。《唐律疏议》"舍宅、车服、器物及坟茔、石兽"条"疏"记载:"器物者,一品以下,食器不得用纯金、纯玉……若有违者,各杖一百。"③在古代金银珠宝、琉璃玛瑙等制成的器物,是权力、地位与身份的象征,而公主的饮食用具则材质珍贵、刻镂精美。

(一)史书与笔记中的食具贡品

在一些史书与笔记中亦会叙及唐王朝各地及藩属国、域外的食具

---

① 《文苑英华》卷九三三《碑九〇·神道五二》,第六册,第4910页。《重校正唐文粹》卷五五之下。《张说集校注》卷二一《碑》,第三册,第1015页。
② 《杜阳杂编》卷下,第25页。
③ 《唐律疏议》卷六一,第488页。

贡品：
1. 新、旧《唐书》中的食具贡品
新旧《唐书》中的食具贡品记录较少。
（1）埏埴盎缶

河南府河南郡贡。埏埴是用水和黏土揉成可制器皿的泥坯。"缶"，古称大腹小口、有盖的器皿，"一种盛酒器，也用于盛流质食物"①，也是古代乐器的一种。《说文解字》云"缶，瓦器，所以盛酒浆，秦人鼓之以节歌"，段玉裁注："《释器》《陈风传》皆云'盎谓之缶'，许云'盎，盆也，罂，缶也'，似许与《尔雅》说异"。②

（2）花口瓢

相州邺郡贡。瓢是舀水或取东西的工具，多用对半剖开的匏瓜或木头制成。据花口瓶因"瓶口如开放的花朵"得名，"细颈""圆腹""撇足"③，以此推测花口瓢应是瓢口如开放的花瓣状的瓷器。

（3）酒杓

邛州临邛郡贡。

2.《唐会要》中的藩属国、域外食具贡品

《唐会要》中记载一些边境、藩属国及外来食具贡品：吐蕃"献大鹅，黄金铸成，高七尺，可受酒三斛"，"（开元）十七年，赞普既献宝，公主又献盘杂盏器等物"，（元和）十二年献"金器等"；康国开元初屡献"水晶桮"④。

3. 唐人笔记中的食具贡品

唐人笔记中亦会叙写一些食具类贡品，如《杜阳杂编》即叙述皇宫内以及来自异域的食具：

> 吴明国贡……鸾蜂蜜……常贮之于白玉椀，表里莹彻，如碧琉璃。宝历元年，南昌国献……玳瑁盆可容十斛，外以金玉饰之。⑤

从中可知唐皇室用白玉碗盛放进贡的蜂蜜，又有从异域进贡的精美奢华玳瑁盆，其盆以玳瑁为主要材质，容量极大，又以金玉装饰。

---

① 史树青总主编，丁山等编撰，收藏家杂志社编：《中国艺术品收藏鉴赏百科全书一·铜器卷》，北京出版社2005年版，第38页。
② 《说文解字注》五篇下《缶部》，第224页下。
③ 何贤武、王秋华主编：《中国文物考古辞典》，辽宁科学出版社1993年版，第455页。
④ 《唐会要》卷九七、卷九九，第1730、1733、1737、1774页。
⑤ 《杜阳杂编》卷上、卷中，第3、10、16页。

(二)唐代诗文与文物中的公主食具、酒具

唐诗中的公主府宴饮吟咏,描绘了其饮食器具,公主墓室亦出土了一些饮食器具,其壁画亦可见生活用食具,其中有些器具既可盛酒,亦可盛放食物。如新城公主墓室出土两件青釉深腹瓷缸(见插页彩图63)。

1. 酒具

唐代诗人的宴饮无酒不欢,于是公主驸马府宴饮诗当然会叙及酒具,包括:

(1)觞

公主宴饮诗多处提及觞,如"壶觞既卜仙人夜"(韦元旦《夜宴安乐公主宅》①)、"度曲飞觞夜不疲"(刘宪《夜宴安乐公主新宅》②)、"贵主称觞万年寿"(李适《侍宴安乐公主庄应制》③)、"称觞献寿乐钧天"(沈佺期《侍宴安乐公主新宅应制》④)等。李贺《同沈驸马赋得御沟水》亦云"停杯泛小觞"⑤。

还叙及羽卮(即羽觞)和金觞,如岑文本《安德山池宴集(杨师道封安国公)》云"甲第多清赏,芳辰命羽卮"⑥,李百药《安德山池宴集(安德,杨师道封号)》亦云"流霞泛羽觞"⑦,宋之问《太平公主山池赋》云"列金觞兮献酬"。羽觞,又称"羽杯""耳杯",是"古代的一种饮器",盛酒或羹,器型呈椭圆形,腹浅、底平,因两侧有半月形双耳,故称耳杯,"有时也有饼形足或高足"。因其形状像爵(雀),两侧有耳,像鸟的双翼,故名"羽觞"。⑧

唐代出土文物中即有极其精美的银羽觞,内壁有四株折枝莲,底部饰团花,又有鸿雁、鸳鸯等纹饰,以蔓草分四区,外底部饰团花,通体饰鎏金花纹⑨(见插页彩图64)。这种纹样在唐代公主墓室棺椁线刻画中极多,应是唐皇室生活器用上的常用之饰,也应是公主羽觞雕饰纹样的重要组合

---

① 《全唐诗》卷六九,第二册,第772页。
② 《全唐诗》卷七一,第二册,第782页。
③ 《全唐诗》卷七〇,第二册,第777页。
④ 《沈佺期宋之问集校注·沈佺期集校注》卷三〔诗(景龙二年至开元二年)〕,第151页。
⑤ 《李长吉歌诗编年笺注》卷三,上册,第439页。
⑥ 《全唐诗》卷三三,第一册,第452页。
⑦ 《全唐诗》卷四三,第一册,第538页。
⑧ 参见张哲永等主编:《中国茶酒辞典》,湖南出版社1991年版,第263页。沈柔坚名誉主编,邵洛羊总主编:《中国美术大辞典》,上海辞书出版社2002年版,第477页。钱玉林、黄丽丽主编:《中华传统文化辞典》,上海大学出版社2009年版,第234页。
⑨ 陕西历史博物馆官网,http://www.sxhm.com/index.php?ac=article&at=read&did=11334

之一。

（2）酒杯

唐诗中提及的公主府酒杯品类亦较多,包括：

①鹦鹉杯

唐代诗人叙写公主驸马府的欢宴时还选用了鹦鹉杯,如"玉酒相传鹦鹉杯"（李适《侍宴安乐公主新宅应制》①）、"方宵鹦鹉献酬杯"（李乂《侍宴安乐公主新宅应制》②）、"鹦鹉杯中醉留客"（戎昱《赠别张驸马》③）等。

②金杯

沈佺期《夜宴安乐公主宅》叙及金杯："自有金杯迎甲夜"④。何家村出土金筐宝钿团花纹金杯,以唐代流行的金掐丝工艺把薄金片剪成细条（捶打成粗丝或搓扭成细丝）状扁金丝,焊接杯壁上,团花外沿镶嵌小金珠（见插页彩图65）。

③琥珀、玛瑙杯（盏）

唐诗中亦曾点及驸马府宴饮所用的酒杯,以琥珀和玛瑙为材质或点缀。杜甫《郑驸马宅宴洞中》云"春酒杯浓琥珀薄,冰浆碗碧玛瑙寒"⑤,刘禹锡《刘驸马水亭避暑》云"琥珀盏烘（朱本、《全唐诗》作'红'）疑漏酒"⑥。出土文物中亦有玛瑙杯（见插页彩图66）。

④合欢杯

公主或其子婚礼时亦有合欢杯,如"为尽合欢杯"（太平公主子薛崇胤婚礼,沈佺期《寿阳王花烛图》⑦,一作宋之问诗）；《安乐郡主花烛行》云"双童连缕合欢杯"⑧。黄滔《催妆》所言"烟树迥垂连蒂杏,彩童交捧合欢杯。吹箫不是神仙曲,争引秦娥下凤台"⑨,从吹箫、秦娥等典故看,应与公主相关,也有童子捧着合欢杯。

这种合欢杯在唐前的文献中并未出现,唐诗中亦不多,如施肩吾的《杂

---

① 《全唐诗》卷七〇,第二册,第777页。
② 《全唐诗》卷九二,第二册,第996页。
③ 《戎昱诗注》,第15页。
④ 《沈佺期宋之问集校注·沈佺期集校注》卷三〔诗（景龙二年至开元二年）〕,第178页。
⑤ 《杜诗详注》卷一,第46页。
⑥ 《刘禹锡集》卷二四,第319页。
⑦ 《全唐诗》卷五二作宋之问诗,一作沈佺期(第二册,第636页),《沈佺期宋之问集校注·沈佺期集校注》卷四〔诗(不编年)〕推断作沈佺期诗(第245页),并注明"此诗沈集诸本未收,见《国秀集》卷上"。寿阳王薛崇胤为薛绍与太平公主之子。
⑧ 《张说集校注》卷一〇,第二册,第508页。
⑨ 《全唐诗》卷七〇五,第十一册,第8193页。

曲歌辞·夜起来(一作"起夜来")》"香销连理带,尘覆合欢杯"①等。

⑤来自异域的多曲长杯

唐代公主墓室壁画中还有侍女"左手托多曲长杯……常见于萨珊银器中,杯的平面呈多曲椭圆形,杯体因分曲而形成外凹内凸的棱线"②(见插页彩图67)。

⑥来自异域的高足杯

房陵大长公主墓壁画还有高足杯,高足杯与胡瓶皆为唐代的外来器物③(见插页彩图68)。

(3)金卮

唐诗还叙及公主日用的金卮,羊士谔《梁国惠康公主挽歌词二首(时诏令百官进词。驸马即司空于公之子)》其二云"泉向金卮咽"④。《饮食器具考》指出卮起源于周代,战国至秦汉流行,唐、宋以后使用较少,圆桶型,盖微鼓,盖上有环状纽,"器身一侧有一环状的鋬,底部一般常有三兽蹄状足(汉代后期无鋬无足者多)"⑤。《中国古代酒具》指出卮和樽形状同,但"樽的形体大,双耳;卮的形体小,单鋬。樽为盛酒器,而卮为饮酒器"⑥(见彩图插页69)。

(4)青玉樽

樽,"亦作'酒樽''酒罇',盛酒器"⑦。公主府的酒樽则有青玉材质的青玉樽,据张说《安乐郡主花烛行》云"珊瑚刻盘青玉尊"⑧。

(5)玉罍

罍"用于盛酒或温酒……也是礼器"⑨。玉罍最初是指玉制的酒器,后引申为酒杯的代称。卢藏用的《夜宴安乐公主宅》云"珠釭缀日(一作'月')那知夜,玉罍流霞畏底(一作'极')晨"⑩,描绘公主家的夜宴,珠玉装饰的油灯缀连着白天,不知何为黑夜,玉制的酒杯倾泻着如流霞般的美

---

① 《全唐诗》卷四九四,第八册,第5631页。
② 《新城、房陵、永泰公主墓壁画》,图版三四说明,第74页。
③ 《新城、房陵、永泰公主墓壁画》,图版四四说明,第75页。
④ 《全唐诗》卷三三二,第五册,第3710页。
⑤ 李春祥:《饮食器具考》,知识产权出版社2006年版,第151页。
⑥ 王俊:《中国古代酒具》,中国商业出版社2015年版,第71页。
⑦ 朱世英、季家宏主编:《中国酒文化辞典》,黄山书社1990年版,第457页。
⑧ 《张说集校注》卷一〇,第二册,第509页。
⑨ 叶佩兰主编:《文物收藏鉴赏辞典·陶瓷·玉器·杂项·书法·绘画彩图版》,大象出版社2004年版,第159页。
⑩ 《全唐诗》卷九三,第二册,第1000页。

酒,直到清晨。

(6)铛

唐代宗女李倕墓中还出土一件白瓷铛,釉质细腻精致(见插页彩图70)。

铛是我国古代常见的一种温酒器。何家村出土唐代金银器(学者考证当是皇室用具)中有一件双狮纹圜底钵状金铛,"三足呈兽腿状……通体有珍珠地纹,錾双鸟衔绶、双鸟衔方胜、立狮花卉等……器底饰高浮雕双狮图案"①(见插页彩图71)。

(7)缶

缶是大肚子小口的古代盛酒瓦器。唐宗女(非公主)李倕墓出土有铜缶(见插页彩图72)。

(8)盏

酒盏为"无柄小酒杯"②。唐代公主的墓室中还出土有陶盏(见图20)。

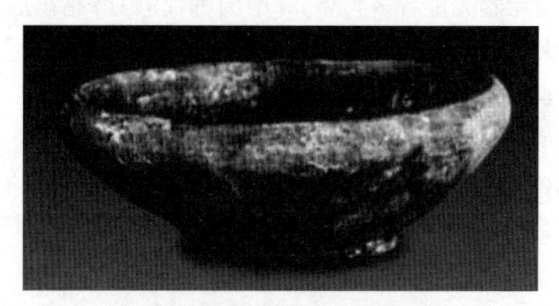

图20　新城公主墓出土小陶盏
(图片来源:《唐新城长公主墓发掘报告》图版十四)

2.食具

唐代公主饮食器具极为精美,品类多样,其酒具、生活盥洗器具等单列,此处仅叙及盘。公主宅第宴饮诗有叙及,公主墓亦出土一些饮食器具。

(1)盘

刘禹锡《刘驸马水亭避暑》云"法馔盈盘覆碧笼",描绘刘驸马园林盛宴上盛满碗、盘、碧笼的美食,而盘是公主府少不了的食具,材质上等、工艺

---

① 杜金鹏等编著:《中国古代酒具》,上海文化出版社1995年版,第285页。
② 沈道初等编著:《中国酒文化应用辞典》,南京大学出版社1994年版,第56页。徐海荣主编:《中国酒事大典》,华夏出版社2002年版,第117页。

精湛。唐诗叙及、公主墓室壁画绘出、其墓室出土的实物盘,则有玉盘、珊瑚盘、三彩盘和来自异域的多曲盘等。案与盘相关联,又不同,案是在重大场合使用的可席地而坐放置的有足的盘。唐代公主墓室壁画中亦有带足的食案。

①玉盘

韩翃《宴杨驸马山池》(一作陈羽诗,又作朱湾诗)云"鲙下玉盘红(一作'金')缕细"①,描写玉制盘子上脍鱼的如丝脉纹。

②多曲盘

房陵公主墓室壁画中有侍女持卷曲式的盘,有论者认为此种盘"与粟特银盘的造型相似,应为输入品或受到中亚银器影响的仿制品"②(见插页彩图73)。

③三彩盘

永泰公主墓出土三彩盘,"壁施绿釉,内壁施绿、赭、白各色釉相间,花纹如繁星"③(见插页彩图74)。

④圆形深盘

新城公主墓室东壁中幅壁画有侍女捧深盘(见插页彩图50),插页彩图75右边侍女亦捧深盘。

⑤珊瑚盘、玻璃盘

公主府亦有珊瑚刻盘,张说《安乐郡主花烛行》云"珊瑚刻盘青玉尊"④。永泰公主墓室壁画有捧玻璃果盘者(见插页彩图76)。

⑥铜盘

唐宗女李倕墓还出土有铜盘(见插页彩图77)。

(2)来自异域的五足圆案与珠宝装饰之食案

房陵公主墓室壁画有侍女手持五足圆案(见插页彩图78),唐永泰公主墓亦出土有食案(见图21)。但房陵公主壁画侍女手持器物被多数论著定名为果盘,亦有著作描述其"盘内盛满水果(形似柿子、佛手,一说木瓜或甜瓜,一说当地时令瓜果野生八月瓜,俗称八月炸)"⑤,而《唐房陵大长公主墓壁画"托果盘侍女图"正名》一文引《札朴》指出"《急就篇》载:'楄、

---

① 《全唐诗》卷二四五,第四册,第2744页。
② 《新城、房陵、永泰公主墓壁画》,图版三六前室东壁北侧图版说明,第75页。
③ 《中华国宝:陕西珍贵文物集成·唐三彩卷》,第4页。
④ 《张说集校注》卷一〇,第二册,第508页。
⑤ 《新城、房陵、永泰公主墓壁画》,图版三五前室东壁北侧图版说明,第75页。王晶晶《房陵大长公主墓托果盘侍女图新考》(《收藏家》2020年第6期)考证认为是八月瓜。

杅、槃、案、梠、閜、盌。'颜注:'无足曰槃,有足曰案,所以陈举食也。'"①又引陈衍论说指出:"案,有足之盘也,古人席地所用。"②还例举唐以前考古资料,论证侍女所持应为圆案,而非果盘。③

时至晚唐,这种食案仍在同昌公主府邸使用,更为精美奢华,以五色玉器为材质,又雕饰各种珍宝,绘饰出精美图案,《杜阳杂编》描述"又琢五色玉器为什合,百宝为圆案"④。这种"圆案",研究者即将之认定为食案⑤。

3. 酒具和食具之间的精美多用碗具

亦有一些介于酒具和食具之间的日常生活器具,碗为其中最重要的器具之一,刘禹锡《刘驸马水亭避暑》云"赐冰满碗沉朱实"。文献中出现的公主府饮食器具——碗,包括玛瑙碗、金碗、银碗等。

(1) 金碗

王维《过崔驸马山池》写道:"画楼吹笛妓,金碗酒家胡……脱貂贳桂醑,射雁与山厨。"⑥可知众人在崔驸马园林中畅游高会的情形,而画楼的乐伎笛曲,金碗盛放的胡家之酒、芬芳桂醑,打猎所得的鲜活野味,则是诗人心中这场盛会烙印最深、最典型的饮食物象。杜甫《崔驸马山亭宴集(〈全唐诗〉有"京城东有崔惠童驸马山池"字)》亦云"客醉挥金碗"⑦。何家村出土窖藏即有金碗(见插页彩图79),亦可窥见公主府金碗的某些特质。

(2) 银碗

《酉阳杂俎》记载了公主令婢女用银棱碗于街上巨井汲水的故事:

> 景公寺前街中,旧有巨井,俗呼为八角井。元和初,有公主夏中过,……令从婢以银棱碗就井取水,误坠碗。经月余,出于渭河。⑧

唐宗女县主李倕墓出土有素面敞口斜弧腹银碗(见插页彩图80),"平

---

① 《方言笺疏》卷五,第178页。〔清〕桂馥:《札朴》卷四,中华书局1992年版,第166页。
② 〔明〕陈衍:《槎上老舌》,《丛书集成初编》,中华书局1985年版,第6页。
③ 张维慎、李聪、张红娟:《唐房陵大长公主墓壁画"托果盘侍女图"正名》,《文博》2014年第4期,第40页。
④ 《杜阳杂编》卷下,第25页。
⑤ 徐海荣主编:《中国饮食史》卷3,杭州出版社2014年版,第404页。
⑥ 《王维集校注》卷四〔编年诗(天宝下)〕,第351页。
⑦ 《杜诗详注》卷三,第204页。
⑧ 《酉阳杂俎·前集一五》,中华书局1981年版,第141页。

底焊接圈足"①。何家村窖藏唐德宗时三件银盖碗(见插页彩图81),盖足内有莲叶六出团花,周围散点排列六朵忍冬结,腹部錾刻六株葡萄石榴形折枝花,纹饰鎏金,圈足内沿錾"进"字。②

(3)玛瑙碗

杜甫《郑驸马宅宴洞中》云"冰浆碗碧玛瑙寒"③,以玛瑙做材质或装饰的玛瑙碧碗中盛放着冰浆,透着寒气,晶莹透亮的琥珀薄杯中春酒浓烈醇香。

(4)三彩碗、陶碗、绿釉碗

永泰公主墓还出土了三彩碗,腹部凸起,有棱,圈足,"内有十二道绿色垂条纹,并施赭色细线纹釉,犹如十二株麦穗","可谓储器之冠"④(见插页彩图82)。亦有陶碗和晶莹剔透的绿釉碗(见插页彩图83)。

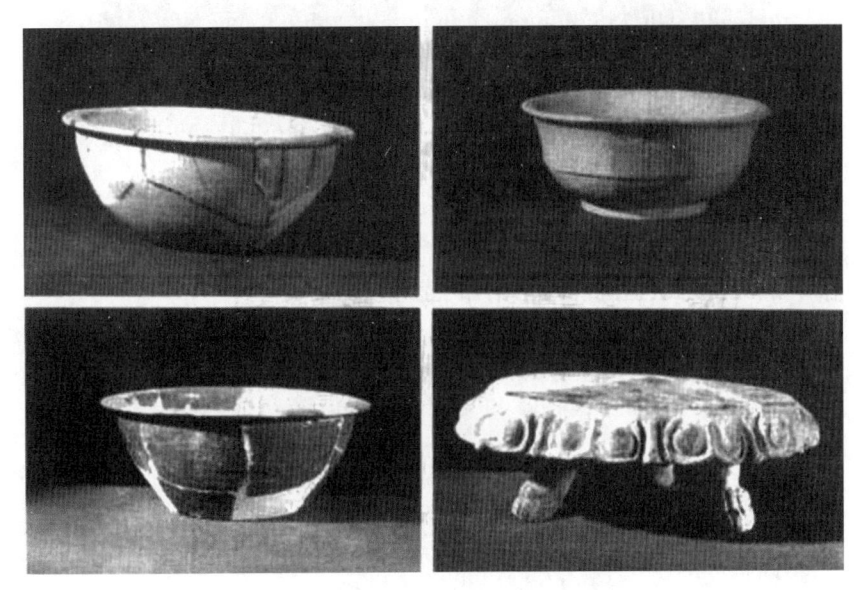

图21 唐永泰公主墓出土陶碗、食案

(图片来源:《永泰公主与永泰公主墓》⑤)

(5)精美花纹碗

郯国公主驸马薛儆墓棺椁及画上还有手捧精美花纹之碗的侍女图,

---

① 刘铁:《典雅静谧:唐代李倕公主墓出土文物精品》,《收藏》2018年第11期,第114页。
② 陕西历史博物馆官网,http://www.sxhm.com/index.php?ac=article&at=read&did=10817
③ 《杜诗详注》卷一,第46页。
④ 《中华国宝:陕西珍贵文物集成·唐三彩卷》,第4页。
⑤ 拜根兴、樊英峰:《永泰公主与永泰公主墓》,三秦出版社2004年版,第144页。

其一碗内有花草纹,外圈饰卷草纹;另一外围有优美的水波纹,未知其材质(见图22)。

图22 薛儆墓石椁内六之上部、石椁外十六之上部捧碗侍女图
(《唐代薛儆墓发掘报告》图版七九、八七)

(6)铜碗

唐宗室女李偅墓室中还出土有铜碗(见插页彩图84)。

4. 酒具、食具、盥洗与装饰的瓶、壶等多用器具

在唐诗和文物中还会出现一些多用器具,既可用于饮食,又可作为盥洗与装饰之用。

(1)瓶

瓶亦是唐诗中叙及唐代公主墓室文物中较多见的日用食具或生活器具,可以是酒瓶,亦可以是盛水瓶,还可以是装饰用花瓶。

①银瓶

曹松《驸马宅宴罢》云"宴阕银瓶一半欹"。房陵公主墓室,前室西壁壁画中侍女手捧短颈圜底浅橘黄色小瓶(见插页彩图85),"似为鎏金银瓶"[1]。

②胡瓶

唐代公主墓室壁画多处绘有胡瓶,足见其在公主生活中之重要。新城公主墓室东壁中幅右一侍女拿带把胡瓶(见插页彩图50),房陵公主墓室前室东壁南侧侍女右手持胡瓶、后室北壁侍女亦持胡瓶(见插页彩图67、

---

[1] 《新城、房陵、永泰公主墓壁画》,图版三九前室西壁侍女图说明,第75页。

68),这种鸭嘴口、长颈、椭圆腹、圈足的胡瓶"是中亚粟特银器中常见的器皿"①。永泰公主墓棺椁线刻画中亦有胡瓶(见图23)。

图23 永泰公主墓石椁外壁线刻画手持胡瓶侍女
(图片来源:《线条艺术的遗产:唐乾陵陪葬墓石椁线刻画》第251页)

③瓷瓶

公主墓室还出土了瓷瓶(见插页彩图86)。

(2)壶

壶也是饮食与盥洗等日常生活中少不了的用具,唐代宗女李倕墓中出土有精美的瑞禽花卉纹三足银壶,"外壁、盖面及三足均为鱼子地,壶颈部錾刻九朵如意云纹,腹部三足上方各饰两只展翅鸳鸯,三足之间錾刻两两相对的三组鸳鸯或鸿雁,其间点缀花草蜂蝶等,底部饰一组六瓣花叶团花,盖面錾刻两两相对的八枝花草纹及两只蜂蝶,钮上饰变形四叶纹,三足上部錾刻枝叶"②(见插页彩图87)。

(3)罐

罐是储存或烧制食物常用的器具,唐代宗女李倕墓出土两件铜提梁罐,一件"提梁中间做六瓣花片"③,另有瓷面晶莹剔透的精美白瓷罐,还有塔式罐(见插页彩图88、89)。

---

① 《新城、房陵、永泰公主墓壁画》,图版三四前室东壁南侧图版说明,第74页。
②③ 刘铁:《典雅静谧:唐代李倕公主墓出土文物精品》,《收藏》2018年第11期,第114页。

（4）金瓮

瓮可作酒具，亦可盛放他物，公主府之瓮亦用昂贵材质制成。韩翃《宴杨驸马山池》（一作陈羽诗，又作朱湾诗）写道："酒开金瓮绿醅浓。"[①]

本章结论

其一，唐代公主的饮食丰富珍稀，食具精美华丽，虽然唐代文献有关其饮食的直接书写较少，但是公主长自宫中，食材往往来自各地贡品，亦有域外进贡之物，唐代史书有详细记录，可见其食材从粮食、调味品、蔬菜、珍禽走兽到海鲜、奶酪、水果、坚果、饮料、药品、饮品等，应有尽有，品类丰富、珍稀名贵。

其二，唐代公主的饮食总体而言珍稀奢华、品类齐全、精致美味，但也因不同时期帝王的喜好而变化，在倡导节俭的时代，会有所收敛，亦有崇尚简素的公主，舍弃珍馐美食、山珍海味。有关唐代公主饮食的具体描绘极少，但亦有笔记不仅罗列了公主的饮食菜单，还记述了其繁复奇异令人叹为观止的制作工序。

其三，唐代公主宅第园林宴饮诗中叙及公主饮食与各类酒具、食具，但往往缺乏细节描写，仅有名称，唐代笔记有公主进食场面描写，提供了公主饮食的情境，公主墓出土文物中亦有精美的食具，可直观其形制、特点，文学描述与文物二者结合即可观览其基本的饮食生活。

---

① 《全唐诗》卷二四五，第四册，第2744页。

第五章 车服次于王后,容卫荣于戚藩: 唐代公主的出行

出行是唐代公主日常生活的重要事务,史书亦记录了其出行工具及仪卫的形制、规格、装饰物等规制,其出行工具的名称与形态、出行场面的状况及引起的观感在唐代笔记与唐诗中亦有或细致或概括的描摹。唐诗对公主出行工具的书写围绕三大系统展开,一是客观陆上、水上出行工具实写系统;二是主观想象的虚拟系统,采用仙话、神话中王母、天帝等的出行工具代称;三是介于实写与虚拟之间的书写。多是仅叙及一些没有具体细节描绘的模糊名称,往往以金、玉、香、云、宝等词限定、修饰,但从另一种角度反映出公主出行工具在唐人眼中的突出观感及唐人心中的集体认知,即满布金玉珠宝,华贵闪耀,通过熏香或挂香囊营造馥郁芬芳特质,出行时所至之处则会香气四溢,以及神秘高贵如仙境中事物。

一、唐代公主出行的总体风貌

唐代公主出行的风貌特征,史书的直接叙述较少,但从一些章奏、表、墓志铭等唐文的点滴叙写,以及唐诗的形象描摹中,可约略得知。总体而言,车马奢华精美,仪卫宏大肃穆,场面隆重。

(一)出入宫禁、出行频繁隆重、车马盈门之状

唐代公主得皇室荫泽,车骑盈门,出入皇室与居处之间,用度出自国家供给与封邑所得,其出行车马往往十分奢华。

1.唐文所见公主出行用度国家供给、车骑盈门之况

从李峤《为公主辞家人畜产官给料表》可见一斑:

> 妾闻贤相防微,格(一作"林",《全唐文》作"杜")盈门之车骑;通人酌损,忌满堂之金玉。……妾等并承灵坤载,荷荫中枢,或天姝申慈……通秘籍于龙廷之内,枉仙舆于凤楼之下。殊私曲奖,以日而系年……兼复别隆朝旨,猥存家务,舆台供隶之衣食,栈厩豢牢之

秣养,并回中府,俱出大农。聚终岁之储,但凭丝绒;供阃门之费,不烦机杼……国邑田租之常料,既已丰殷;马牛陪隶之杂供,并希停减。①

2. 墓志所见公主出行频繁、隆重之况

大唐公主们出行之频繁、出行之隆重,亦有叙述。《大唐故淮南大长公主墓志铭(并序)》云"轩盖飞于戚里","然则参朝宫阙,邀游甲第,车乘流水,马控如龙"②,描述了公主们所乘之车出入于宫阙、甲第、戚里之间,车马既多又快,如流水游龙样蜿蜒飞驰。《大唐故临川郡长公主墓志铭(并序)也有描述:"飞皂盖于南垂,一歌来晚;卷朱幰于东夏,频结去思。公主驾凤同游,乘龙齐迈。叠映鸟旟之□,□□□轵之前。"③皂盖车,据《后汉书·舆服上》云"中两千石、两千石皆皂盖,朱两轓……古者诸侯二车九乘。秦灭九国,兼其车服。故大驾属车八十一乘,法驾半之。属车皆皂盖赤里,朱轓"④,皂盖在唐代为"州刺史或郡太守别称",因"汉代郡太守秩二千石,其所乘车盖为黑色,称皂盖"⑤。驸马出为州刺史,即以皂盖朱幰代指公主随夫出行所乘之车,而公主因身份特殊,则以龙凤之车指称其随行所乘之车,车前鸟羽装饰的旌旗交叠。

(二)公主出行及车马精美豪奢之况

一般而言,大唐公主们出行的车马精美,装饰奢华耀目,其一行一动往往引发举国上下的关注甚或效仿,对此情形,公主及其至亲等的墓志即有描述。

1. 公主出行的豪奢与车马之精美

据《大唐皇四从叔故朝请大夫行太常寺恭陵令上柱国魏郡开国公李公墓志文(并序)》云:

---

① 《文苑英华》卷五七八(六〇五卷重出今已删去),第四册,第2987页。《全唐文》卷二四五,第三册,第2477—2478页。
② 《唐代公主墓志辑略》,《碑林集刊》第三辑,第64页。《唐淮南大长公主墓志所反映的唐代历史问题》,《华夏考古》2008年第2期,第135页。《唐淮南大长公主墓志铭研究》,《社会科学战线》2017年第10期,第86页。
③ 拓片见《新中国出土墓志》陕西一上,第81页。录文见《唐代墓志汇编续集》永淳〇〇九,第260页。
④ 《后汉书》志二九《舆服上》,第十二册,第3647、3649页。
⑤ 龚延明:《中国历代职官别名大辞典》,上海辞书出版社2006年版,第367页。

公之亲,淮南大长公主之仲女也。……故公自孩藐,养于主第。至如膳服车舆之美,采翠雕纹之巧,倾主家之珍异,尽供公之所欲。虽瑰宝溢目,曾不为荣。①

在唐高宗至睿宗时期,一些得宠公主生活十分奢侈,在屋舍、田地、车马等的享用上都拥有特权。如太平公主豪奢无比,出行舆乘甚至与宫掖等同,据史书记载:"绮疏宝帐,音乐舆乘,同于宫掖。"②

中唐李贺曾目睹了公主征行场面,极为豪奢,其《贵主征行乐》写道:

奚骑黄铜连锁甲,罗旗香干金画叶。中军留醉河阳城,娇嘶紫燕踏花行。春营骑将如红玉,走马捎鞭上空绿。女垣素月角咿咿,牙帐未开分锦衣。③

王琦注"疑在当时有公主出行宴饮于河阳城中,长吉见之而作是诗。其所从之将军,皆护从之兵,而非战斗之兵,故其旌旗甲马,皆言其华靡艳丽而已"④。诗作讥讽公主率兵出行以军旅征行为游戏的行为,但也详细描述了公主出行的境况,尊贵的公主出行有侍女随从,打着香木为杆绣着金黄树叶的锦罗绸缎旗帜,在军营中扬鞭直指碧空,骑紫燕马踏花而行,宿醉后的公主容颜极美,如红玉一般。红玉本是用来形容赵飞燕姊妹的容颜,《西京杂记》云"赵后体轻腰弱……女弟昭仪,不能及也。但昭仪弱骨丰肌……二人并色如红玉"⑤。

同昌公主出行时乘七香车(参后述),场面蔚为壮观。咸通十二年正月辛酉葬同昌公主,丧葬排场讲究,穷奢极侈,非常罕见,因古人视死如生的观念,从中亦可目睹其生前出行车马、仪卫之况,据《资治通鉴》记载:

凡服玩,每物皆百二十舆,以锦绣、珠玉为仪卫、明器,辉焕三十余里;赐酒百斛,饼馅四十橐驼,以饲体夫。⑥

---

① 《西安碑林博物馆新藏墓志续编》上,第286页。
② 《旧唐书》卷一八三列传一三三《外戚传》,第十四册,第4739页。
③ 《李长吉歌诗编年笺注》卷三,第288页。
④ 《李长吉歌诗编年笺注》卷三,第289页。
⑤ 〔汉〕刘歆等著,〔晋〕葛洪集,王根林校点:《西京杂记》,上海古籍出版社2012年版,第15页。
⑥ 《资治通鉴》卷二五二《唐纪六八》,第8161页。

《杜阳杂编》对其庭祭、出殡的车马、仪卫、服玩等奢侈境况描述尤详：

> 及庭祭日，百司与内官皆用金玉饰车舆、服玩，以焚于韦氏之庭……及葬于东郊……出内库金玉驼马、凤凰、麒麟，各高数尺，以为威仪。其衣服玩具，悉与生人无异。一物已上，皆至一百二十舁，刻木为楼、阁、宫、殿、龙凤、花木、人畜之象者，不可胜计。以绛罗多绣络金银瑟瑟为帐幕者，亦各千队。结为幢节伞盖……兵士卤簿，率多加等……焚升霄降灵之香，击归天紫金之磬。繁华辉焕，殆二十余里。①

当时的丧葬场面致使"京城士庶，罢市奔看，汗流相属，惟恐居后"②。

2. 禁止出行奢华的诏令

总体而言唐代公主们的日常生活奢侈豪华，但亦在不断颁布的禁令当中被打击、禁断，晚唐文宗朝曾禁戒出行的奢华之风：

> 车马无饰金银。……一品导从以七骑……五品以上及节度使册拜、婚会，则车有幰。外命妇一品……乘金铜饰犊车，檐舁以八人。③

二、史书与文物所见唐代公主出行仪卫与车具

唐皇室出行所用车马归驾部等官署专门负责，从其制度之细可知举凡所用之马的饲养、驾驭、户籍、辨识、护理都有专人负责，并有极为严格的制度：

> （太仆寺）卿掌厩牧、辇舆之政……行幸，供五路属车。
> 乘黄署……掌供车路及驯驭之法。凡有事，前期四十日，率驾士调习，尚乘随路色供马；前期二十日，调习于内侍省。
> 典厩署……掌饲马牛、给养杂畜。
> 典牧署……掌诸牧杂畜给纳及酥酪脯腊之事。
> 诸牧监……掌群牧孳课。……马之驽、良，皆著籍……以仲秋上

---

① 《杜阳杂编》卷下，第 27 页。
② 《杜阳杂编》卷下，第 28 页。
③ 《新唐书》卷二四志一四《车服志》，第二册，第 531、532 页。

于寺,送细马,则有牵夫、识马小儿、兽医等。①

又有其他官署分掌部分出行供给事务,如卫尉寺"祭祀、朝会,则供羽仪、节钺、金鼓、帷帟、茵席。凡供宫卫者,岁再阅"②;内侍省内仆局"掌中宫车乘"③;内侍省尚寝局"掌燕见进御之次叙",下设"司舆、典舆、掌舆各二人,掌舆辇、伞扇、文物、羽旄,以时暴凉。典舆以下分察"④。

公主出行不同庶民,以其等级会有相应的仪卫,史书对此亦有叙写。

(一)唐代公主的出行仪卫

公主出行仪卫有朝会、大典与日常出行之分,其规制亦有差别:

1. 朝会大典的出行仪卫规制

有关公主出行的仪卫,按唐制规定:

> 内命妇、夫人卤簿:青衣六人,偏扇、团扇皆十六,执者间绯裙襦、绯衣、革带,行障三,坐障二,厌翟车驾二马,驭人十,内给使十六人夹车,从车六乘,伞、雉尾扇皆一,团扇二,内给使执之,戟六十。
> 外命妇一品亦如之,厌翟车驭人减二,有从人十六人。⑤

公主为外命妇一品,规制与内命妇、夫人的基本相同,仅厌翟车驭人减二,即八人。但有些得宠公主会采用皇后仪卫,据《资治通鉴》记载安乐公主的婚礼仪卫:

> 己卯,成礼,假皇后仗,分禁兵以盛其仪卫,命安国相王障车。⑥

重大朝会、大典时的出行有极为严格的规章制度、礼仪限制,以彰显隆重宏大、肃穆威严的皇家风范。

2. 日常的出行仪卫规制

而日常出行则会撤去一些随行官员、车马、伴奏,在规格、仪卫、马队、

---

① 《新唐书》卷四八志三八《百官三》,第四册,第1253—1255页。
② 《新唐书》卷四八志三八《百官三》,第四册,第1248—1249页。
③ 《新唐书》卷四七志三七《百官二》,第四册,第1223—1224页。
④ 《新唐书》卷四七志三七《百官二》,第四册,第1229页。
⑤ 《新唐书》卷二三下志一三《仪卫下》,第二册,第507页。
⑥ 《资治通鉴》卷二〇九《唐纪二五》,第6629页。

鼓乐伴奏、随行人员配备上均要远远少于大典时的规模。《新唐书·仪卫志下》记载了皇太子常行、常朝规格减半的规制，公主亦应如是：

> （皇太子）若常行、常朝，无马队、鼓吹、金路、四望车、家令、率更令、詹事、太保、太师、少保、少师，又减队仗三之一，清道、仪刀、诞马皆减半，乘轺车而已。①

唐代公主的出行仪卫情形，公主墓室壁画中有直观真切的描摹。永泰公主墓道绘有"标志公主身份的图像，如戟数12杆的列戟图"②，"东壁南起有一组仪卫……阙楼后是步行仪卫26名。步行仪卫后绘有2匹鞍马和2名胡人控者……立于插着6戟的戟架前"③。新城公主墓道东壁"是以鞍马和檐子为中心的仪卫图……青龙后绘……朱红门，门前有2个挂仪刀卫士……门后是准备出门的步行仪卫，前6人是仪仗队的前导……其后有鞍马两匹，一红一白，马的形体高大"④。长乐公主墓室壁画亦有仪卫图（见插页彩图90、91）。

（二）史书中的唐代公主出行工具

据《旧唐书·舆服志》记载：

> 景龙二年七月，……太子左庶子刘子玄进议曰：
> ……
> 自皇家抚运，沿革随时。至如陵庙巡幸，王公册命，则盛服冠履，乘彼辂车……在于他事，无复乘车，贵贱所行，通鞍马而已。⑤

> 武德、贞观之时，宫人骑马者，依齐、隋旧制，多著幂䍦。虽发自戎夷，而全身障蔽，不欲途路窥之。王公之家，亦同此制。永徽之后，皆用帷帽，拖裙到颈，渐为浅露。寻下敕禁断，初虽暂息，旋又仍旧。咸亨二年又下敕曰："……比来多著帷帽，遂弃幂䍦，曾不乘车，别坐檐子。递相仿效，浸成风俗，过为轻率，深失礼容。……又命妇朝谒，或

---

① 《新唐书》卷二三志一三《仪卫下》，第二册，第504页。
② 范淑英：《唐新城、房陵、永泰公主墓壁画概述》，《新城、房陵、永泰公主墓壁画》，第7页。
③ 《唐新城、房陵、永泰公主墓壁画概述》，《新城、房陵、永泰公主墓壁画》，第6页。
④ 范淑英：《唐墓壁画〈仪卫图〉的内容和等级》，周天游主编：《唐墓壁画研究文集》，三秦出版社2001年版，第150页。
⑤ 《旧唐书》卷四五志二五《舆服志》，第六册，第1949—1950页。

将驰驾车,既入禁门,有亏肃敬。此并乖于仪式,理须禁断,自今已后,勿使更然。"①

从中可知当时的出行工具有车、辂车(辂原为"安在车辕上供人牵拉的横木"②)、鞍马、檐子等。而各种车马、场合所着冠服、礼仪亦有规定。

史书对公主出行工具的形态、规格有细致的规定,唐代文学的书写基本符合唐制,而其出行工具按不同使用场合可分为两大类,即大典时的出行工具与平时所用工具,大典时公主有以其等级标配的出行工具,但亦可根据需要上下浮动,一是越级工具,因公主的受宠程度及其他客观环境限制如公主出嫁时的婚车损坏、破败等使用;二是降格车具,出于皇室宣示节俭等而使用次一等级的车具。

1. 唐代公主大典时的标配、越级、降级出行工具

唐诗中对公主婚嫁大典的出行车马及仪卫描绘、叙述较多。按照史书的记载公主婚典所乘之车有厌翟车和金根车,唐代文学对此亦有或繁或简的表述。

(1) 厌翟车:以品级标配的大典之车

韩愈在《梁国惠康公主挽歌二首》其一云"龙𬨎非厌翟,还辗禁城尘"③,哀叹公主再也不能乘坐华丽尊贵的厌翟车了,如今看到的则是她的灵车,还在都城的大道上碾起尘埃。这种厌翟车即按礼制规定唐代公主以其身份参与大典时的出行车辇,其颜色、材质,甚至车轮上的绘图、装饰,车厢的装饰、帷幕的颜色等均有细致规定。据《旧唐书·舆服志》记载:

> 皇后车则有重翟、厌翟、翟车、安车、四望车、金根车六等。
>
> 重翟车,青质,金饰诸末,轮画朱,金根车牙,其箱饰以重翟羽,青油𬨎,朱里通幰,绣紫帷,朱丝络网,绣紫络带,八銮在衡,镂钖,鞶缨十二就,金镂方钘,插翟尾,朱总(总以朱为之,如马缨而小,著马勒,在两耳与两镳也)。驾苍龙,受册、从祀、享庙则供之。
>
> 厌翟,赤质,金饰诸末,轮画朱牙,其箱饰以次翟羽,紫油𬨎,朱里通幰,红锦帷,朱丝络网,红锦络带,余如重翟车。驾赤骝,采桑则供之。
>
> 外命妇、公主、王妃乘厌翟车,驾二马。④

---

① 《旧唐书》卷四五志二五《舆服志》,第六册,第 1957 页。
② 尹钧科:《北京古代交通》,北京出版社 2000 年版,第 135 页。
③ 《韩昌黎诗集编年笺注》卷九,第 512 页。
④ 《旧唐书》卷四五志二五《舆服志》,第六册,第 1933、1935 页。

从上述规定可知,公主作为一品外命妇,其所乘厌翟车和皇后的重翟车有重合相同处,均以金子装饰车子细部,朱里通幰、朱丝络网,八銮在衡,镂锡,鞶缨十二就,金镂方钑,插翟尾,朱丝,驾苍龙。但亦因身份等级的不同存在差异,首先,颜色不一,皇后为青色,而公主为赤色;其次,车厢装饰禽鸟羽毛不一,皇后用重翟羽,公主用次翟羽;再次,皇后防雨用青油纁,公主用紫油纁;最后,绣帷、络带颜色、材质、织绣不同,皇后用绣紫,公主用红锦。

(2)金根车与紫䍐軿车:越级的婚车与非法驾

公主出行所乘之车除厌翟车外,还有金根车,金根车本为皇后出行之车,"朱质,紫油通幰,油画络带,朱丝网"①,《唐六典》云"六曰金根车,常行则供之。(朱质,紫油通幰,紫油纁朱里,织成帷,锦络带,朱丝络网)"②。但从贞元元年嘉诚公主出嫁开始,成为公主出嫁专用之车,原因是厌翟过于陈旧,打造亦来不及,于是以之代替。据《新唐书》记载:

> 赵国庄懿公主,始封武清。贞元元年,徙封嘉诚。下嫁魏博节度使田绪,德宗幸望春亭临饯。厌翟敝不可乘,以金根代之。公主出降,乘金根车,自主始。③

因有嘉诚公主出嫁乘金根车之例,贞元二年二月即有太常上《公主出降乘金根车奏》,请求长林公主出嫁依例,乘金根车:

> 长林公主出降,准开元礼,合乘厌翟车。去年嘉诚公主出降,得驾部牒,造来多年,不堪乘驾。又得内侍省报,旧例相沿乘金根车,其时便已行用。今缘礼会日逼,创造必不及,请准嘉诚公主例乘金根车。④

尽管史书明确记载公主出降乘金根车自贞元元年嘉诚公主开始,但事实上此前有些公主亦会得到特殊恩许以皇后之礼出嫁,如安乐公主即以皇后礼出嫁,虽史书未详细记载哪些细节以皇后规制,但其中或应包括乘金根车。而昇平公主据其驸马都尉郭暧墓志和其本人的墓志,均叙及其出嫁

---

① 《旧唐书》卷四五志二五《舆服志》,第六册,第1934页。
② 《唐六典》卷一二,第360页。
③ 《新唐书》卷八三《诸帝公主传》,第十二册,第3663页。
④ 《唐会要》卷六,第70页。《全唐文·唐文拾遗卷五三》,第10974页。

金根车之物象:"天降帝女,子为王孙。郊标银牓,车耀金根"(《驸马都尉郭府君墓志铭(并序)》①)、"汉阳来归,金根迟迟"(《唐故虢国大长昭懿公主墓志铭(并序)》②)。

紫罽𫐉车为皇太后非法驾的出行工具,据《后汉书·舆服志》云"太皇太后、皇太后……非法驾,则乘紫罽𫐉车……长公主赤罽𫐉车。大贵人、贵人、公主、王妃、封君油画𫐉车"③,但唐代公主亦有以此为出行工具者,如永泰公主,据《大唐永泰公主志石文》称"紫罽盈𫐉,黄珪委绶"④。据史书记载,公主生前并无此出行规格,但其死后的墓葬却是以高于其等级的皇后规制,于是墓志记其出行亦以此规格。

(3)银装车与铜装车:标配与标识节俭的降级婚车

由于帝王的节俭倡导,公主出嫁亦会下调其品级采用铜装之车。据《资治通鉴》载宣宗(大中二年)"十一月,庚午":

> 万寿公主适起居郎郑颢……有司循旧制请用银装车,上曰:"吾欲以俭约化天下,当自亲者始。"令依外命妇以铜装车。⑤

2. 唐代公主的步障、行障、坐障

对公主而言,身份高贵,又身为女性,出行时会有用以遮蔽风尘乃至陌生行人的屏障,而步障、行障、坐障则是史料与唐代诗文中叙及的公主出行遮蔽物,其形式如何,有何特点,有何区别,通过文献和图像可约略勾勒。从命名的表面形式,行障与坐障显然功用不同,一为行走时用,一为出行坐下时所用。

(1)唐代公主的步障

太宗女临川公主处还有武后亲赐的以诗书装成的锦障,据《大唐故临川郡长公主墓志铭(并序)》云"天后曲降阴慈,载隆□泽。翰垂八体,诗备五言。装成锦郭,特赐公主"⑥。锦障,也作"锦郭",即锦步障。

步障在魏晋南北朝时已极为精致奢华,王恺与石崇即以华丽的锦步障

---

① 《太原郭氏金石注集》,第 231 页。
② 《太原郭氏金石注集》,第 245 页。《新出唐代昇平公主墓志研究》,《唐史论丛》第二九辑,第 346 页。
③ 《后汉书》卷一一九志二九《舆服上》,第十二册,第 3647 页。
④ 《全唐文新编》卷二六七,第二部第一册,第 3029 页。
⑤ 《资治通鉴》卷二四八《唐纪六四》,第 8036 页。
⑥ 《新中国出土墓志》陕西一上有拓片无录文,第 81 页。录文见《唐代公主墓志辑略》,《碑林集刊》第三辑,第 67 页;《唐代墓志汇编续集》永淳〇〇九,第 260 页。

斗富。《世说新语·侈汰》收录此事,《晋书·石苞传附子崇传》亦载录:"恺作紫丝布步障四十里,崇作锦步障五十里以敌之。"①《南齐书》记载高帝禁止民间的奢华之风、东昏侯奢侈出行游乐的情境时多次提及步障:"不得……綵帛作屏障……","陈显达事平,渐出游走……巷陌悬幔为高障,置仗人防守,谓之'屏除'……出辄不言定所,东西南北,无处不驱人。高障之内,设部伍羽仪……置射雉场二百九十六处,翳中帷帐及步郭,皆袷以绿红锦,金银镂弩牙,瑇瑁帖箭。"②其步障以锦绣为材质,饰以金银、玳瑁等宝物。

沈从文比较"敦煌开元天宝间壁画《剃度图》《宴乐图》",指出这是"古人野外郊游"时带的出行工具。并据此后的"《西岳降灵图》,及宋人绘《汉官春晓图》",推知中古时的步障"一重重用整幅丝绸作成……多是随同车乘行进,或在路旁交叉处阻挡行人……遮隔路人窥视,或蔽风日沙尘"③。(见图24)

图24　北魏宁懋石室线刻出行图和庖厨图中的步障
(图片来源:《明式家具之前》)④

步障在唐代已成为皇室贵族之家的时尚用品,制作极为精美讲究,这在唐诗中亦有表现,叙及步障的唐诗可分为两类:

---

① 〔唐〕房玄龄等:《晋书》卷三三列传三《石苞传附子崇传》,中华书局1974年版,第1007页。
② 〔南朝梁〕萧子显:《南齐书》卷一《高帝纪》、卷七《东昏侯》,中华书局1972年版,第14、103页。
③ 沈从文:《中国古代服饰研究》,商务印书馆香港分馆1981年版,第147页。汪曾祺:《步障:实物和常理》亦引此段(《老学闲抄》,生活·读书·新知三联书店2016年版,第303页)。
④ 扬之水:《明式家具之前》,上海书店出版社2011年版,第91页。

其一为实体的步障,从中可知唐时步障的形制等特点,如李峤《锦》云"汉使巾车远,河阳步障陈"①,步障与出使使者的巾车对举,可知其为唐代官员出行时所用。骆宾王《畴昔篇》云"五霸争驰千里马,三条竞骛七香车。掩映飞轩乘落照,参差步障引朝霞"②,描写长安城驰骋的豪华车具,有疾驰的千里宝马,有奔竞的香气四溢的七香之车,夕阳辉映的华丽轩车,高低不齐携引朝霞的华丽步障。郑遂初《别离怨》云"尘生锦步障,花送(一作'绕')玉屏风"③,可知步障以奢华的锦绣做成,与屏风一样均为遮蔽之物。韦应物《金谷园歌》云"当时豪右争骄侈,锦为步障四十里"④,追忆石崇等的奢华步障。萧昕《临风舒锦》云"低垂疑步障,吹起作晴虹"⑤,以低垂的锦绣类比步障,可知步障当是垂挂的织物。吕温《刘郎浦口号》云"吴蜀成婚此水浔,明珠步障幄黄金"⑥,叙及以明珠装饰的奢华步障。白居易《三谣·素屏谣》云"尔不见当今甲第与王宫,织成步障银屏风。缀珠陷钿贴云母,五金七宝相玲珑。贵豪待此方悦目,然肯(《全唐诗》作'晏然')寝卧乎其中"⑦,将步障与屏风并联,以步障、银共同修饰屏风,应是垂挂步障的银质屏风,又有各种层叠的云母、花钿、七宝、珍珠、金银等珍稀珠宝装饰,富丽堂皇。刘禹锡《三月三日与乐天及河南李尹奉陪裴令公泛洛禊饮各赋十二韵》云"翠幄连云起,香车向道齐。人夸绫步障,马惜锦障泥"⑧,可知三月三日洛阳河畔华丽香车云集,翠幄高耸,又有锦绣、花绫步障。李商隐《代赠》云:"虽同锦步障,独映钿筌篌。"⑨以锦布障铺绘女子的生活之豪华。

其二为用作喻体的步障,虽非实写步障,但从其比喻之物花丛、摇曳的杨柳等,亦可知步障华丽的特质。如李商隐《柳枝五首》其五云"画屏绣步障,物物自成双",可知有美丽织绣图案的步障和绘有精美成双事物的画屏往往是共同体;《朱槿花二首》其一云"不卷锦步障,未登油壁车"⑩,以步障比喻朱瑾花,但又可知油壁车上垂挂着可卷折的锦绣步障。李群玉《山

---

① 《李峤诗注·苏味道诗注》卷四(玉帛、服玩、芳草、嘉树、灵禽、瑞兽),第196页。
② 〔清〕陈熙晋笺注:《骆临海集笺注》卷五,第161—162页。
③ 《全唐诗》卷一〇〇,第二册,第1070页。
④ 《韦应物诗集系年校笺》卷一,第33页。
⑤ 《全唐诗》卷一五八,第三册,第1620页。
⑥ 《全唐诗》卷三七一,第六册,第4180页。
⑦ 《白居易集笺校》卷三九,第2635页。
⑧ 《刘禹锡集》卷三四(原外集卷四),第487页。
⑨ 《李商隐诗歌集解·未编年诗》,第1806年。
⑩ 《李商隐诗歌集解·编年诗、未编年诗》,第100、660页。

榴》云"可怜夹水锦步障"①,以锦绣步障比喻夹水而生连绵不绝的山石榴花。方干《对花》云"清晓入花如步障"②,以步障比喻花丛。

而公主的锦障,必然是精美华丽之极,可以锦绣绫罗等精美丝织物为材质制成,亦可织绣各种精美花纹、动植物,同时装点各类珍稀珠宝,熏染垂挂各种香料,也会如武后赐予公主的锦障一样,其上配有精美的书法,以至于行走时,或炫煌耀目、香气四溢,或高雅别致、书香扑面。

(2)唐代公主的行障兼及坐障

据《云溪友议》叙述,陆畅"及登兰省,遇云阳公主下降刘都尉,百僚举为傧相。诗题之者,顷刻而成……《咏行障》诗曰:'碧(《全唐诗》作'白',一作'碧')玉为竿丁字成,鸳鸯(《全唐诗》作'黄金',一作'鸳鸯')绣带短长馨(《全唐诗》作轻,一作馨)。强遮天上花颜色,不隔云中语笑声'"③。从描写看,行障是公主出嫁婚车的装配,以碧玉作杆,上有横幅,呈丁字形,又佩长短交错绣着鸳鸯的绣带,有香囊或香熏,行走处香气芬芳,用以遮蔽,诗人戏谑这种行障虽然强行遮蔽了公主的如花容颜,但还是隔不住其轻盈的笑语。

图25 河南邓州市学庄村南朝墓葬模印加彩画像砖中的行障
(图片来源:《明式家具之前》)

"行障"一词,早在《汉书·高帝本纪》中即出现,张晏注曰:"边郡将万

---

① 《全唐诗》卷五七〇,第九册,第6668页。
② 《全唐诗》卷六五二,第十册,第7547页。
③ 〔唐〕范摅著,唐雯校笺:《云溪友议校笺》卷中,中华书局2017年版,第85页。《全唐诗》卷四七八,第七册,第5478页。

骑行障塞"①,而《后汉书·百官志五》"亭里"条李贤注引《汉官仪》与此基本相同:"边郡太守各将万骑,行障塞烽火追虏。"②可知行障在汉代应是行军布阵中的车骑所设装置。至魏晋南北朝时已成为生活用具。《南齐书·高逸传·宗测传》亦云"测善画,自图阮籍遇苏门于行障上,坐卧对之"③。

行障在南朝作品中已有,庾信《灯赋》云"舒屈膝之屏风,卷芙蓉之行障",扬之水将行障解释作"古代贵族出游时所用的可以移动的屏风……仿佛是从步障中截取一幅,然后以一竿悬挑中央,竿下设障座,可以随所宜而置放"④,和陆畅所咏不尽一致。

行障与坐障至唐代已成为皇室仪卫中的重要部分,从太皇太后至内、外命妇四品以上者出行卤簿皆有行障和坐障,依级递减,据《新唐书·仪卫志下》记载:太皇太后、皇太后、皇后"次行障六,次坐障三";皇太子妃"次行障四,坐障二";内命妇、夫人与外命妇一品"行障三,坐障二"⑤。

3. 婚礼出行的障车之俗

障车为出嫁时的一种习俗。《旧唐书·舆服志》收录太极元年唐绍的疏奏,提及障车,称之为流行于鄙俗闾巷的风俗,当是给行进的婚礼车队设置障碍并讨要酒食财物以取乐的一种习俗,应当禁断:

> 往者下俚庸鄙,时有障车,邀其酒食,以为戏乐。近日此风转盛,上及王公,乃广奏音乐,多集徒侣,遮拥道路,留滞淹时,邀致财物,动逾万计。遂使障车礼觊,过于聘财,歌舞喧哗,殊非助感。既亏名教,实蠹风猷,违紊礼经,须加节制。望请婚姻家障车者,并须禁断。其有犯者,有荫家请准犯名教例附簿,无荫人决杖六十,仍各科本罪。⑥

尽管唐初就有朝臣对障车之俗做出规谏,但这种习俗不但未被禁断,而且被唐代上层所接受,并延伸于公主的婚礼中。安乐公主出嫁时,据《新唐书·诸帝公主传》记载:"是日,假后车辂,自宫送至第,帝与后为御安福门临观,诏雍州长史窦怀贞为礼会使,弘文学士为傧,相王障车,捐赐金帛

---

① 《汉书》卷一纪一《高帝纪》第一,第74页。
② 《后汉书》卷一一八志二八《百官志》五,第十二册,第3624页。
③ 《南齐书》卷五四列传三五《宗测传》,第941页。
④ 《明式家具之前》,第91页。
⑤ 《新唐书》卷二三志一三《仪卫志下》,第二册,第49页、504、407页。
⑥ 《旧唐书》卷四五志二五《舆服志》,第六册,第1958页。

不赀。"①

三、唐代文学中的公主出行典型意象

唐代公主的出行车具，唐代笔记中对其形制、规格、装饰等有细致描绘，诗文则多以七香、五云、金玉珠宝、五花等修饰的名词简写或代称，"龙车凤辇""宝马""七香车"即是唐诗惯用的代名词，这种诗性的华车代称，突出的是公主车骑在唐人意识、心理、视觉中的突出印象。张说《安乐郡主花烛行》书写较细致，涉及公主出行工具的多种代称如鸾车凤传、绿軿、香车、宝马：

> 鸾轭（《全唐诗》作"车"）凤传王子来，龙楼月伴（伍刻作"畔"）天孙出。……绿軿绀幰纷如雾，节鼓清笳前启路。城隅靡靡稍东还，桥上鳞鳞转南度。五方观者聚中京，四合尘烟涨洛城。商女香车珠结网，天人宝马玉繁缨。②

从中可知其婚车被称作绿軿，车上垂挂着黑红透着天青色的繁复的车幔，而"鸾车凤传""香车""宝马"的代称，亦传达着郡主车辇耀目绚烂的特质，透着华贵神秘如仙境的气息。其车具还有香气四溢、珠宝装饰密集如蛛网的华丽、辉煌、馥郁的特点，其所乘之马亦是珠玉装饰，装点的穗子繁复密集，亦以珠玉为之。公主出行的仪卫有"节鼓清笳"，其车队、仪仗队如鱼鳞一样层层排列，迤逦行进在城隅、桥上，观者如堵，以致尘土飞扬、弥漫天地的隆重盛况，亦由此可见一斑。

唐代文学中的公主出行车具意象，可分为三大系统，一为客观实写意象，二为虚拟想象的神话意象，三为介于客观事实与想象虚拟之间的意象。

（一）客观实写的陆上出行工具意象

唐代文学中客观实写的公主出行车马意象较多，多以香、珠、玉、宝等词语修饰，既是公主车具给作者视觉与嗅觉的最突出感觉，也是作者意识中公主车具具有的与其身份相匹配的最突出的特征——奢华高贵的表征物、象征物。

---

① 《新唐书》卷八三列传八《诸帝公主传》，第十二册，第3654—3655页。
② 《张说集校注》卷一〇，第二册，第508页。

1. 唐代公主的步辇、玉辇及其七宝步辇、七香车考论

公主之车往往有香料熏染,常以香车代称,唐诗中也有叙及,如"烛照香车入"(沈佺期《寿阳王花烛图》,一作宋之问诗①),而最常用的公主出行典型车具意象则是七香、七宝车辇。那么这种车具形式如何,则需要从唐代皇室车具的规制、特点以及何为步辇,何为七宝、七香展开。

(1) 唐人笔记、诗歌中的公主步辇、玉辇与何为步辇

《大唐新语·匡赞》记叙:"时太平公主将有夺宗之计,于光范门内乘步辇,俟执政以讽之,众皆恐惧。"②可见步辇也是公主出行乘坐的工具。

因珠玉装饰的突出特质,唐代诗人亦常选择以"玉辇"代指公主之车,卢照邻有"玉辇纵横过主第",李乂的《高安公主挽歌》云"玉辇盛过逢"③;皇甫冉《温泉(一作"汤")即事》亦云"丞相金钱赐,平阳玉辇过"④。

这种步辇在传世绘画中可见(见插页彩图92),唐代公主园林诗作中亦有出现,如邵升《奉和初春幸(一下有"临"字)太平公主南庄应制》"花含步辇空间出"⑤,亦在其他诗作中出现,均是叙述帝王的代步车具,初唐高宗、武韦时极多,如"尧樽随步辇"、"步辇千门出"(杜审言《望春亭侍游应诏》《宿羽亭侍宴应制》⑥)、"仙跸纡徐步辇过"(李乂《兴庆池侍宴应制》⑦)、"步辇寻丹嶂"(沈佺期《仙萼池亭侍宴应制》⑧)、"步辇陟山巅"(李峤《奉和骊山高顶寓目应制》⑨);而盛唐时亦不少,如"薄暮赏余回步辇"(李隆基《春台望》⑩)、"常随步辇归""选妓随雕辇""轻辇夜相过"(李白《宫中行乐词八首》其一、二、四⑪)等。

辇,《说文解字》云"挽车也(谓人挽以行之车也……司马法云:'夏后氏谓辇曰余车,殷曰胡奴车,周曰辎辇。夏后氏二十人而辇,殷十八人而辇,周十五人而辇。故书辇作连。'郑司农云:……按夫部扶,并行也。辇字

---

① 《全唐诗》卷五二作宋之问诗,一作沈佺期(第二册,第636页),《沈佺期宋之问集校注·沈佺期集校注》卷四〔诗(不编年)〕推断为沈佺期诗(第245页),并注明"此诗沈集诸本未收,见《国秀集》卷上",寿阳王,薛崇胤,薛绍与太平公主之子。
② 《大唐新语》卷一《匡赞第一》,第8页。
③ 《文苑英华》卷三一〇《挽歌》,第二册,第1590页。《全唐诗》卷九二,第二册,第992页。
④ 《全唐诗》卷二五〇,第四册,第2805页。
⑤ 《全唐诗》卷六九,第二册,第772页。
⑥ 《全唐诗》卷六二,第二册,第730页。
⑦ 《全唐诗》卷九二,第二册,第993页。
⑧ 《沈佺期宋之问集校注·沈佺期集校注》卷四〔诗(不编年)〕,第248页。
⑨ 《李峤诗注·苏味道诗注》卷一(编年部分),第71页。
⑩ 《全唐诗》卷三,第一册,第29页。
⑪ 《李太白全集》卷五(乐府四十四首),第297、299页。

从此。辇设辂于车前,用索挽之。故从车扶会意。扶在前,车在后,故连字下曰负车……)"①,可知为二人并行所拉之车。秦汉以后专指帝王或后妃乘坐的车。

《释"辇""舆"及其他》一文指出:辇在早期有轮,是用人挽行或推行的,之后又有步舆、载舆等名称,南北朝时有一种长方形木板样的座席,即版舆(板舆、载舆或舆床),还有肩舆。又引《旧唐书·舆服志》指出:"'自高宗不喜乘辂,每有大礼,则御辇以来往。'……《宋史·舆服志一》:'唐制,辇有七:一曰大凤辇,二曰大芳辇,三曰仙游辇,四曰小轻辇,五曰芳亭辇,六曰大玉辇,七曰小玉辇。'"②

(2)公主的七宝步辇与何为七宝

公主的步辇自然装饰华丽,《杜阳杂编》叙及公主的七宝步辇,不仅细致地描述了其形制,还言及公主乘这种华车出游引发的惊叹与轰动:

> (同昌)公主乘七宝步辇,四面缀五色香囊,囊中贮辟寒香、辟邪香、瑞麟香、金凤香。此香异国所献也,仍杂以龙脑金屑。刻镂水精、马脑、辟尘犀,为龙凤花,其上仍络以真珠玳瑁,又金丝为流苏,雕轻玉为浮动。每一出游,则芬馥满路,晶荧照灼,观者眩惑其目。是时中贵人买酒于广化旗亭,忽相谓曰:"坐来香气何太异也?"同席曰:"岂非龙脑耶?"曰:"非也。余幼给事于嫔御宫,故常闻此,未知今日由何而致?"因顾问当垆者,遂云:"公主步辇夫以锦衣换酒于此也。"③

可知公主不仅有与众不同的车马,其步辇更是精美无比、辉煌耀目,四周点缀、悬挂装着异域香料的五色香囊,车厢周围用五色彩凤花纹雕饰,镶嵌以玛瑙水晶等宝物,行动处金光闪耀、香气四溢,令人目眩神迷。

明人苏复之《金印记》应是根据《杜阳杂编》的叙述解释七香车:"汉唐公主乘宝步辇,四面缀以香囊,内贮辟邪、瑞龙等香。"④

从笔记详细的铺绘可知,同昌公主的这种七宝步辇最突出的特点是以珠宝、水晶、玛瑙等会发出夺目光芒、看起来晶荧照灼的名贵宝物装饰车体。其另一特点则是四面缀挂五色香囊,填充香料,令所到之处弥漫奇异

---

① 《说文解字注》一四篇上《车部》,第730页上。
② 闫艳:《释"辇""舆"及其他》,《艺术百家》2010年第2期,第185、186页。《旧唐书》卷四五《舆服志》,第1933页。《宋史》卷一四九,第3486页。
③ 《杜阳杂编》卷下,第26页。
④ 〔明〕苏复之:《金印记》卷四,明刊本。

的香气。唐诗中的唐代公主的七香车亦当与此相关。

而以各种珍稀珠宝装饰衣食住行,又以各种香料,包括来自中国本土特产的珠宝和优质香料乃至异域进贡的各种珍稀珠宝和香料,或雕琢或镶嵌或粘贴,或熏染或涂抹或融合或缀挂衣食住行用具、建筑,则是皇室生活建筑与各种用具普遍的也是突出的特质。《杜阳杂编》对皇室用具的这种特质记述尤详:

> (代宗)上崇奉释氏,每春百品香,和银粉以涂佛室。……新罗国献……万佛山,可高一丈……雕沉檀珠玉以成之。……更镂金玉水精为幡盖流苏,菴罗薝卜等树,构百琲为楼阁台殿。
>
> (德宗)贞元三年,中常侍自蜀使回,进瑞鞭一……有麟凤龟龙之形……其色照烂,有类琥珀。于暗中挥之则如电光。上……遂置之于明珠匣,其匣盖饰以明珠者也。
>
> 八年,吴明国(《洞冥记》有"吴明之珧")贡……常燃鼎量容三斗,光洁类玉,其色纯紫,每修饮馔,不炽火而俄顷自熟,香洁异于常等……
>
> 顺宗皇帝即位岁,拘弭国贡……其却火雀……上嘉其异,遂盛于水精笼……履水珠色黑类铁,大于鸡卵……
>
> 敬宗皇帝宝历元年,南昌国献……浮光裘,即海水染其色也,以五彩蹙成龙凤,各一千三百,络以九色真珠。
>
> (文宗)时有宫人沈阿翘……进白玉方响……光明皎洁,可照十数步……架则云檀香也,而文彩若云霞之状,芬馥着人,则弥月不散。制度精妙,固非中国所有。[①]

公主的出行步辇亦必定是以各种珍稀珠宝装饰而成。

何为七宝,从《杜阳杂编》的叙述看有水精、马脑、辟尘犀、真珠、玳瑁、轻玉。七宝之说在《西京杂记》即出现多处,《飞燕昭仪赠遗之侈》云:"谨上襚三十五条……七宝綦履、五色文玉环、同心七宝钗……云母屏风、琉璃屏风、五层金博山香炉……青木香、沉水香……七枝灯。"《四宝宫》云:"武帝为七宝床,杂宝桉,厕宝屏风,列宝帐,设于桂宫……"注释中解释七宝

[①] 《杜阳杂编》卷上、卷中,第3、9、10、11、16、18页。

"虚言珍宝之多","如金、银、珠玉、珊瑚、琉璃、琥珀、玛瑙之类"。① 认为七为虚言以示多,并不确切,古汉语中三和九常有言多之意,七却无言多之意,无论是七体、七言、头七、七出,均为确指。七宝应理解为佛典确指的七种宝物,如其之后解释。对于皇室而言,所用之物不仅要标识至尊身份,亦应有吉祥意蕴,而佛教七宝无论在珍贵程度和吉祥意蕴上均与之高度契合。

①源自佛教的七宝及其日用与意蕴

《杜阳杂编》列举的若干种宝物与佛教七宝多有重合。一些有关服饰、珠宝的硕士论文对此稍有关注,但并未做深入细致的探究,往往仅引个别佛典以说明,得出并不确切的概念。如仅以《无量寿经》中的一种解释指出唐代七宝是"黄金、白银、琉璃、颇梨、美玉、赤珠、琥珀",蕴含"佛祖誓度众生的宏大愿望……是永恒的象征……被唐人作为富贵和身份的象征","祈福,获得一世的吉祥",②亦有仅是引《翻译名义集·七宝篇》的解释:

> 佛教七宝凡有二种:……(一者)七种珍宝,略引四文,《佛地论》云:一金;二银;三吠琉璃;四颇胝迦;五车呼婆羯洛婆,当砗磲也;六遏湿摩揭婆,当玛瑙;七赤真珠。《无量寿经》云:金、银、琉璃、颇梨、珊瑚、玛瑙、砗磲。《恒水经》云:金、银、珊瑚、真珠、砗磲、明月珠、摩尼珠。《大论》云:有七种宝,金、银、毗琉璃、颇梨、砗磲、玛瑙、赤真珠。二七种王宝者,晋译《华严经》云:王得道时……七宝自至,一金轮宝,名胜自在;二象宝,名曰青山;三绀马宝,名曰勇疾风;四神珠宝,名光藏云;五主藏臣宝,名曰大财;六玉女宝,名净妙德;七主兵臣宝,名离垢眼。得是七宝,于阎浮提,作转轮王。③

其实七宝在佛典中极多,亦有不同解释。《大无量寿经》即有多种解释:

---

① 〔汉〕刘歆等著,〔晋〕葛洪集,向新阳、刘克任校注:《西京杂记校注》卷一,上海古籍出版社1991年版,第62、64、103页。
② 邹婧:《佛教对唐代服饰文化的影响》,湖南工业大学2009年设计艺术学硕士学位论文,第65、66、68页。
③ 《翻译名义集》卷三,《大正新修大藏经·事汇部·外教部·目录部》,第五十四册,第二一三一部,台北新文丰出版社1990年版,第1105页。张晓艳:《唐代外来宝石研究》,西南大学隋唐史专业2016年硕士学位论文,第3页。

其佛国土自然七宝,金、银、琉璃、珊瑚、琥珀、车磲、玛瑙,合成为地……七宝诸树周满世界,金树、银树、琉璃树、颇梨树、珊瑚树、玛瑙树、车磲树。……第六天上万种乐音,不如无量寿国诸七宝树一种音声……又讲堂精舍,宫殿楼观皆七宝庄严自然化成……黄金池者底白银沙……水精池者底琉璃沙……珊瑚池者底琥珀沙……车磲池者底玛瑙沙……若欲食时,七宝应器自然在前,金、银、琉璃、车磲、玛瑙、珊瑚、虎珀、明月真珠……佛往生其国,便于七宝华中自然化生。①

从中可知七宝中黄金、白银、琉璃、珊瑚、砗磲、玛瑙六种基本不变,但琥珀,或为颇梨,或为水精,或为珍珠,或为美玉,而极乐世界、讲堂精舍、楼观栏杆、功德池、宫殿等建筑均以七宝做装饰,又有七宝装饰之花与树。

《四分律》中七宝有三种说法,可装饰台阶、衣被,祛除疾病:

譬如帝释堂,雕饰众宝成。七宝为阶陛,天人之所行……地中伏藏未发出金、银、真珠、琉璃、贝玉、砗渠、玛瑙生像金宝衣被。②

所谓七宝者:一轮宝、二象宝、三马宝、四珠宝、五玉女宝、六主藏臣宝、七典兵宝……七宝具足领四天下。③

若如是者,诸象马车、金银七宝王及我身一切……复以车马、人兼金、银、琉璃、颇梨、真珠、车磲、马瑙七宝布施。④

我大有金银七宝无数……风吹其船诣七宝所。……若审是如意宝珠者,当雨满阎浮提七宝,其有病者皆令除愈。⑤

从中可见其七宝之说又与《大无量寿经》稍有差别,去掉珊瑚、琥珀,加了珍珠、贝玉,与同书七宝的第二次解释亦稍有差别,贝玉换作颇梨。两书对比可知,七宝中的金、银、琉璃、砗磲、玛瑙为基本的五宝。

《妙法莲华经》有未解释但罗列七种珠宝的,亦有明确解释的,有的没有颇梨,加了玫瑰,也有真珠、玫瑰被替换为珊瑚、琥珀:

---

① 〔曹魏〕天竺三藏康僧铠译:《大无量寿经》卷上,〔日〕高楠顺次郎等编纂:《大正新修大藏经·宝积部涅槃部》,第十二册,第三六〇部,第270页上、270页下、271页。

② 〔北朝姚秦〕罽宾三藏佛陀耶舍、竺佛念等译:《四分律》卷一,《大正新修大藏经·律部一》,第二十二册,第一四二八部,第568页上、573页下。

③ 《四分律》卷三一,第779页中。

④ 《四分律》卷五三,第962页上、下。

⑤ 《四分律》卷四六,第911页中下、912页、913页上。

或有行施,金、银、珊瑚、真珠摩尼、车磲、马脑、金刚诸珍,奴婢车乘、宝饰辇舆,欢喜布施。(《序品第一》)

偈言:"……供养舍利者,起万亿种塔,金银及颇梨、车磲与马脑、玫瑰、琉璃珠,清净广严饰,庄校于诸塔。"(《方便品第二》)①

"尔时佛前有七宝塔……其诸幡盖,以金、银、琉璃、车磲、马脑、真珠、玫瑰七宝合成"。(《见宝塔品第十一》)②

满阎浮提金、银、琉璃、车磲、马脑、珊瑚、虎珀,诸妙珍宝,及象马车乘,七宝所成宫殿楼阁等。(《随喜功德品第十八》)③

《大智度论》亦多处叙及具体宝物名,如"我当白我父母,多与汝金银、琉璃、砗磲、码瑙、珊瑚、琥珀、玻璃、真珠……"④。《金光明经·功德天品第八》:"若衣服饮食资生之具,金银七宝,真珠、琉璃、珊瑚、琥珀、璧玉、珂贝,悉无所乏。"⑤《大般涅槃经》亦叙及七宝标识物,加入真珠、璧玉、珂贝:"佛在舍卫祇陀精舍……金、银、琉璃、真珠、玻璨、车渠、马瑙、珊瑚、虎珀、珂贝、璧玉……所须之物。"⑥

《摩诃僧祇律》中七宝可以是七宝树、七宝桥、七宝塔、七宝绞络⑦。《大智度论》中可知佛教世界,从生活、施舍、供养到佛的神迹、佛教的世界,举凡花草树木、衣食住行、日用器具到大千世界,无不以七宝装饰,尤其是"七宝塔"仅卷五六即出现二十二次。其他诸如七宝璎珞、七宝衣服、七宝殿楼宫观、七宝床、七宝乐器、七宝军容,甚至鹿也长着七宝角,亦有七宝千子:"国名千光明,其国中诸树皆七宝成树"⑧;"乃至大梵天,皆七宝地"⑨;"以七宝璎珞布施迦叶佛塔","以七宝盖供养师子佛","皆持七宝妙物来献……即共造工,立七宝殿,植七宝行树,作七宝浴池。于大殿中造

---

① 〔北朝姚秦〕龟兹国三藏法师鸠摩罗什奉诏译:《妙法莲华经》卷一,《大正新修大藏经·法华部·华严部》,第九册,第二六七部,第3页上、第8页下。
② 《妙法莲华经》卷四,第32页中。
③ 《妙法莲华经》卷六,第46页下。
④ 《大智度论》卷九八,《乾隆大藏经》第八十册,第360页下。
⑤ 《金光明经》卷四,《大正藏·经集部三》,第十六册,第六六三部,第353页下、354页上。
⑥ 《大般涅槃经》卷七,《大正藏·涅槃部》,第十二册,第三七五部,第644页上。
⑦ 〔东晋〕天竺三藏佛陀跋陀罗、沙门法显译:《摩诃僧祇律》卷三、卷一六、卷三三,《大正新修大藏经·律部一》,第二十二册,第一四二五部,第249页下、353页中、497页中、497页下。
⑧ 《大智度论》卷六,《乾隆大藏经》第七十八册,第222页下。
⑨ 《大智度论》卷七,《乾隆大藏经》第七十八册,第241页下。

八万四千七宝楼,楼中皆有七宝床座","若施房舍,则种种七宝宫观"①;"琴瑟筝箜篌,七宝为校饰"②;"龙……身有文章,七宝杂色","诸天园林中,七宝莲华池"③;"常施众生七宝衣服"④;"当念我七宝幢,恐怖即灭","佛身如是,毛孔普出光明,遍照十方恒河沙等世界,一一光中出七宝千叶莲华"⑤;"譬如转轮圣王七宝就是力,得是七宝已,周四天下无不降伏,是名无畏","军容七宝以为校饰"⑥;"或雨七宝"⑦;"如菩萨昔作鹿,其色如金,其角七宝","严饰乳牛七宝钵"⑧;"菩提树以黄金为根,七宝为茎、节、枝、叶"⑨。

"众香城"的建筑物、园池及楼船均以七宝装饰:

> 其城七重,七宝庄严,台观栏楯,皆以七宝校饰;七宝之堑,七宝行树……七重城上,皆有七宝楼橹,宝树行列,以黄金、白银、砗磲、玛瑙、珊瑚、琉璃、玻璃、红色真珠以为枝叶。……其城四边,流池清净……中有诸船,七宝严饰;……有五百园观,七宝庄严……一一园中,各有五百池……皆以七宝校成……是众香城中……其宫纵广一由旬,皆以七宝校成……垣墙七重,皆亦七宝;七重栏楯,七宝楼阁。宝堑七重,皆亦七宝;周围深堑,七宝垒成。七重行树,七宝枝叶,七重围绕。⑩

《释迦谱》言及多种七宝装饰的衣食住行之具,如七宝瓶、七宝印、七宝剑等及七宝衣功用:"以七宝器盛四海水。……以七宝印而用付之","于时太子即就车匿取七宝剑而师子吼","(太子)我今持此七宝之衣与汝贸易,吾服此衣为欲摄救一切众生断其烦恼";⑪"地神持七宝瓶满中莲华从地踊出"⑫。

---

① 《大智度论》卷一二,《乾隆大藏经》第七十八册,第334页下、343页下、348页下、350页下。
② 《大智度论》卷一三,《乾隆大藏经》第七十八册,第367页下。
③ 《大智度论》卷一四,《乾隆大藏经》第七十八册,第375页上、385页上。
④ 《大智度论》卷一七,《乾隆大藏经》第七十八册,第427页上、下。
⑤ 《大智度论》卷二一,《乾隆大藏经》第七十八册,第529页上、532页下。
⑥ 《大智度论》卷二五,《乾隆大藏经》第七十八册,第594页上、601页上。
⑦ 《大智度论》卷三〇,《乾隆大藏经》第七十八册,第692页下。
⑧ 《大智度论》卷三三,《乾隆大藏经》第七十八册,第763、768页下。
⑨ 《大智度论》卷五〇,《乾隆大藏经》第七十九册,第269页上。
⑩ 《大智度论》卷九七,《乾隆大藏经》第八十册,中国书店出版社,第344页下、345页。
⑪ 《释迦谱》卷二,《大正藏·史传部》二,第五十册,第二〇四〇部,第20页上、25页中、25页下。
⑫ 《释迦谱》卷三,第33页上。

《佛说观无量寿佛经》有七宝色,对七宝树描述尤详:"其诸宝树,七宝华叶,无不具足。——华叶作异宝色,琉璃色中出金色光,玻璃色中出红色光,马脑色中出砗磲光,砗磲色中出绿真珠光。珊瑚、琥珀,一切众宝,以为映饰。……华上自然有七宝果","眉间毫相备七宝色,流出八万四千种光明"。①

《佛国记》叙及七宝圆砧、七宝解脱塔、七宝阶、七宝盖、七宝屋、七宝装饰的精舍、发七宝光的玉像:"中有佛顶骨精舍,尽以金薄、七宝校饰。……以七宝圆砧砧下……中有七宝解脱塔","佛在中道七宝阶上行……天帝释化作紫金阶,在左边执七宝盖而侍","(贝多树下)诸天化作七宝屋供养佛七日处","中有一青玉像……通身七宝炎光","城中又起佛齿精舍,皆七宝"。②

《大般涅槃经》有七宝光明香木、七宝堂阁、七宝墙壁、七宝船、七宝浴地、七宝山:"人人各取香木万束……皆有七宝微妙光明","其林变白犹如白鹤,于虚空中自然而有七宝堂阁","墙壁诸埏七宝杂厕……是诸水中有七宝船……是宫宅中多有七宝流泉浴池"③;"所居宫殿床榻卧具悉是七宝"④;"(如来)七宝为棺"⑤;"七宝山者喻大涅槃"⑥。

而以七宝装饰的万千事物中,对公主七宝车最具参照意义的是佛典中多处言及的七宝车具。如《妙法莲华经》之《譬喻品第三》叙及七宝大车:

尔时长者各赐诸子等一大车,其车高广,众宝庄校,周匝栏楯,四面悬铃;又于其上张设幰盖,亦以珍奇杂宝而严饰之,宝绳绞络,垂诸华缨,重敷綩綖,安置丹枕。驾以白牛……我有如是七宝大车。⑦

《摩诃僧祇律》牛马象车七宝装饰:"牛马车百乘,皆七宝庄严……雪

---

① 〔刘宋〕畺良耶舍译:《佛说观无量寿佛经》,《大正藏》之《宝积部》《涅槃部》,第十二册,第三六五部,第 342 页中、343 页下。
② 〔东晋〕释法显著,许全胜笺注:《沈曾植史地著作九种辑校本·佛国记笺注》,中华书局 2019 年版,第 150、152、162、165、165 页。
③ 〔北凉〕天竺三藏昙无谶奉诏译:《大般涅槃经》卷一,《大正藏·涅槃部》,第十二册,第三七五部,第 606 页上、608 页上、608 页下、610 页中。
④ 《大般涅槃经》卷一一,《大正藏·涅槃部》,第 680 页中。
⑤ 《大般涅槃经》卷二〇,《大正藏·涅槃部》,第 737 页下。
⑥ 《大般涅槃经》卷二六,《大正藏·涅槃部》,第 779 页中。
⑦ 《妙法莲华经》卷二,第 12 页下。

山百龙象,亦以七宝严。"①《大智度论》:"转轮圣王……乘七宝车。"②《释迦谱》有七宝交露车、七宝象舆、七宝车辇:"四者天神牵七宝交露车至""又敕严办十万七宝车辇,一一车辇雕玩殊绝。""(白净王)前抱太子,置于七宝象舆之上。"③《佛国记》叙及七宝装饰的四轮象车:"(于阗国)离城三四里,作四轮象车,高三丈余,状如行殿,七宝庄校。"④

《大般涅槃经》有七宝装饰的宝车,其车的辕辐、座具、倚床均由七宝装饰,甚至带有七宝装饰的车灯,极为奢华神奇:"是诸宝车出种种光,青黄赤白,辕辐皆以七宝厕填……为佛及僧敷置七宝师子之座","白车白盖驾四白马,一一车上皆张白张,其张四边悬诸金铃,种种香花宝幢幡盖,上妙甘膳种种伎乐,敷师子座,其座四足纯绀琉璃,于其座后各各皆有七宝倚床,一一座前复有金机。复以七宝而为灯树,种种宝珠以为灯明。"⑤

综上可知,其一,七宝的基本解释是七种珍宝,但具体的珍宝则多有变化,同一典籍中亦会有不同的解释。其二,七宝更是被广泛应用于佛教世界之中,是装饰出佛地、佛物庄严之物,也是供养物,营造出光辉焕耀之光,也被赋予功德圆满,地域福德无限,光明祥和,祛除一切烦恼、疾病,拥有所有吉祥美好之佛教意蕴,于是在皇室乃至达官贵人营造的日常生活用具中,以七宝装饰则不仅是俗世生活奢华显贵的身份象征,亦自然融入了佛教的吉祥意蕴。

②源自道教的七宝及其日用与佛道交融意蕴

但七宝绝不仅仅是蕴含诸多佛教意蕴之物,还是富含道教意蕴之物。道教经典亦多言及"七宝",亦广泛运用于道教日常生活衣食住行的各种器物,诸如宫殿等建筑、修道地、服饰、花木之中,透着佛道交融的意蕴。如《神仙传》云太阳子著"《七宝树之术》,深得道要"⑥。《洞真太上素灵洞大有妙经》则叙及七宝府、七宝云髻、七宝花、七宝云锦:"居无上之上太极朱宫七宝之府,五灵乡玄元里","太极帝妃……头戴七宝玄云之髻""太上君后……著七宝飞精玄光云锦霜罗九色之绶"(《四宫雌真一内神宝名玉

---

① 《摩诃僧祇律》卷二三,第415页中。
② 《大智度论》卷四六,《乾隆大藏经》第七十九册,第195页下。
③ 《释迦谱》,第5页上、第15页下、第17页上。
④ 《佛国记》,第43页。
⑤ 《大般涅槃经》卷一一,第606页上、606页中、608页上。
⑥ 葛洪:《神仙传》卷四,上海古籍出版社影印《四库全书·子部一四·道家类》1990年版,第24页上。

诀》①);"手掇七宝华,灵风散奇香"(《天帝君赞》②);"焕烂七宝华,璀璨摇灵音"(《太微天帝君诵》③)。

《无上秘要》亦有佛典中的七宝浴池、七宝树、七宝林,亦有各种七宝装饰并命名的建筑物,如金阙七宝宫、玄灵七宝玉台、七宝琳房、七宝府等,还有以七宝为名的黄老帝君,七宝珠冠、七宝帷、七宝璎珞等。

如《日品》:"日纵广二千四十里……七宝浴池,生于四种青、红、黄白莲花。"《月品》:"月纵广千九百里……其中城郭人民,亦有七宝浴池。"《星品》:"(七星)内亦生七宝珠林。"④《林树品》:"西极西那玉国有七宝骞树","太上曰玉京山,自然生七宝之树。"⑤《众圣冠服品上·道君冠服》:"太帝君,建七宝朱冠";《五方帝冠服》:"西方七宝金门皓灵皇老,号曰白帝"⑥;《仙都宫室品》:"大罗天宫台,七宝玄台"⑦;"九玄台,七宝琳房","紫耀宫,七宝府","金阙七宝宫,右在太玄都玉京山,元始灵宝西天大圣众至真尊神……等常以月二十八日会于此宫","七宝紫微宫,右在太玄都玉京山,元始灵宝上天大圣东王父、西王母……等,常以月三十日会于其内","云宫、黄房,右元始天尊时闲居养素于此房内,七宝帏中","玄都元阳七宝紫微宫,右元始天尊恬神安漠、寂然无为、思念万兆之所","金台、七宝紫阙,右在钟山天帝治于其上";⑧《真灵治所品》:"太上无极虚皇大道君,治在玉京山七宝树","绿那罗卫之国……元始天王所别治,七宝室高台陵天","上上禅善无量寿天王,所治之天有玉圃朱林七宝琼台";⑨《天瑞品》:"十一者,是时玄下七宝神奇,以散诸地……十二者,七宝奇林,一时空生光明"⑩;《三十二天赞颂品》:"敷黄金荐地,白玉绿阶,七宝璎珞","《玄明恭华天颂》:……'身入众梵行,长乐七宝林'","《虚明堂曜天颂》:……'七宝林中,欢乐璀璨'","《显定极风天颂》:'飞步七宝园,大小悉逍遥'";⑪《升上清品上》:"月中玉佩,七宝可得而明","司领仙玉郎……冠

---

① 《洞真太上素灵洞元大有妙经》,第407页中、第407页下。
② 《洞真太上素灵洞元大有妙经》,第422页上。
③ 《洞真太上素灵洞元大有妙经》,第422页下。
④ 《无上秘要》卷三,第3、8、13页。
⑤ 《无上秘要》卷四,第38、39页。
⑥ 《无上秘要》卷一七,第166、173页。
⑦ 《无上秘要》卷二一,第237页。
⑧ 《无上秘要》卷二二,第261、253、274、275、275、277页。
⑨ 《无上秘要》卷二三,第289、290、291页。
⑩ 《无上秘要》卷二四,第325页。
⑪ 《无上秘要》卷二九,第399、405、406、409页。

七宝玉冠"。①

《洞玄灵宝三洞奉道科戒营始》:"凡天尊法座,凡有八种。一者千叶莲华……三者七宝金床……皆随变现形,因机居住。今之帐座,但以七宝八珍,珠玉金碧装饰,拟像而已。"②《法具品》:"凡天尊殿堂,及诸安置经像处所,皆须造帐座、幡盖、旌旆、节舆、香炉……事事种种,或罗绮锦缦,饰金琢玉,翠羽翡毛,丹青朱璧,琉璃玳瑁,连贯填错,七宝九光……供养天尊,永世福田"③,"凡造香炉,有一十五种相。一者雕玉……七者七宝"④,"凡天尊及真人上盖有十种:一者飞云,二者翔鸾……六者七宝……皆珠玉、珮带、流苏,垂铃贯玉,随时所建,若道士女冠所持,但翠碧八角或四角圆方,任时垂带,曲柄自撑而已"⑤。

③世俗生活中的七宝及其日用与意蕴

七宝在世俗生活尤其是皇室衣食住行中,自汉代即已融入,从前引《西京杂记》可见。至魏晋南北朝,不仅皇室中以此为装饰,亦为民间喜用,亦有以七宝命名者。《魏书》中有以七宝为宫殿名及床、车舆、人名者,亦叙及康国以七宝金花为冠的服饰风俗:"起七宝永安行殿","鄴州献七宝床,诏不纳","豹子弟七宝","康国者……其王索发,冠七宝金花","太祖世所制车輂,虽参采古式,多违旧章。今案而书之……七宝旗檀刻镂輂:金薄隐起"。⑥

《南齐书》云"太祖辅政……又上表禁民间华伪杂物:……不得以七宝饰乐器又诸杂漆物","帝骑马从后……执七宝缚矟"。⑦

《玉台新咏》有南朝齐丘巨源的《咏七宝扇》:"妙缟贵东夏,巧媛出吴闉。裁状白玉璧,缝似明月轮。表里镂七宝,中衔骇鸡珍。画作景山树,图为河洛神……"⑧可知其宝扇以缟为材质,剪裁成白玉璧的形状,表里均雕镂七宝,扇面上画着山与树以及洛神。晋代女诗人桃叶的《答王团扇歌三

---

① 《无上秘要》卷九二,第 1137 页、1138 页。
② 《洞玄灵宝三洞奉道科戒营始》卷二,《正统道藏·洞玄部》,第二十四册,《道藏》影印本,第 749 页上。
③ 《洞玄灵宝三洞奉道科戒营始》卷三,第 752 页下、753 页上。
④ 《洞玄灵宝三洞奉道科戒营始》卷三,第 753 页上、753 页中。
⑤ 《洞玄灵宝三洞奉道科戒营始》卷三,第 754 页上。
⑥ [北齐]魏收:《魏书》卷七《高祖纪上》,卷八《世宗纪》,卷五一《吕罗汉传》,卷一〇二《西域传》,卷一〇八《志·礼四之四》,中华书局 1974 年版,第 143、209、1140、2281、2811—2812 页。
⑦ 《南齐书》卷一《高帝上》、卷七《东昏侯》,第 14、103 页。
⑧ [南朝陈]徐陵编,[清]吴兆宜等注,程琰删补,穆克宏点校:《玉台新咏笺注》卷四,中华书局 1985 年版,第 155 页。

首》其一云"七宝画团扇,灿烂明月光"①,可知团扇以七宝装饰,发出灿烂的光芒。《洛阳伽蓝记》卷二《城东》云"石桥南道有景兴尼寺……有金像辇,去地三尺,施宝盖,四面垂金铃七宝珠"②,可知寺庙中的金像辇即配有七宝珠装饰的宝盖;卷三《城南》:"白象者,永平二年乾陀罗国胡王所献。皆(背)施五绦屏风、七宝坐床"③;卷五《城北》:"太后遣崇立寺比丘惠生向西域取经……十月之初,至嚈哒国……不信佛法,多事外神。杀生血食,器用七宝。"④

至隋代,王通《元经》亦叙及"(隋文帝)开皇十一年春……三月突厥献七宝椀"⑤。

七宝在唐诗中亦多,可知其于日常生活中无处不在,有七宝台、灯轮上的七宝佛像、七宝床、七宝毯、七宝冠、七宝帐、七宝屏风等,而引入公主诗作的有七宝步辇与七宝车。如崔液《上元夜六首》其二云"神灯佛火百轮张,刻像图形七宝装"⑥;李峤《床》云"传闻有象床……玳瑁千金起,珊瑚七宝妆"⑦;宋之问《龙门应制》云"林下天香七宝台",蔡孚《打毬篇》云"宝杖雕文七宝毬"⑧;武三思《秋日于天中寺寻复礼上人》云"香岩七宝宫"⑨。

白居易诗作中有七宝冠、七宝帐、七宝装饰的屏风,如"白珠垂露凝,赤珠滴血殷。点缀佛髻上,合为七宝冠"〔《游悟真寺(一百三十韵)》〕、"九微灯炫转,七宝帐荧煌"(《裴常侍以题蔷薇架十八韵见示因广为三十韵以和之》)、"缀珠陷钿贴云母,五金七宝相玲珑"(《三谣·素屏谣》)。⑩

又有七宝刀、七宝床、七宝林、七宝仙台、七宝阑干等,七宝鞭更多,如李商隐《春游》云"摩挲七(原作'八',季抄、朱本同)宝刀"⑪;贯休《古

---

① 《玉台新咏笺注》卷一〇,第472页。
② 〔北魏〕杨衒之撰,范祥雍校注:《洛阳伽蓝记校注》卷二,上海古籍出版社1958年版,第88页。
③ 《洛阳伽蓝记校注》卷三,第161页。
④ 《洛阳伽蓝记校注》卷五,第288—289页。
⑤ 〔隋〕王通著,〔唐〕薛收续并撰,〔宋〕阮逸注:《元经》卷一〇,《影印文渊阁四库全书·史部二·编年类》,第三〇三册,台湾省商务印书馆,第952页。
⑥ 《全唐诗》卷五四,第一册,第669页。
⑦ 《李峤诗注·苏味道诗注》卷四(玉帛、服玩、芳草、嘉树、灵禽、瑞兽),第203页。
⑧ 《全唐诗》卷七五,第二册,第817页。
⑨ 《全唐诗》卷八〇,第二册,第865页。
⑩ 《白居易集笺校》卷六、卷三一、卷三九,第340、2111、2635页。
⑪ 《李商隐诗歌集解·编年诗》,第37页。

意九首·常思李太白》云"玄宗致之七宝床"①,花蕊夫人(《三家宫词》收为王珪诗)《宫词》云"七宝阑干白玉除"②。七宝鞭,则如"追骑犹观七宝鞭"(温庭筠《奉天西佛寺》)、"几不亲留七宝鞭"(唐彦谦《骊山道中》)③等。

综合上述,公主的七宝步辇、七宝车,应是以佛教或道教七宝装饰的华美步辇,行进处光辉耀目,又蕴含着佛教的赋予光明、祛除疾病灾祸与障念、一切具足、福德圆满等意蕴,以及道教的逍遥自在之意。

(3)公主的七香车与何为七香

唐代诗人在叙写公主出行车具时,多选择七香车之名,这一代称首先反映出的是公主车辇驶过时嗅觉上最突出的感觉即香气四溢。岑参在《感遇》中写道:"五花骢马七香车,云是平阳帝子家。"④陆畅《云安公主下降(一本无此六字)奉诏作催妆诗(顺宗女下嫁刘士泾,百僚举畅为傧相)》云"催铺百子帐,待障七香车"⑤。刘禹锡《和严给事闻唐昌观玉蕊花下有游仙二绝》其一也写道:"玉女来看玉蕊花,异香先引七香车"⑥。权德舆《上巳日贡院考杂文不遂赴九华观祓禊之会以二绝句申赠》云"九华仙洞七香轮"⑦。

这种七香车在南朝诗歌中即已出现,但极少,梁简文帝《乌栖曲》其三云"青牛丹毂七香车,可怜今夜宿倡家"⑧,其注释引魏武帝《与杨彪书》:"今赠足下画轮四望通幰七香车一乘,青犊牛二头。"可知三国时已有这种七香车,以青牛拉引。隋代类书《编珠》中有"三盖七香"之典,并引魏武帝《与杨彪书》之语⑨。隋朝诗歌则有卢思道《美女篇》中的"时摇五明扇,聊驻七香车"⑩,罗爱爱《闺思诗》的"几当孤月夜,遥望七香车"⑪。《艺文类

---

① 胡大浚笺注:《贯休歌诗系年笺注》卷二,上册,中华书局2011年版,第68页。
② 此诗《三家宫词》收入宋人王珪诗作,《蜀中广记·蜀中名胜记》卷四《成都府四》花蕊夫人诗作中亦未收此诗,《全唐诗》作花蕊夫人诗。《三家宫词》,第81页。《全唐诗》卷七九八,第十二册,第9065页。
③ 《全唐诗》卷六七二,第十册,第7750页。
④ 《岑嘉州诗笺注》卷二,上册,第391页。
⑤ 《全唐诗》卷四七八,第七册,第5477页。
⑥ 《刘禹锡集》卷三一(原外集卷一),第432页。
⑦ 《权德舆诗文集》卷一〇,第169页。《全唐诗》卷三二九,第五册,第3681页。
⑧ 《玉台新咏笺注》卷九,第427页。
⑨ [隋]杜公瞻:《编珠》卷四,《影印文渊阁四库全书·子部类书类》,第八八七册,台湾省商务印书馆1983年版,第102页。
⑩ (宋)郭茂倩编:《乐府诗集》卷六三,中华书局1979年版,第914页。
⑪ 逯钦立辑:《先秦汉魏晋南北朝诗·隋诗卷七》,中华书局1983年版,第2737页。

聚》卷四《岁时部·七月七日》引隋张文恭《七夕》:"星桥百枝动,云路七香飞。"①《白氏六帖事类集》卷三"车第三十"条:"七香、五云(并美车名)。"②

唐诗中的七香车出现更多,当是唐时富贵之家最喜的车具。在概写或铺陈、细绘贵族之家的游宴情境或长安、洛阳等大都会的繁华抑或点染女子的华贵神秘到来时,均会选用:周彦昭《晦日宴高氏林亭》云"雷送七香车"③,以七香车回还时滚滚如雷的声音、充塞天地四溢而来的香气,铺写映衬高氏林亭宴会贵客盈门的奢华;骆宾王《畴昔篇》云"五霸争驰千里马,三条竞骛七香车。掩映飞轩乘落照,参差步障引朝霞"④,以长安大道上疾驰的千里马、七香车、带着落日余晖的飞轩、引来朝霞的步障等华贵车具,铺排其奢华熏天的气势;王维更是多次引入七香车,其《洛阳女儿行》云"罗帏送上七香车,宝扇迎归九华帐"⑤,以连缀的罗帏、七香车、宝扇、九华帐等物象映衬女子的香艳华贵之美;《同比部杨员外十五夜游有怀静者季》铺写十五盛会的繁华:"陌头驰骋尽繁华,王孙公子五侯家。由来月明如白日,共道春灯胜百花。聊看侍中千宝骑,强识小妇七香车。香车宝马共喧阗,个里多情侠少年。"⑥倾城涌动的陌头上,王孙贵族、五侯皇戚竞驰奢华,这其中自然是少不了香车宝马的喧哗,而高官的千宝骑、贵妇的七香车,则是赏灯盛会里人们争相观看的又一种风景;白居易《山中五绝句·石上苔》云"路傍凡草荣遭遇,曾得七香车辗来"⑦,路旁凡草曾经的繁荣也要以华丽名贵、芬芳馥郁的七香车之碾压来烘托;李商隐《壬申七夕》云"已驾七香车,心心待晓霞"⑧,叙写女子乘七香车,等待拂晓美丽朝霞的情境,其《无题(〈全唐诗〉一云〈阳城〉)》云"白道萦回入暮霞,斑骓嘶断七香车"⑨,则绘出日暮时白道萦回延伸入天空中绚烂的彩霞,斑骓嘶鸣声中七香车缓缓停驻;无名氏《白雪歌》"五花马踏白云衢,七香车碾瑶墀月"⑩,描

---

① 〔唐〕欧阳询等编纂,汪绍楹校:《艺文类聚》卷四《岁时部》,上海古籍出版社1985年版,第79页。
② 〔唐〕白居易撰:《白氏六帖事类集》卷三,第一册,文物出版社影明嘉靖刊本1987年版,第151页。
③ 《全唐诗》卷七二,第二册,第787页。
④ 《骆临海集笺注》卷五,第161—162页。
⑤ 《王维集校注》卷一〔编年诗(开元上)〕,第4页。
⑥ 《王维集校注》卷三〔编年诗(天宝上)〕,第260页。
⑦ 《白居易集笺校》卷三五,第2436页。
⑧ 《李商隐诗歌集解·编年诗》,第1196页。
⑨ 《李商隐诗歌集解·不编年诗》,第1447页。
⑩ 《全唐诗》卷七八五,第十一册,第8949页。

写名贵的五花马和七香车踩踏、碾压如白云、瑶墀月般的白雪的情境;罗虬《比红儿诗》云"画帘垂地紫金床,暗引羊车驻七香"①,叙及红儿奢华的内帷吸引着帝王馥郁的七香羊车前来;唐彦谦《紫薇花》云"又疑神女过,犹佩七香帏"②,形容紫薇花的香气如神女的七香帷幄华车缓缓经过时洒下的弥久的香气。

关于"七香车",诗歌和类书中多仅给出名称,或简略模糊的"美车"解释,而有关"七香车"的研究亦极少,李景祥在仅提出猜想观点未阐释的二百多字的《七香车》一文中,指出唐诗选本将卢照邻和王维诗中的七香车解释为"七种香木制成的车"欠妥,应是一种熏七香或置挂香囊的车③。亦有多部辞典将"七香车"解释为用多种"香料涂饰""香木或香料装饰或涂抹"的车,或"古时贵妇所乘的用各种香木制造的华丽的车,省作七香""用七种香木做的车子,比喻车之名贵"④,将"七"模糊地解释为"七种"或多种,而本研究阐释七宝时指出"七"应是确指且有特殊蕴意(参前述)。

而何为七香,则是理解并还原公主七香车的关键。"七香"一词在《赵飞燕外传》中即有提及:"后浴五蕴七香汤,踞通香沉水坐,燎降神百蕴香。婕妤浴豆蔻汤,传露华百英粉。"⑤就其叙述仅可知七香中当有沉香。"百蕴香,远条馆祈子,焚以降神"⑥,其百蕴香则是"模拟百花"⑦之香的香品。

文献对七香及其意蕴极少有明确的解释。隋僧灌顶的《涅槃经会疏》叙及"七香五臭"时罗列了七种香:

> 医闻是已,即前嗅之,优钵罗香、沉水杂香、毕迦香、多伽罗香、多摩罗跋香、郁金香、栴檀香、炙肉臭、蒲桃酒臭、烧筋骨臭、鱼臭、粪臭,知香臭已。(《南本大般涅槃经会疏》有此段文字)初文者,嗅之譬一

---

① 《全唐诗》卷六六六,第十册,第7688页。
② 《全唐诗》卷八八五《补遗四》,第十三册,第10077页。
③ 李景祥:《七香车》,《读书杂志》1988年第2期,第151页。
④ 宋协周、郭荣光主编:《中华古典诗词辞典》,山东文艺出版社1991年版,第770页。吕薇芬主编:《全元曲典故辞典》,湖北辞书出版社2001年版,第18页。江蓝生、陆尊梧主编:《实用全唐诗词典》,山东教育出版社1994年版,第8页。李连祥编:《唐诗常用语词》,百花文艺出版社2009年版,第439页。(清)蘅塘退士编,马东瑶译注:《唐诗三百首》,时代文艺出版社2020年版,第118页。毕宝魁、尹博:《唐诗三百首译注评》,现代出版社2022年版,第152页。
⑤ 〔汉〕伶玄:《赵飞燕外传》,《丛书集成新编》据《阳山顾氏文房》本影印,第八十三册文学类,台北新文丰出版公司1984年版,第147页下。
⑥ 〔明〕高濂著,赵立勋校注:《遵生八笺校注》卷一五《燕闲清赏笺》中,人民卫生出版社1994年版,第594页。
⑦ 傅京亮:《香学三百问》,三晋出版社2019年版,第44页。

往为说,和七香五臭,七香譬七漏,五臭譬五欲。①

开元十四年僧人翻译的《苏悉地羯罗经》中叙及七胶香,即七香是成就真言法的合和香。其中为最上等的是由龙脑香加上六种可通三部、诸天、天女等的香合在一起之香,又可和其他香合成第一、第二、第三香,此后又有去掉龙脑香,加上苏合香的七胶香之说,其解释和《涅槃经会疏》中的说法也不一致:

> 若欲成就真言法,应合和香。室哩(二合)吠瑟吒迦树汁香,遍通三部,及通诸天;安悉香,通献药叉;薰陆香,通诸天女;娑折啰婆香,献地居天;娑落翅香,献女使者;乾陁啰娑香,献男使者。龙脑……此七胶香和以烧之,遍通九种,复此七香最为胜上。胶香为上,坚木香为中,馀花叶根等为下。苏合、沉水、郁金等香和为第一香,加以白檀,复置砂糖为第二香,又加安悉香、薰陆为第三香,如是和三种香,随用其一遍通诸事。②

元和出家的僧人宗密译《圆觉经略疏钞》未具体叙说何为七香,但指出七香为合和香,焚烧后会祛除妄念:

> 谓此觉支成就在于见道,见道迅速,故刹那俱起,恐疑云"既一念起,何得说七?"故此通云"虽一刹等意,云功能不同,不可言一,如七味香,捣筛和合,梵如麻子,七香齐发。所言功能不同者,谓念除妄念,择法除不正知,馀如次除懈怠、惛沉、粗重、散乱、掉举。"③

唐初道士李荣《道德真经注(六)》"善行无辙迹"条在说明何为"无迹"时,即以七香车和千里马为出行留痕的车具代表,而云軿和凤鸟则无痕迹:

---

① (隋)灌顶译:《涅槃经会疏》卷一九《梵行品之五》,《大正新修大正藏·经疏部六》,第一七六七部,第三十八册,第150页下。
② (唐)中天竺三藏法师输波迦罗译:《苏悉地羯罗经·分别烧香品第十》卷上,《大正新修大正藏·密教部》,第八九三部,第十八册,第609—610页。
③ (唐)宗密译:《圆觉经略疏钞》卷一五,《乾隆大藏经·经疏部》,第一五六二部,第一百三十八册,第181页下。

七香流水之车,动之者有辙;千里浮云之马,跃之者有迹;不疾而速,云輧不蹑地;不行而至,凤鸟本无迹。言圣人垂拱庙堂,不遍周王之辙,贤士销声丘壑,不削孔丘之迹也。①

从《杜阳杂编》所述公主的七宝步辇所垂挂的香囊看,或有辟寒香、辟邪香、瑞麟香、金凤香、龙脑金屑等,则是混合本土与外来香料之香。《太平惠民和剂局方》则有大、小七香圆:"大七香圆。……香附子(炒,一百九十二两) 麦蘖(炒,一百两) 丁香皮(三百三十两) 缩砂仁 藿香(叶,各二百五十两) 甘松 乌药(各六十四两) 肉桂(去粗皮) 甘草(炒) 陈皮(去白,洗,各二百五十两)","小七香圆……甘松(炒,八十两) 益智仁(炒,六十两) 香附子(炒,去毛) 丁香皮 甘草(炒,各一百二十两) 蓬莪荗(煨,乘热碎) 缩砂仁(各二十两)。"②七香圆包括十种药材,外来香药有丁香、甘松香、藿香、桂皮、豆蔻等,本土有甘草、香附子。

香药有外来和本土两类,外来香药也称"舶药",来自古西域。宋代《香谱》笼括香料和有香气的药材,包括"沉香、檀香、乳香、没药、龙脑、丁香等常用香药,甘草、当归、厚朴、大黄等具有香气的药材"③。

综上可知,七香应为七种香料混合而成,佛教中的七香为确指的最上等香,民间则将之混合使用,用于养生、修佛、医药护理、熏香,乃至衣饰、室内与车具的装饰与熏香。七香车则是皇室、贵族常用的熏染七香的车具,应是本土与外来名贵香料结合之物,既有馥郁馨香的气味,又有香气弥漫的韵味,还可令神清气爽,具备疗病趋吉、护佑修佛的多重功能与意蕴。

2. 唐代公主府之马与马场及宝马、花骢考论

车马是公主、驸马出行少不了的工具,往往装饰得极为华美,王建《郭家溪亭》即云"野泉闻洗亲王马,古柳曾停贵主车"④,可知公主、驸马出行之马会于别墅的清泉里清洗得一尘不染,系之于宅邸、别墅里的古柳之下。唐诗中对公主、驸马的出行之马描绘较多,公主墓亦出土三彩马,壁画上则绘出大量骏马的形象,借此即可以见出唐代公主宝马的基本情境。同时,唐代公主府之马,应有来自皇室贡品者,《唐会要》记录边境、藩属国及域外贡马:百济"武德四年,其王扶余璋遣使献果下马";新罗"(开元)十二

---

① 蒙文通辑校:《道书辑校十种·道德真经注》卷四《道经》,巴蜀书社2001年版,第599页。
② 〔宋〕太平惠民和剂局编,刘景源点校:《太平惠民和剂局方》卷三,人民卫生出版社1985年版,第105页。《知不足斋丛书》本与此次序不同,文字稍有差异。
③ 王荣主编:《香药广用》,阳光出版社2018年版,第1页。
④ 《王建诗集校注》卷七,第305页。

年,兴光遣使献果下马二匹";契丹"武德二年二月,遣使贡名马、丰貂";奚"(太和)十一年,遣使献名马";吐蕃元和十二年"献马十匹";回纥(贞元元年后改为"回鹘")乾元元年六月"献马五百匹",(元和十一年)三月,又遣使押进橐驼九头、马八十匹,长庆元年献"马一千匹";吐火罗国"(开元)八年,献名马骏";康国"武德七年,其王屈术支遣使献名马";葛逻禄国开元三年"献马"等。①

(1)文物中的公主府出行之马

唐代公主府的宝马,出土文物呈现更直观生动。有些是公主骑用的,有些是侍从所骑,配有各种华丽装饰或使用工具,由健壮的侍从甚或是胡人牵马。

①公主骑用的宝马花骢

永泰公主墓出土有三彩仰头马和低头马,"仰头马通体施浅黄色釉,杂有深褐色釉斑……神态矫健。低头马全身施以赭黄略带棕色的彩釉……肥硕丰满"②(见插页彩图93)。新城公主墓壁画步行仪卫后有两匹装饰豪华的红、白鞍马,应为公主所用,"形体高大,鞍鞯、辔饰、鞅鞦齐全,鞯施彩画,马旁各立一牵马人"③。新城公主墓亦出土有陶马,马眸圆睁,脖颈有一圈圈条纹,似斑马纹,体格肥硕壮健(见图26,插页彩图94)。

图26 新城公主墓出土陶马

(图片来源:《唐新城长公主墓发掘报告》图版十三)

---

① 《唐会要》卷九五、卷九六、卷九七、卷九八、卷九九、卷一〇〇,第1710、1712、1717、1720、1737、1745、1748、1773、1774、1788页。

② 《中华国宝·陕西珍贵文物集成·唐三彩卷》,第179页。

③ 《新城、房陵、永泰公主墓壁画》,第71页。

②公主府宝马的华丽佩饰

唐代公主墓中还出土有马的华丽佩饰,如鎏金马镳、马镫等(见插页彩图96),亦有一些散落的方形、圭形、三叶形铜片,其中方形铜片"压出八瓣或十二瓣花形""四叶或对角四方菱形,中间均镶嵌有料珠",圭形的"表面膜压出卷草纹、四瓣或七瓣花形,七瓣花形的中间镶嵌料珠",据考古学者推测"似为木质鞍马俑身上的装饰"(见插页彩图95);另有叶状铜片饰、花瓣形铜片饰,其中叶状镂空铜片饰,"表面均有鎏金痕迹",也有背涂粉红,用来与"其他配件组成铜花饰"①。

③公主出行的随从之马

新城公主墓出土大量骑马俑。其中男俑三十三件,"马为枣红色,马鞍为黑色,鞯为豹皮状"。女骑马俑三十件,A、B、C、D型马的鞍基本为黑色,鞯多为豹皮状,A、B型马,为白色或枣红色;C型马为"白色、枣红色、黑色、黄色",又有白色带黑点,涂淡粉红色,或"红底白花白边,少数为黑色"(见插页彩图97、98、99)。D型"马为黑色或白色……个别为黑色",E型"马为灰白色,鞍鞯均为灰色,墨绘的攀胸及辀上均点出白点,以示节约,后辀近鞯处向下垂稍长黑带,近尾处垂较短黑带,应为跋尘"②(见图27)。

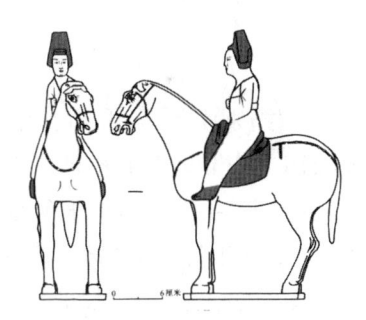

图27 新城公主墓D型、E型女骑俑

(图片来源:《唐新城长公主墓发掘报告》图34、35,第41、42页)

④公主出行的牵马人

公主出行有牵马人,墓室壁画中有牵马胡人,亦出土有牵马胡人俑。永泰公主墓墓道"东壁在步行仪卫队最后绘有两匹马具齐备的骏马和二胡人"③(见插页彩图100)。

---

① 《唐新城长公主墓发掘报告》,第58、59页。
② 《唐新城长公主墓发掘报告》,第35、37、39、41页。
③ 《新城、房陵、永泰公主墓壁画》,第76页。

永泰公主墓出土三彩牵马胡人俑,"凸目高鼻","身穿绿色翻领交襟窄袖齐膝胡袍……袒胸露腹"①,肌肉强健,"左手叉腰",右手似握辔(见插页彩图101)。

(2)唐诗中的公主府之马与马场及典型物象考证

唐诗中公主府之马叙写较多,写出诗人眼中、心中的公主之马灵动的剪影。

①唐诗中的公主出行车马与马场

唐前期尤其是高宗至睿宗时,虽然公主们与文人直接的交游频繁,并留下大量诗作,但应制诗多书写随帝王前来的车辇、仪仗情境,又以"如龙"比喻,描绘其府邸车马众多的特质,如"马既如龙至"(武平一《侍宴安乐公主新宅应制》)、"车如流水马如龙"(苏颋《夜宴安乐公主新宅》)等。自此之后,直接描述公主出行的诗作极少,但叙述了驸马们出行的场景,可从侧面一窥公主府车马的情境。李白《走笔赠独孤驸马》描绘独孤驸马的骏马,以银鞍(套在骡马背上便于骑坐之物)紫鞚(带嚼子的马笼头)、左顾右盼、疾走如风、跃马朝天、香气四溢形容其华丽骏逸姿态:

都尉朝天跃马归,香风吹人花乱飞。银鞍紫鞚照云日,左顾右盼生光辉。②

戎昱《赠别张驸马》写道:"上元年中长安陌,见君朝下欲归宅。飞龙骑马三十匹,玉勒雕鞍照初日。"③可见驸马出行之隆重,随从之众多,所乘之马的华丽骏逸,配置着金玉雕镂鞍鞯和控马革带的宝马,飞驰而来,在初日照耀下熠熠生辉。李端《赠郭驸马(郭令公子暧尚昇平公主,令于席上成此诗)》云"玉鞭骑马出长楸"④,绘出驸马挥舞玉鞭骑着骏马飞驰而过的身影。杨巨源《酬(一作"赠")于驸马二首》其二云"晴花暖送金羁影"⑤,丽日晴天里驸马的装饰着金羁的宝马踏着飞花奔驰而过。其他则如,王建《赠崔礼驸马》云"一月一回陪内宴,马蹄犹厌踏香尘"⑥,羊士谔《游郭驸马

---

① 《中华国宝:陕西珍贵文物集成·唐三彩卷》,第156页。
② 《李太白全集校注》卷九,第506页。
③ 《戎昱诗注》,第15页。
④ 《全唐诗》卷二八六,第五册,第3263页。
⑤ 《全唐诗》卷三三三,第五册,第3726页。
⑥ 《王建诗集校注》卷七,第379页。

大安山池》云"马嘶芳草自淹留"①,张蠙《宴驸马宅》"绿杨门掩马频嘶"②。

唐诗亦用平阳骑代指公主宝马。典自《汉书·卫青霍去病传》:"青壮,为侯家骑,从平阳主。""长公主问:'列侯谁贤者?'左右皆言大将军。主笑曰:'此出吾家,常骑从我,奈何?'……长公主风白皇后,皇后言之,上乃诏青尚平阳主。"③王维《奉和杨驸马六郎秋夜即事》云"结束平阳骑"④。

从唐诗叙写可知公主之马的若干特质:其一,作为公主出行常用之物,公主之马是其身份、地位的象征,以耀目鲜明、富贵华丽为其特质,而珠宝翠玉装饰是必不可少的,于是公主驾车之马在唐人眼里也是辉煌耀目、骏采神逸的,被冠以宝马之称,如张说《安乐郡主花烛行》云"商女香车珠结网,天人宝马玉繁缨"。其二,公主府内之马多为唐王朝提供,于是有朝臣为公主撰写《为公主辞家人畜产官给料表》,请求将"马牛陪隶之杂供,并希停减"⑤;亦多有从异域、唐王朝州郡进贡者,太平公主拥有的"外州供狗马玩好滋味,不可纪极","马牧羊牧田园质库,数年征敛不尽"。⑥ 其三,公主府内车马众多,与之出入交游的车马亦众多,早期是直接和公主交游、宴饮,高宗至睿宗后则是和驸马交游。

唐诗中亦多有用金埒来描绘公主马场的豪奢者(可参后第六章叙述)。诗歌中的金埒之典,在北周庾信《谢滕王赍马启》中已有叙及,如"王济饮酒之欢,长驱金埒"⑦。唐代公主园林宅第诗中更多,如李端《赠郭驸马》云"新开金埒看调马"⑧、杨巨源《赠崔驸马》亦云"平阳不惜黄金埒,细雨花骢踏作泥"⑨,称颂公主家豪奢的黄金马场,描摹从此处调养出的驸马的五花马在细雨中溅起泥花的矫健姿态。王建的《赠崔礼驸马》写道:"金埒减添栽药地,玉鞭平与卖书人。"⑩称颂驸马不爱奢华,将豪奢的金埒减缩,用以栽植药草,华丽的玉鞭亦交付卖书之人。宗楚客《安乐公主移入新宅侍宴应制》云"马向铺钱埒",沈佺期《安乐公主移入新宅》亦云"马香遗

---

① 《全唐诗》卷三三二,第五册,第3701页。
② 《全唐诗》卷七〇二,第十册,第8154页。
③ 《汉书》卷五五《卫青霍去病传》,第八册,第2472、2490页。
④ 《王维集校注》卷七(未编年诗),第591页。
⑤ 《文苑英华》卷五七八(六〇五卷重出,今已删去),第四册,第2987页。《全唐文》卷二四五,第三册,第2478页。
⑥ 《旧唐书》卷一八三列传一三三《外戚传》,第十四册,第4739、4740页。
⑦ 《庾子山集注》卷八,第584页。
⑧ 《全唐诗》卷二八六,第五册,第3263页。
⑨ 《全唐诗》卷三三三,第五册,第3742页。
⑩ 《王建诗集校注》卷七,第379页。

旧坪"①,感叹其马场之奢华。刘禹锡《题于家公主旧宅》云"马坪蓬蒿藏狡兔"②,以昔日奢华喧闹的马场如今长满蓬蒿、狡兔藏身,感叹公主逝后旧宅的荒落。

②唐诗中的公主花骢、五花骢考论

唐诗中常以"花骢""五花骢马"做公主之马的代名词,道出唐人意识、心理、感官中的突出印象。岑参《感遇》云"五花骢马七香车,云是平阳帝子家"③,杨巨源《赠崔驸马》亦云"细雨花骢踏作泥"④。这种花骢、五花骢均是得自西域的良马,唐诗的花骢叙写屡次提及其来自西域的特殊地域背景。

沈佺期《骢马》对这种来自西北的五花骢名马有过细致勾勒:

西北五花骢,来时道向东。四蹄碧玉片,双眼黄金瞳。鞍上留明月,嘶间动朔风。借君驰沛艾,一战取云中。⑤

诗人眼中、笔下,五花骢沿古道一路向东,两眼的瞳孔如黄金般闪烁,四蹄着玉片掌,嘶吼之声震动着朔冷寒风,非常名贵矫健。杜甫《骢马行》云"邓公马癖人共知,初得花骢大宛种",可知来自大宛的花骢马,是当时爱马之人公认的好马,作为马痴,邓公得到后自是狂喜与珍爱。

这种来自西域的花骢,自然会是皇室的特殊出行工具。杜甫《丹青引赠曹将军霸》即云"先帝天马玉花骢,画工如山貌不同",可知唐帝王即有这样的玉花骢,画工也纷纷描摹。钱起《赋得丛兰曙后色,送梁侍御入京》亦云"遥知大苑内,应待五花骢"⑥,可知皇宫大苑之人,也在企盼着五花骢的到来。王建《宫词》三十五云"云驳花(《唐诗纪事》卷四四作'月')骢各试行,一般毛色一般缨"⑦,可知这种毛色斑驳的花骢马宫廷饲养更多,也是宫人所爱,装扮华丽缨绳,新主人在苑内跃马试行。

花骢更是贵族公子、游侠儿、长安少年的标配。跨着花骢马,身随苍鹰,着锦衣貂裘,挥舞着华丽的玉鞭,在长安城或凉州道的酒楼锦堂纵酒,

---

① 《沈佺期宋之问集校注·沈佺期集校注》卷三〔诗(景龙二年至开元二年)〕,第158页。
② 《刘禹锡集》卷三二(原外集卷二),第450页。
③ 《岑嘉州诗笺注》卷二,上册,第391页。
④ 《全唐诗》卷三三三,第五册,第3742页。
⑤ 《沈佺期宋之问集校注·沈佺期集校注》卷四〔诗(不编年)〕,第229页。
⑥ 〔唐〕钱起著,王定璋校注:《钱起诗集校注》卷四,第120页。
⑦ 《王建诗集校注》卷一〇,第580页。

第五章　车服次于王后，容卫荣于戚藩：唐代公主的出行　297

在长安城的绿槐道、杨柳陌与朋友纵马奔驰、追逐春风、逐猎纵游，当是少年郎们最酣畅快乐、意气风发的样子，唐诗中不时呈现出这一幕幕伴着花骢的跃动画面，如"纷纷半醉绿槐道，蹀躞花骢骄不胜"（皎然《杂曲歌辞·长安少年行》①）、"锦堂昼永绣帘垂（一作'玉堂前后画帘垂'），立却花骢待出时。红粉美人擎酒劝，青衣年少臂鹰随"（张祜《公子行》②）、"绿眼胡鹰踏锦鞲，五花骢马白貂裘"（薛逢《侠少年》③）、"回望玉楼人不见，酒旗深处勒花骢"（周繇《公子行》④）、"花骢蹀躞游龙骄，连连宝节挥长鞘。凤雏麟子皆至交，春风相逐垂杨桥"（李咸用《轻薄怨》⑤）、"锦背苍鹰初出按，五花骢马喂来肥"（佚名《杂曲歌辞·凉州歌·排遍第一》⑥）等。

这种花骢亦成为上层官员们的喜爱之物，相比贵公子游侠儿身骑花骢时的放纵不羁之况，官员们骑着花骢的姿态则是雍容得多。如"银印花骢年少时"（李嘉祐《送崔十一弟归北京》⑦）、"梦寐花骢色"、"粉署花骢人"〔钱起《再得华侍御书，闻巴中卧病（一作"疾"）》《喜李侍御拜郎官入省》⑧〕、"当年好跃五花骢"（韩翃《送王光辅归青州兼寄储侍郎》⑨）、"骏马花骢白玉鞍"（权德舆《放歌行》⑩）、"暗驻五花骢"（权德舆《玉台体十二首》其一⑪）、"长途仍借九花骢"（徐夤《送王校书往清源》⑫）、"还惜会难别易……勒住花骢辔"（尹鹗《金浮图》⑬）、"暖日策花骢，弹鞚垂杨陌"（孙光宪《生查子》⑭）等。

有关骢马、五花马究竟为何，学界亦有长期辩论，对理解公主的花骢和五花骢，多有启示。胡昌明《"青骢马"辨》指出《说文解字》所释骢"马青白杂毛也"，"很不恰当"，并列举诗文、史书、笔记中的骢马、青骢、黄骢、白骢、绿螭骢等，指出"骢马泛指骏马"⑮，有各种颜色。赵士城《唐诗中"五花

---

① 《全唐诗》卷八二一，第十二册，第9350页。
② 《全唐诗》卷五一一，第八册，第5866页。
③ 《全唐诗》卷五四八，第八册，第6388页。
④ 《全唐诗》卷六三五，第十册，第7344页。
⑤ 《全唐诗》卷六四四，第十册，第7431页。
⑥ 《全唐诗》卷二七，第一册，第380页。
⑦ 《全唐诗》卷二〇七，第三册，第2169页。
⑧ 《钱起诗集校注》卷五、卷五，第159、177页。
⑨ 《全唐诗》卷二四五，第四册，第2744页。
⑩ 《权德舆诗文集》卷九，上册，第160页。《全唐诗》卷三二八，第五册，第3676页。
⑪ 《权德舆诗文集》卷九，上册，第161页。《全唐诗》卷三二八，第五册，第3677页。
⑫ 《全唐诗》卷七〇九，第十一册，第8245页。
⑬ 《全唐诗》卷八九五，第十三册，第10179页。
⑭ 《全唐诗》卷八九五，第十三册，第10202页。
⑮ 胡昌明：《"青骢马"辨》，《语文建设》1998年第10期，第34页。

马"研究述评》援引邓长风《谈唐诗中的"五花马"》所引"《唐朝名画录》：'开元后……内厩有飞黄、照夜、浮云、五花之乘'"，又据唐诗得出其并无剪五花之意而剪三花则较多的结论。接着叙述了李安全《解读"细节"》的五花马为"马的雕塑品"的观点，以及王志明《"五花马"辨》、周桂峰《也谈"五花马"》的辩驳论证(后者据以唐诗得出"'五花马'是活的牲口"的结论)，又分析了马鸿雁《李白〈将进酒〉中的"五花马"为何物？》一文，并列举宋人郭若虚《国画见闻志》所见"唐人的《贵戚阅马图》和《三花御马》"，以及白居易"马鬣剪三花"诗句，宋人的观画诗如"霜鬣剪作三花齐""三花剪鬣自官样"(楼钥《题高丽行看子》《再题行看子》)等，论证"三花马为剪马鬣为三瓣"①，而《虢国夫人游春图》中的马即三花马。冉万里《李白〈将进酒〉中"五花马"的考古学观察》一文梳理多种解释，如"指名贵的马。一说毛色作五花纹，一说颈上长毛修剪成五瓣"(中华书局《唐诗三百首》)、"不是指剪鬃，而是指马身上旋毛的纹理"(孙机)、"因毛色呈五瓣花状而得名"(吴琦松)，又以文物为证据，指出应是"将马鬃修剪成五个花瓣的马"。②贾小军《也谈"五花马"》举出两例唐前五花马及一例元代四花马的文物资料，认为"'五花马'或即为林梅村所谓之'多花马'"。③

  唐诗中则有"五花马""五花骢"，对其五花又稍有描绘，除上引五花骢诗句外，又有岑参和李白的描述，如"马毛带雪汗气蒸，五花连钱旋作冰"、"骢马五花毛，青云归处高"(岑参《走马川行奉送出师西征》《送赵侍御归上都》④)、"朝骑五花马"、"五花马，千金裘"(李白《相逢行二首》其一、《将进酒》⑤)等。杜甫另有《高都护骢马行》，叙述了安西都护所骑来自胡地的青骢马，其战功赫赫，声名卓著，从流沙而至，并描述了其形态："雄姿未受伏枥恩，猛气犹思战场利。腕促蹄高如踣铁，交河几蹴曾冰裂。五花散作云满身，万里方看汗流血。"⑥从其细描看，这匹青骢应是五花汗血青骢马，其满身均有如云般的五花纹，身姿矫健，勇猛雄放，奔跑起来如闪电，

---

① 赵士城：《唐诗中"五花马"研究述评》，《湖南工业职业技术学院学报》2011 年第 11 期，第 81 页。邓长风：《谈唐诗中的"五花马"》，《黄石师院学报》1984 年第 2 期，第 38—39 页。马鸿雁：《李白〈将进酒〉中的"五花马"为何物？》，《阜阳师范学院学报(社会科学版)》2006 年第 1 期，第 50—51 页。
② 冉万里：《李白〈将进酒〉中"五花马"的考古学观察》，《中原文化研究》2014 年第 2 期，第 126—128 页。
③ 贾小军：《也谈"五花马"》，《农业考古》2016 年第 4 期，第 164—165 页。
④ 《岑嘉州诗笺注》卷二、卷三，下册，第 323、594 页。
⑤ 《李太白全集》卷六、卷三，第 333、179 页。
⑥ 《杜诗详注》卷三，第 86 页。

疾行万里,挥汗如血。杜甫又有《题柏大兄弟山居屋壁二首》其二云"萧萧千里足,个个五花文"①,以五花纹的千里马比喻柏大兄弟家良才辈出。无名氏《白雪歌》有"五花马踏白云衢,七香车碾瑶墀月"。

而三花之马,在唐诗中也偶有叙及,如"凤书裁五色,马鬣剪三花"(白居易《和春深二十首》其六②),而唐诗中的三花,亦多和"五云""五色"联系,"三"在道教中亦有特殊意蕴,关于三花马,唐诗则明确指出是将马鬣剪作三花的。

综合看唐诗中的叙述,很显然五花马之选入很多,而有关三花马、九花马仅一处,可知唐时五花之马,应较为流行。同时三花马是剪三花,是人工刻意为之。而五花马则不然,根据诗中描述,其是五花连钱之状,如云般满布马身,五花是一种毛色纹样,其来自西域。而唐诗中又多次将其汗血特征做以描绘,可知其应是一种有天然的五花皮毛纹样的来自西域的汗血宝马。

综合上述材料及分析可知,公主府邸自然少不了这种名贵时尚的异域花骢,诗人们则以眼以心绘出公主府名贵五花骢的矫健姿态。

3. 唐代公主的轩车

唐代诗文中亦常常选用公主的轩车。轩是有屏障的车,在中国古代亦是身份的象征,为大夫以上官阶之人所乘。《庄子·让王》:"子贡乘大马,中绀而表素,轩车不容巷,往见原宪。"③《后汉书·刘盆子传》:"侠卿为制绛单衣……乘轩车大马,赤屏泥,绛襜络,而犹从牧儿遨。"④

唐诗中叙及公主的雕轩、鱼轩、锦轩、轩盖、云轩等,甚至还有公主逝去后护送的灵轩,从中约略可见公主轩车的材质、某些特征,模拟、复原公主出行的情境。"旌旆羌风引,轩车汉月随"(刘宪《奉和送金城公主适西蕃应制》),可知和亲公主的出行车队日夜兼行的艰辛,旌旗在朔风中飘摇,故乡的月光亦留恋地追随她的车儿一路前行。

雕轩:指雕刻精美图纹、图像的华美轩车,如"雕轩回翠陌,宝驾归丹殿"(李治《太子纳妃太平公主出降》),描述公主出降时华美的轩车行驶在翠陌上的情境。"嫡孙巽,鸿胪卿驸马都尉……雕轩绣毂,结辙于平阳之

---

① 《杜诗详注》,卷二一,第 838 页。
② 《白居易集笺校》卷二六,第 1829 页。
③ 〔清〕郭庆藩撰,王孝鱼点校:《庄子集释·杂篇》卷九下《让王第二八》,中华书局 1961 年版,第 976 页。
④ 《后汉书》卷一一列传一《刘盆子传》,第二册,第 481 页。

第"(《唐齐州长史裴府君神道碑》①),叙述驸马裴巽宅雕刻精美纹饰的华丽轩车,即便是车毂也有精美雕绣纹样。

鱼轩:古时妇人坐的车,用鱼皮做装饰。唐代公主墓志多用鱼轩,如"鱼轩凤辖,叨下嫁之荣"、"旭日将升,遽惨随轩之雁"、"属銮驾龙旗,凉宫清暑,鱼轩鹤盖,扈从岐阳"〔《大唐房陵大长公主墓志铭(并序)》②〕、"鱼轩曜彩,翟服凝晖"〔《大唐故淮南大长公主墓志铭(并序)》③〕、"凤箫辍响,鱼轩靡驾"(《大唐故新城长公主墓志铭》④)、"凤箫凝吹,鱼轩叠响"(《大唐故兰陵长公主碑》⑤)等。

锦轩:锦本身是指"花纹织物",中国有锦织物的历史悠久,发展至唐代已有花纹精美、色彩绚丽、种类繁多的织锦。沈从文先生谈"织金锦""春秋以来只说陈留襄邑出美锦、文锦、重锦、纯锦,锦字得名也只说'和金等价'",⑥可知锦比一般织物要华丽雅致贵重,重在花纹、花色。以此修饰,可知公主轩车的华丽色彩,或者以花纹精美的锦绣装饰的特质。"关塞移朱帐,风尘暗锦轩"(徐坚《奉和送金城公主适西蕃应制》),哀叹公主和亲后的处境,逐水草而居取代了华美的朱(珠)帐,大漠的风尘亦暗淡了公主华美的锦车。

轩盖:如"组绶光于懿亲,轩盖飞于戚里"〔《大唐故淮南大长公主墓志铭(并序)》⑦〕,描绘了公主之车轩盖飞驰的状态。

云轩、灵轩:"扈从云轩"〔《大唐房陵大长公主墓志铭(并序)》⑧〕,"抚灵轩而增惨,仰空山而泣血"(《代国长公主碑》⑨),说的则是公主的灵车。

4. 唐代公主的库车(轻车)、软舆(檐子)考论

白居易《牡丹芳(美天子忧农也)》云"库车(《乐府》作'轻车',讽谏讹作'库车')软舆贵公主(汪本、卢校、讽谏俱作'轻罍贵公子','主'下《全

---

① 《全唐文》卷二八二,第三册,第2862页下。
② 《全唐文补遗》第七辑,第292页。
③⑦ 《唐淮南大长公主墓志所反映的唐代历史问题》,《华夏考古》2008年第2期,第136页。《唐淮南大长公主墓志铭研究》,《社会科学战线》2017年第10期,第86页。
④ 《全唐文补遗》第五辑,第127页。另见《唐〈新城长公主墓志〉考》,《碑林集刊》第六辑,第33页。
⑤ 《全唐文新编》卷一五三,第一部第三册,第1760页。
⑥ 沈从文:《沈从文讲中式美学·第七讲(全彩珍藏版)》,江苏凤凰文艺出版社2019年版,第263页。
⑧ 拓片见《隋唐五代墓志汇编·陕西卷》,第三册,第162页;《富平碑刻》,第7页。录文见《唐代墓志汇编续集》,第201页;《全唐文新编》第五部、第四册,第14321页。
⑨ 《全唐文》卷二七九,第三册,第2828页。

唐诗》一作'自'),香衫细马豪家郎"①,叙及公主出行的庳车(或为轻车)、软舆。但何为软舆？其形制与特点如何？则是需要考释之处。

(1)公主还是公子之车与何为软舆

公主的软舆究竟为何种出行工具,通过对史籍(包括关于檐子的资料)、前人解释、唐诗中的软舆及与之相关联的肩舆(篮舁)等的梳理、分析,以及公主墓室壁画中的檐子的直观呈现,或可窥知一斑。

①公主的软舆还是公子之车

究竟是"公主"还是"公子"之车,因存异文,需先辨析。朱金城《白居易集笺校》引陈寅恪先生论证:"两句,乃以'贵公主''豪家郎'男女对应为文。据……王建《宫词》云'……步步金阶上软舆。'可知'软舁'为女子所乘。此诗'公主'二字,传世《白集》或有作'公子'者,殆后人囿于习俗,不明此义,因而妄改耶？"②并加按语认同陈先生的论证。事实上陈先生论据之一男女对应为文,当属深谙作诗之法的诗中内证,以此即可成说,但仅举一首唐诗即言"软舆"为女子所乘,又以此为据,当属轻断。

软舆在唐诗中有两处叙及,均指皇室出行工具,无名氏《神鸡童谣》云"贾昌七岁解鸟语音,明皇选为鸡坊五百小儿长……为之语曰:生儿不用识文字……能令金距期胜负,白罗绣衫随软舆"③,可知贾昌因斗鸡受宠幸,常常追随唐玄宗所乘的软舆。另一首花蕊夫人(一作王建诗)《宫词》:"御前新赐紫罗襦,步步金阶上软舆"④,即陈先生所言宫妃车具。

《旧唐书·李训传》中陈述甘露事变时多次提到帝王乘坐的这种"软舆",又写作"软舁":"班退,上乘软舁出紫宸门……即举软舆迎帝。训殿上呼曰:'金吾卫士上殿来,护乘舆者,人赏百千。'内官决殿后罘罳,举舆疾趋。"⑤《资治通鉴》两次叙及帝王"软舆",又数次省"软"字仅提"舆":"上乘软舆出紫宸门……即举软舆,迎上扶升舆……训攀舆呼曰:……乘舆迤逦入宣政门,训攀舆呼益急……乘舆既入",胡三省注释"盖以裀褥积而为之,下施棡,令人举之。"⑥

---

① 《白居易集笺校》卷四(讽喻四),第218页。
② 《白居易集笺校》卷四(讽喻四),第221页。
③ 《全唐诗》卷八七八,第十三册,第10017页。
④ 此诗《蜀中广记·蜀中名胜记》卷四《成都府四》花蕊夫人诗作中未收此诗,《全唐诗》作花蕊夫人诗。《三家宫词》收入王建《宫词》中,花蕊夫人和王珪《宫词》未收。《全唐诗》卷七九八,第九十一首,按其诗中注释"以下四十一首作王珪诗",《全唐诗》将此首诗归入王珪,第9074页。《王建诗集校注》卷一〇《宫词》第七十五首,第622页。
⑤ 《旧唐书》卷一六九列传一一九《李训传》,第十三册,第4397、4398页。
⑥ 《资治通鉴》卷二四五《唐纪六一》,第7911、7912页。

从这些文献中可知,软舆应是皇室出行时的一种出行用具,并没有男女之分。从使用者的身份看,应为公主,而非公子。

②何为软舆及与肩舁、腰舆、步辇、檐子之关联

软舆(软舁)和肩舆(肩舁)、腰舆、步辇等关系密切。而《资治通鉴》记载公主随夫赴贬谪之地即是乘坐肩舆:"琮妻广德公主,上之妹也,与琮偕之韶州,行则肩舆门相对,坐则执琮之带,琮由是获全。"①有辞典指出"隋唐五代时期的步辇亦可称为软舆,其乘坐者的地位身份一般都较高"②,"腰舆即舆轿、肩舆。因隋唐五代……流行以襻带系挂杠端,挂于肩上,双手下垂提杠而行,舆轿抬起仅齐腰高"③。其名称众多,"肩舆、要(腰)舆、步舆、锦辇、平扇舆"同一档次,"檐子、兜笼、板舆、肩篮、篮舆、竹舆"主要为女性所乘。也有将之解释为"皇帝乘坐的软座轿子"④。

肩舆在史籍和笔记中均有出现,如《南齐书》:"休范乘肩舆率众至垒南","拜爱姬潘氏为贵妃,乘卧舆"⑤。《云溪友议》引《钱塘论》"白为河南尹,李为河南令。道上相遇,尹乃乘马,令则肩舆,似乖趋事之礼"⑥。

有关这种人力抬举的软舆,亦即担子、檐子、肩舁(肩舆)、步辇,亦即宋代以后定名的轿子,赵声良指出:"古代轿子曾有过多种名称,如:肩舆、平肩舆、步舆、步辇、担舆、担子,等等,宋代以后,'轿子'的名称开始流行……从早期的'舆'和'辇'的名称上,我们可以看出它跟车的关系非常密切,舆本是指车厢,肩舆则是由车改装而成的。"⑦其文叙述了轿子的历史演变,并以考古资料辅证,可知从秦始皇时即产生的步辇,魏晋时成为贵族享乐的奢华工具,南北朝时在士人间风行,出现简陋的"篮舁",唐代步辇因没有严格规定,于是帝王会在宫中随意使用,亦会赏赐给大臣。有学者指出肩舆"乘坐的群体主要是贵族妇女、老弱患疾的男性","当时的官员不仅日常出行乘坐肩舆,甚至朝官出使,也有抛弃传统礼法规定的驿传而改乘肩舆"⑧。

另外,从构词方式看肩、软、腰均修饰舆,舆又有另一通行写法"舁",

---

① 《资治通鉴》卷二五二唐纪六八《懿宗昭圣恭惠孝皇帝下》,第8164页。
② 郑若葵:《中国古代交通图典》,云南人民出版社2007年版,第434页。
③ 《中国古代交通图典》,第435页。
④ 此条词条的解释者为赖汉屏,见上海辞书出版社文学鉴赏辞典编纂中心编:《唐诗鉴赏辞典(珍藏本)》中,上海辞书出版社2012年版,第968页。
⑤ 《南齐书》卷一《高帝上》、卷七《东昏侯》,第8、103页。
⑥ 《云溪友议校笺》卷中,第85页。
⑦ 赵声良:《轿子小考》,《文史知识》1991年第11期,第52页。
⑧ 刘彪彪、王凯:《人力代畜力:唐后期肩舆发展刍议》,《史志学刊》2020年第2期,

是指抬举。从文献记载着,软舆(昇)和肩舆(昇),均要被人抬举,肩舆突出肩扛,腰舆突出抬至腰部,软舆则突出舒适柔软度。

虽说软舆较少记录,但"篮昇""肩昇"在唐诗中出现频率却极高,白居易更是八次叙及作为出行工具的"肩昇""篮昇",其中肩舆四首,如《途中作》云"早起上肩舆(《全唐诗》作'昇',一作'舆'),一杯平且(《白氏长庆集》卷六十三、《全唐诗》卷四五三均作'旦',从语意看应作'旦')醉。晚憩下肩舆(《全唐诗》作'昇'),一觉残春睡。"①《雨中访崔十八》云"肩昇仍挈榼,莫怪就君来"②,《独游玉泉寺(三月三十日)》云"肩昇半日程"③,《题平泉薛家雪堆庄》云"所嗟地去都门远,不得肩昇每日来"④,可知肩舆(昇)在白居易生活的时代十分盛行,他极为喜爱,也是时时陪伴之物。

篮昇四首,如"篮昇出即忘归舍"(《偶作》⑤)、"洛阳篮昇送葬来"(《哭师皋》⑥)、"共笑篮昇亦称使,日驰一驿向东都"(《奉使途中,戏赠张常侍》⑦)、"篮昇早晚入槐亭"(《会昌元年春五绝句·题朗之槐亭》⑧)。

亦有《出使在途所骑马死改乘肩舆将归长安偶咏旅怀寄太原李相公》云"欲登篮舆一长叹"。

③檐子即肩舆:壁画中的檐子直观图像与典制中的檐子规制

公主出行乘坐檐子,据考证即步辇(肩舆,后称轿子)。颜真卿《有唐开府仪同三司行尚书右丞相上柱国赠太尉广平文贞公宋公神道碑铭》即叙及:"元宗之在储闱,镇国太平长公主潜谋废立,尝于光范门内坐步檐中,讽宰臣以此旨。"⑨此事前举史书中亦有,但将此处的"步檐"写作"步辇"。《和政公主神道碑》云"属边候不谨,烽及京师……主既弥月,体未甚安……因乘檐子,直至寝殿"⑩,从中可知刚刚生完孩子的和政公主,前去宫禁陈说备边之事,乘坐的即是檐子。

新城公主墓室壁画绘有公主出行所乘檐子、鞍马、牛车等(见插页彩图102)。其墓室"东壁从南向北依次绘青龙、门吏及大门、鞍马、檐子出行共

---

① 《白居易集笺校》卷三〇,第 2070 页。《全唐诗》卷四五三,第七册,第 5149 页。
② 《白居易集笺校·外集上·诗文补遗》,第 3840 页。
③ 《白居易集笺校》卷二八,第 1945 页。
④ 《白居易集笺校》卷二八,第 1962 页。
⑤ 《白居易集笺校》卷三三,第 2309 页。
⑥ 《白居易集笺校》卷三〇,第 2086 页。
⑦ 《白居易集笺校》卷二五,第 1727 页。
⑧ 《白居易集笺校》卷三五,第 2441 页。
⑨ 《全唐文》卷三四三,第四册,第 3478 页。
⑩ 《颜鲁公文集》卷八,《三长物斋丛书》本。《全唐文》卷三四四,第四册,第 3492 页。《全唐文新编》第二部,第二册,第 3940 页。

21人、属吏2人"①。永泰公主墓墓道东壁也绘有公主外出所乘檐子图。

新城公主墓室壁画鞍马后的"檐子,即轿子,因以肩担负"②,又称肩舆,也称作担子。此檐子"仿建筑形"制,"浅蓝色的庑殿式顶,红色方形椽头,双层阑额","五组斗拱","面宽三间",窗占两间,窗上沿有卷帘,下沿有"红、绿、蓝三色绘成三个大团花图案"。③

《新唐书·车服志》叙及唐代命妇的出行规制:"外命妇一品、二品、三品乘金铜饰犊车,檐舁以八人。"④而"新城长公主为正一品,应有八人抬轿,但图中仅绘四人"⑤。《大唐新语·厘革》叙及唐高宗显庆中诏令禁止坐檐子出行的风尚:"比来……曾不乘车,只坐檐子,过于轻率,深失礼容。"⑥《旧唐书》记载咸亨二年敕文(参前述)与此一致。从壁画看,太宗至高宗时公主使用檐子应比较普遍,从史籍中的诏书及唐人笔记,则可知其在高宗时比较风行,但被高宗下令禁止。清王士禛《池北偶谈·谈故三·乘肩舆》云"《麈史》谓唐时宰相乘马,五代始用檐子"⑦,这种说法显然不符合事实。

檐子在宋代成为皇室出行的重要工具之一,太皇太后其出行仪范亦有"擎檐子供御辇官",皇太子妃的卤簿在南渡后减省,但仍留有檐子,甚至成为皇室宣示尊贵身份之工具,随后成为士人、工商、庶人的出行工具,但被奏停。据《宋史·舆服志二》"皇太子王公以下车舆"条记载:

> 龙肩舆,一名棕檐子,一名龙檐子,舁以二竿,故名檐子,南渡后所制也。……中兴,以太后用龙舆,后惟用檐子,示有所尊也。……乾兴元年,诏皇太后御坐檐子,名大安辇。……哲宗既嗣位,尊朱贵妃为皇太妃,出入许乘檐子。……元祐三年,太皇太后诏有司寻绎典故,于是檐子饰以龙凤,伞用红。……九年,君臣议改檐子为舆,上设行龙五,出入由宣德东偏门。
>
> 出入亦乘檐子……中兴简俭,惟用藤檐子,顶梁、舁杠皆饰以玄

---

① 《新城、房陵、永泰公主墓壁画》,第5页。
② 范淑英:《唐墓壁画〈仪卫图〉的内容和等级》,《唐墓壁画研究文集》,第150页。
③ 李明、胡春勃著:《万古丹青:陕西古代壁画》,陕西人民出版社2016年版,第105页。
④ 《新唐书》卷二四志一四《车服志》,第二册,第532页。
⑤ 《新城、房陵、永泰公主墓壁画》,第71页。
⑥ 《大唐新语》卷一〇《厘革二二》,第151页。
⑦ 〔清〕王士禛著,勒斯仁点校:《池北偶谈》卷三,中华书局1985年版,第69页。

漆,四角刻兽形,素藤织花为面,如政和之制。①

综合上述资料与阐释可知:其一,白居易诗作中的公主软舆,应是一种华贵、舒服、轻便的人力抬举的轿子,与檐子、步辇、肩舆关系密切。称之为软舆,应和其舒适度相关,一方面人力抬举相比于车马,行走时自有一种舒适轻软之感,另一方面如胡三省在注释中提到的其车厢上铺设层层叠叠的裀褥,自会轻软舒适,称之为软舆是极为贴切的。

其二,公主的软舆,自有与其身份相适应的材质、规格、珠宝装饰、香料熏染乃至颜色上的诸多规制,看起来既高贵又华丽,行走时既摇曳又香气四溢。而公主墓室壁画上的檐子图,即为公主软舆提供了最直观的图像呈现,可见成楼阁之状,分若干间,垂挂着华美的帘子帷幄,装饰绘制精美图案。

(2)库车抑或轻车及其形制

那么公主所乘之车为轻车还是库车,还是二者均可,其形制若何,均需辨析。从原诗句看"轻"对"软","库"对"软",均可视作精整的句中自对,"轻车"与"库车"亦均可与下句"香衫"对仗;再从古代车制看,库车(即安车)和轻车皆有,安车为高等级的朝车,轻车为战车,在唐诗中轻车的使用阶层、范围则较广。

①从车服制度及库车与安车的关联看应为库车

何为库车,《史记》中已有叙及:"楚民俗好庳车,王以为庳车不便马,欲下令使高之。相曰:'令数下,民不知所从,不可。王必欲高车,臣请教闾里使高其梱。乘车者皆君子,君子不能数下车。'王许之。居半岁,民悉自高其车。"②从叙述看,梱是两门中间的木桩,庳是矮小低洼之意,通过加高两门之间的木桩,即可改庳车为高车,可知庳车应是一种车之箱体低矮之车。张大可注释庳车为"车轮小车厢很低的车"。

从史籍的记述看,这种庳车早在春秋时期即已存在,但文献记录、使用很少。从语词解释看,其与安车相通,而安车则被大量使用,或是逐渐被安车取代。《释名》:"安车,盖卑,坐乘,今吏所乘小车也。""卑"即"低矮"之意。据《周礼正义》:"王后之五路……安车,彫面鹥总,皆有容盖",孙诒让

---

① 〔元〕脱脱、阿鲁图:《宋史》卷一五〇志一〇三《舆服志二》,中华书局1977年版,第3502、3505页。

② 原文见《史记》卷一一九《循吏列传》第五十九《孙叔敖传》,第十册,第3100页。张大可注释见《史记全本新注》第五册,华中科技大学出版社2020年版,第2079页。

正义"安车,坐乘车。凡妇人车皆坐乘车。……郑司农云:'……鷖总者,青黑色,以缯为之。总著马勒直两耳与两镳。容谓幨车……'……盖,如今小车盖也。"①《礼记·曲礼上》:"大夫七十而致事,若不得谢,则必赐之几杖,行役以妇人,适四方,乘安车。"汉郑玄注:"安车,坐乘,若今小车也。"②安车匹配之马以身份等级之不同而有差异。按照应劭《汉官仪》的记载:"天子法驾,所乘曰金根车,驾六龙,以御天下也。有五色安车、五色立车,各一,皆驾四马。"③若天子征召贤士,为表示对其之重视、优待,亦会以高规格的驷马安车迎接高士,《史记·儒林列传》:"于是天子使使束帛加璧,安车驷马迎申公。"④《后汉书·舆服志上》对安车、轻车的形制、使用品级均有详述:

  乘舆、金根、安车、立车,轮皆朱班重牙,贰毂两辖,金薄缪龙,为舆倚较,文虎伏轼,龙首衔轭,左右吉阳筒,鸾雀立衡,辀文画辀,羽盖华蚤,建大旂,十有二斿,画日月升龙,驾六马,象镳镂锡(钖),金(镂)〔镂〕方釳,插翟尾,朱兼樊缨,赤罽易茸,金就十有二,左纛以氂牛尾为之,在左骖马轭上,大如斗,是为德车。

  皇太子、皇子皆安车,朱班轮,青盖,金华蚤,黑辀文,画轓文辀,金涂五末。皇子为王,锡以乘之,故曰王青盖车。皇孙则绿车以从。皆左右骖,驾三。……公、列侯安车,朱班轮,倚鹿较,伏熊轼,皂缯盖,黑辀,右騑。

  公、列侯、中二千石、二千石夫人,会朝若蚕,各乘其夫之安车,右騑,加交络帷裳,皆皂。非公会,不得乘朝车……

  轻车,古之战车也。洞朱轮舆,不巾不盖,建矛戟幢麾,辐车辒弩服。藏在武库。大驾、法驾出,射声校尉、司马吏士载,以次属车,在卤簿中。诸车有矛戟,其饰幡斿旗帜皆五采,制度从《周礼》。吴、孙《兵法》云:"有巾有盖,谓之武刚车。"武刚车者,为先驱。又为属车轻车,为后殿焉。⑤

---

① 〔清〕孙诒让著,汪少华整理:《周礼正义》卷五二《春官·巾车》,中华书局2015年版,第2600页。
② 〔清〕朱彬撰,饶钦农点校:《礼记训纂》卷一,上册,中华书局1996年版,第9页。《礼记集解》引郑玄注,第15页。
③ 〔汉〕应劭撰:《汉官仪》,《丛书集成初编》,第八七五册,商务印书馆1936年版,第45页。
④ 《史记》卷一二一《儒林列传》,第十册,第3121页。
⑤ 《后汉书》卷一一九志二九《舆服志上》,第十二册,第3644、3647、3648页、第3650页。

《寿亲养老新书》中对安车的形制、功用、优点有极为细致的叙写:

> (安车)轮不欲高,高则摇。车身长六尺,可以卧也。其广合辙。辋以索系合之,索如条大可也。车上设四柱,盖密帘,竹织、绢糊、黑漆。少加棕,棕重又蔽眼,害于观眺。箱高尺四寸,设茵荐之外,可以隐肘为法。车后为门,前设扶板,加于箱上,在前可凭,在后可倚。临时移徙,以铁距子簪于两箱之上。板可阔尺余,令可容书策及脊樽之类。箱下以板弥之,卧则障风。近后为窣户,以备仄卧观山也。车后施油幰。幰两头施轴如画帧,轴大如指。有雨则展之,傅于前柱。欲障日障风,则半展,或偏展一边,临时以铁距子簪于车盖梁及箱下,无用则卷之,立于车后。车前为纳陛,令可垂足而坐,要卧则以板梁之令平。琴书酒杯扇帽之类挂车柱,及盖间车后,皆可也……老人游观,雅宜小车之适。①

可知安车是一种功能齐全的轻便小车,可坐可卧,可遮蔽风日雨雪,适宜游览,极为方便、适用、舒服。

亦有辞典解释:"中国古代小车的一种,因车行驶缓慢,且可以安坐,故有'安车'之名。中国古代,安车一般多为老人或妇女乘坐。此外,'安车',在中国古代又专指王后之车。"②这种解释又有不妥处,小车和安坐之意比较契合,但若说是多为老人或妇女乘坐,专指王后之车,显然有误,从史籍记载看,皇太子、皇子、公、列侯、中二千石等,也都乘安车。

亦有研究者认为秦始皇陵铜车马中的"'闭之则温,开之则凉'的辒辌车"③即安车,就是辌车。这种车有三种特点,即"形小盖卑","有容有盖,四面屏蔽","设有门窗,启闭自如"。

从《后汉书》对安车和轻车的解释看,公主所乘之车更应是辌车(即安车)。

②从唐诗的语用看二者均可

辌车在唐诗中仅见于白居易这首存在"轻车"与"辌车"异文的诗作中。"安车"则有若干首,如"明诏优筋力,安车适性灵"(权德舆《送正字十

---

① 〔宋〕陈直撰,〔元〕邹铉续增:《寿亲养老新书》卷三《用具茶汤诸法》,上海古籍出版社1990年版,第300—301页。
② 中国旅游文化大辞典编辑委员会编:《中国旅游文化大辞典》,江西美术出版社1994年版,第161页。
③ 仲立:《秦陵铜车马与车马文化》,陕西人民教育出版社1994年版,第176页。

九兄归江东醉后绝句》①)、"安车留不住,功成弃如遗"(白居易《和答诗十首·答四皓庙》②)、"想就安车召"(李商隐《灵仙阁晚眺寄郓州韦评事》③)、"安车悬不出,驷马闲无事"(皮日休《奉献致政裴秘监》④)、"安车未至柴关外"(李咸用《悼范摅处士》⑤)、"驷马安车却放归"(唐彦谦《楚世家》⑥)、"已驾安车归故里"(徐铉《和陈赞善致仕还京口》⑦)等,可见唐诗中的安车多是用以表述归隐故乡或接受征召之意,源于安车缥组延请贤士、高士的典故,据《后汉书》:"严光,字子陵……及光武即位,乃变名姓,隐身不见……后齐国上言:'有一男子,披羊裘钓泽中。'帝疑其光,乃备安车玄缥,遣使聘之。""韩康……博士公车连征,不至。桓帝乃备玄缥之礼,以安车聘之。"⑧

唐诗中的轻车亦可用作豪贵乃至皇室之车具。唐诗即有二十六首叙及,多指"李轻车",亦有涉及"轻车"将军的,指涉车具的仅九首,或指边域的轻捷战车,如"文武轻车少,腥膻左衽衰"(窦牟《送刘公达判官赴天德军幕》⑨)、"戎装佩镆铘,走马逐轻车"(周繇《送边上从事》⑩);或指朝臣、豪贵、皇室里的轻便豪华车具,如"奕奕轻车至,清晨朝未央"(苏颋《敬和崔尚书大明朝堂雨后望终南山见示之作》⑪)、"朝游九城陌,肥马轻车欺杀客"(白居易《送张山人归嵩阳》⑫)、"轻车何草草"(张祜《相和歌辞·玉树后庭花》⑬)、"油碧轻车苏小小(一作'嫁苏小')"(罗隐《江南行》⑭)、"长安二月多香尘,六街车马声辚辚……如今无奈杏园人,骏马轻车拥将去"(韦庄《长安春》⑮)、"邮亭已送轻(一作'征')车发"(李郢《送刘谷》⑯)、

---

① 《权德舆诗文集》卷四,第65页。《全唐诗》卷三二三,第五册,第3635页。
② 《白居易集笺校》卷二,第119—120页。
③ 《李商隐诗歌集解·编年诗》,第460—461页。
④ 《全唐诗》卷六〇八,第九册,第7076页。
⑤ 《全唐诗》卷六四六,第十册,第7458页。
⑥ 《全唐诗》卷六七二,第十册,第7750页。
⑦ 《全唐诗》卷七五五,第十一册,第8674页。
⑧ 《后汉书》卷八三列传七三《逸民列传》之《严光传》《韩康传》,第十册,第2763、2771页。
⑨ 《全唐诗》卷二七一,第四册,第3028页。
⑩ 《全唐诗》卷六三五,第十册,第7341页。
⑪ 《全唐诗》卷七四,第二册,第812页。
⑫ 《白居易集笺校》卷一二,第634页。
⑬ 《全唐诗》卷五一一,第八册,第5873页。
⑭ 潘惠慧校注:《罗隐集校注》卷一一,浙江古籍出版社1995年版,第322页。《全唐诗》卷六六五,第十册,第7669页。
⑮ 《韦庄集笺注》卷四,第155页。《全唐诗》卷七〇〇,第十册,第8129页。
⑯ 《全唐诗》卷五九〇,第九册,第6906页。

"晓漏动离心,轻车冒残雪"(捧剑仆《将窜留诗》①)等。

③从对偶句的平仄及并联的软舆看库车更契合

虽说《牡丹芳》是乐府诗,格律要求比近体诗宽松,但穿插的这组句子是精整的对偶句,选择少用的库车,而不用安车,或许是出于平仄相对的格律考量,库车对香衫,相比安车,多了错落的音律感,也契合句内平仄交替的规则,安车尚且未选择,轻车离之则更远。

同时,库车或轻车在句中与软舆相连,共同用以描述其词后所连接的乘车者所乘之车,在史籍中,软舆为皇室车具,库车(安车)亦为皇室的重要车具,以此库车更契合。

综合上述分析可知:其一,从古代车制看,库车即安车,最初出自楚国,随后成为天子、王后、皇太子、皇子以及一些王公贵族所乘之车,亦被用于征召贤士,因其舒适、轻便之故,成为老人与女子喜爱之出行车具,亦下延至民间。其二,这种安车因身份等级之不同,有不同的色彩、规制、材质和装饰。其三,从车制看,库车比轻车更贴合公主的身份。但从唐诗中轻车的语用习惯看,轻车不仅仅是典制中所言的战车,还可以用以代指朝臣、豪贵以及女性的华丽车具,应是一种较为轻便之车,又与肥马、油壁车、骏马相并联,可看出其车由马载拉的特质。其四,从平仄相对的对偶句格律及并联的软舆契合度看,亦是库车。

5. 唐代公主的犊车

犊车亦是一品命妇所乘之车,据《旧唐书》记载:

> 外命妇、公主、王妃乘厌翟车,驾二马。自余一品乘白铜饰犊车,青通幰,朱里油缦,朱丝络网,驾以牛。②

王建《宫词》第五十七首云"走马犊车当御路"③,《朝野佥载》亦记载赵履温"斜褰紫衫,为公主背挽金犊车"④之事。《太平广记》引《明皇杂录》记叙杨贵妃姊妹所制的奢华犊车:

> 上将幸华清宫,贵妃姊妹竞饰车服。为一犊车,饰以金翠,间以珠

---

① 《全唐诗》卷七三二,第十一册,第8460页。
② 《旧唐书》卷四五志二五《舆服志》,第六册,第1935页。
③ 《王建诗集校注》卷一〇,第602页。
④ 《朝野佥载》卷五,第124页。

玉。一车之费,不啻数十万贯。既而重甚,牛不能引。①

可知皇室辇车不仅以金为制作材料,还会以珠宝金翠装饰,耗资巨大,行走时金碧辉煌,甚至因为繁复的装饰,使得车子极为沉重,牛亦不能拉动。

新城长公主墓室壁画即绘有牛车,墓道"西壁从南向北依次绘白虎、门吏及大门、鞍马、牛车出行共20人、属吏2人"②。

图28 新城公主墓墓道西壁壁画鞍马、牛车图

(图片来源:《唐新城长公主墓发掘报告》图六三,第77页)

辇车白色,拉车之牛两角上翘,眼如铜铃圆瞪,车厢黑色,有坠流苏的淡蓝色帷帐,车轮黑色红边,红色车辐、车轮、车辇,左右各一深目高鼻、黑色鬈发的昆仑奴牵引。车后内侍"持椭圆形黑边大团扇"③(见图28)。

6. 唐代公主的灵车(辇、舆、輀)

公主逝去后还有特制的供其葬礼使用的出行工具,唐代诗文亦有叙及,被称作灵辇、灵輀、灵舆等,如《大唐故淮南大长公主墓志铭(并序)》云"为造灵舆(岳作'辇')并量给传乘……公主灵舆(岳作'辇')至神都,恩敕令品官并降中使,至宅慰问"④。《大唐永泰公主志石文》云"徂灵輀兮日少晶"。

---

① 《太平广记》卷二三六《奢侈一》,第五册,第1818—1819页。
② 《新城、房陵、永泰公主墓壁画》,第5页。
③ 《唐新城长公主墓发掘报告》,第78页。
④ 《唐代公主志辑略》,《碑林集刊》第三辑,第64页;《唐淮南大长公主墓志所反映的唐代历史问题》,《华夏考古》2008年第2期,第135页;《唐淮南大长公主墓志铭研究》,《社会科学战线》2017年第10期,第86页。

7. 唐代公主婚礼、出行、丧葬仪卫之宝扇

扇是公主婚礼、出行甚至丧葬仪卫中很重要的器物,据《新唐书》记载,公主出行仪卫同内命妇、夫人卤簿,于是应有"偏扇、团扇皆十六","伞、雉尾扇皆一,团扇二"①,《旧唐书》中记载景龙二年侍御史唐绍曾进谏:"准式,公主王妃已下葬礼,惟有团扇、方扇、綵帷、锦障之色,加至鼓吹,历代未闻。"②

扇亦是唐代公主诗文叙述其婚礼仪卫时较多选择的典型器物,如"蔼蔼绮庭嫔从列,娥娥红粉扇中开"(张说《安乐郡主花烛行》)、"镂璧轮开扇"(李治《太子纳妃太平公主出降》)、"转扇承宵月,扬旌照夕蜺"(郭正一《奉和太子纳妃太平公主出降》)等,叙写公主婚礼时侍女以扇排列队伍两边的情形。另据《云溪友议》记载,陆畅在云安公主出嫁时被举为傧相,所作诗歌"凡十余篇,嫔娥皆讽诵之"③,其《扇》云"宝扇持来入禁宫,本教花下动香风"④。

其出行仪卫持扇的形制、数量,史书有记载,从唐诗可知其扇极为高大精美,直指日月,雕镂璧玉。唐诗的宝扇名称,亦能见其给人的精美华贵观感。

(二)客观实写的水上出行游赏工具意象

唐代公主宅第、园林中少不了水的天地,置身在天然的或人工制造的湖泊、池沼、溪潭、陂池景色中,除了在亭台楼阁上的眺望、远观,或亲临水岸的徜徉外,驾一叶轻舟深入其境,是少不了的游园之乐、游园之趣,游赏于公主园林的唐代诗人自然会看到、体会到这曼妙的一幕(参后叙第六章"水上桥与水中舟"),于是公主府的水上出行工具也被撷入诗作中。唐诗有关公主府舟船的描写极多,多是仅作为名称出现,对其舟船的材质、外形等的细节说明、表述却不多,但透过点出的名称,亦可一窥其某些特质,在众多的名称中最突出的是:

1. 烟波画舲(舟)

画舲,从名称可知公主舟船雕刻精美的特质,如"凝笳翼画舲"(胡元范《奉和太子纳妃太平公主出降三首》其一)、"湾路分游画舟转"(萧至忠《奉和幸安乐公主山庄应制》)。

---

① 《新唐书》卷二三下志一三《仪卫志下》,第二册,第507页。
② 《旧唐书》卷二八志八《音乐志一》,第四册,第1051页。
③ 《云溪友议校笺》卷中,第85页。
④ 《全唐诗》卷四七八,第七册,第5478页。

而双鹥维舟,则突出了公主府舟船在船头雕刻或绘制的鹥鸟图像,如"双鹥维舟下绿池"(赵彦昭《奉和幸安乐公主山庄应制》)。

彩船,重在突出其五彩之色,如"寄游芳径好,借赏彩船轻"(吕温《春日游郭驸马大安亭子》)。

舟、行舟和渔舟之称,只是勾勒公主府舟船与其他水上景物共同构建的水上之境,如"回舟芰荷触"(郑愔《侍宴长宁公主东庄应制》)、"落日泛舟同醉处"〔韩翃(一作陈羽诗,又作朱湾诗)《宴杨驸马山池》〕、"彩鸳飞去避行舟"(羊士谔《游郭驸马大安山池》)、"渔舟处处通"(李远《游故王驸马池亭》》①)等。

另有栖息于船上的水禽,与好风好月共构出公主府池上皎洁明净、静谧优美之境,如"好风好月无人宿,夜夜水禽船上栖"(雍陶《题大安池亭》②)等。

2. 五彩楼船

公主府的舟船往往雕刻精美,绘饰繁复华丽,有小型的轻舟,亦会仿建筑建造,于其上架构层楼,制作出宏大、精美、五彩的大型水上交通工具——楼船,如"歌船五彩楼"(张说《晦日诏宴永穆公主亭子赋得流字》)。

(三)虚拟的仙界空中出行工具

唐诗叙及公主出行工具时,亦会选用云车、紫凤青龙、青鸟、羽车等意象。这些意象得自于想象虚拟的神话传说和仙道故事中。同时在中国古代,帝王的皇权被认为受命于天,公主们因此被称作"天女",于是在现实中会有意识地去模仿虚拟的仙界出行工具,二者相互作用,遂形成合虚拟与现实为一体的皇室出行工具,而诗作中更会将想象与现实结合,形成特殊的公主出行工具意象。

1. 青龙紫凤、青鸟之车

青龙是中国古代神话中太阳神出行的坐骑,也是道教仙界系统中至高者的车骑(参后引得道者的出行材料),凤凰亦是神话传说、道教仙界中的至尊之鸟,也是仙界至尊者的出行工具。唐代公主被誉为"天女",其车骑自然要有神秘高贵的神性,于是要虚拟青龙凤凰以衬托,同时也可能是客观概描了其车舆上雕龙刻凤的纹饰特征。

龙凤之车在《无上秘要》中多有叙及,如《天帝众真仪驾品》众真人所

---

① 《全唐诗》卷五一九,第八册,第5974页。
② 《全唐诗》卷五一八,第八册,第5966页。

乘龙凤之车:"大宴太玄玉帝,戏参九凤、龙车玉舆","元阳元皇玉帝君,时乘碧霞,九凤飞举,琼轮羽盖","九天丈人,时乘飞凤玄龙,游于白水,涉明空山之上";《三十六土皇仪驾》四音土皇乘霞彩、云朵、凤凰之车:"第三至四音土皇,常以立夏之日,乘绛霞之云,十二凤凰"①;《十方神王仪驾》龙凤之骖驾:"右十方至真飞天神王,并乘飞云,丹舆绿辇,羽盖琼轮,骖驾朱凤,五色玄龙,建九色之节,十绝灵幡,前啸九凤齐唱,后吹八鸾同鸣,五老启途,群仙翼辕,亿乘万骑浮空而行。"②

《云笈七签·太上隐书八景飞经八法(并序)》详述特定节气时参加天庭游宴的得道者的服饰及车舆,其不同色彩之云车会以不同颜色的龙或凤骖驾:

立春之日,三素元君上诣天皇大帝游宴之时……元景司空司录道君,姓葛……乘八舆之轮、飞龟玄云之车,骖驾青龙……春分之日……始景老子大道君……乘八景之舆、青云之车,骖驾苍龙……立夏之日……玄景玉光无极道君,姓王……乘玄景绿舆、五色云车,骖驾凤凰……夏至之日……灵景太尉元先道君……乘光明八道之舆、赤云气之车,骖驾凤凰……立秋之日……元景太淡天道君……乘翛条玉辇、五彩朱盖紫云之车,骖驾六龙……秋分之日……明晨太和道君……乘绛琳碧辇、白云之车,骖驾白虎。③

从中可知得道者的出行工具往往以青龙、苍龙、凤凰、白虎等作为骖驾,乘素云、玄云、紫云、锦云、赤云、紫青黄三色云、五色云、青云之车,装饰着各种珠宝,炫目辉煌又神奇神秘、仙气飘飘。

青鸟之车:元稹《和严给事闻唐昌观玉蕊花下有游仙》写道:"弄玉潜过玉树时,不教青鸟出花枝。的应未有诸人觉,只是严郎不得知。"④想象着公主乘青鸟飞行于玉树花枝之上,轻轻地来亦轻轻地去,人们不曾察觉她的踪迹。

2. 云车

神话传说和仙道典籍中的仙人往往腾云,亦乘云车。《博物志》:

---

① 《无上秘要》卷一九,第198页、199页、199页、204页。
② 《无上秘要》卷一九,第207页。
③ 〔宋〕张君房纂辑,李永晟点校:《云笈七签》卷五三《杂秘要诀法部》,中华书局2003年版,第1171—1175页。《正统道藏》第二十二册,第368—370页。
④ 《元稹集·外集卷七·续补一》,第693页。

汉武帝好仙道……七月七日夜漏七刻,王母乘紫云车而至于殿西……有三青鸟,如乌大,使侍母旁。①

因王母为传说中的天后,公主为人间帝王之女,亦被称作天女,于是唐人喜用王母车具代指并渲染公主车具华丽高贵、神秘神奇的特质,而入道公主修仙,与王母代表的仙境更为接近,逝去的公主更是被人们认为上升至仙界,于是云中车、五云车在入道公主、公主挽歌或墓志中常被采用,是指入道公主来往于青山白云间的车具,亦被引申作为引导逝去公主升入仙境之车。

据大约成书于东晋南朝时的道教经典《洞真太上素灵洞元大有妙经·太上大洞守一内经法》中云"三一元君,各有真炁,真炁结成,自为千乘万骑,云车羽盖"②。《太平御览》:"《真诰》曰:紫元夫人乘羽宝云车,驾九龙……《玉光八景经》曰:东方始景道君乘青云之车,驾苍龙。又曰:南方玄景道君乘五色云车,驾凤皇。又曰:南方灵景道君乘赤云车;西南方元景道君乘紫云车,驾六龙;西方明景道君乘白云车,驾白虎;北方玄和道君乘珠玉之车。"③

《无上秘要·天帝众真仪驾品》细述仙人之车,其《众真仪驾》细述了不同的真人、仙人行不同之道路、山川时使用的不同随行人群、仪仗以及不同数量的龙凤,不同色彩的云、霞车具:

行玉清之道,出则诸天侍轩,给玉童玉女各三千人,建三七色节,驾紫云飞骈,十二琼轮,前导凤歌,后从天钧,六师启路,飞龙翼辕,位准高仙,列图玉清。

行上清之道,出则五帝侍卫……驾飞云丹舆,前吹凤鸣……

元始天王与改生,共乘碧霞九灵流景云舆,上登太空琼台骞灵紫殿黄华英房。

太玄玉帝,戏参九凤、龙车玉舆,乘九色飞云,从十二龙驾,仙官玉女各二十四人。又八鸾白鹄,九凤齐鸣,云陈九色之节,十绝华幡,三天宝盖,九天乘骑,飞游虚空,径造五岳名山。

---

① 〔晋〕张华等撰,〔宋〕周日用等注,王根林等校点:《博物志(外七种)》卷八,上海古籍出版社2012年版,第36页。
② 《洞真太上素灵洞元大有妙经》卷八三,《正统道藏·正一部》,第409页上。
③ 《太平御览》卷六七七道部一九《舆辇》,第三册,第3020页下、3021页上、3021页上。

第五章　车服次于王后,容卫荣于戚藩:唐代公主的出行　　315

> 高圣太上大道君,乘碧霞九灵八景流云之舆,从飞仙羽盖……
> 上圣太上大道君、高上玉帝、十方至真,并乘五色琼轮,琅举碧辇,九色玄龙十绝羽盖,三素流云。
> 诸天大圣、妙行真人,皆乘碧霞九灵流景飞云玉舆……
> 太上大道君,以上皇元年九月十日,西游玉国龙崛山中……华林之下,时有元始天尊忽乘碧霞绿舆,二素飞云,神仙羽盖……
> 上皇元年九月二日,后圣李君出游西河,历观八方,值元始天王乘八景玉舆,驾九色玄龙,三素飞云……①

其《三十六土皇仪驾》亦叙述了三十六土皇以青龙之车、凤凰、朱鸟及因不同时节、特定日期而乘的不同色彩之云等出行工具:

> 第二垒四音土皇,常以春分日,乘黄碧二色之云,十二玄龟……第三垒四音土皇,常以立夏之日,乘绛霞之云,十二凤凰……第四垒四音土皇,常以夏至之日,乘绛霞云舆,十二朱鸟执命魔之幡……第五垒四音土皇,常以立秋之日,乘素云之舆……第六垒四音土皇,常以秋分之日,乘素云飞舆……第七垒四音土皇,常以立冬之日,乘黑云飞舆……第八垒四音土皇,常以冬至之日,乘黑云飞舆……第九垒之地,极下洞渊洞源,纲维天下,制使不落。九垒土皇,常以三月一日、六月二日、九月三日、十二月四日,一年四过,乘五色云舆、九色飞龙……②

《云笈七签》所载不同道君所乘的不同色彩的云车可参前述龙凤之车。

诗歌中对云车、五云车的描写南北朝已有,庾信《道士步虚词十首》其六云"东明九芝盖,北烛(一作'属')五云车"③;其《周祀圜丘歌·雍乐》云"五云飞,三步上。风为驭,雷为车。无辙迹,有烟霞"④。

五云车:王维《奉和圣制幸玉真公主山庄因题石壁十韵之作应制》写道:"还瞻九霄上,来往五云车。"⑤以九霄上来往的五云车,夸说玉真公主修行道行之高,其车马亦有仙风。张谓在《玉清公主挽词〔〈全唐诗〉作"歌

---

① 《无上秘要》卷一九,第195、197、198、202、203、204页。
② 《无上秘要》卷一九,第204、205、206页。
③ 《庾子山集注》卷五,第397页。
④ 《庾子山集注》卷六,第428页。
⑤ 《王维集校注》卷七〔未编年诗(天宝下)〕,第240页。

(代宗之女)]》中亦云"初封千户邑,忽驾五云车"①。玉清公主因多病生前入道,但仍然早逝,于是在挽歌中诗人想象着她应是得道升仙驾五云之车而去。

云軿:云軿为王母过汉武宫苑时所乘之车。顾况《梁广画花歌》即云"王母欲过刘彻家,飞琼夜入云軿车",而羊士谔《梁国惠康公主挽歌词二首》云"玉殿中参罢,云軿上汉遥"②,即将公主升仙出行用具称作云軿。"则仙岳遥启其碧镂,軿车秀出于紫微""十绝霞翻,五軿云奔,鸿惊洛浦,鹤舞吴轩"〔《大唐故金仙长公主(无上道)志石铭(并序)》③〕,以翻飞之霞彩、五云之軿车、矫捷之惊鸿、鹤舞之轩车渲染公主出行车具绚丽、神秘、仙气飘飘的氛围。

九色云中紫凤车:张籍《同严给事闻唐昌观玉蕊近有仙过作二首》云"九色云中紫凤车,寻仙来到洞仙家。飞轮回处无踪迹,唯有斑斑满地花"④,叙写已得道升仙的唐昌公主乘坐九色云中紫凤之车翩跹而来,离开时飞轮无迹,而满地的斑斑落花上似乎留下了她曾来过的缥缈传说。

长乐公主墓云中车马:云车之于公主生活极为重要,以至于公主墓室壁画中亦绘有能引导公主升入另一个仙境生活的云中车马图(见插页彩图103)。其云中车马又与现实中公主日常生活的情境相融合。有研究者阐释了云中图中的车、马、人物、去向等出行情况,如武仙竹《唐初云中车马图浅议》指出驾车之马均为传说中的神马、千里马,"土红色者象征骅骝,青色者象征骐骥","车下'虎头鱼身的怪兽'……其实是龙首鱼身,结合古代文献,其名应叫龙鱼",并引"《穆天子传》卷一郭璞注:骅骝'色如华而赤,今名马镖赤者为枣骝。骝,赤马也。'……《荀子·性恶》:'骅骝、骐骥、纤离、绿耳,此皆古之良马也。'"⑤武文还认为云中车车前西壁左边低厢坐的二人中着莲花冠者为佛教法师,束发者为道士。而邹规划等《长乐公主墓壁画〈瑞云车马送行图〉琐谈》⑥、文军《佛教与世俗的结合——长乐公主墓壁画〈云中车马图〉初探》则认为非龙鱼,而是佛教中的"摩羯鱼",来自印

---

① 《文苑英华》卷三一〇《挽歌》,第二册,第1592页。《全唐诗》卷一九七,第三册,第2025页。
② 《全唐诗》卷三三二,第五册,第3710页。
③ 《唐代墓志汇编续集》开元一四五,第552页。《陕西新发现的道教金石》,《中国西北宗教文献·道教》卷四,第283页。《西安碑林博物馆新藏墓志续编》中册二一四,第541页。
④ 《全唐诗》卷三八六,第五册,第4368页。《张籍集系年校注》卷六,第723页。
⑤ 武仙竹:《唐初云中车马图浅议》,《四川文物》1995年第4期,第42页。
⑥ 邹规划等:《长乐公主墓壁画〈瑞云车马送行图〉琐谈》,《陕西历史博物馆馆刊》第六辑,第251页。

度神话,是水神的坐骑,其被绘入是表明如此桀骜之物已被降伏,并以此认为坐在前车上的长者即降伏它的引领菩萨——观音①。程义的《长乐公主墓云中车马图试释》一文指出后坐者正是长乐公主,其所绘怪兽非龙鱼,因为其有翼无角,认同"摩羯鱼"之说。前述研究者均指出云中车为一车双厢带有华盖的红色车子,至于车子的旗子,邹规划认为是贵族灵堂前的旗子,其七旒的规制与公主身份并不符合,应为画师错画,但亦有人依据《旧唐书·舆服志》"王公以下'诸辂……一品九旒,二品八旒……'"认为所绘之车当为三品官乘坐的辂车"②。而程义则认为这和汉代画像石中的导车非常像,但因有青龙白虎引领,则是导车和祥车合一之物③。于静芳在《唐长乐公主墓壁画〈云中车马图〉考》中则认为其粉本为《洛神赋图卷》,主要是"表现道教神仙引导升仙的主题",而非佛教主题,指出其所绘怪兽与《洛神赋图》极为相似,据曹植《洛神赋》中的"腾文鱼以警乘,鸣玉鸾以偕逝。六龙俨其齐首,载云车之容裔。鲸鲵踊而夹毂,水禽翔而为卫",可知其为鲸鲵。结合造墓者唐太宗对道教的尊奉,长乐公主仙逝前史籍所载皇室争斗,指出长乐公主墓志中的"阅水翻于夜壑""灾生弩影",应是暗指公主因卷入皇室争斗甚至受弓箭之伤坠于水中,因此希冀其升仙后能成为水神。又据《唐会要》载的老子显灵所乘"白马朱鬣",《混元圣记》所述老子出行"素衣乌冠,执红拂,乘白马",指出《云中车马图》中的老者应是受道教老子或其他得道者的影响。④ 其通过对墓志、史料、绘画史相互关联、细读的方法,图文互证,分析细密且有理有据。张婉丽《长乐公主墓〈云中车马图〉》指出"旗面上绘有深绿色黻号",并认为此图有众多佛教元素,如"摩羯是如来佛在水中的化身"⑤、"白马"、"莲花帽"等。

3. 羽车

严休复《唐昌观玉蕊花折有仙人游怅然成二绝》其一云"羽车潜下玉龟山"⑥,将唐昌公主所乘之车称作羽车。

羽车为道家传说中仙人的出行用具。据葛洪《神仙传·王远》叙述:

---

① 《陕西历史博物馆馆刊》第八辑,三秦出版社 2001 版,第 166—167 页。
② 中国美术家协会壁画艺委会:《中国壁画(西安美术学院卷)》,江苏凤凰美术出版社 2018 年版,第 60 页。
③ 程义:《长乐公主墓云中车马图试释》,樊英峰主编:《乾陵文化研究》第二辑,三秦出版社 2006 年版,第 231 页。
④ 于静芳:《唐长乐公主墓壁画〈云中车马图〉考》,《南京艺术学院学报(美术与设计版)》2014 年第 5 期,第 31—33 页。
⑤ 张婉丽:《长乐公主墓〈云中车马图〉》,昭陵博物馆微信公众号,2019-05-24。
⑥ 《全唐诗》卷四六三,第七册,第 5297 页。

"及至经家,举家皆见方平著远游冠……乘羽车,驾五龙。龙各异色,麾节幡旗,前后导从。"①羽车在《无上秘要》中亦多有叙及,如《天帝众真仪驾品》中不同道君所乘的不同羽车:"青精君,常乘羽逸之车,携玄景之童,登紫空之山","太极元君,乘凌羽之车,上宴上清,执震灵之符,召万魔之王","九老仙皇太帝君,乘合羽之车,上登扶桑之杪,会九老之京,万仙受事","万华先生,时乘三素之景、羽明之軿,北登高元之岳,宴寝万华之室"。②《八方消魔大王仪驾》中的羽车叙及最集中,在不同节气有不同方位的魔王驾不同颜色车轮的羽车飞行在云中,在五岳中游宴:

东方青帝消魔大王,常以春分之日,驾乘青轮羽车,飞行云中,游宴五岳。南方赤帝消魔大王,常以夏至之日,驾乘赤轮羽车……西方白帝消魔大王,常以立秋之日,驾乘白轮羽车……北方黑帝消魔大王,常以冬至之日,驾乘黑轮羽车……西北方皓帝消魔大王,常以立冬之日,驾乘紫轮羽车……东南方吴帝消魔大王,常以立夏之日,驾乘黄轮羽车……东北方苍帝消魔大王,常以立春之日,驾乘苍轮羽车……西南方皇帝消魔大王,常以秋分之日,驾乘绿轮羽车……游宴五岳。③

(四)现实与虚拟之间:唐诗中的公主軿车、绿軿车考论

軿车是唐代诗文中叙及的公主出行工具,张说《安乐郡主花烛行》叙及"绿軿绀幰纷如雾,节鼓清笳前启路"④,肃宗女纪国公主出嫁时即有辎軿,"许笄从周,筑馆于鲁,辎軿将其百两,环珮出乎九重"(《大唐故纪国大长公主墓志铭》⑤)。何为軿车,安乐郡主婚车队伍中的绿軿,究竟为何物?通过文献梳理,可大略窥见。

1. 何为軿车

軿,按照《说文解字》的解释:"辎軿,衣车也。(段注)(五字依《定九年左传正义》所引。衣车,谓有衣蔽之车,非《释名》所云'所以载衣服之车'也……)軿,车𩏄衣也,车后为辎。(……前有衣为軿车,后有衣为辎车……軿之言屏也,辎之言载也,二篆互文见义……)"段注认为各本的軿"軿车

---

① 《神仙传》卷三,第19页。
② 《无上秘要》卷一九,第199、200、201页。
③ 《无上秘要》卷一九,第208—209页。
④ 《张说集校注》卷一〇,第二册,第508页。
⑤ 《全唐文》卷六三一,第七册,第6364页。《吕衡州文集附考证》卷七,第77页。

前,衣车后也"的解释有误,并"依《全书通例》正之":"《周礼》'苹车之萃',郑曰'苹犹屏也,所用对敌自隐蔽之车也'"。①《释名》认为"屏也。四面屏蔽,妇人所乘牛车也……辎軿之形同,有邸曰辎,无邸曰軿"②。而《后汉书·舆服志》云"太皇太后、皇太后法驾,皆御金根……,非法驾则乘紫罽軿车……长公主赤罽軿车。大贵人、贵人、公主、王妃、封君,油画軿车"③。《宋书·礼制》引《字林》为据,以是否露出后车厢板为辎、軿之区别,辎车属半封闭式,軿车则是全封闭式。朱骏声云:"辎軿皆衣车,前后皆蔽曰辎,前有蔽曰軿。"④许嘉璐综合前人解释,将軿车解释为"古代有屏障之车,亦称革车","古代妇人所乘有帷帐之车"。⑤

可见,公主所乘軿车应是一种以帷幄作为遮蔽屏障之车。

2. 何以为绿軿

唐代公主所乘軿车为何种颜色,遗存的唐代典章中未见叙及,但《唐六典·内官宫官内侍省·内仆局》在叙述皇后之车时提及汉魏以来皇后的紫色的軿车及其他等级嫔妃所乘不同材质、颜色的軿车,为非法驾或不同场合之用:

>司马彪《续汉志》:"皇后法驾,御重翟金根车,交络帷裳;非法驾,乘紫罽軿车,云㯹画辀,黄金涂,驾三马。贵人,油画軿车。"魏因之。《晋舆服志》:"皇后法驾,乘重翟羽盖金根车,驾青骆,青帷裳,云虡画辀;常乘,画轮车;先蚕,乘油盖画云母车,驾六騩马,油画两辕安车为副,金薄石山軿车、紫绛罽軿车为副。"……宋、齐、梁、陈略同。后魏皇后从祭御金根车,亲桑御云母车,驾四马;归宁御紫罽軿车,游行御安车,吊问御绀罽軿车,驾三马。……北齐因之。⑥

唐制虽未叙及公主軿车之颜色,但《后汉书》有长公主的赤罽軿车、公主的油画軿车,若唐承前制,则唐代公主軿车,最有可能的当是赤色和油画的軿车,但亦有公主会越级使用皇后"紫罽軿车",如永泰公主的"紫罽盈

---

① 《说文解字注》一四篇上《车部》,第720页下。
② 《释名》卷七《释车第二四》,第118页。
③ 《后汉书》卷一一九志二九《舆服志上》,第十二册,第3647页。
④ 邢昊:《〈后汉书·舆服志〉车名类名物词分析》,重庆师范大学硕士学位论文,2014年,第26页。
⑤ 许嘉璐主编:《中国古代礼俗辞典》,中国友谊出版公司1991年版,第181页。
⑥ 《唐六典》卷一二,第360页。

辇"(《大唐永泰公主志石文》①),但绿辇史书并未言及,那么唐诗中又何以言绿辇车?

检索文献可以发现,绿辇之车在道教典籍中出现频率极高,是多位道教至尊常乘之车。

首先,绿辇为三元大帝下降时所乘之车,其车舆为丹色,其屏障为绿色。约东晋南朝时的早期上清派经典《洞真太上素灵洞元大有妙经·太上道君守三元真一经》中多次出现绿辇:"一十八年,降致绿辇,乘云控龙,白日升玄","子能行之,真神见形,玉女可使,玉童致灵,三元下降,丹舆绿辇,来迎兆身,上升太清。"②《云笈七签》卷之四三摄三叙述基本同。

其次,绿辇也是符兆中叙及的出行工具。《四极明科经》(《无上秘要》卷二十七同)亦言及绿辇:"兆欲致青帝玉司君,当以立春、春分之日……遣青霞绿辇,迎兆之身也……欲致黑帝玉司君,当以立冬、冬至之日……遣玄云绿辇,下迎兆身也。"③

再次,绿辇也是紫薇夫人的出行工具。《真诰·运象篇第三》有"华盖荫兰晖,紫辔策绿辇","掷轮空同津,总辔舞绿辇"句。④《太上洞玄灵宝授度仪·还戒颂》(《太上黄箓斋仪》卷五十《散坛设醮》、《无上黄箓大斋立成仪》卷一八、卷三五同):"琼凤乘丹辇,金龙驾绿辇,生死皆快乐。"⑤

《无上秘要》中言及绿辇之处极多,如其《授度斋辞宿启仪品》《斋戒品》《灵宝斋宿启仪品》《涂炭齐品》(《无上黄箓大斋立成仪》卷一三、一六同)皆叙及:"天尊言:建斋行道,四天帝王皆驾飞云绿辇、八景玉舆,从真人、玉女……浮空而来,瞻礼行道,观听法音。"⑥《授洞真上清仪品》云:"帝遣徘徊辇,三元降绿辇。迅驾腾九玄,朝我玉皇庭。"⑦《奏简文品》云:"又咒曰:……得乘玄辇,飞霞绿辇,上造三元。"⑧卷五〇(卷五七基本同)云:"三元下降,皆致绿辇,飞行上清"⑨;《明灯品》通祝曰:"天降飞霄辇,腾空驭绿辇。"⑩《启志愿品》"次上愿……乘云驾虚,飞辇绿辇,上造金阙,进登

---

① 《全唐文新编》卷二六七,第二部第一册,2000年版,第3029页。
② 《洞真太上素灵洞元大有妙经》卷五,《正统道藏》,第三十三册,第403页中、第404页上。
③ 《太真玉帝四极明科经》卷五,《道藏》三,第440页中、下。
④ 《真诰校注》卷三,第91—92、107—108页。
⑤ 陆修静:《太上洞玄灵宝授度仪》不分卷,《正统道藏·洞玄部·威仪类》第五五六部,第九册,第856页下。
⑥ 《无上秘要》卷三五、四七、四八、五〇,第544、748、774、799页。
⑦ 《无上秘要》卷四〇,第589页。
⑧ 《无上秘要》卷四一,第614页。
⑨ 《无上秘要》卷五〇,第814页。
⑩ 《无上秘要》卷六六,第932页。

第五章　车服次于王后,容卫荣于戚藩:唐代公主的出行　321

玉清","次愿……大帝并轨青旄绿盖华軿,绣帔锦服玉带。"①《升上清品下》:"三素飞飚,丹辕绿軿,八风扬轮,流映霄庭","灵真同畴,降致绿軿,飞云龙舆,飞行上清。"②《无上黄箓大斋立成仪》还叙及以绿軿命名的"左飞云绿軿真人"③。《太平御览》:"《移度经》曰:真皇参驾黄霞,周行四方,飞盖绿軿,上造金阙。"④《灵宝玉鉴·东南方梵炁消魔真文》:"流云随我回,飞盖荫绿軿。"⑤可知绿軿是道教中仙界至高者所乘之车的重要部件,常和辕、轮等并联或对举,也代指车。

《云笈七签》亦有多处叙及绿軿,如《紫书存思九天真女法》:"仰思九天真女……时乘紫霞飞盖绿軿丹罿,从上宫玉女……御飞凤白鸾,游于九玄之上,青天之崖"⑥。《太上隐书八景飞经八法(并序)》:"乃微祝曰:……得乘飞景,接辔绿軿。"⑦《镇魂固魄飞腾七十四方灵丸》:"东向服九丸,则致青霞绿軿,青龙控辔,青阳玉童九十人……来迎兆身。"⑧"《西王母授紫度炎光神变经颂》三篇……其一'华盖荫兰晖,紫辔策绿軿'"⑨。

其以三元大帝、四天帝王、真皇、紫薇夫人等道教仙界体系中的至高者所乘之绿軿比拟安乐郡主的婚典之车,从身份上较契合,既属虚拟想象的书写,或亦应为实写的郡主婚车的屏障之颜色,根据此前对安乐公主所着翠服,以及公主绿云鬟的分析,安乐公主本身对绿色有着特殊的偏爱;同时公主们的衣、住、行亦多用大量的珠宝装饰,其中的珠玉、绿松石等,亦会散发绿色的光芒,于是选入安乐郡主出行诗作的绿軿意象,亦极有可能是诗人张说眼中所见的实景,是虚实交汇后的描绘。

同时,需要注意的是,汉制中虽未见绿軿,但其《后汉书·舆服志》提及安车时简略叙及"皇孙则绿车从之"(参前犊车考论),而安乐公主此时正是郡主,是皇孙,其軿车之色,非紫非赤非油画,为绿色也是极可能的。

---

① 《无上秘要》卷七四,第950、956页。
② 《无上秘要》卷九三,第1169、1171页。
③ 〔宋〕蒋叔舆:《无上黄箓大斋立成仪》卷五五,《正统道藏·洞玄部·威仪类》第五三六部,第九册,第711页上。
④ 《太平御览》卷六七七道部一九《舆輦》,第三册,第3020页上。
⑤ 《灵宝玉鉴》卷一四,《正统道藏·洞玄部众术方法类》第五七四部,第十册,第247页下。
⑥ 〔宋〕张君房辑,李永晟点校:《云笈七签》卷四四《摄四》,中华书局2003年版,第1004页。
⑦ 《云笈七签》卷五三《杂秘要诀法部》,第1176页。
⑧ 《云笈七签》卷七七《方药部》,第1740页。
⑨ 《云笈七签》卷九八《赞颂部诗赞辞》,第2135页。

本章结论

其一,唐代公主的出行工具是其身份地位的象征。唐代礼制对其在不同场合的车马仪卫、车型、材质、装饰均有规定,同时亦受帝王喜好、国势等的制约,还与公主的喜好、个性、受宠爱程度息息相关。

其二,唐代日常出行工具有出土文物的直观呈现,亦有唐代诗文的描述。但唐诗的细节描写极少,诗人们常常选择七宝车、七香车、玉辇、五花骢马、青龙宝马、软舆辎车(轻车)代称,以突出其珠玉装饰、香熏馥郁、俊逸珍贵、舒适轻便的富丽特质,又喜欢选择神话传说中王母、仙人等的出行工具,如青鸟、云车、紫凤、青龙、云軿、绿軿等称谓其出行工具,以营造神秘富丽的感觉。

其三,唐代公主的车具具有标识身份的作用,体现了皇家富丽奢华的特质,其不仅能获得来自国内不同地域的最精美材质,亦能获取大量外来的新奇奢华材料,以打造、装饰其车具,制作精细奢巧。同时天子受命于天的天人观,亦使得其出行工具会有意识地模仿神话传说、仙化故事、佛教世界中虚拟的天界、仙界、佛界至尊者出行工具,从而具有将现实与虚幻相结合的特质。

第六章　旧识平阳佳丽地：
唐代公主的生活空间及相关建筑

提起唐代,那规划精整、宏伟壮丽的长安城,那肃穆庄严的巍峨宫阙,曾经是当时与后世多少人心中神往的地方,而"长安大道连狭斜,青牛宝马七香车"的诗句即描绘出这个国际帝都当时的繁华。梦回唐朝,站在长安城四通八达的大道上,你会看到、感受到车水马龙的富庶奢华与喧闹,面对着联翩而来的雕金琢玉的华丽车马,也不禁疑惑这些成群结队扬起马鞭疾驰的人们是要驶向哪里？接下来的诗句"玉辇纵横过主第,金鞭络绎向侯家"则告诉我们,原来是要赶向当时的王公之家与唐代公主的宅第。那里曾是公主婚后生活的主要空间,代表着长安城富丽与尊贵的地方。

公主未出嫁、入道时长自公宫,出嫁后的宅第是其主要的生活空间,除此之外还有供其休闲的园林,另有一些入道公主,其生活空间则在道观,而一些奉佛或受佛教风气影响的公主,亦会为亲人营建佛寺祈福,还存在为公主祈福营建的一些与公主相关的寺院建筑。京城长安、京畿之地与东都洛阳则是其宅第、园林、道观等的密集地,当然也有少数公主随夫外任生活在当地的宅第。而与公主们相关的建筑分布在何处,其布局、结构、装饰怎样,有何特点,在文学中有着怎样的书写,则是本章要解决的主要问题。虽说公主建筑已无留存实物可供直接观览,但文献中尤其是唐代文学对其有较为详细的书写,加之古人有视死如生的殡葬观念,出土的唐代公主墓葬壁画中则绘有公主居住场所如宅第、园林等的某些场景,于是通过对文献与出土文物的梳理,仍能窥见其端倪。

一、唐代公主宅第、园林的总体风格与特点

与唐代公主相关的建筑以公主的生活地域、出嫁情况为界,可分为两大类：宫内生活区与宫外建筑。其宫外建筑大体有五类,即宅第、园林、道观、寺庙与祠堂,从广义上讲,道观与寺庙、祠堂亦可归入园林之列。有关皇宫的研究既广且深又多,本章则着重对与唐代公主有关的宅邸、园林做

以研究,以此展现其日常生活居住情境的一面。

(一)唐代公主相关居住、生活空间分类

与唐代公主相关的生活场域从整体上讲,包括以下五类:

1. 公主宅第

唐代公主们生于华宫,长于金玉之堂,在其成年举行册礼出降之后,唐王朝会出资为她们营造府第,从此公主便步出皇宫开始新的生活。

2. 公主园林

一些备受皇帝宠爱的公主还广肆搜寻,以觅佳处营建园林,其中亭台池榭广布,九曲通幽,精美至极。

3. 公主道观

在唐代,由于宗教的兴盛,受时代风气的影响,与公主相关的道观较多,大致可分为两类:一是一些入道公主,或离开生活着的皇宫,或离开俗世奢华的家庭生活,选择入道修行,于是唐王朝亦会动用国家府库为其营建道观;二是公主随夫外任或去世后,由其宅第改建的道观。

4. 公主寺庙

包括三类:一是公主为家人祈福耗巨资修建的恢宏寺庙。"景龙年,安乐公主于洛州道光坊造安乐寺,用钱数百万"①。

二是唐王朝为去世的公主祈福营建的寺庙。如《两京城坊考》载:"太皇太后为昇平公主追福,奏立奉慈寺,赐钱二千万(《长安志·长安志图》作'二十万',据四库本并参据《酉阳杂俎》改),绣帧三车"②,不仅动用国家府库直接赐予资财,还给予三车打土墙时立的精美刻绣木柱。再如昭陵西南十八里处的瑶台寺,或与唐太宗女晋阳公主有关,据《新唐书·诸帝公主传》记载,晋阳公主去世后,唐太宗曾"诏有司簿主汤沐余赀,营佛祠墓侧"③。权德舆《八月十五日夜瑶台寺对月绝句》则云"嬴女乘鸾已上天,仁祠空在鼎湖边。凉风遥夜清秋半,一望金波照粉田"④,身处瑶台寺,诗人遥想的是已经逝去的帝王之女,如今仅留下鼎湖边的佛寺(鼎湖是传说中黄帝

---

① 《朝野佥载》卷一,第10页。
② [清]徐松著,张穆校补:《唐两京城坊考》卷三,中华书局1995年版,第59页。《〈两京城坊考〉补》,第360页。[宋]宋敏求撰,[元]李好文编绘,辛德勇、郎洁点校:《长安志·长安志图》,三秦出版社2013年版,第149页。
③ 《新唐书》卷八三列传八《诸帝公主传》,第十二册,第3649页。
④ 《权德舆诗文集》卷六,第99页。《全唐诗》卷三二五,第五册,第3652页。

乘龙飞升的地方,代指安葬帝王的陵墓),清秋深夜,凉风习习,眺望远处,月亮的金波照着公主的粉田。《长安志图》中《唐太宗昭陵图》有"瑶台寺",《金石萃编》亦云"瑶台寺,则《昭陵图》有之,在昭陵之西、澄心寺之南也"①。

三是一些公主逝去后其宅第会改为佛寺。白居易的《两朱阁——刺佛寺浸多也》即讽谏的是这种情形,还谈到最初修建公主宅第时吞并了几处人家:

> 两朱阁,南北相对起。借问何人家,贞元双帝子。帝子吹箫双得仙,五云飘飘(汪本、卢校、讽谏俱作"飘飘")飞上天。第宅亭台不将去,化为佛寺在人间。妆阁妓楼何寂静,柳似舞腰池似镜。花落黄昏悄悄时,不闻歌吹闻钟磬。寺门敕榜金字书,尼院佛庭宽有余。青苔明月多闲地,比屋疲人无处居。忆昨平阳宅初置,吞并平人几家地。仙去双双作梵宫,渐恐人间尽为寺。②

从中亦可见公主宅第的若干布局特点,门上有御敕金榜,其间有亭台楼阁,柳树花木,池沼庭院。

5. 公主祠堂

祠堂主要是族人祭祀祖先或先贤的场所。史书提及的仅有义阳、义章、永昌等公主的祠堂。永昌公主祠堂修建时因宪宗提倡节俭按旧制减半的规格修建,李吉甫还有"罢公主祠堂"的谏议,宪宗亦接受其谏议。由此亦可见公主祠堂修建的某些制度。据《旧唐书·李吉甫传》记载:

> (宪宗元和)七年,京兆尹元义方奏:"永昌公主准礼令起祠堂,请其制度。"初,贞元中,义阳、义章二公主咸于墓所造祠堂一百二十间,费钱数万;及永昌之制,上令义方减旧制之半。吉甫奏曰:"伏以永昌公主,稚年夭枉,举代同悲,况于圣情,固所钟念。然陛下犹减制造之半,示折衷之规,昭俭训人,实越今古。臣以祠堂之设,礼典无文,德宗皇帝恩出一时,事因习俗,当时人间不无窃议。昔汉章帝时,欲为光武原陵、明帝显节陵,各起邑屋,东平王苍上疏言其不可……诚以非礼之

---

① 《昭陵碑石》,第179页。
② 《白居易集笺校》卷四,第208—209页。笺注指出"两位公主未知确指,《元白诗笺证稿》谓'贞元双帝子'或指德宗女义阳、义章二公主而言,论据亦不足,俟考"。

事,人君所当慎也。今者,依义阳公主起祠堂,臣恐不如量置墓户,以充守奉。"翌日,上谓吉甫曰:"卿昨所奏罢祠堂事,深惬朕心。朕初疑其冗费,缘未知故实,是以量减。览卿所陈,方知无据。然朕不欲破二十户百姓,当拣官户委之。"①

从奏议可知,唐代公主祠堂的修建,始于唐德宗时,以昭示特别恩宠,在公主墓旁另起建筑,用以祭祀兼守墓,当时因无旧例且耗费巨大,已引起争议。

(二)唐代公主相关居住、生活场域及建筑的总体特色

在中国古代宗法社会里,居住有严格的等级界限,是身份、地位、权力的象征。贵为天女的公主,其居住、生活场域及相关建筑无论在规格还是装饰上,均须彰显皇室壮丽、威严、肃穆的气度。由于在物质上、经济上享有特权,总体而言,公主们不仅广营宅第、园林,且占地广阔、规模宏大,建筑精工华丽。有关公主因皇室宠爱,得以营建多处宅第、园林,并多得赏赐以充实宅第的情况,从李峤的《为公主辞家人畜产官给料表》可见一斑:

> 妾闻贤相防微,格(一作"林",《全唐文》作"杜")盈门之车骑;通人酌损,忌满堂之金玉……妾等并承灵坤载,荷荫中枢,或天妹申慈,忝扶桑之瑞萼;或王姬藉宠,窃秾李之奇秀;开沁水之园苑,赐常山之汤沐。榜悬金字,分衢离巽之宫;路夹银河,并列星辰之位。②

从中可知公主以天妹、王姬的高贵身份,得享帝王之仁慈与恩宠,所建宅第、园林得以占据吉祥重要的风水宝地——离巽之宫。离宫按中国传统五行之说,位居南方,为正福德宫,巽宫在东南角,《易·说卦》有"巽,为长女"之说,代指长公主之居。

公主宅邸之总体特色,从李峤《代公主让起新宅表(〈文苑英华〉作〈为太平公主辞欲起新宅表〉)》即可得知,文辞虽为劝帝王收回恩宠,不愿兴土木损百姓之意,但在申诉中亦概描出公主宅邸身处繁华之街衢,绵延三区,园林则连山带水延伸万亩的情形:

---

① 《旧唐书》卷一四八列传九八《李吉甫传》,第十二册,第 3994、3995 页。
② 《文苑英华》卷五七八(六〇五卷重出,今已删去),第四册,第 2987 页。《全唐文》卷二四五,第三册,第 2477—2478 页。

> 臣妾言:伏承圣慈,以妾居处褊狭,欲开拓宅北,更起新第……陛下骨肉之爱……方欲广沁水之庭除,增常山之版筑。虽殊恩曲奖,惠泽实浸于肌肤;而妨公害私,谤讪恐盈于道路。况臣妾承灵天妹,藉宠王姬,舆服亚于椒宫,土田方于茅社。甲第之当衢向术,并列三区;别庐之带水连山,将盈万亩。深埒则可乘骐骥,高楼则惟待凤凰。常忧瞰室之易灾,实惧满堂之难守,宁可更求轮奂,别构崇深,扰闾里之吒黎,倾国家之府藏?且鬼神所福,常祚于缺隅;贤圣垂箴,必诫于丰屋……妾虽愚蒙,颇闻训典,实愿归(一作"退")师老氏,以止足自防;仰慕周公,将逸豫为戒……且坊为要冲,地当贵里,亩赁二三十贯,居人四五百家。夺其近市之门闾,生其破家之怨雠,虽下人之不语,岂愚妾之能安?又妾之平生,每存舍施……益己害人,情岂能处?今……家少粮储,人多菜色,但可劝耕耘之业,未宜兴土木之功。伏乞……体东作之尤要,知西第之非急,收兹霈泽,惠被黎蒸。①

一般而言,公主的宅第、园林具有以下突出的共同特点:

1. 国家建造

公主的宅第是公主离开生长的皇宫出嫁独立生活时皇室提供的居住场所,一般由国家动用府库中的钱财和物资并委任官员监管建造。唐代公主宅第、园林的营造,与皇室建筑的建造息息相关。唐王朝设置有专门的机构负责营建之事。其少府下属将作监,专司营造,据《新唐书·百官志》记述:

> 监一人……掌土木工匠之政,总左校、右校、中校、甄官等署,百工等监。大明、兴庆……谓之内作;郊庙、城门……东宫、王府诸廨,谓之外作……凡治宫庙,太常择日以闻。
>
> 丞四人,从六品下。掌判监事。凡外营缮,大事则听制敕,小事则须省符。功有长短,役有轻重。……
>
> 左校署……掌梓匠之事。……宫室之制,自天子至士庶有等差,官脩者左校为之。
>
> 右校署……掌版筑、涂泥、丹垩、圂厕之事。

---

① 《文苑英华》卷五七八(六〇五卷重出已删),第四册,第 2987 页。《全唐文》卷二四五,第三册,第 2477 页。

中校署……行幸陈设则供竿柱,闲厩系秣则供行槽,祷祀则供棘葛,内外营作所须皆取焉。……

甄官署……掌琢石、陶土之事,供石磬、人、兽、碑、柱、碾、砲、瓶、缶之器,敕葬则供明器。

百工、就谷、库谷、斜谷、太阴、伊阳监……掌采伐材木。①

2. 等级规制

公主宅第会依照礼制以其身份遵循的规格建造并装饰。但亦会有公主因为备受恩宠,越级营建,毕肖甚至僭越皇宫。

3. 国家与皇室的象征

由于公主的身份特殊,作为天子之女或姊妹,甚至其长辈,在家国一体的宗法社会里,公主的宅第亦是国家和皇室的象征物,于是需体现出宏伟壮丽、富贵华丽的气象。

4. 家国性、政治性及公共事件性

公主的宅第并不像普通人群只是其生活的栖息地,其宅第、园林还具有很强的政治性,是皇室亲族联系交往,或某些群体展开政治活动的场所,也是政治需求的标志物,当帝王为表示宠爱或国家隆盛之时,往往会为公主营造极为恢宏豪华的宅第,甚至另起新宅;而当皇室根据政治需要发布诏令倡导天下节俭的风尚时,公主的宅第也成为这种节俭风尚的标志物。

尤其是公主的宅第建造亦事关社稷与民生安危,于是一些深知自我身份与社稷苍生的联系、深谙儒家心系苍生观念与道家戒满忌盈思想的公主,会恪守前贤警诫,在宅第、园林的营造中保持清醒,恪守节俭。而当公主宅第的营造影响到民生时,亦常常会成为公共政治事件,受到朝臣们不断的谏阻。如睿宗为金仙、玉真公主营建道观,《新唐书·睿宗本纪》记载是在景云二年"三月癸丑,作金仙、玉真观"②。据《旧唐书·魏知古传》记载"金仙、玉真二公主入道,有制各造一观,虽属季夏盛暑,尚营作不止"③,以此受到魏知古的劝谏:

(景云元年)臣闻人以君为天,君以人为本……自陛下翦除凶逆,

---

① 《新唐书》卷四八志三八《百官三》,第四册,第1272—1274页。
② 《新唐书》卷五本纪五《睿宗本纪》,第一册,第118页。
③ 《旧唐书》卷九八列传四八《魏知古传》,第九册,第3061页。

第六章 旧识平阳佳丽地:唐代公主的生活空间及相关建筑

君临宝位,苍生颙颙,以为朝有新政。今风教颓替,日甚一日,府库空虚,人力凋弊,造作不息,官员日增。今……太府之布帛以殚,太仓之米粟难给。又金仙、玉真等观造作,咸非急务,臣先奏请停,竟仍未止。今岁前水后旱,五谷不熟,若至来春,必甚饥馑。陛下为人父母,欲何方以赈恤?疗饥拯溺,须及其时。又突厥为患,其来自久,本无礼仪,焉有诚信。今虽遣使,来请结婚……乘中国饥虚,在和亲际会,倘或窥犯亭障,国家何以防之?①

《李蔚传》亦载录辛替否劝谏:

自夏已来,淫雨不解,谷荒于垄,麦烂于场。入秋已来,亢旱为灾,苗而不实,霜损虫暴,草莱枯黄,下人咨嗟,未加赈贷。陛下爱两女而造两观,烧瓦运木,载土填沙。道路流言,皆云用钱百万。陛下圣人也……知仓有几年之储?库有几年之帛?知百姓之间可存活乎?三边之士可转输乎?今发一卒以扞边陲,追一兵以卫社稷,多无衣食,皆带饥寒,赏赐之间,迥无所出。军旅骤败,莫不由斯。而陛下破百万贯钱,造不急之观,以贾六合之怨,以违万人之心。②

《裴漼传》云"太极元年,睿宗为金仙、玉真公主造观及寺等,时属春旱,兴役不止"③;《李乂传》亦云"时睿宗令造金仙、玉真二观,乂频上疏谏,帝每优容之"④,可知睿宗为二公主营建道观时曾引起朝野的争议。《韦凑传》云"明年春,起金仙、玉真两观,用功巨亿"⑤。因为金仙与玉真公主观的营建,事关民生,于是遭到众多大臣的劝谏,仅个别谗佞者赞成,如《外戚传·窦德明传附侄怀贞传》云"创立两观,料功甚多,时议皆以为不可,唯怀贞赞成其事,躬自监役"⑥。尽管多方反对,但睿宗应是执意建造,还是在春旱、盛暑、夏末霖雨、秋旱、霜损虫害等灾荒不断的情况下进行,其间耗费巨大,征役极多,于是一些体恤民生的修建官员则会在具体的执行过程

---

① 《旧唐书》卷九八列传四八《魏知古传》,第九册,第3062—3063页。
② 《旧唐书》卷一七八列传一二八《李蔚传》,第十四册,第4626页。
③ 《旧唐书》卷一〇〇列传五〇《裴漼传》,第九册,第3128页。
④ 《旧唐书》卷一〇一列传五一《李乂传》,第十册,第3136页。
⑤ 《旧唐书》卷一〇一列传五一《韦凑传》,第十册,第3145页。
⑥ 《旧唐书》卷一八三列传一三三《外戚传》,第十四册,第4725页。

中,尽可能节俭,或偷偷减省劳工,《尹思贞传》云"时左仆射窦怀贞兴造金仙、玉真两观,调发夫匠,思贞常节减之"①;《良吏传下·杨玚传》云"玚初为麟游令,时御史大夫窦怀贞检校造金仙、玉真二观,移牒近县,征百姓所隐逆人资财,以充观用。玚拒而不受"②。睿宗(景云三年正月)亦曾颁布过《停修金仙、玉真两观诏》:

> 营建创造,必有所因,岂欲劳人,盖不获已。朕顷居谅暗,茕疚于怀……及金仙、玉真公主出家,京中造观,报先慈也。岂愿广事营构,虚殚力役……外议不识朕心,书奏频繁。将为公主所置,其造两观并停,其地便充金仙、玉真公主邑司,令窦怀贞检校,所有钱物瓦木一事,以付公主邑司收掌。诸处供两观用作调度,限日送纳邑司,朕当别处创造,终不劳烦百姓。此度修葺,公私无损,若有干忤,当真于刑。③

可见金仙、玉真公主道观在众议沸腾之下,一度叫停,诏文解释了营修两观的目的是出于孝道,并非为皇室成员的奢侈劳民,于是将正修建的工程改充公主邑司,但睿宗仍会在别处为两位公主营造道观,并提出后面的修建不劳烦百姓,警告众臣勿再忤逆。

而宪宗时因为水旱灾害,亦曾将赐予公主们的财物包括园林典卖,供府县管制,以维持民生。

5. 地理位置绝佳

皇室在为公主营造宅第时往往会选择绝佳的地段,由于其所处的特定时代和特殊身份,首先需要顾及的是政治性,其次亦会考虑风水是否吉祥,再次会考虑皇室往来、生活与出行的便利,也与公主个人喜好相关。其位置选择会根据具体需要体现着或富贵繁华,或清幽绝美,或紧连皇宫,或毗邻大道等交通便利之地。如太宗女遂安公主的宅第即选择在与皇宫禁苑相连,大门临街、飞甍亦连着章台之地,"沁水择姻,晋陵选对。献之门伐,蓁叶垂芳。真长虚淡,筑馆延宠。两侍轩陛,再分符竹……御沟与沁水殊津,戚里将素门异辙。扉临上路,甍接章台〔《大唐故使持节歙州诸军事歙州刺史驸马都尉王君(大礼)墓志铭(并序)》④〕;金仙公主与玉真公主

---

① 《旧唐书》卷一〇〇列传五〇《尹思贞传》,第九册,第3110页。
② 《旧唐书》卷一八五列传一三五《良吏传下》,第十五册,第4819页。
③ 《唐大诏令集》卷一〇八《政事·营缮》,第560页。《全唐文》卷一八,第一册,第220页。
④ 《全唐文补遗》第一辑,第49页。

道观,据《两京新记》记载:"此二观,南街东当皇城之安福门,西出京城之开远门,车马往来,实为繁会"①。

6. 世俗富贵繁华与宗教超凡脱俗性的融合

公主生活场域及相关建筑会将人间荣华富贵特质与道教、佛教典籍营建、构造的仙境、佛境特质结合。出于财力之雄厚、身份之高贵,尤其是古代社会天人思想观念的影响,人间帝王为天子,是上界选择于人世的最高统治者,而公主则为天女,其居住场所自然会有意识地模拟神话、传说、仙话中的天界景象,而有道教或佛教信仰的公主,更是会有意识地模仿自己所追求的仙界和佛界景象。如玄宗女唐昌公主"愿舍平阳之弟(第),爰从列仙之所。恩制许焉,以开元廿六年遂入道门。每留心结构,精意丹腹,购求名工,彰施绘事。高殿云郁,千栱霞舒。必散沁园之资,独建殊庭之胜","经营紫府,想像丹丘。百栱霞粲,高殿云浮。仙道何远,人生若休,松槚千岁,烟霜万秋",②可知公主在入道后,即将自己的人间宅第、园林仿效道教营造的仙界庭园景象重新建构,并出高价寻访有名的画工绘制壁画,园林里高殿、千栱仙气飘飘、云蒸霞蔚、恍若仙境。

7. 密集精美建筑群与名贵珠宝、香熏、花木装饰

公主居住、生活的场域及相关建筑总体以奢华为特质,其间建筑群落广布,如堂屋室宇、亭台楼阁、轩榭台观,饰以来自全国各地乃至国外的各种名贵金玉珍宝,融以各种名贵香料,雕刻各种精美纹样,广植珍稀花木,环山绕水。

8. 一定的变化与个性

公主的宅第亦会随唐王朝不同时期国家财力、物力的变化,帝王的政策倡导、政治需要与喜好个性,公主的受宠程度等在唐王朝的不同时期发生变化。唐代公主中存在不慕奢华者、奢侈无度者与恪守居住规则者三类群体,于是公主宅邸、园林的特点,亦因公主个人品性、喜好的不同而存在差异。

二、唐代公主营建宅第、园林、道观之风的递变

由于唐王朝初、盛、中、晚期国力与物质基础不同,加之帝王的政治需要

---

① 《校正〈两京新记〉》卷一,第1页。
② 可参见《〈唐昌公主墓志铭〉考释》(《唐研究》卷二〇,第265—267页)中的录文和拓片。

与公主个人品性与喜好等的差异,唐代公主的宅邸与园林在数量、风格、特点等方面不尽相同。其总体的风格变化随唐王朝的历史分期分为四个阶段:

(一)初唐由推崇简约到竞事奢华的渐变

初唐的公主宅邸、园林营建情形,高祖太宗时期与高宗至睿宗时期迥异:

1. 初唐高祖太宗时的简约之风

唐王朝建立初期的公主宅邸、园林情形,史书与文学极少书写,仅有描写高祖女桂阳公主驸马杨师道园林的诗作,另有描写高祖女馆陶公主庄的诗作——武则天有《幸崔驸马庄》,但其创作时间在初唐的武周时期。究其原因,一是此时的公主宅邸与园林并未超出规定,未奢侈到引起众多朝臣谏议或可资历史借鉴的程度;二是帝王亲临的机会少,而公主与文人的交往亦较少,文人们未能随驾亲临公主园林、宅第,或于此游赏欢宴,因而史书的记录与应制、奉和赋诗或宴饮游赏赋诗较少;其三,从唐朝建国之初的国力,以及史书记载的唐帝王喜好与倡导看,也应与极度的奢华无关,相比较而言,应以简约为尚。《大唐故清河长公主碑》云公主"若乃葺宇披轩,依(缺)□□□□花分态,骄禽乱曲,公主尤非所乐。恬然自处,伤彼华侈,务兹俭约","去奢崇俭,乐静澄器"。[1]

2. 初唐高宗至睿宗时的争竞奢华与僭肖宫省

时至高宗、武后、中宗韦后、睿宗时期,有关唐代公主宅邸、园林的记录与书写极多,从中可知此时公主园林、宅邸的总体风尚有以下特点:

其一,争竞奢华。《隋唐嘉话》描述武后中宗韦后时期,后妃、公主之家夸耀攀比之风时,选择长宁公主、安乐公主驸马以油筑球场之事为例:

> 景龙中,妃主家竞为奢侈,驸马杨慎交、武崇训,至油洒地以筑毬场。[2]

据《资治通鉴》"景云元年庚戌"条记载:"初,赵履温倾国资以奉安乐公主,为之起第舍,筑台穿池无休已。"[3]

---

[1] 《全唐文新编》卷二〇一,第一部第四册,第2292页。
[2] 〔唐〕刘𩔖:《隋唐嘉话》卷下,中华书局1979年版,第42页。
[3] 《资治通鉴》卷二〇九《唐纪二五》,第6647页。

第六章　旧识平阳佳丽地:唐代公主的生活空间及相关建筑　　333

其二,四处兼并,广建园林。长宁公主即以广修宅邸而著称,不仅四处取地扩张,营建多处宅邸、园林,且兼并他宅,甚至营卫区,与宫城相连接。据《新唐书·诸帝公主传》:"又取西京高士廉第、左金吾卫故营合为宅","又并坊西隙地广鞠场","东都废永昌县,主丐其治为府","魏王泰故第,东西尽一坊,潴沼三百亩,泰薨,以与民。至是,主丐得之"①;据《两京城坊考》记载"(魏王)泰为池弥广数顷,号魏王池。泰死后立为道术坊,分给居人。神龙中并入惠训坊,尽为长宁公主第。"②

安乐公主与长宁公主争相广建宅第,以装修奢侈豪华互相攀比。为了修建宅第,她甚至夺临川长公主宅以为第,侵及民庐,怨声沸腾。宅第建成后,禁藏空殚,为了庆贺宅院的落成,皇室假万骑仗、皇宫内音乐送主还第,天子亲幸,大宴近臣。据《新唐书》记载,安乐公主还向中宗"请昆明池为私沼","帝曰:'先帝未有以与人者。'主不悦,自凿定昆池,延袤数里。定,言可抗订之也。司农卿赵履温为缮治,累石肖华山,隥衟横邪,回渊九折,以石濆水"。③

据《资治通鉴》"景龙二年戊申"记载安乐公主:

　　与长宁公主竞起第舍,以侈丽相高,拟于宫掖,而精巧过之。安乐公主请昆明池,上以百姓蒲鱼所资,不许。公主不悦,乃更夺民田作定昆池,延袤数里,累石象华山,引水象天津,欲以胜昆明,故名定昆。④

《长安志》中对安乐公主定昆池的细节亦有叙写:

　　安乐公主西庄,在京城西延平门外二十里,司农卿赵履温、种植将作大匠杨务廉引流凿沼。延袤十数里,时号定昆池。⑤

安乐公主强夺京城西之土地,开凿了绵延十数里的定昆池。池中央堆起石山,如华山高耸,山间溪流中踏脚石纵横,深水回还,曲曲折折,山石间隔着喷出漫溢的泉水。池沼建成后,帝后亲往,公卿云集,争相赋诗。《资

---

① 《新唐书》卷八三《诸帝公主传》,第十二册,第3653页。
② 〔清〕徐松著,李健超增订:《增订〈两京城坊〉考》卷五,三秦出版社1996年版,第279页。
③ 《新唐书》卷八三《诸帝公主传》,第十二册,第3654页。
④ 《资治通鉴》卷二〇九《唐纪二五》,第6623—6624页。
⑤ 《长安志·长安志图》,第235页。

治通鉴》载中宗景龙三年:"己巳,上幸定昆池,命从官赋诗。"①在赞颂阿谀声中,唯有李日知在诗中讽谏骄奢安逸的权贵们,应体恤老百姓的疾苦辛劳。

韦嗣立在骊山营建的庄园,亦曾成为安乐公主购买的目标,但其奏请被中宗拒绝,据宪宗朝武少仪在《王处士凿山引瀑记》一文中引述:

> 在昔神龙、景龙之间,故人中书令韦公嗣立,有别业在骊山之下,云松泉石,奇胜幽绝……为国朝之盛美……上之爱女安乐公主,恃宠骄恣,求无不得,遂奏请买韦公此庄,以为游观之地。上不许之。②

其三,宪写甚至僭越宫省。虽说唐代公主的宅第与园林建造需遵守礼制,但史书笔记描述高宗至睿宗时期公主宅第、园林时,时常会出现关键词——"宪写宫省",可知此时的公主宅第不仅奢华,且以宪写宫省为追求目标,有的甚至僭越皇宫。甚至宅第的仪卫亦如皇宫规格,根据《旧唐书》记载:

> 相王、卫王重俊、成王千里宅,遣卫士宿卫,环其所居,十步置一仗舍,持兵巡徼,同于宫禁。太平、长宁、安乐三公主,置铺一如亲王。③

《新唐书》对此也有记载,文字稍有出入:

> 主与相王、卫王、成王、长宁、安乐二公主给卫士,环第十步一区,持兵呵卫,僭肖宫省。神龙时,与长宁、安乐、宜城、新都、定安、金城凡七公主,皆开府置官属,视亲王。④

公主宅第仪卫规格如亲王,护卫森立,且如亲王,设置公主府。

长宁公主的宅第"作三重楼以冯观",其入口城门前两边修建的三重阙楼(参照插页彩图104),本是帝王建筑的规制,是"门阙中规格最高、形制布局最复杂的门阙建筑。多为在母阙朝外两侧分别附两出子阙,有

---

① 《资治通鉴》卷二〇九《唐纪二五》,第6637页。
② 《全唐文》卷六一三,第6187页。
③ 《旧唐书》卷一八三《武承嗣传附攸暨妻太平公主传》,第十四册,第4738—4739页。
④ 《新唐书》卷八三《诸帝公主传》,第十二册,第3650页。

的仅在母阙朝外两侧的其中一侧附两出子阙……隋唐时期以及其后,宫门阙和陵墓陵园门阙基本上都是三出阙形制,成为代表皇权的专用建筑形式"①。

安乐公主在营建宅第、园林时,已不仅是模拟皇宫规格,甚至要处处超越皇宫。据记载:"主营第及安乐佛庐,皆宪写宫省,而工致过之。"②可见此时的安乐公主宅第、园林与其他相关建筑,均摹写宫苑,且精致程度超过皇宫。

其四,耗资巨大,奢华宏丽,亭台层叠,池沼广布。公主宅内与园林中还会营建人工山石,疏通池沼,重台蛋观绵延层叠,奢华无度。长宁公主随夫同往贬谪地时,出售宅邸,仅木石价值的评估即达到二十亿万,据记载:

> 长宁公主……造第东都,使杨务廉营总。第成,府财几竭,乃擢务廉将作大匠。又取西京高士廉第、左金吾卫故营合为宅,右属都城,左颓大道,作三重楼以冯观,筑山浚池。帝及后数临幸,置酒赋诗。又并坊西隙地广鞠场。东都废永昌县,主丐其治为府,以地濒洛,筑鄠之,崇台、蛋观相联属。无虑费二十万。魏王泰故第……主丐得之,亭阁华诡埒西京。……东都第成,不及居,韦氏败,斥慎交绛州别驾,主偕往,乃请以东都第为景云祠,而西京鬻第,评木石直,为钱二十亿万。③

其五,圣驾御览,朝臣云集,歌咏极盛。此时的公主宅第、园林常常成为帝王率领群臣观览宴集的重要场所,亦成为公主们延揽、结交朝臣而朝臣们争相趋附歌咏的欢宴之地,这从史书中的记载,以及留下的大量应制诗、宴集诗作可知。据《旧唐书》记载:

> (高宗永徽三年)冬十月戊戌,幸同安大长公主第,又幸高阳长公主第,即日还宫。④
> (中宗神龙三年春)二月……辛卯,幸安乐公主宅。⑤

---

① 王巍主编:《中国考古学大辞典》,上海辞书出版社2014年版,第17页。
② 《新唐书》卷八三《诸帝公主传》,第十二册,第3654页。
③ 《新唐书》卷八三《诸帝公主传》,第十二册,第3653页。
④ 《旧唐书》卷四本纪四《高宗本纪上》,第一册,第71页。
⑤ 《旧唐书》卷七本纪七《中宗本纪》,第一册,第144页。

（安乐）公主产男满月，中宗、韦后幸其第，就第放赦，遣宰臣李峤、文士宋之问、沈佺期、张说、阎朝隐等数百人赋诗美之。①

（中宗景龙二年……夏四月）己丑，幸长乐公主庄，即日还宫。……

（中宗景龙三年……八月）乙巳，幸安乐公主山亭，宴侍臣、学士，赐缯帛有差。……

冬十月庚寅，幸安乐公主金城新宅，宴侍臣、学士。②

（二）盛唐初期的简约与后期的竞事奢华

盛唐时期公主营建宅第、园林之风有一个由前期的节制向后期的奢华递变的过程。

1. 前期的节制导向与简约之风

因前有太平、安乐之鉴，唐玄宗开元初期定开元新制，对公主的封户、衣食住行用度做缩减，大臣们以为薄，而玄宗认为：

"百姓租赋非我有，士出万死，赏不过束帛，女何功而享多户邪？使知俭啬，不亦可乎？"于是公主所禀殆不给车服。③

以此可知，此时公主宅邸、园林无论从数量、规格还是装饰上，均应有所节制。

同时有鉴于武后、中宗、睿宗时期诸王、公主们频繁邀集朝臣出入宅第、干预朝政的前车之鉴，公主宅第的社交与欢宴也应受到限制。据《旧唐书·玄宗本纪》：

（开元十年九月乙亥）制曰："朕君临宇内……今小人作孽，已伏宪章，恐不逞之徒，犹未能息。凡在宗属，用申惩诫：自今已后，诸王、公主、驸马、外戚家，除非至亲以外，不得出入门庭，妄说言语。所以共存至公之道，永协和平之义……贵戚懿亲，宜书座右。"④

从史书摘引的制文可知在获取皇位后，玄宗亦对皇室亲属门庭的聚集行为予以规范，要求仅至亲可以出入门庭，互相交往，不得邀集外人，议论

---

① 《旧唐书》卷一八三列传一三三《外戚传·武延秀传》，第十四册，第4734页。
② 《旧唐书》卷七本纪七《中宗本纪》，第一册，第146、148页。
③ 《新唐书》卷八三《诸帝公主传》，第十二册，第3658页。
④ 《旧唐书》卷八本纪八《玄宗本纪上》，第一册，第184页。

朝政。

2. 后期的违规破例与奢华争竞

但之后因玄宗宠幸武惠妃,咸宜公主的食实封亦突破限制,其宅第自然趋于奢华。至后期,唐玄宗极度宠幸杨玉环,史书大量记录杨家贵戚争竞奢华之事,其家族中驸马亦不少,公主之宅邸亦趋向奢华。最得玄宗宠爱的太华公主与驸马杨锜的宅邸更是如此,据史书记载:

> 锜,侍御史,尚武惠妃女太华公主,以母爱,礼遇过于诸公主,赐甲第,连于宫禁。①

> 铦以上柱国门列戟,与锜、国忠、诸姨五家第舍联亘,拟宪宫禁,率一堂费缗千万。见它第有胜者,辄坏复造,务以瑰侈相夸诩,土木工不息。②

唐玄宗亦曾为玉真公主营建多处道观。其在长安城内辅兴坊西南隅有玉真女冠观,据《剧谈录》《唐语林》记载,玄宗时还为其在洛阳正平坊营建安国观。而根据《玉真公主受道灵坛祥应记》的记述,玉真公主曾遍访山岳,并选择在王屋山修道,玄宗为其营建道观,还"辉洒宸翰,光显宝额曰'平阳洞府小有仙台',又于山门别署金榜为'灵都观'"③。《济源古代诗词赏析》一书,指出公元742年,李隆基在济源玉阳山尚书谷玉溪西岸为其修建道观,有山门、大殿、钟楼、鼓楼、角楼、翼门和三进大殿。其在楼观南山等地均有道观。④

而开元后期,史籍有关玄宗亲幸公主宅第的记述增多:

> (开元十八年……夏四月)壬戌,幸宁亲公主第,即日还宫。……
> (八月)辛亥,幸永穆公主宅,即日还宫。……
> (二十年春正月)丁巳,幸长芬公主宅。⑤
> (二十六年……五月)庚寅,幸咸宜公主宅。⑥

---

① 《旧唐书》卷五一列传一《后妃上·杨贵妃传》,第七册,第2179页。
② 《新唐书》卷七六列传一《后妃上》,第十一册,第3494页。
③ 刘仲宇:《唐玉真公主入道受箓研究》,《宗教学研究》2015年第2期,第3页。
④ 王明信:《济源古代诗词赏析》,中国文联出版社2008年版,第54页。
⑤ 《旧唐书》卷八本纪八《玄宗本纪上》,第一册,第194、195、197页。
⑥ 《旧唐书》卷九本纪九《玄宗本纪下》,第一册,第210页。

(三)中唐的简约与奢华并举

中唐时期的公主宅第、园林等的建造,则处在由简约向繁华递变或交错的情境之中。

1. 多事之秋的无暇顾及甚或典卖公主园林之况

唐代安史之乱平复后,唐肃宗、代宗、德宗朝,尚处于恢复期,据记载德宗时,许多公主因国乱致不曾婚嫁,遑论宅邸、园林。仅少数公主府如昇平公主府有记载,其他公主府邸缺载。

宪宗时因水旱灾害,亦曾将赐予王公、公主的财物包括园林典卖:

> (宪宗元和八年……十一月……癸酉)京畿水、旱、霜,损田三万八千顷……十二月……辛巳,敕:"应赐王公、公主、百官等庄宅、碾硙、店铺、车坊、园林等,一任贴典货卖,其所缘税役,便令府县收管。"①

2. 国力恢复后的规格渐长与奢华无度之风

但稍事恢复后,用于公主宅第的费用又有明显提高。据记载,德宗时"义阳、义章二公主薨,诏起祠堂于墓百二十楹,费数万计"②,可知国力恢复后,与公主相关的建筑仍是花费巨大。张鷟的《公主出降礼钱判》叙及唐宪宗女永安公主李纯出嫁时建造宅第的费用超过长公主,亦见明刘允鹏注、清陈春补正《龙筋凤髓判》卷一。此文是对假设事状所拟制的判文,据高步瀛《唐宋文举要》"唐人书判,多影射古今事迹,发为问题,此判即隐取长乐公主事,永安即长乐之廋词也"③:

> 永安公主出降,有司奏礼钱,加长公主二十万。造第宅所费亦如之,群下有疑。
>
> 百枝灯烛,光沁水之田园;万转笙竽,杂平阳之歌舞……仙凤楼台,映浮云而写盖……肃雝之制,盖异常伦。筑馆之规,特优恒典。小不加大,必上下和平;卑不凌尊,则亲疏顺序。先帝女之仪注,旧有章程;长公主之礼容,岂容逾越。④

---

① 《旧唐书》卷一五本纪一五《宪宗本纪下》,第二册,第448页。
② 《新唐书》卷一四六列传七一一《李栖筠附吉甫传》,第十五册,第4742页。
③ 高步瀛:《唐宋文举要》乙编卷二,上海古籍出版社1982年版,第1394页。
④ 《全唐文》卷一七二,第二册,第1751页。

从中不难看出，当时公主营造第宅之费用，亦呈现突破旧礼规格，有大幅度增加之趋势。

（四）末世的节俭与奢华交错

至唐代后期，诸种矛盾凸显，虽有唐文宗以简约限制公主，但每到王朝末世降临时，奢华无度既是导致其走向衰亡的重要原因，也是末世最后的狂欢。

1. 奢华之风的不断规制与禁戒

据《新唐书·舆服志》记载，文宗时曾对衣食住行的奢华之风做出禁戒，要求王公的宅第不设重栱和藻井。但施行后受到怨怼，为此，当朝的驸马，时任京都官员的杜悰还对此做出宽限，此禁令遂不行：

> 王公之居，不施重栱、藻井。三品堂五间九架，门三间五架……常参官施悬鱼、对凤、瓦兽、通栿乳梁。诏下，人多怨者。京兆尹杜悰条易行者为宽限，而事遂不行。①

2. 奢靡无度的最后狂欢

此时，懿宗女同昌公主住宅的金碧辉煌又出现在史书与文学的书写中，在唐代笔记中对之有层层铺排渲染，其营造装饰之百宝雕琢、精美异常，室内金银珠宝制造点缀的生活用具之华丽炫目、丰富多彩，令世人叹为观止：

> 咸通九年，同昌公主出降，宅于广化里，赐钱五百万贯，仍罄内库宝货以实其宅。至于房栊户牖，无不以珍异饰之。②

从中不仅可见其住宅的整体布局、装饰状况，也可由此得知皇室之家备受宠爱的公主们，其住宅华丽铺张的总体特色。

从初唐、盛唐、中唐至晚唐公主宅第、园林兴建的起伏史、风尚史，伴随着这个庞大帝国由初创到兴盛到没落的兴衰史，亦伴随着繁华喧嚣与凋

---

① 《新唐书》卷二四志一四《舆服志》，第二册，第532页。
② 《杜阳杂编》卷下，第25页。

零凄冷的一幕幕场景转换与盛衰起伏无凭的悲喜剧。而这些耗费大量钱财营建的公主宅邸，已随着公主的去世或身世的浮沉，最后或仍被视作皇家游宴场（如安乐公主定昆池），或成为平民百姓的游赏地（如太平公主在乐游原所建池院亭台），依然热闹喧嚣；或被视作凶宅，不仅荒弃零落，甚至充满恐怖气息。《朝野佥载》中即描述了城南被视作凶宅的公主宅邸境况：

> 天宝中，万年主簿韩朝宗尝追一人……其人患天行病而卒。后于冥司下状言，朝宗遂被追至。入乌头门极大，至中门前，一双桐树，门边一阁垂帘幕……亦决二十放还。朝宗至晚始苏……于后巡检坊曲，遂至京城南罗城，有一坊中，一宅门向南开……其宅中无人居，问人，云此是公主凶宅，人不敢居。乃知大凶宅皆鬼神所处，信之。①

笔记虽充满神怪迷信的灵异虚幻成分，但透过其表象后，可以得知的是公主宅邸衰落荒芜的真实境况。

三、唐代公主宅第、道观、寺庙在长安、洛阳的分布

有关公主的居住情况及与其相关的建筑分布状况，以公主出嫁前后及生活区域的转换，可分作三大生活区：其一，为出嫁前皇宫里的生活区，又分长安、洛阳两地；其二，出嫁后的洛阳分布区；其三，出嫁后的长安分布区。

唐代公主宅第的长安分布区，蒙曼梳理出五十八处，笔者2005年的硕士论文增至八十一处，2008年左右增至九十六处，并按空间街坊标注，2014年曾以此稿申请过陕西省哲学社会科学后期资助基金，未获批（其中《两京城坊考》引"毕氏曰：履温，安乐公主驸马"②，按新旧《唐书》赵履温并非驸马）。蒙曼分布图标记时期，本图仅标出有多处宅第的公主。郭海文的《大唐公主命运图谱》改此前研究的空间分布为时间分布，亦据墓志有增加。公主出嫁前的皇宫生活区、洛阳宅第，关注较少。

---

① 《朝野佥载》卷六，第131页。
② 《唐两京城坊考》卷三，第76页。《增订〈两京城坊考〉》，第121页。

(一) 长自公宫:公主出嫁前皇宫内苑的居住区

唐代公主出嫁或入道前生活于宫城,其在长安和洛阳的宫苑中均有居住区:

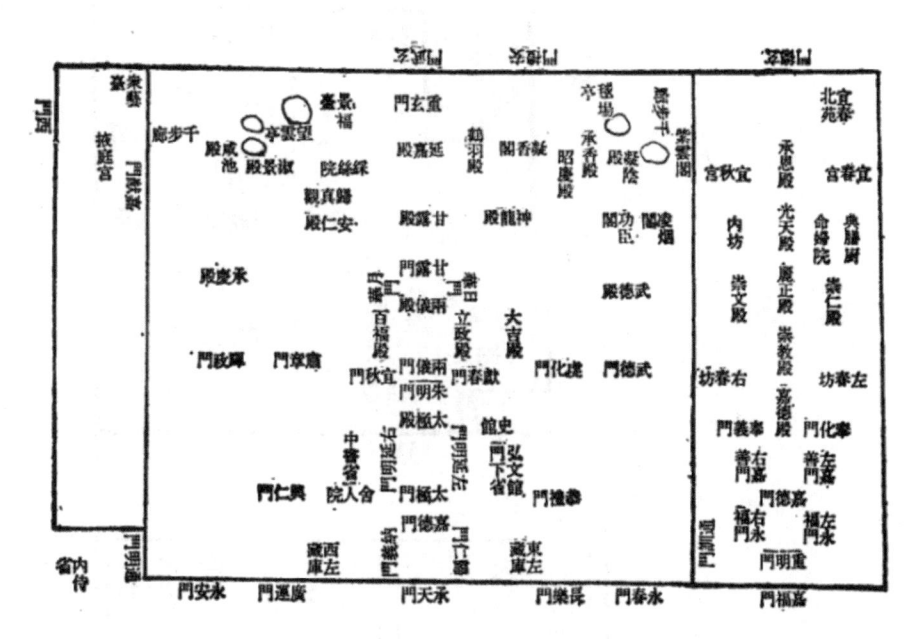

图 29　西京宫城图

(图片来源:《唐两京城坊考》图版)

1. 长安的内苑居住区

《两京城坊考》标识有公主在长安宫苑中的居住区——公主院:

> 城之东北隅有紫云阁,其南有山水池阁,西为南北千步廊(南至尚食内院,西北尽宫城)。殿阁之外庙一,……院二……曰尚食内院……公主院(《长安志》:院在千秋殿西。)……①

---

① 《唐两京城坊考》,第6页。《增订〈两京城坊考〉》,第8页。

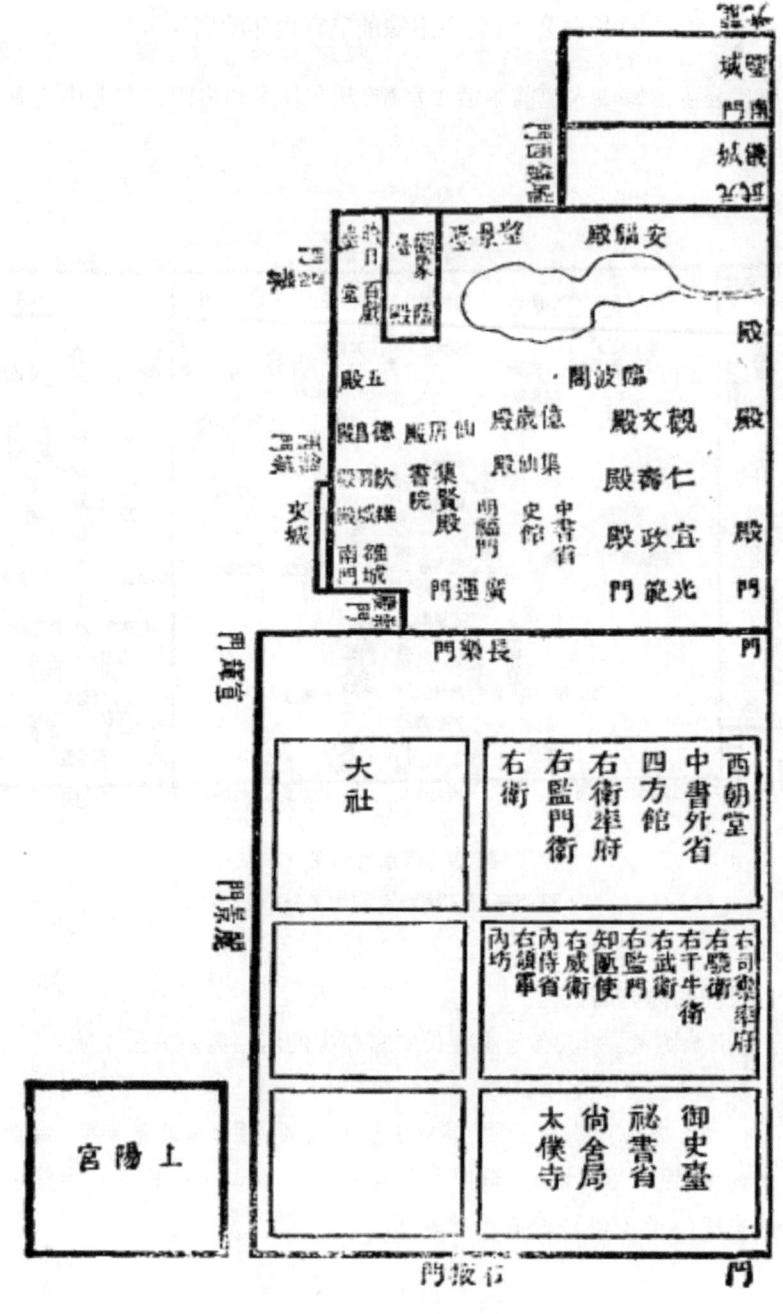

图 30　东京宫城皇城图
（图片来源：《唐两京城坊考》图版）

2. 洛阳的内苑居住区

东京宫城内也有专为太子、皇子、公主们生活的地方，"(宫城)城中隔城二，在东南隅者太子居之，在西北隅者皇子、公主居之"，"西则达于隔城。隔城者，阊阖在其上，荫殿在其下。(隔城中南有三堂，北有三堂，旧皆皇子、公主所居)"。① 太平公主在宫城修书院(命妇院北)有内宅②。

(二)离开宫苑：公主的宫外居住或修道、礼佛区

而公主出嫁或入道后，生活在皇室出资营建的宅第或道观里，另外还有公主为家人祈福，或为公主祈福营建的寺庙以及公主营建的亭台、观池等相关建筑，其在两京的位置，则以张穆校补《唐两京城坊考》以及阎文儒、阎文钧的《两京城坊考补》、李健超的《增订〈两京城坊考〉》的详细载录为基础做以梳理，同时参照出土的公主、驸马及其家族、子嗣等的墓志做出三处补充，另更正谬误或考订模糊处六处，并据此分析唐代公主宅邸的某些特点与规律。补充的以❖标识，纠谬处以※标识，前人虽有增订但仍存疑处以◖标识。

1. 唐代公主在洛阳的宅第、道观

唐代公主的府第大都营建在长安城周围。另在东京洛阳外郭城，还有多处公主的宅子，多为武后、中宗、睿宗朝所建，分别为：

定鼎门东街第一街：(1)次北尚善坊薛王业宅原本为太平公主宅；(2)尚善坊安乐郡主宅(本武三思宅，宅有薛稷画鹤)③。

右定鼎门东街第二街：(3)正平坊安国观(睿宗女玉真公主)；(4)正平坊安国观原本为太平公主宅④；(5)修业坊睿宗女鄎国公主宅⑤；(6)修业坊睿宗女代国公主宅⑥；(7)旌善坊安乐公主宅⑦。

右定鼎门东街第三街：(8)惠训坊长宁公主宅(并魏王第"东西尽一坊"，"道德与惠训相接"，并魏王池在旌善、尚善间⑧)；(9)道术坊长宁公主宅⑨。

---

① 《唐两京城坊考》卷五，第131、136页。《增订〈两京城坊考〉》卷五，第240页。
② 《唐两京城坊考》卷五，第135页。
③ 《唐两京城坊考》卷五，第148页。《增订〈两京城坊考〉》卷五，第265页。
④ 《唐两京城坊考》卷五，第149页。
⑤ 《唐两京城坊考》卷五，第150页。
⑥ 《唐两京城坊考》卷五，第150页。
⑦ 《唐两京城坊考》卷五，第150页。
⑧ 《唐两京城坊考》卷五，第152页。
⑨ 《唐两京城坊考》卷五，第152页。

定鼎门东街第四街：(10)道化坊中宗女定安公主宅[①]；(11)温柔坊睿宗女蔡国公主宅(考秦国公主宅为蔡国[②])；(12)择善坊宪宗女宣城公主宅(考为中宗女宣城公主[③])；(13)道德坊景龙观("南北居半坊之地,金仙公主处焉"[④])；(14)道德坊长宁公主宅。

长夏门之东第三街：(15)询善坊金仙公主宅("姚崇山池院,崇薨,为金仙公主所市"[⑤])；(16)乐城坊驸马王承衍宅(盖睿宗女淮阳公主驸马王承庆之误。阎文儒据《淮阳公主墓志》"薨于洛阳永丰里之私第"[⑥]补)。

长夏门之东第四街：(17)履信坊高祖女馆陶公主宅[⑦]。

定鼎门街西：(18)宽政坊睿宗女薛国公主驸马裴巽宅；(19)宽政坊睿宗女代国公主驸马郑万钧宅[⑧]；(20)淳风坊睿宗女薛国公主驸马王守一宅[⑨]。

瀍水之北,东城之东：(21)道光坊昭成寺……安乐造百宝香炉[⑩]。

东城之东,第二南北街：(22)归义坊太平寺(垂拱二年太平公主建)[⑪]；(23)思恭坊睿宗女薛国公主驸马王守一山亭院[⑫]。

东城之东,第六南北街：(24)积德坊太平公主园[⑬]。

2. 唐代公主在长安的宅第、道观、寺庙

唐长安城的公主住宅及其所立道观、寺院分布情况列表如下(公主拥有多处住宅的做出标注,●标识太平公主,▲标识长宁公主,★标识安乐公主,◆标识成安公主,◇标识金仙公主,⊙标识蔡国公主,▽标识岐阳公主)：

[①] 《唐两京城坊考》卷五,第154页。
[②] 《唐两京城坊考》卷五,第154页。
[③] 《唐两京城坊考》卷五,第155页。
[④] 《唐两京城坊考》卷五,第155页。
[⑤] 《唐两京城坊考》卷五,第162页。
[⑥] 《〈两京城坊考〉补》,第848页。
[⑦] 《唐两京城坊考》卷五,第164页。
[⑧] 《唐两京城坊考》卷五,第167页。
[⑨] 《唐两京城坊考》卷五,第167页。
[⑩] 《唐两京城坊考》卷五,第172页。
[⑪] 《唐两京城坊考》卷五,第173页。
[⑫] 《唐两京城坊考》卷五,第173页。
[⑬] 《唐两京城坊考》卷五,第177页。

表2 唐代公主宅第、寺庙、道观长安里坊布局平面图表

修真	安定	修德	宫 城			光宅	翊善	长乐45	入苑
普宁	休祥 87、88 ★	辅兴 76、77 ◇				永昌	来庭	大宁 46、47 ●	兴宁 55、56、57 ●
义宁	金城 89 ★	颁政 ● 78、79	皇 城			永兴 23		安兴 48、49	永嘉 58、59 ⊙
居德	醴泉 90 ●	布政				崇仁 24、25、26、27、28 ▽▲		胜业 50、51	兴庆
群贤	西市	延寿 80、81 ◆	太平	善和	兴道 1 ●	务本	平康 29、30、31、32 ●▲	东市	道政
怀德		光德 82	通义 72、73、74 ◆◆⊙	通化	开化 2 ▲	崇义 5、6	宣阳 33、34、35、36		常乐 60、61
崇化	怀远	延康 83	兴化	丰乐	安仁 3	长兴 7、8、9、10、11、12	亲仁 37、38、39、40、41	安邑	靖恭 62、63 ▲
丰邑	长寿 91、92	崇贤	崇德	安业 65、66、67	光福 4	永乐 13、14、15	永宁 42	宣平	新昌 64
待贤	嘉会 93	延福 84	怀贞 75	崇业 68、69	靖善	靖安 16、17、18、19、20	永崇 43、44	昇平 52、53 ●●	升道
永和	永平 94、95	永安	宣义	永达	兰陵	安善	昭国	修行	立政
常安	通轨 96	敦义	丰安	道德 70、71 ▲▲◇	开明	大业 21、22 ●▲	晋昌	修政	敦化
和平	归义	大通 85 ▽	昌明	光行	保宁	昌乐	通善	青龙	曲江
永阳	昭行	大安 86	安乐	延祚	安义	安德	通济	曲池 54	

[注]

朱雀门街东第一街

(1)兴道坊太平公主宅。(2)开化坊太宗女襄城公主宅(萧瑀子锐尚襄城公主,诏别营主第。主辞姑妇异居……后改为荐福寺)。(3)安仁坊

玄宗女万春公主宅。[1] (4)光福坊中宗女永寿公主庙[2]。

朱雀门街东第二街

崇义坊二处:(5)中宗女长宁公主佛堂(正觉寺……乾封二年移长宁公主佛堂于此,重建);(6)高祖女南昌公主驸马苏勖宅。

长兴坊六处:(7)高祖女长广公主驸马杨师道宅;(8)肃宗女纪国大长公主宅;(9)顺宗女汉阳大长公主宅;(10)宣宗女万寿公主驸马郑颢宅;(11)宣宗女广德公主驸马于琮宅[3];(12)❖穆宗女金堂公主宅〔郭海文《大唐公主命运图谱》亦增,据《唐故驸马都尉将作少监赠殿中监郭公墓志铭并序》:薨于长兴里私第〕。

永乐坊三处:(13)兰陵长公主宅(稿本原有,张穆删去,盖与卷三平康坊重[4]);(14)废明堂县廨赐中宗女宣城公主驸马裴巽宅[5];(15)永寿寺("景龙三年,中宗为永寿公主立。按光福坊有永寿公主庙"[6])。

靖安坊五处:(16)龙朔二年高宗为高安长公主立崇敬尼寺;(17)玄宗女咸宜公主宅;(18)靖安坊韩国贞穆公主庙(《礼阁新仪》曰:"德宗女,自唐安公主追册,贞元十七年祔庙"[7]);(19)靖安坊肃宗女郑国公主驸马张清宅〔补注据北图藏拓片:张公,芝于都靖安里宅……父清尚肃宗皇帝第五女郑国公主……(公)尚乐安公主(代宗皇帝之息女也)[8]〕;(20)靖安坊代宗女乐安公主驸马张怙宅[9]。

※李健超增订张怙宅与郭海文等的《唐代公主子女考》[10],均据张怙墓志,未做辨析。◐但《新唐书·诸帝公主传》代宗无乐安公主,其他文献亦无,而《唐故检校少监驸马都尉赠卫尉卿范阳张府君(怙)墓志铭》叙述非常详细,并无语焉不详处,不仅交代了详细履历,亦用大量笔墨书写了张怙何以得尚公主的原因:"贞元中,朝廷以公宫重礼,下嫁殊荣,选尚之艰,中外攸慎。苟非践履无玷,谦默有闻,则何以膺平叔之宠光,总鲁元之汤沐,由是,特恩尚乐安公主。"并且详细交代:"公主即代宗皇帝之息女也。柔

---

[1] 1-3均出《唐两京城坊考》卷二,第35页。
[2] 《唐两京城坊考》卷二,第37页。
[3] 6-11均出《唐两京城坊考》卷二,第41—43页。
[4] 《唐两京城坊考》卷二,第44页。《增订〈两京城坊考〉》,第68页。
[5] 《唐两京城坊考》卷二,第44页。
[6] 《唐两京城坊考》卷二,第44页。
[7] 《唐两京城坊考》卷二,第46—47页。
[8] 阎文儒、阎文钧编补:《〈两京城坊考〉补》,第329页。
[9] 《增订〈两京城坊考〉》,第72页。
[10] 郭海文等:《唐代公主子女考》,《碑林集刊》第二〇辑,三秦出版社2015年版,第182页。

明婉嬺,能循法度;宜家宜室,为戚里光。尊俭德于国风,焕母仪于彤管。每以蓬麻在首,膏沐无容。"[1]并叙述"有子八人",可知二人婚后生活亦长久。

大业坊二处:(21)东南隅太平女冠观("仪凤二年,吐蕃入寇,求太平公主和亲,不许……初以颁政坊宅为太平观,寻徙于此……颁政坊观改为太清观"[2]);(22)中宗女长宁公主驸马杨慎交山池[3]。

◐《两京城坊考》大业坊有新昌观,非新昌公主入道观,并注明"在崇业坊"[4],而朱雀门街西第一街仍然录此。

朱雀门街东第三街

(23)永兴坊德宗女宜都公主驸马和政公主子柳昱宅[5](李健超据《唐故宜都公主墓志铭(并序)》"薨于永兴里第"[6])。

崇仁坊五处:(24)太宗女东阳公主亭子("韦庶人败……奏请为景龙观……天宝十三载改为玄真观");(25)中宗女长宁公主宅〔"主及驸马杨慎交奏割宅向西一半,宫(官)市为礼会院,每公主、郡县主出降,皆就此院成礼,开元十九年四月置。兵兴以来,废而不修,后移于长兴坊"[7]〕;(26)玄宗女太华公主宅;(27)宪宗女岐阳公主宅;(阎文儒考述:"《长安志》载昌化坊,而不知所在。按坊内有礼宾院及岐阳公主宅。礼宾院旧在崇仁坊。"[8]);(28)德宗女义阳公主。

平康坊四处:(29)太宗女兰陵长公主宅(《两京城坊考》平康坊与永乐坊均有兰陵长公主宅,张穆因与平康坊重删去。引《兰陵长公主碑》:薨于雍州万年县之平康里。※《大唐故兰陵长公主碑》作"平乐里"[9]);(30)高宗女太平公主宅(后悉并为观);(31)中宗女长宁公主府("景云中废,并球场散卖与居人"[10]);(32)万安观(阎文儒补注:"《唐会要》卷五〇'尊崇道教'条云:天宝七载,永穆公主出家,舍宅置观……号华封。而《两京城坊

---

[1] 《唐故检校少监驸马都尉赠卫尉卿范阳张府君(怙)墓志铭》,《全唐文补遗》第三辑,第176页。
[2] 《唐两京城坊考》卷二,第47页。
[3] 《唐两京城坊考》卷二,第47页。
[4] 《〈两京城坊考〉补》,第331页。
[5] 《增订〈两京城坊考〉》,第84页。
[6] 拓片见《隋唐五代墓志汇编·陕西卷》第二册,第21页。录文见《唐代墓志汇编续集》,第787页。
[7] 《唐两京城坊考》卷三,第53—54页。
[8] 《〈两京城坊考〉补》,第347页。
[9] 《全唐文新编》卷一五三第一部,第三册,第1759页。
[10] 《唐两京城坊考》卷三,第56页。

考》卷三观名作'万安'"①)。

宣阳坊四处：(33)代宗女昇平公主驸马郭暧宅,后为奉慈寺；(34)宣阳坊玄宗女信成公主驸马独孤明宅；(35)宣阳坊韦温宅,韦氏诛后,赐恩国公主②(▲唐书无封号为恩国公主者,仅《长安志》卷八与《两京城坊考》叙及)；(36)肃宗女郯国公主宅〔李据《大唐故郯国大长公主墓志铭(并序)》③〕。

亲仁坊五处：(37)玄宗女咸宜观("宝应元年,咸宜公主入道,与太真观换名"④)；(38)睿宗女代国公主驸马郑万钧宅；(39)玄宗女万春公主驸马杨朏宅(《两京城坊考》称驸马杨暄宅)〔◐《旧唐书·杨国忠传》云"国忠子朏(疑为'朏')暄……兄弟各立第于亲仁里,穷极奢侈",但杨暄是否为驸马存疑:其一,据《旧唐书》暄"尚延河郡主",但随后又载"朏、暄,妃弟鉴皆尚公主,杨氏一门尚二公主、二郡主"。⑤ 其二,《新唐书·诸帝公主传》及《唐会要》中并无驸马杨暄。疑杨暄尚郡主,而非公主。另据《诸帝公主传》:"万春公主……下嫁杨朏,又嫁杨锜。"则此处的杨暄应为杨朏。同时《旧唐书》则为杨朏,以古人命名看,既然其弟为暄,应以同偏旁的"朏"更为合适〕；(40)玄宗女昌乐公主宅；(41)宣宗女西华公主宅⑥。

(42)永宁坊玄宗女永穆公主池观(永宁园又赐永穆公主池观为燕游地⑦)。

永崇坊二处：(43)玄宗女兴信公主宅(宗道观,本兴信公主宅)；(44)代宗女华阳公主观(大历十二年,为华阳公主追福,立为观⑧)。

朱雀门街东第四街

(45)长乐坊肃宗女和政公主宅(据子柳昱墓志"生于长乐里第"增⑨)。

大宁坊二处：(46)兴唐寺(神龙元年,太平公主为武太后立罔极寺,"穷极华丽,为京都之名寺。开元二十年,改为兴唐寺,明皇御容在焉"⑩)；

---

① 《〈两京城坊考〉补》,第351页。
② 《唐两京城坊考》卷三,第59页。
③ 《增订〈两京城坊考〉》,第96页。
④ 《唐两京城坊考》卷三,第60页。
⑤ 《旧唐书》卷五六《杨国忠传》,第3247页。《旧唐书》卷五一列传一《后妃传上·杨贵妃传》,第七册,第2180页。
⑥ 《唐两京城坊考》卷三,第61页。
⑦ 《唐两京城坊考》卷三,第62页。
⑧ 《唐两京城坊考》卷三,第65页。
⑨ 《增订〈两京城坊考〉》,第113页。《唐代墓志汇编续集》,第791页。
⑩ 《唐两京城坊考》卷三,第71页。

(47)德宗女义章公主(郑国庄穆)宅(降驸马都尉张茂宗,赐第①)。

安兴坊二处:(48)宪宗女岐阳庄淑公主宅(李健超据《新唐书·岐阳庄淑公主传》增订②);(49)懿宗女同昌公主宅③。

胜业坊二处:(50)高祖女长沙公主驸马豆卢怀让宅。(●原文无,阎氏增补,据《银青光禄大夫太仆卿驸马都尉中山郡开国公豆卢公墓志铭》:豆卢建曾祖驸马怀让,豆卢建"薨于京胜业里之私第"④。但公主下嫁另起宅第,未见史书记录建平公主不别居事);(51)玄宗女建平公主驸马豆卢建宅⑤。

昇平坊二处:(52)太平公主于汉乐游庙置乐游原亭("长安中太平公主于原上置亭游赏……其地居京城之最高,四望宽敞,京城之内,俯视指掌。每正月晦日、三月三日、九月九日,京城士女咸就此登高祓禊"⑥);(53)乐游原观池〔李健超据《白孔六帖》增:"(太平公主)作观池乐游原以为盛集"⑦〕。

(54)曲池坊龙朔三年为新城公主立建福寺("寺内隋弥勒阁崇一百五十尺。开元二年废"⑧)。(※原文为新成公主,应是太宗女新城公主)。

朱雀门街东第五街及曲池芙蓉园

兴宁坊三处:(55)高宗女太平公主宅⑨;(56)中宗女定安公主驸马王同皎宅(阎文儒增补);(57)玄宗女永穆公主永穆观,驸马王繇宅〔天宝七载,公主舍宅置观。阎文儒、李健超增补,据《永穆观奉义郎行京兆府泾阳县主簿王府君墓志铭》:公……曾祖同皎……尚定安长公主。祖繇……尚永穆长公主……(公)终于万年县兴宁里永穆观之北院⑩〕。

永嘉坊二处:(58)睿宗女蔡国公主宅⑪(阎文儒增补材料:"此坊隋末有方士云:贵气特盛。自武德贞观之后公卿王主居之多于众坊"⑫);(59)

---

① 《唐两京城坊考》卷三,第72页。
② 《增订〈两京城坊考〉》,第120页。
③ 《唐两京城坊考》卷三,第73页。
④ 《〈两京城坊考〉补》,第407页。
⑤ 《唐两京城坊考》卷三,第74页。《增订〈两京城坊考〉》,第121页。
⑥ 《唐两京城坊考》卷三,第79页。
⑦ 《增订〈两京城坊考〉》,第134页。
⑧ 《唐两京城坊考》卷三,第81页。
⑨ 《唐两京城坊考》卷三,第82页。
⑩ 《〈两京城坊考〉补》,第441页。《增订〈两京城坊考〉》,第141页。
⑪ 《唐两京城坊考》卷三,第83页。
⑫ 《〈两京城坊考〉补》,第442页。

睿宗女凉国公主宅("苏颋作碑云:公主终永嘉里第"①)。

常乐坊二处:(60)高祖女万春(后改长沙)公主驸马豆卢怀让宅(阎文儒增订豆卢怀让宅。据《故驸马都尉少卿息豆卢君墓志》:显庆四年卒常乐里第。② 逊母为万春公主,嫁豆卢怀让。);(61)肃宗女和政公主宅③。

靖恭坊二处:(62)中宗女长宁公主驸马杨慎交宅④;(63)靖恭坊❖玄宗女寿光公主宅(新增:《大唐故寿光公主墓志铭并序》:天宝九载三月丁巳薨于靖恭里第。郭海文《大唐公主命运图谱》亦据此增,误写为"静恭坊"⑤)。

(64)新昌坊青龙寺("龙朔二年,城阳公主复奏立为观音寺。初公主疾甚,由苏州僧法朗诵《观音经》,乞愿,得愈,因名焉。景云二年改为青龙寺"⑥)。

朱雀门街西第一街

安业坊三处:(65)睿宗女鄎国公主宅;(66)玄宗女唐昌公主唐昌观;(67)玄宗次女常芬公主驸马张去奢宅⑦(※《两京城坊考》仅注张去奢宅,据《新唐书·诸帝公主传》《加常芬公主制》"公主驸马张去奢")。

崇业坊二处:(68)福唐观本新都公主宅〔"景元(原误为'元',应为'云')元年,公主生子武仙官,出家为道士,立为观⑧〕;(69)玄宗女新昌公主新昌观(引《唐会要》卷五〇《新昌观》:"天宝六载,新昌公主因驸马萧衡亡,奏请度为女冠,遂立此观。"⑨)

道德坊二处:(70)中宗女长宁公主宅;(71)开元观(长宁公主宅"景云元年,置道士观。开元五年,金仙公主居之,改为女冠观。十年,改为开元观"⑩)。

朱雀门街西第二街

通义坊三处:(72)中宗女成安公主别宅;(73)成安公主宅,开元中睿宗女蔡国公主居之;(74)蔡国公主开元十八年,宅舍立九华观⑪。

---

① 《唐两京城坊考》卷三,第83页。
② 《唐两京城坊考》卷三,第85页。
③ 《唐两京城坊考》卷三,第85页。
④ 《唐两京城坊考》卷三,第85页。
⑤ 《大唐公主命运图谱》,第205页。
⑥ 《唐两京城坊考》卷三,第87页。
⑦ 《唐两京城坊考》卷四,第94页。
⑧ 《唐两京城坊考》卷四,第95页。
⑨ 《唐两京城坊考》卷四,第95页。
⑩ 《唐两京城坊考》卷四,第96页。
⑪ 《唐两京城坊考》卷四,第98页。

(75)怀贞坊宪宗女郑国温仪公主驸马韦让宅("大中三年侵街造舍，为有司举劾"①)。

朱雀门街西第三街

辅兴坊二处：(76)睿宗女金仙女冠观(景云元年，西城公主、昌隆公主入道立二观。二年，改封，"观便以金仙、玉真为名")；(77)睿宗女玉真女冠观〔《长安志》：安国观在正(政)平坊。不知其坊所在。按：安国观为玉真公主所居，疑辅兴即正(政)平改名也"②〕。

颁政坊二处：(78)高祖女高密公主宅(阎文儒、李健超均增补，据《大唐文安县主墓志》："贞观十五年降段纶之子……卒于长安颁政里之第。"③)；(79)高宗女太平女冠观(昭成观"咸亨元年，太平公主立为太平观。寻移于大业坊，改此观为太清观……至垂拱三年，改为魏国观。载初元年，改为大崇福观"④)。

延寿坊二处：(80)中宗女成安公主宅；(81)中宗女宣城公主驸马裴巽宅("土地平敞，水木清茂，为京城之最"⑤)。

(82)光德坊鄱阳公主邑司⑥。〔※作者按：唐代公主中无封号鄱阳者，晋孝帝女鄱阳公主有婚嫁记录，太宗诸女仅常山公主未下嫁而卒，事迹接近，公主为谁尚存疑义。此段文字与《病梨树赋(并序)》、《旧唐书·孙思邈列传》、《册府元龟》、《太平广记》一致，稍有出入：

上元元年，辞疾请归，特赐良马，及鄱阳公主邑司以居焉……时庭前有病("病"字《太平广记》作"大"字)梨树，照邻为之赋，其序曰："癸酉之岁，余卧疾长安光德坊之官舍。父(《太平广记》作"户")老云：'是鄱阳公主邑司。昔公主未嫁而卒，故其邑废。'"⑦

---

① 《唐两京城坊考》卷四，第101页。
② 《唐两京城坊考》卷四，第103页。
③ 《增订〈两京城坊考〉》，第181页。
④ 《唐两京城坊考》卷四，第104页。
⑤ 《唐两京城坊考》卷四，第106页。
⑥ 《唐两京城坊考》卷四，第108页。
⑦ 《旧唐书》卷一九一列传一四一《方伎列传》，第十六册，第5095页。〔宋〕王钦若等：《册府元龟》卷八五九《总录部医术二》，中华书局影明刻初印本1955年版，第10206页上。《太平广记》卷二一《神仙二一》，第一册，第140页。

《太平御览》①、《新唐书》("上元元年……假鄱阳公主邑司以居之"②)、《唐会要》("三年……居于鄱阳公主废府"③)均未述公主未嫁而卒之事。]

（83）延康坊高祖女万春公主（长沙公主）宅（"武德中为万春公主宅"④）。

（84）延福坊中宗女新都公主宅（"施为新都寺……天宝二年，立为玉芝观"⑤）。

（85）大通坊宪宗女岐阳公主别馆（本"尚父汾阳郡王郭子仪园"⑥）。

（86）大安坊德宗女汉阳公主驸马郭鏦大安亭子⑦。

朱雀门街西第四街

休祥坊二处：（87）太宗女临川公主宅；（88）中宗安乐公主别宅（"神龙中，三思以子崇训尚安乐公主，大加雕饰，三思诛后，主移于金城坊"⑧）。

（89）金城坊中宗女安乐公主宅（自休祥坊移宅于此⑨）。

（90）醴泉坊高宗女太平公主宅⑩（阎文儒增补：《高僧传》卷一八《万回传》：太平公主为造宅于怀远坊中，与公主宅前后尔。《新唐书·五行志》：长安初，澧泉坊太平公主第，井水溢流⑪）。

长寿坊二处：（91）武德二年（《唐会要》卷四八作"三年"）桂阳公主为驸马赵慈景立崇义寺；（92）中宗女永泰公主永泰寺（"神龙中，中宗为永泰公主追福，改为永泰寺"⑫）。

（93）嘉会坊德宗女郑国庄穆公主庙（"义章公主……贞元十七年祔庙"⑬）。

永平坊二处：（94）中宗女宣城公主宅；（95）高宗女高安长公主宅⑭。

（96）●通轨坊新城公主宅（《两京城坊考》与《〈两京城坊考〉补》均

---

① 《太平御览》卷七二四《方术部五》，第三册，第3206页。
② 《新唐书》卷一九六列传一二一《隐逸传》，第十八册，第5597页。
③ 《唐会要》卷八二，第1523页。
④ 《唐两京城坊考》卷四，第109页。
⑤ 《唐两京城坊考》卷四，第112页。
⑥ 《唐两京城坊考》卷四，第113页。
⑦ 《唐两京城坊考》卷四，第114页。
⑧ 《唐两京城坊考》卷四，第115页。
⑨ 《唐两京城坊考》卷四，第116页。
⑩ 《唐两京城坊考》卷四，第116页。
⑪ 《〈两京城坊考〉补》，第556页。
⑫ 《唐两京城坊考》卷四，第119页。
⑬ 《唐两京城坊考》卷四，第120页。
⑭ 《唐两京城坊考》卷四，第121页。

未收。

按:据《大唐故新城长公主墓志铭》"薨于长安县通轨坊南园"①)。

3.唐代公主宅第分布特点

从统计可以总结出唐代公主宅邸及相关建筑分布之特点:

(1)唐代公主拥有多处宅第或相关建筑者众多。其中与太平公主相关的宅第山庄、道观、池亭在长安城周围有九处,分别位于:①兴道坊;②大业坊东南隅太平女冠观;③颁政坊宅太平观;④平康坊;⑤大宁坊东南隅兴唐寺;⑥昇平坊乐游原亭⑦昇平坊乐游原观池;⑧兴宁坊;⑨醴泉坊东南隅。在洛阳城有五处:①宫城内有太平公主内宅;②尚善坊;③归义坊太平寺;④正平坊;⑤积德坊太平公主园。

中宗女长宁公主更是热衷于兴修庄园,在长安城有四处:①大业坊;②平康坊;③崇仁坊;④靖恭坊②。在洛阳有二处:①道德坊开元观(开元观有长安、洛阳两说③);②经过并购拥有跨道德、惠训、旌善、尚善、道术五坊的宅院。

其他拥有多处住宅的公主是:中宗女安乐公主(长安①休祥坊;②金城坊。洛阳①旌善坊)、中宗女成安公主(长安①通义坊;②延寿坊)、睿宗女蔡国公主(长安①永嘉坊;②通义坊)、睿宗女薛国公主(洛阳①淳风坊;②宽政坊;③思恭坊)、金仙公主〔长安①道德坊开元观(亦有考证认为在洛阳)④;②辅兴坊金仙女冠观。洛阳①道德坊;②询善坊〕、睿宗女代国公主宅(洛阳①修业坊;②宽政坊)、宪宗女岐阳公主宅〔长安①昌化坊(或为崇仁坊);②大通坊〕。

另外,玉真公主亦拥有多处道观,除在洛阳正平坊有安国观、长安辅兴

---

① 《全唐文补遗》第五辑,第127页。另见《唐〈新城长公主墓志〉考》,《碑林集刊》第六辑,第34页。

② 李健超在《〈长安志〉纠谬》(《汉唐两京及丝绸之路历史地理论集》,三秦出版社2007年版,第276页)中指出:"唐长宁公主宅在崇仁坊南门之西直至西南隅,而不在靖恭坊",但靖恭坊有杨慎交宅,因公主嫁杨慎交,此处选择将之归入长宁公主宅第。

③ "武后朝置永昌县,神龙元年县废,遂为长宁公主宅……开元五年金仙公主居之,为女冠观,十年改为开元观",永昌县属洛阳。参见焦杰、张兰惠:《唐代长安公主道观的开发与利用》,《唐都学刊》2012年第2期。

④ 《唐代长安公主道观的开发与利用》,第26页。论文引杨鸿年《隋唐两京坊里谱》之说"道德坊两京均有,《长安志》不辨,遂将洛阳道德坊诸事,归于长安道德坊下。《城坊考》未加思索,照录《志》文",又指出"都玄观即开元观,《唐会要》所记道观两京皆有,宋敏求编《长安志》时不察,乃误入西京,徐松虽沿袭旧说,但已产生怀疑",并据《大唐故金仙长公主志石铭》得出定论:开元观在洛阳。李健超《〈长安志〉纠谬》考证更早,但认为"金仙公主墓志中还有'京都双建道馆'……即长安和洛阳都建有开元观……有史料可证。'申元之者……唐明皇开元中,召入上都开元观'",又引唐诗中的长安开元观例证,本论著采用李说。

坊有玉真观外,其在京都之外的楼观南山有道观,在王屋山又有灵都观。

这些拥有多处宅第或相关建筑的公主多具有以下特点:

其一,多集中在高宗至睿宗时期。此时,公主们不仅拥有高贵的身份地位,且与亲王一样,可以置府,积极干预政治,并与朝臣、文士频繁往来,凭借特殊的身份和权力,广占田地,营建宅第、山庄,已成为公主群中的风尚。仅个别公主因秉性尚俭或不受宠爱、被打压排挤等原因,仅有一处宅第。

其二,高宗至睿宗后,受前车之鉴影响,公主们的实食封减少,衣食住行、社交等均受到限制,拥有多处宅第或道观的公主较少,但仍有受宠公主拥有多处宅第,如玉真公主拥有多处道观,而宪宗宠遇的岐阳公主亦拥有两处宅第。

其三,无论是前期还是后期,均存在公主因再嫁他人而改换宅第的情形。

(2)唐代公主的宅第,在唐长安城东街较为集中,分布有六十四处。这样的分布与公主皇室身份必然带来的政治性相关。既然来自皇室之家这个集权力、地位、富贵、荣华于一身的地方,那么公主的宅第自当占据长安城中的重要位置,也应首当其冲为政权服务,于是公主的宅第不仅是公主出嫁后的衣食起居、休养生息的生活空间,也成为帝王借由公主联络众多势力的中转站。在高宗至睿宗时公主宅第总会有帝王、后妃巡幸,也会成为公主、驸马设宴款待朝中众臣文人的热闹聚会场所,是当时长安城的重要政治文化活动空间。因而营建公主宅第时唐王朝首先会考虑其中隐含的政治内蕴,其宅第位置蕴含深厚的政治意图,随着唐朝社会政治需求的变化,各种势力的消长也发生着相应的变化。对此蒙曼的《唐代长安的公主宅第》引妹尾达彦的结论指出:"唐代长安城的宫廷建筑有过两次大的变化,龙朔二年大明宫建立(在唐长安城东北处),开元后李隆基登基,为了彻底摆脱武韦乱政时的阴影,第二年就营建了兴庆宫(在唐长安城东中部)"[1]。关于公主宅第与政治的关系,蒙曼指出:武周以前公主立宅是为了联络关陇势力,玄宗朝以后是为了控制干政,中晚唐个别公主"立宅城东北部的原因是拥有一定的政治内涵"。[2]

---

[1] 蒙曼的《唐代长安的公主宅第》(《唐研究》第九卷,北京大学出版社2003年版,第215页)参照妹尾达彦的《唐代长安的街西》(《史流》第25号,1984年)、《唐长安城的官人居住地》(《东洋史研究》第五十五卷第二号,1996年)与《中唐文学的视角》(东京:创文社,1998年)等文得出结论。

[2] 蒙曼:《唐代长安的公主宅第》,第215—229页。

（3）有的坊还会成为多个公主的宅第：如①长兴坊六处；②崇仁坊五处；③亲仁坊五处；④靖安坊五处；⑤平康坊四处；⑥宣阳坊四处（具体公主名参前）；⑦安业坊三处；⑧永乐坊三处；⑨兴宁坊三处；⑩通义坊三处；⑪辅兴坊两处。分布有两位公主宅第的亦不少。

四、唐代文学中的唐代公主生活空间书写

社会经济的繁荣，伴随而来的是各种文学艺术的辉煌，在唐代，园林的发展也进入盛年期。在这特殊时代孕育出的宅邸、园林等建筑艺术，具有与之相匹配的气度格局，宏伟之气势，巧妙之构思，艳丽之华彩，均体现唐代特有的气象。身为皇室成员的公主们出嫁时唐王朝会出资在长安城或洛阳城为其营建宅邸，一些公主还会在周围的山林中营建园林。由于时代久远已几无留存，史书对之记载又非常简略，无法了解其更多、更详细的内容，而文学中却保留有大量的鲜活材料。许嘉璐先生在考察中国古代建筑时曾说："我们要了解古代的建筑和人们的生活起居情况，还应从古代的作品中'就事论事'，因为古代文人写作时虽然也会有所夸张，不无浪漫、理想的色彩，但任何文人构思落笔都不能脱离现实的启示和拘囿，所以他们写下的更为可信。"①因此，要想进一步了解唐代公主的宅邸、园林等居住生活境况，还应该从唐代文学中寻找线索。

唐代的公主宅第、道观、园林文学创作，主要以唐诗为中心，包括四类：首先是以唐代公主及其道观为题的专题诗作，有一百五十九首（包括同题多首）之多，又以在公主宅第和园林的宴饮、游玩或公主去后的游玩、追忆的为多，有七十三首（减去重出的一首）；有关公主道观的诗作，则有四十首（有五首诗题公主、道观名均涉及）；再次为六十五题六十八首（减去两首重出的为六十六首）以驸马宅第、园林为题（有的未标明驸马，但经考证是驸马）的；最后是内容中叙及"主第"（减去诗题中有公主及其道观的），应为公主宅第或与公主宅第有一定关联的诗作，还有九首。这些作品或概描或细述，描绘着唐代文士们眼里、心上的公主宅第、园林的全景或一角。另有一些诗题为公主的挽歌、出降诗作，仅是在诗句中提到平阳、鲁馆等公主宅第、园林代称，或简要叙写了其居住、生活环境，未专列表格。

---

① 《中国古代衣食住行》，第114页。

表3　题名唐代公主或其道观且内容叙及其宅第、园林、道观的唐诗表

序号	公主及其宅第、山庄、道观诗概况	诗　题（统一不加书名号）	作者	分期
1	高宗女义阳公主	和韦承庆过义阳公主山池五首	杜审言	初唐
2	高宗女太平公主20题22首：公主出降（因谈及公主的宅第秦楼、鲁馆等所以选入）6人8首同题作品、太平公主南庄随御驾游赏12首、后代游赏追忆1首、太平观1首	太子纳妃太平公主出降	李治	高宗至睿宗时期
3		奉和太子纳妃太平公主出降	刘祎之	
4		奉和太子纳妃太平公主出降	元万顷	
5		奉和太子纳妃太平公主出降	郭正一	
6		奉和太子纳妃太平公主出降三首	胡元范	
7		奉和太子纳妃太平公主出降	任希古	
8		奉和春初幸太平公主南庄应制	宋之问	
9		《陪幸太平公主南庄诗》	沈佺期	
10		奉和初春幸太平公主南庄应制（景龙三年二月十一日）	李峤	
11		太平公主山亭侍宴应制（景龙三年八月十三日）	李峤	
12		奉和初春幸太平公主南庄应制	邵升	
13		侍从过公主南宅侍宴探得风字应制	张易之	
14		太平公主山亭侍宴	张昌宗	
15		奉和初春幸太平公主南庄应制	李乂	
16		奉和初春幸太平公主南庄应制	韦嗣立	
17		奉和初春幸太平公主南庄应制	赵彦昭	
18		奉和初春幸太平公主南庄应制	李邕	
19		奉和初春（《全唐诗》作"春初"）幸太平公主南庄应制	苏颋	
20		奉和初春幸太平公主南庄应制	李邕	
21		游太平公主山庄	韩愈	中唐2首
22		宿太平观	綦毋潜	

续表

序号	公主及其宅第、山庄、道观诗概况	诗　题(统一不加书名号)	作者	分期
23	中宗女长宁公主园林诗12题36首(现地游赏3题27首、东庄侍宴6首、游赏追忆1首、景龙观1首、玄真观1首)(公主传:韦庶人败,公主随夫外官,遂奏请为景龙观……天宝十三载改为玄真观)	长宁公主宅流杯	景龙文馆士	中宗时期
24		游长宁公主流杯池二十五首	上官昭容	
25		陪幸长宁公主林亭(一作刘宪诗)	萧至忠	
26		侍宴长宁公主东庄应制	崔湜	
27		侍宴长宁公主东庄应制	李峤	
28		侍宴长宁公主东庄	刘宪	
29		侍宴长宁公主东庄应制	李适	
30		侍宴长宁公主东庄应制	李乂	
31		侍宴长宁公主东庄应制	郑愔	
32		长宁公主旧山池	丁仙芝	盛唐
33		景龙观送裴士曹	苏颋	
34		游玄真观	李中	晚唐
35	中宗女安乐公主宅第园林诗24首(①宅第宴会诗16首:夜宴诗8首,其中夜宴新宅4首;侍宴诗4首,其中侍宴新宅2首;单纯宴安乐公主宅1首;②御驾游赏诗6首、定昆池2首)	夜宴安乐公主宅	崔日用	中宗时期
36		夜宴安乐公主宅	韦元旦	
37		夜宴安乐公主宅	武平一	
38		夜宴安乐公主宅	李迥秀	
39		宴安乐公主宅得空字	宋之问	
40		安乐公主移入新宅	李适	
41		安乐公主移入新宅侍宴应制(景龙三年十一月一日)	宗楚客	
42		安乐公主移入新宅侍宴应制同用开字	赵彦昭	
43		夜宴安乐公主新宅	阎朝隐	
44		夜宴安乐公主新宅	刘宪	
45		夜宴安乐公主新宅	苏颋	
46		夜宴安乐公主新宅应制	徐彦伯	

续表

序号	公主及其宅第、山庄、道观诗概况	诗 题(统一不加书名号)	作者	分期
47	中宗女安乐公主宅第园林诗24首(①宅第宴会诗16首:夜宴诗8首,其中夜宴新宅4首;侍宴诗4首,其中侍宴新宅2首;单纯宴安乐公主宅1首;②御驾游赏诗6首、定昆池2首)	侍宴安乐公主新宅应制	李适	中宗时期
48		侍宴安乐公主新宅应制	武平一	
49		侍宴安乐公主庄应制	李适	
50		侍宴安乐公主山庄应制	苏颋	
51		奉和幸安乐公主山庄应制	宗楚客	
52		奉和幸安乐公主山庄应制	韦元旦	
53		奉和幸安乐公主山庄应制	刘宪	
54		奉和幸安乐公主山庄应制	萧至忠	
55		奉和幸安乐公主山庄应制	赵彦昭	
56		奉和幸安乐公主山庄应制	李迥秀	
57		三月三日诏宴定昆池宫庄赋得筵字	张说	
58		三月三日定昆池奉和萧令得潭字韵	张说	
59	睿宗女金仙公主开元观8首(武陵、宣城、吴中等地开元观不收,仅洛阳、长安)、金仙观1首	开元观遇张侍御	钱起	中唐(追忆7人)
60		开元观陪杜大夫中元日观乐	戎昱	
61		长安春夜宿开元观	杨凭	
62		同韦员外开元观寻时道士	张籍	
63		台中鞫狱忆开元观旧事呈损之兼赠周兄四十韵	元稹	
64		开元观闲居,酬吴士矩侍御三十韵(十八时作)	元稹	
65		首夏同诸校正游开元观,因宿玩月	白居易	
66		社日游开元观(时当水荒之后)	薛逢	
67		邻人自金仙观移竹	李远	晚唐1人

第六章　旧识平阳佳丽地：唐代公主的生活空间及相关建筑　359

续表

序号	公主及其宅第、山庄、道观诗概况	诗　题（统一不加书名号）	作者	分期
68	睿宗女玉真公主山庄、道观诗14首（标题为道观的诗作9首，现地游赏4首，追忆诗12首）	奉和圣制幸玉真公主山庄因题石壁十韵之作应制	王维	盛唐（4人现地游赏）
69		玉真公主别馆苦雨，赠卫尉张卿二首	李白	
70		玉真公主歌	高适	
71		玉真公主山居	储光羲	
72		九仙公主旧庄	王建	中唐（9人追忆）
73		过玉真公主影殿（一作卢尚书《题安国观》）	卢纶	
74		题玉真观公主山池院	司空曙	
75		题玉真观李秘书院	韩翃	
76		玉真观	张籍	
77		玉真观	李群玉	
78		玉真观寻赵尊师不遇	姚鹄	
79		经东都安国观九仙公主旧院作	刘禹锡	
80		秋夜安国观闻笙	刘禹锡	
81	睿宗女永穆公主	晦日诏宴永穆公主亭子赋得流字	张说	盛唐1人
82	睿宗女蔡国公主九华观（7题8首）	九日题蔡国公主楼	刘长卿	中唐（4人追忆）
83		题故蔡国公主九华观上池院	武元衡	
84		九华观宴钱崔十七叔判官赴义武幕兼呈书记萧校书	权德舆	
85		上巳日贡院考杂文不遂赴九华观祓禊之会以二绝句申赠	权德舆	
86		和九华观见怀贡院八韵	权德舆	
87		九华观看花	张籍	
88		九华观废月池（一作《题昭华公主废池馆》）	薛逢	晚唐（1人追忆）

续表

序号	公主及其宅第、山庄、道观诗概况	诗　题(统一不加书名号)	作者	分期
89	玄宗女新城公主驸马独孤明	秋中过独孤郊居(即公主子)	卢纶	中唐
90	玄宗女唐昌公主唐昌观14首(均为后代游赏追忆诗)	唐昌观玉蕊花	杨凝	中唐9人
91		唐昌观玉蕊花	王建	
92		唐昌观玉蕊花	武元衡	
93		唐昌观玉蕊花	杨巨源	
94		唐昌公主院看花	司空曙	
95		和严给事闻唐昌观玉蕊花下有游仙二绝	刘禹锡	
96		唐昌观看花	张籍	
97		同严给事闻唐昌观玉蕊近有仙过,因成绝句二首	张籍	
98		和严给事闻唐昌观玉蕊花下有游仙	元稹	
99		唐昌观玉蕊花折有仙人游怅然成二绝	严休复	
100		中台五题·玉蕊(乱前唐昌观玉蕊最盛)	郑谷	晚唐(1人追忆)
101	代宗女昇平公主	赠郭驸马(郭令公子暧尚昇平公主令于席上成此诗)	李端	中唐
102	代宗女华阳公主华阳观(4首)	春题华阳观(观即华阳公主故宅有旧内人存焉)	白居易	中唐
103		华阳观桃花时招李六拾遗饮		
104		华阳观中八月十五日夜招友玩月		
105		春中与卢四周谅华阳观同居		

续表

序号	公主及其宅第、山庄、道观诗概况	诗 题（统一不加书名号）	作者	分期
106	顺宗女梁国公主7题10首（1.于家公主以刘、白二人生卒，为梁国公主。2.梁国公主挽歌叙及凤楼、山林亦归入）	故梁国公主池亭	王建	中唐
107		题梁国公主池亭	姚合	
108		题于家公主旧宅（《全唐诗人名考》考为"于季友"，第340页）	刘禹锡	
109		同诸客题于家公主旧宅（《全唐诗人名考》考为"于季友"，第441页）	白居易	
110		赠梁国惠康公主挽歌词二首	权德舆	
111		梁国惠康公主挽歌词二首（驸马即司空于公之子）	羊士谔	
112		梁国惠康公主挽歌二首	韩愈	

表4 叙及唐代公主驸马宅第、园林的唐诗表

序号	驸马名	诗 题（统一不加书名号）	作者	分期
1	杨师道（尚高祖女长广公主）10首	还山宅	杨师道	初唐
2		春朝闲步	杨师道	
3		初秋夜坐应诏	杨师道	
4		安德山池宴集	岑文本	
5		安德山池宴集	刘洎	
6		安德山池宴集	褚遂良	
7		安德山池宴集	杨续	
8		安德山池宴集	许敬宗	
9		安德山池宴集	上官仪	
10		安德山池宴集	李百药	
11	崔宣（尚高祖女馆陶公主）	幸崔驸马庄①	武则天	初唐

---

① 杨琼：《新见唐代驸马崔宣墓志及其史料价值》，《中华文史论丛》2023年第1期，第24页。

续表

序号	驸马名	诗　题(统一不加书名号)	作者	分期
12	崔驸马(玄宗有两位崔驸马,其一晋国公主崔惠童驸马,有东庄,其二咸宜公主二嫁驸马崔嵩)6首	宴城东庄	崔惠童	盛唐及跨盛中之交(如钱起的一篇诗作被划入)
13		过崔驸马山池(《全唐诗人名考》考为"崔惠童",第108页)	王维	
14		崔驸马山池重送宇文明府(得苗字)(《全唐诗人名考》考为"崔惠童",第154页)	岑参	
15		崔驸马宅咏画山水扇(《全唐诗人名考》考为"崔惠童",第158页)	梁锽	
16		崔驸马山亭宴集(京城东有崔惠童驸马山池)	杜甫	
17		宴崔驸马玉山别业(《全唐诗人名考》考为"崔惠童",第186页)	钱起	
18	郑驸马(尚玄宗女临晋公主)2首	郑驸马宅宴洞中	杜甫	盛唐
19		郑驸马池台喜遇郑广文同饮(《全唐诗人名考》考为"郑潜曜",第174页)	杜甫	
20	温驸马(尚宋国公主)	赠温驸马汝阳王(徐晶《同蔡孚五亭咏》,蔡孚开元中为起居郎,玄宗女宋国公主驸马,《全唐诗人名考》考为"温西华",第52页)	徐晶	盛唐
21	萧驸马(尚玄宗女新昌公主)	萧驸马宅花烛〔《全唐诗人名考》(第117页)、陶敏《全唐诗人名考证》(第128页)均考为"萧衡"〕	王昌龄	盛唐
22	杨驸马4首(减去重1首)	奉和杨驸马六郎秋夜即事(玄宗女卫国公主、宋国公主、咸宜公主、万春公主、太华公主驸马分别为杨说、杨徽、杨洄、杨昢、杨锜,杨驸马不详何人)	王维	盛唐
23		过杨驸马亭子	钱起	盛唐至中唐
24		宴杨驸马山池(一作陈羽诗,又作朱湾诗)〔韩翃天宝十三年中进士〕	韩翃	
		宴杨驸马山亭(一作朱湾诗)	陈羽	
25		和虞部韦郎中寻杨驸马不遇	独孤及	
26	驸马张清(尚肃宗女郯国公主)	赠别张驸马(《全唐诗人名考》考为"张清",第216页)	戎昱	大历
27	驸马郭暧(尚昇平公主)	赠郭驸马(郭令公子暧尚昇平公主令于席上成此诗)	李端	大历

续表

序号	驸马名	诗 题(统一不加书名号)	作者	分期
28	王驸马 2 首	王评事驸马花烛诗(《全唐诗人名考证》考为"王士平",诗中"司徒""谓士平父王武俊",第 400 页)	卢纶	大历
29		游城东王驸马亭(陆畅 806 年登进士第,与其生平有交集的王姓驸马有两位,德宗女魏国宪穆公主驸马王士平、顺宗女虢国公主驸马王承系,又顺宗女云安公主出降时陆畅被推为傧相)(《全唐诗人名考证》考为"王士平",第 707 页)	陆畅	中唐
30	郭驸马(尚德宗女汉阳公主)7 首	游郭驸马大安山池(《全唐诗人名考证》考为德宗女汉阳公主驸马,昇平公主子郭鏦,第 496 页,《全唐诗人名考》同,第 295 页)	羊士谔	中唐
31		春日游郭驸马大安亭子(《全唐诗人名考》考为"郭鏦",第 360 页)	吕温	
32		与杨十二巨源、卢十九经济同游大安亭各赋……探得松石	元稹	
33		使东川·亚枝红(诗序"往岁与乐天曾游于郭家亭子竹林中……",诗句云"平阳池",① 可知为公主园林)	元稹	
34		压墙花(诗句云"春来偏认平阳宅"②)	元稹	
35		酬和元九东川路诗十二首·亚枝花(诗句云"山邮花木似平阳","还似昇平池畔坐",③ 参元稹诗序"郭家亭子",诗中以平阳公主、昇平公主作比衬,而郭鏦正是昇平公主子)	白居易	
36		题大安池亭	雍陶	晚唐
37	崔驸马 18 首(姚合生活在德宗、顺宗朝,此时的崔驸马有德宗女永阳公主驸马崔諲、顺宗女东阳公主驸马崔杞)	赠崔驸马(《全唐诗人名考》考为"崔杞",第 304 页)	杨巨源	
38		酬崔驸马惠笺百张兼贻四韵(《全唐诗人名考》考为"崔杞",认为"德宗、顺宗、宪宗诸女,嫁崔姓者两人",德宗女永阳公主驸马"崔諲未见与诗人唱和",第 301 页)	杨巨源	中唐

①② 《元稹集》卷一七、《外集卷七续补一》,第 194、686 页
③ 《白居易集笺校》卷一四,第 835 页。

续表

序号	驸马名	诗 题(统一不加书名号)	作者	分期
39		晚春过崔驸马东园(《全唐诗人名考》考为"崔杞",第369页)	张籍	中唐
40		和崔驸马闻蝉(《全唐诗人名考》考为"崔杞",第375页)	张籍	
41		崔驸马养鹤(《全唐诗人名考》考为"崔杞",第376页)	张籍	
42		送兖州崔大夫驸马赴镇(《唐人绝句》作《送崔驸马赴兖州》)(《全唐诗人名考》考为"崔杞",第443页)	白居易	
43		送河中杨少府宴崔驸马宅(《全唐诗人名考》考为"崔杞",第498页)	姚合	
44	崔驸马18首(姚合生活在德宗、顺宗朝,此时的崔驸马有德宗女永阳公主驸马崔諲、顺宗女东阳公主驸马崔杞)	题大理崔少卿驸马林亭(《新唐书》卷五六《刑法志》有"参酌院大理少卿崔杞奏曰",《旧唐书》卷一七下"申以将作监驸马都尉崔杞为兖海沂密观察使")(《全唐诗人名考》考为"崔杞",第498页)	姚合	
45		题崔(《全唐诗》作"郑")驸马宅(《全唐诗人名考》作"崔杞","郑"为误,第498页)	姚合	
46		春日同会卫尉崔少卿宅(《全唐诗人名考》未考,存疑)	姚合	
47		同卫尉崔少卿九月六日饮(《全唐诗人名考》未考,存疑)	姚合	
48		崔少卿鹤(《全唐诗人名考》"崔少卿为崔杞",第501页)	姚合	中唐至晚唐之交
49		崔卿双白鹭(《全唐诗人名考》考为"崔杞",第509页)	顾非熊	
50		咏双白鹭(一作《崔少府池鹭》)(《全唐诗人名考》考为"崔杞",认为姚合《题大理崔少卿驸马林亭》有"台榭栖双鹭",第521页)	雍陶	
51		崔卿池上双白鹭(《全唐诗人名考》考为"崔杞",第592页)	贾岛	
52		崔卿池上鹤(《全唐诗人名考》考为"崔杞",第592页)	贾岛	
53		题崔驸马林亭(《全唐诗人名考》考为"崔杞",第517页)	朱庆馀	
54		题崔驸马林亭(《全唐诗人名考》考为"崔杞",第737页)	无可	

续表

序号	驸马名	诗题(统一不加书名号)	作者	分期
55	郑驸马(重出)	题郑驸马林亭(与《题崔驸马宅》重合,唐德宗梁国恭靖公主有驸马郑何、宣宗万寿公主有驸马郑颢,以德宗、宣宗、姚合生卒年推为郑何、郑颢均有可能)(《全唐诗人名考》作"崔杞","郑"为误,第498页)	姚合	中唐
56	刘驸马(尚顺宗女云安公主)	刘驸马水亭避暑(唐顺宗女云安公主驸马刘士泾,宪宗女永顺公主、安平公主驸马刘弘景、刘异,以刘禹锡经历应与三位刘姓驸马有交集)(《全唐诗人名考证》疑为"刘士泾",第558页)	刘禹锡	中唐
57	王驸马(尚顺宗女虢国公主)	游故王驸马池亭(《全唐诗人名考》考为顺宗女虢国公主驸马"王承系",第522页)	李远	晚唐
58	于驸马(尚唐宪宗梁国惠康公主)2题5首	酬(一作"赠")于驸马二首(《全唐诗人名考》考为"于季友",第299页)	杨巨源	中唐
59		寄明州于驸马使君三绝句(《全唐诗人名考》考为"于季友",第442页)	白居易	
60	韦驸马(宪宗女郑国温仪公主)	闻韦驸马使君迁拜台州(宪宗女郑国温仪公主驸马韦让,长孙佐辅公元794年前后在世,《全唐诗人名考》考为"韦宥",第466页)	长孙佐辅	中唐
61	杜驸马(尚宪宗女岐阳公主)	夏日怀杜悰驸马	鲍溶	中晚唐
62		上杜驸马(《全唐诗人名考》考为"杜悰",第593页)	贾岛	
63	沈驸马	同沈驸马赋得御沟水(与李贺同时代的沈姓驸马有顺宗女西河公主驸马沈翬,宪宗女宣城公主驸马沈䘞、南康公主驸马沈汾,未能确知为谁)	李贺	中唐
64	未知	宴驸马宅	张蠙	晚唐
65	未知	驸马宅宴罢	曹松	

表5　言及"主第"（除去以公主、驸马及其道观为题）的唐诗表

序号	诗题（不加书名号）	作者	相关诗句	分期
1	晦日宴高氏林亭（见《岁时杂咏》）	陈子昂	寻春游上路，追宴入山家。主第簪缨满，皇州景望华。（高氏被考为高正臣，但其林亭应与公主驸马园林有重要联系，陈子昂为之序曰："有渤海之宗英，是平阳之贵戚。"唱和诗作中又有两首言及"主第"，一处言及"戚里""歌钟虽戚里"；三处用"平阳"之典："歌入平阳第""人是平阳客""骑出平阳里，筵开卫尉家"）	初唐
2	晦日宴高氏林亭	解琬	主第簪裾出，王畿春照华	初唐
3	阙题（此处主第应是指帝王宅第，非公主第）	杨师道	两鬓百万谁论价，一笑千金判是轻。不为披图来侍寝，非因主第奉身迎。羊车讵畏青门闭，兔月今宵照后庭。	初唐
4	长安古意	卢照邻	玉辇纵横过主第，金鞭络绎向侯家	初唐
5	城南亭作	张说	旧传比翼侯家舞，新出将雏主第歌	盛唐
6	杂诗	李端	主第辞高饮，石家赴宵会。金谷走车来，玉人骑马待。	大历
7	估客乐	元稹	侯家与主第，点缀无不精	中唐
8	和李校书新题乐府十二首·五弦弹	元稹	旬休节假暂归来，一声狂杀长安少。主第侯家最难见，授歌按曲皆承诏	中唐
9	佚句	不详	所愿暂知居者乐，无使时称主者劳。（中宗幸安乐公主第，从官赋诗，日知卒章，独存规诫，识者多之）	

　　另有一些与公主有关的建筑，后世虽有叙写，但已看不出公主的印记，如高宗为高安公主立崇敬寺，唐诗中有白居易所云"唐昌玉蕊会，崇敬牡丹期"（《代书诗一百韵寄微之》），福唐观本新都公主宅，杜光庭有《福唐观二首》，城阳公主奏请所立观音寺，后改为青龙寺，太平公主所建乐游厚亭与池观等。

　　"如今那曾留下唐代公主曼妙骄人身影的辉煌宏大的台阁林亭已化为飞灰"，但叙写其宅第、园林的诗文"却依然散发弥远香气，仍在隔着时空诉说着"这些"金枝玉叶"们留下的盛极一时的园林之美，"透过那或幽美

或简净或华艳或凄婉的诗句,在那些精整细腻、浓墨重彩的赋作里",以及基于历史又经过文人的眼睛、心灵取舍、剪裁、修饰、加工过的笔记小说、传奇故事里,"仍可以领略那华美惊艳的建筑带给人们的震撼与遐想"①。

(一)唐代的公主生活空间文学创作及个案

其创作包括两方面:一是唐代初、盛、中、晚不同时期文人的唐代公主宅第、园林创作,二是唐代文人对初、盛、中、晚唐某位公主园林宅第的创作。由于初唐高祖、太宗时的公主园林创作与高宗至睿宗时的迥异,因此也分开叙述。其创作特点、嬗变及原因表现为:

1. 初唐高祖太宗时隐去公主的零星创作及个案

诗文中初唐高祖太宗时期的公主园林创作极少,且隐去公主名而以驸马园林冠名。仅涉及四位公主,一是高祖女庐陵公主驸马乔师望园林(非专题而是文中间接叙述);二是高祖女馆陶公主驸马崔宣宅(以写作时间本应归入武周时,但因暗隐馆陶公主旧宅影迹,故纳入此时段);三是以太宗女桂阳公主驸马杨师道园林为题的集体吟咏;四是与襄城公主有关的荐福寺吟咏(以写作时间本应归入中宗时,但因其中暗隐着襄城公主旧宅影迹,则纳入此时段)。

(1)唐文中的高祖女庐陵公主驸马乔师望园林

卢照邻给唐高祖女庐陵公主驸马撰写的《驸马都尉乔君集序》叙及其园林:

> 临曲台之上路,面通衢之小苑。莲红水碧,堪钓叟之淹留;桂白山青,宜王孙之攀折。香车贵士,不掩龙关;缝掖书生,时通驿骑。坐兰径,敞松扉,北牖动而清风来,南轩幽而白云起。欣然命驾,吊曲江之隩洲(原作"渊",据《英华》改);兴尽而归,聆伊川之笙吹。三朝庆谒,趋剑履于南宫;五日归休,闻歌钟于北里。雍容车骑,屡动雕章;啸傲烟霞,仍涵(《全唐文》作"含")宝思。奢不败德,笑金谷之罗纨;俭不邀名,悲兰陵之刍布。②

可知其园林依山傍水,池台楼阁广布,亭苑临衢,曲径通幽,植物众多,贵士

---

① 见拙著《唐代文学中的公主园林别墅》,《西北大学学报(哲学社会科学版)》2010 年第 1 期,彩页。
② 《卢照邻集校注》卷六,第 305—306 页。

书客来往谈宴、络绎不绝,于此赏歌舞、谈诗书、游山水,畅怀尽兴。

(2)唐诗中的高祖女馆陶公主驸马庄

高祖女馆陶公主宅第园林在当时的诗文中未有叙及,但在《崔宣墓志》中记叙了其去世后武则天圣驾御览其宅第并赋诗吟咏:

> 以圣历二年,主上壮公高志,銮舆及皇太子、相王、太平公主,并中书门下官,亲幸洛城东庄别业……御制诗曰《幸崔驸马庄》,云:"苕姿隔泉路,秾李讨芳春。无复吹箫响,唯余金埒尘。"花笺御书,皇太子捧授,奉口敕谓公曰:"所恨公主在日不到此庄,今日过来,能无伤念。忆公主在日,宣识朕心。"①

从志文和诗作可知,公主的别业在洛阳城东,其间亦有奢华的马场。

(3)唐诗中的太宗女桂阳公主驸马杨师道安德山池

桂阳公主园林的风貌因驸马杨师道及聚集于此的诗人的创作而得以留存:

①驸马杨师道笔底的自家园林风貌

杨师道诗仅有两首可以断定是在吟咏自己的园林,其一为《还山宅》:

> 暮春还旧岭,徙倚玩年华。芳草无行径,空山正落花。垂藤扫幽石,卧柳碍浮槎。鸟散茅檐静,云披涧户斜。依然此泉路,犹是昔烟霞。②

从中可以看到其昔日的园林中芳草密布小径,空寂的山峦上落花缤纷,藤条拂扫幽石,垂柳在河水上飘动轻拂,鸟儿从飞檐散去后庭堂寂静,云朵在山涧的庭户上披拂游走,泉水绕着小路,烟霞依旧美丽。另一首《春朝闲步》亦有极大的可能是休假时徜徉在春日的自家庭院中:

> 休沐乘闲豫,清晨步北林。池塘藉芳草,兰芷袭幽襟。雾中分晓日,花里弄春禽。野径香恒满,山阶笋屡侵。何须命轻盖,桃李自成阴。③

春日清晨的园林里,池塘长满春草,兰草、香芷清香袭人,薄雾中透出晓日

---

① 杨琼:《新见唐代驸马崔宣墓志及其史料价值》,《中华文史论丛》2023年第1期,第24页。
② 《全唐诗》卷三四,第一册,第462页。
③ 《全唐诗》卷三四,第一册,第462页。

的晨光,禽鸟啾啾戏弄于花丛,野径里幽香满溢,时时可见侵入山峦台阶的春笋。

②宴集者笔底的公主驸马安德山池

宴集安德山池的诗五首。李百药《安德山池宴集》写道:

> 朝宰论思暇,高宴临方塘。云飞凤台管,风动令君香。细草开金埒,流霞泛羽觞。虹桥分水态,镜石引菱光。上才同振藻,小技谬连章。怀音自兰室,徐步返山庄。①

诗歌以秦穆公女弄玉与驸马萧史吹箫引凤的凤台代称公主庭阁,又以荀令香形容风动处公主园林弥漫的奇异香气,以金埒形容驸马府骑射场的豪奢,其园林的金埒下细草丛生,水面上架起虹桥,石面平整光滑,如菱花镜泛着清光。

岑文本的《安德山池宴集》写道:

> 甲第多清赏,芳辰命羽卮。书帷通行径,琴台枕槿篱。池疑夜壑徙,山似郁洲移。雕楹网萝薜,激濑合埙篪。鸟戏翻新叶,鱼跃动清漪。自得淹留趣,宁劳攀桂枝。②

诗作起笔叙写驸马园林频繁的游赏宴饮生活,接着细绘园内景观,通着曲径的书房,有如仙境迁徙而来的池水与山石,篱笆院落的琴台,雕栏画栋上茑萝薜荔等香草如网密织,激流碰激山石发出埙篪合奏相应的美妙乐音,鸟儿在新叶间翻飞游戏,鱼儿在清漪里跃动戏耍,既渺远神奇如仙境,又美妙灵动在人间。

刘洎《安德山池宴集》以汉代平阳公主宅邸的歌舞之盛,西晋石崇金谷园景色之美、文人雅集之频繁,比拟公主驸马之园林,在这里赏叶幽栖,可解政务之辛劳,回归物我齐一的欣喜,暮春时节的公主园林落英缤纷,兰草幽深遮盖曲径,蒲草的茎节还新嫩短小,荷花的叶盖尚纤细低矮,满目绿意与生机:

> 平阳擅歌舞,金谷盛招携。何如兼往烈,会赏叶幽栖。已均朝野致,还欣物我齐。春晚花方落,兰深径渐迷。蒲新节尚短,荷小盖犹

---

① 《全唐诗》卷四三,第一册,第538页。
② 《全唐诗》卷三三,第一册,第452页。

低。无劳拂长袖,直待夜乌啼。①

褚遂良《安德山池宴集》则着意于公主园林的月下清渠、行云层阜,暮春的片片落花,婉转的莺鸣,初夏的碧绿枝叶,以及如此清景中的美妙歌舞:

伏枥丹霞外,遮园焕景舒。行云泛层阜,蔽月下清渠。亭中奏赵瑟,席上舞燕裾。花落春莺晚,风光夏叶初。良朋比兰蕙,雕藻迈琼琚。独有狂歌客,来承欢宴余。②

杨续《安德山池宴集》可见园中妙舞、列峰疏壑、风中花蝶、春流蘋藻:

狭斜通凤阙,上路抵青楼。簪绂启宾馆,轩盖临御沟。西城多妙舞,主第出名讴。列峰疑宿雾,疏壑拟藏舟。花蝶辞风影,蘋藻含春流。酒阑高宴毕,自反山之幽。③

由这些集体吟咏,大致可以看出公主山池之形貌:依山傍壑而建,有山路或小径曲折萦绕,又有池沼清渠,虹桥飞架其上,池内则有亭亭新荷,蒲稗因依,蘋藻轻盈,池水清澄,可见鱼戏其间,园内有亭台楼阁,花绕香径,飞鸟嬉戏,蝴蝶翻飞,莺歌宛转。

(4)中宗时的应制吟咏:唐诗中的荐福寺(太宗女襄城公主宅改建)

唐诗中无襄城公主宅的直接书写,但其宅"后改为荐福寺"④,公主去后,曾为英王宅邸,武后为高宗祈福修建此寺,占用此处的东半部。诗人们随中宗前往改建为荐福寺的旧邸,留下集体观览的应制诗作,虽未明确标明襄城公主,仍依稀可见公主宅的布局、特色。如宋之问《奉和幸大荐福寺应制》写道:

香刹中天起,宸游满路辉。为(《全唐诗》作"乘")龙太子去,驾象法王归。殿饰金人影,窗摇玉女扉。稍迷新草木,遍识旧庭闱。⑤

---

① 《全唐诗》卷三三,第一册,第452页。
② 《全唐诗》卷三三,第一册,第453页。
③ 《全唐诗》卷三三,第一册,第453页。
④ 《唐两京城坊考》卷二,第35页。
⑤ 《沈佺期宋之问集校注·宋之问集校注》卷二〔诗(神龙元年至景龙三年秋)〕,第471页。

不仅铺写了其中的摩天宝刹、饰金佛像、玉女窗扉,亦夸写了其可使人心安定、生出禅意的水流池沼,而诗人在新生的草木中迷路,亦由此看遍了旧日的庭帷,而玉女、旧庭二词则依稀透着公主园林的影子,但《宋之问集校注》则认为玉女指"英宗妃嫔"。其《奉和荐福寺应制》则云"不改灵光殿,因开功德池。莲生新步叶,桂长昔攀枝"①,以汉景帝子鲁恭王的灵光殿暗指英王宅,其间有新生的莲叶,高大的桂树。其他的诗作在谈荐福寺的由来时,均只是提及其昔日以此为藩邸之事,但还是约略见出公主宅的旧影迹。从李峤的《奉和幸大荐福寺应制(寺即中宗旧宅)》"雁沼开香域,莺(《全唐诗》作'鹦')林降彩旄。还窥图凤宇,更坐跃龙川"②诗句中,可约略看出其间的池沼、川流、亭阁楼台。刘宪的《奉和幸大荐福寺应制》(一作萧至忠《荐福寺应制》)云"佳哉藩邸旧,赫矣梵宫新。香塔鱼山下,禅堂雁水滨"③,也提及中宗旧邸改为佛寺的事迹,在昔日的雁沼之滨修建了禅堂,鱼山之下立了香塔。李乂的《奉和幸大荐福寺(寺即中宗旧宅)》云"象设隆新宇,龙潜想旧居。碧楼披玉额"④,叙及中宗怀念旧宅,而此地已隆起佛宇,碧楼上有熠熠生辉的玉质门额。赵彦昭的《奉和幸大荐福寺(寺乃中宗旧宅)》云"北阙承行幸,西园属住持"⑤,则交代了荐福寺的布局有北阙、西园。郑愔的《奉和幸大荐福寺(寺即中宗旧宅)》云:"兰图奉叶偈,芝盖拂花楼……紫云成宝界,白水作禅流。雁塔昌基远,鹦林睿藻(一作"蕙草")抽。"⑥可见出其雁沼、鹦林、紫云、白水的布局。

丁仙(一作"先")芝《和荐福寺英公新构禅堂》叙及寺中的香泉、青山等景观:"果药罗砌下,烟虹垂户前……指处流香泉……一枕西山外"⑦。

何以唐初的高祖、太宗时期公主宅第园林诗稀少,究其原因主要包括:其一,初唐公主直接参与政治的极少,仅平阳昭公主,而公主亦是以军事上的卓越成就而闻名;其二,唐太宗时对公主的规范约束严格,公主与文士的公开交往较少;其三,杨师道不仅是公主驸马,亦卓富文韬武略,既喜爱文学,且有诗歌传世,同时身居高位,与当时的朝臣文人交往密切,其园林亦成为当时文人的聚居地,于是留下众多对其园林的吟咏。

---

① 《沈佺期宋之问集校注·宋之问集校注》卷二〔诗(神龙元年至景龙三年秋)〕,第479页。
② 《李峤诗注·苏味道诗注》卷一(编年部分),第51页。
③ 《全唐诗》卷七一,第二册,第781页。
④ 《全唐诗》卷九二,第二册,第995页。
⑤ 《全唐诗》卷一〇三,第二册,第1087页。
⑥ 《全唐诗》卷一〇六,第二册,第1106页。
⑦ 《全唐诗》卷一一四,第二册,第1157页。

2. 初唐高宗至睿宗时冠名公主的集体唱和及个案

有关初唐公主宅第、园林的诗文主要集中在高宗、武后、中宗时期,究其原因,一是当时的公主广建宅第、园林的风尚极盛,于是数量极多。二是帝王会时常率众臣亲临公主宅第、园林宴饮或游赏,还会作诗作赋,于是随从臣子自会受命唱和,留下大量应制诗。三是当时的公主多积极参政,与唐代大臣、文士交往密切,于是其宅第、园林被大量歌咏,并在唐文中被细致描绘。四是这段历史中的特别往事,亦往往会引发后人的唏嘘慨叹,于是在一些咏史感怀诗中,亦会成为追忆对象。由这些诗文描述亦可见出唐代公主宅第、园林的某些特点。

同时,睿宗女蔡国公主、玉真公主、金仙公主园林亦留下吟咏诗作,但并非此时期诗人们的现时现地创作,而是盛、中、晚唐诗人们的追忆。与玉真公主有关的共十三首(其中以山庄、别馆、山居、旧庄、旧池、旧院等园林别称为题的六首,有玉真公主之名的五首,有九仙公主之名的二首,题名玉真观的五首,题名安国观的二首,诗题中公主与园林别称同时出现的则有七首),玉真公主与金仙公主主要活动时间在盛唐,其中四首为盛唐现时书写,九首为中晚唐的追忆之作。金仙公主道观亦被书写,其中开元观八首、金仙观一首〔据李健超考证金仙公主开元观在长安、洛阳均有建造,而唐诗中以开元观为题的诗作较多,显示多地均有开元观,以长安为多,无洛阳,其他地方的应非公主观,于是减去,包括王昌龄《武陵开元观黄炼师院三首》《宣城雪后还望郡中寄孟侍御(立春后开元观送强文学还京)》,薛能《游嘉州后溪(开元观闲游,因及后溪,偶成二韵)》,而皮日休《伤开元观顾道士》,陆龟蒙和张贲有唱和,三人是在吴中有唱和诗作〕。

(1) 唐代文学中的高宗女太平公主宅第、园林

"在众多的公主林亭里,最吸引当代或后世唐代文人的莫过于太平公主山庄"①,而公主山庄之广阔、富丽、繁华的景色在诗作中得以展现。此外为避和亲,还有为其修建的太平观,亦留诗一首。太平公主女儿的墓志中对其年少出嫁前生长的地方——太平公主宅第、园林有概描:"至于碧楼初薝,银庭始彻。妙唱徐吟,驻迟光于绮榭;商弦暂拊,弄清月于华轩。"〔卢藏用《大唐故万泉县主薛氏墓志铭(并序)》②〕"碧楼""银庭""绮榭""华轩"既是公主宅第、园林的典型标志物,亦是其总括的代称,从中还可

---

① 见拙著《唐代文学中的公主园林别墅》,《西北大学学报(哲学社会科学版)》2010 年第 1 期,彩页。
② 《全唐文新编》卷二三八,第一部第四册,第 2699 页。

见公主宅第、园林中的代表建筑物与总体风格特征,有楼、庭、榭、轩布局穿插于园林中,各种建筑亦以金银珠宝装饰,富贵奢侈、华美绮丽。

当时的诗人吟咏极多,如沈佺期在《陪幸太平公主南庄诗》(《全唐诗》一作苏颋诗)。苏颋在《奉和初春(〈全唐诗〉做'春初')幸太平公主南庄应制》(《文苑英华》作苏颋,《全唐诗》作沈佺期)中对公主南庄均有描绘:

> 主第山门起灞川……凤凰楼下交天仗,乌鹊桥头敞御筵。往往花间逢彩石,时时竹里见红泉。①
> 主家山第早春归,御辇春游绕翠微。买地铺金曾作埒,寻河取石旧支机。云间树色千花满,竹里泉声百道飞。自有神仙鸣凤曲,并将歌舞报恩晖。②

可知公主园林起自灞川,时有御驾亲临,一到春天千花竞相绽放,满目绚烂,树木高大直抵云霄,丛生的竹林里泉水涌动,穿梭交织的道路上时时听得见泉水的清脆之声,其高高的楼台下天仗威严、彩旗飘扬,池沼的桥头上亦有丰盛的宫廷宴会,其间仙乐飘飘、歌舞环绕。

也有赋作细致铺排公主园林的境况,如宋之问《太平公主山池赋》中绘声绘色、淋漓尽致的描写,其赋云"厌绮罗与丝竹,爱瑶池及赤城。构仙山兮既毕,侔造化之神术",可知公主对构建园林的热衷,亦可见公主构园的宗旨,首先是要营造出仙山之境,其次是要追齐自然造化之神。其园林的总体特色:

> 其为状也,攒怪石而岑崟;其为异也,含清气而萧瑟。列海岸而争耸,分水亭而对出。

有关其园林布局与特色,文中也有详绘,基本为东西对称格局,东面以峰崖洞穴、烟岑水涯、翠莲瑶草、奇树异花、灌丛灵药取胜:

> 峰崖刻划,洞穴萦回,乍若风飘雨洒兮移郁岛,又似波沉浪息兮见

---

① 《文苑英华》卷一七六,第859页。《全唐诗》卷九六,第二册,第1038页。
② 《文苑英华》卷一七六,第859页。《全唐诗》卷九六,第二册,第1036页。《沈佺期集校注》卷二(第150页)所收《奉和春初幸太平公主南庄应制》对应诗句却为《全唐诗》中的《陪幸太平公主南庄诗》。其备考诗又收录《奉和春初幸太平公主南庄应制》,其对应诗句则与《全唐诗》同题诗句相同(见第333页)并认为这首诗应为苏颋诗作。

蓬莱。图万重于积石,匿千岭于天台。荆门揭起兮壁峻,少室丛生兮剑开。削成秀绝,莲华之覆高掌;独立窈窕,神女之戏阳台。尔其樵溪钓浦,茅堂菌阁,秘仙洞之瑶膏,隐山家之场圃。烟岑水涯,缭绕逶迤,翠莲瑶草,的烁纷披,映江浔而烂烂,浮海上而累累。乃之罘与衡霍,岂吾人之所为?向背重复,参差反覆。翳荟蒙笼,含青吐红。阳崖夺锦,阴壑生风。奇树抱石,新花灌丛。向若天长地久兮苔藓合,古往今来兮林涧空,始燕秦而开径,访灵药乎其中。

西面则以翠屏嶕岩、高阁翔云、虹桥彩舟、珍禽异兽见长:

翠屏嶕岩,山路诘曲,高阁翔云,丹岩吐绿。惚兮恍,涉弱水兮至昆仑;杳兮冥,乘龙梁兮向巴蜀。壮岷嶓兮连属,郁氛氲兮断续。岩虚兮谷峻,藏清兮蓄韵。含珠兮蕴玉,众彩兮明润。芳园暮兮白日沉,爽气浮兮黛壑深。风泉活活兮鸣石,葛藟青青兮蔓岑。罗八方之奇兽,聚六合之珍禽。别有复道三袠,平台四注。跨渚兮交林,蒸云兮起雾。鸳鸯水兮凤凰楼,文虹桥兮彩鹢舟。①

将天然之景与人工雕饰巧妙融合,修建得美妙至极。从中可见公主山庄的恢宏气势与金碧辉煌的特色。其文大量引用仙界意象,如瑶池、赤城、蓬莱、郁岛、菌阁、仙洞、芝罘、衡霍、弱水、昆仑等,以渲染太平公主园林给人的观感与心理感受,又极写其园林景致之仙气,之多样,之丰富,之神奇,之美丽。

后世亦有个别诗人追忆,如韩愈《游太平公主山庄》即追忆其当年盛况:

公主当年欲占春,故将台榭压城闉。欲知前面花多少,直到南山不属人。②

(2)唐诗中的高宗女义阳公主园林

即便是并不得宠的唐高宗与萧淑妃之女义阳公主的山池,亦多有歌咏。杜审言《和韦承庆过义阳公主山池》五首:

---

① 《沈佺期宋之问集校注·宋之问集校注》卷五,第637页。《全唐文》卷二四〇,第三册,第2427页。
② 《韩昌黎诗集编年笺注》卷九,第485页。《全唐诗》卷三三四,第五册,第3861页。

野兴城中发,朝英物外求。情悬朱绂望,契动赤泉(一作"松")游。海燕巢书阁,山鸡舞画楼。雨余清晚夏,共坐北岩幽。

径转危峰逼,桥回缺岸妨。玉泉移酒味,石髓换粳香。绾雾青丝(一作"条")弱,牵风紫蔓长。犹言宴乐少,别向后池塘。

携琴绕碧沙,摇笔弄青霞。杜若幽庭草,芙蓉曲沼花。宴游成野客,形胜得仙(一作"山")家。往往留仙步,登攀日易斜。

攒石当轩倚,悬泉度牖飞。鹿麋冲妓席,鹤子曳童衣。园果尝难遍,池莲摘未稀。卷帘唯待月,应在醉中归。

赏玩期他日,高深爱此时。池分(一作"为")八水背,峰作九山疑。地静鱼偏逸,人闲鸟欲欺。青溪留别兴,更与白云期。①

公主山池堪比仙境,一场夏雨后,景色越发清奇幽谧。山间曲径回环,危峰耸峙,池面虹桥盘旋,攒石倚轩,悬泉度牖,紫蔓牵风,青丝绾雾,有玉泉美酒、石髓、粳米之香,杜若幽草丛生,曲沼荷花摇曳,杂果珍贵丰富,海燕在书阁筑巢,山鸡于画楼起舞,游鱼闲逸,鸟欲欺人,麋鹿冲宾客之宴,仙鹤曳童子之衣,人与山石、草木、游鱼、动物呈现出极其美妙动人、和谐美好的画面。

(3) 唐代文学中的中宗女长宁公主园林

长宁公主园林,在唐诗、笔记中均有。宋代类书《太平御览》如此描述:

盛加雕饰,朱楼绮阁,一时胜绝。又有山池别院,山谷亏蔽,势若自然。中宗及韦庶人数游于此第,留连弥日,赋诗饮宴,上官昭容操翰于亭子柱上写之。韦氏败,公主随夫为外官。初欲出卖,木石当二千万。山池别馆,仍不为数。遂奏为观……词人名士,竞入游赏。②

其园林中人工修建雕琢的建筑,使得山谷亦被遮蔽,耗资巨大,虽处处烙着人工痕迹,但又以依从、仿写自然为宗旨。在公主声势煊赫之日,也是山庄最为绚烂之时,作为当时帝王带众臣游览赋诗的重要场所,唐诗中存在大量有关其园林的现时现地作品,其中最为著名的是上官婉儿的二十五首诗作(因在阐释唐代公主园林书写特点时作为典型诗例,可参后述),还有六

---

① 《全唐诗》卷六二,第二册,第 731 页。
② 《太平御览》卷一八〇《居处部》,第 879 页。

首在长宁公主东庄侍宴游赏的集体唱和诗。其园林盛景正如铺排渲染的诗句所说：

> 画桥飞渡水,仙阁迥林虚。新晴看蛱蝶,早夏摘芙蕖。(萧至忠《陪幸长宁公主林亭》,刘宪《侍宴长宁公主东庄》与此文基本相同)①

身临其中恍若降临仙境,在丽日晴空看蝶儿飞舞,山花摇曳,与山川景物相嬉戏,乐而忘返。也像所有历尽浮华而终于凋零的人事一般,留给后人无尽感慨。丁仙芝《长宁公主旧山池》在低婉的轻叹声里寄予公主林亭盛世繁华的追忆：

> 平阳旧池馆,寂寞使人愁……庭闲花自落,门闭水空流。②

而韦氏失败后,"公主随夫为外官,遂奏请为景龙观",天宝三载又"改为玄真观"③,唐诗中的景龙观书写,亦留下长宁公主园林的印记,多为后世追忆之作,如盛唐的苏颋《景龙观送裴士曹》如此追忆："昔日尝闻公主(一作'相')第,今时变作列仙家。池傍坐客穿丛筱,树下游人扫落花。雨雪(一作'云雨')长疑向函谷,山泉直似到流沙。君还洛邑分明记,此处同来阅岁华。"④张九龄《景龙观山亭集送密县高赞府序》对此叙述尤详：

> 景龙东山,初主第也。始其置金榜,筑凤台,穷土木之功,极冈峦之势,议与磐石同体,造化较力,何其壮哉! 自吾君茅茨不剪,采椽不斫……以故平阳化焉,罢歌舞于其地……所谓长女之官,郁为列仙之馆。其后尝有好事,以为胜游。今日芳辰,携手接袂,往往而在,祗取乐焉……闻殊庭之可尚,召嘉客以相欢。徒观其匠幽奇,宅爽垲,十里九阪,岂惟梁氏之作? 千岩万壑,宛是吴中之事。青林修耸而垂彩,绿萝蒙笼以结阴。清流若镜,下照金沙之底;杂花如锦,傍缘石茵之崖。则可以藻饰形神,挥斥氛浑,相顾风尘之表,无负云霄之概。⑤

---

① 《全唐诗》卷一○四,第二册,第1091页。《全唐诗》卷七一,第779页。
② 《全唐诗》卷一一四,第二册,第1158页。
③ 《唐两京城坊考》卷三,第54页。
④ 《全唐诗》卷七十三,第二册,第804页。
⑤ 熊飞校注:《张九龄集校注》卷一七,中华书局2008年版,第883—884页。

从中可知公主景龙观旧地,在玄宗朝仍为高朋聚会的游览胜地,其给诗人的第一感觉是依自然山势穷尽人工营造,极为壮丽,有千岩万壑,又有清流如镜,山上树木繁密、藤蔓缭绕、花开似锦,置身其中令人烦念顿消。

时至晚唐,经过两次更名原为公主园林的道观里,长宁公主的事迹已随着时间的流逝而泯没,人们大概已不知这里曾经的繁华,于是在李中的《游玄真观》中已没有明确标识公主的字眼,而由她的庄园改作的玄真观,也是一派冷落幽寂的情境:"闲吟(一作'闲')游古观,静虑相神仙。上景非难度,阴功不易全。醮坛松作盖,丹井薛成钱。浩浩红尘里,谁来叩自然。"①

(4)唐代文学中的安乐公主宅第、园林

安乐公主由于贵重当朝,也拥有多处山庄,"《全唐诗》中就有36首诗描写她的宅院"②(因诗题为公主山庄、宅第宴饮的唐诗虽有宅第勾勒,但侧重点在宴饮,安排在宴饮章节,可参后述)。这位骄纵的公主身边聚集了一群倾尽才华以取悦她的文人们,为她和她那耗资巨大集众美于一身的恢宏建筑唱着赞歌,安乐公主园林也借此得以尽显后人眼底。岑羲《奉和幸安乐公主山庄应制》写道:

> 银榜重楼出雾开,金舆步辇向天来。泉声迥入吹箫曲,山势遥临献寿杯。帝女含笑流飞电,乾文动色象昭回。诚愿北极拱尧日,微臣抃舞咏康哉。③

可知公主园林悬挂着耀目的银榜,御辇破开迷雾,现出层叠楼台,泉水的轻盈悦耳之声与宴会的悠扬动听箫曲交错,文武百官于此称颂帝国的安康长久。

马怀素在《奉和幸安乐公主山庄应制》中盛赞公主山池远胜汉时平阳公主的府邸,帝王亲临亦欢乐不尽,其园林内亭台楼阁重重叠叠,从精美的雕窗望去与远处的水浦相接,参差的绣户环绕着回环的池塘,其间泉水密布,树影婆娑,与美妙的歌曲、华美的舞蹈相伴:

> 主家台沼(一作"馆")胜平阳,帝幸欢娱乐未央。掩映雕窗交极

---

① 《全唐诗》卷七四七,第十一册,第8586页。
② 见拙著《唐代文学中的公主园林别墅》,《西北大学学报(哲学社会科学版)》2010年第1期,彩页。
③ 《全唐诗》卷九三,第二册,第1001页。

浦,参差绣户绕回塘。泉声百处传歌(一作"歌传")曲,树影千重对舞(一作"舞对")行。圣酒一沾何以报,唯欣颂德奉时康。①

可以说这些应制诗均在歌颂之余,描绘了公主园林的恢宏华美特质,亦均选择其间的山水、植物、亭台为表现具象,而其园林中的泉水、池塘、水浦,繁复的竹林、树木、花草也是诗人们常选择的物象,足见其园林满目花草树木的特点给诗人们眼里、心灵烙下的印记之深。

安乐公主大费心力营建的定昆池及奢侈的安乐寺,在其逝后亦出现在笔记与唐诗中。定昆池在盛唐仍为唐皇室的游赏胜地,玄宗会诏令群臣于此宴饮赏玩。张说《三月三日诏宴定昆池官庄赋得筵字》描绘定昆池畔上巳节仍然繁华喧闹的场景,楼台亭阁下丝竹管弦之声起伏,酒会宴席上歌舞缭乱,池水两岸的丛林里帷幕铺张,轻烟缭绕,池面上舟船争竞,浪花叠起:

> 凤凰楼下对天泉,鹦鹉洲中匝管弦。旧识平阳佳丽地,今逢上巳盛明年。舟将水动千寻日,幕共林横两岸烟。不降王(《全唐诗》作"玉")人观禊饮,谁令醉舞拂宾筵。②

其《舟中和萧令(赋得)潭字》(《全唐诗》作《三月三日定昆池奉和萧令得潭字韵》)则勾勒出三月三日的定昆池桃花绚丽,春水碧绿,池水边布满参与清除不祥祭祀之人,弦乐在天地间缭绕,仙舟在清澈如镜的潭水上漂摇,酒酣之人摇荡在一江春水之上:

> 暮春三月日重三,春水桃花满禊潭。广乐逶迤天上下,仙舟摇衍镜中酣。③

旅食长安的杜甫亦曾陪朋友走马定昆池边,其《陪郑广文游何将军山林十首(山林在韦曲西塔陂)》其八写道:

> 忆过杨柳渚,走马定昆池。醉把青荷叶,狂遗白接䍦。刺船思郢

---

① 《全唐诗》卷九三,第二册,第1005页。
② 《张说集校注》卷五,第一册,第175页。《全唐诗》卷八七,第二册,第954页。
③ 《张说集校注》卷五,第一册,第177页。《全唐诗》卷八九,第二册,第977页。

客,解水乞吴儿。坐对秦山晚,江湖兴颇随。①

不同于诗歌的短小精简描写或叙述,笔记小说对有关定昆池的历史事件、定昆池的构造布局及其之后的境况,均有更详细的叙述或描绘。张鷟《朝野佥载》对定昆池记载颇为详细,对其建构亦有生动的描绘:

> 赵履温为司农卿,谄事安乐公主……为公主夺百姓田园,造定昆池,言定天子昆明池也,用库钱百万亿。②

> (安乐公主)夺百姓庄园,造定昆池四十九里,直抵南山,拟昆明池。累石为山,以象华岳,引水为涧,以象天津。飞阁步檐,斜桥磴道,衣以锦绣,画以丹青,饰以金银,莹以珠玉。又为九曲流杯池,作石莲花台,泉于台中流出,穷天下之壮丽。悖逆之败,配入司农,每日士女游观,车马填噎。奉敕,辄到者官人解见任,凡人决一顿,乃止。③

由此可知,定昆池与南山相连,在建构上模拟昆明池,累石叠山,引水为涧,构造出人工的山水景观,其间重檐叠阁,飞桥斜道交织,以锦绣、丹青、金银珠玉装饰点缀,又建造了九曲流杯池,中间有石莲花台,泉水从中流泻,极为壮丽。安乐公主失败后,定昆池收归官府,成为长安人游玩的胜地,仍然热闹非凡,最后在诏令的严格禁止下荒芜,喧嚣不再。

《大唐新语》叙述了公主欲以昆明池为实食封,被拒后营造定昆池的前后经过,还记述了建成后帝后率众游览宴饮赋诗之事:

> 安乐公主特宠,奏请昆明池以为汤沐。中宗曰:"自前代已来,不以与人。不可。"安乐于是大役人夫,掘其侧为池,名曰"定昆池"。池成,中宗、韦庶人皆往宴焉,令公卿已下咸赋诗。黄门侍郎李日知诗曰:"但愿暂思居者逸,无使时传作者劳。"④

此事《隋唐嘉话》《刘宾客嘉话录》均有叙述。

(5)唐诗中的睿宗女蔡国公主园林

---

① 《杜诗详注》卷二,第153页。
② 《朝野佥载》卷五,第124页。
③ 《朝野佥载》卷三,第70—71页。
④ 《大唐新语》卷三《公直》第五,第45页。

唐诗中的睿宗女玄宗妹蔡国公主园林吟咏的亦较多，但并非睿宗时的现时现地之作，而主要是中晚唐的追忆之作，有七首（其中九华观六首，而提及公主之名的两首），从中可知公主去后，其所留九华观在中唐已成为人们节日争相奔赴之地，景色仍美，仍然喧闹，亦可在诗人们的现地描绘与故迹追忆中寻得其道观在布局与特质上的些许元素。如刘长卿的《九日题蔡国公主楼》叙写重阳日诗人于此寻访旧迹，此地仍留存镜面般的清澈之水，但已听不到袅袅的笙箫乐音，黯淡的户牖、布满的苍苔、深闭的破败之门、绵延的秋草都在诉说着昔日繁华后的寂寥荒落，但院中的槐树仍然繁茂，篱笆内的菊花仍然鲜艳，画梁上的飞燕仍然来去自在：

  主第人何在，重阳客暂寻。水余龙镜色，云罢凤箫音。暗牖藏昏晓，苍苔换古今。晴山卷幔出，秋草闭门深。篱菊仍新吐，庭槐尚旧阴。年年画梁燕，来去岂无心。①

武元衡《题故蔡国公主九华观上池院》写道：

  朱门临九衢，云木蔼仙居。曲沼天波接，层台凤舞余。曙烟深碧筱，香露湿红蕖。瑶瑟含风韵，纱窗积翠虚。秦楼今寂寞，真界竟何如。不与蓬瀛异，迢迢远玉除。②

从中亦可见公主道观的布局与特质，面临长安城纵横交错的街市，有象征身份的朱红大门，高耸入云的树木，绵延无际的接天曲沼，层叠的楼台，碧绿幽深烟雾缭绕的竹林，曲沼连波中的凝露红蕖，风中的琴瑟之音，纱窗外满眼绿意。

从权德舆《九华观宴钱崔十七叔判官赴义武幕兼呈书记萧校书》可知，三伏天里公主留下的九华观仍然清爽，其观内有深幽的洞府、雨后滋润的芝田、新鲜摇曳的桂树、宽敞重叠的台殿、清澄的水源：

  炎光三伏昼，洞府宜幽步。宿雨润芝田，鲜风摇桂树。阴阴台殿敞，靡靡轩车驻。晚酌临水清，晨装出关路……③

---

① 储仲君笺注：《刘长卿诗编年笺注·未编年诗》，中华书局1985年版，第516页。
② 《全唐诗》卷三一七，第五册，第3567页。
③ 《权德舆诗文集》卷四，第73页。《全唐诗》卷三二三，第五册，第3639页。

其《上巳日贡院考杂文不遂赴九华观祓禊之会以二绝句申赠》云"三日韶光处处新","禊饮寻春兴有余"①,则可见出公主九华观在中唐已成为三月三日众人奔赴祓禊处,其间游人如织。其《和九华观见怀贡院八韵》云"上巳好风景,仙家足芳菲。地殊兰亭会,人似山阴归。丹灶缀珠掩,白云岩径微"②,可知上巳日公主所留九华观风景绝好、雅客云集的情形。

张籍《九华观看花》云"街西无数闲游处,不似九华仙观中。花里可怜池上景,几重墙壁贮春风"③,可知公主观在街西,是其中最值得游赏的去处,其最吸引人的是重叠墙壁里贮满的春风和春风吹开的万千花丛与池上美景。

晚唐时,薛逢《九华观废月池》(一作《题昭华公主废池馆》)写道:

> 曾发箫声水槛前,夜蟾寒沼两婵娟。微波有恨终归海,明月无情却上天。白鸟带将林(一作"帘")外雪,绿荷(一作蘋)枯尽渚中莲。荣华不肯人间住,须读庄生第一篇。④

流连于被废弃的公主九华观,诗人穿越时空,想象着水槛前曾吹响的悦耳箫声,如今明月照着寒沼波光盈盈,明月无情,波光却似荡漾着幽恨,林中白鸟飞翔,池中绿荷枯萎,面对眼前之冷落凋零之状,诗人亦不禁为公主曾享有的人间繁华之逝去而感叹不已,于是萌生修习老庄的想法和修仙修道逍遥而去的了悟。

(6)唐诗中的睿宗女玉真公主园林

玉真公主在唐诗中留下的印记较多,其中盛唐诗人的现时现地之作有四题五首,如王维的《奉和圣制幸玉真公主山庄因题石壁十韵之作应制》:

> 碧落风烟外,瑶台道路赊。如何连帝苑,别自有仙家。比(《全唐诗作》"此")地回銮驾,缘溪转翠华。洞中开日月,窗里发云霞。庭养冲天鹤,溪留(《全唐诗》作"流",从宋蜀本……等改)上汉查。种田生白玉,泥灶化丹砂。谷静泉逾响,山深日易斜。御羹和石髓,香饭进胡

---

① 《权德舆诗文集》卷一〇,第169页。《全唐诗》卷三二九,第五册,第3681页。
② 《全唐诗》卷三二九,第五册,第3682页。
③ 《全唐诗》卷三八六,第3304页。《张籍集系年校注》卷六,第710页。
④ 《全唐诗》卷五四八,第八册,第6380页。

麻。大道今无外,长生讵有涯。还瞻九霄上,来往五云车。①

从中可见玉真公主山庄的某些特质,从位置上看毗邻帝苑,庄园内有曲曲折折的道路,随蜿蜒之山流转的小溪,一路植被茂密繁盛,于窗户即可观云霞往来,庭院中养着仙鹤,山谷中有泉水叮咚,田里生长有胡麻,山石中蕴藏着可提炼出道家养生之物的白玉、石髓、丹砂等,公主于此修仙学道。储光羲《玉真公主山居》云:"山北天泉苑,山西凤女家。不言沁园好,独隐武陵花。"②亦言及公主山居与皇家园囿,一在山西,一在山北,两相毗连的地理位置。

李白亦曾有在玉真公主别馆亲览的经历,其《玉真公主别馆苦雨,赠卫尉张卿二首》以赋法铺绘出公主别馆雨中的部分景观:

秋坐金张馆,繁阴昼不开。空烟迷雨色,萧飒望中来……

苦雨思白日,浮云何由卷。稷契和天人,阴阳乃骄蹇。秋霖剧倒井,昏雾横绝巘。欲往咫尺途,遂成山川限。潈潈奔溜闻,浩浩惊波转。泥沙塞中途,牛马不可辨。饥从漂母食,闲缀羽陵简。园家逢秋蔬,藜藿不满眼。蟏蛸结思幽,蟋蟀伤褊浅……③

诗人看着秋日连绵阴雨中公主馆阁的繁重阴云,空蒙烟雨,盼望着白日的出现,秋雨倒灌水井,昏雾横绝山巘,众水奔涌处汪洋一片,不辨牛马,园中有秋日的时蔬、结网的喜蛛,亦听得到蟋蟀的鸣叫声。高适《玉真公主歌》云"常言龙德本天仙,谁谓仙人每学仙。更道玄元指李日,多于王母种桃年。仙宫仙府有真仙,天宝天仙秘莫传。为问轩皇三百岁,何如大道一千年"④,称颂作为天女本已是天仙的玉真公主又选择修道学仙,其修道道观自是仙宫仙府。

玉真公主逝去后的现地追忆诗作相比生前更多,有九首,其中玉真观六首,安国观三首(除去重出的)。其中刚刚经过安史之乱的大历诗人,多在追忆玄宗朝旧事的惋叹中书写公主观的萧瑟。如司空曙的《题玉真观公

---

① 《王维集校注》卷三〔编年诗(天宝上)〕,第 240 页。《全唐诗》卷一二七,第二册,第 1286 页。
② 《全唐诗》卷一三九,第二册,第 1417 页。
③ 《李太白全集》卷五(古近体诗四十三首),第 475 页。
④ 刘开扬编年笺注:《高适诗集编年笺注》第一部分(编年诗),中华书局 2004 年版,第 117 页。

主山池院》将思绪在旧时与当下之间辗转,撷取了公主园林的部分景观:

> 香殿留遗影,春朝玉户开。羽衣重素几,珠网俨轻(《全唐诗》一作"尘")埃。石自蓬山得,泉经太液来。柳丝遮绿浪,花粉落青苔。镜掩鸾空在,霞消凤不回。唯余古桃(《全唐诗》一作"坛")树,传是上仙栽。①

诗人看到飘香的佛殿中还留有的公主遗影,穿过春日里洞开的玉饰华贵门户,身着羽衣仙气飘飘的公主曾经使用的物件上泛着轻埃,那些珍贵难得的山石、来自禁中的泉水仍在,柳丝遮掩的池上泛着波浪,花粉轻落青苔上,桃花绚烂绽放。王建《九仙公主旧庄》亦叙及公主逝去后其园林的冷落:

> 仙居五里外门西,石路亲回御马蹄。天使来栽宫里树,罗衣自买院前溪。野牛行傍浇花井,本主分将灌药畦。楼上凤凰飞去后,白云红叶属山鸡。②

诗人将公主的园林称作"仙居",昔日繁华时,迂曲的石路上时常留下帝王马蹄的痕迹,庭院中栽种着珍稀的花木,院前的溪流亦被公主买作属地,但是自从其仙去,这里的白云红叶美景已属于出没于此的山鸡了。韩翃《题玉真观李秘书院》云"白云斜日影深松,玉宇瑶坛知几重"③,叙写出公主留下的道观里斜日下的松树深影、重重叠叠的玉宇瑶坛等景致。

中唐贞元元和时期的玉真公主观书写虽也是在过去和现在之间切换,但已没有大历时浓重的怅惘失落与盛世留恋情味了。如张籍的《玉真观》写道:

> 台殿曾为贵主家,春风吹尽竹窗纱。院中仙女修香火,不许闲人入看花。④

当春风吹过时,公主园林中的竹林摇曳,台阁的纱窗透着盈盈绿意,园林里百花绽放,却不许闲人观赏。

---

① 《司空曙诗集校注》,第 1 页。《全唐诗》卷二九二,第五册,第 3304 页。
② 《王建诗集校注》卷七,第 304 页。
③ 《全唐诗》卷二四五,第四册,第 2750 页。
④ 《张籍集系年校注》卷六,中册,第 795 页。

时至晚唐,玉真观的书写则多了一层冷落深幽之感。李群玉《玉真观》云"秋月无云生碧落,素蕖寒露出清澜。层城烟雾将归远,浮世尘埃久住难。一自箫声飞去后,洞宫深掩碧瑶坛"①,勾勒出皎皎秋月下,池沼上坠着、托着莹莹寒露的素净芙蕖,烟雾弥漫下的层城,深幽的洞宫,碧色的瑶坛。姚鹄《玉真观寻赵尊师不遇》云"羽客朝元昼掩扉,林中一径雪中微。松阴绕院鹤相对,山色满楼人未归"②,可见公主园林中的丛林、松树、白鹤、楼台、青山等景致。

亦有三首安国观诗作(减去重出的,则为二首),卢尚书的《题安国观》与卢纶的《过玉真公主影殿》诗句相同,但有诗序"东都政平坊安国观,玉真公主所建,女冠多上阳退宫嫔御"③。其诗作感叹"夕照临(一作'闲')窗起暗尘,青松绕(一作'锁')殿不知春。君看白发诵经者,半是宫中歌舞人"④,夕阳晚照中的公主窗户上生着暗尘,已没有往日的繁华,而那些头发斑白的诵经者,多是经历过昔日升平歌舞的宫中人。从刘禹锡的《经东都安国观九仙公主旧院作》可见位于御沟之东的公主仙院在其逝去后的情境:

> 仙院御沟东,今来事不同。门开青草日,楼闭绿杨风。将犬升天路,披霓(《全唐诗》作"云")赴月宫。武皇曾驻跸,亲问主人翁。⑤

自公主升仙、奔赴月宫之后,此地人事已不同,但公主昔日的园林里门户尚开,仍可见丛生的青草和楼台前风吹杨柳的摇曳姿态,而这里曾是唐玄宗亲临,亲自问候主人翁之地。主人翁的典故,来自汉武帝驾临姑母馆陶公主宅院之事,据《汉书·东方朔传》:"帝姑馆陶公主号窦太主……主寡居,年五十余矣,近幸董偃……爱叔曰:'顾城庙远无宿宫,又有萩竹籍田,足下何不白主献长门园?此上所欲也。……'……入言之主,主立奏书献之。上大说,更名窦太主园为长门宫。……(叔)令主称疾不朝。上往临疾,问所欲,主辞谢曰:'妾幸蒙陛下厚恩,先帝遗德……赏赐邑入,隆天重地,死无以塞责。……愿陛下……从中掖庭回舆,枉路临妾山林,得献觞上寿……'……有顷,主疾愈,起谒,上以钱千万从主饮。后数日,上临山林……

---

① 《全唐诗》卷五六九,第九册,第6651页。
② 《全唐诗》卷五五三,第九册,第6463页。
③ 《全唐诗》卷七八三,第十一册,第8930页。
④ 《卢纶诗集校注》卷四,第396页。《全唐诗》卷二七九,第五册,第3165页。
⑤ 《刘禹锡集》卷二二,第272页。

上曰：'愿谒主人翁。'……主簪履起，之东厢自引董君……有诏赐衣冠上。"①刘禹锡《秋夜安国观闻笙》云：

> 织女分明银汉秋，桂枝梧叶共飕飗。月露满庭人寂寂，霓裳一曲在高楼。②

叙及遗留的公主园林里秋日的风景，月光下，皎皎银河之下，有风中的桂枝飘摇，梧桐叶飘零，寂寂的庭院高楼里，飘过的笙曲，又让人恍惚间回到了盛唐的霓裳歌舞情境之中。

(7) 唐诗中的睿宗女金仙公主园林

长宁公主宅，后为金仙公主居住，并改为女冠观，改名开元观，唐人亦留下八首以金仙公主开元观为题（减去非长安、洛阳者）的诗作。

盛唐过后的大历时期，开元观一度成为诗人们或追忆或夜宿或遇友或观乐之地。韦应物的《开元观怀旧寄李二、韩二、裴四兼呈崔郎中、严家令》在追忆故人的叙事感怀中，亦撷取开元观的某些典型景象，如霜雪中的竹林，风中的松树："霜雪竹林空……还此听松风。"③钱起《开元观遇张侍御》云"晚凉生玉井，新暑避烟松。欲醉流霞酌，还醒度竹钟。更怜琪树下，历历见遥峰"④，可见开元观夜晚透出凉意的玉井，可避暑气的茂密松林，可爱的琪树下历历可见的远山，可闻穿过竹林的钟声。戎昱《开元观陪杜大夫中元日观乐》云"舞态疑回紫阳女，歌声似遏彩云仙"⑤，叙写中元日道观行法会时其间响遏行云的歌声和曼妙的舞姿。杨凭的《长安春夜宿开元观》叙写开元观春天晚烟中的绚烂云彩，盛开的杏花，高可扫月的长松，不知年岁的老鹤：

> 霓裳下晚烟，留客杏花前。遍问人寰事，新从洞府天。长松皆扫月，老鹤不知年。为说蓬瀛路，云涛几处连。⑥

---

① 《汉书》卷六五，第九册，第2853—2855页。
② 《刘禹锡集》卷二四，第311页。
③ 《韦应物诗集系年校笺》卷五，第252页。
④ 〔唐〕钱起著，王定璋校注：《钱起诗集校注》卷四，浙江古籍出版社1992年版，第109页。《全唐诗》卷二三七，第四册，第3017页。
⑤ 《戎昱诗注》，第69页。《全唐诗》卷二七〇，第四册，第3017页。
⑥ 《全唐诗》卷二八九，第五册，第3289页。

时至中唐贞元、元和年间,公主留下的开元观仍是文人们聚集游赏的绝佳之地,甚或闲居、修道之处。白居易的《首夏同诸校正游开元观,因宿玩月》铺绘出开元观初夏的清和美景,庭院里树木繁茂,鸟儿依恋着残留的花朵,夕阳晚照下的道观东南天边披着残留的绚烂霞彩,与二三友人置酒于西廊,等待月亮的出现,须臾之间月华照耀,可见无限清光笼罩的参差殿角:

  我与二三子,策名在京师。官小无职事,闲于为客时。沉沉道观中,心赏期在兹……清和四月初,树木正华滋。风清新叶影,鸟恋残花枝。向夕天又晴,东南余霞披。置酒西廊下,待月杯行迟。须臾金魄生,若与吾徒期。光华一照耀,殿角相参差。①

  元稹《台中鞫狱忆开元观旧事呈损之兼赠周兄四十韵》云"忆在开元馆,食柏练玉颜"②。其《开元观闲居,酬吴士矩侍御三十韵(十八时作)》既叙写于此修习幽居之事,亦铺绘出观中的景象,道观中有道坛、殿阁、白鹤幽闲、竹林茂盛、野鸟逍遥飞翔,山峦连绵无尽,鲤鱼沉潜于深水,有烟霞驻留的烂漫,亦有彩虹逗留的美丽,还有纤纤之新月和晶莹的露珠:

  烂漫烟霞驻……赤诚祈皓鹤……松笠新偏翠,山峰远更尖。箫声吟茂竹,虹影逗虚檐。初日先通牖,轻飔每透帘。露盘朝滴滴,钩月夜纤纤……野鸟终难絷,鹓鹣本易厌。风高云远逝,波骇鲤深潜。③

  张籍《同韦员外开元观寻时道士》中可见道观的深密竹林与高房:"观里初晴竹树凉,闲行共到最高房。"④

  时至晚唐,仍有游人在水荒后的节日来此游赏,但处处透着荒凉。薛逢的《社日游开元观(时当水荒之后)》描绘了开元观当轩的松柏,缠绕藤蔓的桂枝篱笆,暮风吹拂的古坛边的衰草,荒凉的院落道宇,绚烂却寂寞的烟霞,被水渍损伤的法堂,残留的画像,积存着水迹的虚殿、断折的天宝时的石碑:

---

① 《白居易集笺校》卷五,第271页。
② 《元稹集》卷五,第56页。
③ 《元稹集》卷一〇,第113页。
④ 《张籍集系年校注》卷六,中册,第714页。

松柏当轩蔓桂篱,古坛衰草暮风吹。荒凉院宇无人到,寂寞烟霞只自知。浪渍法堂余像设,水存虚殿半科仪。因求天宝年中梦,故事分明载折碑。①

金仙公主还有金仙观,晚唐诗人李远《邻人自金仙观移竹》一诗云"圆节不教伤粉箨,低枝犹拟拂霜坛。墙头枝动如烟绿,枕上风来送夜寒"②,可知公主金仙观中栽植之竹的繁茂之态。

3. 盛唐的现时与追忆、冠名公主或驸马的吟咏及个案

盛唐时期诗人有关公主园林的诗作,其一为非盛唐公主睿宗女玉真公主,有五首诗作(可参前述)。另有玄宗女唐昌公主唐昌观十首、唐昌公主院一首(司空曙《唐公主院看花》),玄宗女永穆公主亭子一首(张说《晦日诏宴永穆公主亭子得流字》),咸宜观一首。还有此时的盛唐公主驸马宅书写,如《郑驸马宅宴洞中》、《郑驸马池台喜遇郑广文同饮》(《全唐诗人名考》考为唐玄宗女临晋公主驸马"郑潜曜")、《赠温驸马汝阳王》(《全唐诗人名考》考为玄宗女宋国公主驸马"温西华")、《萧驸马宅花烛》(《全唐诗人名考》考为玄宗女新昌公主驸马"萧衡",陶敏《全唐诗人名考证》同,第128页);另有出现较多的杨驸马,如王维《奉和杨驸马六郎秋夜即事》、钱起《过杨驸马亭子》、韩翃《宴杨驸马山池》(一作陈羽,又作朱湾《宴杨驸马山亭》)、独孤及《和虞部韦郎中寻杨驸马不遇》等,这些诗人生活在为玄宗到肃宗、代宗时,钱起历经玄宗、肃宗、代宗朝,德宗即位后三年去世;韩翃天宝十三年中进士,独孤及天宝末年及第,可有交集的应为玄宗、肃宗、代宗时期的杨姓驸马,而玄宗女有5位杨姓驸马:杨说、杨徽、杨洄、杨昢、杨锜,肃宗与代宗女无杨姓驸马,于是可确知应为玄宗之女的驸马。

盛唐玄宗时期有关公主园林的作品仍然较多,其入唐诗有以下特点:

其一,吟咏入道公主的较多,且多在标题中冠公主或公主道观名,如玉真公主(九仙公主)、唐昌公主,而未有入道经历的公主极少,标题冠名公主园林的仅永穆公主亭子。

其二,冠名驸马的诗作较多,可通过驸马交游看到公主宅第园林之境况。这和此时驸马与诗人的交游频繁有关,包括晋国公主驸马崔惠童东

---

① 《全唐诗》卷五四八,第八册,第6381页。
② 《全唐诗》卷五一九,第八册,第5978页。

庄、临晋公主驸马郑潜曜、宋国公主驸马温西华、杨驸马等。

（1）唐诗中的玄宗女唐昌公主园林

唐诗中的唐昌观书写亦较多，有十首，主要是中唐时的诗人们观看其院中清香玉蕊时的集体吟咏之作，晚唐郑谷对此亦有惋叹。足见公主逝去后，其所留唐昌观仍为诗人们的游览胜地。因其侧重点在玉蕊花，此处不多做阐释，具体分析参见后述公主园林中的古木繁花章节。

（2）唐诗中的玄宗女晋国公主驸马崔惠童园林

玄宗朝驸马崔惠童园林中的聚会繁多，甚至还举行过由宫中操办的款待西域来朝者的宴会，据《旧唐书·哥舒翰传》记载："其冬，禄山、思顺、翰并来朝，上使内侍高力士及中贵人于京城东驸马崔惠童池亭宴会。"①亦有六首标题崔驸马的园林诗（其中梁锽的《崔驸马宅咏画山水扇》着重描绘宅中画扇，参见后室内装饰部分），从中亦可还原公主园林的情境。崔惠童本人有《宴城东庄》（一作崔惠诗，一作崔思诗）："一月主人笑几回，相逢相识且衔杯。眼看春色如流水，今日残花昨日开。"②从中可知驸马一月之中即在东庄与友人欢宴数次，于此饮酒赏春，看院内次第开放的花朵。王维的《过崔驸马山池》叙及驸马宅院中的画楼、吹笛乐妓、美酒佳酿、鲜嫩野味、锦石青松以及高朋云集的情境：

画楼吹笛妓，金碗酒家胡。锦石称贞女，青松学大夫。脱貂贳桂醑，射雁与山厨。闻道高阳会，愚公谷正愚。③

岑参的《崔驸马山池重送宇文明府》铺绘驸马庭院竹林环绕的红桥、花间夹杂的绿苗、池沼透出的凉气、满山的翠色、公主去后的妆楼、飞起的野凫等：

竹里过红桥，花间藉绿苗。池凉醒别酒，山翠拂行镳。凤去妆楼闭，凫飞叶县遥。不逢秦女在，何处听吹箫。④

---

① 《旧唐书》卷一〇四列传五四《哥舒翰传》，第十册，第3213页。
② 《全唐诗》卷二五八，第四册，第2871页。
③ 《王维集校注》卷四〔编年诗（天宝下）〕，第351页。《全唐诗》卷一二七，第二册，第1286页。
④ 《岑嘉州诗笺注》卷三，下册，第510页。崔驸马，吴汝煜、胡可先《全唐诗人名考》（江苏教育出版社1990年版，第151页）考为"崔惠童"，陶敏《全唐诗人名考证》（陕西人民教育出版社1996年版，第217页）同。

杜甫《崔驸马山亭宴集（〈全唐诗〉有"京城东有崔惠童驸马山池"字）》可见园林中流窜的洑流、散乱的山石以及酣畅尽兴、诗兴勃发的清秋宴会雅集：

萧史幽栖地，林间蹋凤毛。洑流何处入，乱石闭门高。客醉挥金碗，诗成得绣袍。清秋多宴会，终日困香醪。①

钱起《宴崔驸马玉山别业》可见驸马园林奢华的装饰，茂密的竹馆、梅园里耽误了梅花开放的白雪，云集的朝堂诗人、美妙的乐曲歌舞、美酒佳肴：

金榜开青琐，骄奢半隐沦。玉箫惟送酒，罗袖爱留宾。竹馆烟催暝，梅园雪误春。满朝辞赋客，尽是入林人。②

4. 中唐的公主生活空间吟咏与唐诗中的中唐公主生活空间

中唐时期诗人们的公主园林诗包括三大类，一是对初、盛唐公主园林的追忆之作，多为入道公主园林，如睿宗女蔡国公主及其九华观、玉真公主及其玉真观和安国观、金仙公主开元观和金仙观（可参前述）、玄宗女唐昌观（可参后述园林植物阐述）等，非入道的仅有高宗女太平公主园林叙写，且极少；一是对逝去的中唐公主园林的追忆之作；一是中唐诗人对中唐公主园林的现时现地之作。对中唐前公主的追忆参前述，不再赘述。从数据统计可知唐诗中的中唐公主园林书写较多的是顺宗女与宪宗女。

其一，肃宗女仅有以昇平公主驸马为题的二首，代宗女华阳公主华阳观入诗较多（有六首），代宗其他公主入诗一首，另有两位驸马，一为德宗第二女魏国宪穆公主驸马王士平（两首），一为德宗女汉阳公主驸马郭鏦（四首）。

其二，顺宗之公主驸马与诗人的交游较频繁，其中东阳公主驸马崔杞与当时负有盛名的诗人们交往、游宴较多，留下十九首以驸马为题的有关公主宅第与园林的诗作；云安公主不仅有以公主为题的催妆诗，还有以刘驸马为题之作；另有虢国公主王驸马。

---

① 《杜诗详注》卷三，第 204 页。
② 《钱起诗集校注》卷五，第 172 页。崔驸马，《钱起诗集校注》注释云"玄宗女晋国公主下嫁崔惠童，咸宜公主下嫁崔嵩，不详此指何人"，《全唐诗人名考》考为"崔惠童"（第 186 页），陶敏《全唐诗人名汇考》（辽海出版社 2006 年版，第 425 页）考为"崔惠童"。

其三,有关宪宗公主宅第、园林的亦较多。以梁国惠康公主为多〔冠名公主的减去重出的有七题九首,其中梁国惠康公主挽歌六首;韩愈、羊士谔、权德舆各题两首;专题园林之作三首,其中王建的《故梁国公主池亭》与姚合的《题梁国公主池亭》诗句相同,另有于家公主旧宅两首,即白居易的《同诸客题于家公主旧宅》①,刘禹锡的《题于家公主旧宅》②(瞿蜕园将于家公主考为梁国惠康公主,公主嫁于季友③)等〕,加上吟咏其驸马的诗作九题十四首〔白居易《寄明州于驸马使君三绝句》,杨巨源《酬(一作"赠")于驸马二首》〕、昭华公主池馆一首(薛逢《题昭华公主废池馆》)。另有郑国温仪公主韦驸马、岐阳庄淑公主驸马杜悰。其中书写较多的中唐公主园林有四处:

(1)现地追忆:唐诗中的代宗女华阳公主华阳观

书写代宗女华阳公主华阳观的唐诗有六首,均为追忆之作,中唐诗人白居易就写了五首,另有一首为晚唐诗人之作。白居易的《春题华阳观(观即华阳公主故宅有旧内人存焉)》中感叹"帝子吹箫逐凤凰,空留仙洞号华阳。落花何处堪惆怅,头白宫人扫影堂"④,可知观内有纷繁的花朵,亦有影堂。其《华阳观桃花时招李六拾遗饮》云"华阳观里仙桃发,把酒看花心自知"⑤,则可见观内桃花极盛。其《华阳观中八月十五日夜招友玩月》云"华阳洞里秋坛上,今夜清光此处多"⑥,叙写华阳观赏月的中唐诗人的雅好。其《春中与卢四周谅华阳观同居》云"背烛共怜深夜月,踏花同惜少年春。杏坛住僻虽宜病,芸阁官微不救贫"⑦,可知华阳观较偏僻,春天里繁花盛开,是踏春赏花的绝好去处。

晚唐时陆龟蒙《洞宫夕(〈全唐诗〉有"一作华阳观")》写道:"月午山空桂花落,华阳道士云衣薄。石坛香散步虚声,杉云清泠(《全唐诗》作'泠',一作'泠泠')滴栖鹤。"⑧可知观中有桂花、杉树、仙鹤、石坛,还有香气缭绕。

(2)现时与追忆:唐诗中的德宗女汉阳公主郭驸马大安园林

---

① 《白居易集笺校》卷一三,第 2137 页。
② 《刘禹锡集》卷三二(原外集卷二),第 450 页。
③ 《刘禹锡集·外集卷二》,第 1141 页。
④ 《白居易集笺校》卷三一,第 726 页。
⑤ 《白居易集笺校》卷一三,第 730 页。
⑥ 《白居易集笺校》卷一三,第 733 页。
⑦ 《白居易集笺校》卷一三,第 738 页。
⑧ 《全唐诗》卷六二九,第九册,第 7275 页。《陆龟蒙全集校注》之《唐甫里先生文集》卷一二,第 750 页。

第六章　旧识平阳佳丽地：唐代公主的生活空间及相关建筑　391

德宗女汉阳公主驸马郭铦为代宗女昇平公主之子，公主与驸马皆好文学，常邀集文人于宅第、园林中赋诗、欢宴，为一时之盛事。但从遗留的唐诗看，昇平公主宅第的诗作仅留存李端的二首，其子郭铦宅第园林诗作现时现地的游览赋诗有三首，后世现地游赏追忆之作也有一首。

羊士谔的《游郭驸马大安山池》选取于芳草中嘶鸣的骏马、绽开艳丽姿容迎接醉客的仙杏、急急飞走避开游赏行舟的彩鸳、移入暖日下的宾榻、杨柳掩映的妓楼、烟雾横掩的水渚、水波动荡的流水以及于此听悠扬洞箫声、观清丽景色而不觉已日暮的游客，以表现公主园林之美及游乐之趣：

> 马嘶芳草自淹留，别馆何人属细侯。仙杏破颜逢醉客，彩鸳飞去避行舟。洞箫日暖移宾榻，垂柳风多掩妓楼。坐阅清晖不知暮，烟横北渚水悠悠。①

吕温《春日游郭驸马大安亭子》叙写郭驸马园林里的幽闲游赏，撷取其如自然天成的山泉、曲曲折折布满花木的游赏小径、轻盈华丽的彩船、春天绽开的满溢的花朵、常清的池沼，以描绘驸马园林中的若干幕画境：

> 戚里容闲客，山泉若化成。寄游芳径好，借赏彩船轻。春至花常满，年多水更清。此中如传舍，但自立功名。②

元稹的《与杨十二巨源、卢十九经济同游大安亭各赋二物合为五韵探得松石》撷取郭驸马大安亭的若干典型景观，有片石、孤松、月光下栖息的仙鹤身影、白云环抱的老人峰、新生的芙蓉：

> 片石与孤松，曾经物外逢。月临栖鹤影，云抱老人峰。蜀客君当问，秦官我旧封。积膏当琥珀，新劫长芙蓉。待补苍苍去，樛柯早变龙。③

郭驸马的大安亭，在晚唐时，仍有诗人游览赋诗，雍陶的《题大安池亭》勾勒出其好风好月下的相互掩映的幽岛曲池、小桥楼阁、水禽小船，但

---

① 《全唐诗》卷三三二，第五册，第3701页。
② 《全唐诗》卷三七一，第六册，第4182页。
③ 《全唐诗》卷四〇九，第六册，第4553页。《元稹集》卷一四，第154—155页。

处处透着幽寂空落之感:

> 幽岛曲池相隐映,小桥虚阁半高低。好风好月无人宿,夜夜水禽船上栖。①

从留存的四首诗作可约略见出大安山池的布局特点,有绚烂的霞彩、悠游的白云、弥漫的烟雾,也有山有水(池沼与山泉),有山石之境,有珍禽(如仙鹤、鸳鸯)花木(如杏花、杨柳、松树),有美妙歌舞,更有或步行或乘骏马或驾舟船尽兴游览的佳客,共同交织出郭驸马山池天地人相合的优美景致。

(3)唐诗中的顺宗女东阳公主崔驸马(崔杞)宅第、园林

叙写东阳公主崔驸马园林的诗作相对较多,有题目标明崔驸马的,又有以崔少卿为题的,涉及中晚唐的多位诗人,如杨巨源、贾岛、姚合、张籍、朱庆馀、无可、顾非熊、雍陶等,又以姚合的诗作为多,其有五首以其宅第或园林为题,一首以其庭院中的白鹤为题,张籍亦有三首。可分作两大类,一为专题吟咏公主驸马宅第或园林之作,一为驸马宅第、园林中动物的专题吟咏。通过对不同诗人的眼睛与心灵取景的连缀,亦可约略还原出公主园林的某些景致及其布局、风格等特点。

其一,崔驸马宅第、园林的专题吟咏。姚合的《题崔驸马宅》叙写崔驸马因心在山林,其城中的宅院亦如修仙之所,清幽飘逸,宅院中栽种的珍稀花木均是宫廷御赐,生长着笔直修长的竹林,此处也是诗人们极爱之地,离开此地再也找不到那种行走在幽深青苔地的感觉:

> 心在林泉身在城,凤凰楼下得闲名。洞中见凿寻仙路,月里犹烧煮药铛。数树异花皆敕赐,并竿修竹自天生。诗人多说离君宅,不得青苔地上行。②

其《送河中杨少府宴崔驸马宅》铺绘了崔驸马庭院宴集送别朋友之事,可知其园林修筑在东门外,平日里会与诗友宴集:

---

① 《全唐诗》卷五一八,第八册,第5966页。
② 吴河清校注:《姚合诗集校注》卷七(题咏四十九首),下册,上海古籍出版社2012年版,第386页。

凤凰楼下醉醺醺,晚出东门蝉渐闻。不使乡人修(《全唐诗》作"治")驿路,却将家累宿山云。闲时采药随僧去,每月请钱共客分。县吏若非三载满,自知无计更寻君。①

其《题大理崔少卿驸马林亭》叙写在驸马园林流连所见:

每来归意懒,都尉似山人。台榭栖双鹭,松篁隔四邻。进泉清胜雨,深洞暖如春。更看题诗处,前轩粉壁新。②

有台榭上栖息的白鹭,遍布的松树、竹林,清澈晶莹的泉水,如春天般温暖的幽深洞屋,还有前轩粉壁上的新题诗作。

除题目标明崔驸马宅或园林的诗作外,姚合还有二首未标明驸马,但标识了卫尉少卿宅第,经推证为崔驸马宅的诗作。其《同卫尉崔少卿九月六日饮》叙写秋日在驸马宅宴饮之事,亦穿插着对驸马宅的取景:

酒熟菊还芳,花飘盏亦香。与君先一醉,举世待重阳。风色初晴利,虫声向晚长。此时如不饮,心事亦应伤。③

其《春日同会卫尉崔少卿宅》叙及驸马园林初晴晓日下的池阁、在山中自在吐语的鸟儿、未曾在曲谱上见过的美妙琴声、云集在绚烂花丛中劝酒作诗的诗人、洞屋中的题诗,谁会想到在繁华的城市之中竟会有如此清幽的一片天地:

诗家会诗客,池阁晓初晴。鸟尽山中语,琴多谱外声。映花相劝酒,入洞各题名。疏野常如此,谁人信在城。④

杨巨源《赠崔驸马》描绘崔驸马宅高耸的梧桐、如画般壮丽的阁楼,以及庭院里的歌舞管乐之声:"百尺梧桐画阁齐,箫声落处翠云低。"⑤

张籍的《晚春过崔驸马东园》描述晚春时游览所见所感,庭院地处街

---

① 《姚合诗集校注》卷一(送别上五十首),上册,第56页。
② 《姚合诗集校注》卷七(题咏四十九首),下册,第381页。
③ 《姚合诗集校注》卷六,上册,第322—323页。
④ 《姚合诗集校注》卷八,下册,第422页。
⑤ 《全唐诗》卷三三三,第五册,第3742页。

东,诗人撷取其若干典型美景,一是闲园中温煦的和风,一是新雨过后散发清香的竹林,一是落花中婉转鸣啼的黄莺,一是生活其中卓具诗名、雅好美酒的驸马身影,身处其中的诗人既惊喜、好奇,又惊叹、嗟叹不已:

闲园多好风,不意在街东。早早诗名远,长长酒性同。竹香新雨后,莺语落花中。莫遣经过少,年光渐觉空。①

朱庆馀的《题崔驸马林亭》起句叙述驸马园林选在御街之东,便于诗人们聚会,在其亭阁中即可观览山色,高枕山色,白练鸟在幽深的竹林中自在飞翔,庭院内有珍贵的朱弦琴、丰富的书籍,还有随风远播的悠扬箫声:

选居幽近御街东,易得诗人聚会同。白练鸟飞深竹里,朱弦琴在乱书中。亭开山色当高枕,楼静箫声落远风。②

无可的《题崔驸马林亭》叙写崔驸马庭院丛生的珍稀宫花、野生瑶草、藤蔓香草以及高耸的楼阁、高大的树木、连绵的崇山、长满青苔的深幽清冷可避酷暑的山洞、清澈的池沼、轻盈的白鸟、叠成的假山:

宫花野药半相和,藤蔓参差惜不科。纤草连门留径细,高楼出树见山多。洞中避暑青苔满,池上吟诗白鸟过。更买太湖千片石,叠成云顶绿嵾峨。③

其二,崔驸马宅第、园林中动物的专题吟咏。主要是吟咏崔驸马园林中白鹭的诗作,白鹭即鹭鸶,古人以之为丝禽。顾非熊的《崔卿双白鹭》叙写悠游在池沼绿波上的双双白鹭,时而伫立风中其头顶如丝的冠羽急急飘摇,时而绕过池边留下脚印,时而刷羽展翅,时而依临泉水啄取游鱼,让诗人不禁想起出门即可见水禽的水乡美景,又仿佛置身于烟波画境之中:

朝客高清爱水禽,绿波双鹭在园林。立当风里丝摇急,步绕池边

---

① 《张籍集系年校注》卷二,上册,第280页。
② 《全唐诗》卷五一四,第八册,第5916页。
③ 《全唐诗》卷八一四,第十二册,第9248页。

字印深。刷羽竞生堪画势,依泉各有取鱼心。我乡多傍门前见,坐觉烟波思不禁。①

雍陶《咏双白鹭》(一作《崔少府池鹭》)亦细绘崔驸马园林中的白鹭,铺叙它似乎是怜惜满溢的池沼于是在风中伫立不动、顶上的丝羽下垂的静态,其立于青草之中的优雅姿态,其依傍白莲游鱼的如画美景,其在寒雨里独立的情境,其在早秋中相互呼应的数声啼鸣,而公主驸马园林的林塘,正因为有了这灵动秀美的双双白鹭而倍添清幽之韵致,以此身价倍增,这一切的物与色均与诗人们的幽情相适宜,公主驸马的园林亦由此如诗如画,更具诗情画意:

双鹭应怜水满池,风飘不动顶丝垂。立当青草人先见,行榜白莲鱼未知。一足独拳寒雨里,数声相叫早秋时。林塘得尔须增价,况与诗家物色宜。②

贾岛亦有《崔卿池上双白鹭》叙写鹭鸶和鹈雏飞出深笼,其顶部的丝羽亦相同,想象其曾在晚秋多霜的寒石之上移足,如今远隔城市高挂树上的巢穴已空,双飞在崔卿自凿的池潭上,这里的池水与宫中的太液池水亦是相通的:

鹭雏相逐出深笼,顶各有丝茎数同。洒石多霜移足冷,隔城远树挂巢空。其如尽在滩声外,何似双飞浦色中。见此池潭(《全唐诗》一作"塘")卿自凿,清泠太液底潜通。③

诗人们亦关注着驸马宅中的仙鹤,贾岛《崔卿池上鹤》云"月中时叫叶纷纷,不异洞庭霜夜闻。翎羽如今从放长(《全唐诗》一作'从今如罢剪'),犹能飞起向(《全唐诗》一作'上')孤云"④,绘出秋叶纷纷零落时的月中白鹤图,细绘其翎羽已长可纵身飞入云际的优雅姿态。姚合《崔少卿鹤》勾

---

① 《全唐诗》卷五〇九,第八册,第5832页。
② 《全唐诗》卷五一八,第八册,第5954页。崔少府,吴汝煜、胡可先《全唐诗人名考》考为"崔杞",依据姚合《题大理崔少卿驸马林亭》有"台榭栖双鹭",第521页。
③ 《贾岛集校注》卷九,第446页。《全唐诗》卷五七四,第九册,第6731页。崔卿,《全唐诗人名考》考为"崔杞",第592页。
④ 《贾岛集校注》卷九,第468页。《全唐诗》卷五七四,第九册,第6734页。崔卿,《全唐诗人名考》考为"崔杞",第592页。

勒其生活的环境,可见驸马园林一角的情境,入门处的石径高低起落,空闲处栽植一畦畦的药草,仙鹤一来即无飞去之意,安心在此间花丛起舞,在幽洞中栖息:

<blockquote>入门石径半高低,闲处无非是药畦。致得仙禽无去意,花间舞罢洞中栖。①</blockquote>

张籍《崔驸马养鹤》亦云"求得鹤来教剪翅,望仙台下亦将行"②。

其宅中之蝉亦被留意,其《和崔驸马闻蝉》云"凤凰楼下多欢乐,不觉秋风暮雨天。应为昨来身暂病,蝉声得到耳傍边"③,起句概括勾勒园林秋风暮雨中的景象,尽管秋雨多会让人心绪寂寞灰暗,但身处公主驸马的凤凰楼里却只有欢乐。

(4)唐诗中的宪宗女梁国惠康公主(包括于驸马)园林

在中唐公主中梁国惠康公主(又有以夫家之姓冠名的于家公主别称)及其夫于驸马也是唐诗中出现频率较多的。

梁国公主何以成为唐诗中吟咏较多者,与其特殊的身世与婚姻息息相关。梁国惠康公主初封普宁公主(后改为永昌公主),作为宪宗长女,极得宪宗喜爱,然而在其婚姻选择上,亦存在诸多争议与无奈(此后即有史家认为中唐时的公主嫁藩镇类似于和亲),尽管李吉甫直谏所择之人辱没帝女,但她还是被嫁与于节度使之子于季友。据《资治通鉴》记载:

<blockquote>(元和二年十二月丙寅)山南东道节度使于頔悍上英威,为子季友求尚主。上以皇女普宁公主妻之。翰林学士李绛谏曰:"頔,虏族,季友,庶孽,不足以辱帝女,宜更择高门美才。"上曰:"此非卿所知。"己卯,公主适季友,恩礼甚盛。頔出望外,大喜。④</blockquote>

公主婚礼极为隆重,但婚后的生活应该并不幸福,《旧唐书》曾记载于季友欺瞒公主私养外宅女之事:"(元和八年二月)宰相于頔男太常丞敏专杀梁正言奴,弃溷中。事发,頔与男季友素服待罪……于季友诳罔公主,藏隐内人,转授凶兄,移贮外舍,伤风黩礼,莫大于兹,宜削夺所任官,令在家

---

① 《姚合诗集校注·姚少监诗集外编》,下册,第 608 页。
② 《张籍集系年校注》卷六,中册,第 748 页。
③ 《张籍集系年校注》卷六,中册,第 705 页。
④ 《资治通鉴》卷二三七《唐纪二五》,第 7647 页。

修省。"①《宪宗本纪》还记录了驸马居母丧仍于宅院欢宴之事:"(元和十二年夏四月)辛丑,驸马都尉于季友居嫡母丧,与进士刘师服欢宴夜饮。季友削官爵,笞四十,忠州安置。"②从《旧唐书》李吉甫的"罢公主祠堂"谏议亦可知公主早夭。

以公主名号冠名的唐诗主要是挽歌,但在挽歌的书写中会点出一笔,回顾公主的生活场所,或以"沁园"花朵的凋零,惋叹公主的逝去,于是亦可算作对公主园林的侧面书写。如权德舆《赠梁国惠康公主挽词(〈全唐诗〉作"挽歌词二首")》其二哀叹"凤楼人已去,鸾镜月空悬"③,羊士谔《梁国惠康公主挽歌词二首(驸马即司空于公之子)》其一云"汤沐成陈迹,山林遂寂寥"④,韩愈《梁国惠康公主挽歌二首》其二惋叹"从今沁园草,无复更芳菲"⑤。而有关冠以夫姓的以公主为题的诗作及以驸马为题的诗作属于正面书写公主园林的作品,从其中可见公主园林的典型景观及佳客云集观看歌舞、觥筹交错的热闹繁华景象。

对公主园林做以直接铺叙的诗歌包括现时现地的驸马园林叙写和公主逝去后现地游赏追忆两大类。其中追忆的叙写,如王建《故梁国公主池亭》(一作姚合《题梁国公主池亭》,文字稍有出入⑥)写道:

> 平阳池馆枕秦川,门锁南山一朵(姚作"带")烟。素柰花开西子面,绿榆枝散(姚作"种")沈郎钱。装檐(姚作"装帘")玳瑁随风落,傍岸(姚作"庭岸")鸂鶒逐(姚作"趁")暖眠。寂寞空余歌舞地,玉箫声绝(姚合作"惊起")凤归天。

从中可知梁国公主园林依南山傍秦川,其间花木丛生,池沼间有珍禽嬉戏,亭台楼阁等建筑亦悬挂着玳瑁等珍宝装饰,风起时发出悦耳动听之声,其生前的园林里亦常常是佳客云集、歌舞不绝。

诗人们亦曾群体徘徊于公主旧宅,写下同题诗作。刘禹锡《题于家公主旧宅》写出公主所留园林的荒凉萧瑟之状与后人对此产生的沧桑感:

---

① 《旧唐书》卷一五下本纪一五下《宪宗本纪下》,第二册,第445页。
② 《旧唐书》卷一五下本纪一五下《宪宗本纪下》,第二册,第459页。
③ 《文苑英华》卷三一〇《挽歌》,第二册,第1594页。《全唐诗》卷三二七,第五册,第3666页。《权德舆诗文集》卷八,第135页。
④ 《全唐诗》卷三三二,第3710页。
⑤ 《韩昌黎诗集编年笺注》卷九,第512页。
⑥ 《姚合诗集校注》卷七(题咏四十九首),第389页。

>　　树绕荒台叶满池,箫声一绝草虫悲。邻家犹学宫人髻,园客争偷御果枝。马坞蓬蒿藏狡兔,凤楼烟雨啸愁鸱。何郎独在无恩泽,不似当初傅粉时。①

其间树木环绕的荒凉亭台上铺满落叶,草虫悲鸣,游园的客人争相偷摘曾经的御果,邻近的居住者亦说着公主家的故事,模仿着公主之家的妆容发型,曾经奢侈的纵马场上萋蒿丛生,狐兔潜伏奔窜,烟雨迷蒙的凤楼里传来鸱鹗的愁啼声。如今她的驸马仍在,却少了帝王的恩泽,没有了当初公主在时的盛宠。白居易《同诸客题于家公主旧宅》起句即写出公主旧宅人烟稀少的冷落,诗人忖度应是游人一到此即会生出悲愁,昔日的桃李院落里布谷鸟啼鸣,凤凰楼里络纬声声悲怨,衰残的石阶倾斜、滑溜,其奢华的珍珠帘帘断珠残,诗人亦听说公主驸马还在,只是已衰老不堪被贬谪于明州:

>　　平阳旧宅少人游,应是游人到即愁。春(《全唐诗》作"布")谷鸟啼桃李院,络丝虫怨凤凰楼。台倾滑石犹残砌,帘断其(《全唐诗》作"珍")珠不满钩。闻道至今萧史在,髭须雪白向明州。②

关于驸马的诗作有杨巨源《酬于驸马二首》其一叙及公主园林:

>　　芳时碧落心应断,今日清词事不同。瑶草秋残仙圃在,彩云天远凤楼空。晴花暖送金羁影,凉叶寒生玉簟风。长得闻诗欢自足,会看春露湿兰丛。③

从中可见园林中秋日的凋残草木,空寂的凤楼,可见其长满珍稀草木的仙圃。

另有白居易的《寄明州于驸马使君三绝句》,未涉及公主园林书写。

5. 晚唐的冠名驸马现地游宴诗与追忆诗

晚唐的公主园林叙写较少,其中一部分还是亲临逝去公主遗留旧地时的追忆,文宗大和五年举进士的李远有《游故王驸马池亭》(《全唐诗人名

---

① 《刘禹锡集》卷三二(原外集卷二),第450页。
② 《白居易集笺校》卷三一,第2137页。
③ 《全唐诗》卷三三三,第五册,第3726页。

考》考为顺宗女虢国公主驸马"王承系",参前述),部分所涉公主属中唐帝王之女,但活动期跨中晚唐,如《夏日怀杜悰驸马》《上杜驸马》,诗中所言杜驸马杜悰既是驸马又官至宰辅,位极人臣,尚宪宗女岐阳公主,历经宪宗、穆宗、敬宗、文宗、武宗等朝,跨中晚唐,其主要活动时间在晚唐,于是可算作晚唐诗。

另一部分晚唐时期对晚唐帝王之女园林的书写则较少,包括宣宗女万寿公主驸马郑颢的记梦诗与历经晚唐、五代的诗人张蠙的《宴驸马宅》和曹松的《驸马宅宴罢》。郑颢《续梦中十韵》序云"去年寿昌节,赴麟德殿上寿回,憩于长兴里第,昏然昼寝,梦与十数人纳凉于别馆。馆宇萧洒,相与联句,予为数联,同游甚称赏"①,从驸马梦中游馆赋诗的情境看,其平日亦应时常邀集文人于馆内游赏、宴饮、赋诗。唐懿宗时张蠙在长安有文名,为"咸通十哲"之一,此时同昌公主与驸马韦保衡极受盛宠,府内宴饮聚会较多,而同昌公主的交往主要是在亲眷间,张蠙诗作中的驸马极有可能是韦驸马。另有两首驸马宅的诗作虽未能确考驸马、公主,但发生时间在晚唐是可以确知的,其诗作描绘了大唐王朝的末世余光中众人在公主驸马府的饮酒欢歌。

综合上述唐代不同时期公主入诗文的情形,可以得出以下结论:

其一,唐代的大部分公主都有山庄,唐代高宗、武周、中宗、睿宗时期公主广为营建园林的风气极盛。

其二,这些公主宅第、园林、道观、寺院诗,标题冠名公主的多为高宗、中宗、睿宗时期,其他时段冠名公主的诗题则有玉真公主、蔡国公主、永穆公主亭子、梁国公主,又以入道公主为多,且多为去世后的游览追忆作品,更多的则是以驸马宅冠名诗题的欢宴游赏诗作。

其三,梳理唐代不同时期文人的公主宅第、园林诗作与唐诗中不同时期的公主园林书写,可以发现其书写的统一模式:起句往往叙及公主府邸、园林召集宴饮、游赏的缘起,或帝王携众人声势浩大的出行情形;接着会描摹公主宅第、园林的景色,或大笔勾勒、概括描写,或选取典型动植物细细描写;然后盛赞宴饮歌舞之盛;最后则叙写夜深时的流连忘返情境。

其四,从这些细致的绘饰文字里,可以清楚地看出唐代公主园林的规模宏大、庄重气派、典雅华贵等特点,领略其整体的富丽堂皇风格。

---

① 《全唐诗》卷五六三,第九册,第6590页。

(二)唐代公主宅第、园林诗文特点及映照的宅第、园林境况、特质

唐代文人在公主园林、宅第的欢宴、游赏经历,使得文人们得以目睹公主园林的具象,其园林境况、特质亦借由诗人的眼睛、心灵表现出来。

唐代有关公主园林的诗文,尤以上官婉儿的《游长宁公主流杯池二十五首》最为集中,最具代表性,其园林的布局、花草林木、怪石山泉、亭台楼阁均被描摹而出:

逐仙赏,展幽情,逾昆阆,迈蓬瀛。
游鲁馆,陟秦台。污山壁,愧琼瑰。
檀栾竹影,飙飗松声。不烦歌吹,自足娱(一作"怡")情。
仰循茅宇,俯眄乔枝。烟霞问讯,风月相知。
枝条郁郁,文质彬彬。山林作伴,松桂为邻。
清波汹涌,碧树冥蒙。莫怪留步,因攀桂丛。
莫论圆峤,休说方壶。何如鲁馆,即是仙都。
玉环腾远创,金埒荷殊荣。弗玩珠玑饰,仍留仁智情。凿山便作室,凭树即为楹。公输与班尔,从此遂韬声。
登山一长望,正遇九春初。结驷填街术(一作"衢"),闾阎满邑居。斗雪梅先吐,惊风柳未舒。直愁斜日落,不畏酒尊虚。
霁晓气清和,披襟赏薜萝。玳瑁凝春色,琉璃漾水波。跂石聊长啸,攀松乍短歌。除非物外者,谁就此经过。
暂尔游山第,淹留惜未归。霞(一作"水")窗明月满,洞户白云飞。书引藤为架,人将薜作衣。此真攀玩所(一作"桂府"),临眺赏光辉。
放旷出烟云,萧条自不群。漱流清意府,隐几避嚣氛。石画妆苔色,风梭织水文。山室(一作"空")何为贵,唯余兰桂熏。
策杖临霞岫,危步下霜蹊。志逐深山静,途随曲涧迷。渐觉心神逸,俄看云雾低。莫怪人题树,只为赏幽栖。
攀藤招逸客,偃桂协幽情。水中看树影,风里听松声。
携琴侍叔夜,负局访安期。不应题石壁,为记赏山时。
泉石多仙趣,岩壑写奇形。欲知堪悦耳,唯听水泠泠。
岩壑恣登临,莹目复怡心。风篁类长笛,流水当鸣琴。
懒步天台路,惟登地肺山。幽岩仙桂满,今日恣情攀。
暂游仁智所,萧然松桂情。寄言栖遁客,勿复访蓬瀛。

瀑溜晴疑雨,丛篁昼似昏。山中真可玩,暂请报王孙。

傍池聊试笔,倚石旋题诗。豫弹山水调,终拟从钟期。

横铺豹皮褥,侧带鹿胎巾。借问何为者,山中有逸人。

沁水田园先自多,齐城楼观更无过。倩语张骞莫辛苦,人今从此识天河。

参差碧岫耸莲花,潺湲绿水莹金沙。何须远访三山路,人今已到九仙家。

凭高瞰险(一作"迥")足怡心,菌阁桃源不暇寻。余雪依林成玉树,残霞点岫即瑶岑。①

从中可见出长宁公主园林的三大特质:其一,藉由仙化传说中的仙境与实有的被赋予修道成仙意蕴的圣地,渲染公主园林堪比甚至超越仙境的气韵。组诗起句即称公主园林的游赏为仙境之游,以昆阆、蓬瀛比拟、模塑公主园林的朦胧唯美、如仙境如画境的气韵。此外还引入圆峤、方壶、菌阁、天河等传说中的仙境,以七十二洞天福地之一的地肺山、天台山、三山、桃源等可修道成仙的实有之地和流杯池对比,比衬其仙境之美。

其二,由前朝卓富盛名的公主典故、仙人传说、隐逸高士及有名雅集,渲染公主府仙气飘飘、雅客云集、能人异士咸集、歌舞音乐绝美的盛事。诗中以历史上卓富盛名的公主园林——鲁馆、秦台比拟长宁公主流杯池。以多位仙人、名士,包括善于弹琴的名士嵇康嵇叔夜,抚一弦琴的高士孙登(嵇康曾从其游三年,未听其言),善于治病的负局先生(南朝梁刘孝标《东阳金华山栖志》:"可以养性消痾,还年驻色。不藉崔文黄散,勿用负局紫丸。"②),有千岁翁之称的安期生(羽化登仙、驾鹤仙游,在玄洲三玄宫被奉为上清八真之一)等,渲染公主园林的仙境气息,及得名士聚集的雅韵。

其三,铺绘出公主园林山水多样、岩壑沟谷纵横、山涧清溪潺潺、云霞烂漫、亭台楼阁鳞次栉比、怪石嶙峋、花木繁茂珍奇、鱼鸟和乐、万物生长、自然与人工完美融合的基本布局与绝美景致。从组诗可见长宁公主园林里清溪环绕,泉水莹澈,山峦耸峙,奇石斜倚,植被密布,有檀栾竹影、青松兰桂、茑萝薜荔、斗雪之梅、惊风之柳,风吹密林,自有轻妙的天籁之音,无须歌吹,自足娱情,置身于此,可与烟霞问讯,与风月相知,与山林做伴,与

---

① 《全唐诗》卷五,第一册,第63—65页。
② 〔南朝梁〕刘孝标:《东阳金华山栖志》,严可均辑:《全上古三代秦汉三国六朝文·全梁文卷五七·刘峻》,中华书局2000年版,第3290页上。

松桂为邻,于此自可心神旷怡,亦可诗兴满怀。

而李乂《侍宴安乐公主山庄应制》,虽题名为宴饮,但主要以游赏为主,亦通过白描、神话、典故等手法铺绘了公主园林的布局、特质和景象:

> 金舆玉辇背三条,水阁山楼望九霄。野外初迷七圣道,河边忽睹二灵桥。悬冰滴滴依虬箭,清吹泠泠杂凤箫。回(一作"向")晚平阳歌舞合,前溪更转木兰桡。①

诗歌先是叙写帝王乘坐的金舆玉辇沿着都城的三条大道而来(所谓"三条",既可确指三条道路,亦可泛指都城通衢,《后汉书·班固传》云"建金城其万雉,呀周池而成渊,披三条之广路,立十二之通门",李贤注云"《周礼》:'国方九里,旁三门。'每门有大路,故曰三条"②)。接着以游踪移步换景,公主园林最突出处亦一幕幕被撷入,以此可知公主园林是帝王时常率众臣游赏之胜地,其水边和层峦都密布楼阁,广阔幽深,曲径蜿蜒,游赏时竟会迷失道路,而行至河边又会看到飞度的灵桥,冷风中夹杂着凤箫的清音,山间悬冰如虬箭。

唐代文人的公主宅第园林描写,除过采用白描、铺绘等手法对眼前的公主园林实境做了描绘外,还会大量引入神话仙话和历史中的园林典故以渲染、衬托、比喻或代称公主园林。宗楚客的《安乐公主移入新宅侍宴应制》(一作李适《安乐公主移入新宅》)在创作时一句一典,可谓典范:

> 星桥他日创,仙榜此时开。马向铺钱埒,箫闻弄玉台。人同(一作"疑")卫叔美,客似(一作"是",一作"有")长卿才。借问游天汉,谁能取(一作"带")石回。③

以星桥(神话中的鹊桥)、仙榜比喻公主府的仙境气息,渲染其家宴的仙境盛会氛围;又引入"铺钱埒"的典故暗指公主家宴之豪奢,还以萧史弄玉吹箫引凤台,描绘其曲乐之美;以卫玠之美、司马相如之才华比喻公主宴会上丰神俊逸、才华横溢之佳客云集的盛况。

---

① 《全唐诗》卷九三,第二册,第993页。
② 《后汉书》卷四○列传三○《班彪传附子固传》,第四册,第1336—1337页。
③ 宗楚客与李适内容相同的诗作,见《全唐诗》卷四六,卷七○,第一、二册,第564、776页。

唐代的公主宅第、园林诗文在总体上有三大突出特点与写作范式,亦描绘、呈现出公主宅第、园林的三大突出特点:

1. 藉由神话、仙话表现、模塑的仙境气韵

这既是唐人写作唐代公主宅第园林诗文有意识表现出的特点,也是现实中唐代公主宅第、园林建造时有意模仿神话、仙化情境达到的真实效果,于是既是借助神话构建的虚写情境,也是诗人游览时眼中所见经由心灵创造后的实境实写。

而那些放弃了皇宫大院寻仙访道的公主们,其道观园林更具仙境般缥缈朦胧的气息,连广布于其中的佳木丛花也深具天台瑶池草木的神秘色彩。王维的《奉和圣制幸玉真公主山庄因题石壁十韵之作应制》则处处透着仙气,不仅多用代表仙境的词语,如"碧落""瑶台""仙家""汉查""九霄""五云车""种白玉""化丹砂""冲天鹤"等,还以清丽飘逸的语句摹写了"青烟缭绕弥漫,云霞舒卷偎依从窗里生发,开门即见丽日皎月辉照,飞鹤逍遥来去,青溪泉水无言流泻"①的仙境,以及观中主人以丹砂玉露为生的远离尘嚣、飘飘若仙的绝俗生活。而司空曙《题玉真观公主山池院》中的"蓬山石""太液泉""鸾凤""上仙栽的古桃树",亦营造出时隔多年后这里仍然留存的神秘仙气。

另有武元衡《题故蔡国公主九华观上池院》云"朱门临九衢,云木蔼仙居……秦楼今寂寞,真界竟何如。不与蓬瀛异,迢迢远玉除"②,既描写了公主九华观的仙居、真界、蓬瀛气韵,也在惋叹声中写尽了秦楼之寂寞衰瑟。无论是求仙访道绝弃红尘的女冠公主,还是沉醉在烦扰尘世、历尽繁华的人间公主,高贵的血统造就的是她们山庄园林的恍若仙宫、直逼蓬瀛的显著特色。

对超越人间的仙境的想象与建构,中国自古就有,古人在万物有灵的信仰中生发出对山水万物的膜拜,并虚构出种种神仙境界。蓬莱、方丈、瀛洲东海三仙岛即这一仙境构想的典范,作为天女,公主的生活、居住地——宅第、园林、道观,自然会选择以这些虽源自虚构,但被古人认同并深信不疑的仙境山水草木景观作为蓝本,把对此的模塑作为造园追求的最高理想境界,因此公主园林中少不了这类仿神话虚拟的仙境建造出来的人造仙境景观。唐玄宗为玉真公主营造的安国观即有这样的景观。《剧谈录》和

---

① 见拙作《唐代文学中的公主园林别墅》,《西北大学学报(哲学社会科学版)》2010年第1期,彩页。
② 《全唐诗》卷三一七,第五册,第3567页。

《唐语林》对安国观均有记载,文字稍有出入:

> 政平坊安国观,明皇朝(《唐语林》作"时")玉真公主所建。门楼高九十尺,而柱端无栱(《唐语林》无此字)枓(《唐语林》作"斜")。殿南有精思院,琢玉为天尊老君之像,叶法善、罗公远、张果先生并图之(《唐语林》作"形")于壁。院南池引御渠水注之,垒(《唐语林》作"叠")石像蓬莱、方丈、瀛洲三山。女冠多上阳退宫嫔御(《唐语林》作"宫人")。其东与国学相接。咸通中,有书生云:"每清风朗月(《唐语林》无此句),尝闻山池内步虚笙磬之音。"①

从中可知玉真公主道观中的基本布局:道观的门楼修建得高耸天际,大殿南有静思修道的院落,其中安置着道教最高供奉者——老君的玉琢雕像,墙壁上有得道升仙者的壁画。院落里有人工凿建的水池与叠石垒成的三山。而以传说、典故中的仙境比喻或对比公主园林,是唐代文人常用的手法,既是最高的赞誉与表现描摹,也是实写其境,由此入手则可探究当时的造园理想,以及人们意识中、心目中、耳闻目睹中的公主园林特质。

《拾遗记》描绘了很多传说中的仙境奇异景观,并将圆峤、蓬莱等作为典范,这些前人钩织的仙境亦成为诗人们在创作唐代公主园林题材诗作时所喜用常用的典故、物象,用以表现和描摹公主园林的高贵、神秘,恍若仙境的特质:

> 至如《列子》所说,员峤、岱舆,瑰奇是聚,先《坟》莫记。蓬莱、瀛洲、方丈,各有别名;昆吾神异,张骞亦云焉。睹华戎不同寒暑,律人獭禽至其异气,云水草木,怪丽殊形,考之载籍,同其生类。非夫贵远体大,则笑其虚诞。俟诸宏博,验斯灵异焉。②

(1)蓬莱瀛洲、瑶池昆阆等仙境灵山系统的比对与仿建

即便是至尊的帝王,也往往要追寻虚幻的仙境,祭拜有灵的山水。帝王被奉为天子,作为帝子的公主们在常人眼中也具有了天之血统,被称作天女、天姬、瑶姬。那么她们居住的园林,自然也循着这一高贵的血脉去雕

---

① 《剧谈录》,第46—47页。《唐语林校证》卷七,第661页。
② 〔前秦〕王嘉著,〔南朝梁〕萧绮录,齐治平校注:《拾遗记》卷一〇,中华书局1981年版,第237页。

饰,使其成为人间的仙境。即便没有精心的打造,在世人眼里,也会被奉为琼台玉宇、人间蓬莱、王母瑶池。唐诗中以海外三仙山比拟唐代公主园林这一特质的极多。三山即传说中的海外三仙山蓬莱、瀛洲、方丈。

蓬莱是仙话中极重要的仙境之一,据《拾遗记》描述:

> 蓬莱山亦名防丘,亦名云来,高二万里,广七万里。水浅,有细石如金玉,得之不加陶冶,自然光净,仙者服之。东有郁夷国,时有金雾。诸仙说此上常浮转低昂,有如山上架楼……其西有含明之国,缀鸟毛以为衣,承露而饮,终天登高取水,亦以金、银、仓环、水精、火藻为阶。有冰水、沸水,饮者千岁……有鸟名鸿鹅,色似鸿……南有鸟,名鸳鸯,形似雁……以千万为群,推其毛长者高翥万里。圣君之世,来入国郊。有浮筠之簳,叶青茎紫,子大如珠,有青鸾集其上……①

从中可知蓬莱山的一些基本布局与特征,其地高广,有不需陶冶即可得的金玉,且是仙者服用可得长生之物。其东有仙人悠游的楼阁,其西有身穿羽衣登高饮露之仙人,台阶以各种金银珠宝营造,又有鸿鹅、鸳鸯、青鸾和仙林。而这种珠宝装饰、楼台广布以及祥禽植物丛生其间的特点,正是唐代诗文中所见的公主园林所呈现出的特点。

瀛洲的景观《拾遗记》如此描述:

> 瀛洲一名魂洲,亦曰环洲。东有渊洞,有鱼长千丈,色斑,鼻端有角,时鼓舞群戏。远望水间有五色云,就视,乃此鱼喷水为云……有树名影木……有金峦之观,饰以众环,直上干云。中有青瑶几,覆以云纨之素,刻碧玉为倒龙之状,悬火精为日,刻黑玉为乌,以水精为月,青瑶为蟾兔……有兽名嗅石,其状如麒麟……有草名芸苗,状如菖蒲,食叶则醉,饵根则醒。有鸟如凤,身绀翼丹,名曰"藏珠",每鸣翔而吐珠累斛。仙人常以其珠饰仙裳……②

从描述可知瀛洲有奇异的巨鱼,有奇木灵草,亦有灵兽祥禽,还有高大奢华的楼观,其中有雕饰着精美日、月、龙、兔、鸟等纹样的青瑶几,仙人着奢华

---

① 《拾遗记》卷一〇,第223—224页。〔前秦〕王嘉等撰,〔南朝梁〕萧绮录,王根林等校点:《拾遗记(外三种)》卷一〇,上海古籍出版社2012年版,第62—63页。
② 《拾遗记》卷一〇,第227页。

衣裳出入其间。

此处所引方壶,即方丈,据《拾遗记》描述:

> 三壶,则海中三山也。一曰方壶,则方丈也;二曰蓬壶,则蓬莱也;三曰瀛壶,则瀛洲也。形如壶器。此三山上广、中狭、下方,皆如工制,犹华山之似削成。①

> 方丈之山,一名峦雉。东有龙场……玉瑶为林,云色皆紫。……王坐通云之台,亦曰通霞台,以龙膏为灯,光耀百里,烟色丹紫……山西有照石,去石十里,视人物之影如镜焉……昭王春此石为泥,泥通霞之台,与西王母常游居此台上。常有众鸾凤鼓舞,如琴瑟和鸣,神光照耀,如日月之出。台左右种恒春之树,叶如莲花,芬芳如桂,花随四时之色。昭王之末,仙人贡焉……恒春一名"沉生",如今之沉香也。有草名濡荄……海人织以为席荐,卷之不盈一手,舒之则列坐方国之宾……莎萝草细大如发,一茎百寻,柔软香滑,群仙以为龙、鹄之辔。有池方百里,水浅可涉,泥色若金而味辛,以泥为器,可作舟矣。百炼可为金,色青,照鬼魅犹如石镜,魑魅不能藏形矣。②

而方丈山东面有珠玉之林,通云之台,照明器具光耀百里,西面则有灵石、鸾凤、恒春树、灵异之草和可炼金丹的池泥。

瑶台、瑶池是神话中王母居住之地,也是公主宅第、园林诗中被大量选择用以比对的意象。《史记·大宛列传》记载昆仑山上有瑶池:

> 太史公曰:《禹本纪》言"河出昆仑。昆仑其高二千五百余里,日月所相避隐为光明也。其上有醴泉、瑶池"。③

《穆天子传》中亦叙写了瑶池,而穆天子和西王母于此相会饮酒:

> 天子觞西王母于瑶池之上。西王母为天子谣曰:"白云在天,山陵自出。道里悠远,山川间之。将子无死,尚能复来。"④

---

① 《拾遗记(外三种)》卷一《高辛》,第13页。《拾遗记》卷一,第20页。
② 《拾遗记》卷一○,第228、225—226页。《拾遗记(外三种)》卷一○,第63页。
③ 《史记》卷一二三列传六三《大宛列传》,第十册,第3179页。
④ 〔晋〕郭璞注:《穆天子传》卷三,上海古籍出版社1990年版,第10页上。

昆阆或指昆仑山和阆苑两处,或指昆仑山上的阆苑,或指昆仑山和阆山。阆山一称阆风巅,《水经注》云"《昆仑说》曰:昆仑之山三级,下曰樊桐,一名板桐;二曰玄圃,一名阆风;上曰层城,一名天庭,是为太帝之居。"[1]又引《十洲记》:

> 昆仑山在西海之戌地,北海之亥地,去岸十三万里,有弱水,周币(匝)绕山。……昆仑山有三角,其一角正北,干辰星之辉,名曰阆风巅;其一角正西,名曰玄圃台;其一角正东,名曰昆仑宫。其处有积金,为天墉城,面方千里,城上安金台五所,玉楼十二。其北户山(案"山"近刻讹作"出"),承渊山又有墉城,金台玉楼,相似如一。渊精之阙,光碧之堂,琼华之室,紫翠丹房,景烛日晖,朱霞九光,西王母之所治,真官仙灵之所宗。上通旋机,元气流布,玉衡常理,顺九天而调阴阳,品物群生,希奇特出,皆在于此,天人济济,不可具记。[2]

可知昆仑山有弱水,其三角有阆风巅、玄圃台、昆仑宫,均为传说中神仙居住的地方。唐谷神子《博异志·阴隐客》中有"昆阆"一词:"修行七十万日,然后得至诸天,或玉京、蓬莱、昆阆、姑射"[3]。

昆阆一词在晋至南北朝的诗文中偶有出现,如《艺文类聚》引文叙及昆阆:"(晋庾肃之《山赞》)昆阆天竦,五岳云停","(周王褒《灵坛铭并序》)昆阆沧溟,胞胎元一",[4]亦引鲍照《舞鹤赋》云"指蓬壶而翻翰,望崑阆以扬音"[5],以蓬壶和昆阆对举,可知昆阆也应为一处仙境。南朝梁何逊《七召八首·宫室》云"疑崐阆之郁弟,侔(《英华》作'比')沧溟之汙灌(明洪瞻祖刻本作'沉')"[6],以崐阆和沧溟对举,沧溟为大海,崐阆则为大山。

在留存的隋及唐代诗文中昆阆亦有出现,但不多。《初学记》引唐太宗《小山赋》"想蓬瀛兮靡觌,望昆阆兮难期"[7]。王勃《益州绵竹县武都山净惠寺碑》云"五城韬海,接昆阆于大都;八洞藏云,冠瀛洲于巨阙";其《梓

---

[1] 〔北魏〕郦道元注,陈桥驿点注:《水经注》卷一,上海古籍出版社1990年版,第1页。
[2] 《水经注》卷一,第14页。
[3] 〔唐〕谷神子:《博异志·阴隐客》,中华书局1980年版,第10页。
[4] 《艺文类聚》卷七《山部上》、卷七八《灵异部上》,第127、1343—1344页。
[5] 〔南朝宋〕鲍照著,丁福林、丛玲玲等校注:《鲍照集校注》卷一,中华书局2013年版,第1—2页。
[6] 〔南朝梁〕何逊:《何逊集》卷三,中华书局1980年版,第60页。
[7] 《初学记》卷五《地理部上总载山第二》,第92—93页。

州鄩县兜率寺浮图碑》云"若夫仙楼白玉,窈冥昆阆之墟;神阙黄金,寂寞蓬瀛之浦","缅想蓬瀛,金台迥起。旷瞻昆阆,瑶房峻峙"①。唐诗中则有十一首,常和蓬壶(蓬瀛)、常山等对举,如"朝栖昆阆木,夕饮蓬壶涨"(王绩《古意六首》其六②)、"似立蓬瀛上,疑游昆阆前"(宗楚客《奉和幸上阳宫侍宴应制》③)、"且盼蓬壶近,谁言昆阆遥"(吴筠《游仙二十四首》④)等。

阆苑在唐以前诗文中出现得极少,《初学记》引隋孔德绍《登白马山护明寺》诗云"暂同游阆苑,还类入仙都"⑤。唐代诗歌中已较多,有十六首,且常常和层城、崆峒、蓬莱、瑶池、洞天等对仗或并联,如"即此陪欢游阆苑,无劳辛苦向崆峒"(张昌宗《奉和圣制夏日游石淙山》⑥)、"阆苑云深孤鹤迥,蓬莱天近一身遥"(牟融《送羽衣之京》⑦)、"琼蕊籍中闻阆苑,紫芝图上见蓬莱"(李绅《新楼诗二十首·海棠》⑧)、"蓬岛烟霞阆苑钟"(李商隐《郑州献从叔舍人褎》⑨)、"云间阆苑何时见,水底瑶池触处通"(罗隐《送内使周大夫自杭州朝贡》⑩)、"阆苑瑶台岁月长"(徐夤《鹤》⑪)、"阆苑驾将雕羽去,洞天赢得绿毛生"(曹松《赠道人》⑫)、"驭风过阆苑,控鹤下瀛洲"(慧净《与英才言聚赋得升天行》⑬)、"阆苑花前是醉乡"(许碏《醉吟》⑭)等。

而这些仙话中构建的仙界灵山系统,亦成为描述公主宅第、园林时被大量采撷以形容其珍奇奢华、恍若仙境特质的重要意象,其中又以蓬瀛为多,昆阆仅一处,阆苑亦一处,均与"蓬瀛"对举。上官婉儿《游长宁公主流杯池二十五首》多次以蓬瀛代指公主园林:"逾昆阆,迈蓬瀛","寄言栖遁客,勿复访蓬瀛"。宋之问《太平公主山池赋》以蓬莱比拟公主山池:"又似波沉浪息兮

---

① 〔唐〕王勃著,〔清〕蒋清翊注:《王子安集注》卷一六、卷一八,上海古籍出版社1995年版,第461—462、510、518页。
② 《全唐诗》卷三七,第一册,第481页。王绩:《王无功集》卷中,王云五主编:《丛书集成初编》影《岱南阁丛书》本,商务印书馆1936年版,第38页。
③ 《全唐诗》卷二三,第一册,第564页。
④ 《全唐诗》卷八五三,第十二册,第9706页。
⑤ 《初学记》卷一二《道释部寺第八》,第560页。
⑥ 《全唐诗》卷八〇,第二册,第866页。
⑦ 《全唐诗》卷四六七,第七册,第5342页。
⑧ 《全唐诗》卷四八一,第八册,第5515页。
⑨ 《李商隐诗歌集解·编年诗》,第521页。
⑩ 《全唐诗》卷六五六,第十册,第7602页。
⑪ 《全唐诗》卷七一〇,第十一册,第8259页。
⑫ 《全唐诗》卷七一七,第十一册,第8325页。
⑬ 《全唐诗》卷八〇八,第十二册,第9196页。
⑭ 《全唐诗》卷八六一,第十二册,第9798页。

见蓬莱。""飞桥像河汉,悬榜学蓬莱"(赵彦昭《安乐公主移入新宅侍宴应制同用开字》①)则是对公主园林所追求境界的直接表述。宗楚客《奉和幸安乐公主山庄(一作"西园")应制》云"幸睹八龙游阆苑,无劳万里访蓬瀛"②,以传说中缥缈难觅矗立于东海之滨的蓬瀛仙山以及九重天外的巍峨天宫来比对公主园林,传达的是诗人们对公主园林人间仙境的叹赏之情。刘宪《奉和幸安乐公主山庄应制》云"主家别墅帝城隈,无劳海上觅蓬莱",认为有了公主别墅,就没有必要劳神去寻访海上蓬莱。武元衡《题故蔡国公主九华观上池院》"不与蓬瀛异,迢迢远玉除"③,认为公主九华观园林和蓬莱瀛洲没有什么区别。邵升《奉和初春幸(一下有"临"字)太平公主南庄应制》:"沁园佳丽夺蓬瀛"④,甚至宣称太平公主园林之幽美已超过传说中的仙境。韦元旦《奉和幸安乐公主山庄应制》云"穿池叠石写蓬壶"。"像""学""夺""写"等词,均传递出公主园林在主观上有意识地模塑经由前人不断想象、叠加构造出的仙境景观的特点。

王母瑶池、瑶台以及瑶池中的仙草,也是用以比衬公主宅第园林仙境气韵的高频词,如"残霓点岫即瑶岑"(上官婉儿《游长宁公主流杯池二十五首》其二十五)、"瑶草更前哀"(李乂《高安公主挽歌二首》其二⑤)、"愿奉瑶池驾"(李适《侍宴长宁公主东庄应制》⑥)、"瑶池驻跸恩方久"(卢藏用《奉和幸安乐公主山庄应制》⑦)、"瑶池分水种菱花"(鲍溶《夏日怀杜悰驸马》⑧)、"瑶草秋残仙圃在"〔杨巨源《酬(一作"赠")于驸马二首》其二⑨〕、"玉宇瑶坛知几重"(韩翃《题玉真观李秘书院》⑩)、"一自(《文苑英华》作'日')箫声飞去后,洞宫深掩(《文苑英华》作'洞深空探')碧瑶坛"〔李群玉《玉(〈文苑英华〉无"玉"字)真观》⑪〕、"诀金阙兮长辞,袂王母兮裾拂瑶池"〔《故赠平原长公主墓志铭(并序)》⑫〕等。

---

① 《全唐诗》卷一〇三,第二册,第 1086 页。
② 《全唐诗》卷四六,第一册,第 564 页。
③ 《全唐诗》卷三一七,第五册,第 3567 页。
④ 《全唐诗》卷六九,第二册,第 772 页。
⑤ 《文苑英华》卷三一〇《挽歌》,第二册,第 1590 页。《全唐诗》卷九二,第二册,第 992 页。
⑥ 《全唐诗》卷七〇,第二册,第 775 页。
⑦ 《全唐诗》卷九三,第二册,第 1000 页。
⑧ 《全唐诗》卷四八七,第八册,第 5572 页。
⑨ 《全唐诗》卷三三三,第五册,第 3726 页。
⑩ 《全唐诗》卷二四五,第四册,第 2750 页。
⑪ 《全唐诗》卷五六九,第九册,第 6651 页。《文苑英华》卷二二七,第二册,第 1140 页下。
⑫ 《唐代墓志汇编续集》咸通一五,第 1044 页。《隋唐五代墓志汇编·陕西卷》第四册拓片,第 146 页。

而公主们亦常常被代称作瑶草、瑶英、瑶树,如"孕丽水之金府,播瑶池之玉英"〔《大唐房陵大长公主墓志铭(并序)》①〕、"兰薰无已,蕟英有粲"(《大唐故新城长公主墓志铭》②)、"公主发瑶台之光,含珠树之芳"(《大唐永泰公主墓志铭》③)、"恨棣华之半缺,悲瑶草之先化"(《鄌国长公主神道碑铭》④)、"竟而瑶草沦霜,桂枝辞月"(《凉国长公主神道碑》⑤)、"玉碎瑶林,星沉汉渚"〔《唐故宜都公主墓志铭(并序)》⑥〕、"昆仑九层兮,日月环驰,玉台金阙兮,上仙居之。瑶芳为树兮琼液为池"(《唐故朗宁公主墓志铭》⑦)等。

(2)银河鹊桥与云海泛槎的典故比衬与仙境仿建

由于公主有帝王血统,被称作天子之女,诗人们自然会将之与神话传说中天帝的孙女——织女相关联,亦习惯以织女代称公主,如"还将弄机女,远嫁织皮人"(李峤《奉和送金城公主适西蕃应制》)、"牵牛南渡象昭回,学凤楼成帝女来"(李乂《侍宴安乐公主新宅应制》⑧)、"织女西垂隐烛台"(张说《安乐郡主花烛行》)、"歌舞宜停织女秋"(韦元旦《夜宴安乐公主宅》⑨)、"织女分明银汉秋"(刘禹锡《秋夜安国观闻笙》⑩)、"今宵织女嫁牵牛"〔陆畅《云安公主出降杂咏催妆二首》其一(一作《为傧相诗六首》)⑪〕等。

而在描写唐代公主园林景致的诗作中亦常常会引入鹊桥(牵牛、织女)、银河(或称银汉、云汉、霄汉)、云海泛槎及与之相关的支机石、严君平典故比衬,这些意象均与天女织女与牛郎被银河阻隔的传说相关。

牛郎与织女之说,《诗经·小雅·大东》云"跂彼织女,终日七襄"⑫,已有织女善织的形象;《史记·天官书》云"南斗为庙,其北建星。建星者,旗

---

① 《唐代墓志汇编续集》,第201页。
② 《全唐文补遗》第五辑,第127页。另见《唐〈新城长公主墓志〉考》,《碑林集刊》第五辑,第34页。
③ 《全唐文新编》卷二六七第二部,第一册,第3029页。
④ 《文苑英华》卷九三三《碑九〇·神道五二》,第六册,第4910页。《重校正唐文粹》卷五五之下。《张说集校注》卷二一《碑》,第三册,第1016页。
⑤ 《文苑英华》卷九三三《碑九〇·神道五二》,第六册,第4909页上。《中国西北地区历代石刻汇编》第三册有拓片,但漫漶不清,见第54页。《全唐文新编》第二部第一册有录文,见第2887页。
⑥ 《隋唐五代墓志汇编·陕西卷》第二册,第21页。
⑦ 《唐代墓志汇编续集》咸通〇四五,第1069页。《隋唐五代墓志汇编·陕西卷》第二册拓片,第114页。
⑧ 《全唐诗》卷九二,第二册,第996页。
⑨ 《全唐诗》卷六九,第二册,第772页。
⑩ 《刘禹锡集》卷二四,第311页。
⑪ 《全唐诗》卷四七八,第七册,第5478页。
⑫ 《诗经注析》,第634页。

也。牵牛为牺牲。其北河鼓……婺女,其北织女。织女,天女孙也",已有"天女孙"之说,司马贞《索隐》更进一步解释:"织女,天孙也。案:荆州占云'织女,一名天女,天子女也。'"①

张骞访天河的典故,源自《博物志·杂说下》,但仅是不确指的人,并无张骞:"旧说云天河与海通。近世有人居海渚者,年年八月有浮槎去来,不失期,人有奇志,立飞阁于槎上,多赍粮,乘槎而去……去十余日,奄至一(《古今事文类聚》"此处"作"处"),有城郭状,居舍甚严,遥望宫中多织妇,见一丈夫牵牛渚次饮之……后至蜀,问君平,曰:'某年月日有客星犯牵牛宿。'"②《荆楚岁时记》增加了张骞乘槎与支机石的内容:"张骞寻河源,所得楂机石示东方朔,朔曰:'此石是织女支机石,何至于此?'……〔校勘记(二)〕底本无以上三十八字。《诗律武库后集》《杜工部草堂诗笺》……《岁时广记》《古今事文类聚》此处作:"张华《博物志》云:……汉武帝令张骞使大夏寻河源,乘槎经月而去。至一处,见城郭如官府,室内有一女织。又见一丈夫牵牛饮河。骞问云:'此是何处?'答曰:'可问严君平。'织女取楂机石与骞而还。……"③

《太平御览》引刘义庆《集林》有支机石:

> 昔有一人寻河源,见妇人浣纱,以问之,曰:"此天河也。"乃与一石而归。问严君平,云此织女支机石也。④

鹊桥之典,后世诗注及类书的标注引自西汉《淮南子》与东汉《风俗通义》,但现存二文献并无,整理本则据引用类书等将之作为佚文收录,如刘文典《淮南鸿烈集解·附录二·淮南子佚文》:"乌鹊填河成桥而渡织女。"(《白帖》九引)⑤;《风俗通义校注·佚文》:"织女七夕当渡河,使鹊为桥。(《岁华纪丽》三)⑥。"鹊桥"之典入诗晚于天河、牛郎织女、支机石、云海泛槎等相关典故,汉代有《迢迢牵牛星》,与河汉女还是隔河相望,"脉脉不得语",三国时的某些作品中已透出七月七日可相会的信息,但亦未提及鹊桥之说,如曹植《洛神赋》云"咏牵牛之独处",唐李善注引曹植《九咏》注

---

① 《史记》卷二七《天官书》第五,第1310、1311页。
② 〔晋〕张华著,范宁校证:《博物志校证》卷一○,中华书局1980年版,第111页。
③ 〔南朝梁〕宗懔著,姜彦稚辑校:《荆楚岁时记》,岳麓书社1986年版,第42—43页。
④ 《太平御览》卷八(天部),第42页。
⑤ 刘文典集解,冯逸、乔华点校:《淮南鸿烈集解·附录二·佚文》,下册,中华书局1989年版,第758页。
⑥ 〔汉〕应劭著,王利器校注:《风俗通义校注·佚文》,中华书局1981年版,第600页。

曰:"牵牛为夫,织女为妇。织女、牵牛之星,各处河鼓之旁。七月七日,乃得一会。"①陆机的《拟迢迢牵牛星》仍然传达着"牵牛西北回,织女东南顾……怨彼河无梁,悲此年岁暮"②的悲怨情愫,但清吴兆宜笺注其诗引《淮南子》:"乌鹊七月七日填河成桥而渡织女"③,可知南朝诗歌中似乎已有鹊桥之说,南朝梁庾肩吾《七夕》诗言"倩语雕陵鹊,填河未可飞"④,庾信也有"勿如织女,待填河而相见"(《为梁上黄侯世子与妇书》⑤)之句,亦有注引《淮南子》说。"鹊桥"之典在初、盛唐及其以后的诗作中大量出现,至白居易类书《白氏六帖事类集》中集成此前用法专设三处与此相关条目,如"天河第十九""桥第十一""鹊第十四",包括秦始皇以人间渭河仿造天河,打造帝都的人间仙境气韵以及"鹊桥"等掌故:

【天河第十九】天河谓之天汉(银汉、银河、河汉、天津、绛河、明河)。……

渭水以象(《三辅图》:秦皇都咸阳,列渭水贯都以象天河)。

黄河之精(《河图》曰:河精土为天河)。

仙查(《博物志》旧说:天河与海通,有居海者,年年八月浮查来,不失期。……即此人到天河)。

星石(《集林》曰……)

……鹊桥牛女隐见回旋。⑥

【桥第十一】……

星桥(《华阳记》:李冰造七星桥,上应七星)。

牵牛(秦始皇并天下,都咸阳,瑞门四达以制紫宫,渭水贯都以象天河,横桥南渡以法牵牛)……

乌鹊(《淮南子》:乌鹊填河成桥而渡织女)。⑦

【鹊第十四】……

---

① 《文选》卷一九(赋癸·情),上册,第271页上。
② 金涛声点校:《陆机集》卷六,中华书局1982年版,第57页。
③ 《玉台新咏笺注》卷三,第98页。
④ 《玉台新咏笺注》卷八,第374页。
⑤ 《庾子山集注》卷八,第589页。
⑥ 〔唐〕白居易:《白氏六帖事类集》卷一,第一册,文物出版社影印明嘉靖刊本1987年版,第39、40页。
⑦ 《白氏六帖事类集》卷三,第一册,第129、130页。

填河(《淮南子》:乌鹊填河成桥渡织女)。①

旧本题为韩鄂的唐代风俗志《岁华纪丽》关于七夕风俗有"鹊桥已成"和"织女将渡"条,均与鹊桥相关:

【鹊桥已成】(《风俗通》云:织女七夕当渡河,使鹊为桥。)
【织女将渡】(吴均《齐谐记》云:"桂阳成武丁有仙道,忽谓弟子曰:'七月七夕,织女将渡河,暂过牵牛。吾向以被召,明日失所在。'后世人至今云:织女嫁牵牛。")②

唐诗中与鹊桥相关的事类已相当多,初唐即已较多,明确提及"鹊桥"的有二十五条(与公主相关的三首,包括陆畅的《解内人嘲》,其中韦嗣立与赵彦昭的同题诗作重复,苏颋的一作沈佺期),暗隐的乌鹊与桥间隔使用的诗句亦有不少,其中叙及乌鹊+桥或+银汉的与鹊桥(仅"乌鹊"词条本有四十六首,除去少量写实景或表示乌鹊报喜之意的,"乌鹊桥"与"鹊桥"重复的,及唐代公主园林诗中使用的四首)相关的也有七首,如李峤的《桥》,列举桥的典故,首句即为"乌鹊填应满"③,杜甫《遣闷奉呈严公二十韵》"乌鹊愁银汉"④,张光朝《天门街西观荣王聘妃(荣王,宪宗幼子)》"桥成乌鹊助"⑤,李商隐《辛未七夕》"岂能无意酬乌鹊"⑥,唐彦谦《七夕》"世间乌鹊漫辛勤"⑦,徐夤《和尚书咏泉山瀑布十二韵》"岸边乌鹊拟为桥"⑧等。

唐代公主诗作中用到鹊桥典故(包括鹊桥、乌鹊桥及乌鹊等)的减去重出的有七首,常常与吹箫引凤、凤凰楼、凤凰台之典等对仗,亦偶尔和银河、支机石等相关典故并联:唐人笔记《云溪友议》收录陆畅《解内人嘲》诗云"粉面仙郎选圣朝,偶逢秦女学吹箫。须教翡翠闻王母,不奈乌鸢噪鹊桥"⑨,诗中所引秦女吹箫、织女鹊桥典故均暗合公主的天女之称。其他则

---

① 《白氏六帖事类集》卷二九,第六册,第1062页。
② 〔唐〕韩鄂:《岁华纪丽》卷三,中华书局1985年版,第77页。
③ 《李峤诗注·苏味道诗注》卷三(乾象、坤仪、居处、文物、武器、音乐),第153页。
④ 《杜诗详注》卷一四,第1181页。
⑤ 《全唐诗》卷五〇五,第八册,第5788页。
⑥ 《李商隐诗歌集解·编年诗》,第1058页。
⑦ 《全唐诗》卷六七二,第十册,第7755页。
⑧ 《全唐诗》卷七一一,第十一册,第8267页。
⑨ 《云溪友议校笺》卷中,第85页。

如:"主第岩肩驾鹊桥"(赵彦昭《奉和初春幸太平公主南庄应制》与韦嗣立的同题诗作重复①)、"凤凰楼下交天仗,乌鹊桥头敞御筵"〔苏颋《奉和初春幸太平公主南庄应制》(一作沈佺期《陪幸太平公主南庄诗》)〕、"传闻银汉支机石,复见金舆出紫微。织女桥边乌鹊起,仙人楼上凤凰飞"(李邕《奉和初春幸太平公主南庄应制》②)、"桥低乌鹊夜,台起凤凰年"(沈佺期《同李舍人冬日集安乐公主山池》)、"鸾辂已辞乌鹊渚,箫声犹绕凤凰台"〔李峤《奉和初春幸太平公主南庄应制(景龙三年二月十一日)》〕、"鹊飞应织素,凤起独吹箫"〔羊士谔《梁国惠康公主挽歌词二首(时诏令百官进词。驸马即司空于公之子)》其一③〕等。另有"星桥"两处:"星桥他日创"〔李适(一作宗楚客《安乐公主移入新宅》)〕、"皇女琼台天汉浔,星桥月宇构山林"(卢藏用《奉和幸安乐公主山庄应制》)等。

银河:银河是仙话传说中的天界之河,亦常常被称作星汉、银汉,为了比喻公主山庄的仙境气象,公主园林宅第诗中大量引入这一意象。萧至忠《奉和幸安乐公主山庄应制》叙写帝王在平明之时来到西郊窈窕的凤凰台,公主山庄里奏响的曲调音韵响亮和谐,宴席上传递的晶莹美酒醇美醉人(玉溜本指冰柱、清泉或流水,用来比喻美酒),泛舟随溪流宛转,碧亭向两岸分开,在这里听曲乐享宴席,让人顿生错觉,怀疑置身于星汉之间:

> 西郊窈窕凤凰台,北渚平明法驾来。匝地金声初度曲,周堂玉溜好(一作"且",又作"始")传杯。湾路分游画舟转,岸(一作"岩")门相向碧亭开。微臣此时承宴乐,仿佛疑从(一作"寻")星汉回。④

其他诗句则如"银河南渚帝城隅"(韦元旦《奉和幸安乐公主山庄应制》⑤)、"沁水银河鹦鹉洲"、"银河半倚凤皇台"(李适《侍宴安乐公主庄应制》《侍宴安乐公主新宅应制》⑥)、"衔欢不觉银河曙"(岑羲《夜宴安乐公主新宅》⑦)、"星转(一作'去')银河夕"(徐彦伯《奉和送金城公主适西蕃

---

① 《全唐诗》卷一〇三,第二册,第1087页。
② 《全唐诗》卷一一五,第二册,第1170页。
③ 《全唐诗》卷三三二,第五册,第3710页。
④ 《全唐诗》卷一〇四,第二册,第1090页。
⑤ 《全唐诗》卷六七,第二册,第771页。
⑥ 《全唐诗》卷七〇,第二册,第777页。
⑦ 《全唐诗》卷九三,第二册,第1001页。

应制》①)、"银河属紫阁"(沈佺期《送金城公主适西蕃应制》②)等。

银汉、云汉、河汉亦较多,有十五首,如"夜陪银汉赏,朝奉桂山词"(徐晶《赠温驸马汝阳王》③)、"玉颜生汉渚,汤沐荣天女"(李乂《淮阳公主挽歌》④)、"星汉下天孙,车服降殊蕃"(徐坚《奉和送金城公主适西蕃应制》⑤)、"皇女琼台天汉浔,星桥月宇构(一作'创')山林"(卢藏用《奉和幸安乐公主山庄应制》⑥)、"皇家贵主好(《全唐诗》一作'学')神仙,别业初开云汉边"(沈佺期《侍宴安乐公主新宅应制》⑦)、"飞桥象河汉,悬榜学蓬莱"(赵彦昭《安乐公主移入新宅侍宴应制同用开字》⑧)、"银烛金屏坐碧堂,只言河汉动神光"(崔日用《夜宴安乐公主宅》⑨)、"借问游天汉,谁能取石回"〔宗楚客《安乐公主移入新宅侍宴应制(景龙三年十一月一日)》(一作李适《安乐公主移入新宅》)⑩〕、"初闻衡汉来,移住斗城隈"(沈佺期《安乐公主移入新宅》⑪)、"河汉天孙合,潇湘帝子游"(吴兢《永泰公主挽歌二首》其一⑫)、"夕到玉京寝,窅冥云汉低"(綦毋潜《宿太平观》⑬)、"可怜今夜千门里,银汉星回一道通"(王昌龄《萧驸马宅花烛》⑭)、"河汉重泉夜,梧桐半树春"(韩愈《梁国惠康公主挽歌二首》其一⑮)等。

公主墓志中用到银汉(汉浦、霄汉、长汉、河汉、云汉、汉渚、天汉)的也不少:如"而汉浦销光,无复仙娥之影","衍□(《唐〈新城长公主墓志〉考》作'觊')仙娥,资灵霄汉"(《大唐故新城长公主墓志铭》⑯)、"凤驾徐轮,罗

---

① 《全唐诗》卷七六,第二册,第823页。
② 《全唐诗》卷九六,第二册,第1036页。《沈佺期集校注》卷三〔诗(景龙二年至开元二年)〕,第170页。
③ 《全唐诗》卷七五,第二册,第818页。
④ 《文苑英华》卷三一〇《挽歌》,第二册,第1590页。《全唐诗》卷九二,第二册,第992页。
⑤ 《全唐诗》卷一〇七,第二册,第1110页。
⑥ 《全唐诗》卷九三,第二册,第1000页。
⑦ 《沈佺期集校注》卷三〔诗(景龙二年至开元二年)〕,第151页。
⑧ 《全唐诗》卷一〇三,第二册,第1086页。
⑨ 《全唐诗》卷四六,第一册,第563页。
⑩ 《全唐诗》卷四六,第一册,第564页。
⑪ 《沈佺期集校注》卷三〔诗(景龙二年至开元二年)〕,第158页。
⑫ 《全唐诗》卷一〇一,第1080页。
⑬ 《全唐诗》卷一三五,第二册,第1370页。
⑭ 胡问涛、罗琴校注:《王昌龄集编年校注》卷二(请官前编年诗二十五首),巴蜀书社2000年版,第69页。
⑮ 《韩昌黎诗集编年笺注》卷九,第512页。
⑯ 《全唐文补遗》第五辑,第127页。另见《唐〈新城长公主墓志〉考》,《碑林集刊》第六辑,第34页。

银烛而下长汉"(《大唐故长乐公主墓志铭》①)、"仰观景宿,河汉丽其天孙"〔《大唐故金仙长公主(无上道)志石铭(并序)》②〕、"绸缪构极,倬彼云汉""天其有章,银汉玉潢"(《凉国长公主神道碑》③)、"玉碎瑶林,星沉汉渚"〔《唐故宜都公主墓志铭(并序)》④〕、"金枝擢秀,银汉分波"(《唐故朗宁公主墓志铭》⑤)、"皎月初生,忽沉辉于银汉"〔《故普(晋)康公主墓志铭(并序)》⑥〕、"天汉丛星"〔《唐故袁州刺史右监门卫将军驸马都尉天水权毅墓志铭(并序)》⑦〕等。

云海泛槎,君平沉冥:沈佺期《安乐公主移入新宅》以衡汉比拟公主宅邸如仙境,锦帐迎风,琼筵拂雾,又引金沟、马埒(金埒)之典比拟公主宅邸之豪奢,最后以反问之句作结,询问那些如严君平一样的沉冥子(沉冥"犹玄寂,泯然无迹之貌",沉冥子指隐居得道者,据扬雄《法言·问明》:"蜀庄沉冥……久幽而不改其操。"⑧蜀庄,即严君平,本是蜀人庄君平,东汉时因避明帝刘庄讳,改为严),仙槎何日回还,以此夸说公主宅邸即是仙界:

初闻衡汉来,移住斗城隈。锦帐迎风转,琼筵拂雾开。马香遗旧埒,凤吹绕新台。为问沉冥子,仙槎何处回。⑨

其他则有"无路乘槎窥汉渚,徒知访卜就君平"〔邵升《奉和初春幸(一下有"临"字)太平公主南庄应制》⑩〕、"若见君平须借问,仙槎一去几时

---

① 拓片见《隋唐五代墓志汇编·陕西卷》第二册,第 21 页。《昭陵碑石》有录文,第 110 页。《唐代墓志汇编续集》贞观〇三六,第 29 页。
② 《唐代墓志汇编续集》开元一四五,第 552 页。《陕西新发现的道教金石》,《中国西北宗教文献·道教》卷四,第 283 页。《西安碑林博物馆新藏墓志续编》中册二一四,第 541 页。
③ 《文苑英华》卷九三三《碑九〇·神道五二》,第六册,第 4908 页。《中国西北地区历代石刻汇编》第 3 册有拓片,但漫漶不清,见第 54 页。《全唐文新编》第二部第一册有录文,第 2887—2888 页。
④ 拓片见《隋唐五代墓志汇编·陕西卷》第二册,第 21 页。录文见《唐代墓志汇编续集》,第 787 页。
⑤ 《唐代墓志汇编续集》咸通四五,第 1069 页。《隋唐五代墓志汇编·陕西卷》第二册拓片,第 114 页。
⑥ 《唐代墓志汇编续集》咸通三九,第 1065 页。《隋唐五代墓志汇编·陕西卷》第四册,第 151 页。《续集》题公主名为晋康公主,但从《汇编》拓片看,虽有漫漶,其字上的两点分明可见,依字形应为普康。
⑦ 《全唐文补遗》第五辑,第 22—23 页。
⑧ 扬雄著,汪荣宝撰,陈仲夫点校:《法言义疏》九《问明》卷六,中华书局 1987 年版,第 200 页。
⑨ 《沈佺期宋之问集校注·沈佺期集校注》卷三〔诗(景龙二年至开元二年)〕,第 158 页。
⑩ 《全唐诗》卷六九,第二册,第 772 页。

来"(李适《侍宴安乐公主新宅应制》①)、"宾至星槎落,仙来月宇空"(宋之问《宴安乐公主宅得空字》②)、"今朝扈跸平阳馆,不羡乘槎云汉边"〔苏颋《奉和初春幸太平公主南庄应制》(一作沈佺期《陪幸太平公主南庄诗》)〕、"今日还同犯牛斗,乘槎共逐海潮归"(李邕《奉和初春幸太平公主南庄应制》③)等。

支机石:如"此日侍臣将石去"(宋之问《奉和春初幸太平公主南庄应制》)、"寻河取石旧支机"(沈佺期《奉和春初幸太平公主南庄应制》)、"传闻银汉支机石"(李邕《奉和初春幸太平公主南庄应制》)等。

可与织女相关的事类,是唐人极其喜用、惯用,信手即拈入公主题材唐代诗文中的重要意象,究其原因,一方面仙化故事中织女的身份与公主的天子之女身份契合;另一方面也与织女事类在唐代更为丰富有关,其在魏晋南北朝诗文中逐渐被关注并引入,唐人学魏晋南北朝诗文时,即见先例,于是引入创作。

(3)金银榜、仙榜比衬的富丽仙境气息

银榜、金榜是仙话中所描述的天宫仙境门阙的重要部分。现存文献中叙及的很少,据《神异经·中荒经》:"东方外有东明山,有宫焉,左右有阙而立,其高百尺,画以五色,青石为墙,高三仞,门有银榜,以青石为碧镂,题曰'天地长男之宫'。"④《艺文类聚》在汇集"宫殿"事类时,亦引《神异经》的相关叙述,但现存《神异经》仅有东方"天地长男之宫"(文字有缺漏、差异),并无其他方向的天宫叙述:

> 西方有宫,白石为墙,五色黄门,有金榜而银镂,题曰"天地少女之宫"。西南方有宫,以金为墙,门(《太平御览》作"阙")有金榜以银(《太平御览》一七三"银"下有"镂"字),题曰"天皇之宫"。南方有宫,以赤石为墙,赤铜为门,(《太平御览》有"阙"字)有银榜,曰"天地中女之宫"。北方有宫,以黑石为墙,题曰"天地中男之宫"。……⑤

---

① 《全唐诗》卷七〇,第二册,第777页。
② 《沈佺期宋之问集校注·宋之问集校注》卷二〔诗(神龙元年至景龙三年秋)〕,第448页。
③ 《全唐诗》卷一一五,第二册,第1170页。
④ 东方朔:《神异经》,上海古籍出版社影《四库全书》本1990年版,第6页上。
⑤ 《艺文类聚》与《太平御览》所引《神异经》均为"西南有宫"重复出现,而《李太白全集》卷二〇注《陪族叔当涂宰游化城寺升公清风亭》"化城若化出,金榜天宫开"句,引《神异经》为"中央有宫",从叙述顺序看先东西中南北,再东南、西南,较为合理,同时"天皇"居中央亦较为合理,应以中央为是。《艺文类聚》卷六二《居处部二宫、阙、台、殿、坊》,第1111—1112页。《太平御览》卷一七三《居处部》,第847页。

《初学记》则专有"牓阙门"事类,引东方朔《十洲记》:"东方外有东明山,有宫焉,左右阙而立,其高百尺,建以五色门,有银牓,以青碧镂,题曰'天地长男之宫'。"①

银牓意象在唐以前的诗文中几乎未引入,却在唐诗中成为叙及公主宅第园林时大量选用的物象,这既是一入公主园林即会映入眼帘的最突出印象,也是描述一入公主园林如临仙境的体验、感受,亦渲染夸说了公主园林的特质,既是实写——公主园林宅第的榜额往往以金银为质做成,亦会装饰以金银,又是虚写——以衬托其宅第园林的仙境气韵。

唐代公主宅第园林诗文中金银榜之称较多。金榜:如李峤《太平公主山亭侍宴应制(景龙三年八月十三日)》"黄金瑞榜绛河隈"②,直接以黄金和瑞修饰公主园林的榜额,点出其材质及富丽吉祥的意蕴。李适《侍宴安乐公主庄应制》以金榜(金字或金漆的匾额)渲染其仙境气息与富贵景象:"平阳金榜凤皇楼"③。岑羲《夜宴安乐公主新宅》起句即叙写公主家的金榜重楼在深夜仍然敞开:"金榜重楼开夜扉"④。李迥秀《夜宴安乐公主宅》叙写公主宅邸给人的第一眼印象是岩峣入云、金光闪闪的富丽门额:"金榜岩峣云里开"⑤。唐远悊《奉和送金城公主适西蕃应制》叙写公主离开金榜高悬的府邸,骊歌送别公主乘坐的锦轮而去的情境:"龙笛迎金榜,骊歌送锦轮。"⑥

唐文中的金榜亦不少,如李峤《为公主辞家人畜产官给料表》则写出公主府邸榜上所刻之耀目金字,以及壮观高大的门楼:

> 榜悬金字,分衢离巽之官……高门洞开,无怯于害盈之鬼。⑦

中宗朝《封长宁公主等制》云"肃雍之地,未展徽章,宜正此银宫,署兹金榜"⑧。懿宗朝沈畋《赠同昌公主卫国公主制》云"粉田芜没,金榜凄

---

① 《初学记》卷二七《宝器部·银第二》,第647页。
② 《李峤诗注》卷一,第62页。
③ 《全唐诗》卷七〇,第二册,第777页。
④ 《全唐诗》卷九三,第二册,第1001页。
⑤ 《全唐诗》卷一〇四,第二册,第1092页。
⑥ 《全唐诗》卷六九,第二册,第772页。
⑦ 《全唐文》卷二四五,第三册,第2477—2478页。
⑧ 《唐大诏令集》卷四一,第193页。《全唐文》卷一六,第一册,第195页。

第六章　旧识平阳佳丽地：唐代公主的生活空间及相关建筑　419

凉"①。

银榜：唐诗中的公主府邸、园林银榜意象亦较多，韦元旦《夜宴安乐公主宅》以传说中的银榜比喻公主府邸门端所悬的辉煌华丽匾额："主第新成银作榜"②。其他则如"玉庭浮瑞色，银榜藻祥徽"（李治《太子纳妃太平公主出降》③）、"玉楼银榜枕严城"〔宗楚客《奉和幸安乐公主山庄（一作"西园"）应制》④〕、"银榜重楼出雾开"（岑羲《奉和幸安乐公主山庄应制》⑤）等。

唐文亦以银榜概描公主府，如"俪崇银榜"（德宗《优恤郭子仪诸子诏》⑥）、"用昭银榜之贵"（武宗朝《封延庆公主等制》⑦）、"题银榜于毳幕"（《册和回纥公主文》）、"郊标银榜"〔《驸马都尉郭府君墓志铭（并序）》⑧〕等。

仙榜：仅个别诗文有仙榜之称，如"仙榜承恩争既醉"（韦元旦《奉和幸安乐公主山庄应制》⑨）、"仙榜此时开"（宗楚客《安乐公主移入新宅侍宴应制》⑩）。

（4）红泉、赤泉入诗营造的仙境意蕴

唐以前文献中的红泉意象极少。汉《洞冥记》叙及红泉："朔曰：臣小时掘井，陷落地下，数十年无所托寄。有人引臣欲往此草，中隔红泉，不得渡。其人以一只屐与臣，臣泛红泉，得至此草之处。"⑪后遂以红泉为传说中的仙境。《抱朴子》所言"红泉"则为"服之一合，一年仙矣"⑫的丹药。南朝的诗文中已有少量的红泉意象，如谢灵运《入华子岗是麻源第三谷》云"石磴泻红泉"，其《山居赋》"讯丹阳于红泉"⑬；江淹《翡翠赋》云"濯碧

---

① 《唐大诏令集》卷四二，第 208 页。《全唐文》卷八〇六，第九册，第 8479 页。
② 《全唐诗》卷七〇，第二册，第 772 页。
③ 《全唐诗》卷二，第一册，第 21 页。
④ 《全唐诗》卷四六，第一册，第 564 页。
⑤ 《全唐诗》卷九三，第二册，第 1001 页。
⑥ 《全唐文》卷五〇，第一册，第 556 页。
⑦ 《唐大诏令集》卷四一《公主·封号》，第 197 页。《全唐文》卷七六，第一册，第 801 页。
⑧ 《太原郭氏金石注集》，第 231 页。
⑨ 《全唐诗》卷六九，第二册，第 771 页。
⑩ 《全唐诗》卷四六，第一册，第 564 页。
⑪ 〔汉〕郭宪：《汉武帝别国洞冥记》卷四，中华书局 1991 年版，第 15 页。
⑫ 〔晋〕葛洪著，王明校释：《抱朴子内篇校释》卷四《金丹》，中华书局 1986 年第 2 版，第 71 页。
⑬ 顾绍柏校注：《谢灵运集校注·杂诗类、文类》，中州古籍出版社 1987 年版，第 196、332 页。

磴之红泉"①。

唐代公主府邸、园林诗亦引入红泉,以比衬其仙境气韵,如"翠壁红泉绕上京"〔邵升《奉和初春幸(一下有"临"字)太平公主南庄应制》②〕、"时时竹里见红泉"(苏颋《奉和初春幸太平公主南庄应制》③)等。

赤泉是传说中不死国的神泉,可以延寿。《淮南鸿烈解》:"赤天七百岁生赤丹,赤丹七百岁生赤頳,赤頳七百岁生赤金,赤金千岁生赤龙,赤龙入藏生赤泉,赤泉之埃上为赤云……而合于赤海。"④《博物志》:"员丘山上有不死树,食之乃寿。有赤泉,饮之不老。"⑤《山海经图赞·海外南经》"不死国"条云"员丘之上,赤泉驻年,神木养寿"⑥。《灵宝五符经》云"南方朱丹三气之天……下有赤泉之泓池,上有长生之朱宫"⑦。魏晋的诗作中已有引入,如陶渊明《读〈山海经〉》其八已引"赤泉给我饮,员丘足我粮"⑧。至唐,有杜审言《和韦承庆过义阳公主山池》其一云"契动赤泉(一作'松')游",即以可长寿延年的赤泉比附公主山池。

(5)夜壑迁徙与海中郁洲映衬的灵异神奇

夜壑迁徙之典,源自《庄子·大宗师》:"夫藏舟于壑,藏山于泽,谓之固矣。然而夜半有力者负之而走,昧者不知也。"⑨郁洲为传说中的海中仙山,《水经注·淮水》云:

> 东北海中有大洲,谓之郁洲。《山海经》所谓郁山在海中者也,言是山自苍梧徙此云。山上犹有南方草木,今郁州治,故崔季珪之叙《述初赋》,言郁洲者,故苍梧之山也。⑩

夜壑迁徙之典,或比喻公主园林的灵异神奇,如"池疑夜壑徙,山似郁洲移"(岑文本《安德山池宴集》⑪)、"疏壑拟藏舟"(杨续《安德山池宴

---

① 〔明〕胡之骥注,李长路、赵威点校:《江文通集汇注》卷二,中华书局1984年版,第81页。
② 《全唐诗》卷六九,第二册,第772页。
③ 《全唐诗》卷七三,第二册,第802页。
④ 《淮南鸿烈集解》卷四,上册,第158页。
⑤ 《博物志校证》卷一,第13页。
⑥ 〔晋〕郭璞:《山海经图赞译注》卷六,岳麓书社2016年版,第211页。
⑦ 《太上灵宝五符序》,《正统道藏·洞玄部·神符类》第三九八部,第六册,第318页下。
⑧ 逯钦立校注:《陶渊明集》卷四,中华书局1979年版,第137页。
⑨ 《庄子集释》内篇卷三《大宗师第六》,第243页。
⑩ 《水经注》卷三〇,第591页。
⑪ 《全唐诗》卷三三,第一册,第452页。

第六章　旧识平阳佳丽地：唐代公主的生活空间及相关建筑　421

集》①）；或选来哀悼逝去的公主，如"阅水翻于夜壑"（《大唐故长乐公主墓志》②）、"夜壑掩容辉"（权德舆《赠郑国庄穆公主挽歌二首》其一③）等。郁洲可用以比衬公主府邸、园林之久远神奇、草木之丰盛。

（6）圆峤、菌阁之比模塑的仙境

圆峤（亦写作"员峤"）、菌阁为仙话故事中的奇异仙境，亦是公主宅第园林诗中偶有出现的典故。上官婉儿《游长宁公主流杯池二十五首》其七、其二十五云"莫论圆峤，休说方壶""菌阁桃源不暇寻"。托名战国列御寇所作的《列子》一书中，殷汤与夏革对话时，夏革对海外仙山做了细致的描绘：

> 渤海之东不知几亿万里，有大壑焉，实惟无底之谷，其下无底，名曰归墟。八纮九野之水，天汉之流，莫不注之，而无增无减焉。其中有五山焉：一曰岱舆，二曰员峤，三曰方壶，四曰瀛洲，五曰蓬莱。其山高下周旋三万里……其上台观皆金玉，其上禽兽皆纯缟。珠玕之树皆丛生，华实皆有滋味，食之皆不老不死。所居之人皆仙圣之种……④

晋代王嘉《拾遗记》对圆峤做过更详细的描述：

> 员峤山，一名环丘。上有方湖，周回千里。多大鹊，高一丈，衔不周之粟。粟穗高三丈，粒皎如玉。鹊衔粟飞于中国……东有云石，广五百里，驳骆如锦，扣之片片，则蓊然云出。有木名猗桑，煎椹以为蜜。有冰蚕长七寸……作茧，长一尺，其色五彩，织为文锦，入水不濡，以之投火，经宿不燎……西有星池千里，池中有神龟，八足六眼，背负七星、日、月、八方之图，腹有五岳、四渎之象。时出石上，望之煌煌如列星矣。有草名芸蓬，色白如雪，一枝二丈，夜视有白光……⑤

传说中圆峤的仙人们居住的园林，其间湖泊池水清澈广阔，有各种珍奇的

---

① 《全唐诗》卷三三，第一册，第 453 页。
② 拓片见《隋唐五代墓志汇编·陕西卷》第二册，第 21 页。《昭陵碑石》有录文，第 110 页。《唐代墓志汇编续集》贞观〇三六，第 29 页。
③ 《权德舆诗文集》卷八，第 134 页。《全唐诗》卷三二七，第五册，第 3666 页。
④ 〔晋〕张湛注，〔唐〕卢重玄解，〔唐〕殷敬顺，〔宋〕陈景元释文，陈明校点：《列子》，上海古籍出版社 2014 年版，第 130 页。
⑤ 《拾遗记》卷一〇，第 228—229 页。《拾遗记（外三种）》卷一〇，第 64 页。

动植物、云石,有背负五岳四渎、山川河流、日月星辰图的神龟。成书于隋唐时期的《洞玄灵宝三洞奉道科戒营始》亦叙及圆峤:"夫三清上境及十洲五岳诸名山或洞天,并太空中,皆有圣人治处。或结气为楼阁堂殿,或聚云成台榭宫房,或处星辰日月之门,或居烟云霞霄之内,或自然化出,或神力造成,或累劫营修,或一时建立。其或蓬莱、方丈、圆峤、瀛洲、平圃、阆风、崐崘、玄圃,或玉楼十二,金阙三千,万号千名,不可得数,皆天尊太上化迹,圣真仙品都治。"①

菌阁是形如菌状之阁。唐以前文献中菌阁意象极少,汉王褒《九怀·匡机》:"菌阁兮蕙楼,观道兮从横。"②南朝齐谢朓《游东田》:"寻云陟累榭,随山望菌阁。"③《编珠》"蕙楼兰室"条,也是引王褒《九怀》之句。

2. 前朝园林代称暗隐的富贵奢华、佳客云集内质

诗人们还会选用历史上留下盛名的公主或贵族、名士园林代称眼前所看到的公主园林,以这些历史遗迹包蕴的丰富内涵暗隐或充实公主园林佳客云集、富贵奢华的内质。而选择前朝公主园林代称唐代公主宅第、园林,则是最贴切的,自然出现频率最多,其中既包括实有其人其宅又被仙化的秦穆公之女的宅第——秦楼与吹箫引凤之台,也包括未被仙化,在历史上留下印记,又被诗文反复称说,从而极负盛名的鲁馆、齐楼、平阳馆阁、沁园、窦主(馆陶)园林和常山汤沐。《凉国长公主神道碑》可谓注脚:"初荣赐以得,后诫盈而散。恩过鲁元,王岂上邑?宠逾窦太,常岂临山?每绝馆陶之祈,自无昭平之赎……萧史楼中,凤音何望?轩辕台下,龙得仍攀。"④

(1)被仙化的人间公主宅第——秦楼(秦台)、凤楼(台)

秦楼(秦台),亦名凤楼(凤台),是被仙化的人间公主——秦穆公之女弄玉的居处,在唐代文学中被大量引入以描摹或叙述或代称公主宅第、园林。秦楼、凤台之说源自萧史与弄玉的仙化故事。其事据《列仙传》:

萧史者,秦穆公时人也。善吹箫,能致孔雀白鹤于庭。穆公有女,

---

① 《洞玄灵宝三洞奉道科戒营始》卷一《置观品四》,《正统道藏·太平部》,第一一四八部,第二十四册,第744页下—745页上。
② 〔宋〕洪兴祖补注,白化文、许德楠等点校:《楚辞补注》第一五《九怀》,中华书局1983年版,第269页。
③ 《文选》卷二二《诗·游览》,上册,第318页上。
④ 《文苑英华》卷九三三《碑九〇·神道五二》,第六册,第4909页。《中国西北地区历代石刻汇编》第三册有拓片,但漫漶不清,见第54页。《全唐文新编》第二部第一册有录文(第2887—2888页)。

字弄玉,好之,公遂以女妻焉。日教弄玉作凤鸣,居数年,吹似凤声,凤凰来止其屋。公为作凤台,夫妇止其上,不下数年。一日,皆随凤凰飞去。故秦人为作凤女祠于雍宫中,时有箫声而已。①

此后的唐前道教典籍亦有延引此事。晋《抱朴子》云"是以萧史偕翔凤以凌虚"②。《无上秘要》云"萧史,善吹箫者;弄玉,秦穆公女,奔萧史者。"③仙化故事中的秦楼,凤台,在现实中亦留有多处遗迹,有与华山相关的吹箫引凤台,亦留下玉女峰、玉女崖、玉女洞,甚至玉女洗头盘等故迹。在华山系列的仙化传说中,认为萧史是在华山修道,二人亦是在此乘龙驾凤仙化飞升。又有在秦都雍城与咸阳之说。

其事魏晋已入诗,到南朝诗文中更是被大量引入,多是对人物与事件的关注,庾信尤多,秦台、凤台(凤凰台)、仙台、弄玉之台均有关注。文人们或在叙及乐器、修仙之事、绘画中的山水、仙人画作、佳人时,或在一些身份高贵的贵戚、命妇(其中亦有公主之女)墓志铭中引入弄玉萧史之典,也有专题吟咏萧史与秦女者。如曹植《仙人篇》云"湘娥抚琴瑟,秦女吹笙竽"④。鲍照有专题《咏萧史》(《乐府诗集》作《箫史曲》)云"萧史爱少年,嬴女羌童颜……身去长不返,箫声时往还"⑤,对萧史和弄玉二人求仙、升仙之事做了细述。南朝齐亦有张融的《箫史曲》云"戴胜噪落景,龙喷清霄风"⑥。江淹的诗文有多处叙及萧史弄玉事,如"命綵女兮,饵丹砂而学凤音"(《灯赋》)、"画作秦王女,乘鸾向烟雾"(《杂体诗·效班婕妤咏扇》)、"犹不及秦女,十五乘綵云"(《云山赞四首·秦女》)等⑦。徐陵有"得吹箫于秦女"(《玉台新咏序》)、"差有弄玉之俱仙"(《答周处士书》)⑧。庾信诗文更多,如"吹箫弄玉之台"(《春赋》)、"吹管凤凰台"(《奉和示内人》)、"弄玉迎萧史"(《奉和赵王西京路春旦》)、"凤台迎美玉"(《奉和永丰殿下言志十首》其四)、"吹箫迎白鹤"(《咏画屏风诗二十四首》其十三)、"凤凰

---

① 《列仙传》卷上,第11页。
② 《抱朴子内篇校释》卷三《对俗》,第49页。
③ 《无上秘要》卷八四,第1055页。
④ 〔三国魏〕曹植著,赵幼文校注:《曹植集校注》卷二《皇初》,人民文学出版社1998年版,第263页。
⑤ 《鲍照集校注》卷六,下册,第543页。
⑥ 《乐府诗集》卷五一,中华书局1979年版,第748页。
⑦ 《江文通集汇注》卷二、卷四、卷五,第85、139、198页。
⑧ 〔南朝陈〕徐陵著,许逸民校笺:《徐陵集校笺》卷三、卷八,第一册、第二册,中华书局2008年版,第226、958页。

新管萧史吹"(《杨柳歌》)、"长闻凤曲,永听箫声"(《玉帐山铭》)、"秦箫下凤"(《吹台山铭》)、"鹤辞吴市,凤去秦台"(《周谯国公夫人步陆孤氏墓志铭》)、"况复仙台永别,无复箫声"(《周赵国夫人纥豆陵氏墓志铭》)、"赵琴长辞,秦箫永别"(《周安昌公夫人郑氏墓志铭》)、"弄玉凤凰,昌容紫草"(《周仪同松滋公拓跋竞夫人尉迟氏墓志铭》)等①。

尚实的《水经注》,在留意故址时亦引入传说,并为遗址的颓废惋叹:"(雍)又有凤台、凤女祠。秦穆公时,有箫史者,善吹箫,能致白鹄、孔雀。穆公女弄玉好之,公为作凤台以居之。……今台倾祠毁,不复然矣。"②

但"秦楼"在唐以前被引入诗歌的极少,也并未指称公主之楼,如《陌上桑》的"照我秦氏楼"和萧子显《陌上桑二首》其一"日出秦楼明"③。

凤楼,在南朝诗文中亦有出现,并不专指公主凤楼,晋有翔凤楼、仪凤楼,还指娼女楼,与弄玉事相关的并不多。鲍照《代陈思王京洛篇》云"凤楼十二重"④。萧纲《艳歌篇十八韵》云"倡女凤楼中",其《和湘东王名士悦倾城》则曰"教歌公主第,学舞汉成宫。多游淇水上,好在凤楼中"⑤。南朝梁费昶的《行路难二首》其二云"朝逾金梯上凤楼"⑥。江淹《征怨》"凤楼箫管闲"⑦,由陈入隋的江总在《箫史曲》专题亦引入"凤楼"之词,其诗云"弄玉秦家女,箫史仙处童。来时兔月满,去后凤楼空"⑧。

沿着南朝余绪,唐代吟咏萧史、弄玉(嬴女、秦女)及其相关事迹尤其是凤台的相当多,亦有专题创作,初唐王无竞《凤台曲》云"凤台何逶迤,嬴女管参差。一旦彩云至,身去无还期。遗曲此台上,世人多学吹"⑨;李白《凤台曲》云"尝闻秦帝女,传得凤皇声。是日逢仙子,当时别有情。人吹彩箫去,天借绿云迎。曲(一作'心')在身不返,空余弄玉名"⑩,还有《凤凰曲》等。

类书中亦有了相关词条,《编珠》音乐部有"凤箫鹤鼓"词条⑪。《白氏

---

① 《庾子山集注》卷一、卷三、卷四、卷五、卷七、卷一二、卷一六,第76、258、297、333、357、411、695、697、1031、1038、1045、1069页。
② 《水经注》卷一八《渭水》,第356页。
③ 《玉台新咏笺注》卷一、卷一〇,第6、529页。
④ 《鲍照集校注》卷三,上册,第265页。
⑤ 《玉台新咏笺注》卷七,第274、291页。
⑥ 《玉台新咏笺注》卷九,第424页。
⑦ 《江文通集汇注》卷四,第169页。
⑧ 〔宋〕郭茂倩:《乐府诗集》卷五一,中华书局1979年版,第749页。
⑨⑩ 《乐府诗集》卷五一,第748页。
⑪ 〔隋〕杜公瞻:《编珠》卷二,《影印文渊阁四库全书·子部类书类》,第八八七册,台湾省商务印书馆1983年版,第66页上。

第六章　旧识平阳佳丽地：唐代公主的生活空间及相关建筑

六帖事类集》在"公主"与乐器"箫"两类事类中均有其专列：

> 仙人吹箫于秦楼(弄玉学吹而凤至……)；
> 贵主平阳(列仙萧史)；乘龙下嫁(随凤上升)；
> 主第(宅也)。
> 箫史弄玉(《列仙传》箫史善吹……)秦楼之遗音(弄玉也)。①

在南朝并不专指公主楼的凤楼(包括凤台、凤阁等)意象,在唐代则成为公主园林宅第诗极喜用到的意象,几乎有言公主必言此之势。

凤楼(凤阁、凤台、凤女台、凤凰台、凤凰楼、箫楼)：此类意象多达三十七首,如李百药《安德山池宴集》云"云飞凤台管"②。其他如"羽节高临凤女台"(李峤《太平公主山亭侍宴应制》)③、"西郊窈窕凤凰台"(萧至忠《奉和幸安乐公主山庄应制》)、"箫楼韵逐凤凰吟"(卢藏用《奉和幸安乐公主山庄应制》④)、"平阳金榜凤凰楼"(李适《侍宴安乐公主庄应制》)、"银河半倚凤凰台"(李适《侍宴安乐公主新宅应制》)、"凤楼纡睿幸"(李适《侍宴长宁公主东庄应制》)、"学凤楼成帝女来"(李乂《侍宴安乐公主新宅应制》)、"仙女凤楼期"(李乂《侍宴长宁公主东庄应制》)、"凤楼窈窕凌三袭"(马怀素《夜宴安乐公主新宅》)、"台起凤凰年"(沈佺期《同李舍人冬日集安乐公主山池》)、"青门路接凤凰台"(宋之问《奉和春初幸太平公主南庄应制》)、"箫声犹绕凤凰台"(李峤《奉和初春幸太平公主南庄应制》)、"双仙正下凤楼迎"〔邵升《奉和初春幸(一下有"临"字)太平公主南庄应制》⑤〕、"凤凰楼下交天仗"〔苏颋(一作沈佺期)《奉和初春幸太平公主南庄应制》〕、"更绕凤凰台"(沈佺期(一作宋之问)《寿阳王花烛图》⑥)、"讵减凤楼思(集作'悲')"(张说《奉和圣制送金城公主适西蕃应制》⑦)、"凤去妆楼闭"〔岑参《崔驸马山池重送宇文明府(分得苗字)》⑧〕、

---

① 《白氏六帖事类集》卷一一、卷一八,第三册、第四册,第467、753页。
② 《全唐诗》卷四三,第一册,第538页。
③ 《李峤诗注·苏味道诗注》卷一(编年部分),第62页。《全唐诗》,第二册,第721页。
④ 《全唐诗》卷九三,第下册,第1000页。
⑤ 《全唐诗》卷六九,第二册,第772页。
⑥ 《全唐诗》卷五二作宋之问诗,一作沈佺期(第二册,第636页),《沈佺期宋之问集校注·沈佺期集校注》卷四〔诗(不编年)〕推断为沈佺期诗(第245页),并注明"此诗沈集诸本未收,见《国秀集》卷上",寿阳王即薛崇胤,薛绍与太平公主之子。
⑦ 《张说集校注》卷一,第一册,第37页。
⑧ 《岑嘉州诗笺注》卷三,下册,第510页。

"仙人楼上凤凰飞"（李邕《奉和初春幸太平公主南庄应制》）、"楼上凤凰飞去后"（王建《九仙公主旧庄》）、"凤凰楼阁连宫树"（王建《赠崔礼驸马》）①、"路人遥指凤凰楼"（李端《赠郭驸马》）、"凤凰楼上伴吹箫"（戎昱《赠别张驸马》）②、"凤凰楼下多欢乐"（张籍《和崔驸马闻蝉》）、"凤楼烟雨啸愁鸱"（刘禹锡《题于家公主旧宅》）③、"络丝虫怨凤凰楼"〔白居易《同诸客题于家公主旧宅》〕、"帝子吹箫逐凤凰"〔白居易《春题华阳观（观即华阳公主故宅有旧内人存焉）》〕、"层台凤舞余"（武元衡《题故蔡国公主九华观上池院》）、"凤楼人已去"（权德舆《赠梁国惠康公主挽歌词二首》其一）、"凤起独吹箫"（羊士谔《梁国惠康公主挽歌词二首》其一）、"仙辉下凤台"（席豫《奉和敕赐公主镜》）、"凤去楼扃夜"（李敬方《太和公主还宫》）、"重上凤楼追故事"（李频《太和公主还宫》）、"凤凰楼下得闲名"（姚合《题崔驸马宅》）、"凤凰楼下醉醺醺"（姚合《送河中杨少府宴崔驸马宅》）④、"彩云天远凤楼空"（杨巨源《酬于驸马二首》其一）等。

唐文中还有多处叙及，如"以凤楼和淑之姿，降龙庭桀骜之俗"（《封定安大长公主制》）、"驾凤辞台，牵牛出渚"〔《大唐故临川郡长公主墓志铭（并序）》〕⑤、"高楼寂寂，遽辍丹凤之祥""稍去鹓台，行归鹤市"（《大唐故新城长公主墓志铭》⑥）、"（阙一字）箫之（阙一字），终辞凤台"（《大唐故兰陵长公主碑》⑦）、"凤栖楼柱，龙盘织梭"（《大唐永泰公主志石文》）、"凤凰楼中，闻学箫之秦女"（《金仙长公主神道碑》）、"至六载，玉真公主已舍馆陶之封，卜居平阳之洞。以为常娥饵药，乘兔轮以长生；嬴女吹箫，登凤楼而久寿。遂于仙人台下，建立山居"（《刘尊师碑铭》⑧）、"凤台之箫管遂空，沁水之林园寡色"〔《唐故宜都公主墓志铭（并序）》⑨〕等。

鸾闱（鸾埤）：唐以前诗文中未有鸾闱、鸾埤之词。唐诗以其描述公主宅第，如"和声跻凤扆，交影步鸾埤"（元万顷《奉和太子纳妃太平公主出

---
① 《王建诗集校注》卷七，第379页。
② 《戎昱诗注》，第15页。
③ 《刘禹锡集》卷三二（原外集卷二），第450页。
④ 《姚合诗集校注》卷一（送别上五十首），第56页。
⑤ 拓片见《新中国出土墓志》陕西一上，第81页。录文见《唐代墓志汇编续集》永淳〇〇九，第261页。
⑥ 《全唐文补遗》第五辑，第127页。另见《唐〈新城长公主墓志〉考》，《碑林集刊》第六辑，第34页。
⑦ 《全唐文新编》卷一五三第一部，第三册，第1759页。
⑧ 《全唐文》卷九九三，第十册，第10285页下。
⑨ 拓片见《隋唐五代墓志汇编·陕西卷》第二册，第21页。录文见《唐代墓志汇编续集》，第787页。

降》)、"凤扆怜箫曲,鸾闱念掌珍"(徐彦伯《奉和送金城公主适西蕃应制》)、"流凤扆之殊恩,举鸾闱之美命"(崔致远《贺封公主表》①)等。

秦楼(秦台):唐以前诗文中秦楼极少使用,唐代则有十首唐代公主题材诗作中言及秦楼(秦台)意象,如"紫汉秦楼敞,黄山鲁馆开"(武平一《侍宴安乐公主新宅应制》)、"秦楼宴喜月裴回"(薛稷《夜宴安乐公主宅》②)、"箫奏秦台里"〔宋之问《宴安乐公主宅(得空字)》③〕、"游鲁馆,陟秦台"(上官婉儿《游长宁公主流杯池二十五首》其一)、"箫曲背秦楼"(郑愔《送金城公主适西蕃应制》)、"秦楼按舞时"(徐晶《赠温驸马汝阳王》)、"自是秦楼压郑谷"(杜甫《郑驸马宅宴洞中》④)、"秦楼今寂寞"(武元衡《题故蔡国公主九华观上池院》)、"秦楼晓月残"(权德舆《赠魏国宪穆公主挽歌词二首》其二)、"画扇出秦楼"(梁锽《崔驸马宅咏画山水扇》)等。

唐文中的秦楼(秦台)之代称亦不少,且常常和鲁馆对举而出,如"秦台纤帝女之荣,鲁馆餐王姬之礼"〔《大唐故临川郡长公主墓志铭(并序)》⑤〕、"虽复昭昭娶女,映鲁馆而夺晖;皎皎常娥,临秦台而掩色"(《大唐故长乐公主墓志》⑥)、"俄闻月惨秦楼,风凄鲁馆"(《唐故朗宁公主墓志铭》⑦)、"然后筑鲁馆而乘龙,辟秦楼而下凤"〔《故普(晋)康公主墓志铭(并序)》⑧〕等。

(2)鲁馆、齐楼、平阳馆、沁园、窦园、鄂邑等前朝公主名园比衬

前朝公主驻留之地或园林,亦常常用来代指公主宅第或园林,唐代诗人极喜以秦楼(秦台、凤凰台)、鲁馆、平阳馆阁、沁园代称唐代公主的园林。且沁园、鲁馆亦常常和齐楼并联,以渲染公主出嫁后所居馆阁的华丽。

齐楼(齐宫、齐侯之家)、鲁馆的典故是并出的,源自《春秋·庄公元年》,据记载:"夏,单伯送王姬。秋,筑王姬之馆于外。"⑨从中可见春秋时

---

① [新罗]崔政远撰,党银平校注:《桂苑笔耕集校注》卷一,中华书局2007年版,第11页。
② 《全唐诗》卷九三,第二册,第1003页。
③ 《沈佺期宋之问集校注·宋之问集校注》卷二〔诗(神龙元年至景龙三年秋)〕,第448页。
④ 《杜诗详注》卷一,第47页。
⑤ 拓片见《新中国出土墓志》陕西一上,第81页。录文见《唐代墓志汇编续集》永淳〇〇九,第260页。
⑥ 《隋唐五代墓志汇编·陕西卷》第二册,第21页。《昭陵碑石》有录文,第110页。《唐代墓志汇编续集》贞观〇三六,第29页。
⑦ 《唐代墓志汇编续集》咸通四五,第1069页。《隋唐五代墓志汇编·陕西卷》第二册拓片,第114页。
⑧ 《唐代墓志汇编续集》咸通三九(第1065页)为晋康公主,但《隋唐五代墓志汇编·陕西卷》(第四册,第151页)拓片虽有漫漶,其字上的两点分明可见,依字形应为普康公主。
⑨ 杨伯峻注:《春秋左传注》,中华书局1981年版,第155—156页。

公主出嫁时即有专门构筑的馆阁供其暂住,鲁庄公主持周王姬与齐侯的婚事,即在鲁国城外筑鲁馆,公主嫁入齐国,自有齐楼。

"齐宫""齐侯之家"语词,唐以前诗文未见,在唐代公主、驸马园林宅第诗及墓志中被引入,如"齐城楼观更无过"(上官婉儿《游长宁公主流杯池二十五首》其二十三)、"齐侯之家,仍为主第"(《大唐永泰公主志石文》①)、"影出齐宫,□从鲁宾"(《唐故袁州刺史右监门卫将军驸马都尉天水权君墓志铭(并序)》②)。

"鲁馆"在诗文中的使用从唐代起,尤其是用以比附唐代公主的宅第、园林,其中唐诗中有四首选用,唐文更多,有十多篇,多和秦楼、龙楼、齐楼、沁园等对举。如"紫汉秦楼敞,黄山鲁馆开"(李乂《侍宴安乐公主新宅应制》),"龙楼光曙景,鲁馆启朝扉"(李治《太子纳妃太平公主出降》),"游鲁馆,陟秦台"、"何如鲁馆,即是仙都"(上官婉儿《游长宁公主流杯池二十五首》其二、其七),"鲁郊筑馆,宠兼汤沐;齐侯执组,礼冠秩华"〔《大唐房陵大长公主墓志铭(并序)》〕,"秦台纡帝女之荣,鲁馆飨王姬之礼"〔《大唐故临川郡长公主墓志铭(并序)》③〕,"齐庭南辟,鲁馆东启"(《大唐故新城长公主墓志铭》④),"映鲁馆而夺晖"(《大唐故长乐公主墓志铭》⑤),"鲁馆长虚,平原徒在"〔《大唐故金仙长公主(无上道)志石铭(并序)》⑥〕,"许笄从周,筑馆于鲁"(《大唐故纪国大长公主墓志铭》⑦),"门开鲁馆,地列沁园"(《代郭令公谢男尚公主表》),"石祁为后,鲁馆居尊"〔《驸马都尉郭府君墓志铭(并序)》⑧〕,"方开鲁馆,甫往有行"(《追封玉虚公主制》),"鲁侯筑馆,列在《春秋》"(《册和回纥公主文》),"俄闻月惨秦楼,风凄鲁馆"(《唐故朗宁公主墓志铭》),"然后筑鲁馆而乘龙,辟秦楼而下凤"〔《故普〔晋〕康公主墓志铭(并序)》〕,"寻转太平公主府典军,委

---

① 《全唐文新编》卷二六七,第二部第一册,第3029页。
② 《唐义阳公主驸马权毅墓志考》,《乾陵文化研究》第九辑,第365页。
③ 拓片见《新中国出土墓志》陕西一上,第81页。录文见《唐代墓志汇编续集》永淳○○九,第260页。
④ 《全唐文补遗》第五辑,第127页。另见《唐〈新城长公主墓志〉考》,《碑林集刊》第五辑,第34页。
⑤ 拓片见《隋唐五代墓志汇编·陕西卷》第二册,第21页。《昭陵碑石》有录文,见第110页。《唐代墓志汇编续集》贞观○三六,第29页。
⑥ 《唐代墓志汇编续集》开元一四五,第552页。《陕西新发现的道教金石》,《中国西北宗教文献·道教》卷四,第283页。《西安碑林博物馆新藏墓志续编》中册二一四,第541页。
⑦ 《全唐文》卷六三一,第七册,第6364页。《吕衡州文集附考证》卷七,第77页。《唐纪国大长公主及夫郑沛墓志合考》,《碑林集刊》第六辑,第65页。
⑧ 《太原郭氏金石注集》,第231页。

质沁园,参策鲁馆"(中国国家博物馆藏拓本《唐刘庭训墓志》[1])等。

沁园是沁水公主的园林,永平三年(60),汉明帝刘庄(显宗)封第五女刘致为沁水公主,并为其选定北依太行、南邻沁河的佳地营建园林,后被外戚兼权臣的窦宪据为己有,据《后汉书·窦宪传》记载:"皇女致,三年封沁水公主,适高密侯邓乾。""宪恃宫掖声势,遂以贱直请夺沁水公主园田,主逼畏,不敢计。……后发觉,帝大怒,召宪切责曰:'……今贵主尚见枉夺,何况小人哉!……'宪大震惧,皇后为毁服深谢,良久乃得解,使以田还主。"[2]

"沁园"作为语词在唐以前诗文中未见,但庾信《周大将军司马裔神道碑》"沁水同坟,平阳合墓"[3]句用及其典。唐代公主宅第、园林题材诗作多以此比照公主园林,又多和平阳、齐楼等典故对举,多达十首。上官婉儿《游长宁公主流杯池二十五首》其二十三云:"沁水田园先自多,齐城楼观更无过",引用沁园典故,从侧面绘出长宁公主流杯池依山傍水占尽地利的天然景致,并直接叙写了长宁公主流杯池凿山作室、凭树为楹的得天独厚的造园条件。其他如"平阳金榜凤凰楼,沁水银河鹦鹉洲"(李适《侍宴安乐公主庄应制》)、"歌舞平阳第,园亭沁水林"(李适《侍宴长宁公主东庄应制》)、"沁园佳丽夺蓬瀛"〔邵升《奉和初春幸(一下有"临"字)太平公主南庄应制》[4]〕、"沁园东郭外,鸾驾一游盘"(崔湜《侍宴长宁公主东庄应制》)、"平阳馆外有仙家,沁水园中好物华"(李乂《奉和初春幸太平公主南庄应制》[5])、"已陪沁水追欢日"(赵彦昭《奉和初春幸太平公主南庄应制》[6])、"不言沁园好"(储光羲《玉真公主山居》[7])、"从今沁园草"(韩愈《梁国惠康公主挽歌二首》其一[8])等。

有关唐代公主、唐代驸马及其子女的唐文中亦多以沁园代称公主的居住之所,如李峤《为公主辞家人畜产官给料表》云"开沁水之园苑,赐常山之汤沐",其《代公主让起新宅表》云"方欲广沁水之庭除,增常山之

---

[1] 霍宏伟:《大英博物馆藏一组唐代三彩俑来源追溯》,《中国国家博物馆馆刊》2017年第4期,第42页。
[2] 《后汉书》卷一〇《皇后纪第一〇下附皇女》,卷二三列传二四《窦融列传附窦宪传》,第二册、第三册,第459、812页。
[3] 《庾子山集注》卷一三,第806页。
[4] 《全唐诗》卷六九,第二册,第772页。
[5] 《全唐诗》卷九二,第二册,第993页。
[6] 《全唐诗》卷一〇三,第二册,第1087页。
[7] 《全唐诗》卷一三九,第二册,第1417页。
[8] 《韩昌黎诗集编年笺注》卷九,第512页。

版筑";张鹭《公主出降礼钱判》云"百枝灯烛,光沁水之田园。万转笙竽,杂平阳之歌舞",《代国长公主碑》云"花飘粉田兮叶萎沁水"①;玄宗朝《封高阳公主制》云"方营鲁馆,宜启沁园"②,《册高都公主文》云"鲁馆于归,沁园将启";代宗朝"哀哀天人,昼哭沁园"〔《驸马都尉郭府君墓志铭(并序)》③〕;武宗朝颁布的《封定安大长公主制》云"增沁园汤沐之封,释边地风沙之思","凤台之箫管遂空,沁水之林园寡色"〔《唐故宜都公主墓志铭(并序)》〕;懿宗朝沈旼《赠同昌公主卫国公主制》云"荒沁水之林园,寝平阳之箫鼓"④。

平阳馆(第、宅):唐人在叙写唐代公主宅第、园林时极喜引入平阳馆之典,如"寂寞平阳宅"(上官仪《高密长公主挽歌》)、"歌舞平阳第"(李适《侍宴长宁公主东庄应制》)、"主家台沼胜平阳"(马怀素《奉和幸安乐公主山庄应制》)、"平阳金榜凤凰楼"(李适《侍宴安乐公主庄应制》)、"今朝扈跸平阳馆"〔苏颋《奉和初春幸太平公主南庄应制》(一作沈佺期《陪幸太平公主南庄诗》)〕、"平阳馆外有仙家"(李乂《奉和初春幸太平公主南庄应制》)、"平阳旧池馆"(丁仙芝《长宁公主旧山池》⑤)、"平阳池馆枕秦川"〔王建(一作姚合)《故梁国公主池亭》⑥〕、"平阳旧宅少人游"(白居易《同诸客题于家公主旧宅》)、"旧馆闭平阳"(权德舆《赠郑国庄穆公主挽歌二首》其二⑦)等。

唐文中的平阳公主宅第比附亦极多,如"地轶鲁元之宠,戚盛平阳之贵"〔《大唐故淮南大长公主墓志铭(并序)》⑧〕、"平阳之盛极西京,馆陶之恩洽东汉,不之过也"〔《大唐故临川郡长公主墓志铭(并序)》⑨〕、"大启平阳之园"(《大唐永泰公主志石文》⑩)、"平阳歌舞,适足愁人"(《鄎国长公主神道碑铭》)、"比(下阙)水,岂学平阳?"(《金仙长公主神道碑》⑪)、"赫

---

① 《全唐文》卷二七九,第三册,第2828页。
② 《唐大诏令集》卷四一《公主·封号》,第194页。《全唐文》卷二四,第一册,第279页。
③ 《太原郭氏金石注集》,第231页。
④ 《全唐文》卷八〇六,第九册,第8479页。
⑤ 《全唐诗》卷一一四,第二册,第1158页。
⑥ 《姚合诗集校注》卷七(题咏四十九首),第389页。
⑦ 《权德舆诗文集》卷八,第134页。《全唐诗》卷三二七,第3666页。
⑧ 《唐淮南大长公主墓志所反映的唐代历史问题》,《华夏考古》2008年第2期,第134页。《唐淮南大长公主墓志铭研究》,《社会科学战线》2017年第10期,第85页。
⑨ 拓片见《新中国出土墓志》陕西一上,第81页。录文见《唐代墓志汇编续集》永淳〇〇九,第260页。
⑩ 《全唐文新编》卷二六七第二部,第一册,第3029页。
⑪ 陈垣编纂:《道家金石略》,文物出版社1988年版,第119页。

赫平阳,峨峨藩邸。宠因外戚,贵由主第"〔《故沛郡夫人武氏(太平公主第二女)墓志铭(并序)》①〕、"巽,鸿胪卿驸马都尉……雕轩绣毂,结辙于平阳之第;青巾紫绶,交错于沁水之园"(《唐齐州长史裴府君神道碑》②)、"万转笙竽,杂平阳之歌舞"(张鹭《公主出降礼钱判》)、"玉真公主已舍馆陶之封,卜居平阳之洞"(《刘尊师碑铭》③)、"愿舍平阳之弟(第),爰从列仙之所"〔《唐故唐昌公主墓志铭(并序)》④〕、"鄠邑建封,平阳起第"(《大唐故唐安公主墓志》⑤)等。

馆陶公主园林:杜甫《唐故德仪赠淑妃皇甫氏神道碑》叙及淑妃之女临晋公主,并引入窦主园林以比衬:"有女曰临晋公主,出降代国长公主子荥阳郑潜耀……甫忝郑庄之宾客,游窦主之园林,以白头之嵇、阮,岂独步于崔、蔡?"⑥窦主即帝姑馆陶公主,据《汉书·东方朔传》(详参前引主人翁典故):"帝姑馆陶公主号窦太主……主立奏书献之。上大说,更名窦太主园为长门宫。……后数日,上临山林。"⑦《刘尊师碑铭》亦云"玉真公主已舍馆陶之封,卜居平阳之洞"。

鄠邑公主园与湖阳公主:汉武帝女儿鄠邑公主园唐诗引入极少,如"鄠邑建封,平阳起第"(《大唐故唐安公主墓志》)等。湖阳公主为光武帝刘秀之姐,引入亦较少,如"公主即高祖武皇帝之第四女……脂田超于鲁邑,沐赋广于湖阳"〔《大唐故邳国夫人段氏(高密公主女)墓志》⑧〕"皇□怀鲁元以兴悼,想湖阳而掩泣"〔《大唐故临川郡长公主墓志铭(并序)》⑨〕等。

(3)晋代常山公主汤沐的金埒与汉代铜山的富贵奢华

唐代公主宅第、园林、道观诗及驸马诗作,常以晋代常山公主驸马王济宅第营建的金埒形容驸马府骑射场的豪奢(参前叙),金埒指用钱币筑成的界垣,南朝宋刘义庆《世说新语·汰侈》:"王武子被责,移第北邙下。于时人多地贵,济(王济)好马射,买地作埒,编钱匝地竟埒。时人号曰'金沟

---

① 吴纲主编:《千唐志斋新收墓志》,三秦出版社2006年版,第175页。
② 《全唐文》卷二八二,第三册,第2862页下。
③ 《全唐文》卷九九三,第十册,第10285页下。
④ 录文和拓片参见《〈唐昌公主墓志铭〉考释》(《唐研究》卷二〇,第265—267页)。
⑤ 《西安碑林博物馆新藏墓志续编》中册二一四,第541页。
⑥ 《杜诗详注》卷二五,第2226页。
⑦ 《汉书》卷六五,第九册,第2853—2854页。
⑧ 《唐代墓志汇编续集》永徽〇〇八,第60页。
⑨ 拓片见《新中国出土墓志》陕西一上,第81页。录文见《唐代墓志汇编续集》永淳〇〇九,第261页。

(一作"埒")'。"徐震堮校笺:"谓筑短垣围之以为界埒。"一本作"金沟"①。此事史书亦有收录,《晋书·王浑列传附子王济》:"而济遂被斥外,于是乃移第北芒山下。性豪侈,丽服玉食。时洛京地甚贵,济买地为马埒,编钱满之,时人谓为'金沟'。"②

唐诗中则如"细草开金埒"(李百药《安德山池宴集》)、"金埒荷殊荣"(上官婉儿《游长宁公主流杯池二十五首》其八)、"马向铺钱埒,箫闻弄玉台"〔宗楚客的《安乐公主移入新宅侍宴应制(景龙三年十一月一日)》〕、"玳梁翻贺燕,金埒倚晴虹"(宋之问《宴安乐公主宅得空字》③)、"马香遗旧埒"(沈佺期《安乐公主移入新宅》)、"买地铺金曾作埒"(沈佺期《奉和春初幸太平公主南庄应制》)、"金埒减添栽药地"(王建《赠崔礼驸马》)、"新开金埒看调马,旧赐铜山许铸钱"〔李端《赠郭驸马(郭令公子暖尚昇平公主,令于席上成此诗)》〕、"马埒蓬蒿藏狡兔"(刘禹锡《题于家公主旧宅》)、"平阳不惜黄金埒"(杨巨源《赠崔驸马》)等。

唐文中亦有引入,如"代黄金之平埒"(《驸马都尉乔君集序》)、"埒开邙阜,允子孰闻?"(《高安长公主神道碑》④)、"深埒则可乘骐骥,高楼则惟待凤凰"(《代公主让起新宅表》⑤)等。

铜山:铜山在唐代公主宅第、园林诗中亦有引入。《史记》多处叙及铜山,有吴地豫章郡铜山:"自孝文更造四铢钱……从建元以来,用少,县官往往即多铜山而铸钱"⑥、"三江、五湖有鱼盐之利,铜山之富,天下所仰"⑦、"会孝惠、高后时,天下初定……吴有豫章郡铜山,濞则招致天下亡命者铸钱,煮海水为盐,以故无赋,国用富饶。"⑧铜山之典,也与汉文帝宠臣邓通相关,则是蜀地铜山,据记载:"孝文时中宠臣,士人则邓通……上使善相者相通,曰'当贫饿死'。文帝曰:'能富通者在我也。何谓贫乎?'于是赐邓通蜀严道铜山,得自铸钱,'邓氏钱'布天下。"⑨其事在《风俗通义》、《西京

---

① 〔南朝宋〕刘义庆著,徐震堮校笺:《世说新语校笺》卷下《汰侈第三〇》,中华书局1984年版,第472页。
② 《晋书》卷四二列传一二《王浑列传附子王济传》,第1206页。
③ 《沈佺期宋之问集校注·宋之问集校注》卷二〔诗(神龙元年至景龙三年秋)〕,第448页。
④ 《文苑英华》卷九三三《碑九〇·神道五二·妇人上》,第六册,第4907页。《全唐文》卷二五七,第三册,第2608页下。
⑤ 《文苑英华》卷五七八(六〇五卷重出已删),第四册,第2987页。《全唐文》卷二四五,第三册,第2477页。
⑥ 《史记》卷三〇书八《平准书》,第四册,第1425页。
⑦ 《史记》卷六〇世家三〇《三王世家》,第六册,第2116页。
⑧ 《史记》卷一〇六列传四六《吴王濞列传》,第九册,第2822页。
⑨ 《史记》卷一二五列传六五《佞幸列传·邓通传》,第十册,第3192页。

杂记》中亦有记述。铜山之典在南北朝诗文中已被引入，鲍照《芜城赋》云"孳货盐田，铲利铜山"①，江淹《迁阳亭》云"铜山郁纵横"，其《齐太祖高皇帝诔》："汉求金岫，吴宝铜埏。"胡之骥注："金岫，即铜山也。"②南朝梁刘孝标《广绝交论》："富埒陶白，赀巨程罗；山擅铜陵，家藏金穴。"③庾信《三月三日华林园马射赋》云"采则锦市俱移，钱则铜山合徙"④。《异苑》："魏时殿前大钟无故大鸣，人皆异之，以问张华，华曰：'此蜀郡铜山崩，故钟鸣应之耳。'"⑤《洛阳伽蓝记》："市东有通商、达货二里。里内……有刘宝者，最为富室……是以海内之货，咸萃其庭，产匹铜山，家藏金穴。"⑥《白氏六帖事类集》卷二《铜第六〇》有"即山筑钱（吴王濞）""赐铜山（汉文帝赐邓通蜀道铜山，铸钱布天下，世号'邓通钱'）"，《钱六一》有"铜山""金埒（王武子布钱买地为埒，时人曰'金埒'）"事类，卷九《相第二二》有"饿死"，卷一四《僭赏第二》有"赐铜山"⑦，均与此典相关。

薛稷《奉和幸安乐公主山庄应制》写道：

主家园囿（一作"宇"，一作"圃"）极新规……欢宴瑶台镐京集，赏赐铜山蜀道移……借问今朝八龙驾，何如昔日望仙池。⑧

诗作以欢宴瑶台比喻公主宅皇室盛宴的仙境聚会特质，又以铜山之典比喻其赏赐之丰厚，结尾更以反问句式盛赞公主宅的皇室聚会即是仙界的盛会。

李端《赠郭驸马》云"新开金埒看调马，旧赐铜山许铸钱"，则将金埒与铜山对举，比衬公主宅第的豪奢，宴会赏赐之丰厚。

(4) 皇室园囿、龙凤地名

唐代公主宅第、园林诗亦会将前朝的一些皇室园囿名撷入，以比衬公主园林，如秦汉时的太液池、宜春苑，或者用带龙凤的一些楼名、地名等比衬公主居住之处，如晋代的濯龙门、鸣凤楼、鸣凤岭、饮龙川等。

宜春苑秦时在宜春宫之东，汉称宜春下苑，《史记》中有三处提及："二

---

① 《鲍照集校注》卷一，上册，第 23 页。
② 《江文通集汇注》卷三、卷一〇，第 116、362 页。
③ 《文选》卷五五《论五》，第 756 页下。
④ 《庾子山集注》卷一，第 7 页。
⑤ 〔南朝宋〕刘敬叔撰，范宁点校：《异苑》卷二，中华书局 1996 年版，第 7 页。
⑥ 《洛阳伽蓝记校注》卷四，第 202 页。
⑦ 《白氏六帖事类集》卷二、卷九、卷一四，第一、三、四册，第 109、110、401、601 页。
⑧ 《全唐诗》卷九三，第二册，第 1003 页。

世皇帝享国三年。葬宜春。""下棠梨,息宜春,西驰宣曲,濯鹢牛首(司马相如《上林赋》)。""上善之。还过宜春宫,相如奏赋以哀二世行失也。"①《三辅黄图校注》引《汉书》卷九《元帝纪》叙及"(初元二年三月)诏罢黄门乘舆狗马,水衡禁囿、宜春下苑、少府佽飞外池、严籞池田假与贫民",《宜春宫·宜春下苑》云"宜春宫,本秦之离宫,在长安城东南,杜县东,近下杜"②,即后所称曲江池者。庾信《春赋》云"宜春苑中春已归,披香殿里作春衣"③。

太液池又称"泰液池",是西汉建章宫西北用渠引昆明池水形成的人工湖,《史记》对泰液池建制有较详细描述,《汉书》卷二五下、《资治通鉴》同:

> (其后二岁)上还,以柏梁灾故……于是作建章宫,度为千门万户。前殿度高未央。其东则凤阙,高二十余丈。其西则唐中,数十里虎圈。其北治大池,渐台高二十余丈,命曰太液池,中有蓬莱、方丈、瀛洲、壶梁,象海中神山龟鱼之属。其南有玉堂、璧门、大鸟之属。④

《三辅黄图》:"太液池,在长安故城西,建章宫北,未央宫西南。太液者,言其津润所及广也。《关辅记》云:'建章宫北有池,以象北海,刻石为鲸鱼,长三丈。'《汉书》曰:'建章宫北治大池,名曰太液池,中起三山,以象瀛洲、蓬莱、方丈,刻金石为鱼龙、奇禽、异兽之属。'"⑤

班固《西都赋》云"前唐中而后太液,览沧海之汤汤",其《东都赋》云"太液、昆明,鸟兽之囿,曷若辟雍海流,道德之富"⑥;张衡的《西京赋》云"顾临太液,沧池漭沆"⑦;扬雄《羽猎赋并序》云"渐台、泰液,象海水周流方丈、瀛洲、蓬莱",李善注引《汉书》:"建章,其北治太液池,渐台高二十余

---

① 《史记》卷六本纪六《秦始皇本纪》(第一册),卷一一七《司马相如列传》(第七册),第290、3037、3054页。
② 《汉书》卷九,第一册,第281页。〔汉〕佚名著,〔清〕毕沅校正,〔清〕孙星衍、庄逵吉校定,何清谷校注:《三辅黄图校注》卷四《苑囿·宜春下苑》卷三,三秦出版社2006年第2版,第245、291页。
③ 《庾子山集注》卷一,第74页。
④ 《史记》卷二八《封禅书第六》,第四册,第1402页。
⑤ 《三辅黄图校注》卷四《池沼·太液池》,第308页。
⑥ 《文选》卷一,第27页下、34页下—35页上。
⑦ 《文选》卷二,第41页下。

第六章　旧识平阳佳丽地：唐代公主的生活空间及相关建筑

丈,名曰泰液……"①晋潘安的《西征赋》云"尔乃阶长乐,登未央,汎太液"②,颜延之《三月三日曲水诗序》云"苑太液,怀曾山"③。

濯龙有濯龙门、濯龙园(苑)之说,为皇家园林。刘向《古列女传》:"太后素自喜俭。前过濯龙门上,见外家问起居,车如流水马如游龙。"④《后汉书·明德马皇后纪》:"帝幸濯龙中,并召诸才人,下邳王已下皆在侧,请呼皇后。帝笑曰:'是家志不好乐,虽来无欢。'是以游娱之事希尝从焉。""前过濯龙门上,见外家问起居者,车如流水,马如游龙。"唐李贤注引《续汉志》曰:"濯龙,园名也,近北宫。"⑤(张衡《东京赋》中对此有叙述:"濯龙、芳林,九谷八溪。")薛综注引《洛阳图经》:"濯龙,池名。"⑥唐以前诗文极少引入,如徐陵《洛阳道二》云"春日起尘埃,濯龙望如雾"⑦。

沈佺期《同李舍人冬日集安乐公主山池》写道:

尝闻天女贵,家即帝宫连。亭插宜春果,山冲太液泉。桥低乌鹊夜,台起凤凰年。故事犹如此,新图更可怜。紫岩妆阁透,青嶂妓台(《全唐诗》作"楼")悬。峰夺香炉巧,池偷明镜圆。梅花寒待雪,桂叶晚留烟。兴尽方投辖,金声还复传。⑧

引用秦汉时的宜春苑、太液池形容公主山池百草丰茂、佳木奇果密集、灵泉清澈的美景。接着引入乌鹊桥、凤凰台比拟其山池内台阁广布、飞桥横跨的宏伟建筑,紫岩遮掩的妆阁透出,青嶂掩映的妓楼高悬,池面光滑清澈如镜,峰峦秀丽奇巧胜过香炉峰,梅花在寒天待雪绽放,桂叶在暮色中挽留轻烟,又以"投辖"(辖是车轴的键,去辖则车不能行。《汉书·游侠传·陈遵传》:"遵嗜酒,每大饮,宾客满堂,辄关门,取客车辖投井中,虽有急,终不得去。"⑨)比喻公主殷勤留客。

沈佺期《夜宴安乐公主宅》写道:

---

① 《文选》卷八,第130页下。
② 《文选》卷一〇,第154页下。
③ 《文选》卷四六,第646页下。
④ 《古列女传(三)》,《四部丛刊初编》第二六五册,上海涵芬楼借长沙叶氏观古堂藏明刊有图本影印(无标注页码,页面显示176页)。
⑤ 《后汉书》卷一〇上,第二册,第409、411页。
⑥ 《文选》卷三,第48页。
⑦ 徐陵:《徐孝穆集》卷一,《四部丛刊初编》第五九八册,第42页。
⑧ 《沈佺期宋之问集校注·沈佺期集校注》卷三〔诗(景龙二年至开元二年)〕,第165页。
⑨ 《汉书》卷九二《游侠传第六二》,第十一册,第3710页。

濯龙门外主家亲,鸣凤楼中天上人。自有金杯迎甲夜,还将绮席发(《全唐诗》作"代")阳春。①

引濯龙门、鸣凤楼比喻公主宅的热闹喧嚣,有金杯迎候初更时分,温暖馥郁的绮席可代替阳春。唐文中则有"韬骈警策,□濯龙之苑"(《大唐故长乐公主墓志铭》②)。

鸣凤岭指陕西凤翔岐山,因传说周朝兴起前有凤凰鸣叫而得名,饮龙川指渭水,是义王最初兴起的地方,二词在唐以前诗文中未见。唐人将此用于比衬公主居处,也是极为契合的,凤凰也象征着公主的身份,龙象征着皇帝的身份。沈佺期《侍宴安乐公主新庄(〈全唐诗〉作"宅")应制》称颂公主山庄如云汉仙境,又以鸣凤岭、饮龙川说明公主新宅里假山之高峻、池沼之灵动。妆楼里翠幌明丽绚烂似教春常驻,舞阁内黄金铺地光泽耀目如借日高悬,随从来此的文武众臣把酒祝寿,钧天(是古代神话传说中天的中央)之乐在山庄里缭绕不绝:

皇家贵主好神仙,别业初开云汉边。山出尽如鸣凤岭,池成不让饮龙川。妆楼翠幌教春住,舞阁金铺借日悬。敬从乘舆来此地,称觞献寿乐钧天。③

(5)亲王、名士园囿之比:梁园、阮宅与晋献文子轮奂之宅

汉代亲王梁王的园邸,晋代名士阮咸与阮籍之宅,亦是唐人用以比衬公主住宅的重要意象。

梁邸(梁园)是梁孝王修建的著名园囿兔(菟)园的称谓。兔(菟)园引入文学较多,从枚乘的《菟园赋》起。《西京杂记·梁孝王宫囿》(《三辅黄图》卷三《曜华宫》文字与此基本相同):"梁孝王好营宫室苑囿之乐,作曜华宫,筑兔园。园中有百灵山,山有肤寸石、落猿岩、栖龙岫。又有雁池,池间有鹤洲凫渚。其诸宫观相连,延亘数十里。奇果异树,瑰禽怪兽毕备。王日与宫人宾客弋钓其中。"④鲍照《蒜山被始兴王命作》云"鹿苑岂淹睇,

---

① 《沈佺期宋之问集校注·沈佺期集校注》卷三〔诗(景龙二年至开元二年)〕,第178页。《全唐诗》卷九七,第二册,第1050页。

② 拓片见《隋唐五代墓志汇编·陕西卷》第二册,第21页。《昭陵碑石》有录文,第110页。《唐代墓志汇编续集》贞观○三六,第29页。

③ 《沈佺期宋之问集校注·沈佺期集校注》卷三〔诗(景龙二年至开元二年)〕,第151页。

④ 《西京杂记校注》卷二,第109页。

兔园不足留"①;谢朓《拜中军记室辞隋王笺》云"故舍耒场圃,奉笔兔园"②,谢惠连《雪赋》"梁王不悦,游于兔园。乃置旨酒,命宾友,召邹生,延枚叟。相如末至,居客之右"③;何逊《扬州法曹梅花盛开(咏早梅)》亦云"兔园标物序"④;江淹有《青苔赋》云"游梁之客,徒马疲而不能去;兔园之女,虽蚕饥而不自禁",又有专题《学梁王兔园赋》⑤;《文心雕龙》云"枚乘《菟园》,举要以会新"⑥;《水经注》云"北城凭隅,又结一池台。晋灼曰:或说平台在城中东北角,亦或言兔园在平台侧。……余按《汉书·梁孝王传》称:王以功亲为大国,筑东苑,方三百里,广睢阳城七十里,大治宫室,为复道,自宫连属于平台三十余里……梁王与邹、枚、司马相如之徒,极游于其上,故齐《随郡王山居序》所谓'西园多士,平台盛宾,邹、马之客咸在'"⑦。

但梁邸、梁园的称谓唐以前文学中很少。梁邸仅两处,谢朓《酬德赋》云"梁邸焕其重复",任昉《为昭明太子答何胤书》曰"一日通籍梁邸,亲奉话言"⑧。梁园更少,隋薛道衡《老氏碑》有"芝田柳路,北走梁园"⑨句。

唐人以梁邸、梁园比衬公主驸马的园林,不仅在身份地位上相类,亦以此令人想见其园林之景致之美,其文人雅集之盛。徐晶《赠温驸马汝阳王》写道:

> 畴昔承余论,文章幸滥推。夜陪银汉赏,朝奉桂山词。梁邸调歌日,秦楼按舞时。登高频作赋,体物屡为诗。连骑长楸下,浮觞曲水湄。北堂留上客,南陌送佳期。忆昨陪临泛,于今阻宴私。再看冬雪满,三见夏花滋。都尉朝青阁,淮王侍紫墀。宁知倦游者,华发老京师。⑩

诗人将温驸马园林比作梁园与秦楼,诗人们终日随同驸马于此游览山水,

---

① 《鲍照集校注》卷八,下册,第741页。
② 《文选》卷四〇(笺),上册,第569页上。
③ 《文选》卷一三赋《物色》,上册,中华书局1977年版,第194页上。
④ 〔南朝梁〕何逊:《何逊集》卷二,中华书局1980年版,第32页。
⑤ 《江文通集汇注》卷一、卷二,第20、94页。
⑥ 〔南朝梁〕刘勰著,周振甫译:《文心雕龙今译》卷二《文体论·铨赋第八》,中华书局1986年版,第79页。
⑦ 《水经注》卷二四《睢水》,第464页。
⑧ 《艺文类聚》卷三七《人部二一·隐逸下》,第668页。
⑨ 《文苑英华》卷八四八《碑五·道一》,第六册,第4481页下。
⑩ 《全唐诗》卷七五,第二册,第818页。

欣赏歌舞,通宵达旦欢宴,在树下系马歇息,于曲水边浮觞,悠游于涂饰青漆的豪华楼阁,徘徊在涂饰红色的殿庭台阶,登高作赋,体物作诗。

另有"珊瑚刻盘青玉尊,因之假道入梁园。梁园山竹凝云汉,仰望高楼在天半"(张说《安乐郡主花烛行》)。

阮宅之典,据《晋书·阮籍传附兄子咸传》载:"(咸)与叔父籍为竹林之游……咸与籍居道南,诸阮居道北,北阮富而南阮贫。"①但阮宅名词,在唐以前诗文中并未出现。杜甫《郑驸马池台喜遇郑广文同饮》云"重对秦箫发,俱过阮宅来"②,诗作以阮宅比附郑驸马宅。

赵彦昭《安乐公主移入新宅侍宴应制同用开字》以晋国献文子赵武的宅第被人盛赞美轮美奂的典故夸示颂扬公主宅第的高大宏伟气象:

云物中京晓,天人外馆开。飞桥象河汉,悬榜学蓬莱。北阙临仙槛,南山送寿杯。一窥轮奂毕,惭恧(一作"更思")栋梁材。③

引入南山寿的典故祝颂帝王疆业永固、长寿安康(《毛诗正义·小雅·天保》云"如南山之寿,不骞不崩。"孔颖达疏:"天定其基业长久,且又坚固,如南山之寿。"④),又以"轮奂"的典故比喻公主宅邸之宏丽壮观(《礼记·檀弓》云"晋献文子成室,晋大夫发焉。张老曰:'美哉轮焉,美哉奂焉。歌于斯,哭于斯,聚国族于斯。'"东汉郑玄注"轮,轮囷,言高大;奂,言众多。心识其奢也"⑤)。

3. 天人合一的自然与人文景观交相辉映特质

中国的园林是自然景观与人文景观的结合物,讲究将天人合一的理念贯穿其中,让人们在流动的过程中循环往复地观察自然,品味人生的意境。

相地择地,是中国古代园林营建时的第一步,极为重要,而作为皇室血脉,公主们在相地择地权上即具有天然优势。所相之地,当为风水宝地,占有天时,又拥有地利,避开长安城的繁华地,但又不能太远,于是唐代公主园林大多选择在长安城的近郊,依山傍水而建,占尽山水之姿。而依邻终南与浐灞两河,自然是首选,灞河发源于蓝田箭峪岭,原名滋水,发源蓝田峪的浐河是灞河最大支流,沿河区域山水风光绝佳,且邻近大明宫和兴庆

---

① 《晋书》卷四九列传一九《阮籍传附兄子咸传》,第1362页。
② 《杜诗详注》卷五,第346页。
③ 《全唐诗》卷一〇二,第二册,第1086页。
④ 《十三经注疏·毛诗正义》卷九之三,第412页下。
⑤ 《礼记集解》卷一一《檀弓下》第四之二,第299页。

宫,成为公主园林聚集地,太平、长乐、安乐、驸马崔惠童均选择在此营建别墅。正如计成《园冶》卷一《相地》所言:

> 园地惟山林最胜,有高有凹,有曲有深,有峻而悬,有平而坦,自成天然之趣,不烦人事之工。①

"在依恋原生态的自然的同时,又有意识地穿插人工的剪裁。凡人工雕饰之处均透露着自然之雅趣,弥漫着浓厚的诗情画意。这在公主园林广布的奇石叠山、锦池飞流、红亭画舫、奇木异花的点染中被渲染得淋漓尽致"②。"水边重阁含飞动,云里孤峰类(一作'似')削成"〔宗楚客《奉和幸安乐公主山庄(一作"西园")应制》③〕,即是其这一特点的最好注脚。李峤《太平公主山亭侍宴应制》亦描摹了这一特色:"碧树青岑云外耸,朱楼画阁水中开。"④

(1) 奇石叠山,枕泉倚轩

造园几乎离不开石,到了唐代,对叠石艺术更为讲究。《园冶·选石》对园林中的石亦做了解释,而太湖石则是非常重要的造园名石:

> 夫识石之来由,询山之远近……取巧不但玲珑,只宜单点;求坚还从古拙,堪用层堆。须先选质无纹,俟后依皴合掇。多纹恐损,垂窍当悬。古胜太湖,好事只知花石;时遵图画,匪人焉识黄山。……
>
> 苏州府所属洞庭山,石产水涯,惟消夏湾者为最。性坚而润,有嵌空、穿眼、宛转、险怪势。一种色白,一种色青而黑,一种微黑青。其质文理纵横,笼络起隐,于石面遍多土坳坎,盖因风浪中冲激而成,谓之"弹子窝"……此石以高大为贵,惟宜植立轩堂前,或点乔松奇卉下,装治假山,罗列园林广榭中,颇多伟观也。⑤

---

① 〔明〕计成撰,陈植校订,杨伯超校阅:《园冶注释》,中国建筑工业出版社1988年版,第58页。
② 见拙著《唐代文学中的公主园林别墅》,《西北大学学报(哲学社会科学版)》2010年第1期,彩页。
③ 《全唐诗》卷四六,第一册,第564页。
④ 《李峤诗注·苏味道诗注》卷一(编年部分),第62页。《全唐诗》卷六一,第二册,第721页。
⑤ 《园冶注释》卷三,第223、224、225页。

唐诗中较多叙及公主园林的石景观,一部分为依山而建的天然奇石景观,另一部分则是从他处购置,并经人工技艺营造的景观。亦常常被游赏的诗人们作为代表物撷取诗中,如"跂石聊长啸"、"石画妆苔色"、"不应题石壁,为记赏山时"、"泉石多仙趣,岩壑写奇形"、"岩壑恣登临,莹目复怡心"、"幽岩仙桂满"、"倚石旋题诗"(上官婉儿《游长宁公主流杯池二十五首》)、"乱石闭门高"〔杜甫《崔驸马山亭宴集》(〈全唐诗〉有"京城东有崔惠童驸马山池"字)〕、"石角钩衣破"(杜甫《奉陪郑驸马韦曲二首》其一①)、"石路亲回御马蹄"(王建《九仙公主旧庄》)、"台倾滑石犹残砌"(白居易《同诸客题于家公主旧宅》②)、"石翠疑无质"〔姚合《题崔(〈全唐诗〉作"郑")驸马林亭》〕等。

　　人工或自然石景观未明的,则如"沓石悬流平地起"(刘宪《奉和幸安乐公主山庄应制》)、"锦石称贞女"(王维《过崔驸马山池》③)等。

　　人工叠石景观,如"穿池叠(一作'构')石写蓬壶"(韦元旦《奉和幸安乐公主山庄应制》④)、"石自蓬山得"(司空曙《题玉真观公主山池院》⑤)与"更买太湖千片石,叠成云顶绿鬖峨"(无可《题崔驸马林亭》)等诗句,道出公主园林在构石艺术上的基本原理,要通过穿池与叠石的技艺摹塑人间仙境。为了达到园林叠石奇丽不凡的特色,往往需要踏遍山川湖泊寻访,而公主宅院的山石自然奇异珍贵、人间难寻,诗人在描绘时或实写其石来自有名的太湖产石区,或虚写加实写叙述其叠石构建传说中的蓬莱仙境,或选择传说中的织女支机石之典,可见公主宅第在取石上的追求。

　　"那吸取了天地精华的灵石往往与人为景观相依伴,让人在观赏休憩之时透过眼前的奇石得以领略自然意趣。其堆叠并非杂乱无章,布置中透着巧思"⑥。

　　"佳石往往临轩而布:'攒石当轩倚'(杜审言《和韦承庆过义阳公主山池五首》之一⑦);佳石常在池水中布置,作为一种有声有韵的灵动点缀,李

---

　　① 《杜诗详注》卷三,第165页。
　　② 《白居易集笺校》卷三一,第2137页。
　　③ 《王维集校注》卷四〔编年诗(天宝下)〕,第351页。
　　④ 《全唐诗》卷六九,第771页。
　　⑤ 《司空曙诗集校注》,第1页。《全唐诗》卷二九二,第五册,第3304页。
　　⑥ 拙著:《唐代文学中的公主园林别墅》,《西北大学学报(哲学社会科学版)》2010年第1期,彩页。
　　⑦ 《全唐诗》卷六二,第731页。

适《侍宴安乐公主庄应制》中的'前池锦石(一作'幔')莲花艳'①,就点出了公主园林佳石的布置规律,绚烂似锦而又娇弱的繁花中总是会找到嶙峋突兀的奇石:'往往花间逢彩石'(苏颋《奉和初春幸太平公主南庄应制》②)。"③

"怪石纵横,植配以名卉野花,衬托上碧水蓝天,别有一番美感与喜悦"④。

(2)锦池曲沼,清泉飞流与飞桥横跨、彩舟竞渡

水是园的魂,透过那些清澈碧绿或静谧或流动的活水,让园林里处处透着生气与灵趣。公主宅第、园林之水,有天然之水,如山间的清溪、泉水、溪流,如"青门路接凤凰台,素浐宸游龙骑来。涧草自迎香辇合"(宋之问《奉和春初幸太平公主南庄应制》);亦有引入之水,或引宫苑御沟之水,或引山间之水,并以此营建出人工的池沼景观,"银河南渚帝城隅……穿池叠石写蓬壶"(韦元旦《奉和幸安乐公主山庄应制》)即道出公主山庄依邻天然河水,又人工穿凿池沼的情境。而水边、两岸栽植的奇花异草,水中栽植的荷花、菱荇、香蒲等水生植物,水边营建的亭台楼阁,水上架起的飞桥和水中摇动的彩舟,自有"浦树相将歌棹回"(刘宪《奉和幸安乐公主山庄应制》)的游弋之酣畅,共构出公主园林里生动的自然与人文景象。

薛逢《九华观废月池》(一作《题昭华公主废池馆》)云"曾发箫声水槛前,夜蟾寒沼两婵娟。微波有恨终归海,明月无情却上天。白鸟带江林(一作'帘')外雪,绿荷(一作'蘋')枯尽渚中莲"⑤,可知九华观内水波连绵,既有临水的栏杆,又有弯曲的小池,泛着微波归入大海的河流,栽种荷花的池塘。

上官婉儿的《游长宁公主流杯池二十五首》更是极写公主园林中的各种水景:"清波汹涌","琉璃漾水波","涧户白云飞","风梭织水文","途随曲涧迷","水中看树影","欲知堪悦耳,唯听水泠泠","流水当鸣琴","瀑溜晴疑雨","傍池聊试笔","参差碧岫耸莲花,潋滟绿水莹金沙",从中可见长宁公主园林中汹涌动荡之清波,如琉璃般清澈的荡漾水波,绕户流

---

① 《全唐诗》卷七〇,第777页。
② 《全唐诗》卷七三,第802页。
③④ 拙著:《唐代文学中的公主园林别墅》,《西北大学学报(哲学社会科学版)》2010年第1期,彩页。
⑤ 《全唐诗》卷五四八,第八册,第6380页。

动曲折蜿蜒之山涧,风起后泛起梭织纹样之水,倒映着松树之影的水面,发出泠泠乐音的山泉,奏出美妙琴音的流水,洒下水溜疑似雨滴的瀑布,有诗人观览并吟诵的池沼,泛着金沙之光影的潺湲绿波。可以说公主园林里,离不开水,处处都有水的灵动曼妙之姿,既是滋养园林草木的不可缺失之源,亦是装扮园林的明净精灵。

公主宅第、园林诗中常常出现的代表性千姿百态水景观包括:

水流清潭:叙写公主园林中的流水和潭水的唐诗极多,如"门闭水空流"(丁仙芝《长宁公主旧山池》)、"竹树绕春流"(张说《晦日诏宴永穆公主亭子赋得流字》①)、"泝流何处入"〔杜甫《崔驸马山亭宴集(〈全唐诗〉有"京城东有崔惠童驸马山池"字)》〕、"乱水归潭净"(钱起《过杨驸马亭子》②)、"落日泛舟同醉处,回潭百丈映千峰"〔韩翃(一作陈羽,又作朱湾)《宴杨驸马山池》③〕、"开园过水到郊居"〔卢纶《秋中过独孤郊居(即公主子)》〕、"年多水更清"(吕温《春日游郭驸马大安亭子》④)、"临水烦君便被除"(权德舆《上巳日贡院考杂文不遂赴九华观祓禊之会以二绝句申赠》其二⑤)等。

河流、山涧、溪流、沟渠:则如"平阳池馆枕秦川"〔王建《故梁国公主池亭》(一作姚合《题梁国公主池亭》⑥)〕、"涧竹绕熏琴"(李适《侍宴长宁公主东庄应制》)、"溪流上汉查"(王维《奉和圣制幸玉真公主山庄因题石壁十韵之作应制》)、"仙院御沟东"〔(刘禹锡《经东都安国观九仙公主(董本作"九公主",〈全唐诗〉云一作"九公子")旧院作》⑦〕等。

池沼、回塘:那平静如镜或烟波浩渺的湖沼池塘,亦让人们在留恋中获得心灵的澄静。马怀素《奉和幸安乐公主山庄应制》云"掩映雕窗交极浦,参差绣户绕回塘。泉声百处传歌(一作'歌传')曲,树影千重对舞(一作'舞对')行"⑧,写尽了从秀户雕窗极目望去的回环池塘、杳渺水浦、清澈泉水与参差绣户、千重树影交错的美景。"池成不让饮龙川"(沈佺期《侍宴安乐公主新宅应制》)、"池偷明镜圆"(沈佺期《同李舍人冬日集安乐公主

---

① 《张说集校注》卷五,第一册,第174页。
② 《钱起诗集校注》卷六,第221页。
③ 《全唐诗》卷二四五,第四册,第2744页。
④ 《全唐诗》卷三七一,第六册,第4182页。
⑤ 《权德舆诗文集》卷一〇,第169页。《全唐诗》卷三二九,第五册,第3681页。
⑥ 《姚合诗集校注》卷七(题咏四十九首),第389页。
⑦ 《刘禹锡集》卷二二,第272页。
⑧ 《全唐诗》卷九三,第二册,第1005页。

山池》),则是叙写安乐公主宅第山池之水态。杜审言《和丰承庆过义阳公主山池五首》其三、其五云"芙蓉曲沼花"、"池分八水背",可见其园林中的曲沼和分八水而得的人工池景。蔡国公主九华观里有接天的曲沼、丛花掩映的池水:"曲沼天波接"(武元衡《题故蔡国公主九华观上池院》①)、"花里可怜池上景"(张籍《九华观看花》②)。"瑶池分水种菱花"(鲍溶《夏日怀杜惊驸马》③),则写出杜驸马园林里菱花摇曳的瑶池。"新篁进入池"〔姚合《题崔(〈全唐诗〉作"郑")驸马林亭》④〕,又见出进入新出竹林的碧绿池水。

灵泉:姚合《题大理崔少卿驸马林亭》云"进泉清胜雨"⑤,描绘驸马园林进涌的清泉,胜过天降之雨水。其他则如"泉声迥入吹箫曲"(岑羲《奉和幸安乐公主山庄应制》⑥)、"山冲太液泉"(沈佺期《同李舍人冬日集安乐公主山池》)、"风泉韵绕幽林竹"(李乂《奉和初春幸太平公主南庄应制》)、"竹里泉声百道飞"(沈佺期《奉和春初幸太平公主南庄应制》)、"悬泉度腷飞"(杜审言《和韦承庆过义阳公主山池五首》)、"山北天泉苑"(储光羲《玉真公主山居》)、"泉经太液来"(司空曙《题玉真观公主山池院》)、"山泉若化成"(吕温《春日游郭驸马大安亭子》)等。

浦、渚与湾:公主园林里还有长满芙蓉的水浦与月光映衬着的水湾,如"折桂芙蓉浦,吹箫明月湾"(张昌宗《太平公主山亭侍宴》⑦);又有光色笼罩、夕阳斜照、烟雾横锁着的北渚,如"坐阅清晖不知暮,烟横北渚水悠悠"(羊士谔《游郭驸马大安山池》⑧)。

瀑布:那与山石碰撞发出轰隆巨响溅起如雪飞花的激流飞瀑,亦是少不了的让人内心激荡与震撼的壮观绝美景象之一,"沓石悬流平地起",即描摹出其悬流倒挂的情境;"瀑布环流玉砌阴"(卢藏用《奉和幸安乐公主山庄应制》⑨),细腻描摹了琼楼玉宇的山林中瀑布环流的韵致;"当轩半落天河水,绕径全低月树枝"(苏颋《侍宴安乐公主山庄应

---

① 《全唐诗》卷三一七,第五册,第3567页。
② 《全唐诗》卷三八六,第六册,第4367页。《张籍集系年校注》卷六,第710页。
③ 《全唐诗》卷四八七,第八册,第5572页。
④ 《姚合诗集校注》卷七(题咏四十九首),第383页。
⑤ 《姚合诗集校注》卷七(题咏四十九首),第381页。
⑥ 《全唐诗》卷九三,第二册,第1001页。
⑦ 《全唐诗》卷八〇,第二册,第867页。
⑧ 《全唐诗》卷三三二,第五册,第3701页。
⑨ 《全唐诗》卷九三,第二册,第1000页。

制》)则截取从天而降、当轩而落的公主园林里的瀑布之镜,又以之和环绕小径被月光笼罩着的树枝相对,勾勒出公主园林中动感壮观与静谧皎洁交织的两组画境;"流风入座飘歌扇,瀑水侵阶溅舞衣"(李峤《奉和初春幸太平公主南庄应制》①),将侵阶而降溅湿舞衣的瀑流与流入客座飘动歌扇的回风相对举,描摹出公主园林里轻歌曼舞与飞动景观交融的自然与生活画面。

水上桥与水中舟:与水相连少不了的风景当然还有桥与舟。在明澈的池沼飞泉上往往会架起浮桥,或布以彩舟,于是桥成为诗人们游览并创作时少不了的景观,有以神话传说比衬的河汉飞桥(赵彦昭《安乐公主移入新宅侍宴应制同用开字》"飞桥象河汉")、乌鹊桥或织女桥(赵彦昭《奉和初春幸太平公主南庄应制》"主第岩扃驾鹊桥",李峤《奉和初春幸太平公主南庄应制》"织女桥边乌鹊起")、星桥(卢藏用《奉和幸安乐公主山庄应制》"星桥月宇构山林");有形容其灵动神奇的灵桥(李乂《侍宴安乐公主山庄应制》"河边忽睹二灵桥"②);也有实写的虹桥〔宋之问《太平公主山池赋》"文虹桥兮彩鹢舟",李百药《安德山池宴集(安德,杨师道封号)》"虹桥分水态"〕、红桥、画桥〔萧至忠(一作刘宪)《陪幸长宁公主林亭》"画桥飞渡水",岑参《崔驸马山池重送宇文明府(分得苗字)》"竹里过红桥"③〕等。

舟既是游赏公主园林水景必不可少的工具,也是公主园林中的美妙风景之一。"当诗人们在碧水轻舟的泛波浏览中,在落日桥头的举目仰望中,看灵泉喷洒、碧池荡漾时"④,舟亦入眼入心成为叙写公主园林景致时常常入选的重要物象,而舟往往和桥、水、动植物交织于一起描绘,共同构织出公主园林中极为重要的水生态景观。赵彦昭的《奉和幸安乐公主山庄应制》即将镜头聚焦于灵动水况:

  六龙齐轸御朝曦,双鹢维舟下绿池。飞观仰看云外耸,浮桥直见海中移。灵泉巧凿天孙渚,孝笋能抽帝女枝……⑤

---

① 《全唐诗》卷一一五,第二册,第1170页。
② 《全唐诗》卷九二,第二册,第993页。
③ 《岑嘉州诗笺注》卷三,下册,第510页。
④ 见拙著《唐代文学中的公主园林别墅》。
⑤ 《全唐诗》卷一〇三,第二册,第1087页。

诗人随双鹄维舟在公主山庄的绿池泛览,仰观飞观耸峙云外,浮桥似在海中移动,水中小块陆地上灵泉涌动,孝笋萌芽〔据《三国志·吴志·孙晧传》裴松之注引《楚国先贤传》:"(孟)宗母嗜笋,冬节将至。时笋尚未生,宗入竹林哀叹,而笋为之出,得以供母,皆以为至孝之所致感。"①〕

羊士谔《游郭驸马大安山池》云"彩鸳飞去避行舟"②,描写醉后乘舟畅游于水中,惊飞了鸳鸯的情境。吕温的《春日游郭驸马大安亭子》描绘园林里如同自然化成的山泉,泛游湖中的轻盈彩船,清澈的流水:"戚里容闲客,山泉若化成。寄游芳径好,借赏彩船轻。"③而"花树杳玲珑,渔舟处处通……野鸟翻萍绿,斜桥印水红"(李远《游故王驸马池亭》④),则将陆上的玲珑花树与水上行驶的处处可通的渔舟,与浮萍上翻飞的野鸟、倒映于水面的红桥交织于一体,构建出王驸马池亭灵动的画境。

其直观情境亦可参照传世李昭道《龙舟竞渡图》(见插页彩图105)。

(3)古木繁花,异树奇草

《花镜》"种植位置法"起句即言"有名园而无佳卉,犹金屋之鲜丽人"⑤,可见花木于园林之重要性。一些公主和驸马亦极喜在园中栽植树木,太平公主神龙元年为武后所立罔极寺(即兴唐寺)中就栽植有数量庞大的珍稀牡丹花丛,其中竟有开花数千朵的一株花丛,品种珍贵,枝叶繁茂,据《酉阳杂俎》记载:"长安兴唐寺有牡丹一棵,元和中著花二千一百朵。"⑥宪宗女岐阳公主即在"池塞馆陊,辟球场种树",而崔驸马亦是"金埒减添栽药地"(王建《赠崔礼驸马》),减却豪奢的马场以为园圃栽植药草。

花与树,也是诗人创作公主园林诗作时从众多物象中筛选入诗的重要部分,如"花含步辇空间出,树杂帷宫画里行"〔邵升《奉和初春幸(一下有"临"字)太平公主南庄应制》〕、"往往花间逢彩石"(苏颋《奉和初春幸太平公主南庄应制》)、"林间花杂平阳舞"(韦嗣立《奉和初春幸太平公主南庄应制》)。

公主园林花木的第一特色是繁茂,往往给人以绚烂满目的惶惑之感,

---

① 〔晋〕陈寿著,〔晋〕裴松之注:《三国志》卷四八《吴书三》,中华书局1999年版,第1169页。
② 《全唐诗》卷三三二,第五册,第3701页。
③ 《全唐诗》卷三七一,第六册,第4182页。
④ 《全唐诗》卷五一九,第八册,第5974页。
⑤ 〔清〕陈淏子辑,伊钦恒校注:《花镜》卷二,农业出版社1962年版,第44页。
⑥ 《唐两京城坊考》卷三,第71页。

与光、雨、风结合时又有玲珑摇曳之态。如"云间树色千花满"（沈佺期《奉和春初幸太平公主南庄应制》）、"春至花常满"（吕温《春日游郭驸马大安亭子》）、"花树杳玲珑"（李远《游故王驸马池亭》①）、"雨霰光摇杂树花"（李乂《奉和初春幸太平公主南庄应制》）等。上官婉儿《游长宁公主流杯池二十五首》更是对公主园林中的繁茂花树多有赞叹："枝条郁郁"，"碧树冥蒙"，"莫怪人题树，只为赏幽栖"，"水中看树影"。以至于近百年后，韩愈游访公主园林故地时，仍被眼前繁花遮眼、占尽春色的南山景象所震撼，道出"欲知前面花多少，直到南山不属人"（韩愈《游太平公主山庄》）的诗句。

其二，树木高大，以至于诗人常以云木称之。李峤《太平公主山亭侍宴应制》"碧树青岑云外耸"②，描绘公主园林树木碧绿高大、耸出云际之状；亦有称作云树，韦嗣立《奉和初春幸太平公主南庄应制》云"历乱旌旗转云树"③，武元衡《题故蔡国公主九华观上池院》亦云"云木蔼仙居"④。

其三，与传说中的仙境相关的奇草异花、灵药仙藤、古木幽林，来自宫廷的珍稀花木，是公主园林草木选择的最大特色，在唐诗中往往被称作"玉树""宫花"，其中不乏宫廷御赐的奇花，王建《九仙公主旧庄》云"天使来栽宫里树，罗衣自买院前溪。野牛行傍浇花井，本分将灌药畦"⑤，姚合的《题崔驸马宅》亦云"数树异花皆敕赐，并竿修竹自天生"⑥。无可《题崔驸马林亭》云"宫花野药半相和"⑦，将公主园林的花称作宫花。其园林中的植物亦被称作"玉树"，景龙文馆士《长宁公主宅流杯》"余雪依林成玉树"，羊士谔《梁国惠康公主挽歌词二首（驸马即司空于公之子）》其二云"霜来玉树繁"⑧。

无可《题崔驸马林亭》可谓一句一植物，对驸马园林中的多种植物做出特写，有"宫花野药半相和"，起句即将驸马园林盛开的花朵称作宫花，可见其多来自宫廷，名贵美艳，而园林内的花朵与药草混合生长；有"藤蔓参差惜不科"，藤条缠绕野蔓丛生；有"纤草连门留径细"，纤纤青草茂密生长，一直连接着门庭，仅留下细细的小径；有"高楼出树见山多"，站在高楼上透过高大的树木看见连绵的青山；当然还有"洞中避暑青苔满"，幽深的山洞中长满了青苔。公主驸马宅第园林诗中的植物描写极多，可分为陆

---

① 《全唐诗》卷五一九，第八册，第5974页。
② 《李峤诗注》卷一，第62页。
③ 《全唐诗》卷九一，第二册，第982页。
④ 《全唐诗》卷三一七，第五册，第3567页。
⑤ 《王建诗集校注》卷六，第304页。
⑥ 《姚合诗集校注》卷七（题咏四十九首），第386页。
⑦ 《全唐诗》卷八一四，第十二册，第9248页。
⑧ 《全唐诗》卷三三二，第五册，第3710页。

生、水生植物两大类,其最常见的植物景观如下:

①陆生植物

苍劲古木:园林植物配置以树木为主调,其间最多的是苍松古柏,往往以虬枝枯干予人以年代悠久而翁郁之感,也造成"山林作伴,松桂为邻"(上官昭容《游长宁公主流杯池》①)的恍若仙境的感觉。"飙飑松声"、"攀松乍短歌"、"风里听松声"、"萧然松桂情",对松树吟长歌则是游览公主园林时最惬意之事,亦激发了诗人们的无尽诗思。"松柏当轩蔓桂篱,古坛衰草暮风吹"〔薛逢《社日游开元观(时当水荒之后)》②〕,则有当轩的松柏,枝藤缠绕的篱笆,还有暮风吹拂的衰草;"滴沥花上露,清泠松下溪"(綦毋潜《宿太平观》③)捕捉到公主太平观里晶莹的露珠滴落的动态,以及松树环绕的溪谷里的清泠之况。金仙公主在道德坊的开元观有一株年岁久远的古柏,据《白氏长庆集》诗注云:"开元观西北院即隋时龙村佛堂,有古柏一株,至今存焉。"④

竹馆幽境:竹是公主园林布局之必备元素,一些公主园林则有"竹馆"。对上官昭容而言,长宁公主的园林中竹林是极突出的植物景观,以至于时时要为其写意,有"檀栾竹影"、"风篁类长笛"、"丛篁昼似昏",可知其园林中的竹林遮天蔽日,身处其中,白昼亦如黄昏。李适在《侍宴长宁公主东庄应制》中也说"涧竹绕熏琴"⑤。而竹馆与梅园亦成为公主驸马府邸、园林专辟的清幽佳处,"竹馆烟催暝,梅园雪误春"(钱起《宴崔驸马玉山别业》⑥),暮色烟霭中的萧萧竹林与皑皑白雪中的傲立梅林,令公主、驸马的别业饶有清韵。

在灵澈的清泉叮咚声里,得见幽竹的风神,也衬托得园林有了淑雅别致的清气:"园亭含淑气,竹树绕春流"(张说《晦日诏宴永穆公主亭子赋得流字》⑦)。若在细雨迷蒙中,又别有一方天地:"风泉韵绕幽林竹,雨霰光摇杂树花"(李乂《奉和初春幸太平公主南庄应制》⑧),"竹香新雨后,莺语落花中"(张籍《晚春过崔驸马东园》⑨)。当春之时,绿竹环绕着红桥,花

---

① 《全唐诗》卷五,第一册,第63页。
② 《全唐诗》卷五四八,第八册,第6381页。
③ 《全唐诗》卷一三五,第二册,第1370页。
④ 《唐两京城坊考》卷四,第96页。
⑤ 《全唐诗》卷七〇,第二册,第775页。
⑥ 《钱起诗集校注》卷五,第172页。
⑦ 《张说集校注》卷五,第一册,第174页。
⑧ 《全唐诗》卷九二,第二册,第993页。
⑨ 《张籍集系年校注》卷三,第280页。

间错杂着绿苗,色彩鲜艳:"竹里过红桥,花间藉绿苗"〔岑参《崔驸马山池重送宇文明府(得苗字)》①〕。又有绚烂的花朵与鲜绿的竹林映衬,鸟儿在山间悠游不归的明丽甜美景象:"美花多映竹,好鸟不归山"(杜甫《奉陪郑驸马韦曲二首》其二②)。"乱水归潭净,高花映竹明"(钱起《过杨驸马亭子》③),描绘出喧嚣的乱水归入池潭后的明净宁静,以及在高高枝头上绽放的花朵与竹林相互映衬的明丽之境。姚合《题大理崔少卿驸马林亭》云"松篁隔四邻"④,描绘出驸马园林因松篁茂密遮蔽,现出隔绝四邻的一方幽深天地。时至晚唐公主金仙观的竹林仍然茂盛,邻人亦可从中移栽,李远《邻人自金仙观移竹》即描绘出其情境:

  移居新竹已堪看,剧破莓苔得几竿。圆节不教伤粉箨,低枝犹拟拂霜坛。墙头枝动如烟绿,枕上风来送夜寒。第一莫教渔父见,且从萧飒满朱栏。⑤

  清香玉蕊:唐昌观玉蕊花题咏有十首。唐昌观的玉蕊花,相传为唐玄宗女唐昌公主手植,极负盛名。《剧谈录·玉蕊院真人降》中对唐昌观的玉蕊花之盛、仙人来访的传说以及诗人于此雅集并赋诗歌咏之事有过描述:

  上都安业坊唐昌观旧有玉蕊花,其花每发,若瑶林琼树。元和中,春物方盛,车马寻玩者相继。忽一日,有女子年可十七八……直造花所。异香芬馥,闻于数十步之外……伫立良久,令小仆取花数枝而出,将乘马回,顾谓黄冠者曰:"曩者玉峰之约,自此可以行矣。"……时严给事休复、元相国、刘宾客、白醉吟,俱有《闻玉蕊院真人降》诗。⑥

  宋敏求《长安志》亦叙写了唐长安城唐昌观玉蕊花之美、仙人攀折之传说、游人寻赏之盛,以及唐代诗人吟咏之文学盛事,与此基本相同:

  《校补记》:(安业坊)唐昌观补注:程瑶田《释草小记》引《长安

---

① 《岑嘉州诗笺注》卷三,下册,第510页。
② 《杜诗详注》卷三,第165页。
③ 《钱起诗集校注》卷六,第221页。
④ 《姚合诗集校注》卷七(题咏四十九首),第381页。
⑤ 《全唐诗》卷五一九,第八册,第5978页。
⑥ 《剧谈录》,第38、40页。

志》:安业坊唐昌观旧有玉蕊花,乃唐昌公主手植也。①

在中唐诗人的集体吟咏中(有关唐昌观玉蕊花的集体吟咏,还有一种说法认为是在大中时,如此则又应归入晚唐时的吟咏。《王建诗集校注》指出"《剧谈录》所云'元和中'显系'大和中'之误。朱金城《白居易年谱》将《酬严给事》诗系于文宗大和二年,王建的这首诗也当写于此时"②),唐昌观玉蕊花的姿态、仙化美境均得以呈现。王建《唐昌观玉蕊花》描绘了玉蕊如玉般明净晶莹的色泽,风起时在回廊飘飞、轻轻点地的姿态,夜静时散发的阵阵幽香,月光下斑驳的满阶落花,将唐昌观玉蕊花清幽晶莹的特质展现得恰到好处:

一树笼葱玉刻成,飘廊点地色轻轻。女冠夜觅香来处,惟见阶前碎月明。③

武元衡《唐昌观玉蕊花》描绘其如琪树玉蕊般的芊芊之状,花朵在绚丽彩霞映衬下的洁白纯净,而日暮时分风起时落英缤纷,铺地如雪,别有一番动人之处:"琪树芊芊(一作'年年')玉蕊新,洞宫长闭彩霞春。日暮落英铺地雪,献花应过(一作'无复')九天人。"④杨巨源《唐昌观玉蕊花》称其为"白雪""蕊珠宫上玉花春"⑤,描绘其素艳的姿态照得彩霞亦焕然一新,其香气弥漫随天风飘洒;刘禹锡《和严给事闻唐昌观玉蕊花下有游仙二绝》称玉蕊如雪,又将之称作"雪蕊琼丝"⑥;元稹《和严给事闻唐昌观玉蕊花下有游仙》将玉蕊树称作"玉树"⑦,白居易《酬严给事(闻玉蕊花下有游仙绝句)》将其称作"琼枝"⑧。严休复《唐昌观玉蕊花折有仙人游怅然成二绝》形容玉蕊开花时如"满树琼瑶蕊"⑨,如多情的白雪。

张籍《同严给事闻唐昌观玉蕊近有仙过,因成绝句二首》其一描绘唐昌观玉蕊花之繁多,当春风吹拂时千枝万枝的玉蕊花瓣纷纷飘落,如玉尘般洁净,透着迥异于凡尘的仙境气息,即使在天宫中也是珍稀的,于是已升

---

① 《增订〈唐两京城坊考〉》卷四,第164页。
② 《王建诗集校注》卷九,第488页。
③ 《王建诗集校注》卷九,第487页。
④ 《全唐诗》卷三七,第五册,第3578页。
⑤ 《全唐诗》卷三三三,第五册,第3740页。
⑥ 《刘禹锡集》卷三一(原外集卷一),第432页。
⑦ 《元稹集·外集卷七·续补一》,第693页。
⑧ 《白居易集笺校》,第1763页。
⑨ 《全唐诗》卷四六三,第七册,第5297页。

仙的唐昌公主要偷偷采回一枝带至天宫和其他诸仙的百草争奇斗艳：

> 千枝花里玉尘飞，阿母宫中见亦稀。应共诸仙斗百草，独来偷折（《全唐诗》作"得"）一枝归。①

时至晚唐，玉蕊树已荒芜，但花开时仍然繁盛，起风时，花瓣如雪飘洒满墙，郑谷《中台五题·玉蕊（乱前唐昌观玉蕊最盛）》写道："唐昌树已荒，天意眷文昌。晓入微风起，春时雪满墙。"②

但玉蕊究竟为何物至后世已模糊不清了，周必大的《玉蕊辨证》曾对长安城玉蕊花的生长地、唐人好玉蕊花的风尚、玉蕊形状及其与琼花之辨有过考证：

> 唐人甚重玉蕊，故唐昌观有之，集贤院有之，翰林院亦有之，皆非凡境也。予往因亲旧，自镇江招隐来远致一本，条蔓如荼蘼……暮春方八出，须如冰丝上缀金粟……其中别抽一英出众须上，散为十余蕊，犹刻玉然。……宋子京、刘原父、宋次道，博洽无比，不知何故疑为琼花。……蔡君又引是晏同叔之言以为证，甚无谓也。③

《唐音癸签》"玉蕊花"条云："唐人甚重玉蕊花……但不详其花之状若何"④。《王建集校注》结合古籍文献与今人的论文对此有过梳理。《唐代润州的玉蕊花》梳理其误认史，起初是王禹偁混淆玉蕊花为琼花，宋祁、刘原父、宋敏求沿袭其错误，黄庭坚又误以为山矾花，曾慥、洪迈沿袭其错误，周必大辨析的玉蕊花亦实为误认，以后多以讹传讹。⑤《唐代名花"玉蕊"原植物考辨》根据唐代文献，从植物学角度考辨唐昌玉蕊当属于"山矾科山矾属的白檀"，花似白玉雕成，故有雅称。⑥

袅娜柳树：柳树的袅娜姿态，是增添公主园林摇曳情韵的绝佳植物。公主园林诗中亦少不了柳树的身影，"惊风柳未舒"（上官昭容《游长宁公主流杯池二十五首》其九）写出似乎被风惊吓半开又尚未完全舒展开来的嫩柳情态，其随风摇曳，婀娜多姿。其他则如"柳丝遮绿浪"（司空曙《题玉

---

① 《张籍集系年校注》卷四，第723页。《全唐诗》卷三八六，第九册，第4368页。
② 严寿澄、黄明、赵昌平笺注：《郑谷诗集笺注》，上海古籍出版社1991年版，第7页。
③ 〔宋〕周必大：《玉蕊辨证》，中华书局影《津逮秘书》本1985年版，第26页。
④ 〔明〕胡震亨：《唐音癸签》卷二〇，上海古籍出版社1981年版，第216页。
⑤ 罗勇来：《唐代润州的玉蕊花》，《文史知识》2003年第3期，第81、85页。
⑥ 祁振声：《唐代名花"玉蕊"原植物考辨》，《农业考古》1992年第3期，第217页。

第六章　旧识平阳佳丽地:唐代公主的生活空间及相关建筑　451

真观公主山池院》),"卧柳碍浮槎"(杨师道《还山宅》)、"日暮吹箫杨柳陌"、"杨柳入楼吹玉笛"〔李端《赠郭驸马(郭令公子暧尚昇平公主令于席上成此诗)》〕,"垂柳风多掩妓楼"(羊士谔《游郭驸马大安山池》)等。

瑶池桃林:传说中王母庭院里的桃林,是生长着可结出长生之果的佳木,那么在天子之女的林亭里这也是传递着人间仙气的灵木,尤其是在访道公主的园林里,"唯余古桃树,传是上仙栽"(司空曙《题玉真公主山池院》),那是一道最艳丽也浸透着奇幻的风景。白居易亦曾携友人共往公主的道观中观赏桃花,其《华阳观桃花时招李六拾遗饮》写道:"华阳观里仙桃发,把酒看花心自知"①。其亦曾到访过于家公主宅,那里专辟有桃李院,《同诸客题于家公主旧宅》描述道"布谷鸟啼桃李院"。晚唐许浑《宿咸宜观》云"步虚声尽天未晓,露压桃花月满宫"②,勾勒出破晓时分接满露珠披满月光的桃花特写。

芳香桂花:桂树金秋时绽开黄色小花,十里飘香,在中国神话传说乃至后来的仙话典籍与故事中,被视作延年益寿的仙物,月亮上的广寒宫前就生长着繁茂的桂树,自然也成为公主园林里少不了的植物。上官昭容《游长宁公主流杯池二十五首》中多处叙及桂树:"山林作伴,松桂为邻","莫怪留步,因攀桂丛","偃桂协幽情","幽岩仙桂满,今日恣情攀","萧然松桂情"。其他则如"山阿满桂丛"(宋之问《宴安乐公主宅得空字》③)、"后岭香炉桂蕊秋"(李适《侍宴安乐公主山庄应制》④),叙写弥漫的香烟缭绕下公主园林的漫山桂蕊散发出阵阵幽香。"桂叶晚留烟"(沈佺期《同李舍人冬日集安乐公主山池》⑤),深秋时节,梅花在寒气中等待雪花的来临,桂叶在傍晚时分挽留着轻烟。"宿雨润芝田,鲜风摇桂树"(权德舆《九华观宴钱崔十七叔判官赴义武幕兼呈书记萧校书》⑥),一场宿雨后,蔡国公主九华观桂树飘香。

傲雪梅花:梅花也是公主园林少不了的一景。"斗雪梅先吐"(上官婉儿《游长宁公主流杯池二十五首》其九)、"梅花寒待雪"(沈佺期《同李舍人冬日集安乐公主山池》),即取景公主园林里迎峭风飞雪独立的寒梅。崔驸马别业中即有梅园,"梅园雪误春"(钱起《宴崔驸马玉山别业》)。

绕轩女萝:"披襟赏薜萝"、"书引藤为架,人将薜作衣"(上官昭容《游长宁

---

① 《白居易集笺校》卷一三,第730页。
② 《丁卯集笺证》卷一一,第759页。
③ 《沈佺期宋之问集校注·宋之问集校注》卷二〔诗(神龙元年至景龙三年秋)〕,第448页。
④ 《全唐诗》卷七十〇,第二册,第777页。
⑤ 《沈佺期宋之问集校注·沈佺期集校注》卷三〔诗(景龙二年至开元二年)〕,第165页。
⑥ 《全唐诗》卷三二三,第五册,第3639页。《权德舆诗文集》卷四,第73页。

公主流杯池二十五首》其十、其十二),引来藤蔓即可做书架,薜荔丛生,亦可为人之美衣。"拂席萝薜垂"(郑愔《侍宴长宁公主东庄应制》)①,宴饮席上茑萝薜荔垂挂,蔓延于亭台回廊、小轩水榭的薜荔女萝,当风轻拂袅娜飘逸。

素柰榆钱:王建《故梁国公主池亭》云"素柰花开西子面,绿榆枝散沈郎钱"②,那与传说、风俗中为哀悼织女所簪与素柰极其相似的白花,在逝去公主的旧庭院中绽开如西子。《晋书·后妃传下·成恭杜皇后》:"三吴女子相与簪白花,望之如素柰,传言天公织女死,为之著服,至是而后崩。"③

齐天梧桐:杨巨源《赠崔驸马》云"百尺梧桐画阁齐"④,刘禹锡《秋夜安国观闻笙》云"桂枝梧叶共飕飗"⑤。

芍药白杨:张蠙《宴驸马宅》云"红药院深人半醉,绿杨门掩马频嘶"⑥。

檀树栾树:上官昭容《游长宁公主流杯池二十五首》其一、其三在"逐仙赏,展幽情"叙述后,紧接着的第一幕植物景观即是"檀栾竹影"。栾树叶可制胶,花可入药,又可做染料,木材可制器具,种子可榨油。其在古代是身份的象征,据《周礼·春官·冢人》云"以爵等为丘封之度与其树数",贾公彦疏引《春秋纬》云"天子坟高三刃,树以松;诸侯半之,树以柏;大夫八尺,树以栾"⑦。

忘忧萱草:萱草,又名"金针""忘忧草""宜男草""疗愁"等。关中湿地一带多有萱草生长,枝干修长纤细,看起来自有亭亭玉立之姿态,开百合花样的橙黄花朵,亦常常被栽种于庭院中。萱草亦被赋予多重文化意蕴,成为母亲的象征,也是忘忧解忧的花朵。《诗经·伯兮》云"焉得谖草?言树之背",即以萱草为忘忧解愁的花朵。《太平广记》将之称作"忘忧草":

> 萱草一名紫萱,又名忘忧草。吴中书生谓之疗愁。嵇康《养生论》云:"萱草忘忧"。(出《述异记》)⑧

虽未入诗,但在公主墓室棺椁绘画中多有描绘。如图31左图左侧、右图右侧,图32右侧,有条形叶子、枝秆亭亭玉立、主秆在顶部分出三枝,各开数朵百合样花儿的线刻花,即是萱草花。

---

① 《全唐诗》卷一〇五,第二册,第1103页。
② 《王建诗集校注》卷八,第402页。
③ 《晋书》卷三二,列传二《后妃下·成恭杜皇后》,第974页。
④ 《全唐诗》卷三三三,第五册,第3742页。
⑤ 《刘禹锡集》卷二四,第311页。
⑥ 《全唐诗》卷七〇二,第十册,第8154页。
⑦ 《十三经注疏·周礼注疏》卷二二,第786页上、中。
⑧ 《太平广记》卷四〇八,第九册,第3303页。

第六章 旧识平阳佳丽地:唐代公主的生活空间及相关建筑 453

图 31 永泰公主墓石椁外壁线刻画萱草、长尾鸟
(图片来源:《线条艺术的遗产:唐乾陵陪葬墓石椁线刻画》,第 245、255 页)

图 32 永泰公主墓石椁外壁线刻画萱草、鸳鸯、鸿鹄
(图片来源:《线条艺术的遗产:唐乾陵陪葬墓石椁线刻画》,第 261 页)

幽谷兰丛:驸马杨师道《春朝闲步》云"池塘藉芳草,兰芷袭幽衿",叙写春日漫步自家园林时的情境,有兰花香芷香气袭人;刘洎《安德山池宴集》云"春晚花方落,兰深径渐迷"①,叙及杨师道园林春日落英缤纷,兰草幽深遮盖曲径。其他如"山室何为贵,唯余兰桂熏"(上官婉儿《游长宁公主流杯池二十五首》其十二)、"会看春露湿兰丛"(杨巨源《酬于驸马二首》其二②)等。

②水生植物

公主园林中的水生植物亦多种多样,选入唐诗的包括:

曲沼芙蓉:公主园林的代表性植物自然少不了花朵饱满、花色清丽、花香四溢、花叶圆润清秀、亭亭玉立,又蕴含着多重文化内涵的荷花,在传统士大夫心中它有出淤泥而不染的气质,也是佛教中神圣净洁的名物。"在锦池植莲,以碧波之荡漾衬荷花之娇艳,继以荷叶之轻舞,既有轻柔曼妙之趣,又添灵动飞舞之态,是公主园林最绚丽、最吸引人之处,构成'前池锦石莲花艳'的惊人韵致,也寄托了洁净无瑕的内蕴"③。公主园林诗中的芙蓉描绘极多,如"芙蓉曲沼花""池莲摘未稀"(杜审言《和韦承庆过义阳公主山池五首》其三、其四)、"折桂芙蓉浦"(张昌宗《太平公主山亭侍宴》④)、"夏早摘芙蕖"(刘宪《侍宴长宁公主东庄》)、"回舟芰荷触"(郑愔《侍宴长宁公主东庄应制》⑤)、"绿荷(一作"蘋")枯尽渚中莲"(薛逢《九华观废月池》⑥)等。

菱花:鲍溶《夏日怀杜悰驸马》云"五月清凉萧史家,瑶池分水种菱花"⑦。

菖蒲:刘洎《安德山池宴集》云"蒲新节尚短,荷小盖犹低"⑧,描写了暮春时节公主园林植物之美,选取了菖蒲、荷花等作为其中的代表植物,其间蒲草的茎节还新嫩短小,荷花的叶盖尚纤细低矮,满目绿意与生机。

蘋藻:而池沼中也少不了白蘋和水藻,这种古人心目中神圣的可用来做羹汤祭祀祖先的两种水生植物,又被作为女德象征物,自然是公主庭院必不可少的。杨续《安德山池宴集》云"花蝶辞风影,蘋藻含春流"⑨。

---

① 《全唐诗》卷三三,第一册,第452页。
② 《全唐诗》卷三三三,第3726页。
③ 见拙著《唐代文学中的公主园林别墅》。
④ 《全唐诗》卷八〇,第二册,第867页。
⑤ 《全唐诗》卷一〇五,第二册,第1103页。
⑥ 《全唐诗》卷五四八,第6380页。
⑦ 《全唐诗》卷四八七,第5572页。
⑧ 《全唐诗》卷三三,第一册,第452页。
⑨ 《全唐诗》卷三三,第一册,第453页。

第六章　旧识平阳佳丽地：唐代公主的生活空间及相关建筑　455

荻：李迥秀《奉和幸安乐公主山庄应制》云"荻园竹径接帷阴"①，描绘了弥望处满眼萧瑟朦胧的水沼荻丛。

此外那与流水日光相辉映闪着流光溢彩的水浦青枫，细细寻去在淡烟篱笆间吐着田园逸兴的篱间雅菊、庭院中的槐树〔"篱菊仍新吐，庭槐尚旧阴"（刘长卿《九日题蔡国公主楼》）〕，在小院深庭寂寂吐芳的幽庭杜若〔"杜若幽庭草"（杜审言《和韦承庆过义阳公主山池》其三②）〕，都在青天白云下的山石画阁、清溪碧水间装扮映衬着华丽幽静的公主园林。

唐代公主墓棺椁线刻画中也描绘了多种姿态美丽的植物，而公主侍女们对宅第园林的花朵亦极为喜爱，其中即有侍女沉浸于花朵美丽幽香中的线刻画，如图33，章怀太子墓棺椁线刻画中还有侍女手持盆景，低头观赏的情境，作为皇室成员的公主，其宅第中自是少不了这样的风景。

图33　永泰公主墓石椁外壁线刻画赏花侍女、章怀太子墓石椁内壁线刻画捧盆景侍女
（图片来源：《线条艺术的遗产：唐乾陵陪葬墓石椁线刻画》，第257、111页）

（4）灵动动物

公主驸马宅第园林亦少不了各种动物的陪伴，这些动物可分为三大类：一类是作为生活物资保障的家禽家畜类。在皇室和贵族包括公主的墓葬中会出现大量的猪牛羊鸡之类的陶俑，这是保障其现实生活衣食丰足的必备物，也是用来祭祀的祭品，寄托着后人的希冀，保障其离开现世

---

① 《全唐诗》卷一〇四，第二册，第1092页。
② 《全唐诗》卷六二，第二册，第731页。

在彼岸世界亦能享用丰富的食物,但在唐代公主题材诗作中却并未被诗人选入。一类是供其出行娱乐用的各类骏马。可参出行章节的阐述。一类是观赏娱乐类动物。此类动物是文人们会投入更多关注并纳入创作的,种类亦较多,也是唐代公主墓室壁画、棺椁线刻画中大量存在的,足见动物之于公主生活之重要。

面对公主宅第、庄园,诗人更喜欢将眼前的飞鸟撷入,一是因为其园林内植被密集多样,自然吸引众多鸟类群聚于此,置身其地目睹耳闻处即有其痕迹,自然是创作时入眼入心后的重要入诗入文之物;一是可以渲染其地灵动欢快的勃勃生机,又会钩织出特别的画面、境界;偶尔会有鹿麋等珍稀且被赋予特殊意蕴的动物出现,以渲染其恍若仙境的气息,如杜审言《和韦承庆过义阳公主山池五首》其四云"鹿麋冲妓席,鹤子曳童衣"。公主仙逝后的荒芜园林描绘中,还会出现野兔、鸱鹗和蟋蟀等昆虫,以衬托其寥落荒芜的沦落境况,如刘禹锡《题于家公主旧宅》云"树绕荒台叶满池,箫声一绝草虫悲……马埒蓬蒿藏狡兔,凤楼烟雨啸愁鸱"①。

①鸟类

有花草树木,自然少不了鸟儿的栖息,唐安公主墓室壁画中即绘有一幅花鸟图,被认为是目前最早的花鸟画。画中树木扶疏,既有高大茂盛枝叶相交、花朵环绕的大树,也有迎风垂下枝叶的小树苗,中间的金黄色大水盆上群鸟来集,或俯身饮水,或双双顾盼。盆池右上方有一前一后两只长尾鸟展翅飞翔,左上角亦有一对鸟儿飞翔,壁画右上角还有一只鸟向下探头飞翔(见图34)。整幅画中鸟儿、花朵、树木交融一体,生机盎然,体现出生动、和谐之美。这些鸟儿的名称为何,尚存争议,唐昌东、李国珍《唐墓壁画艺术》认为是斑鸠、鹦鹉、白鸽,左上角的是一对黄鹂,右上角的是一对灰喜鹊。② 刘婕认为盆北侧的为雉鸡。以往发掘报告及图录又有金丝雀、长尾鸟之称。笔者认为更可能是白练鸟(见插页彩图106),唐诗中提及驸马宅的白练鸟,这种鸟又名绶带鸟、寿带鸟、练鹊,是鹊鸟的一种,羽毛如白色的练布,头顶冠羽,雄鸟羽毛极长③。公主墓室壁画的长尾鸟,与绶带鸟的尾部极其相似,其别称又与长寿与象征身份的绶带谐音,从选择壁画物象会融入长生吉祥的希冀看,更可能是绶带鸟。此鸟在永泰公主墓壁画中亦

---

① 《刘禹锡集》卷三二(原外集卷二),第450页。
② 唐昌东、李国珍:《唐墓壁画艺术》,周天游编:《唐墓壁画研究文集》,三秦出版社2006年版,第14页。
③ 韩学宏著,杨东峰摄影:《唐诗鸟类图鉴》,中州古籍出版社2005年版,第16页。

极多,又有认为是红嘴蓝鹊①。但无论是鸟顶冠羽、尾巴极长的形态,还是蕴含的吉祥意蕴,均以绶带鸟更契合。

图34 唐安公主墓室西壁花鸟图及线描图
(刘婕绘图。来源:《唐代花鸟画研究》②)

公主园林中亦有众多飞鸟进入诗人视野,被捕捉入唐诗,较典型的则有:

画梁飞燕:公主宅的飞燕,如"玳梁翻贺燕"〔宋之问《宴安乐公主宅(得空字)》③〕、"年年画梁燕,来去岂无心"(刘长卿《九日题蔡国公主楼》)等。

婉转莺啼:公主宅亦少不了婉转的莺声,如"谷里莺和弄玉箫"〔韦嗣立(一作赵彦昭)《奉和初春幸太平公主南庄应制》④〕、"莺语落花中"(张籍《晚春过崔驸马东园》⑤)、"莺歌似有词"〔姚合《题崔(〈全唐诗〉作"郑")驸马林亭》⑥〕。而曹松《驸马宅宴罢》云"学语莺儿飞未稳,放身斜坠绿杨枝"⑦,更是捕捉到驸马宅一幕充满意趣的画面——刚刚学语的莺儿还未彻底学会飞行的本领,却放身飞翔,摇摇晃晃斜坠于绿杨枝上。

山鸡和海燕:杜审言《和韦承庆过义阳公主山池五首》其一云"海燕巢书阁,山鸡舞画楼"⑧,描绘海燕于书阁做巢、山鸡在楼阁飞舞的美好画面。王建《九仙公主旧庄》写道"楼上凤凰飞去后,白云红叶属山鸡"⑨,哀叹公主仙逝后,其园林的白云红叶美景成为山鸡的乐园。

---

① 欧佳:《鲜见于唐代文献的驯禽——红嘴蓝鹊》,《动物世界》2017年第6期。
② 刘婕:《唐代花鸟画研究》,文化艺术出版社2013年版,第176页。
③ 《沈佺期宋之问集校注·宋之问集校注》卷二〔诗(神龙元年至景龙三年秋)〕,第448页。
④ 《全唐诗》卷九一,第二册,第982页。
⑤ 《张籍集系年校注》卷三,第280页。
⑥ 《姚合诗集校注》卷七(题咏四十九首),第383页。
⑦ 《全唐诗》卷七一七,第十一册,第8326页。
⑧ 《全唐诗》卷六二,第二册,第731页。
⑨ 《王建诗集校注》卷七,第304页。

仙鹤:仙鹤身形优雅飘逸,在仙话故事中是仙人乘坐的重要灵物,丁仙芝《长宁公主旧山池》即云"追想吹箫处,应随仙鹤游",也是仙境中非常重要的、被赋予众多吉祥美好意蕴的灵禽,成为帝王及贵族、达官庭院乃至死后墓室中少不了的灵物。既以其娴雅优美的姿态装点着居处,又营造出恍若仙境的气韵,公主宅第、园林尤其是入道公主的道观中自是少不了仙鹤的身影,亦成为诗人们撷入唐诗的重要动物意象,如"庭养冲天鹤"(王维《奉和圣制幸玉真公主山庄因题石壁十韵之作应制》)、"松阴绕院鹤相对"(姚鹄《玉真观寻赵尊师不遇》)[1]、"长松皆扫月,老鹤不知年"(杨凭《长安春夜宿开元观》[2])、"月临栖鹤影"(元稹《与杨十二巨源、卢十九经济同游大安亭各赋……探得松石》)、"倚琴看鹤舞"(李端《宿荐福寺东池有怀故园因寄元校书》)等,留下仙鹤或冲天飞翔,或在松荫下两两相对,或在琴音中舞动的一幕幕动人画面,亦绘出伴着月光与长松的长寿老鹤栖息月下的仙鹤长影。唐代诗人还曾有诗专咏驸马庭院中的仙鹤,如张籍的《崔驸马养鹤》、姚合的《崔少卿鹤》、贾岛的《崔卿池上鹤》(参前述崔驸马宅的动物)等。

在公主、驸马墓室壁画、石椁上亦有仙鹤的身影(见插页彩图107)。如薛儆墓即绘有仙鹤或矫首飞翔,或俯身啄物,或展翅欲翔,或昂首伫立、羽毛顺垂的姿态(见图35、36)。

图35 薛儆墓甬道顶部仙鹤
(图片来源:《唐代薛儆墓发掘报告》图版八)

布谷鸟:白居易《同诸客题于家公主旧宅》云"布谷鸟啼桃李院"[3],捕捉到布谷鸟在于家公主旧宅的芬芳桃李院落中飞翔,时不时传来鸣叫声的

---

[1] 《全唐诗》卷五五三,第八册,第6463页。
[2] 《全唐诗》卷二八九,第五册,第3289页。
[3] 《白居易集笺校》卷三一,第2137页.

场景。

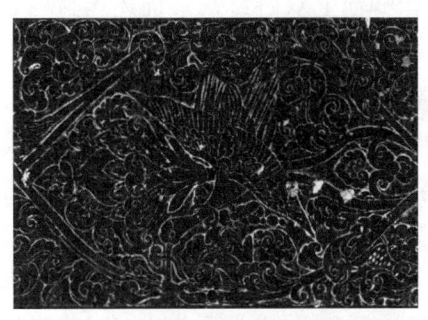

图36　驸马薛儆墓出土石椁外七之仙鹤、石椁内三之仙鹤
(图片来源:《唐代薛儆墓发掘报告》图版三七、四五)

白练鸟:朱庆馀《题崔驸马林亭》云"白练鸟飞深竹里"①,无可《题崔驸马林亭》云"池上吟诗白鸟过"②,后者虽未言及白鸟之名,但比对朱庆馀的同题之作,则更可能的是白练鸟。

不知名白鸟(或为白练鸟):薛逢《九华观废月池》(一作《题昭华公主废池馆》)云"白鸟带将林外雪,绿荷枯尽渚中莲"③,亦未言及白鸟之名,然"带将"对"枯尽",本用作动词指白鸟带着树林外的白雪,但从其表述的字里行间看,白与带连接又可造成其鸟似有如雪般长带的感觉,亦似为白练鸟。

鹦鹉:卢藏用《奉和幸安乐公主山庄应制》云"菊浦(一作'酒')香随鹦鹉泛"④。如果作菊酒讲则有可能是盛酒的鹦鹉杯,而不是动物。

乌鸦:刘洎《安德山池宴集》云"直待夜乌啼",郑颢《续梦中十韵》云"归轩出禁扃……日斜乌敛翼,风动鹤飘(一作'梳')翎"⑤。

凫、鸳鸯、鹈鹋、白鹭等水禽:岑参《崔驸马山池重送宇文明府(分得苗字)》云"凫飞叶县遥"⑥,王建《故梁国公主池亭》(一作姚合《题梁国公主池亭》)云"傍岸鹈鹋逐暖眠"⑦,羊士谔《游郭驸马大安山池》云"彩鸳飞去避行舟"⑧。诗人们亦曾吟咏崔驸马园中白鹭,如姚合《题大理崔少卿驸马

---

① 《全唐诗》卷五一四,第八册,第5916页。
② 《全唐诗》卷八一四,第十二册,第9248页。
③ 《全唐诗》卷五四八,第八册,第6380页。
④ 《全唐诗》卷九三,第二册,第1000页。
⑤ 《全唐诗》卷五六三,第九册,第6590页。
⑥ 《岑嘉州诗笺注》卷三,下册,第510页。
⑦ 《王建诗集校注》卷八,第402页。
⑧ 《全唐诗》卷三三二,第五册,第3701页。

林亭》云"台榭栖双鹭",另有专题吟咏,如顾非熊《崔卿双白鹭》、雍陶《咏双白鹭》(一作《崔少府池鹭》)、贾岛《崔卿池上双白鹭》(参前述崔驸马宅动物吟咏)。

　　鸳鸯色彩艳丽,极具观赏性,加之古人所认为的双栖双飞的生活习性,使其又被赋予忠贞和美的婚姻生活的象征意义,于是作为良禽与吉鸟,成为公主生活中不可缺少之动物,其宅第、园林的池沼里少不了碧波中悠然浮游的对对鸳鸯,即便是其去世后的冥界生活空间中也少不了鸳鸯的陪伴。鄠国公主驸马薛儆的石棺椁刻纹上即有多处鸳鸯纹饰,或有卷纹花草环绕气定神闲地站立,或在卷纹花草间展翅飞翔,或头顶莲叶脚踩莲花姿态安详地栖息于其间(见图37)。

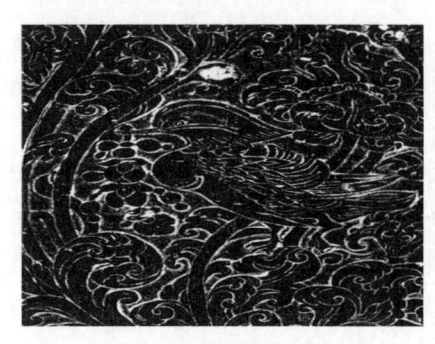

图37　驸马薛儆墓石椁外九、十七之鸳鸯(《唐代薛儆墓发掘报告》图版四十、四二)

　　②昆虫类

　　公主园林中还有大量的昆虫类动物,进入诗人眼中并被撷入诗作的有:

　　蝴蝶:繁花丛生自然少不了蝴蝶的追随。刘宪《侍宴长宁公主东庄》即择取了丽日晴天观赏蝴蝶的赏心悦目之事:"晴新看蛱蝶"。杨续《安德山池宴集》则捕捉到公主园林里风中飞舞的花蝶的翩翩姿态:"花蝶辞风影"。

　　蟏蛸、蟋蟀与络丝虫:李白《玉真公主别馆苦雨,赠卫尉张卿二首》其二云"蟏蛸结思幽,蟋蟀伤褊浅",白居易《同诸客题于家公主旧宅》云"络丝虫怨凤凰楼"。

　　(5)奢华密集的建筑群

　　唐代公主宅第、园林中有极为奢华、密集的建筑群,其构置、布局,今已无实物留存,但公主墓室壁画描摹的是公主生前生活的场景,并以此希冀公主去后亦能享有生前的荣华富贵生活,借助其墓室的布局及壁画所绘图景,即可窥知其部分情境。周天游即指出唐代墓室壁画"表现的是墓主生前的社会环境、日常生活、享受的等级待遇和生活理想等"①。新城公主墓室的布置:

> 北壁过洞口上部绘阙楼,过洞、天井、甬道和墓室壁面则用较宽的赭红色带绘仿木构建筑的廊柱、斗拱等……除第一天井两壁绘列戟图外……过洞和甬道的顶部皆绘平綦,墓室顶部绘天象图。②

房陵公主墓室"双室砖墓,由墓道、5个过洞、4个天井、6个小龛、前甬道、前室、后甬道和后室组成"③。永泰公主"陵园内有土阙1对,阙南有石狮子1对、石人2对、石华表1对"④,规格高于房陵公主,6个天井、8个小龛,其他一致。新城、永泰公主墓壁画为高宗至中宗时壁画布局:"过洞建筑图象征城门、宫门等礼仪建筑,其间绘出行、列戟等仪卫图,墓室四壁画出斗拱、平綦、梁柱象征内室"⑤。

近年隋唐洛阳正平坊遗址西北隅发现安国观建筑遗存,可为公主庭院布局及建筑提供更直观真实的参照。其庭院布局为"中轴对称多进式","东西面阔约225米,南北进深约535米","宅院居中的南北轴线上发现了五座大型夯土建筑台基基址及附属的院墙、廊房遗迹"⑥。从唐诗典型物象描绘的公主宅第、园林的碎片中可缀合出其布局模式与特质。《太平公主山池赋》则详细铺绘了公主园林东西南北的布局。《杜阳杂编》叙写代宗时权臣元载拟比宫掖的宅第、园林布局可为公主园林做注脚,可知当时贵族的宅第多以名贵香料、珠宝(尤其是来自异域的)涂抹、装饰屋壁、栋梁、门户等,其宅第的池沼内则栽植着极为珍稀的花木,室内装饰亦极其奢华:

> 元载末年,造芸辉堂于私第。芸辉,香草名也,出于阗国。其香洁白如玉,入土不朽烂,舂之为屑,以涂其壁,故号芸辉焉。而更构沉檀为梁栋,饰金银为户牖,内设悬黎屏风,紫绡帐……而服玩之奢,僭拟于帝

---

① 周天游:《新城、房陵、永泰公主墓壁画》序言,李国珍主编:《新城、房陵、永泰公主墓壁画》,文物出版社2002年版,第2页。
② 范淑英:《唐新城、房陵、永泰公主墓壁画概述》,《新城、房陵、永泰公主墓壁画》,第5页。
③④ 范淑英:《唐新城、房陵、永泰公主墓壁画概述》,《新城、房陵、永泰公主墓壁画》,第6页。
⑤ 范淑英:《唐新城、房陵、永泰公主墓壁画概述》,《新城、房陵、永泰公主墓壁画》,第7页。
⑥ 《隋唐洛阳考古获重大进展:正平坊遗址院落可能为太平公主宅院》,《河南日报》2021年12月15日第3版。

王之家。芸辉之前有池,悉以文石砌其岸,中有蘋阳花,亦类白蘋,其花红大如牡丹,不知自何而来也。更有碧芙蓉,香洁菡萏,伟于常者。①

唐代公主墓室壁画中绘有一些门阙、楼阁图画,是最直接的公主园林、宅第建筑的直观图像,如长乐公主墓室第一天井绘有门阙图(见插页彩图104右图),其墓室墓道北壁绘有《楼阁图》(见图38右图)。传世的唐代建筑绘画较少,如传李思训的《宫苑图》(见图38,《宫苑图》轴见插页彩图108)、《九成宫避暑图》(见插页彩图109),宋代画家亦多有摹作,可为唐代公主园林建筑的直观参照。宋代的宫苑图更多,其摹绘细致真切,虽宋代建筑与唐代有区别,但作为其延续与升华,亦可作为参照(见插页彩图110)。

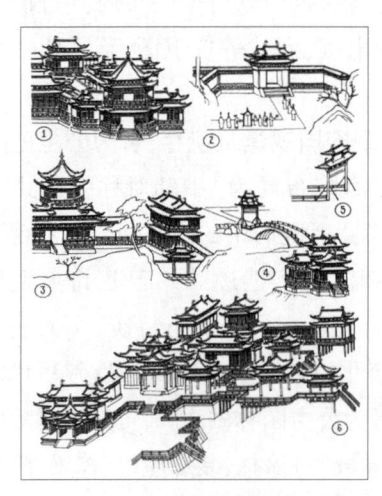

图38 《宫苑图》建筑、长乐公主墓室墓道北壁《楼阁图》线描
(图片来源:左图自《中国书画鉴定与研究:傅熹年卷》②,
右图自《古壁丹青:昭陵唐墓壁画集》③)

唐代公主宅第、园林中的众多建筑,以其主要功能可分为两类,一是供居住的建筑,一类是用作游赏观览的建筑。唐代诗文对其建筑群亦有表现。

①以居住为主的基本建筑:庭堂室屋

古代宅第内部布局,前有"庭""堂",接着以墙隔开分作前后两部分,

---

① 《杜阳杂编》卷上,第5页。
② 故宫博物院:《中国书画鉴定与研究:傅熹年卷》,故宫出版社2014年版,第126页。
③ 昭陵博物馆等编著:《古壁丹青:昭陵唐墓壁画集》,文物出版社2023年版,第23页。

后部中央为"室",室的东西两侧又有"房",这些名称在唐代公主题材诗文中均有叙及,又多以绮、玉、碧、仙等修饰。《唐故岐阳公主墓志铭》即叙及堂、屋、室等多种名称,"赐第堂有四庑,缋榱藻栌,丹白其壁,派龙首水为沼","尚书后为忠武军节度使,所治许州创为节度府五十年,南迫于蔡,屋室卑庳,主居无正堂,处东支屋,恬然六年"①。其入选较多的意象:

其一是宫。公主长成的皇室被称作紫宫、青宫、桂宫、银宫、王宫、公宫等,其所嫁处被称作合欢宫,另有修道公主的仙宫、洞宫,长公主居住的巽宫。唐代公主题材诗文中有关宫的称谓很多,有以高贵的青紫色命名的,有以兰桂等有着芬芳香味、高洁品性寓意之词命名的,有以龙凤等标识身份之物命名的,有以金银等标识宫室建造特有材质和富贵熏天特质之物命名的,有的直接以皇、王、公等命名。当公主出嫁时,其生长的宫中会张灯结彩,如"秾桃蔼紫宫"(刘祎之《奉和太子纳妃太平公主出降》)、"璇宫早结褵"(元万顷《奉和太子纳妃太平公主出降》)、"桂宫初服冕,兰掖早升笄"(郭正一《奉和太子纳妃太平公主出降》)、"玉庭散秋色,银宫生夕凉"(裴守真《奉和太子纳妃太平公主出降三首》其三)、"青宫朱邸翊皇闱"(张说《安乐郡主花烛行》)、"爱主出王宫"〔宋之问《宴安乐公主宅(得空字)》〕。

分封公主的册文,追忆公主生平的祭文、挽歌中,亦会叙及其成长的宫廷——公宫,如"习训公宫"(《封广宁公主制》)、"尔其奉公宫之教"(《册普宁公主文》)、"既习于公宫"(《祭咸安公主文》)、"睿藻悲难尽,公宫望不归"(权德舆《赠郑国庄穆公主挽歌二首》其二)等,参前公主册封和教育。

另有修道公主的仙宫、洞宫,如"仙宫仙府有真仙"(高适《玉真公主歌》)、"洞宫深掩碧瑶坛"(李群玉《玉真观》)、"将犬升天路,披云赴月宫"(刘禹锡《经东都安国观九仙公主旧院作》)。

即便公主出嫁,亦与宫中有千丝万缕的联系,其嫁入之处被称作合欢宫,其修道的道观里聚集着来自宫中的修道者,其庭院栽种着来自宫中的珍稀花木,其宅第时有宫妓歌舞,其去世丧葬亦会有宫官参加,和亲公主回归后亦是还归宫中,如"青鸾飞入合欢宫"(王昌龄《萧驸马宅花烛》)、"君看白发诵经者,半是宫中歌舞人"(卢纶《过玉真公主影殿》)、"头白宫人扫影堂"〔白居易《春题华阳观(观即华阳公主故宅有旧内人存焉)》〕、"天使来栽宫里树"(王建《九仙公主旧庄》)、"宫花野药半相和"(无可《题崔驸

---

① 《杜牧集系年校注·樊川文集卷八》,第719、720、721页。

马林亭》)、"别向庭芜賨吟石,不教宫妓踏成蹊"(张蠙《宴驸马宅》)、"粉墙残月照宫祠"(曹松《驸马宅宴罢》)、"夫族迎魂去,宫官会葬归"(韩愈《梁国惠康公主挽歌二首》其二),太和公主回归即被称作"还宫",如李敬方的《太和公主还宫》、许浑的《破北虏太和公主归宫阙》、李频的《太和公主还宫》等。

另有长公主居住之地巽宫,如"巽宫尊长女,台室属良人"(韩愈《梁国惠康公主挽歌二首》其一)。

其二为庭。庭本指房屋的正室,极为重要,以至于常会以门庭代指居所、家庭或门第,庭又常常与院并联,组成"庭院"。唐代诗文中公主之庭极多:

玉庭、绮庭:公主居所之庭被大量引入唐诗,或以"金、银、玉、绮"等字连接以修饰并突出其装饰之奢华富丽,如"玉庭浮瑞色"(李治《太子纳妃太平公主出降》)、"玉庭散秋色,银宫生夕凉"(裴守真《奉和太子纳妃太平公主出降三首》其三)、"蔼蔼绮庭嫔从列"(张说《安乐郡主花烛行》)等;或与其庭院中的动植物共构,绘出其庭院万物共生之美,如"庭莎作荐舞行出"(刘宪《奉和幸安乐公主山庄应制》)、"庭闲花自落"(丁仙芝《长宁公主旧山池》)、"杜若幽庭草"(杜审言《和韦承庆过义阳公主山池五首》其三)、"庭养冲天鹤"(王维《奉和圣制幸玉真公主山庄因题石壁十韵之作应制》)、"庭槐尚旧阴"(刘长卿《九日题蔡国公主楼》)、"别向庭芜賨吟石"(张蠙《宴驸马宅》)等;或叙写满庭灯火辉煌之况,如"妓筵银烛满庭开"(薛稷《夜宴安乐公主宅》)、"醮起彤庭烛"〔元稹《开元观闲居,酬吴士矩侍御三十韵(十八时作)》〕;或叙写月光露水铺满庭院的寂静之况,如"月露满庭人寂寂"(刘禹锡《秋夜安国观闻笙》);或以"殊"字连接修饰其庭之独特,如"萧洒梦殊庭"(驸马郑颢《续梦中十韵》)。

门庭:《鄌国大长公主别馆安置敕》叙及"蜀州别驾萧鼎、商州丰阳令韦恪、前彭州司马李万等……在其门庭,多行秽德"[1]。唐王朝有诏令:"自今已后,诸王、公主、驸马、外戚家,除非至亲以外,不得出入门庭,妄说言语"[2]。

和亲公主的羌庭、虏庭、戎庭、龙庭:如"羌庭遥筑馆"(徐彦伯《奉和送金城公主适西蕃应制》)[3]、"那堪桃李色,移向虏庭春"(唐远悊《奉和送金

---

[1] 《全唐文》卷五四,第一册,第581页下。
[2] 《旧唐书》卷八本纪八《玄宗本纪上》,第一册,第184页。
[3] 《全唐诗》卷七六,第二册,第823页。

城公主适西蕃应制》①、"下嫁戎庭远"（郑愔《送金城公主适西蕃应制》②）、"以凤楼和淑之姿,降龙庭桀骜之俗"（《封定安大长公主制》）等。

其三为堂。堂为正房,是公主宅第布局重要组成部分之一,亦被大量选入诗文。

碧堂、堂邑：公主宅第之建筑往往以红砖碧瓦建构,于是亦会被称作朱楼碧堂,甚至公主的食赋亦以"堂"指称,如"周堂玉溜好传杯"（萧至忠《奉和幸安乐公主山庄应制》）、"银烛金屏坐碧堂"（崔日用《夜宴安乐公主宅》）、"堂邑山林美"（张说《晦日诏宴永穆公主亭子赋得流字》）、"堂邑山林,忽焉瘁色"（《鄎国长公主神道碑铭》）等。

郁金堂："秋夜郁金堂"（王维《奉和杨驸马六郎秋夜即事》）,突出公主宅第馥郁馨香的特质。

法堂、影堂、禅堂：唐诗中的公主之堂,还有道观"法堂""影堂",佛寺"禅堂",如"头白宫人扫影堂"〔白居易《春题华阳观(观即华阳公主故宅有旧内人存焉)》〕、"浪渍法堂余像设"〔薛逢《社日游开元观(时当水荒之后)》〕、"禅堂雁水滨"〔刘宪(一作萧至忠)《奉和幸大荐福寺应制》〕等。

北堂：如"换酒醉北堂"（李白《玉真公主别馆苦雨,赠卫尉张卿二首》其二）、"北堂留上客"（徐晶《赠温驸马汝阳王》）等。

还有公主逝去的阴堂、寿堂：如"外馆留图史,阴堂闭德容"（权德舆《赠魏国宪穆公主挽歌词二首》其一）、"旧馆闭平阳,容车启寿堂"（权德舆《赠郑国庄穆公主挽歌二首》其二）等。

其四为室。室于宅第而言极为重要,是其基本构成之一,古建筑往往前堂后屋,室居中。凡所居皆可以室代称。《代公主让起新宅表》云"常忧瞰室之易灾,实惧满堂之难守"③,《鄎国长公主神道碑铭》云："构累圣而成门,合济美而为室","有男子四,女子五,瑶碧生阶,芝兰满室者也"；《唐故驸马都尉将作少监赠殿中监郭公(金堂公主驸马郭仲恭)墓志铭(并序)》云"空留馨室,谁□官荣"④,言及瞰室、芝兰满室、馨室等,其中瞰室为"鬼瞰其室"的省称。扬雄《解嘲》云"高明之家,鬼瞰其室"⑤,源自古人对物极必反、满则亏损的体认,认为过于显赫则会遭遇鬼神看视之灾厄,以此警戒公主之家。唐代诗文中的公主宅第之室名类繁多,包括：

---

① 《全唐诗》卷六九,第二册,第 769 页。
② 《全唐诗》卷一〇六,第二册,第 1104 页。
③ 《文苑英华》卷五七八,第 2987 页。《全唐文》卷二四五,第三册,第 2477 页。
④ 《张说集校注》卷二一,第 1015 页。
⑤ 《唐郭仲恭及金堂长公主墓发掘简报》,《文博》2013 年第 2 期,第 16 页。

依山临水而建的山室楼阁：如"凿山便作室"（上官婉儿《游长宁公主流杯池二十五首》其八）。

道观、寺庙的虚室、仙室：唐诗叙及的如"魂交仙室蝶"（綦毋潜《宿太平观》①）、"虚室涵春辉"（权德舆《和九华观见怀贡院八韵》②）、"虚室常怀素"〔元稹《开元观闲居，酬吴士矩侍御三十韵（十八时作）》〕、"虚室独焚香"（李嘉祐《同皇甫侍御题荐福寺一公房》③）等。

台室：如"台室属良人"（韩愈《梁国惠康公主挽歌二首》其一）。

家室：室于女性生活极为重要，中国古代宗法社会对女性的基本要求就是"女正位于内"，管理家室，宜家宜室是对她们最基本的要求，公主也不例外，公主或驸马墓志在叙述公主下嫁或其美德时，常引《诗经》之句称其"宜室宜家"，如"凤成教于公宫，方下嫁于私室"、"之子于归，谅桃夭之宜室"、"述公主之生平，感叙家室"〔《大唐故淮南大长公主墓志铭（并序）》〕，"贤宜家室，训睦闺房"〔《大唐故郯国大长公主墓志铭（并序）》〕，"宗党生光，室家同庆"（《代郭令公谢男尚公主表》）等。

鼎室：如"信可以流芳鼎室，垂训台庭"（《大唐故兰陵长公主碑》）。

兰室：唐代公主墓志中的兰室之称较多，是对居室的美称，赞美其家室有兰之芬芳与高洁之品性，如"声芳戚里，誉飞兰室"〔《大唐房陵大长公主墓志铭（并序）》④〕、"佩金燧于兰室"（《大唐故长乐公主墓志铭》）等。

逝去的泉室、潜室：如"潜室寥寥"（《大唐故清河长公主碑》）、"龟谋泉室"〔《驸马都尉王君墓志铭（并序）》⑤〕等。

其五为屋。包括金屋、丰屋、夏屋等，公主之屋则多以表示富贵的金银标识其华丽丰盛的修饰，如"金屋真离象"（裴守真《奉和太子纳妃太平公主出降三首》其一）、"贤圣垂箴，必诫于丰屋"（李峤《代公主让起新宅表》）、"金屋琼台萧史家"（独孤及《和虞部韦郎中寻杨驸马不遇》⑥）、"华堂金屋别赐人"（戎昱《赠别张驸马》）、"锦茵斯凭，夏屋（阙一字）封"（《代国长公主碑》）等。

②观景与居住的辅助建筑群：朱楼画阁，亭台水榭

---

① 《全唐诗》卷一三五，第二册，第1370页。
② 《全唐诗》卷三二九，第五册，第3682页。
③ 《全唐诗》卷二〇六，第三册，第2154页。
④ 拓片见《隋唐五代墓志汇编·陕西卷》第三册，第162页；《富平碑刻》，第7页。录文见《唐代墓志汇编续集》，第201页。《全唐文新编》第五部，第四册，第14321页。
⑤ 《全唐文补遗》第一辑，第50页上。余扶危等主编，洛阳市文物事业管理局、洛阳市文物工作队编：《刺史行事录》，北京图书馆出版社2006年版，第261页。
⑥ 《全唐诗》卷二四七，第四册，第2771页。

第六章　旧识平阳佳丽地：唐代公主的生活空间及相关建筑　467

公主园林的楼台亭阁、轩馆斋榭，既是景观，又可以用来观景。利用这些框架结构的建筑空间可虚可实、可隔可透的灵活性，获得了与自然环境密切嵌合的和谐。白居易的《两朱阁——刺佛寺浸多也》即谈到改为佛寺前公主宅第中的一些标志建筑如珠阁、亭台、妆阁、伎楼等：

> 两朱阁，南北相对起。借问何人家，贞元双帝子……第宅亭台不将去，化为佛寺在人间。妆阁伎楼何寂静，柳似舞腰池似镜。①

楼台殿阁：楼与阁常常并联出现，早期有区别，对此《园冶》引《说文解字》等做出解释："《说文》云：重屋曰'楼'。《尔雅》云：陕而修曲为'楼'。言窗牖虚开，诸孔偻偻然也。造式，如堂高一层者是也。""阁者，四阿开四牖。"②其建筑特征，明代的《长物志》有总结：

> 楼阁作房闼者，须回环窈窕；供登眺者，须轩敞宏丽；藏书画者，须爽垲高深……楼作四面窗者，前楹用窗，后及两旁用板。阁作方样者，四面一式。楼前忌有露台、卷篷，楼板忌用砖铺。盖既名楼阁，必有定式，……高阁作三层者，最俗。楼下柱稍高，上可设平顶。③

公主宅第园林诗中出现最多的即是楼，且常常以凤楼、秦楼、凤凰楼代称（参前述）。唐诗中有大量公主楼的叙写，且常与阁对仗而出，其对楼阁本身的具体描摹较少，多仅是通过点及其名称并与其他物象并构画面的方式，以表现其楼阁繁复、华丽、尊贵、恍若仙境的特质，其叙写时不同的称谓亦概括出诗人心目中公主园林楼阁的某一突出特质。或为玉楼之称，以突出其由精美材质构造出的华丽晶莹之感："玉楼银榜枕严城，翠盖红旂列禁营"〔宗楚客《奉和幸安乐公主山庄（一作"西园"）应制》④〕、"宾筵广宴玉为楼"（韦元旦《夜宴安乐公主宅》）；或以箫楼代称，以营造其藉由神话传说缔造的朦胧神奇气韵："箫楼韵逐凤凰吟"（卢藏用《奉和幸安乐公主山庄应制》⑤）；或以重楼概写，突出其园林中楼阁重出交错的特质："银榜重

---

① 《白居易集笺校》卷四，第208—209页。笺注指出"两位公主未知确指，《元白诗笺证稿》谓'贞元双帝子'或指德宗女义阳、义章二公主而言，论据亦不足，俟考"。
② 《园冶注释》卷一，第86、87页。
③ 〔明〕文震亨撰：《长物志》卷一《室庐》，《丛书集成初编》艺术类，第一五〇八册，商务印书馆1936年版，第4页。
④ 《全唐诗》卷四六，第一册，第564页。
⑤ 《全唐诗》卷九三，第二册，第1000页。

楼出雾开"(岑羲《奉和幸安乐公主山庄应制》)、"金榜重楼开夜扉"(岑羲《夜宴安乐公主新宅》①)、"汤沐三千赋,楼台十二重"(李乂《高安公主挽歌二首》其一);或以帝女楼称谓,以突出其高贵的身份特质:"帝女楼台向晚披"(苏颋《侍宴安乐公主山庄应制》);或以山楼称谓,以突出其楼台依山而建的特质:"水阁山楼望九霄"(李乂《侍宴安乐公主山庄应制》)、"山楼向晚看"(崔湜《侍宴长宁公主东庄应制》);或以高楼称谓,以突出其高大庄严之感:"高楼月似霜"(王维《奉和杨驸马六郎秋夜即事》)、"霓裳一曲在高楼"(刘禹锡《秋夜安国观闻笙》②)、"高楼当月中"(沈亚之《秦梦诗三首·挽公主》)、"高楼出树见山多"(无可《题崔驸马林亭》);或以画楼称谓,以突出其建筑之上的雕镂之精或绘画之美:"画楼吹笛妓"(王维《过崔驸马山池》③);或以妆楼为称,突出公主的女性特质:"凤去妆楼闭"〔岑参《崔驸马山池重送宇文明府(得苗字)》〕;或以明月楼为称,以突出其在皎洁月光下的晶莹剔透之感:"乞巧齐登明月楼"〔陆畅《云安公主出降杂咏催妆二首》其一(一作《为侯相诗六首》)④〕。而杨柳、高树、山色亦常与公主楼阁并联,以突出其楼前杨柳摇曳、植物高大与青山依傍的特质,如"杨柳入楼吹玉笛"(李端《赠郭驸马》⑤)、"山色满楼人未归"(姚鹄《玉真观寻赵尊师不遇》⑥)、"楼闭绿杨风"(刘禹锡《经东都安国观九仙公主旧院作》⑦)、"楼静箫声落远风"(朱庆馀《题崔驸马林亭》⑧)、"垂柳风多掩妓楼"(羊士谔《游郭驸马大安山池》⑨)等。

唐文中的公主楼阁亦较多,且有多种称谓,有高楼之称,如"高楼妙曲,还临栖凤之桐"〔《大唐房陵大长公主墓志铭(并序)》〕、"高楼寂寂,遽辍丹凤之祥"(《大唐故新城长公主墓志铭》);亦有女楼之称,如"女楼西顾,娥台北临"(《大唐故兰陵长公主碑》⑩);另有嬴女楼台之称:"闺阁窎寮,远嬴女之楼台"(《高安长公主神道碑》⑪);还有凤楼、萧史楼之称,如"凤栖

---

① 《全唐诗》卷九三,第二册,第1001页。
② 《刘禹锡集》卷二四,第311页。
③ 《王维集校注》卷四〔编年诗(天宝下)〕,第351页。《全唐诗》,第1286页。
④ 《全唐诗》卷四七八,第七册,第5478页。
⑤ 《全唐诗》卷二八六,第五册,第3263页。
⑥ 《全唐诗》卷五五三,第九册,第6463页。
⑦ 《刘禹锡集》卷二二,第272页。
⑧ 《全唐诗》卷五一四,第八册,第5916页。
⑨ 《全唐诗》卷三三二,第五册,第3701页。
⑩ 《全唐文新编》卷一五三,第一部第三册,第1760页。
⑪ 《文苑英华》卷九三三《碑九〇·神道五二·妇人上》,第六册,第4908页下。《全唐文》卷二五七,第三册,第2609页上。

楼柱,龙盘织梭"(《大唐永泰公主墓志铭》)、"萧史楼中,凤音何望?"(《凉国长公主神道碑》);也有以方位称呼的西楼,如"夕睹西楼之月"〔《故赠平原长公主墓志铭(并序)》①〕;还有仅以楼台称谓的,如"楼台寂漠,无复白鹤之翔"(《大唐故长乐公主墓志铭》②)。

　　阁则有画阁、舞阁、书阁、珠阁、水阁、妆阁、曲阁、重阁、凤凰楼阁之称,可知公主楼阁的部分材质、用途、特点。以黄金、珠宝、金精等珍贵材质装饰,在阁中观看舞蹈、听美妙音乐是公主日常生活重要的一幕,绘出公主楼阁这些特质的则如"舞阁金铺借日悬"(沈佺期《侍宴安乐公主新宅应制》)、"珠阁西临,聆箫曲于秦野"(《大唐故金仙长公主志石铭》③)、"曲阁交映金精板"(薛稷《奉和幸安乐公主山庄应制》④)等。公主的楼阁里常常高朋满座,宴乐频频:"退朝追宴乐,开阁醉簪缨"(钱起《过杨驸马亭子》⑤)。阁也用作书房,称作书阁,杜审言《和韦承庆过义阳公主山池五首》其一云"海燕巢书阁"。公主的楼阁往往十分高大壮观,雕刻精美,又多绘画装饰,如"百尺梧桐画阁齐"(杨巨源《赠崔驸马》⑥),所言画阁高耸入云,与百尺梧桐齐高。

　　水阁:李乂的"水阁山楼望九霄"(《侍宴安乐公主山庄应制》⑦)是对公主园林建筑直逼云霄,参差错落于山水间这一特色的描绘。"千竿竹翠数莲红,水阁虚凉玉簟空"(刘禹锡《刘驸马水亭避暑》⑧),描绘了水阁临池沼潭溪等水源而建,既可赏千竿翠竹、若干朵绽放的莲花之美,亦可避暑,感受凉风习习的快乐。

　　在池沼边或水中央、崇山峻岭中营造重重楼台画阁以便栖息、观赏、宴饮,听管乐、观歌舞是园林中随处可见的点缀,如"水边重阁含飞动"〔宗楚客《奉和幸安乐公主山庄(一作"西园")应制》⑨〕、"沓石悬流平地起,危楼曲阁半天开"(刘宪《奉和幸安乐公主山庄应制》)、"朱楼画阁水中开"〔李

---

① 《唐代墓志汇编续集》咸通一五,第1044页。录自《隋唐五代墓志汇编·陕西卷》第四册,天津古籍出版社1991年版,第146页。
② 拓片见《隋唐五代墓志汇编·陕西卷》第二册,第21页。《昭陵碑石》有录文,第110页。《唐代墓志汇编续集》贞观〇三六,第29页。
③ 《唐代墓志汇编续集》开元一四五,第552页。《陕西新发现的道教金石》,《中国西北宗教文献·道教》卷四,第283页。《西安碑林博物馆新藏墓志续编》中册二一四,第541页。
④ 《全唐诗》卷九三,第二册,第1003页。
⑤ 《钱起诗集校注》卷六,第221页。
⑥ 《全唐诗》卷三三三,第五册,第3742页。
⑦ 《全唐诗》卷九二,第二册,第993页。
⑧ 《刘禹锡集》卷二四,第319页。
⑨ 《全唐诗》卷四六,第一册,第564页。

峤《太平公主山亭侍宴应制(景龙三年八月十三日)》①]、"紫岩妆阁透"(沈佺期《同李舍人冬日集安乐公主山池》)等所言,看到的是水烟缭绕下参差的画阁上飞动的朱檐,妆阁雕窗外的层峦叠嶂,仰望处似倒悬青山碧空的楼阁。

萧至忠《陪幸长宁公主林亭》(一作刘宪诗)云"画桥飞渡水,仙阁迥临虚"②,绘出公主楼阁耸于天际仿佛仙境的特质。"凤凰楼阁连宫树"(王建《赠崔礼驸马》),以凤凰楼阁称公主楼阁,又以高大的树木衬托公主楼阁绿树映衬、高耸入云的特质。

层轩曲廊:轩是有窗的长廊或小屋。《园冶》解释云:"轩式类车,取轩轩欲举之意,宜置高敞,以助胜则称。""廊者,庑出一步也,宜曲宜长则胜。古之曲廊,俱曲尺曲。今予所构曲廊,之字曲者,随形而弯,依势而曲。或蟠山腰,或穷水际,通花渡壑,蜿蜒无尽,斯寤园之'篆云'也。"③廊本来是连接建筑物、划分空间的手段,园林里面的那些飘然凌波的"水廊"、通花渡壑的"游廊"等好像纽带一般把人为的建筑与天成的自然贯串结合起来。从唐诗中的书写可知,于廊中可饮酒观月,廊边栽植着名贵花木,于此亦可赏花。开元观有"西廊",如"置酒西廊下,待月杯行迟"(白居易《首夏同诸校正游开元观,因宿玩月》);唐昌观中亦有廊,"飘廊点地色轻轻"(王建《唐昌观玉蕊花》);由襄城公主宅改作的荐福寺有回廊、长廊,如"人归远相送,步履出回廊"(李嘉祐《同皇甫侍御题荐福寺一公房》)、"落叶飒长廊"(李端《同苗员外宿荐福寺僧舍》)、"夜静长廊下"〔韩偓《荐福寺讲筵偶见又别(一作"别后")》〕等。

其园内之轩名称众多,有层轩之称,可见其园林内轩廊层叠之况,如"层轩洞户旦新披"(刘宪《夜宴安乐公主新宅》)。而公主园林中的轩,往往依山临水而建,"当轩半落天河水"(苏颋《侍宴安乐公主山庄应制》④),临轩而望,看到的是犹如天河般自天而落的飞泉流瀑。公主园林中的轩亦会以植物、巨石布置、装点,如"攒石当轩倚,悬泉度牖飞"(杜审言《和韦承庆过义阳公主山池五首》其四)、"松柏当轩蔓桂篱"〔薛逢《社日游开元观(时当水荒之后)》⑤〕所言。"更看题诗处,前轩粉壁新"(姚合《题大理崔

---

① 《李峤诗注》卷一,第62页。
② 《全唐诗》卷一〇四,第二册,第1091页。
③ 《园冶注释》卷一,第89、91页。
④ 《全唐诗》卷七三,第二册,第803页。
⑤ 《全唐诗》卷五四八,第八册,第6381页。

少卿驸马林亭》①),公主园林中的轩会以一定色彩的颜料粉饰,一些喜好诗文的公主或驸马亦会与文人于此雅集,在轩壁上留下诗作。

唐文亦有轩的叙写,如"坐兰径,敞松扉,北牖动而清风来,南轩幽而白云起"(《驸马都尉乔君集序》)、"禀明训于轩曜"(《大唐故长乐公主墓志铭》)、"若乃葺宇披轩"(《大唐故清河长公主碑》)②、"濬源驰于若水,层构□□轩丘"(《大唐故新城长公主墓志铭》③)、"螭绶龟章,玉佩金轩"(《唐故岐阳公主墓志铭》④)等。

碧亭园亭:《园冶》云:"《释名》云:'亭者,停也。所以停憩游行也。'司空图有休休亭,本此义。造式无定,自三角、四角、五角、梅花、六角、横圭、八角至十字,随意合宜则制,惟地图可略式也。"⑤亭是园林中必不可少的观景、栖息之地,也是公主园林诗取景的重要部分,从中亦可一瞥公主园林中亭的幽静侧影,得知其择地、布局、造景的某些特点:亭会临水依山或择沟壑深谷中而建,如"岸门相向碧亭开"(萧至忠《奉和幸安乐公主山庄应制》),叙写在蜿蜒曲折的水路分岔处,临水岸而建的碧亭。"仙舆暂幸绿亭幽"(李适《侍宴安乐公主庄应制》⑥),叙写随彩旗飘飘的帝王仪仗游走于安乐公主园林的壑谷中,于此处的绿亭中短暂栖息的情形。"亭插宜春果"(沈佺期《同李舍人冬日集安乐公主山池》),可知安乐公主园林的亭子环山而建,亦会栽植来自禁苑(宜春苑)之果,又面对着太液泉水。

公主园林诗作会在诗题或诗句中直接以林亭、山亭、池亭、亭子、水亭、亭代称公主园林,足见亭于园林之重要,如萧至忠的《陪幸长宁公主林亭(一作刘宪诗)》,张昌宗的《太平公主山亭侍宴》,王建的《故梁国公主池亭》(一作姚合《题梁国公主池亭》),杜甫的《崔驸马山亭宴集》,朱庆馀的《题崔驸马林亭》,钱起的《过杨驸马亭子》,吕温的《春日游郭驸马大安亭子》,刘禹锡的《刘驸马水亭避暑》,姚合的《题大理崔少卿驸马林亭》,姚合的《题崔(〈全唐诗〉作"郑")驸马林亭》,李远的《游故王驸马池亭》,无可的《题崔驸马林亭》等。诗句中叙及的则有"公主林亭地"〔刘宪(一作萧至

---

① 《姚合诗集校注》卷七(题咏四十九首),第381页。
② 《全唐文新编》卷二〇一,第一部第四册,第2292页。
③ 《全唐文补遗》第五辑,第126—127页。另见《唐〈新城长公主墓志〉考》,《碑林集刊》第六辑,第34页。
④ 《杜牧集系年校注·樊川文集卷八》,第722页。
⑤ 《园冶注释》卷一,第88页。
⑥ 《全唐诗》卷七〇,第二册,第777页。

忠)《侍宴长宁公主东庄》]、"园亭沁水林"(李适《侍宴长宁公主东庄应制》①)等。又有不仅在诗题中以亭子代称公主园林,亦在诗句中叙述作为单独建筑的亭,如"园亭含淑气"(张说《晦日诏宴永穆公主亭子赋得流字》②);"亭开山色当高枕"(朱庆馀《题崔驸马林亭》③),亦描绘了面山而建的亭,于此独享远离凡尘的清静幽雅;"共寻萧史江亭去,一望终南紫阁峰"(陆畅《游城东王驸马亭》④),也以江亭代称依终南紫阁峰而建的驸马园林。

参差台榭:榭是建在高土台或水面(或临水)上的木屋,《园冶》:"榭者,藉也。藉景而成者也。或水边,或花畔,制亦随态。"⑤"水榭宜时陟,山楼向晚看"(崔湜《侍宴长宁公主东庄应制》⑥),描绘山庄里点缀得宜、曲折层叠、暮色时分益发迷人的山楼水榭。"参差台榭入烟霄"(韦嗣立《奉和初春幸太平公主南庄应制》⑦)、"台榭接天成"(钱起《过杨驸马亭子》⑧),均叙写了台榭高耸入云的特质。"公主当年欲占春,故将台榭押城闉"(韩愈《游太平公主山庄》),叙写园林台榭广布,遮押城闉,以此占春的特质。"台榭栖双鹭"(姚合《题大理崔少卿驸马林亭》⑨),叙写白鹭于台榭栖息的娴雅仙境气息。

台:常与楼、殿、亭等组合,《园冶》:"《释名》云:'台者,持也。言筑土坚高,能自胜持也。'园林之台,或掇石而高上平者;或木架高而版平无屋者;或楼阁前出一步而敞者,俱为台。"⑩"阴阴台殿敞"(权德舆《九华观宴钱崔十七叔判官赴义武幕兼呈书记萧校书》⑪),叙写九华观台殿高敞的特质。

唐文中的台亦不少,有秦台、凤台、楼台之称(参前述),另有瑶台、曲台、庭台、娥台、仙人台、章台、池台之称,如"临曲台之上路"(《驸马都尉乔君集序》)、"气婉瑶台"、"扉临上路,甍接章台"、"顾池台而将绝"〔《驸马

---

① 《全唐诗》卷七〇,第二册,第775页。
② 《张说集校注》卷五,第174页。
③ 《全唐诗》卷五一四,第八册,第5916页。
④ 《全唐诗》卷四七八,第七册,第5479页。
⑤ 《园冶注释》卷一,第89页。
⑥ 《全唐诗》卷五四,第一册,第663页。
⑦ 《全唐诗》卷九二,第二册,第982页。
⑧ 《钱起诗集校注》卷六,第221页。
⑨ 《姚合诗集校注》卷七(题咏四十九首),第381页。
⑩ 《园冶注释》卷一,第87页。
⑪ 《全唐诗》卷三二三,第六册,第3639页。

都尉王君(遂安公主驸马)墓志铭(并序)》①]、"信可以流芳鼎室,垂训台庭"、"女楼西顾,娥台北临"(《大唐故兰陵长公主碑》)②、"仙凤楼台,映浮云而写盖"(《永安公主出降礼钱判》)、"遂于仙人台下,建立山居"(《刘尊师碑铭》)等,可知公主宅第、园林之台,往往建筑在山间或池边,有高耸入云之态。

(6)朱门仪卫与金银额榜

在观览宅邸与园林时,大门当是横亘在内与外之间最显著的标志。来到公主宅邸,首先映入眼帘的即是庄严宏丽的大门,而显贵的公主府第则会列戟于门前,以为仪仗。"宾卫俨相依,横门启曙扉"(李乂《高安公主挽歌二首》其二),叙写森严仪卫守护的公主门庭,曙光出现时开启的门扉。宋之问《太平公主山池赋》即描绘了公主园林的重门、关闭门户用的门扃、门环及榜童与彩女组成的仪卫:"于是乎上客既旋,重扃严闭,榜童俨而齐发,彩女分而为卫。"③

门是公主宅第、园林最重要的部件,也是关合、连接其内外的最重要载体,其内部只会对特定的群体开放,而大门却是对外的全部呈现与展示,是其身份、地位、品位甚至内化的精神气质等的外现,于是备受经营居住者重视。对于位高者而言,门亦会以门楼(门阙、楼观)的形式呈现,往往极为高大,门阙数根据身份等级的不同有专门的规定。金仙公主观与玉真公主观的门楼,据《两京新记》描述"二观门楼、绮榭,耸对通衢,西土夷夏,自远而至者,入城遥望,眘若天中"④,可知公主门楼规制为二观,通街而建,具有高耸入云的特质。其门之材质、雕饰、纹样亦受身份等级的制约。其门之上会张挂牌匾,即门榜(牓),会有榜题,有时会是御笔亲题,而公主之家,多以金银为门榜材质,于是金榜、银榜则是公主题材唐诗吟咏中常常会用到的意象,金银榜额既是仙话传说中仙人居所的特质(可参前述),可用以营造公主宅第、园林的天女高贵血统与居所的仙境氛围,又是现实中公主宅邸给诗人们视觉、心理上造成的最强烈印象。其门则由门楣、门额、门扉、门框、门槛、门墩等要素共同构成。

对于公主宅院而言,门是外人目光所能接触到的公主宅院的第一重景象,向外昭示着主人的身份、地位,亦遮蔽着不被允许入内的外来者向

---

① 《刺史行事录》,第261页。
② 《全唐文新编》卷一五三,第一部第三册,第1760页。
③ 《沈佺期宋之问集校注·宋之问集校注》卷五(赋),第638页。《全唐文》卷二四〇,第三册,第2427页。
④ 《校正〈两京新记〉》卷一,第4页。

内的目光,往往引发观望者或羡慕、仰望,或好奇、想象的多重情感,亦对内守卫着居住者的安全,于是必然成为前去游赏、宴饮的诗人选取的重要物象。

公主宅第、园林之门,是相关诗作中出现频率极高的物象,有天门、公门、濯龙门、相门,以标识公主与皇室关系及其下嫁之家的高贵身份,"阊阖""濯龙门"是帝王皇室之门的代称,以此可昭示公主出自皇室以及出嫁后与皇室之间的密切联系,如"天门阊阖降鸾镳"〔韦嗣立(一作赵彦昭)《奉和初春幸太平公主南庄应制》〕、"公门袭汉环,主第称秦玉"(郑愔《侍宴长宁公主东庄应制》)、"濯龙门外主家亲"(沈佺期《夜宴安乐公主宅》)、"笄年下相门"(窦常《凉国惠康公主挽歌》①)等;有重门、千门,以形容其宅第园林内鳞次栉比的庭院建筑,如"诘旦重门闻(一作'开')警跸"(李迥秀《奉和幸安乐公主山庄应制》②)、"可怜今夜千门里(王昌龄《萧驸马宅花烛》③);有山门,可知公主山庄依山临水而建的特质,如"主第山门起灞川"〔苏颋(一作沈佺期)《奉和初春幸太平公主南庄应制》〕;有高门,可见公主宅第、园林之门高大之状,如"乱石闭门高"〔杜甫《崔驸马山亭宴集》(《全唐诗》有"京城东有崔惠童驸马山池"字)④〕;有标识公主宅第、园林方位的青门、东门,青门本为标识颜色的名称,即汉长安城东南的霸城门,但后来又是东门、送别门的代称,如"青门路接凤凰台"(宋之问《奉和春初幸太平公主南庄应制》)、"紫禁乘宵动,青门访水嬉"(李乂《侍宴长宁公主东庄应制》)、"晚出东门蝉渐闻"(姚合《送河中杨少府宴崔驸马宅》⑤);有朱门,以色彩烘托公主的高贵身份,如"甲第朱门耸高戟"(戎昱《赠别张驸马》⑥)、"朱门临九衢"(武元衡《题故蔡国公主九华观上池院》⑦)、"出得朱门入戟门"(贾岛《上杜驸马》);也有绿杨掩映、青草绵延之门,如"绿杨门掩马频嘶"(张蠙《宴驸马宅》⑧)、"纤草连门留径细"(无可《题崔驸马林亭》);还有未有任何限定的门,如"到门车马回"(白居易《首夏同诸校正游开元观,因宿玩月》⑨)等。

---

① 《全唐诗》卷二七一,第四册,第3023页。
② 《全唐诗》卷一○四,第二册,第1092页。
③ 《王昌龄集编年校注》卷二(请官前编年诗二十五首),第69页。
④ 《杜诗详注》卷二,第204页。
⑤ 《姚合诗集校注》卷一(送别上五十首),第56页。
⑥ 《戎昱诗注》,第15页。
⑦ 《全唐诗》卷三一七,第五册,第3567页。
⑧ 《全唐诗》卷七○二,第十册,第8154页。
⑨ 《白居易集笺校》卷五,第271页。

第六章 旧识平阳佳丽地：唐代公主的生活空间及相关建筑

当公主去后，宅院荒落，诗人们于此游赏时，朱门闭锁亦成为其中最常出现的意象，而追忆时的朱门与公主去世后葬礼的缟素之门实写，亦偶尔会出现于诗作之中，如"门闭水空流"（丁仙芝《长宁公主旧山池》）、"门锁南山一朵（姚作'带'）烟"〔王建（一作姚合）《故梁国公主池亭》①〕、"秋草闭门深"（刘长卿《九日题蔡国公主楼》）、"门开青草日，楼闭绿杨风"（刘禹锡《经东都安国观九仙公主旧院作》②）、"门巷萧条称作邻"（白居易《春中与卢四周谅华阳观同居》）、"山河启梁国，缟素及于门"〔羊士谔《梁国惠康公主挽歌词二首（驸马即司空于公之子）》其二〕等。

有关公主的诗作中还会出现"金门""花门""国门"等物象，多在册封公主与送公主和亲诗作中，金门用以突出其门扉之华贵，如"是时仆在金门里"（李白《走笔赠独孤驸马》）、"金门列葆吹"（李德裕《早入中书行公主册礼事毕，登集贤阁成咏》③）；国门是公主所要离开的家国之门，花门则是公主和亲前去之地，如"芦井寻沙到，花门度碛看"（杨巨源《送太和公主和蕃》④）、"卤簿迟迟出国门，汉家公主嫁乌孙"（孙叔向《送咸安公主》⑤）等。

史书中的公主之门里，往往出入着朝臣、显贵，演绎着唐王朝的政治大事件，甚或决定着唐王朝的政治走向，亦记述着公主的交往、参政境况，如"（景云二年）（九月，庚辰）以窦怀贞为侍中。怀贞每退朝，必诣太平公主第"；"（先天元年）（二月，辛酉）蒲州刺史萧至忠自托于太平公主，公主引为刑部尚书……至忠素有雅望，尝自公主第门出，遇宋璟"；"（开元元年）太平公主依上皇之势，擅权用事，与上有隙，宰相七人，五出其门"。⑥ "制曰：'自今已后，诸王、公主、驸马、外戚家，除非至亲以外，不得出入门庭，妄说言语'"⑦等。

而有关公主和驸马的墓志中，亦常常会择门而述，多以高门、盛门、朱门叙述公主所嫁驸马的门第，如"甲第光荣，高门鼎盛"（《大唐故淮南大长公主墓志铭（并序）》）、"驸马周道务地隆冠冕，门盛羽仪"（《大唐

---

① 《姚合诗集校注》卷七（题咏四十九首），第 389 页。
② 《刘禹锡集》卷二二，第 272 页。
③ 《全唐诗》卷四七五，第七册，第 5431 页。
④ 《全唐诗》卷三三三，第五册，第 3744 页。
⑤ 《全唐诗》卷四七二，第七册，第 5390 页。
⑥ 《资治通鉴》卷二一〇《唐纪二六》，第 6667、6671、6681 页。
⑦ 《旧唐书》卷八本纪八《玄宗本纪上》，第一册，第 184 页。

故临川郡长公主墓志铭(并序)》①)、"公即尚父之第六子也,生于盛门""祚胤蕃锡,朱门画戟"〔《驸马都尉郭府君墓志铭(并序)》〕、"妙选高门,方从下嫁"(《大唐故兰陵长公主碑》)等;亦有以门和帝、圣、王相连的,以说明公主的皇室背景及所嫁之家的特质,或因公主下嫁给驸马之家带来的得以连接帝门的地位变化,如"门昌帝绪,家累天姻"(《高安长公主神道碑》②)、"构累圣而成门""王门之贵,实在得贤……金以公人门并出"(《唐故特进检校左散骑常侍驸马都尉赠工部尚书荥阳县开国公郑府君墓志》③)、"门成类帝"(《大唐故新城长公主墓志铭》④);又有称美公主下嫁,为驸马之家添光生彩的荣门、私门之说,如"圣慈曲被,焜耀私门"(《代郭令公谢男尚公主表》⑤)、"笄年下嫁,光大其门"〔《驸马都尉郭府君墓志铭(并序)》〕、"族其清矣,门其荣矣"〔《薛君(儆)墓志铭(并序)》⑥〕、"戚里归美,韦门有光"〔《唐故汾阳公主赠郑国温仪大长公主墓志铭(并序)》⑦〕、"冢妇之贵,普安在门"(《大唐故纪国大长公主墓志铭》⑧)等。

在称颂公主的仪范时,亦云通门,如"故以式瞻贵里,仪范通门"(《鄎国长公主神道碑铭》)。也以兰门、闺门,称颂公主作为女性的才德,如"兰门睦睦,有妇道焉"〔《大唐故淮南大长公主墓志铭(并序)》〕、"闺门诗礼之训"〔《唐故虢国大长昭懿公主墓志铭(并序)》〕、"闺门之内辉如也"(《驸马都尉郑府君墓志》⑨)。或以盈门,形容公主之女嫁为王妃时的炫目辉煌之况,如"第二女即今上之元妃,居藩时亲迎于里,玉辂珠冕,烂其盈

---

① 《新中国出土墓志》陕西一上有拓片无录文,第81页。录文见《唐代公主墓志辑略》,《碑林集刊》第三辑,第67页;《唐代墓志汇编续集》永淳〇〇九,第260页。
② 《文苑英华》卷九三三《碑九〇·神道五二·妇人上》,第六册,第4907页下。《全唐文》卷二五七,第三册,第2608页下。
③ 《碑林集刊》第六辑,第65页。
④ 《全唐文补遗》第五辑,第126—127页。另见《唐〈新城长公主墓志〉考》,《碑林集刊》第六辑,第34页。
⑤ 《文苑英华》卷五九一《表》,第六册,第3064页。
⑥ 《全唐文补遗》第七辑,第37页。
⑦ 《新见〈唐故汾阳公主赠郑国温仪大长公主墓志铭〉考释》,《唐史论丛》第三一辑,第350页。
⑧ 《全唐文》卷六三一,第6364页。《吕衡州文集附考证》卷七,第77页。《唐纪国大长公主及夫郑沛墓志合考》,《碑林集刊》第六辑,第65页。
⑨ 《唐纪国大长公主及夫郑沛墓志合考》,《碑林集刊》第六辑,第65页。

门"(《唐故虢国大长昭懿公主墓志铭(并序)》[1])。也会叙及公主之家诗人盈门、书籍满室的境况,如"都尉主客皆贤,故长安中名人文士,自李端、司空曙之徒,咸游其门"〔《驸马都尉郭公(郭铦)墓志铭》[2]〕、"门多长者之辙,室有圣人之书"(《大唐故纪国大长公主墓志铭》[3]);称颂一些贤德公主时,亦会叙及其闭门读书、闭门谢客的往事,如"自是闭门落然,不闻人声,尚书读书考今古治乱,主职妇事,承奉夫族","主后尚书行,郡县闻主且至,杀牛羊犬为数百人供具,主至……约所至不得肉食,驿吏立门外,昇饭食以返"(《唐故岐阳公主墓志铭》[4])。

当然还有叙述公主安葬之地的泉门、松门、仙门,如"勒金石于泉门"〔《大唐房陵大长公主墓志铭(并序)》〕、"松门未古,秋草初绿"〔《唐故宜都公主墓志铭(并序)》[5]〕、"公主以仙门赴月""泉门闭兮阴气寒"〔《唐故袁州刺史右监门卫将军驸马都尉天水权君(毅)墓志铭(并序)》[6]〕。此外还有标识公主墓地方位的青门,如"出青门兮墓田道"(《大唐故纪国大长公主墓志铭》[7])。

虽说公主宅第、园林已无实物留存,但因古人有视死如生的观念,于是出土的唐代公主或驸马墓室中留存的石门及其上雕刻的精美绘画,使得今人得以约略窥见公主生前宅第、园林大门的情境、样貌及特质。从新城公主墓室石门还原的构件图、鄎国公主驸马薛儆墓石门、唐安公主墓室石门可见,其门高大气派,雕刻着精美图像与纹样,如可以标识皇室身份的龙凤,蕴含祥瑞、勇武等意蕴的麒麟、狮子、奔马、仙鹤等动物,间以唐代多用的团花、宝相花、卷草云纹等,或绘以衣着华丽的侍女、手持笏板的高官等人物(见图39、40)。

---

[1] 《太原郭氏金石注集》,第245页。《新出唐代昇平公主墓志研究》,《唐史论丛》第二九辑,第346页。

[2] 沈亚之:《沈下贤集》卷一一《碑文、墓志、表》,《四部丛刊》影明翻宋本,第53页。《全唐文》卷七三八,第八册,第7618页。

[3][7] 《全唐文》卷六三一,第6364页。《吕衡州文集附考证》卷七,第77页。《唐纪国大长公主及夫郑沛墓志合考》,《碑林集刊》第六辑,第65页。

[4] 《杜牧集系年校注·樊川文集卷八》,第三册,第720页。

[5] 拓片见《隋唐五代墓志汇编·陕西卷》第二册,第21页。录文见《唐代墓志汇编续集》,第787页。

[6] 《唐义阳公主驸马权毅墓志考》,《乾陵文化研究》第九辑,第366页。

图 39　新城公主墓室石门各部件组合还原线刻画
(图片来源:《唐新城长公主墓发掘报告》图九四,第 126 页)

图 40　驸马薛儆墓出土石椁外四下部石门
(图片来源:《唐代薛儆墓发掘报告》,第 42 页)

唐安公主门扇上刻手执珪和笏板的朝臣(见图41),分别为异域大臣、汉族大臣,可见公主府特殊的政治性及为海内外衣冠仰望的地位。但也有认为是文武门神。①

图41 唐安公主墓石门西扇、东扇刻纹摹本
(图片来源:《中国起居图说2000例》,第453页)

①门楣

门楣,是正门上方门框上部的横梁,多以粗重实木制成。按照古代建制,门楣是地位身份的象征,朝廷官吏府邸才能标示。门楣上门档因品级数量不等,亲王十二个。门楣上会雕刻精美的纹样,公主墓石门多刻龙凤纹。新城公主墓石门楣上刻有凤凰环火球对舞,"填饰如意云纹",下刻"山树"②。睿宗女郧国公主驸马薛儆墓石门楣上有凤刻纹,凤周边卷草纹环绕,凤的左脚抬起、翅膀张开,呈欲起未翔之态,口衔的花结向后飞扬(见图42)。德宗女唐安公主门楣上亦刻穿梭于"云纹"的"对龙"③。龙凤纹是昭示天子血脉的符号,也暗示公主府恍若天界的特质。

---

① 周作明编著:《中国起居图说2000例》,漓江出版社1999年版,第453页。
② 《唐新城长公主墓发掘报告》图九四,第115页。
③ 陈安利、马咏钟:《西安王家坟唐代唐安公主墓》,《文物》1991年第9期,第20页。

图 42　新城公主墓室石门楣线刻画拓片、薛儆墓石门楣凤刻纹
(图片来源:左图自《唐新城长公主墓发掘报告》,图九四,第 116 页,
右图自《唐代薛儆墓发掘报告》,第 18 页)

②门额

抬头仰望则会见到门榜、门额,门榜是门前张挂的牌匾,门额是建筑物门楣上的部分。从唐代诗文金银榜意象,可知公主宅邸富丽堂皇的风格(参前述)。门额作为建筑重要的组成部分,不仅对整体建筑起到画龙点睛的作用,还向世人昭示着这座建筑物对外的名称。陈鹤岁指出"汉代的宫殿建筑已开始'题其额',但建筑题额真正具有鲜明的文学形象则盛行于唐宋"①。王建《题应圣观(观即李林甫旧宅)》云"赐额御书金字贵",可知李林甫的门额为御书金字,极其贵重,而这种御书金字门额,在公主宅第、园林中则是通常的规格。门额上的取名、题字或点出宅邸园林主人的精神追求、理想境界,抑或点出这座府邸或园林最突出的景观特色与风格,公主宅第、园林及与其相关的道观、佛堂等的门额往往会有帝王御笔亲题的匾额,位于颁政坊的高宗女太平女冠观就有"高宗御书飞白额……载初元年改为大崇福观。武太后又御书飞白额"②,崇义坊中宗女长宁公主佛堂(招福寺……寺南北门额并睿宗所题③)。

门额周围会雕刻纹饰。新城公主墓室石门额上刻"龙首",环绕"连珠纹",两侧各四个"八瓣团花",环绕"连珠纹""填饰忍冬纹""填半团花及叶纹"④(见图 43)。

---

① 陈鹤岁:《汉字中的中国建筑》,天津大学出版社 2015 年版,第 174 页。
② 《唐两京城坊考》卷四,第 104 页。
③ 《唐两京城坊考》卷二,第 41 页。
④ 《唐新城长公主墓发掘报告》,第 115 页。

第六章　旧识平阳佳丽地:唐代公主的生活空间及相关建筑　　481

图43　新城公主墓室石门额线刻画
(图片来源:《唐新城长公主墓发掘报告》图九五,第117页。)

　　鄎国公主驸马薛儆墓石门额上刻有非常精彩的纹饰。图中可见花草纹藤蔓、枝叶环绕的情态多样的"七种动物":有狮子互相扑打的情境,其在上者卷毛张扬,尾巴翘起,狮口大张,怒目圆睁,展开前爪,蹬起有力劲健的后腿,向对面的狮子扑来,其在下者四爪张开、仰面朝上以抵御,目现惊慌失措之光;有麒麟(发掘报告称狮子,但以其带角的外形判断,当为麒麟)追扑带翼奔马的图景,卷纹藤蔓间的麒麟威武雄壮,前脚铺开,后脚伸直腾空,直追飞马,在前奔跑的骏马后尾扬起,撅起健硕的后臀,后蹄腾空而起,鬃毛竖起,极为俊逸矫健(见图44);还有凤凰尾随老虎而去的画面。其门额纹饰多以裁刻精美的凤鸟以标识公主人中龙凤的皇室血脉身份,又会雕刻一些威猛的狮子、老虎、麒麟和奔马,以彰显公主之家的庄严富丽、吉庆祥瑞与凛然不可侵犯之气势(见图45)。

图44　薛儆墓出土石门额双狮、麒麟、马刻纹
(图片来源:《唐代薛儆墓发掘报告》,第18页)

图 45　驸马薛儆墓出土石门额虎、凤刻纹
(图片来源:《唐代薛儆墓发掘报告》,第 18 页)

③门框

门框上亦会雕刻蕴含吉祥、勇猛、守护、辟邪等意蕴的花朵、纹样或动物。新城公主墓室石门扉上刻龙首图案,下边为五组二方连续忍冬纹,环绕一周回纹①(见图46)。鄎国公主驸马墓志石门门框则雕饰着狮子、凤鸟、口衔花结的鸿鹄(见图47)。

图 46　新城公主墓室石右立门框线刻画
(图片来源:《唐新城长公主墓发掘报告》,第 118 页)

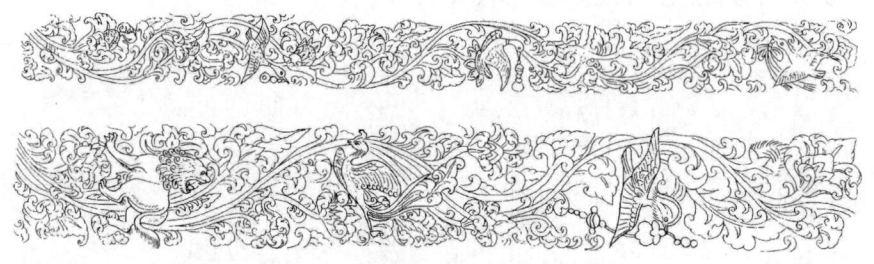

图 47　驸马薛儆墓出土石门框(右)
(图片来源:《唐代薛儆墓发掘报告》,第 22 页)

④门扉

公主宅第、园林的门扉上绘饰有精美图案,多以龙凤等象征身份的图案以及天马、狮子、辟邪等可护人身周全、带来祥瑞的瑞兽为主,或绘饰一些拱手施礼的门吏(见图48)。新城公主墓室石门扉上刻有"飞龙、舞凤、天马、翼狮及辟邪等五组图案","以如意云纹、山树等图案填饰","上下边

---

① 《唐代薛儆墓发掘报告》,第 18 页。

及内边均饰二方连续忍冬纹","图案间六排",每排四个"圆凹坑,原应安有铁泡钉"[1](见图49)。

图48 薛儆墓石门扉(左右)上门吏
(图片来源:《唐代薛儆墓发掘报告》,第25页)

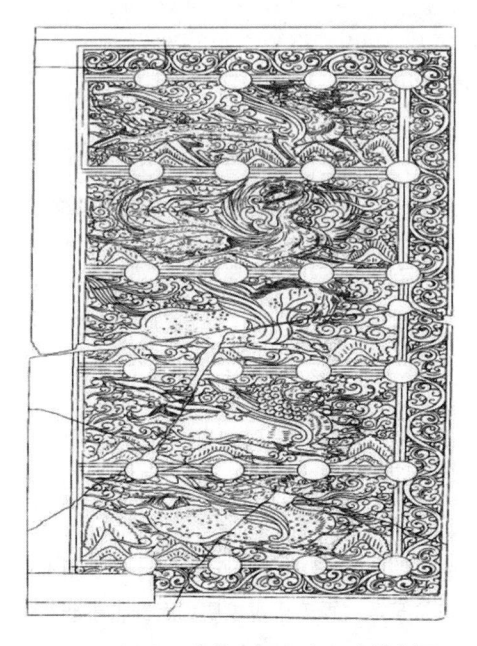

图49 新城公主墓室石门右门扉线刻画
(图片来源:《唐新城长公主墓发掘报告》图九八,第119页)

---

[1] 《唐新城长公主墓发掘报告》,第115页。

⑤门槛

公主宅第、园林门槛上也有精美刻纹。新城公主墓室石门槛刻有二方连续忍冬纹(见图50)。鄎国公主驸马墓室门槛的图案,有吉祥对凤(由卷莲纹环绕、夹带莲花花苞、口衔同心结绶带作张翼回首状)、鸳鸯、猛虎、狮子、独角兽等猛兽或瑞兽,甚或头似鸟、爪如虎、身披龙鳞的四不像怪兽(见图51)。唐安公主墓亦有卷草纹(见图52)。

图50 新城公主墓室石门槛线刻画

(图片来源:《唐新城长公主墓发掘报告》图一〇〇,第119页。)

图51 驸马薛儆墓出土石门槛对凤纹

(图片来源:《唐代薛儆墓发掘报告》,第26页)

图52 唐安公主墓石门坎(槛)刻纹摹本

(图片来源:《西安王家坟唐代唐安公主墓》①)

---

① 《西安王家坟唐代唐安公主墓》,《文物》1991年第9期,第20页。

⑥门墩

门墩,是中国古代建筑中和门相关联的重要物件,"傍于大门门框侧下,如枕,所以又叫门枕石,或称门槛石",是"门框、门枕、门楣的重心结合部",以"形态结构"可分成"抱鼓石""书箱式门墩""兽形圆雕门墩"①,放置在"大门或二门的两侧"②,用以"固定门柜和大门","门轴置于门墩的凹槽中,便于门的开合"③。门墩又是身份地位的象征,屹立于外昭示着主人的情趣与品位④。皇室、贵族、官僚之家有建造的物资、人力、技艺保证,门墩往往材质精良,亦足具观赏性,其上会雕刻传说的或现实存在的具有守护与吉祥蕴意的各种珍稀动植物。新城公主墓室石门墩上刻有飞舞的凤鸟,框内刻奔驰的怪兽,以祥云、山树纹填充(见图53)。鄎国公主驸马墓室石门墩上雕刻有凤鸟、怪兽、老虎。

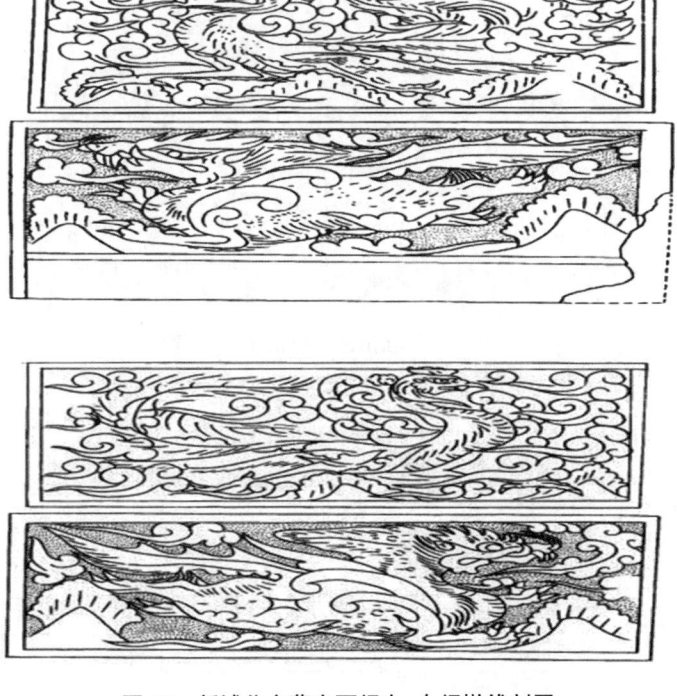

图 53　新城公主墓室石门左、右门墩线刻画
(《唐新城长公主墓发掘报告》图一○一,第124页)

---

① 鹤坪:《中华门墩石艺术·自序》,百花文艺出版社2007年版,第12、13页。
② 王志艳编:《人文百科知识博览》,天津人民出版社2013年版,第64页。
③ 曾辉编著:《设计的故事》,北京出版社2007年版,第96页。
④ 宋其加编著:《解读中国古代建筑》,华南理工大学出版社2009年版,第297页。

⑦金银门锁、门扃

在公主生前繁华荣盛之时，其门户常启，出入着前来拜访、赴宴、游赏的高朋，门庭若市，来往者如车水马龙，于是守护其朱门的锁具，亦入选其宅第、园林诗作中，如"金榜开青琐"（钱起《宴崔驸马玉山别业》）；当其零落、离世后，亦成为追忆诗作或挽歌中的特殊意象，象征着其繁华往事的谢幕，如王建《华清宫感旧》云"公主妆楼金锁涩"①，一"金"字，即点出公主华贵雍容、肃穆庄严的朱门上锁具之贵重。其锁具留有少量实物，临川公主墓出土两副锁具，一为铜制，一为铜鎏金（见图54）。比其身份稍低的唐宗女李倕墓中，出土有一把制作精细、材质贵重的鎏金银锁具，亦有铜锁（见图55、56）。

图54 唐临川公主墓出土铜锁具
(图片来源：《唐临川公主墓出土的墓志和诏书》②)

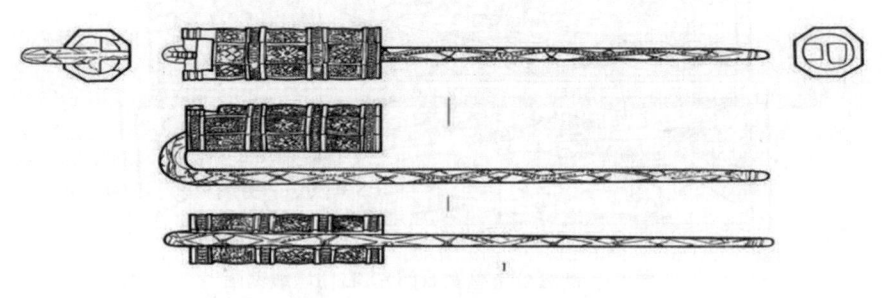

图55 唐宗女李倕墓出土鎏金小银锁锁体图
(图片来源：《唐李倕墓发掘简报》③)

---

① 《王建诗集校注》卷六，第302页。
② 《唐临川公主墓出土的墓志和诏书》，《文物》1977年第10期，第54页。
③ 《唐代李倕墓发掘简报》，《考古与文物》2015年第6期，第17页。

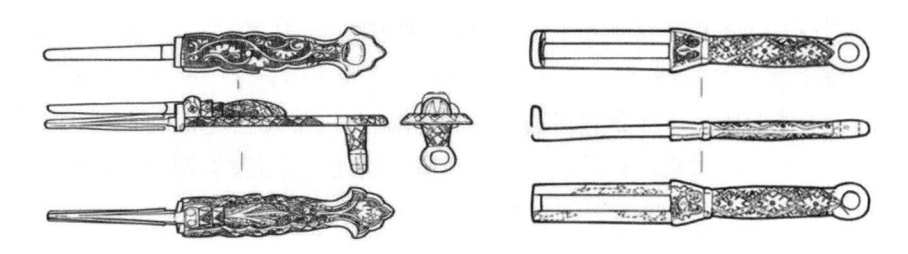

第六章 旧识平阳佳丽地：唐代公主的生活空间及相关建筑　487

图56　唐宗女李倕墓出土鎏金小银锁锁芯、钥匙
（图片来源：《唐李倕墓发掘简报》）

扃：是指从外面关门的闩、钩等，唐代公主诗文叙及较多，如"主第岩扃架鹊桥"〔韦嗣立（一作赵彦昭）《奉和初春幸太平公主南庄应制》〕、"凤去楼扃夜"（李敬方《太和公主还宫》）、"归轩出禁扃"（驸马郑颢《续梦中十韵》）等。唐文中的扃，多与公主去世后的幽壤之扃相关，有"泉扃""幽扃""玄扃"等称谓，如"泉扃永固"〔《大唐房陵大长公主墓志铭（并序）》①〕、"敢树幽扃，庶传芳则"〔《大唐故临川郡长公主墓志铭（并序）》②〕、"凿松扃于丹巘，靡瘗金□"〔《大唐故长乐公主墓志铭》（贞观十七年九月廿一日）③〕、"爰动明诏，许合泉扃"〔《驸马都尉王君（大礼）墓志铭（并序）》④〕、"式篆幽础，永志玄扃"〔《唐故唐昌公主墓志铭（并序）》⑤〕、"俄掩泉扃"〔《唐故驸马都尉将作少监赠殿中监郭公（郭仲恭）墓志铭（并序）》〕等。指公主之家的人间宅第之扃较少，如"在户作扃，横天为梁"〔《驸马都尉郭公（郭铦）墓志铭》〕等。

（7）雕镂刻画的精美窗槛栋梁

窗是公主宅第、园林的堂室内少不了的部件，往往配有窗纱，窗框亦雕刻精美纹样，或有当时的名家绘制精美画面。据《历代名画记》：金仙公主开元观的"西廊院……门西窗上下，杨仙乔画"，玉真公主咸宜观的"殿上窗间真人，吴画……殿外……窗间写真及《明皇帝》《上佛公主》等图，陈闳

---

① 拓片见《隋唐五代墓志汇编·陕西卷》第三册，第162页；《富平碑刻》，第7页。录文见《唐代墓志汇编续集》，第201页；《全唐文新编》第五部第四册，第14321页。
② 拓片见《新中国出土墓志》陕西一上，第81页。录文见《唐代公主墓志辑略》，《碑林集刊》第三辑，第67页；《唐代墓志汇编续集》永淳○○九，第260—261页。
③ 《唐代墓志汇编续集》贞观○三六，第28页。
④ 《全唐文补遗》第一辑，第49页。《刺史行事录》，第261页。
⑤ 参见《〈唐昌公主墓志铭〉考释》（《唐研究》卷二〇，第267页）录文和拓片。

画"。①

韦元旦《奉和幸安乐公主山庄应制》叙写雕龙刻凤的公主宅邸:"刻凤蟠螭凌桂邸"②。武元衡《题故蔡国公主九华观上池院》写道:"朱门临九衢,云木蔼仙居……瑶瑟含风韵,纱窗积翠虚"③,描绘公主面临九衢的朱红大门,云木高大遮蔽着仙居,其纱窗积满青翠之色。鲍溶《夏日怀杜悰驸马》云"交锁天窗蝉翼纱"④,描述驸马府天窗上交错繁复的花纹和薄如蝉翼的窗纱。

一扇窗链接着屋内与屋外,关联着外部的广阔大地,诗人们则习惯于将其与云霞、日月并置,勾勒出云霞出入、日月交替、溪流交连的窗外之境,当其与外景交融时窗亦被渲染、衬托得格外美丽,如"霞窗明月满"(上官婉儿《游长宁公主流杯池二十五首》其十一),捕捉到从彩霞辉映到月光满瀑时公主园林之窗的绚烂与皎洁。"掩映雕窗交极浦"(马怀素《奉和幸安乐公主山庄应制》),叙写透过雕镂的精美窗户极目望去的无边水浦。"窗里发云霞"(王维《奉和圣制幸玉真公主山庄因题石壁十韵之作应制》⑤),则描绘了云霞出入公主园林之窗的绮丽之景。"夕照临窗起暗尘"(卢纶《过玉真公主影殿》⑥,卢尚书《题安国观》"纱窗"作"临窗"),叙写夕阳斜光映衬的公主道观之窗。

另有叙及唐代公主居处之牖的唐诗:"悬泉度牖飞"(杜审言《和韦承庆过义阳公主山池五首》其四),可知其园林中的悬泉临窗而建,溅起的水花亦会飞洒其间,推窗即可观览泉水激荡之景,听淙淙水声。"暗牖藏昏晓"(刘长卿《九日题蔡国公主楼》),一扇昏暗的窗牖藏着日月之递换,时间在推开窗牖时的黄昏与拂晓的光影变换中交替。"初日先通牖,轻飔每透帘"〔元稹《开元观闲居,酬吴士矩侍御三十韵(中有问行藏求药物之意,十八时作)》⑦〕,清晨的阳光先透过窗牖洒入屋内,轻柔的风儿每每透过帘儿带来丝丝凉意。

唐文中也有关于窗的叙写,"秋窗望月,春树临风"(《大唐故兰陵长公

---

① 〔唐〕张彦远著,俞剑华注:《历代名画记》卷三,上海人民美术出版社1964年版,第65页。
② 《全唐诗》卷七〇,第二册,第771页。
③ 《全唐诗》卷三一七,第五册,第3567页。
④ 《全唐诗》卷四八七,第八册,第5572页。
⑤ 《王维集校注》卷三〔编年诗(天宝上)〕,第240页。《全唐诗》卷一二七,第二册,第1286页。
⑥ 《卢纶诗集校注》卷四,第396页。《全唐诗》卷二七九,第五册,第3165页。
⑦ 《元稹集》卷一〇,第113页。

主碑》①),选取了明月下的秋窗之景。

楹,《说文·木部》解释"柱也",今人解释"本义为厅堂的前柱,引申泛指柱子"②。公主宅第、园林之柱,材质精良,雕镂精美。岑文本《安德山池宴集》云"雕楹网萝薜"③,叙写驸马园林里饰有浮雕、彩绘的华丽柱子。"凭树即为楹"(《游长宁公主流杯池二十五首》其八),叙写公主园林树木材质优良的特质。驸马杨师道《阙题》云"桂户雕梁连绮翼,虹梁绣柱映丹楹",虽是描写皇室建筑,但公主出嫁前居住于皇家宫苑,出嫁后的宅第也多以此为蓝图,从中可见公主居所雕梁画栋、丹虹梁柱的特质。"雕楹结网,绮帐生飙"(《大唐故长乐公主墓志铭》④),叙写公主逝去,曾经华丽的精雕楹柱上结满蛛网的荒凉情境。

雕梁画栋:栋梁是支撑建筑的重要构件,营建公主宅第、园林建筑多选用优良且有天然香味的木材,并精心雕饰刻画,也是唐代公主宅第、园林诗文所关注并取材描绘的物象。如"桂栋晨开,梅梁昼敞"(《大唐故兰陵长公主碑铭》),可见其居处以桂树这种上好且带有清香的木材为栋梁的特点。

(8) 笙歌乐舞、诗酒文会的人文之景

公主园林在建成后,既是一道绚丽的风景,也成为当时皇室贵戚、能臣才子赋诗品园、啸傲烟霞之处,丝竹管乐、觥筹交错之间营造了公主园林的人文胜景,即便是入道公主,其道观亦是笙歌乐舞之地,《大唐故金仙长公主(无上道)志石铭(并序)》云"仍于京都双建道馆。馆台北阙,接笙歌于洛滨;珠阁西临,聆箫曲于秦野"⑤。于是文人们争相描摹着公主驸马宅第、园林中的美景,抓取眼中、心中的一幕幕画面,叙写发生在这里的欣赏笙歌乐舞、品味美酒佳肴、即兴赋诗的一幕幕热闹场面,而公主宅第、园林之景与事亦借此得到鲜活、生动的呈现,并因此穿越岁月留存后世。此处概述,详参后叙"公主的社交娱乐"。

其间既有公主驸马在世时的即兴赋咏,又有公主去后的追忆。"沁园东郭外,鸾驾一游盘……席临天女贵,杯接近臣欢"(崔湜《侍宴长宁公主东庄应制》),记载的就是当时的游园盛况。长宁公主园林也如历史上有

---

① 《全唐文新编》卷一五三第一部,第三册,第 1760 页。
② 李土生:《土生说字》第二十卷,中央文献出版社 2009 年版,第 276 页。
③ 《全唐诗》卷三三,第一册,第 452 页。
④ 《唐代墓志汇编续集》贞观〇三六,第 28 页。
⑤ 《唐代墓志汇编续集》开元一四五,第 553 页。《陕西新发现的道教金石》,《中国西北宗教文献·道教》卷四,第 283 页。《西安碑林博物馆新藏墓志续编》中册二一四,第 541 页。

过文采风流而传为佳话的梁园、兰亭集会之盛事一般,时有文酒娱游之乐。"堂邑山林美,朝恩晦日游……舞席千花妓,歌船五彩楼"(张说《晦日诏宴永穆公主亭子赋得流字》①),描绘了当时公主林亭花团锦簇、席间仙乐飘飘声中的游园盛事。杜甫《崔驸马山亭宴集(〈全唐诗〉有"京城东有崔惠童驸马山池"字)》亦云"客醉挥金碗,诗成得绣袍。清秋多宴会,终日困香醪"②,描述驸马宅清秋时节频繁的宴会,其间佳客云集,畅快尽兴,狂醉时挥着金碗,亦会因觅得佳作得到丰厚赏赐。梁鍠有《崔驸马宅咏画山水扇》,可知文士们会观览、歌咏驸马府的精美物品。王维《奉和杨驸马六郎秋夜即事》云"高楼月似霜,秋夜郁金堂。对坐弹卢女,同看舞凤凰。少儿多送酒,小玉更焚香。结束平阳骑,明朝入建章"③,叙述秋夜驸马的郁金堂里,冷月如霜,送酒的侍儿频频来往,佳客云集,共同欣赏美妙的歌舞,盛会后,第二天一早崔驸马装扮整齐又匆匆赶赴朝会。钱起《宴崔驸马玉山别业》云"金榜开青琐,骄奢半隐沦。玉箫惟送酒,罗袖爱留宾。竹馆烟催暝,梅园雪误春。满朝辞赋客,尽是入林人"④,从诗中可知崔驸马的蓝田玉山别业,门楣附着奢华的金榜,有清幽的竹馆梅园,有奢华的玉箫伴奏的歌舞酒宴,满朝的辞赋之客多云集于此。其《过杨驸马亭子》亦详述了诗酒文会情境:"衣冠在汉庭,台榭接天成。彩凤翻箫曲,祥鱣入馆名。歌钟芳月暗(《全唐诗》作'曙'),林嶂碧云生。乱水归潭净,高花映竹明。退朝追宴乐,开阁醉簪缨。长袖留嘉客,栖乌下禁城。"⑤可知当时的衣冠簪缨,朝臣们退朝后也会在杨驸马的园林里听箫曲、歌钟,宴饮欢聚。

陆畅《游城东王驸马亭》云"城外无尘水间松,秋天木落见山容。共寻萧史江亭去,一望终南紫阁峰"⑥,紫阁峰被称作终南第一峰,位于西安市鄠邑区境内,而驸马的园林即选址于这处绝好的山林之间,也是文人们游赏的佳地,城外的空气清新洁净,毫无车马往来溅起的烟尘,溪水间的青松茂密,一到秋天木叶凋落,亦现出山的真容。姚合《送河中杨少府宴崔驸马宅》云"凤凰楼下醉醺醺,晚出东门蝉渐闻。……闲时采药随僧去,每月请钱共客分"⑦,叙写文士们聚集在驸马修建于山林与白云相伴的园林,日暮

---

① 《张说集校注》卷五,第一册,第174页。
② 《杜诗详注》卷三,第204页。
③ 《王维集校注》卷七〔未编年诗(天宝下)〕,第591页。
④ 《钱起诗集校注》卷五,第172页。
⑤ 《钱起诗集校注》卷六,第221页。
⑥ 《全唐诗》卷四七八,第七册,第5479页。
⑦ 《姚合诗集校注》卷一(送别上五十首),第56页。

时醉醺醺离开的情境,可见驸马极爱文士,常邀请文人佳客宴集。其《题大理崔少卿驸马林亭》云"每来归意懒,都尉似山人……更看题诗处,前轩粉壁新"①,叙写崔驸马园林墙壁上题写的诗句,可知驸马与文士间的宴会赋诗之况。其《题崔驸马宅》又云"诗人多说离君宅,不得青苔地上行"②,亦叙写崔驸马对诗赋的喜爱,而诗人们亦时时会聚集于他的宅第。朱庆馀《题崔驸马林亭》云"选居幽近御街东,易得诗人聚会同"③,起句即叙写崔驸马园林选址于御街之东,而诗人们亦能时时于此聚会。张蠙《宴驸马宅》云"牙香禁乐镇相携,日日君恩降紫泥……座中古物多仙意,壁上新诗有御题"④,描述驸马宅宴会时时有君恩降临,其墙壁上即有刚刚御笔题写的新诗。

而公主逝去后的园林,仍然是激发诗人们情思的胜地,于此或感慨人事的沧桑变化,或欣赏其独有的幽境。经历安史之乱后杜甫再次来到郑驸马宅,写下《郑驸马池台喜遇郑广文同饮》:

> 不谓生戎马,何知共酒杯。燃脐郿坞败,握节汉臣回。白发千茎雪,丹心一寸灰。别离经死地,披写忽登台。重对秦箫发,俱过阮宅来。留连春夜舞,泪落强裴徊。⑤

诗作以董卓的郿坞比拟安禄山的谋逆。据《后汉书·董卓传》记载东汉初平三年董卓"又筑坞于郿,高厚七丈,号曰'万岁坞'。积谷为三十年储。自云:'事成,雄据天下;不成,守此足以毕老。'"⑥又以阮宅比拟郑驸马宅,于此不再有往日欢宴时的热闹尽兴,而是充满着经历过生死离别后的痛感,即便是面对春夜的美丽舞姿,亦不禁落泪,于此勉强徘徊。

卢纶《过玉真公主影殿》写道:"夕照临窗起暗尘,青松绕殿不知春。君看白发诵经者,半是宫中歌舞人"⑦,感叹日暮时的公主影殿暗起灰尘,诵经的白发人,多半是昔日宫中的歌舞者,在一半是落寞、一半是繁华的诵经者与宫中歌妓的身份递变与人生转折中,暗隐着人事浮沉、国

---

① 《姚合诗集校注》卷七(题咏四十九首),第381页。
② 《姚合诗集校注》卷七(题咏四十九首),第386页。
③ 《全唐诗》卷五一四,第八册,第5916页。
④ 《全唐诗》卷七〇二,第十册,第8154页。
⑤ 《杜诗详注》卷五,345页。
⑥ 《后汉书》卷七二列传六二《董卓传》,第八册,第2329页。
⑦ 《卢纶诗集校注》卷四,第396页。《全唐诗》卷三〇九,第五册,第3143页。

运剧变的伤感寥落。姚合《题崔(《全唐诗》作"郑")驸马林亭》云"东园连宅起,胜事与心期。幽洞自生药,新篁迸入池。密林行不尽,芳草坐难移。石翠疑无质,莺歌似有词。莎台高出树,薜壁净题诗。我独多来赏,九衢人不知。"①从中可知昔日朝臣文人们来来往往的繁华地,如今已为京城人遗忘不识,而诗人发现这处幽境后,被其吸引,数次访寻,徜徉其中,其间芳草萋萋,密林深幽,莎草丛生,疯狂生长,长满莎草的楼台高出树木,幽洞中自生药草,池水边迸出新生竹笋,长满苔藓的墙壁上题着游访者留下的诗句。李远《游故王驸马池亭》云"花树杳玲珑,渔舟处处通。醉销罗绮艳,香暖芰荷风。野鸟翻萍绿,斜桥印水红。子猷箫管绝,谁爱碧鲜浓"②,起句描写驸马池亭里的玲珑花树,渔舟四通的宽广水境,暖风中摇曳的亭亭玉立的荷花,在绿萍上翻飞的野鸟,印于水面的红色斜桥,景色仍然绝美,但已没有了子猷动听的箫管之声,谁还会爱这碧绿鲜浓的美景呢?白居易的《同诸客题于家公主旧宅》亦叙述了公主旧宅很少有人游赏的寂寥。

五、奢华富丽的家具装饰与日常生活用具

中国古代十分重视室内的装饰,司马相如《美人赋》云"于是寝具既陈,服玩珍奇,金鉔薰香,黼帐低垂,裀褥重陈,角枕横施"③,可知佳人室内装饰之华美丰富,既要有最基本的寝具以供休息的舒适甜美,还要布满珍奇器物以烘托居室的高古,亦要有屏风、帘幕的间隔与遮掩,熏香器具营造的馥郁馨香、烟雾缭绕的温馨神秘气韵,铺陈茵褥以增设行走坐卧时的舒适华美之感。而这种室内装饰的基本场景模式,至唐代富贵之家仍然延续,公主之家也不例外。

唐王朝的职官中有专门机构尚寝局,负责皇室成员(包括出嫁前的公主)就寝所用灯烛照明、铺设等,据《新唐书·百官志》记述:

尚寝二人,掌燕见进御之次叙,总司设、司舆、司苑、司灯。
司设、典设、掌设,各二人,掌床帷茵席铺设,久故者以状闻。凡汛扫之事,典设以下分视。

---

① 《姚合诗集校注》卷七(题咏四十九首),第383页。
② 《全唐诗》卷五一九,第八册,第5974页。
③ 李孝中、侯柯芳注译:《司马相如作品注译》,四川人民出版社2007年版,第90页。

司舆、典舆、掌舆,各二人,掌舆辇、伞扇、文物、羽旄,以时暴凉。典舆以下分察。

司灯、典灯、掌灯,各二人,掌门阁灯烛。①

公主宅邸与园林的布置与装饰,离不开家具的充实与生活用品的点缀,通过史书记载与文学描绘,以及文物的参照,可摹绘唐代公主生活更细致的场景。

(一)宅第的照明、取暖、降温、隔挡、熏香装饰

公主宅第园林让人叹为观止的,除过高大恢宏、富丽精美的金银门额,重叠山峦中鳞次栉比的楼阁,曲折池塘边的水榭回廊、千花玉树,林间的飞鸟,水中的白鹭、鸳鸯外,其照明、取暖、降温等令人超越白天黑夜、寒冬酷暑等季候限制而舒适生活的设施亦极为丰富,其中多有来自异域常人稀见者,而其室内装饰中的屏风等隔挡,不仅可用以隔风遮挡,亦可营造曲折掩映、光影玲珑、朦胧含蓄之美,其熏香之具,则令其宅第园林充满香气弥漫、烟雾缭绕的韵致。

1. 公主府的照明、辉映器具:灯烛、灯轮、灯树、夜明珠

照明器具是公主府中最为重要的生活用具之一,种类多样,华丽精美,夜幕降临与节日庆典依赖其光影辉映,诗文中较多的是灯烛、灯轮、灯树、夜明珠。

唐代皇室对灯烛的需求量极大极多,这从数量极多的蜡烛贡地可见一斑,公主未出嫁前的生活用灯烛取自皇室,即便出嫁了,亦与此有密不可分的联系。据《新唐书·地理志》蜡烛贡地包括关内道四个:京兆府京兆郡、凤翔府扶风郡、丹州咸宁郡、绥州上郡;河东道九个:晋州平阳郡、绛州绛郡、慈州文城郡、隰州大宁郡、石州昌化郡、右东道采访使凤州河池郡、成州同谷郡、文州阴平郡、集州符阳郡。其他则如,陇右道:阶州武都郡;江南道:汀州临汀郡;右西道采访使:夷州义泉郡等。

蜡贡地,山南西道五个:兴元府汉中郡、洋州洋川郡、利州益昌郡、兴州顺政郡、通州通川郡;江南道五个:黔州黔中郡、施州清化郡、奖州龙溪郡、思州宁夷郡、费州涪川郡;山南东道四个:峡州夷陵郡、归州巴东郡、夔州云安郡、涪州涪陵郡。其他则如,关内道两个:庆州顺化郡、延州延安郡;淮南

---

① 《新唐书》卷四七志三九《百官二》,第四册,第1229页。

道两个:庐州庐江郡、舒州同安郡;河东道:辽州乐平郡;江南道:处州缙云郡;剑南道:松州交川郡;岭南道:古州乐兴郡。

(1)灯烛

灯烛是古人日常生活照明离不开的重要器物,它在自然光线暗淡时带来光明,每当夜幕降临,灯就成为人们依赖的重要光源。中国古人对灯的依恋之情,亦体现在节日以及人生的重大日子里,上元时的观灯是人们乐意倾城而出的盛事,人生重要的婚礼上也离不开灯烛辉映,以至于成婚日之夜被称作花烛夜。

唐代公主宴饮诗多描写夜以继日的欢宴,这自然离不开灯烛的辉映,唐代史书、笔记中亦叙及宫廷观灯娱乐、公主婚礼时采用的灯轮。张鷟《公主出降礼钱判》云"百枝灯烛,光沁水之田园"①,而"烛送(《全唐诗》作'照')香车入,花临宝扇开"〔沈佺期(一作宋之问)《寿阳王花烛图》②〕则是描述太平公主之子婚礼时花烛照耀、香气四溢的婚车驶入的情境。阎朝隐《夜宴安乐公主新宅》云"蜡炬开花夜管弦"③,以结了烛花的蜡烛代指摇曳烛光里公主府通宵达旦管弦不绝的欢宴。

上述诗文中的灯烛作为通用的名称,看不出其材质或功用特点,也有一些使用较多、较具体的典型灯烛意象,如银烛、花烛、珠钉,从名称上即可看出其灯烛的某部分特质,如材质贵重华丽的特质以及用作婚礼的功用等。

银烛:是唐代公主诗作中频频出现的灯烛意象。上官仪《上(《全唐诗》无"上"字)高密长公主挽歌》云"风前银烛侵"④,薛稷《夜宴安乐公主新宅》云"妓筵银烛满庭开"⑤,描写公主府深夜里满庭银烛摇曳,宴席未散。其他如"银烛金屏坐碧堂"(崔日用《夜宴安乐公主宅》⑥)、"万条银烛引天人"(卢纶《王评事驸马花烛诗》⑦)、"罗银烛而下长汉"(《大唐故长乐

---

① 《全唐文》卷一七二,第1751页。
② 《全唐诗》卷五二,作宋之问诗,一作沈佺期(第二册,第636页),《沈佺期宋之问集校注·沈佺期集校注》卷四〔诗(不编年)〕推断作沈佺期诗(第245页),并注明"此诗沈集诸本未收,见《国秀集》卷上",寿阳王,薛崇胤,薛绍与太平公主之子。
③ 《全唐诗》卷六九,第二册,第769页。
④ 《文苑英华》卷三一〇《挽歌》,第二册,第1589页。《全唐诗》卷四〇,第一册,第512页。
⑤ 《全唐诗》卷九三,第二册,第1003页。
⑥ 《全唐诗》卷四六,第一册,第563页。
⑦ 《卢纶诗集校注》卷二,第210页。《全唐诗》卷二七七,第五册,第3143页。

公主墓志》①)等。

珠钉:卢藏用《夜宴安乐公主宅》描绘公主宅的夜宴,珠玉装饰的油灯缀连着白天,以至身处其中之人不知何为黑夜,玉制的酒杯倾泻着流霞直到清晨:"珠钉缀日(一作'月')那知夜,玉斝流霞畏底(一作'极')晨。"②

花烛:唐代公主的婚礼有"观花烛"习俗。《全唐诗》与《全唐文》对此均有描述,此刻的公主宅第花烛最盛,达到极致,以此亦可约略见出其平日生活中灯烛的特色。张说《安乐郡主花烛行》云"花烛分阶移锦帐。织女西垂隐烛台"③,可知公主宅第台阶上摆着花烛,一直通向锦帐,烛台上烛光摇曳直至初晓。王昌龄《萧驸马宅花烛》云"可怜今夜千门里,银汉星槎(《全唐诗》、活字本、遂宁本、万首、黄校本作'回',《全唐诗》、遂宁本注:一作'槎')一道通"④,卢纶《王评事驸马花烛诗》描绘"万条银烛引天人,十月长安半夜春"⑤,都描述了万条花烛接引出嫁公主的辉煌壮观情境,长安城夜晚被火树银花、炫目灯轮辉映得如同白昼,刺骨的初冬寒气亦被熏染得如同阳春。

《杜阳杂编》还叙及公主府绘着五彩之纹散发着奇异香气整晚亦不燃尽的精美蜡烛,更神奇的是这种蜡烛的轻烟袅袅上升后会形成楼台之形:

> 公主始有疾,召术士米寶为灯法,乃以香蜡烛遗之。米氏之邻人觉香气异常,或诣门诘其故,寶具以事对。其烛方二寸,上被五色文,卷而爇之,竟夕不尽,郁烈之气,可闻于百步。余烟出其上,即成楼阁台殿之状,或云,蜡中有蜃脂故也。⑥

新城公主墓壁画绘执烛台侍女回头图像(见插页彩图30),永泰公主墓壁画前室西壁绘九名宫女,手持"烛台、方盒、如意、拂尘、多曲长杯、包裹

---

① 拓片《隋唐五代墓志汇编·陕西卷》第二册,第21页。录文《唐代墓志汇编续集》贞观〇三六,第29页。
② 《全唐诗》卷九三,第二册,第1000页。
③ 《张说集校注》卷一〇,第二册,第508页。
④ 《王昌龄集编年校注》,第70页。
⑤ 《卢纶诗集校注》卷二,第210页。《全唐诗》卷二七七,第五册,第3143页。
⑥ 《杜阳杂编》卷下,第27页。

等物"①(见插页彩图111)。

公主之家照明用具亦有灯台,形制多样,永泰公主墓出土有三彩灯台(见图57)。

图57 永泰公主墓出土三彩灯台

(图片来源:《永泰公主与永泰公主墓》,第140页)

(2)灯轮与灯树(火树)

公主婚礼亦用灯轮和灯树。张说《安乐郡主花烛行》即铺排道"平台火树连上阳,紫炬红轮十二行。丹炉飞铁驰炎焰,炎霞烁电吐明光"②,可知当时排列的火树从郡主府一直延伸至洛阳上阳宫,诗歌以梁园府邸的平台比衬郡主将要嫁入之地,周匝布满发出紫红色光焰的十二行灯轮,丹炉中飞驰着耀目火焰,发出如霞彩闪电般明亮的光彩。张说还有《谢观唐昌公主花烛表》。

①何为灯轮、灯树与火树

灯轮是中国古代在一些极为隆重或特殊的节庆、礼仪场合中使用的集欣赏与照明于一体之物。但灯轮、灯树与火树究竟为什么,是否为一物,却存在争议。有认为三者为一物,"灯轮即灯树",灯树"亦称火树……灯架高大,分层做轮状辐射,各枝上设环安置小灯"。③ 既是中国传统百枝灯的

---

① 《新城、房陵、永泰公主墓壁画》,图版五四永泰公主墓室前室西壁南侧宫女图说明,第77页。
② 《张说集校注》卷一〇,第二册,第508页。
③ 《中国风俗辞典》,第40页。

延续，又与佛教燃灯灯树有渊源①。也有认为灯轮与灯树是两种燃灯器具，指出灯树是"有分枝的大型灯架"，在枝杈上安放多个灯盏，因形如树枝得名；而灯轮别称转轮灯，则因形如车轮可以转动得名。② 二者是否一物梳理文献与文物或可找到线索。

A. 佛教经典中的灯轮、灯树与外来贡品灯树

灯轮与灯树在佛典中均有叙及。据《四分律》可知比丘暗处听法时，佛执炬、灯照明，如果不明则用转轮灯、灯树，从叙述层递关系看，二者非一物：

> 时诸比丘夜集往布萨处患暗，佛言听执炬。若坐处复暗，听然灯。……若复故暗，应室四角安灯。若复不明，应作转轮灯……若安灯树，若以瓶盛水，安油著上，以布裹芥子作炷然之。③

《十诵律》亦叙述了燃灯之事，可知燃炬是为了夜行时震吓狼虫虎豹，暗处听法则燃灯照明，若仍不明则用灯树，灯树显然是能大面积照明的灯具：

> 诸上座比丘初夜坐禅，中夜各各还房宿。道中诸恶虫怖、师子怖、虎豹豺黑怖。以是事白佛。佛言："从今日听然炬行。"……诸比丘闇冥中说法。末利夫人言："大德然灯。"……著地不大明，末利夫人即与灯树。④

---

① 灯轮研究，分散在节日、道教或佛教信仰、敦煌壁画的研究中。如赵欢、沙武田 2015 年论文参后引。钱婉约《汉唐丝路文化"多元共生"特性探微——以"上元燃灯"习俗中儒佛道文化的共生融合为例》(《中国文化研究》2016 年第 4 期)追溯其历史，指出先秦帝王祭祀的庭燎"简化为'设大烛于庭'……齐桓公，摆了一百枝大烛组成的庭燎"，"各诸侯国都设有可以置放燃烛的'镫(灯)台'……战国中山国'三虎六身夔龙纹圆座鸟兽擎枝十五连盏灯'这样的'高杆连枝灯'(《文物》1979 年第 1 期)"，在秦汉墓中不断出土。李妣妣《唐五代宋初敦煌佛教供养具研究》(西北师范大学硕士论文，2017 年)设"灯轮"专节。李丹《日常与信仰：佛教燃灯研究》(西华大学硕士论文，2019 年)将灯树和灯轮作为两种器具。梁志坚《让"名物"回放唐代上元节》(《博览群书》2020 年第 10 期)简要阐述了上元节重要的九枝灯、灯轮。

② 李丹：《日常与信仰：佛教燃灯研究》，西华大学 2019 年硕士论文，第 29、31 页。

③ 《四分律》卷五二第四《分杂揵度法之二》，《大正新修大藏经·律部一》，第二十二册，第一四二八部，第 955 页上。

④ 〔后秦〕弗若多罗共罗什译，〔东晋〕罽宾三藏卑摩罗叉续译：《十诵律》卷六一《因缘品第四》，《大正新修大藏经·律部三》，第二十三册，第一四三五部，第 468 页下、469 页上。

佛教典籍中对灯树及其功用、意蕴也有具体描写。《涅槃经》云"复以七宝而为灯树,种种宝珠以为灯明,微妙天华遍布其地"①。

灯轮与灯树不同,《唐五代时期敦煌地区燃灯活动研究》阐述药师灯轮形制:"供养药师佛须燃灯,'续命'须燃七层灯,每层七灯,共四十九灯,且要求燃灯'大如车轮',因此从隋代开始,但凡有药师经变,均有灯轮,下有灯座,中有立柱,灯轮有如平放之车轮,上置灯。"②敦煌壁画中即有灯轮图(见插页彩图112)。

佛教典籍将灯及光源辐射面更广的灯树、灯轮统称作"灯明",是"神佛前所奉之灯火也,六种供具之一,以标佛之智波罗蜜"③。据《佛说施灯功德经》,若"于佛塔庙奉施灯明",可"生福德"、"果报福德之聚"、"获安乐可乐之果"、"于现在世得三种净心"、"临命终时得三种明"、"于临终时更复得见四种光明"、"于五种事而得清净"、"不堕恶趣,生于人中最上种姓、信佛法家"。④

灯树不止佛教传播区有,产汗血马的吐火罗国亦有,据《唐会要》记载:"麟德二年,遣其弟祖纥多献玛瑙灯树两具,高三尺余。"⑤谢弗在《唐代的外来文明》中亦提及⑥。可知灯具极为高大,以玛瑙制作,极为珍贵奢华。

B. 本土文献与文物中的连枝灯树与火树之比

灯树则是中国本土文献与文物中均有大量表现与呈现的灯具。在长期的发展中,一方面是为了更大限度地扩大光源辐射面,另一方面是为了营造出繁华富丽的观感,亦制造出极为繁复的有众多枝干伸出仿佛树状的连枝灯树。而这种连枝灯树,则是身份地位的象征,成为皇室与贵族官宦之家喜用的用具。南朝诗文中已被大量叙及。《玉台新咏》收录王僧孺《何生姬人有怨(按:一本无"人"字)》云"兰灯空百枝"⑦,江淹《灯赋》叙及皇室王公之家奢侈的百枝灯树:"若大王之灯者,铜华金檠,错质镂形,碧

---

① 《大般涅槃经》卷一,《大正藏·涅槃部》,第十二册,第三七五部,第608页上。
② 《唐五代宋初敦煌佛教供养具研究》,西北师范大学2017年硕士论文,第23页。赵欢《唐五代时期敦煌地区燃灯活动研究》(兰州大学2015年硕士论文)第22页,引季羡林:《敦煌学大词典》,上海辞书出版社2005年版,第127页。
③ 丁福保编纂:《佛学大辞典》,文物出版社1984年版,第1348页中。
④ 〔北齐〕天竺三藏那连提耶舍译:《佛说施灯功德经》,《大正藏·经集部三》,第十六册,第七〇二部,第804、805页。
⑤ 《唐会要》卷九九,第1773页。
⑥ 〔美〕爱德华·谢弗著,吴玉贵译:《唐代的外来文明》,陕西师范大学出版社2005年版,第319页。
⑦ 《玉台新咏笺注》卷六,第242页。

为云气,玉为仙灵,双碗百枝,艳帐充庭。"①可知这种灯具以铜为主要材质,亦错杂金玉,雕镂精美,其伸出的百枝上有盛放蜡烛之碗两两相对。庾信《灯赋》描绘的百枝灯树,底座为盘,光向四面辐射,长夜燃烧,或被制作成鳞甲毕现的摇尾摆动的鲸鱼之样,或被精雕为仙鹤仰首鸣叫之状,光影闪烁时鲸鱼、仙鹤更为耀目:"乃有百枝同树,四照连盘。香添然蜜,气杂烧兰。烬长宵久,光青夜寒。秀华掩映,虬膏照灼。动鳞甲于鲸鱼,焰光芒于鸣鹤。"吴兆宜注:"王朗《三秦故事》:'百华灯树,正月朔朝贺殿下,设于三阶之间。'"②《六朝文絜笺注》黎经诰补注:"孙惠有《百枝灯赋》,又支昙《谛灯赞》:'千灯同辉,百枝并耀。'《邺中记》:'石虎正旦会于殿前,设百二十枝灯。'梁简文帝《列灯赋》:'九微间吐,百枝交布。'"③

与灯树相比,火树在唐前诗文中仅零星出现,《南齐书·礼志上》引傅玄《朝会赋》云"华灯若乎火树,炽百枝之煌煌"④,从表述看,火树是用来比喻华灯的,而这种灯则是伸出百枝的如树的形状,所以被称作灯树,点亮时光彩夺目,就如着了火的树一样,所以被比作火树。于此可见火树作为喻体,是可以和灯树相提并论的。这种灯树与连枝灯在文物中多有,可参见插页彩图113、114。

C. 本土连枝灯树与佛教灯轮、灯树在唐代交融后的异样光彩

从命名看,灯轮与灯树,其修饰词同为灯,应属于同一大类——灯,但其被限定修饰的落点中心词则不一样,一为轮,一为树,二者在外形上区别明显,显然并非一物,是同一大类中形状不同的两种灯具;而火树与灯树从中心词"树"看则为同一类物品。从上述文献的叙述与描述以及文物的直观呈现亦可知,灯轮与灯树的区别表现在四点:其一,在形状上有差异,一为树状,一为轮状,均会层层叠加,灯树可成为百枝灯树的巨型灯具,而灯轮亦会成为数层之状的巨型灯轮;其二,二者在亮度与光源辐射度上也有差异,灯树的亮度、辐射面均大于同等形制的灯轮;其三,灯树是固定的,灯轮却可以转动;其四,灯树在佛教领域与中国本土均有,但灯轮则为外来传入。

---

① 《江文通集汇注》卷二,第86页。
② 诗见《庾子山集注》卷一,第80页。吴兆宜注见《庾开府集笺注》卷一(《影印文渊阁四库全书·集部二·别集类》,第一○六四册,台湾省商务印书馆1983年版,第23页下、24页上)。
③ 〔清〕许梿评选,〔清〕黎经诰注:《六朝文絜笺注》卷一,上海古籍出版社1982年版,第46页。
④ 《南齐书》卷九,第148—149页。

至唐代,既有自制的大型灯轮、灯树,也有异域进贡的珠宝制作的灯树,二者亦呈现出交融之态。据《唐会要》记载高宗时吐火罗王子即进贡两具玛瑙灯树。睿宗时正月十五观灯,即有灯轮,制作情形《朝野佥载》记叙较为详细:

> 睿宗先天二年正月十五、十六夜,于京师安福门外作灯轮,高二十丈,衣以锦绮,饰以金玉,燃五万盏灯,簇之如花树……妙简长安、万年少女妇千余人……于灯轮下踏歌三日夜,欢乐之极,未始有之。①

可知当时制作的灯轮极其高大,并用金玉锦绣装饰,其上又有盛放灯烛之盏,其团簇之状亦如花树,这和灯树的构架十分接近。

有关灯树与灯轮,在唐诗中均有形象的描绘,从中既可见灯树、灯轮的基本形态、华美姿态,光和影与月色交相辉映的玲珑韵致,亦可见众人争相观看的热闹场面,还能看到唐代的上元夜,灯轮与灯树交相辉映,灯轮亦吸取中国本土连枝灯树的元素,有了新的样式,呈现出中土传统之物与外来之物交融的流光溢彩。

其一,唐代上元夜,既有传统灯树,亦有佛教灯轮。灯树(火树)被制作成千姿百态的形状,多以传统的龙凤、莲花等形状为常见,传递喜庆祥和、护佑平安之意。张说《十五日夜御前口号踏歌词二首》描绘长安城上元夜的盛况,花萼楼前既有灯树又有灯轮,使用了两种名称,并在灯轮前加了限定词西域做修饰,火树前加中国传统的龙字修饰,可知在当时人的认知中二者并非一物,且一为中土传统之物,一为外来之物,二者均发出千重火焰与灯影,可见是有多重灯火组合而成。火树被做成千姿百态的形状,诗人则选取其中的舞龙衔灯、鸡踏莲花灯树之状,描绘其绽放时传递出的融融春色:

> 花萼楼前雨露新,长安城里太平人。龙衔火树千重焰,鸡踏莲花万岁春。
> 帝宫三五戏春台,行雨流风莫妒来。西域灯轮千影合,东华金阙万重开。②

---

① 《朝野佥载》卷三,第69页。
② 《张说集校注》卷一〇,第二册,第546、547页。

沙武田指出莫高窟第 220 窟药师经变乐舞图中的"乐舞中间的方形九层灯架(实为灯楼)和两侧的圆形四层灯树(灯轮)"(见插页彩图 115)即张说诗歌中表现的"皇室大型灯会中的豪华灯具","分别是西域式的'灯轮'和中土式的'金阙'"。① 有关灯楼则引《明皇杂录》逸文:"上在东都,遇正月望夜,移仗上阳宫,大陈影灯,设庭燎,自禁中至于殿庭,皆设蜡炬,连属不绝。时有匠毛顺,巧思结创缯彩,为楼三十间,高一百五十尺,悬珠玉金银,微风一至,锵然成韵。乃以灯为龙凤虎豹腾跃之状,似非人力。(《六帖》四)"②指出乐舞图中的灯楼正是"毛顺所造大型灯楼的雏形或缩影。"③论证细致,但也将灯轮与灯树视为一体。

其二,唐人制作的灯轮亦会和佛教结合,雕绘刻镂佛像以七宝装饰,做成多重法轮的形制。崔液《上元夜六首(一作〈夜游诗〉)》其二:

  神灯佛火百轮张,刻像图形七宝装。影里如闻(一作"开")金口说,空中似散(一作"放")玉毫光。④

从中可见上元夜即有刻绘佛像以七宝装饰的百轮灯轮,转动着喷出神异的佛火,光影闪烁的佛影中似乎听闻佛像张开金口布道陈说,空中似乎散发着珠玉毫光。孙逖(一作沈佺期)《正月十五日夜应制》云"洛城(一作'阳')三五夜,天子万年春。彩仗移双阙,琼筵会九宾。舞成苍颉字,灯作法王轮"⑤,叙写洛阳城正月十五日天子大宴群臣,看舞蹈,赏花灯,其中就有法王灯轮。

其三,唐代上元夜时制作的灯轮有花树状,伸出百重枝干,枝干上有重重花朵,已呈现出灯轮与中国传统百枝灯树融合的趋势。韩仲宣在《上元夜效小庾体》中叙述上元夜与友人相邀观看灯轮并集体赋诗之事,从中可见洛阳城内观灯之人倾城而出、车马鼎沸的盛况,亦可见灯轮的华美形制,其多彩华光从百枝上的花朵上洒下,落下美丽斑驳的花枝倩影:

  他乡月夜(一作"下")人,相伴看灯轮。光随九华出,影共百枝

---

 ① 沙武田:《一幅珍贵的唐长安夜间乐舞图——以莫高窟第 220 窟药师经变乐舞图中灯为中心的解读》,《敦煌研究》2015 年第 5 期,第 36 页。
 ② 《明皇杂录》逸文,第 55 页。
 ③ 《一幅珍贵的唐长安夜间乐舞图——以莫高窟第 220 窟药师经变乐舞图中灯为中心的解读》,第 36 页;433 窟图片,第 38 页。
 ④ 《全唐诗》卷五四,第一册,第 669 页。
 ⑤ 《全唐诗》卷一一八,第二册,第 1189 页。

新。歌钟盛北里,车马沸南邻。今宵何处好,惟有洛城春。①

其四,盛唐时贵族之家的灯树极尽奢华之事,高大繁复,以百枝千枝争竞。郑嵎《津阳门诗》云"韩家烛台倚林杪,千枝灿若山霞摛。昔年光彩夺天月,昨日销熔当路岐"②,描绘韩国夫人家的千枝灯树烛台,灿烂的光芒若山中的霞彩,其光彩可夺日月之光。其灯树在《开元天宝遗事》中则有更细致的描绘:"韩国夫人置百枝灯树,高八十尺,竖之高山上,元夜点之,百里皆见,光明夺月色。……杨国忠子弟,每至上元夜,各有千炬红烛……"③

亦有一些诗作并未叙写灯轮的形制。如陈子昂《上元夜效小庾体(见〈岁时杂咏〉)》仅是叙写了与友人相邀追逐洛阳城上元的月色、已来的春色之乐,在夜深人稀之时,仍守着灯轮的依恋之情:

三五月华新,遨游逐上春。……芳宵殊未极,随意守灯轮。④

另有寺庙使用的灯轮,戴寥的残句"蛾绕灯轮千焰动,鹤飞云路一声长"(《宿报恩寺》⑤),描绘蛾儿环绕灯轮散发的千重火焰而飞动的情境。

D. 灯之于皇室生活之意蕴

《全唐诗》中提及灯意象的多达一千四百零七首,亦有大量专咏灯或正月十五时观灯之作,足见唐人对灯的依恋之情。在唐人灯的叙写中可见唐人与灯结缘的种种情态,而皇室成员的灯烛吟咏,则与公主之家的灯最为接近,在她们未出嫁的时光里,是与皇室之灯相伴,即便出嫁离开皇宫,亦会以此材质、形态制作宅第之灯。它是陪伴着皇室成员励精图治、长夜阅读身影之物,李世民《赋尚书》云"辍膳玩三坟,晖(本作'辉',《初学记》作'留')灯披五典(一作'日昃玩百篇,临灯披五典')"⑥,叙写灯下批阅经典的情形。它也是皇室成员夜宴时的装点,武则天《早春夜宴》云"九春开上节,千门敞夜扉。兰灯吐新焰,桂魄朗圆辉"⑦,可知在上元节的皇室夜

---

① 《全唐诗》卷七二,第二册,第786页。
② 《全唐诗》卷五六七,第九册,第6622页。
③ 《开元天宝遗事》开元卷下、天宝上,第55页。
④ 徐鹏校点:《陈子昂集·补遗》,上海古籍出版社2013年版修订本,第277页。
⑤ [日]上毛氏河世宁纂辑:《全唐诗·全唐诗逸中》,第十三册,第10272页。
⑥ 《全唐诗》卷一,第一册,第10页。
⑦ 《全唐诗》卷五,第一册,第59页。

宴中,千门敞开,兰灯吐着火焰,月儿圆圆散发着明朗的光辉。紧接着唐代的五代时期,南唐先主李昪有《咏灯》诗云:"一点分明值万金,开时惟怕冷风侵。主人若也勤挑拨,敢向尊前不尽心?"①可知其仅九岁还在徐温府上时即深知灯之重要性,知其仅一点光明就足以当万金之价,因极为珍爱,所以小心呵护,开门也生怕其被冷风侵入,并将人挑拨灯芯的殷勤呵护之举,灯烛因此而长明的现象,比附为主人若关爱有加,烛灯必倾尽忠心的和谐的主物关系。

E. 结论:公主府灯树、灯轮的特质

通过上述文献与图像的阐释,亦可以基本直接观览或推知公主之家灯烛的情形:其一,其材质来源于皇室拥有的各地贡品,制作精美,光源充足,亦常以多枝、百枝甚至千枝的形制散发出辐射面广阔的光线,以此营造出灯火辉煌的气息。其二,公主府的灯树、灯轮极为华丽繁复,姿态多样,会以来自本土或异域的珍稀珠宝装饰。其三,它是公主夜宴时的有力保障,见证着公主的日常生活尤其是夜幕降临后的种种活动,或觥筹交错,或静静读书,或其他家居生活。灯树、灯轮还是公主府(包括公主本身乃至其子孙)婚礼花烛日、上元节乃至平时生活中极为重要也最为令人瞩目的器物,其灯树高大多枝如树的外形,既精美,又可安放并散发多束光源,其灯轮如转轮的外形与设计,均令公主府在每个夜幕至天明的时段呈现出耀目辉煌恍如白昼的样子。

(3)夜光珠

《杜阳杂编》中细述了公主府奇异的夜明珠:

> 韦氏诸家好为叶子戏,夜则公主以红琉璃盘盛夜光珠,令僧祁捧立堂中,而光明如昼焉。②

可使堂中黑夜亮如白昼的夜明珠,令公主宅邸成为改变了周而复始白天与黑夜交替运行之天道的灵异之地,变成逃却了黑夜的温柔富贵乡。

夜光珠(夜明珠)在文献中极少提到,《三国志·魏书》注释引《西域旧图》:

> 大秦多金、银……大贝、车渠、玛瑙、南金、翠爵、羽翮、象牙、符采

---

① 《全唐诗》卷八,第一册,第74页。
② 《杜阳杂编》卷下,第27页。

玉、明月珠、夜光珠、真白珠、虎珀、珊瑚……①

夜光珠、夜明珠唐前诗文乃至唐代诗文中极少见,而夜光之物,如夜光枕、夜光杯、夜光帘则有,如"葡萄美酒夜光杯"(王之涣《凉州词二首》其一)、"夜光玉枕栖凤凰"(李贺《许公子郑姬歌》②)、"寒星遥映夜光帘"(和凝《宫词》第十三③)。暗含并能推断为夜光珠的,如邵谒《览孟东野集》云"蚌死留夜光"④,李商隐《判春》云"一桃复一李……珠玉终相类,同名作夜光"⑤,以夜光珠玉比喻桃李花开之明媚之光;吕岩《七言》第十七首云"袖出神珠彻夜明"⑥。另有专题吟咏一种可发出夜光的珍珠,即王损之《赋得浊水求珠》:

积水非澄彻,明珠不易求。依稀沉极浦……徒看川色媚,空爱夜光浮。月入疑龙吐,星归似蚌游……⑦

可知这种珍珠出自极浦中的蚌壳之中,非常难得,有夜光浮于波涛之中。

2. 公主府的遮蔽、装饰器具:精致华美的屏风

叙及唐代公主宅第、园林屏风的诗文极少,对其形制特点的细绘更少,但诗文中选择的金屏,亦足以昭示其屏风最突出的特质,即材质华贵,给人耀目辉煌的直接观感。崔日用在《夜宴安乐公主宅》写道:"银烛金屏坐碧堂,只言河汉动神光。"⑧诗歌起句勾勒了公主府第内摇曳不定的烛光在精美富丽的屏风上洒下的斑驳投影,为公主的金屋碧堂渲染出一种恍若仙境的朦胧幽美氛围。

另有凤扆、宸扆被叙及,是指帝王座后的屏风,凤扆多指"帝座","《事物异名录》卷十四《宫室部·皇宫》:'《山堂肆考》:凤扆,帝座也'"⑨,另有解释是"饰有凤凰的屏风,指帝座"⑩,以此可见公主宅第、园林与皇室之密

---

① 《三国志》卷三〇《魏书三〇·乌丸鲜卑东夷传三〇》,第三册,第861页。
② 《李长吉歌诗编年笺注》卷一,第52页。
③ 《全唐诗》卷七三五,第十一册,第8477页。
④ 《全唐诗》卷六〇五,第九册,第7049页。
⑤ 《李商隐诗歌集解·不编年诗》,第1793页。
⑥ 《全唐诗》卷八五六,第十二册,第9740—9741页。
⑦ 《全唐诗》卷四六四,第七册,第5303页。
⑧ 《全唐诗》卷四六,第一册,第563页。
⑨ 龚延明:《中国历代职官别名大辞典》,上海辞书出版社2006年版,第146页。
⑩ 江蓝生、陆尊梧主编:《实用全唐诗词典》,山东教育出版社1994年版,第104页。

切关系,如"流凤扆之殊恩"(崔致远《贺封公主表》①)。唐代公主墓志铭中还多次提及宸扆,以叙述帝王因公主逝去之哀痛,如"哀结宸扆,悲缠曾掖"(《大唐故新城长公主墓志铭》②铭词其七)、"念深宸扆,悲惨曾霄"〔《唐故宜都公主墓志铭(并序)》③〕等。

公主宅第奢华的屏风,可以代宗朝权臣元载宅第内拟比帝王之家的屏风为参照:"内设悬黎屏风,紫绡帐。其屏风本杨国忠之宝也。屏上刻前代美女伎乐之形,外以玳瑁水犀为押,又络以真珠、瑟瑟。精巧之妙,殆非人工所及。"④其屏风以各种来自异域的珍稀珠宝为装饰,又雕刻着非常精美的图画。公主的屏风无实物留存,但其形制可参照绘于图画中的其他贵族官员室内的屏风(见插页彩图116、124)。

3. 公主府的熏香、取暖用具:精美馥郁的香炉

银炉,指白银香炉,是贵族之家用以熏香的器具,公主府里自然少不了这一令满室生香的器物。李乂《高安公主挽歌二首》其一云"银炉称贵子(一作'幸',《全唐诗》作'幸')"⑤,宋之问《太平公主山池赋》云"银炉翕习,烟生雾集",张说《鄎国长公主神道碑铭》云"银炉烟断,罗幕霜飞"⑥。安乐公主花巨资造百宝香炉,香炉雕刻着珍禽与怪兽,以来自西域的玛瑙、琉璃、玻璃、来自海域的珍稀珠宝珍珠、砗磲、珊瑚点缀装饰,香气氤氲,珠光耀目:

> 又为宝炉,镂怪兽神禽,间以璲贝珊瑚,不可涯计。⑦
>
> 洛州昭成佛寺有安乐公主造百宝香炉,高三尺,开四门,绛桥勾栏,花草、飞禽、走兽、诸天伎乐、麒麟、鸾凤、白鹤、飞仙,丝来线去,鬼出神入,隐起钑镂,窈窕便娟。真珠、玛瑙、琉璃、琥珀、玻璃、珊瑚、砗磲、琬琰,一切宝贝,用钱三万。府库之物,尽于是矣。⑧

---

① 《桂苑笔耕集》卷一,第4页。
② 《全唐文补遗》第五辑,第127页。另见《唐〈新城长公主墓志〉考》,《碑林集刊》第六辑,第34页。
③ 《唐代墓志汇编续集》,第787页。
④ 《杜阳杂编》卷上,第5页。
⑤ 《文苑英华》卷三一〇《挽歌》(第二册),第1590页。《全唐诗》卷九二,第二册,第993页。
⑥ 《重校正唐文粹》卷五五下。《张说集校注》卷二一《碑》,第1016页。
⑦ 《新唐书》卷八三《诸帝公主传》,第十二册,第3654页。
⑧ 《朝野佥载》卷三,第70页。

王维《奉和杨驸马六郎秋夜即事》云"少儿多送酒,小玉更焚香"①,叙写秋夜在驸马宅内的欢宴,其间即有侍女焚香。司空曙《题玉真观公主山池院》云"香殿留遗影,春朝玉户开"②,以香殿玉户修饰眼前公主园林中的建筑。

唐人还以荀令香形容风动处公主园林弥漫的香气。据《太平御览》记载:"《襄阳记》曰:刘和季性爱香,上厕置香炉。主簿张坦曰:'人名公作俗人,真不虚也。'和季曰:'荀令君至人家坐处三日香,君何恶我爱好也?'"③

唐人极喜用香,日用的衣服、车马等均会熏香,于是唐代公主驸马诗文中"荀令香"多被使用,如"风动令君香"(李百药《安德山池宴集》④)、"熏香荀令偏怜少"(李端《赠郭驸马》⑤)、"欲栖金帐满城香"(卢纶《王评事驸马花烛诗》⑥)、"牙香禁乐镇相携"(张蠙《宴驸马宅》⑦),牙香即用多种香料研末制成的香。而和政公主谢绝帝王的其他特殊赏赐,唯"请名香数斤,赋于佛寺,为主祈福而已"⑧。郭仲恭与金堂长公主同穴合葬墓中出土有鸟形石器熏炉(见图58)。

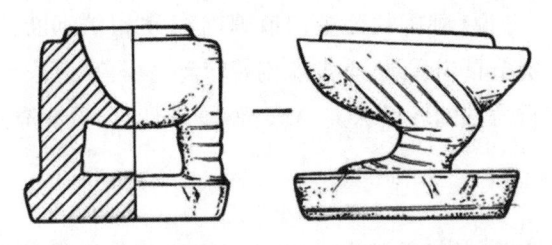

图58　金堂公主墓出土鸟形石器熏炉
(图片来源:《唐郭仲恭及夫人金堂长公主墓发掘简报》)⑨

唐代香炉造型多样,莲花装饰香炉较为流行,五足香炉亦较常见。其他如熏球、博山炉、塔形香炉、长柄香炉、各种动物造型的熏炉等。与皇室用香炉相关的文物,则如法门寺供佛具,于此可见公主日常生活用熏炉之一斑(见插页彩图117)。

---

① 《王维集校注》卷七〔未编年诗(天宝下)〕,第591页。
② 《司空曙诗集校注》,第1页。《全唐诗》卷二九二,第五册,第3304页。
③ 《太平御览》卷七〇三《服用部五》,第3139页。
④ 《全唐诗》卷四三,第一册,第538页。
⑤ 《全唐诗》卷二八六,第五册,第3263页。
⑥ 《卢纶诗集校注》卷二,第210页。《全唐诗》卷二七七,第五册,第3143页。
⑦ 《全唐诗》卷七〇二,第十册,第8154页。
⑧ 《颜鲁公文集》卷八,《三长物斋丛书》本。《全唐文新编》第二部,第二册,第3940页。
⑨ 《唐郭仲恭及夫人金堂长公主墓发掘简报》,《文博》2013年第2期,第15页。

早在汉代古人就将取暖与用香结合,当时有在铜制容器里放入火炭可置于被中取暖、熏香的"被中香炉"。司马相如《美人赋》中有'金锤熏香,……'之句,宋代学者章樵注解,'锤音匜,香球,衽席间可旋转者'"①。《西京杂记》中把这种熏香的器具称为"被中香炉":

  长安巧工丁缓……又作卧褥香炉,一名被中香炉。本出房风,其法后绝,至缓始更为之。为机环,转运四周,而炉体常平,可置之被褥,故以为名。②

  唐墓出土很多"被中香炉",又称"暖手香囊"(见插页彩图118),构造极为精巧,分三层,最外层为镂空球形,"上下半球以子母扣和合页链接。中层有两个同心圆环,以活轴连接外壁和内层的焚香盂"③,"三个套环的轴按互相垂直的轴向装置"④,无论怎么转动,半球香炉总保持平衡,小圆钵的炭灰和香丸亦不会洒漏。

  传世文物中还有非常精美的紫檀金钿柄立狮子香炉(见插页彩图119)。

4. 公主府的夏天:避暑的水阁、洞府及纳凉器具

  盛夏之时,公主宅第园林的降温避暑设施完备,足以令长夏不热。一方面公主园林广布树木花草,自生阴凉;一方面得地理自然之优势,有山有水,高山之上气温本就较低,高处又多风,且有经久不化的寒冰积雪,又于临水处建有亭阁,风起时自带水中凉气,加之阴气寒气凝聚的幽深洞府和依山而建的建筑或山中天然的洞穴,同时还有储存的寒冰。和凝《宫词百首》云"水殿垂帘冷色凝,一床珍簟展春冰。才人侍立持团扇,金缕双龙贴碧藤","珠帘静卷水亭凉,玉蕊风飘小槛香",⑤可谓皇室夏日纳凉情境的最好注释,有冷色凝结的水殿,卷起珠帘凉气习习的水亭,珠宝玉石装饰的华丽簟席,才人侍立左右摇动的以碧藤条贴制丝缕加贴金或捻金工艺织绣出双龙的精美团扇,还有风飘过时玉蕊的阵阵花香。身居皇室时,公主自会享受这种夏日幽凉,离开宫门后,于皇室庆典、宴饮、聚会中亦会于此消

---

① 杨善彬编:《世界科技全景百卷书十三:生活用品大观》,中国建材工业出版社1998年版,第34页。
② 《西京杂记》卷一,第15页。
③ 装饰杂志社编:《装饰文丛》一四(特别策划),辽宁美术出版社2017年版,第275页。
④ 《中华文明大辞典》,第261页。
⑤ 《全唐诗》卷七三五,第十一册,第8479、8480页。

夏,公主府亦会取用或模仿这样的配置。

（1）唐代公主的水殿、水亭、水阁与洞府

唐代公主夏季避暑居处有水殿、水亭、水阁与洞府,唐代诗文亦留下痕迹。

①唐代公主的水殿、水亭与水阁考论

唐诗中多处提及公主园林的水阁与水亭。李乂《侍宴安乐公主山庄应制》云"水阁山楼望九霄……悬冰滴滴依虬箭"[1],可知山庄在依山傍水处建造着耸入云霄的高大楼阁,山岭深处亦有悬冰。宋之问《太平公主山池赋》云"分水亭而对出"[2],刘禹锡《刘驸马水亭避暑》云"千竿竹翠数莲红,水阁虚凉玉簟空……赐冰满碗沉朱食",可知公主驸马宅的夏天,园林中有千竿翠竹、摇曳莲丛,临水而建的水阁凉风习习,又有玉质簟席、冰镇的饮食,均可消暑。公主未嫁前于皇室长成,王建《宫词》第五十八对皇室之水阁有专门叙写:"风帘水阁压芙蓉,四面钩栏在水中。避热不归金殿宿,秋河织女夜妆红。"[3]可知水阁压池水而建,阁上有帘幕遮蔽,四面有接水而建的围栏,宫人往往于此避暑而不回金殿住宿,皇室女子在银河、星月映衬下格外明丽。

依水、临水建亭台楼阁,甚至更为宏观大型的宫殿群,是古人的生活需求、审美需求及与水的依存关系在建筑园林实践中生成的重要模式之一,也是唐人的园林建筑特色之一。究其原因,一方面是由于人与水的依存关系,自有人类以来即是如此,水供人以衣食住行等生活必需之资源,文人们对水又有更深的感知与依恋,赋予其种种文化深蕴,老子称颂"上善若水",孔子感叹"逝者如斯夫",诗歌中对各种水之曼妙姿态有大量的描绘,亦以水比附人的种种情感。于是拥有园林者,拥有各种或天然形成或人工营建的水源之景后,临水建亭台楼阁也是少不了的人文景致,可以坐拥水上美景,更是避暑的绝佳处所。对这些依水而建的建筑倾注极大热情将其纳入文学的也是唐人。唐代文学中的水殿、水亭、水阁、水槛书写极多,以此也可从侧面观览唐代公主水阁、水亭之一斑。

何为水殿,水殿的建构与特质:水殿对于皇家庭苑而言,是非常重要的建筑,唐代公主长于皇宫,亦会于此游赏或纳凉。水殿在文献中出现较晚,北齐的皇宫中有华林园(后改为仙都苑)水殿,据《历代宅京记》载:"玄洲

---

[1] 《全唐诗》卷九二,第二册,第993页。
[2] 《沈佺期宋之问集校注·宋之问集校注》卷五(赋),第637页。《全唐文》卷二四○,第三册,第2427页。
[3] 《王建诗集校注》卷一○,第602—603页。

苑、仙都苑,苑中封土为五岳。五岳之间分流四渎为四海……海池之中为水殿(周回十二间,四架,平坐广二丈九尺,基高二尺四寸,户八窗。殿脚船二只,各长五丈二尺。上作四面步廊,周回四十四间,三架,悉皆彩画。垂五色流苏帐帷,枕悬玉佩。柱上挂方镜,下悬织成香囊,用锦褥为地衣,花兽连钩,皆纯金,饰以孔雀、山鸡、白鹭、翡翠毛,彩物光明,夺人目力,不能久视焉)。"[1]这种水殿也为王公贵族所喜爱,并营建于宅第、园林中。《北史·秦王俊列传》对秦王府邸水殿有细致叙述:"又为水殿,香涂粉壁,玉砌金阶,梁柱楣栋之间,周以明镜,间以宝珠,极莹饰之美。每与宾客伎女弦歌于上。"[2]可知这种水殿,依水而建,以香料涂饰,又以各种珠宝装饰,香气四溢,华丽耀目。又《隋书》记载:"(陈司空侯安都)又借华林园水殿,与妻妾宾客置酒于其上,帝甚恶之","宫内水殿若有刀锯斫伐之声,其殿因无故而倒……水殿者,游宴之所"。[3] 隋炀帝大兴土木,在新建的西苑营建曲水池,又临水建水殿,还依照水殿建筑仿制多种大小舟船,将之命名为水殿、小水殿,据《大业杂记》记载:"元年夏五月,筑西苑……海东有曲水池,其间有曲水殿,上巳禊饮之所。……皇后御次水殿,名翔螭舟……又有小水殿九,名浮景舟,并三重,朱丝网络。"[4]

唐代园林沿袭前朝,也会在水边建大型建筑水殿以纳凉,唐文中即有叙述和描绘,多突出的是水殿纳凉的功能,如"追凉水殿,避暑山楹"(《高宗天皇大帝哀册文》[5])、"入禅林而避暑,肃风景于中林;开水殿而追凉,彻氛埃于户外"(陈子昂《晖上人房饯齐少府使入京府序》[6]);也有突出水殿依临的池中的曼妙荷花和光影灵动的,如"秋壑芙蓉,光浮水殿"(王勃《益州绵竹县武都山净慧寺碑》[7]);还有以鸟羽装饰的水殿、旌旗掩映的华丽车具做比喻的,如"谁为鬻缃绮,碎明霞,凤葆葱茏于水殿,霓旌掩苒于云车"〔陆龟蒙《郁李花赋(乾符三年作)》[8]〕等。而专咏之文,则有黄滔《水殿赋》细细铺绘了隋炀帝仿水殿而建的奢华豪舟,屹立于千艘之上的水

---

[1] 〔清〕顾炎武:《历代宅京记·邺下·城内外杂录》卷一二《邺下》,中华书局1994年版,第186页。赵琳:《魏晋南北朝室内环境艺术研究》,东南大学出版社2005年版,第50页。
[2] 〔唐〕李延寿:《北史》卷七一列传五九《秦王俊列传》,第八册,中华书局1974年版,第2467页。
[3] 《隋书》卷二二志一七《五行上·貌不恭》《金沴木》,第624、632页。
[4] 辛德勇辑校:《两京新记辑校、大业杂记辑校》,第13—15、19页。
[5] 《全唐文》卷九六,第一册,第992页下。
[6] 《陈子昂集》卷七,第186页。《全唐文》卷二一四,第三册,第2165页下。
[7] 《王子安集注》卷一六,第466页。《全唐文》卷一八三,第二册,第1864页上。
[8] 《全唐文》卷八〇〇,第九册,第8399页上。《陆龟蒙全集校注·唐甫里先生文集》卷一四,第825页。

殿奇形怪状、层层叠叠,如云楼,如禁苑中高大的轩宇耸峙于江上,又有大量的精美雕刻和无与伦比的彩饰,装饰着羽毛、璧玉,四角则有豁亮的镜子:

> 昔隋炀帝,幸江都宫,制龙舟而碍日,揭水殿以凌空。诡状奇形,虽压洪流之上;崇轩峻宇,如张丹禁之中。当其城苑兴阑,烟波思起。截通魏国之路,凿改禹门之水。于是怪设堂殿,妙盘基址。屏开于万象之外,岳立于千艘之里。还于玉阙,控鳌海以峥嵘;稍类云楼,拔虡江而耸峙。皆以彩饰无比,雕镌罕量。装羽毛而摇裔,叠琼璧而荧煌。镜豁四隅,远近之风光写入;花明八表,古今之壮丽攒将。天子乃纵巡游……兰棹桂楫之骈阗,行辞洛口。鸳瓦虹梁之岌嶪,坐彻夷门。……銮辂而飘成覆辙,楼船而堕作沉舟……霞窗绣柱,大零落于东流。①

其形制亦可参照宋画中的水殿(见插页彩图120)。

何为水亭、水亭的建构与特质:亭之解释参考前述,水亭则是临水而建之亭。水亭是园林里必不可少的人文景观,甚至被用来代称园林。唐代公主诗文中仅是提及水亭之名,未有更多细节描写,但唐诗中的吟诵极多,标题专咏也不少,如刘长卿的《春日宴魏万成湘水亭》、钱起的《县内水亭晨兴听讼》、韩翃的《东城水亭宴李侍御副使》、李益的《水亭夜坐赋得晓雾》、孟郊的《旅次洛城东水亭》、元稹的《公安县远安寺水亭见展公题壁漂然泪流因书四韵》、白居易的《宿窦使君庄水亭》、张祜的《信州水亭》、裴夷直的《水亭》、李群玉的《同张明府游溇水亭》、陆龟蒙的《题杜秀才水亭》、杜荀鹤的《晚泊金陵水亭》、唐求的《邛州水亭夜宴送顾非熊之官》、护国的《题王班水亭》、皎然的《汤评事衡水亭会觉禅师》《同李中丞洪水亭夜集》、卫填的《题水亭》等。从中能更多见出唐代水亭、水阁的某些特质。

从以水亭代指园林或邮驿的唐诗,可知其特质:其一,能被称作水亭者园林中必少不了水景,也包括临水而建之亭阁,如闾丘均《临水亭》云"联绵渚萦岛"②。其二,上自皇室下至私人园林,从驿馆到道观、佛教庭院,都会有临水而建的亭台楼阁。其三,水亭是用来纳凉、观水间风景而设,往往和山水相连融为一体,水间既有自然生长之万物,亦有人工培植的风景,菱

---

① 《全唐文》卷八二二,第九册,第8661页下、8662页上。
② 《全唐诗》卷九四,第二册,第1012页。

角荷花是其中最为曼妙之景,于此可见天地之宽阔,观烟波之浩渺、山峦之层叠,听鸟儿之婉转啼鸣,听渔歌互答。如岑参《六月三十日水亭送华阴王少府还县(得潭字)》云"亭晚人将别,池凉酒未酣……荷叶藏鱼艇,藤花胃客簪……赖此庭户里,别有小江潭"①,可知以水亭代称的园林里一定有一方水源,或为小溪,或为小江潭,也一定有临水而建的亭子,于此悠游终日,饮酒观景,看摇曳高柳,听小溪潺潺,寻藏于密密荷叶中的渔舟,解缠绕在发间的藤蔓;其《虢州卧疾,喜刘判官相过水亭》云"观棋不觉暝,月出水亭初"②,既以水亭代指园林或水驿邮亭,又描述了临水而建之水亭上新月初上的画境。高适《涟上题樊氏水亭》云"经时驻归棹,日夕对平川……亭上酒初熟,厨中鱼每鲜……菱芋藩篱下,渔樵耳目前"③,诗人水中划桨,日夕对水景,于亭间温酒,品尝厨中新作的鲜鱼美味,看渔樵往来,听渔樵问答。杜甫有《过南邻朱山人水亭》云"幽花欹满树,细(一作'小',胡云:丽泽本作'野')水曲(一作'细')通池"④。

唐诗对园林中临水而建水亭的描绘亦不少,多为诗句中点及,专咏较少,但也可见其某些特质:其一,绿波、芰与荷是水亭前少不了的风景:如"荷芰水亭开"(杜审言《夏日过郑七山斋》⑤)、"荷香入水亭"(周瑀《送潘三入京》⑥)、"侧见绿水亭,开门列华茵"(李白《赠崔司户文昆季》⑦)等。其二,水亭中凉风习习,如"水亭风气凉"〔李白《寻阳送弟昌峒鄱岠(〈全唐诗〉作"阳")司马作》⑧〕、"水亭暮雨寒犹在"(李商隐《回中牡丹为雨所败二首》其一⑨)等。其三,水亭里常有簪缨聚集、歌舞宴会,如"水亭开帘幕,岩榭引簪裾"(李益《春日晋祠同声会集得疏字韵》)。其四,少不了对水亭的吟诵赋诗,如"水亭吟断续"(李商隐《摇落》⑩)、"水亭山寺二年吟"(杜荀鹤《送人归沨上》⑪)等。其五,水亭游赏,如"密雪水亭深"、"往岁曾游

---

① 《岑嘉州诗笺注》卷四,下册,第682、683页。
② 《岑嘉州诗笺注》卷三,下册,第625页。
③ 《高适诗集编年笺注》第一部分(编年诗),第134页。
④ 《杜诗详注》卷九,第762页。
⑤ 《全唐诗》卷六二,第二册,第733页。
⑥ 《全唐诗》卷一一四,第二册,第1163页。
⑦ 《李太白全集》卷一〇,第538页。
⑧ 《李太白全集》卷一八,第846页。
⑨ 《李商隐诗歌集解·编年诗》,第270页。
⑩ 《李商隐诗歌集解·编年诗》,第777页。
⑪ 《全唐诗》卷六九三,第十册,第8053页。《杜荀鹤文集》卷三,上海古籍出版社2013年版宋蜀刻本,第99页。

弄水亭,齐峰浓翠暮轩横"(徐铉《雪中作》《池州陈使君见示游齐山诗因寄》①),"水亭山阁自携持"(刘兼《从弟舍人惠茶》②)等。

对水亭之妙多角度铺绘的诗作也不少,从中可见唐人水亭的更多细节。如祖咏的《陆浑水亭》《题韩少府水亭》《晚泊金陵水亭》写道:

昼眺伊川曲(一作"水"),岩间霁色明。浅沙平(一作"明")有路,流水漫无声。浴鸟沿波聚,潜鱼触钓惊。更怜春岸绿,幽意(一作"兴")满前楹。

鸟吟(一作"啼")当户竹,花绕傍池山。水气侵阶冷,松(一作"藤")阴覆座闲。

江亭当废国,秋景倍萧骚。夕照明残垒,寒潮涨古濠。就田看鹤大,隔水见僧高。无限前朝事,醒吟易觉劳。③

可知水亭往往临川、临江、临池而建,在水亭里凭轩眺望可见逝去的流水、蜿蜒的沙路、山岩的光色,俯视近看可见沿波聚集的浴水之鸟、触到钓钩惊起的沉鱼、岸边的青草、楹柱前的幽幽春意,环池山亦会栽植竹林、松树,以及各种花木、藤蔓,鸟儿在丛林中鸣啼,水气的凉意侵染台阶而来,有时也会看到寒潮涨满古濠,隔水看到高僧与田间的白鹤。

白居易《重修府西水亭院》叙述在府西凿修池沼,在其高处修筑亭台,分水引入园中,栽植花木,凭轩而立的情境:

因下疏为沼,随高筑作台。龙门分水入,金谷取花栽。绕岸行初匝,凭轩立未回。园西有池位,留与后人开。④

鲍溶的《宿水亭》中可见水亭里压着碧波并与之通连的雕刻精美的楹柱、彩绘的栏槛,星月陪伴着的芙蓉,如碧幕般的水波上闪闪的鱼鳞,夜间的水亭寒气袭人、月光皎洁、景色曼妙,如置身于广寒宫之中:

---

① 《全唐诗》卷七五三、卷七五五,第十一册,第8654、8675页。
② 《全唐诗》卷七六六,第十一册,第8787、8788页。
③ 《全唐诗》卷一三一,第二册,第1334、1335页。
④ 《白居易集笺校》卷二八,第1982页。

雕楹彩槛压通波(一作"陂"),鱼鳞碧幕衔曲玉。夜深星月伴芙蓉,如在广寒宫里宿。①

杜牧对池州弄水亭多有吟咏,有《春末题池州弄水亭》,又有《题池州弄水亭》,对弄水亭所观览之景有极为细致的铺绘:

> 弄水亭前溪,飐滟翠绡舞。绮席草芊芊,紫岚峰伍伍。螭蟠得形势,翚飞如轩户。一镜奁曲堤,万丸跳猛雨。槛前燕雁栖,枕上巴帆去。丛筠侍修廊,密蕙媚幽圃。杉树碧为幢,花骈红作堵。停樽迟晚月,咽咽上幽渚。客舟耿孤灯,万里人夜语。漫流胃苔槎,饥凫晒雪羽。玄丝落钩饵,冰鳞看吞吐。断霓天帔垂,狂烧汉旗怒……幽抱吟九歌,羁情思湘浦。四时皆异状,终日为良遇。小山浸石棱,撑舟入幽处……②

可见弄水亭前溪水光荡漾,如舞动的翠绡,绮席前芊草青青,山岚耸列,山峦如螭龙盘踞,轩户高峻壮丽如有着奇异五彩的山雉展翅飞翔,曲折的堤岸环绕着如镜的曲水,丛丛竹林环侍于长廊,密密兰蕙取媚于幽圃,栏槛前栖息着燕雁,于枕上即可见巴帆远去、千帆竞渡的情境,碧绿的杉树如幢,丛生的红花如堵,于夜月下停杯,看明灭的耿耿孤灯,听幽渚上的呜咽流水之声,广渺碧波上的夜语之声,漫流浮槎上缠绕的青苔,饥凫晒着雪白的羽毛,冰鳞吞吐的钓饵,天边垂挂的绚烂虹霓,如怒火燃烧的旗帜,撑一叶小舟入更深幽处观览,于此诗情满怀。杜牧在《冬日五湖(〈全唐诗〉许浑诗作"浪")馆水亭怀别》中叙写水亭凭栏槛所见,细雨中芦荻纷飞、寒林叶落、鸟儿从巢中飞出、古渡风高、渔艇稀少,云儿终日环绕着丛山,荒草丛生于小径,日暮时江城之水急急流走:

> 芦荻花多触处飞,独凭虚槛雨微微。寒林叶落鸟巢出,古渡风(许诗作"浪")高渔艇稀。云抱四山终日在,草荒三径几时归。③

唐文中亦有关于水亭的叙写。如李白《夏日(缪本于"日"字下多一

---

① 《全唐诗》卷四八六,第八册,第5568页。
② 《杜牧集系年校注·樊川外集》,第一册,第142页。
③ 《杜牧集系年校注·集外诗一》,第四册,第1357页。《丁卯集笺证》卷九,第284页。《全唐诗》卷五三六,第八册,第6173页。

"奉"字)陪司马武公与群贤宴姑熟亭序》写道:"通驿公馆南有水亭焉,四甍翚飞,巉绝浦屿。盖有前摄令河东薛公栋而宇之;今宰陇西李公明化开物成务,又横其梁而阁之。昼鸣闲琴,夕酌清月,盖为接辀轩、祖远客之佳境也。……司马武公……谓前长史李公及诸公曰:'此亭跨姑熟之水,可称为姑熟亭焉。'"①可知馆驿中的水亭因跨水而建得名,其四甍如鸟翼飞动,华美壮丽,于此可抚琴饮酒,可赏景观月。独孤及《扬州崔行军水亭泛舟望月宴集赋诗序》云"至是登于仙舟,泳彼新流,掇芳玩奇,以永今日。日不足,故用夜漏以继之。羽觞未及数覆,银河横而金波上"②,叙写水亭宴集饮酒、观景,听丝竹管弦之乐,泛舟赏月、看银河横于金波之上的壮观景象之乐。陆羽《游慧山寺记》云:

> 寺前有曲水亭,一名憩亭,一名歇马亭,以备士庶投息之所。其水九曲……渊沦潺湲,濯漱移日。寺中有方池一,名千叶莲花池,一名纻塘,一名浣沼……池上有大同殿……从大同殿直上,至望湖阁,东北九里有上湖,一名射贵湖,一名芙蓉湖……苍苍渺渺,迫于轩户。③

从中可见曲水亭临水而建,是为了给众人提供休憩之所,亭前水流九曲,井壁以纹石修砌,藤蔓绕甍,池沼之上广栽莲花,烟波浩渺,临水又建有水殿,沿水还建有望湖阁,湖上亦栽植有芙蓉。李直方《白蘋亭记》对依水而建的水景与亭台楼阁均有细致铺绘:流波环绕,绵云缭绕万峰,压水而建的丛立建筑,可见天水相交、丛生之茭菰等水生植物、群游的凫鹤;可见显爽合宜、洲之阳面修建的水亭,亭有廊、轩,依照建造栋宇之法,屋宇有高大众多之美,打凿密石,建造出艳丽壮观如五彩飞鸟展翅之状,施工建造的水亭宏壮有度,室内如铺雪般明朗洁净,曲沼逶迤从中贯穿,飞梁夭矫成对而起,亭间栽植各种香草、花木,有辛夷、木兰、紫桂、翠筼,风起时,萦绕花叶、摇动花蕊,花瓣在空中纷飞、于水上浮动,香气四溢,又有怪石嶙峋,穿插着芙蕖与白蘋,水与天相接,百里之内如组绣般绚烂:

> 前有大野,绵云缭以万峰;后有名都,压水骈以千室。……茭菰丛生,凫鹤朋游,嘉名虽曜,清境或弃。公于是相显爽之宜,立卑高之程,

---

① 《李太白全集》卷二七,第1258—1259页。
② 《全唐文》卷三八八,第四册,第3942页上。
③ 《全唐文》卷四三三,第五册,第4419页下。

第六章 旧识平阳佳丽地:唐代公主的生活空间及相关建筑 515

据洲之阳,揆日之正,揭大亭一焉,修廊双注,北距于霤,浮轩辙流,峨水亭二焉。大可以施筵席,小可以容晏豆,凡栋宇之法,轮奂之美,锸刮密石,用成翚飞,施宏壮而有度,备彤紫而不蹐。内则庭除朗洁,弥望铺雪;曲沼逶迤以中贯,飞梁夭矫而对起;紫桂翠筸,辛黄木兰;碧枚丹实,蛇走珠缀;鲜飙暗起,荥叶振蕤;落英飘飘,洒空浮水;天目神池之上,多不名之卉;洞庭水府之下,产怪状之石。嶙峋乎玉容,葳蕤乎瑶芳,众荣偶植,罗列布濩。外则差以白蘋,间之红藻,川与天远,百里如组。邦君之来,肃肃旌旌,彩舟徐移,鱼跃鸟鸣。①

何为水阁,水阁之建构与特征:水阁也是于水边建造的建筑物。从唐诗中的描写看,水阁有以下特质:其一,唐人喜于此谈天论道、集会宴饮或饮酒赋诗、吟诵题诗,或同登水阁、共上渔船而观览,如"登台坐水阁,吐论多英音"(李白《赠易秀才》),"花园欲盛千场饮,水阁初成百度过"(元稹《追昔游》②),"何年辞水阁"、"借君溪阁上,醉咏两三声"、"梦到花桥水阁头"、"水轩平写琉璃镜"、"爱君水阁宜闲咏,每有诗成许去无"〔白居易《重题》(一作《重题别遗爱草堂》)《城东闲行,因题尉迟司业水阁》《梦苏州水阁,寄冯侍御》《答尉迟少监水阁重宴》《答尉迟少尹问所须》③〕,"岳阳西南湖上寺,水阁松房遍文字"〔李涉《岳阳别张祜(祐)》④〕,"山房水阁连空翠"(施肩吾《题山僧水阁》⑤),"无端登水阁"、"瓦瓶盛水(《全唐诗》作'酒')瓷瓯酌,荻浦芦湾是要津"、"有山有水堪吟处,无雨无风见景时。渔父晚船分浦钓"、"沉吟(《全唐诗》作'吟沈')水阁何宵月"(杜荀鹤《霁后登唐兴寺水阁》《登灵山水阁贻钓者》《登石壁禅师水阁有作》《李昭象云与二三同人见访有寄》⑥),"他时忆著堪图画,一朵云山二水中"(曹松《题昭州山寺常寂上人水阁》⑦),"水阁寒多酒力微"(胡宿《次韵和朱况雨中之什》⑧),"同登水阁僧皆别,共上渔船鹤亦孤"(齐己《寄萍乡唐禀正

---

① 《全唐文》卷六八,第六册,第6244页下、6245页上。
② 《元稹集》卷九,第97页。
③ 《白居易集笺校》卷二〇、二三、二四、二五、二七,第1327、1608、1696、1733、1884页。
④ 《全唐诗》卷四七七,第七册,第5460页。
⑤ 《全唐诗》卷四九四,第八册,第5636页。
⑥ 《全唐诗》卷六九一、六九二,第十册,第7999、8033、8043、8044页。《杜荀鹤文集》卷一、卷二、卷三,第35、70、104、108页。
⑦ 《全唐诗》卷七一七,第十一册,第8324页。
⑧ 《全唐诗》卷七三一,第十一册,第8448页。

字》①)等。

其二,于水阁纳凉、住宿、休憩或登临、游赏观景,可见天水相接、山水环抱、烟波浩渺、万物生长之妙境,也可听到美妙的笛音笙歌,驾一叶扁舟游览,或登楼凭栏远眺,观竹林吐翠、荷花摇曳、鱼戏莲间、鸟栖栏槛则是少不了的观览之乐。如"楼台成海气,草木皆天香。忽逢青云士,共解丹霞裳。水退池上热,风生松下凉"(李白《安州般若寺水阁纳凉,喜遇薛员外乂》②),可见诗人在水阁纳凉,与友人翛然游赏,看楼台结成的海气、绚烂的丹霞,闻草木之香,感受水退后池上的蒸热,风起时松下的凉意。"鸟去鸟来山色里,人歌人哭水声中。深秋帘幕千家雨,落日楼台一笛风"(杜牧《题宣州开元寺水阁阁下宛溪夹溪居人》③),登临水阁可见山间飞鸟之往来,浮动在水上的人们的歌声、哭声,深秋时风雨中可见千家帘幕,落日楼台风吹处可闻悠扬笛声的袅袅余音。"夜半吹笙入水楼"(许浑《宿水阁》④),可见月色下海西水阁吹笙的情境。"池文带月铺金簟,莲朵含风动玉杯"(皮日休《宿报恩寺水阁》⑤),月光下的水池波纹旖旎如铺金的簟席,莲花含风摇曳。"峰抱池光曲岸平,月临虚槛夜何清。僧穿小桧才分影,鱼掷高荷渐有声"〔陆龟蒙《和报恩寺水阁》(《全唐诗》作《奉和袭美宿报恩寺水阁》)⑥〕,山峰环抱着池光,月光照临栏槛,夜色清幽,僧人穿过小桧分开树影,鱼儿在水里荷间跳掷。"水阁莲开燕引雏"(陈陶《水调词十首》其五⑦)、"水阁春来乍减寒"(徐铉《柳枝辞十二首》其七⑧),可见水阁前莲花初绽、燕儿携带雏鸟前来的生动画面,可知水阁春天初来乍暖还寒的气韵。"繁笳咽水阁,高盖拥云衢"(皎然《陪颜使君饯宣谕萧常侍》⑨),可听水阁上呜咽的繁笳之声,车水马龙的繁华。"珠殿香軿倚翠棱……云敛石泉飞险窦,月明山鼠下枯藤"、"溪木萧条一凭栏,玉霜飞后浪花寒。钓鱼船上风烟暝"(贯休《宿赤松山观题道人水阁兼寄郡守》《溪寺水阁闲

---

① 王秀林校注:《齐己诗集校注》卷八,中国社会科学出版社2011年版,第416页。
② 《李太白全集》卷二三,第1060、1061页。
③ 《杜牧集系年校注》卷三,第二册,第352页。
④ 《丁卯集笺证》卷一一,第318页。
⑤ 《全唐诗》卷六一四,第九册,第7131、7132页。
⑥ 《陆龟蒙全集校注·唐甫里先生文集》卷九,上册,第563页。《全唐诗》卷六二五,第九册,第7230页。
⑦ 《全唐诗》卷七四六,第十一册,第8577页。
⑧ 《全唐诗》卷七五二,第十一册,第8651页。
⑨ 《全唐诗》卷八一九,第十二册,第9311页。

第六章　旧识平阳佳丽地：唐代公主的生活空间及相关建筑　517

眺因寄宋使君》①），可见宝马香车的喧闹，云朵收敛石泉，泉水在险窦飞荡，月光下山鼠在枯藤间跳跃，在水阁凭栏可见溪水边萧条的古木、如霜飞卷的浪花、风烟缭绕的钓船。

其三，在专题吟咏中可见水阁的基本格局。杜甫《水阁朝霁，奉简云安严明府（一作"严云安"）》云"东城抱春岑，江阁邻石面。崔嵬晨云白，朝旭（一作'日'）射芳甸。雨槛卧花丛，风床展书卷（一作'轻幔'）。钩帘宿鹭起，丸药流莺啭"②，叙及水阁临东城江边而建，高耸入云，这种水阁可观览可坐卧，有帘幔，于此可见花丛，可展书卷，可见宿鹭飞起，可听流莺婉转啼鸣。

姚合《题长安薛员外水阁》可见水阁有太湖奇石构建的山湖，仿湘水的水渚，竹林吐粉，荷叶上露珠倾斜，曲折的小径，有林间鸟语、池间鱼儿：

　　亭亭新阁成，风景益鲜明。石尽太湖色，水多湘渚声。翠筠和粉长，零露逐荷倾。时倚高窗望，幽寻小径行。林疏看鸟语，池近识鱼情。……③

朱景玄《题吕食新水阁兼寄南商州郎中》《水阁》可见水阁丹槛冠绝清川之上，池水上的楼阁倒影，碧水上的莲花，檐间落下的山泉：

　　丹槛初结构，孤高冠清川。庭临谷中树，檐落山上泉。
　　楼居半池上，澄影共相空。谢守题诗处，莲开净碧中。④

杜荀鹤《和友人见题山居水阁八韵》可见初成的池阁上雨过初晴的风景，有猿猴与人争抢檐间山果、仙鹤争啄鱼儿的情境，还有密密的丛竹、绚烂的花朵：

　　池阁初成眼豁开，眼前霁景属微才。试攀檐果猿先见，才把渔竿鹤即来。修竹已多犹可种，艳花虽少不劳栽……⑤

---

① 《贯休歌诗系年笺注》卷二五，下册，第1045、1059页。
② 《杜诗详注》卷一四，第1248页。
③ 《姚合诗集校注》卷七（题咏四十九首），下册，第388页。
④ 《全唐诗》卷五四七，第八册，第6365页。
⑤ 《全唐诗》卷六九二，第十册，第8045页。《杜荀鹤文集》卷三，第80页。

伍乔《题西林寺水阁》叙写寺庙中的水阁,有环绕栏槛的翠竹、苔花,林下分绕的清水,耸立云间的峭拔山峰,夜间散发寒光的怪石,伴着钟声的老杉:

> 竹翠苔花绕槛浓,此亭幽致讵曾逢。水分林下清泠派,山岠云间峭峻峰。怪石夜光寒射烛,老杉秋韵冷和钟……①

李中《访徐长史留题水阁》叙写在池阁听雨打蒹葭之声,看岛屿之秋色,幽奇处双双飞下的双鸥:

> 君家池阁静,一到且淹留。坐听蒹葭雨,如看岛屿秋。杯盘深有兴,吟笑迥忘忧。更爱幽奇处,双双下野鸥。②

水阁在《全唐文》中亦有叙及,可知唐人会在泛舟碧水之时,停下船桨,登上水阁,于此观览歌舞、聚集宴饮,如"尔乃辍轻棹,登水阁,丝管递进,献酬交错"(李邕《斗鸭赋》③)。颜真卿《梁吴兴太守柳恽西亭记》中的西亭建有水阁,与远峰相接,浮于清流之上,可观览万千气象之妙,供游宴之美,水亭中以宏富的材料建构各种建筑群,有广榭、云轩、水阁,可避暑纳凉:

> 缭以远峰,浮于清流,包括气象之妙,实资游宴之美。观夫构宏材,披广榭,豁达其外,暎罩其中。云轩水阁,当亭无暑……④

韦宗卿《隐山六峒记》可见隐居处的布局,有水阁、风廊、厨户:"乃作水阁,立风廊,辟厨户,列便房……面兹池以潒漾,对他山之青翠"⑤。

吴武陵《新开隐山记》叙述崖右自然浑成的水阁:"崖之右宽明爽闿,浑成水阁。崖下阁胜九人,阁下水阔三十尺。"⑥

一些寺庙中也有高僧居住的水阁院,如郑素卿《西林寺水阁院律大

---

① 《全唐诗》卷七四四,第十册,第8548页。
② 《全唐诗》卷七四七,第十一册,第8597页。
③ 《全唐文》卷二六一,第三册,第2649页上。
④ 《全唐文》卷三三八,第四册,第3429页上。
⑤ 《全唐文》卷六九五,第七册,第7136页上。
⑥ 《全唐文》卷七一八,第八册,第7387页下。

德齐朗和尚碑(并序)》云"所居水阁院,水阁之称,天下知重"①,云真《西林寺水阁院经藏铭(并序)》云"水阁院者,即贞元间齐朗律师之所居也"②。

虽然唐代公主题材诗文中仅是点及公主出嫁前生长的皇室庭院中的水殿,出嫁后其宅第、园林中的水亭、水阁,唐前文献中有少量的水殿叙写,水亭、水阁的材料则极少,但从唐代诗文中大量出现的水殿、水亭、水阁物象,亦可见公主水殿、水亭、水阁的布局与功用之一斑。

②唐代公主宅第、园林之洞府、洞户、洞宫及仙洞

洞府亦作为诗人眼中公主驸马府的典型物象被选入唐代诗文,洞府,按《辞海》解释同"洞天",即"道教对神仙所居洞府的称呼,取'洞中别有天地'之意"③。从诗文可知,公主府的洞户则指深幽的居处和远离尘世之仙境,在三伏天可以避暑,可以信步悠游。如"层轩洞户旦新披"(刘宪《夜宴安乐公主新宅》④)叙写公主宅第层叠幽深的居处之地。无可《题崔驸马林亭》云"洞中避暑青苔满"⑤,可知驸马园林中的避暑地长满青苔。

公主道观亦被称作洞、洞府、洞宫,如王维《奉和圣制幸玉真公主山庄因题石壁十韵之作应制》云"洞中开日月,窗里发云霞",叙写公主山庄里窗间云霞生发,洞中日月初升的情境。其他如"新从洞府天"(杨凭《长安春夜宿开元观》⑥)、"炎光三伏昼,洞府宜幽步"(权德舆《九华观宴饯崔十七叔判官赴义武幕兼呈书记萧校书》⑦)、"洞宫深掩碧瑶坛"(李群玉《玉真观》⑧)等。

公主道观又有具体的华阳洞、九华仙洞、平阳洞代称,如"玉真公主已舍馆陶之封,卜居平阳之洞"(《刘尊师碑铭》⑨)、"把酒题诗人散后,华阳洞里有疏钟"(韩翃《题玉真观李秘书院》⑩),可知公主洞府也是文人们饮酒聚会赋诗之场所。"三日韶光处处新,九华仙洞七香轮"(权德舆《上巳日贡院考杂文不遂赴九华观祓禊之会以二绝句申赠》⑪),叙写三月三日九

---

① 《全唐文》卷七四七,第八册,第7736页下。
② 《全唐文》卷九二一,第十册,第9594页下—9595页上。
③ 夏征农主编:《辞海》宗教分册,上海辞书出版社1988年版,第37页。
④ 《全唐诗》卷七一,第二册,第782页。
⑤ 《全唐诗》卷八一四,第十二册,第9248页。
⑥ 《全唐诗》卷二八九,第五册,第3289页。
⑦ 《全唐诗》卷三二三,第五册,第3639页。
⑧ 《全唐诗》卷五六九,第九册,第6651页。
⑨ 《全唐文》卷九三三,第十册,第10285页下。
⑩ 《全唐诗》卷二四五,第四册,第2750页。
⑪ 《权德舆诗文集》卷一〇,第169页。《全唐诗》卷三二九,第五册,第3681页。

华洞香车宝马云集的情形。"帝子吹箫逐凤凰,空留仙洞号华阳"〔白居易《春题华阳观(观即华阳公主故宅有旧内人存焉)》①〕,则叙写公主仙去后空留的道观。

另有洞浦、仙洞之称,如《永安公主出降礼钱判》云"故潇湘帝子,乘洞浦而扬波",而"到君仙洞不相见"(独孤及《和虞部韦郎中寻杨驸马不遇》②),则称杨驸马宅为仙洞。

(2)纳凉消暑器具:扇与澄水帛

除过消暑纳凉的建筑物外,唐代公主府亦有一些纳凉器具。

①可遮蔽、装饰的纳凉之扇

扇也是公主日常生活中非常重要的器物,是其婚礼和出行仪卫中不可少之物,也是其用以出行随身、遮蔽的纳凉之物,还是宅内歌舞伎乐表演常用之物。此处仅述可用于遮蔽、装饰的纳凉之扇。梁锽《崔驸马宅咏画山水扇》专咏其扇:

> 画扇出秦楼,谁家赠列侯。小含吴剡县,轻带楚扬州。掩作山云暮,摇成陇树秋。坐来传与客,汉水又回流。③

其扇面的咫尺之间绘着吴楚汉陇之地的山水云树,暮云缭绕,摇动画扇似带来秋天的丝丝凉意。陆畅的《扇》是在公主大婚时所作,其"宝扇持来入禁宫,本教花下动春风"④的诗句,既道出公主扇与皇室之关系,也以"宝"字点出公主扇之奢华,还勾勒出赏花时凉扇轻摇带来的含着阵阵香气的凉风。《大唐故淮南大长公主墓志铭(并序)》云公主"见弹琵琶,即于扇上拨成小曲",可知扇是陪伴在公主生活中的常用之物。而华阳公主在母亲生病时勤侍左右,"送迎匪惮于寒暑,温扇无待于傍人"(《追封华阳公主制》)。

扇还是公主宅第、园林歌舞席间的常用之物,或为歌舞时的表演道具,或为席间宾客的纳凉之物,或为遮蔽之物,如"扇后歌声逐酒来"(薛稷《夜宴安乐公主宅》)、"扇掩将雏曲"(张昌宗《太平公主山亭侍宴》)、"流风入座飘歌扇"(李邕《奉和初春幸太平公主南庄应制》)等诗,即描绘了歌声从扇后传来、扇子遮掩着歌伎的面容与美妙歌声、流风飘过歌

---

① 《白居易集笺校》卷三一,第2137页。
② 《全唐诗》卷二四七,第四册,第2771页。
③ 《全唐诗》卷二〇二,第三册,第2117页。
④ 《全唐诗》卷四七八,第七册,第5478页。

扇的情境。

新城公主墓室壁画中即绘有手执团扇的侍女(见插页彩图48),可见公主夏日纳凉之扇的某种形制,为鲜艳的红色椭圆形扇,小巧精致。鄎国公主驸马薛儆墓出土的线刻画中亦有执扇侍女,其扇椭圆形长柄,扇面中间绘有卷草纹(见图59)。

图59　鄎国公主驸马薛儆墓棺椁线刻执扇侍女
(图片来源:运城市博物馆)

②消暑的澄水帛

同昌公主宅亦拥有夏日消暑降温的奇珍异宝:

> 一日大会韦氏之族于广化里。玉馔俱列,暑气将甚,公主命取澄水帛,以水蘸之,挂于南轩,良久,满座皆思挟纩。澄水帛,长八九尺,似布而细,明薄可鉴。云其中有龙涎,故能消暑毒也。①

消暑去热之澄水帛,令公主宅邸成为改变了四季周而复始运行之天道的灵异之地,逃却了酷烈难耐的暑热。其澄水帛因置放、融入龙涎香,可降温去暑。

---

① 《杜阳杂编》卷下,第27页。

(二)宅第的珠宝装饰

公主宅第园林的富丽堂皇,离不开珠宝的装饰。唐代贡品中即有大量金银珠宝,用于皇室的衣食住行中,以装饰出其生活奢华绮丽、富贵耀目的特质,其中也少不了来自异域的珍稀珠宝。据史书记载太平公主死后,"籍其家,财货山积,珍奇宝物,侔于御府,马牧羊牧田园质库,数年征敛不尽"①。而来往于丝绸之路做着各种珠宝生意的胡客,其所带异域珍宝,亦是公主之家乐于采买以装饰庭院的重要物件。这种情形从元稹的《估客乐》即可看出:

> 求珠驾沧海,采玉上荆衡。北买党项马,西擒吐蕃鹦……经营天下遍,却到长安城。城中东西市,闻客次第迎。……客心本明黠,闻语心已惊。先问十常侍,次求百公卿。侯家与主第,点缀无不精。②

从中可见估客走遍南北东西甚至异域,采办了各种珍稀珠玉、美物,而此类宝物被带到长安后,则成为侯贵之家乃至公主们不计代价争相抢购之物。《大唐故邠国夫人段氏(高密公主女)墓志铭(并序)》云"珠玉川盈,讵尝留目",《大唐故兰陵长公主碑》云"虹玉辉庭,骊珠耀掌",《安兴公主谥议文》云公主"生成天族,长自华宫。珠玉满堂",《为公主辞家人畜产官给料表》云"通人酌损,忌满堂之金玉",《金仙长公主神道碑》亦云"而珠玉满堂"③;因母亲为"淮南大长公主之仲女也",自小养于公主府的李公,对公主之家的生活、公主府邸雕文刻镂之巧、珠玉珍宝之多亦极为熟悉,据其墓志《大唐皇四从叔故朝请大夫行太常寺恭陵令上柱国魏郡开国公李公墓志文(并序)》云:"故公自孩藐,养于主第。至如膳服车舆之美,采翠雕纹之巧,倾主家之珍异,尽供公之所欲。虽瑰宝溢目,曾不为荣。"④以上叙述均可见珠玉装饰对公主宅第之重要。唐代诗文中叙及的公主宅第、园林珠宝装饰物则有:

1. 海中的珊瑚、玳瑁等珍宝

珊瑚、贝壳、玳瑁等来自中国海域或异域的海中珍贵物,常常是贵族之

---

① 《旧唐书》卷一八三《武承嗣传附攸暨妻太平公主传》,第十四册,第4740页。
② 《元稹集》卷二四,第268页。
③ 陈垣编纂《道家金石略》,第119页。
④ 《西安碑林博物馆新藏墓志续编》上,第286页。

家奢华生活的必备物与象征物。王恺与石崇即以珊瑚树竞比。据《世说新语》:"(帝)尝以一珊瑚树高二尺许赐恺……恺以示崇。崇视讫,以铁如意击之……乃命左右悉取珊瑚树,有三尺四尺,条干绝世,光彩溢目者六七枚,如恺许比甚众。"①

唐诗在描绘公主宅第装饰的华美时,即选取珊瑚枝渲染。薛稷《奉和幸安乐公主山庄应制》云"曲阁交映金精板,飞花乱下珊瑚枝"②,叙写公主宅飞花飘落于珊瑚枝,以珊瑚比拟园中花木之珍贵。阎朝隐《夜宴安乐公主新宅》叙写宾客"半醉徐击珊瑚树"③,安乐公主所为宝炉即"间以璖贝珊瑚"④。

玳瑁是生活在珊瑚丛中的热带、亚热带海洋动物,中国古代很早就发现了其装饰作用,用以装饰鬓发、建筑、床等家具,而这种珍稀华美的装饰物也被诗人们撷入诗作,成为表现女子美貌姿容、华美居住环境的重要意象。公主的华美居住环境中,自然少不了玳瑁的点缀。王建《故梁国公主池亭》写道:"装檐玳瑁随风落"⑤,描绘了其飞檐上精美的玳瑁随风飘落的情境,用以表现公主去世后其庭院的零落荒凉。宋之问《宴安乐公主宅(得空字)》云"玳梁翻贺燕"⑥,以燕子在玳瑁之梁翻飞,彩虹在黄金之垿斜倚,极写公主宅邸之华丽。德宗女宜都公主宅,据《大唐故银青光禄大夫行殿中次监驸马都尉赠工部尚书河东柳府君墓志铭(并序)》云:"雕梁玳筵……珍玩互进,动摇神宇……翡翠帷兮玳瑁梁。"⑦其婚筵,被称作"玳筵",有解释为以玳瑁装饰筵席器具如坐具、器物等。其室内屋梁外亦以此为装饰。

蚌壳孕育的珍珠亦是公主宅第园林少不了的装饰物。韦元旦《奉和幸安乐公主山庄应制》叙写公主宅邸室内"绮缀长悬明月珠"⑧,白居易《同诸客题于家公主旧宅》亦云"帘断真珠不满钩"⑨。

2. 本土黄金、美玉与异域贡金精、砗磲等宝石

黄金、玉石是公主宅第最重要的装饰材料,既有国产的,也有异域进

---

① 《世说新语校笺》卷下《汰侈第三〇》,第472页。
② 《全唐诗》卷九十三,第二册,第1003页。
③ 《全唐诗》卷六七,第二册,第769页。
④ 《新唐书》卷八三《诸帝公主传》,第十二册,第3654页。
⑤ 《王建诗集校注》卷八,402页。
⑥ 《沈佺期宋之问集校注·宋之问集校注》卷二〔诗(神龙元年至景龙三年秋)〕,第448页。
⑦ 《全唐文新编》卷四八二,第三部第一册,第5740页。
⑧ 《全唐诗》卷六九,第二册,第771页。
⑨ 《白居易集笺校》卷三一,第2137页。

贡之物。徐彦伯《夜宴安乐公主新宅应制》云"欲知帝女薰天贵,金柯玉柱夜成行"①,极写其府邸内金柯玉柱在夜间散发的光芒,渲染其薰天富贵。

薛稷《奉和幸安乐公主山庄应制》云"曲阁交映金精板",金精则为异域进贡之物,《旧唐书》仅记载拂菻国进贡金精事,《新唐书》则记有俱兰国产金精事和进献事,但未具载进献何物,据推测应是金精:"俱兰……与吐火罗接……出金精,琢石取之。贞观二十年,其王忽提婆遣使者来献。"而拂菻献绿金精则有明确记载:"拂菻,古大秦也……贞观十七年,王波多力遣使献赤玻璨、绿金精。"②《唐会要》亦记录了此事,又增加吐火罗国进献之事:"(开元)十八年,遣使献红颇梨、碧颇梨、生马脑、金精及质汗等药。"③这种金精究竟为何物,研究界有多种说法,爱德华·谢弗有两种猜测"一种相当符合现实的假设是,金精是指月长石。月长石又称冰长石……呈乳白状的白色。另外,金精也有可能是普林尼列入白珠宝中的'ceraunia'(宝石)。……来自波斯的克尔曼"④。也有研究者论证认为是青金石,在我国"获得了'金精''金膏'等各种神话美名,并且与华夏本土的不死仙药想象关联,又因佛祖释迦牟尼发髻之色而获得了'帝青色'的高贵名分"⑤。史籍记录有绿金精,而谢弗推测的月长石、ceraunia,都是白色的,于是"青金石"应更接近。以此可知安乐公主的曲阁即是以这种来自异域的名贵矿石为建筑或装饰材料的,在月光日光之下这种青金色的矿石泛着清幽自然的光泽,辉映着公主的亭台楼阁,自有高贵神秘、庄严吉祥之韵。

安乐公主所为百宝宝炉"间以璅贝珊瑚",可知砗磲亦是公主营造物乃至建筑常用的装饰珍宝。砗磲为异域玉石,也有药用价值。据《海药本草》言:

《韵集》云:生西国,是玉石之类,形似蚌蛤,有文理。大寒,无

---

① 《全唐诗》卷七六,第二册,第826页。
② 《新唐书》卷二二一列传一四六下《西域传下》,第二十册,第6253、6261页。
③ 《唐会要》卷九四《吐火罗国》,第1773页。
④ 《唐代的外来文明》,第296页。
⑤ 李永平:《丝绸之路与文明交往(修订本)》,陕西师范大学出版总社有限公司2020年版,第37页。

毒。……又《西域记》云：重堂殿梁檐，皆以七宝饰之，此其一也。①

（三）宅内日用家具、装饰

住宅须家具和装饰充实，以营造舒适宜居的生活环境，同时在中国古代宗法社会，它们也是身份地位的象征。贵为天女的公主，因极高的等级身份，加之丰厚的物质生活保障乃至皇室的丰厚赐予，宅内家具与装饰极为珍贵奢华。

1. 精美奢华的寝具、床上用品与坐卧用具

公主寝具和床上用品是保障其舒适睡眠的重要物件，也是装饰其居室的重要元素，以舒适、精美、奢华为其特质，往往以稀有材质制作，包括来自全国各地的材质或成品，来自异域进贡的成品寝具、用品等，又装饰着珍贵无比的珠宝等物，或织绣、雕刻精美的纹饰。

（1）异域珠宝装饰的名贵寝具

宋之问拟《为太平公主五郎病愈设斋叹佛文》云"第五子某官某……顷以寒暄稍改，保摄微乖，留卧玳瑁之床，陪侍凤凰之宇"②，可知公主宅第里有精美的玳瑁等装饰的寝具。据《杜阳杂编》记载，同昌公主宅有以各种珍贵材质制作的床，又以各种珠宝装饰，雕镂着精美的有吉祥意蕴的动物纹样：

制水精、火齐、琉璃、玳瑁等床，悉楷以金龟银鳌。③

这种玛瑙、玳瑁、水精、火齐等珠宝装饰的室内家居用品，当是皇室之家的风尚，且多为域外贡品。据《唐会要》载波斯国"夏四月，遣使献玛瑙床"④。《杜阳杂编》记载了武宗所造建筑的装饰之状："上好神仙术，遂起望仙台以崇朝礼。复修降真台，春百宝屑以涂其地，瑶楹、金栱、银槛、玉砌，晶荧炫耀，看之不定。内设玳瑁帐、火齐床，焚龙火香，荐无忧酒。此皆他国所献也。"⑤即是以百宝装饰建筑，家居中亦有火齐床，并言明是他国所献。

---

① 谭启龙集解：《海药本草集解》，湖北科学技术出版社 2016 年版，第 2 页。
② 《文苑英华》卷四七二《翰林制诰五三》，第三册，第 2413—2414 页。《全唐文》卷二四一，第三册，第 2439 页。《沈佺期宋之问集校注·宋之问集校注》卷八《叹文》，第 717 页。
③ 《杜阳杂编》卷下，第 25 页。
④ 《唐会要》卷一〇〇，第 1784 页。
⑤ 《杜阳杂编》卷下，第 21 页。

（2）雕绘生动与珠宝装饰精美富丽的床上用品

公主府的床上用品丰富多样，精美华丽，与寝具一起打造出赏心悦目、舒适奢华的睡眠环境。

①异域珍贵材料、珠宝与本土重工刺绣打造的精美炫目衾被

据《杜阳杂编》记载，同昌公主宅中所用精美华丽绣被：

> 神丝绣被，绣三千鸳鸯，仍间以奇花异叶，其精巧华丽绝比。其上缀以灵粟之珠，珠如粟粒，五色辉焕。①

可知其材质精良珍奇，采用重工织绣，绣出繁复到极致的三千只鸳鸯，又以枝叶环绕，并将中国传统的工艺手法与来自国外的珠宝结合，极其精美。其中所言神丝，或为来自异域的特殊材质，因珍稀神奇又有特殊功用而被夸说为神丝。《杜阳杂编》记述多种外来的珍奇宝物，其中宪宗时进贡的神锦衾，就以来自异域的神奇水蚕丝织就，并以神锦命名该衾褥：

> 八年，大轸国贡……神锦衾，冰蚕丝所织也。方二丈，厚一寸，其上龙文凤彩，殆非人工。其国以五色彩石甃池塘，采大柘叶饲蚕于池中……而蚕经十五日，即跳入荷中，以成其茧，形如方斗，自然五色。国人缫之，以织神锦，亦谓之灵泉丝。上始览锦衾，与嫔御大笑曰："此不足以为婴儿绷席，曷能为我被耶？"使者曰："此锦之丝，水蚕也；得水则舒，水火相反，遇火则缩。"遂于上前，令四官张之，以水一喷，即方二丈，五色焕烂，逾于向时。……令以火逼之，须臾如故。②

②材质珍稀、功能神奇的精美睡枕

枕之于生活，极为重要，当其休憩之时，或因疾病卧床之时，均以之相伴，据《大唐故淮南大长公主墓志铭（并序）》云"庶渐日瘵，伏枕有加"，《为太平公主请住山陵转一切经表》在表述太平公主的孝养之情时云"岂图就养之欢，遽乖于扇枕"，以"黄香扇枕"的典故做以比附，足见扇与枕在生活中之重要。此外，枕也是皇室家居装饰中重要的部分，公主睡枕亦会来自宫中。皇室睡枕极为精美，亦常有异域进贡神奇睡枕，宪宗时有进贡的重明枕：

---

① 《杜阳杂编》卷下，第26页。
② 《杜阳杂编》卷中，第14—15页。

> 八年,大轸国贡……重明枕,长一尺二寸,高六寸,洁白逾于水精,中有楼台之状,四方有十道士,持香执简,循环无已,谓之行道真人。其楼台瓦木丹青、真人衣服簪帔,无不悉具,通莹焉,如水睹物。①

其枕以透明精美的材质造就,绘有或雕刻有逼真精细的层层楼台,四方又环绕着得道真人,营造出仙境气韵,守护着皇室成员的成仙美梦。

《朝野佥载》叙写柴绍弟取丹阳公主镂金函枕之事:

> 柴绍之弟某……又遣取丹阳公主镂金函枕("函枕"原误倒为"枕函",据《广记》卷一九一改),飞入房内,以手撚土公主面上,("土"原作"上",据《广记》卷一九一引改)举头,即以他枕易之而去。②

高阳公主亦曾赠予浮屠辩机"金宝神枕"。金堂公主墓中出土有石枕。同昌公主宅内有鸂鶒枕,"以七宝合成,为鸂鶒之状"③(七宝可参前述),既能造成惶惑炫目之感,还能尽显华丽之况,又能拥有佛教吉祥意蕴之加持(见图60)。

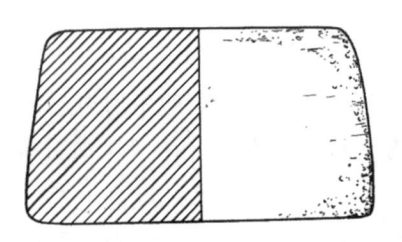

图60 金堂公主墓出土石枕
(图片来源:《唐郭仲恭及夫人金堂长公主墓发掘简报》④)

综上可知公主睡枕的一些基本特点:其一材质精美、奢华、珍贵,往往以金银、珠宝、玉石等为其材质,亦有异域贡珍贵稀缺材质如水精、玛瑙等;其二,绘制或刺绣各种精美繁复的人物、山水、花鸟等绘画,其人物、花鸟则多具有护佑、喜庆、吉祥意蕴;其三,装饰以各种珠宝,以造成华丽光彩之状。

---

① 《杜阳杂编》卷中,第14页。
② 《朝野佥载》卷六,第138、151—152页。
③ 《杜阳杂编》卷下,第26页。
④ 《唐郭仲恭及夫人金堂长公主墓发掘简报》,《文博》2013年第2期,第15页。

③夏日的精美珍贵簟席

公主夏日的床上消暑用品,还有极为精美的夏簟。其品类多样,材质珍贵,制作精巧,还会编织或织绣标识公主身份或有吉祥美好意蕴的富丽花纹。唐代诗文中叙述的簟席品类包括:

流黄簟:丁仙芝《长宁公主旧山池》云"座卷流黄簟,帘垂白玉钩"①,选取其园林里的典型家居装饰:坐具上的华美簟席、卷帘的晶莹白玉钩。这种流黄簟,在汉代即为贡品,据《西京杂记》记"会稽岁时献竹簟供御,世号为流黄簟"②。流黄有多种意蕴,亦融入这种精美的簟席之中。首先,流黄从字面上看,应是一种颜色,又有流动之态,其常常被认为是淡黄色或黄褐色,是簟席制成品常有之色。其次,流黄也是《山海经》中的有神奇色彩的地名,赋予其名以流黄,自有一种遥远神秘的仙境气息。据《山海经·海内西经》:"流黄酆氏之国,中方三百里,有涂四方,中有山。在后稷葬西。"③有研究者指出,这种流黄是西域火山留下的富含硫黄的火山灰,具有治疗疾病的功能。其三,流黄亦是来自异域的香药贡品,据《太平御览》记载:"《吴时外国传》曰:流黄香,出都昆国,在扶南南三千余里。(《南州异物志》同)《广志》曰:流黄香,出南海边国。"④以此流黄簟亦可能是熏染着这种香药,有着特殊香气与疾疫防治功能的簟席。其四,流黄在诗歌中常常被用来代指一种细腻柔软的丝织品。如乐府有《中妇织流黄》,梁简文帝萧纲、徐陵、虞世南均有同题之诗作,杨广有《锦石捣流黄》,沈佺期有"更教明月照流黄"句。

琅玕簟:杜甫《郑驸马宅宴洞中》云"主家阴洞细烟雾,留客夏簟青(一作'清')琅玕"⑤,琅玕或指美玉,或指传说神话中果实似珠的仙树,可知公主簟席的精美珍贵。

玉簟:玉簟亦较多入选,可见其材质之珍贵。杨巨源《酬于驸马二首》其二云"凉叶寒生玉簟风",可知公主驸马宅的玉簟在秋意袭来时已生寒意。刘禹锡《刘驸马水亭避暑》云"水阁虚凉玉簟空",其水阁中亦有玉簟。

---

① 《全唐诗》卷一一四,第二册,第1158页。
② 《西京杂记校注》卷二,第111页。
③ 《山海经校注》第八,第292页。
④ 《太平御览》卷九八二《香部二》,第4347页。
⑤ 《杜诗详注》卷一,第46页。

龙鳞纹簟：公主府的簟席，会编织或绣绘精美花纹，尤其是与其身份相合的龙凤纹。鲍溶《夏日怀杜惊驸马》云"回文地簟龙鳞浪"，可知公主府簟席上织有龙鳞掀起波浪的精美回文。

月簟、犀簟：唐代公主墓志中亦有簟席之印迹，如《大唐故清河长公主碑》云"覃筜襦簟"，《驸马都尉王君墓志铭并序》（太宗第四女遂安公主驸马）云"虽寒帷隔气，月簟淹秋"①。据《杜阳杂编》记载，同昌公主府有"犀簟牙席"②，用极为珍贵的犀角或犀牛皮以及象牙制作。

专供唐代皇室之用的簟席贡品，制作材料丰富多样，包括芦苇、竹子、纻练、藤条、磨光的白角等，其因材质不同贡地亦不同，排列如下：苇簟，沧州景城郡、景州；竹簟，山南道澧州澧阳郡；纻练簟，山南道朗州武陵郡；簟，淮南道蕲州蕲春郡、江南道睦州新定郡、岭南道桂州始安郡；藤簟，岭南道广州南海郡；白角簟，江南道苏州吴郡、宣州宣城郡、歙州新安郡、饶州鄱阳郡。角簟是春夏用的席，用竹篾或白藤编织而成，鲍溶《采葛行》里曾细致铺绘了吴中制作的角簟，泛着入水的清光，摇曳生姿，胜过洁白的云朵：

    吴中角簟泛清水，摇曳胜被三素云。自兹贡荐无人惜，那敢更争龙手迹。蛮女将来海市头，卖与岭南贫估客。③

《杜阳杂编》记有武宗紫茭席，"遂令密召入宫，处九华之室，设紫茭之席，饮龙膏之酒。紫茭席色紫而类茭叶，光软香净，冬温夏凉。"④

④地面、坐具铺设装饰物：珠罽、茵褥

罽为地毯，茵褥为垫坐具之褥，或直接铺置供休息之具，元稹《台中鞫狱忆开元观旧事（〈全唐诗〉有"呈损之兼赠周兄四十韵"）》云"坐卧摩绵褥"⑤，可知褥为坐卧之用。公主府亦少不了供坐卧休息、装饰之用的地毯和茵褥。地毯是西部边境及域外喜用且多有域外进贡者，据《唐会要》波斯"九载，献火毛绣舞筵、长毛绣舞筵"⑥，这种舞筵当是毛织并有织绣纹样

---

① 《刺史行事录》，第261页。
② 《杜阳杂编》卷下，第25页。
③ 《全唐诗》卷四八七，第八册，第5576页。
④ 《杜阳杂编》卷中，第13页。
⑤ 《元稹集》卷五，第56页。
⑥ 《唐会要》卷一〇〇，第1784页。

的精美地毯。王建《宫词》第八十六即云"催换红罗绣舞筵"①。

公主日常生活中的罽、茵褥,从唐代诗文可约略见其特质:其一,用途多样、用量极大,用于公主出降、出行、居室装饰等场面。如公主出降时会以华丽锦罽铺设地面,如胡元范《奉和太子纳妃太平公主出降》云"排空列锦罽",张说《安乐郡主花烛行》云"罽茵饰地承雕履"。公主出行的华车屏障上也会装饰紫罽(皇后车具)或朱罽,如《大唐永泰公主志石文》云"紫罽盈轺"。

其二,其突出特质是华贵,会雕饰龙凤等标识身份的美丽纹样,以特殊的锦绣材质制作,又以珠玉等珍宝装饰,既美丽又闪耀。代国公主绝弃繁华时,撤去珠玉装饰的华贵地毯,《代国长公主碑》云"撤声乐,投珠罽,十有余年矣","锦茵斯凭,夏屋(阙一字)"。《杜阳杂编》记载,同昌公主府有"龙罽凤褥",公主葬礼所作"地衣"也是"画八百疋官绁作鱼龙波浪文"。②新城公主墓室南壁北幅最右边侍女左臂即挟一茵褥(见插页彩图49)。"茵褥在李寿石椁线刻和李凤墓壁画中也有发现,皆作对折状,可垫于坐处,为燕息用具"③。

2. 遮蔽装饰用的帘、幕、帐、幌、帷、幄

宅第离不开华美精致的帘幕的装点与遮蔽,而水晶美玉或锦绣罗绮制成的帘幕,往往为其室内营造出绮丽朦胧、含蓄幽雅的氛围。幕的本义为覆布,帐篷的顶布。《说文解字》对幔、帷、帐、幕、幄等均有解释:"幔,幕也。(以物蒙其上曰幔)。""帷,在旁曰帷(《释名》曰:帷,围也,所以自障围也)。""帐,张也(《释名》曰:张也,张施于床上也。小帐曰斗帐,形如覆斗也)。""幕,帷在上曰幕(《周礼》注曰:在上曰幕。幕或在地,展陈于上……按《周礼》尚有'幄帟'字,郑云:四合象宫室曰幄,王所居之帐也。帟,王在幕,若幄中,坐上承尘,皆以缯为之。许无'幄'字者,木部有'楃',本巾车,帟则盖毁亦为之,亦之言重也)。"④幌是用于遮挡或障隔的幔子,可用于门窗、屏风等。《文选》收录张协《七命》云"重殿叠起,交绮作幌",李善注引《文字集略》曰:"幌,以帛明窗也。"⑤

---

① 《王建诗集校注》卷一〇,第634页。
② 《杜阳杂编》卷下,第25、28页。
③ 《新城、房陵、永泰公主墓壁画》,图版二七侍女图说明,第74页。
④ 《说文解字注·巾部》,第358页下、359页上。
⑤ 《文选》卷三五,第493页上。

（1）翠幕、锦帐、罗帷、翠幌、毳幕

公主宅邸的遮蔽与装饰离不开珠帘、罗帷、翠幕、锦帐等的点缀。张说《安乐郡主花烛行》细致描绘了郡主室内布置的这些遮蔽物的富丽华美、馥郁芬芳特质：

> 翠幕兰堂苏合薰，珠帘挂户水波纹。别起芙蓉织成帐，金缕鸳鸯两相向。屬茵饰地承雕履，花烛分阶移锦帐。①

翠绿色的帷幕遮掩着典雅的堂室，缭绕着馥郁的苏合香，门户上挂着的珍珠帘随风摇曳泛起如水的波纹，锦帐上织绣的芙蓉清雅秀丽，以金缕织成的鸳鸯相向而卧，如茵的毛毯装饰着地面，台阶上花烛通明。

绮帐、宝帐与锦帐：公主宅第之帐应是各种珍奇珠宝装饰，并有珍稀香料熏染的名贵之帐，这从唐代诗文中对唐代公主之帐的名称即可见出，多以有花纹的丝织品绮以名之，又以宝修饰之，还以锦绣名之，如唐代《大唐故长乐公主墓志铭》云"雕楹结网，绮帐生飙"②，叙写长乐公主逝去后，绮丽的华帐上凉飚吹过的冷清情境。《大唐故兰陵长公主碑》云"亭亭虚帐，空见游尘"。《驸马都尉王君（太宗女遂安公主驸马）墓志铭（并序）》云"嗟夕帐之眇然"。高宗女太平公主府的帘帐极为华丽，甚至和宫廷相同，据记载"绮疏宝帐，音乐舆乘，同于宫掖"③，其女万泉县主墓志叙述其出嫁前在太平公主宅第的家居生活为"珠帷宝帐坐生孽"〔卢藏用《大唐故万泉县主薛氏墓志铭（并序）》④〕。沈佺期《安乐公主移入新宅》叙及公主府的锦帐，"锦帐迎风转"⑤。据《杜阳杂编》记载，同昌公主宅"堂中设连珠之帐，却寒之帘……连珠帐，续真珠为之也"⑥，代宗权臣元载宅第内拟比帝王之家的奢华宝帐亦可为之做注脚：

> 内设悬黎屏风，紫绡帐……紫绡帐得于南海溪洞之酋帅，即鲛绡

---

① 《张说集校注》卷一〇，第 509 页。
② 《唐代墓志汇编续集》贞观〇三六，第 28 页。
③ 《旧唐书》卷一八三列传一三三《外戚传》，第十四册，第 4739 页。
④ 《全唐文新编》卷二三八，第一部第四册，第 2700 页。
⑤ 《沈佺期宋之问集校注·沈佺期集校注》卷三〔诗（景龙二年至开元二年）〕，第 158 页。
⑥ 《杜阳杂编》卷下，第 25 页。

之类也。轻疏而薄,如无所碍,虽属凝冬,而风不能入,盛夏则清凉自至。其色隐隐焉,忽不知其帐也……而服玩之奢,僭拟于帝王之家。……瑶英……及载纳为姬,处金丝之帐,却尘之褥。①

帷幄:帷幄是公主宅第重要的遮蔽物,而其府内繁盛的树木亦常被比作帷幕,如"树杂帷宫画里行"(邵升《奉和初春幸太平公主南庄应制》)、"荻园竹径接帷阴"(李迥秀《奉和幸安乐公主山庄应制》)②等。即便是安放公主的灵柩前也设有帷幕,且用香料熏染,散发着袅袅香味,如顾况《义川公主挽歌》所云"余香出缥帷"③,《大唐故纪国大长公主墓志铭》云"帷堂昼哭"。公主下葬仪式中即有彩帷,据史书记载"准式,公主王妃已下葬礼,惟有团扇、方扇、绛帷、锦障之色"④。

公主府帷幄多以珠宝或翡翠羽毛装饰,极为华美,又有香料等熏染,芬芳四溢,如太平公主宅"翠帷珠缀,彩丽韬华"、"珠帷宝帐坐生孽"〔卢藏用《大唐故万泉县主薛氏墓志铭(并序)》〕;宜都公主宅则是"翡翠帷兮玳瑁梁"。其他如"寒帷隔气"〔《驸马都尉王君墓志铭(并序)》〕、"环蕙障兮殿荃帷"〔《故赠平原长公主墓志铭(并序)》〕等。

戎幄:和亲公主居室则有戎幄,如"金殿更戎幄"(《与黠戛王书》)。

翠幌:马怀素《夜宴安乐公主宅》叙及公主府玲珑的绿色幌幔:"翠幌玲珑瞰九衢"。沈佺期《侍宴安乐公主新宅应制》称颂公主妆楼里翠幌明丽绚烂似教春常驻,舞阁内黄金铺地光泽耀目如借日高悬:"妆楼翠幌教春住,舞阁金铺借日悬。"《大唐故兰陵长公主碑》云"光(阙三字),香飘翠幌"。

罗幕、瑟瑟之幕:张说《鄎国长公主神道碑铭》云"银炉烟断,罗幕霜飞",可知其居室有青罗材质之幕。《杜阳杂编》记叙同昌公主府中来自异域色如瑟瑟的帷幕:

其幕色如瑟瑟,阔三丈,长一百尺,轻明虚薄,无以为比。向空张之,则疏朗之纹,如碧丝之贯真珠,虽大雨暴降,不能湿溺,云以鲛人瑞

---

① 《杜阳杂编》卷上,第5页。
② 《全唐诗》卷一〇四,第二册,第1092页。
③ 《文苑英华》卷三一〇《挽歌》,第二册,第1593页。《顾况诗集》卷三,第74页。
④ 《旧唐书》卷二八志八《音乐志一》,第四册,第1051页。

香膏傅之故也……二物称得之鬼谷国。①

其帷幕极为宽大,材质轻薄,有如碧丝连缀珍珠般的晶莹纹路,防水功能极好。

毳幕:对和亲公主而言,其居处中长相陪伴的则是毳幕,唐代诗文亦有选入,如"毳幕承秋极断蓬"(许浑《破北虏太和公主归宫阙》)、"焚帐幕而公主归还"(《与黠戛王书》)等。

幔:"晴山卷幔出,秋草闭门深"(刘长卿《九日题蔡国公主楼》)。

(2)水晶、珍珠之帘

帘是公主宅第、园林建筑与居室中的重要物件,也是陪伴着公主生活的见证者,唐代公主题材诗文中帘被选入的频次极高,它见证着公主园林的月色下文人们的宴集饮酒、作诗、赏月的场面,卷起帘幕等待月华的闲情雅趣,如"卷帘唯待月,应在醉中归"(杜审言《和韦承庆过义阳公主山池五首》其四);也让人们看到绣户帘前的重重花影,如"绣户帘前花影重"〔韩翃(一作陈羽诗,又作朱湾诗)《宴杨驸马山池》〕,而公主的聪颖之状即便是隔着帘幕也透露而出,《代国长公主碑》云"隔帘(阙一字)之,随手便合";见证着轻风透过帘幕时室内的清凉,如"轻飔每透帘"(元稹《开元观闲居,酬吴士矩侍御三十韵》);也是公主道观更替为他人的见证者,如"君平帘下徒相问,长伴吹箫别有人"(《和严给事闻唐昌观玉蕊花下有游仙二绝》其二)等。

而太平公主参政的密谋亦曾在帘后展开,据《资治通鉴》:"(景云二年辛亥)上尝密召安石……时公主在帘下窃听之,以飞语陷安石,欲收按之。""宦者曰:'殿下在帘内。'琚曰:'何谓殿下? 当今独有太平公主耳!'"②

唐代诗文、笔记中叙及公主府丰富多样的帘,如珠帘、水晶帘、玳瑁帘、却寒帘、翡翠帘等。

珠玉帘:珠帘是诗人描述公主府常选的物象,刘宪《夜宴安乐公主新宅》云"绮缀玲珑河色晓,珠帘隐映月华窥"③,描绘了公主府玲珑绮缀、月华隐映的晶莹珠帘。武平一《夜宴安乐公主宅》云"金榜珠帘入夜开",以

---

① 《杜阳杂编》卷下,第26页。
② 《资治通鉴》卷二〇八《唐纪二六》,第6662、6675页。
③ 《全唐诗》卷七一,第二册,第782页。

金榜珠帘渲染公主府的华丽;"帘断珍珠不满钩"(白居易《同诸客题于家公主旧宅》①),以珍珠帘断暗隐公主去后府第的冷落荒凉;丁仙芝《长宁公主旧山池》云"帘垂白玉钩"②,选择白玉钩和垂挂的帘幕描述公主旧日园林的室内景象。

水晶帘:刘禹锡《刘驸马水亭避暑》云"水晶帘莹更通风",叙写驸马园林晶莹的水晶帘。据《云溪友议》叙述,陆畅曾做云安公主出降的傧相,并因此作《咏帘》诗:"劳将素手卷虾须,琼室流光更缀珠。"③《全唐诗》录此诗,后有小字录另本诗作:"珍珠文织持檐端,锦缘罗旌千万端。早把玉钩和月卷,神仙愁怕水晶寒。"④以此可见公主宅第帘子的某些特点,素手卷起之帘晶莹洁净,坠着弯曲如虾须的流苏,有珍珠纹样,边缘以织锦轻罗为材质,点缀着晶莹的水晶、珠宝,配以玉钩,和着月光卷起珍珠水晶帘时,整个屋子里流光溢彩。

玳瑁帘:公主宅第、园林的帘会以各种珍稀宝物装饰,亦有以玳瑁装饰之帘,如"装檐(姚作'装帘')玳瑁随风落"〔王建《故梁国公主池亭》(一作姚合《题梁国公主池亭》)⑤〕。

却寒帘与翡翠帘:据《杜阳杂编》记载,同昌公主宅有拥有奇特却寒功能的异域却寒帘,据说是以却寒鸟的鸟骨制作:

  堂中设连珠之帐,却寒之帘……却寒帘,颇类玳瑁,斑有紫色,云却寒之鸟骨所为也,未知出自何国。⑥

翡翠帘,应是以艳丽的翡翠鸟毛制作而成,据殷尧藩《宫词》云"翡翠帘垂隔小春"⑦,花蕊夫人《宫词》云"翡翠帘前日影斜""君王未起翠帘卷"⑧,可知唐五代宫廷中即有这种华美的帘帷,同昌公主宅据《杜阳杂编》记载有"翡翠匣",自然也少不了这种艳丽华美的翠帘。

---

① 《白居易集笺校》卷三一,第2137页。
② 《全唐诗》卷一一四,第1158页。
③ 《云溪友议校笺》,第85页。
④ 《全唐诗》卷四七八,第七册,第5478页。
⑤ 《姚合诗集校注》卷七(题咏四十九首),第389页。
⑥ 《杜阳杂编》卷下,第25页。
⑦ 《全唐诗》卷四九二,第八册,第5608页。
⑧ 《全唐诗》卷七九八,第十二册,第9072、9073页。

3. 琴棋书画、笔墨纸砚与古物清玩装饰

唐代公主自身会修习琴棋书画等才艺，其子女亦会于此勤加研习，如太平公主女万泉县主出嫁前曾在太平公主府学习诗书、操练乐器，墓志称颂其"颂椒状柳之敏，遇律斯融；弹丝捻篦之妍，旋宫莫滞"（卢藏用《大唐故万泉县主薛氏墓志铭并序》）。书画雕塑等艺术品的收藏、悬挂、摆置，古琴等精美乐器的布置，可给整个宅第、园林或其他建筑物平添雅致的书香气息，唐代公主的宅第中自然少不了这些名贵艺术品的装点。

鲁壁、书房、画楼、琴台、吹箫的秦台是公主宅第、园林中必不可少的配置。唐诗中亦曾引入"鲁壁"，本是指秦始皇焚书时，孔子九代孙孔鲋藏儒家经书的故宅墙壁，藉此以称颂公主宅第中经典之珍贵、古奥与丰富，如"箫奏秦台里，书开鲁壁中"（宋之问《宴安乐公主宅得空字》）。

书帷、书架、书阁的引入，又与琴台、画楼的对举并出，既是对公主宅第、园林之景的实写，也用以点染其书香雅韵。岑文本《安德山池宴集》云"书帷通行径，琴台枕槿篱"，以遮蔽书籍的帷幕与木槿篱笆边的琴台，实写公主园林清韵。《游长宁公主流杯池二十五首》其十一云"书引藤为架"，引藤蔓即可为书架。杜审言《和韦承庆过义阳公主山池五首》其一云"海燕巢书阁，山鸡舞画楼"，以书阁、画楼作为驸马府邸中的代表性建筑物。王建《赠崔礼驸马》"家中弦管听常少，分外诗篇看即新"①，点出驸马府布置的管弦乐器以及诗书。《大唐故纪国大长公主墓志铭》云驸马"室有圣人之书"②，鲍溶《夏日怀杜悰驸马》云"仍闻圣主知书癖，凤阁烧香对五车"③，可知公主驸马藏书览书之博。

乐器、秦台、琴台布置与装饰：睿宗女凉国公主曾获得帝王嘉赐的乐台：

> 皇嘉之而谓曰："台！和以乐，变乎风，挥五弦之尽美，观万物之从令。欲同听，乃亲故，特传于汝。"公主清扬神洁，妙指心闲，犹白雪之词，冥通则应，类青溪之曲，多领悟皆赏。④

---

① 《王建诗集校注》卷七，第379页。
② 《全唐文》卷六三一，第6364页。《吕衡州文集附考证》卷七，第77页。《唐纪国大长公主及夫郑沛墓志合考》，《碑林集刊》第六辑，第65页。
③ 《全唐诗》卷四八七，第八册，第5572页。
④ 《文苑英华》卷九三三《碑九〇·神道五二》，第六册，第4908页下—4909页上。《中国西北地区历代石刻汇编》第三册有拓片，但漫漶不清，第54页。《全唐文新编》第二部第一册有录文，第2887—2888页。

台为一种高而平的建筑物或作底座用的器物,此处的台,用来挥五弦,而琴正是五弦或七弦,应是琴台,用以赐予极有音乐天赋的公主,正是绝配。

公主府多有秦台,亦有琴台,可知箫与古琴在公主宅第中的重要位置,而其宅第中布置的乐器应不止于此。箫是公主府邸必不可少的一种乐器,秦台是公主府邸中模仿吹箫引凤的传说营造之处。弄玉与萧史吹箫引凤台的典故,不仅使得秦楼凤台成为公主、驸马宅第的代名词,亦使箫与秦台成为公主驸马府的标配。宋之问《宴安乐公主宅得空字》极写公主宅邸之华丽,而秦台里则有仙箫奏响,雅韵缭绕:"箫奏秦台里,书开鲁壁中。"①

朱弦琴与青琴:唐代公主宅第、园林诗中的携琴、调琴动作叙写中即透着公主府的琴器布置,如"还将石溜调琴曲"〔李峤《奉和初春幸太平公主南庄应制(景龙三年二月十一日)》〕、"携琴侍叔夜"(上官婉儿《游长宁公主流杯池二十五首》其十五)、"携琴绕碧沙,摇笔弄青霞"(杜审言《和韦承庆过义阳公主山池五首》其三)等。而唐代驸马中亦不乏好书好乐者,其宅院中亦会有珍贵的藏书和乐器。唐代诗文中提及的公主府古琴有朱弦琴与青琴。朱庆馀《题崔驸马林亭》即云"朱弦琴在乱书中"②。鲍溶《夏日怀杜悰驸马》云"闲遣青琴飞小雪",追忆清凉的五月聚集于驸马府听琴畅聊的往事。

寓政治清平之意的熏琴或薰香之琴:公主府之琴和琴曲还有附加特殊寓意的熏琴,抑或其琴本身即由散发香味的材质制成或由香料薰香,如"手舞足蹈方无已,万年千岁奉薰琴"(李迥秀《奉和幸安乐公主山庄应制》)、"山花添圣酒,涧竹绕熏琴"(李适《侍宴长宁公主东庄应制》)。薰琴源出《孔子家语·辩乐解》:"昔者舜弹五弦之琴,造《南风》之诗。其诗曰:'南风之薰兮,可以解吾民之愠兮;南风之时兮,可以阜吾民之财兮。'"③本是指圣王心忧民生所创之琴曲,而公主府时有帝王驾临,观赏的琴曲亦有了特殊意蕴。

公主府的其他乐器:除过琴与箫这两种代表性乐器外,公主府中还应有各种各样精美的乐器。高祖女淮南公主极善弹琵琶,亦因此获赐宫廷极为精美的琵琶,据《大唐故淮南大长公主墓志铭并序》记录"十四日迎佛盆

---

① 《宋之问集校注》卷二〔诗(神龙元年至景龙三年秋)〕,第448页。
② 《全唐诗》卷五一四,第八册,第5916页。
③ 〔三国〕王肃注:《孔子家语》卷八,上海古籍出版社1990年版,第88页下。

处,公主即弹,大蒙赏异,特赐紫檀槽金碇琵琶一,并锦硲(《辑略》作'彩')等〕①。《代国长公主碑》提及"箜篌、笛、琴"、"琵琶、七弦、阮咸、筝"②等七种乐器。这种紫檀琴、琵琶、阮咸等乐器,正可以正仓院所藏唐皇室赐予的紫檀乐器为参照(见插页彩图121、122、123)。

各种精美的书画藏品也应是公主宅第内少不了的配置,画扇则是其中之一。而和政公主善书画,据颜真卿《和政公主神道碑》云"缋画工巧之事"③。

笔墨纸砚则是公主府装点书香气韵的另一组必备内容。《大唐故长乐公主墓志》云公主"散玉轴于缥帙,悬镜惭明;耀银书于彩笺,春葩掩丽。是以遐观遗篆,俯寻蠹册。周室王姬,徒兴秾李之咏;汉朝公主,终致柏梁之讥"④,即简笔点出公主所用的精美笔墨纸砚,有玉质书轴、淡青色书衣、银书与彩笺。新城公主墓室壁画亦有捧书轴侍女(参插页彩图1)。

还有书写用的精美花笺。杨巨源《酬崔驸马惠笺百张兼贻四韵》细绘了驸马寄赠的精美花笺:

> 百张云样乱花开,七字文头艳锦回。浮碧空(一作"定")从天上得,殷红应自日边来。捧持价重凌云叶,封裹香深笑海苔。满箧清光应照眼,欲题凡韵辄裴回(一作"风韵愧凡才")。⑤

如云样的信笺上随意绘着丛生花纹,文头以艳丽的锦绣装饰,殷红色似从日边得来,碧绿色又如从天空得来,封裹着阵阵香气,放置于箧中亦清光照眼。

其书写用纸,是来自各地的贡品。据《新唐书·地理志》,藤纸贡地有杭州余杭郡、婺州东阳郡。绵纸贡地有衢州信安郡、衡州衡阳郡。宣州宣城郡、越州贡纸、笔。歙州新安郡、池州、江州浔阳郡贡纸。

书写用的精美毛笔。《代国长公主碑》云公主"留情翰墨""兔转仙毫"

---

① 《唐代公主墓志辑略》,《碑林集刊》第三辑,第64页。《唐淮南大长公主墓志所反映的唐代历史问题》,《华夏考古》2008年第2期,第136页。《唐淮南大长公主墓志铭研究》,《社会科学战线》2017年第10期,第86页。
② 《全唐文》卷二七九,第五册,第2826页。
③ 《颜鲁公文集》卷八,《三长物斋丛书》本。《全唐文》卷三四四,第四册,第3490页下。《全唐文新编》第二部,第二册,第3939页。
④ 拓片见《隋唐五代墓志汇编·陕西卷》第二册,第21页。录文见《唐代墓志汇编续集》贞观〇三六,第29页。
⑤ 《全唐诗》卷三三三,第五册,第3730页。

"麝霏烟墨,尽落天花"。①

磨墨用的精美砚台也是少不了的,《唐义阳公主驸马权毅墓志》在叙述公主学通经史的才华时,自然少不了叙及其放置在精美银台上的砚台:"砚上银台。"②长乐公主墓中也出土有白瓷辟雍砚(见图61)。

图61　长乐公主墓出土白瓷辟雍砚图
(图片来源:《唐十八陵》③)

古物古玩,对于权贵之家而言,是象征其身份、财富与地位的重要装饰,于公主驸马府邸而言,亦必不可少。张嵲《宴驸马宅》云"座中古物多仙意"④,指出其宅第内摆置的物件,均为珍贵稀有且很有仙意的古物。

4. 建筑物绘饰与壁画装饰

公主府邸的建筑里亦会雕饰各种纹样,故有"画梁""画窗""画楼"之称,而一些建筑物的构件尤其是墙壁上亦会有当时绘画名家的创作。尤其是公主道观、寺庙,多有名家壁画,据《历代名画记》记载,金仙公主开元观的"西廊院天尊殿前,《龙虎君》、《明真经变》,及西壁并杨廷光画。门西窗上下,杨仙乔画"。玉真公主咸宜观的"三门两壁及东西廊,并吴画,殿上窗间真人,吴画。殿前东西二神,解倩画。殿外东头东西二神,西头东西壁,吴生并杨廷光画。窗间写真及《明皇帝》、《上佛公主》等图,陈闳画"。华封观的"公主影堂东北小院,南行屋门外北壁,李昭道画山水"。⑤ 咸宜

---

① 《全唐文》卷二七九,第2826页。
② 《唐义阳公主驸马权毅墓志考》,《乾陵文化研究》第九辑,第365页。
③ 陈安利:《唐十八陵》,中国青年出版社2001年版,第260页。
④ 《全唐诗》卷七〇二,第十册,第8154页。
⑤ 《历代名画记》卷三,第65页。

观,则据《唐两京城坊考》引《历代名画记》记述有吴道玄、解倩、杨廷光、陈闳画[1];《太平广记·陈闳》载"今咸宜观天尊殿内画上仙图及当时供奉道士等真,皆其踪也"[2]。永穆公主万安观,《唐两京城坊考》据《历代名画记》,记述观内公主影堂有李昭道画山水[3]。

太平公主为母立兴唐寺,《唐两京城坊考》据《历代名画记》有"吴道玄、杨廷光、周昉、尉迟乙僧、董谔、尹琳、杨坦、杨乔、李生画。又有韩干画一行大师真,徐浩书赞"[4]。招福寺"乾封二年,移长宁公主佛堂于此,重建此寺。长安二年,内出等身金铜像一铺并九部乐……景龙二年,诏寺中别建圣容院……门外鬼神数壁,自内移来,画迹甚异,鬼所执野鸡似觉毛起。库院鬼子母,贞元中李真画"[5]。永泰寺"寺内东精舍有隋中大夫郑法士画释迦灭度之变,左右廊有滕王库直李雅画圣僧之迹,又有杨契丹画"[6]。永寿寺,据《名画记》有吴道玄画[7]。

本章结论

其一,唐代公主相关建筑的总体风格与特点表现为:一是国家建造;二是等级规制;三是国家与皇室象征;四是浓厚的家国性、政治性与公共事件性,根据国力或政治需要成为奢华或节俭风尚的标志物。其营造影响民生时,亦常常会成为公共政治事件,受到谏阻;五是地理位置绝佳;六是将人间荣华富贵特质与道教、佛教典籍营建、构造的仙境、佛境特质结合;七是总体以奢华为特质,其间建筑群落广布,如堂屋室宇、亭台楼阁、轩榭台观,饰以各种金玉珍宝,融以各种名贵香料,雕刻各种精美纹样,广植珍稀花木,环山绕水;八是一定的变化与个性。

其二,唐代公主相关建筑营建风气随唐帝王的喜好、国势、社会风尚、公主命运沉浮的变化而变化,亦受公主个性、喜好等的影响。总体而言呈现出由初唐初期的简约,到高宗至睿宗时的大肆营建、奢华无度,再到盛唐的收敛和晚唐的简约与奢华交错,直至末世狂欢,最后陷入没落困窘的

---

[1] 《唐两京城坊考》卷三,第 60 页。
[2] 《太平广记》卷二一二,第五册,第 1625 页。
[3] 《唐两京城坊考》卷三,第 56 页。
[4] 《唐两京城坊考》卷三,第 71 页。
[5] 《唐两京城坊考》卷二,第 41 页。
[6] 《唐两京城坊考》卷四,第 119 页。
[7] 《唐两京城坊考》卷二,第 44 页。

风貌。

其三，唐代公主出嫁前长自公宫，皇宫内苑有其居住区；出嫁或入道后有宫外居住或修道区，主要集中在长安，高宗至睿宗时洛阳亦有。争竞奢华的时代，公主会拥有多处宅第、园林。其宅第往往选在长安城富丽繁华处，亦受政治形势影响发生变化，其园林往往选在京畿依山傍水处，一些入道公主亦会在道教圣地寻求绝佳山水，亦有随夫外任的公主在任职地有暂居宅第。

其四，公主宅第、园林除具有唐代宅第、园林的总体特色外，又卓富皇室宅第、园林特质。虽实物无存，但从大量的唐代诗文描述可窥一斑。唐人对公主宅第园林的书写在唐代不同时期呈现不同特点，初唐仅有零星且隐去公主之名的驸马宅第、园林吟咏；高宗至睿宗时期大量涌现且直接冠名公主，其去世后的盛中晚唐亦有书写；盛唐诗作中多是追忆作品，仅偶尔有现时现地的游宴作品，诗题在冠名公主或驸马之间；中唐又现书写小高潮，为现时现地或逝去追忆；晚唐为冠名驸马的游宴诗与追忆诗。

唐诗中的公主宅第、园林书写总体上有三大特点与书写范式，亦描绘出公主宅第、园林的三大特点：一、藉由神话仙话表现、模塑的仙境气息。二、引入前朝公主园林代称暗隐其富贵奢华、佳客云集内质，亦有皇室园囿与龙凤之名地域，以及亲王、名士园囿。三、自然与人文景观交相辉映的特质。叙及其奇石叠山、锦池曲沼、飞桥横跨、彩舟竞渡、古木繁花、灵动动物、奢华密集的建筑群（居住的庭宫堂屋室与游赏观览的楼台殿阁、轩廊亭榭）等景观布局，以及公主府邸的朱门仪卫与金银额榜、雕镂刻画的精美窗楹栋梁及笙歌乐舞、诗酒文会的人文之景。出土文物则可见公主府邸之门的具体元素。

另外，从唐代诗文遣词用句中亦可一窥公主宅第、园林的一些特质：一、藉由龙凤之词烘托出的神秘高贵之感。二、藉由珍稀珠宝修饰的华贵、炫煌之感。三、藉由珍稀香料缔造的馨香华美之感。因公主宅第建筑常常会以在建筑材料灰或泥中直接融入香料或在室内熏香或垂挂装有香料的香囊或栽植散发芬芳香味的花木等方式，营造居处的馨香馥郁之味，于是公主宅堂室等亦被称作"兰堂""郁金堂"，如"翠幕兰堂苏合薰"（张说《安乐郡主花烛行》）等。四、藉由"高""危""曲"等词修饰突出的建筑群重叠曲折、繁复高大之感，概括出其给观览者留下的突出印象。五、藉由月、灯、烛等渲染出公主宅第的辉煌之感。六、藉由动植物共构公主宅第园林内花木丛生、万物共生之感。

其五,公主宅第、园林内的家具装饰与日用器具富丽奢华,宅第的照明(烛光、灯轮、火树、灯树、夜明珠辉映的公主府)、取暖(精美馥郁的熏香、取暖香炉)、降温(包括降温、避暑的水殿、水亭、水阁、洞府、洞户、洞宫、仙洞及纳凉器具扇、澄水帛等)、隔挡(精致华美、富丽多彩的屏风)、熏香用具等装饰珍稀奢华,有大量珠宝美玉的装饰点缀,精美奢华的寝具与床上用品(包括异域珠宝装饰的名贵寝具,异域珍贵材料、珠宝与重工刺绣打造的精美炫目的衾被,材质珍稀、功能神奇的精美睡枕,夏日的精美玉簟、犀簟与紫荧席、珠罽、茵褥等),遮蔽的帘幕锦帐(包括翠幕、锦帐、罗帷、翠幌、毳幕,水晶、珍珠之帘等),精美的乐器、画扇、书画藏品等,共同营造出其宅第的独特品位。

第七章　主家盛时欢不极,才子能歌夜未央: 唐代公主的社交与娱乐

有人形容唐代文化,说它"具有一种明朗、高亢、奔放、热烈的时代气质"[①]。在这个气度恢宏、富庶文明、繁荣开放的如史诗般壮丽的大时代背景下的人们,有着相当丰富多彩的生活,社交与娱乐活动是其中的重要部分。作为皇室成员的公主们,其日常生活也因此显得更为华丽多姿。

一、唐代文学中的唐代公主宴集情境及社交、娱乐之风嬗变

宴饮是唐代公主们日常生活中最多也最热衷的娱乐、社交活动之一,总体而言,其频繁、隆重程度亦随着国家经济、国势、帝王政令倡导、时代风气乃至帝王、公主个人性情、品性与喜好等的不同而不同,其宴饮形式的改变,亦是反映其生活形式自由宽松甚至奢侈放纵抑或内敛抑制的风向标。从整体看,经历了从规范收敛到自由、公开再到受限制的帝帷后隐性观赏的转变。

初唐高祖、太宗时的公主除个别的自由无度外普遍自制,且没有留下冠名初唐公主的宴饮诗文,仅有个别本身就以文韬武略著称亦为朝中重臣的驸马府的宴饮游赏诗作。到高宗至睿宗的特殊时期,受宠得势的公主们宴集社交往往张扬公开,终至放纵无度惨淡收场,当然那些被卷入动荡政治风云或后宫内部争斗中的公主,命运漂泊不定,或随夫外放,或被处死,其生活自不会与笙歌燕舞的宴饮相关,此时有关得宠公主府通宵达旦宴饮的诗作极多。

玄宗时,经过动荡的帝王在前车之鉴的警醒之下励精图治,禁断衣食住行中的各种僭越、奢侈无度行为,改变风气,倡导节俭,同时鉴于武韦时期的女主干政之乱,亦禁断外戚、皇室女性包括公主们的参政行为,于是在帝王诏令三令五申匡正社会风气的影响下,盛唐初期的公主们不再公开与

[①] 张岱年、方克之:《中国文化概论》,北京师范大学出版社1999年版,第263页。

文士朝臣交往，仅个别公主如玄宗妹玉真公主例外，于是有关府第宴饮的诗作自然大幅度减少。至玄宗后期，生活渐至放纵，宴饮游乐极多，而公主们亦会随行，但是由于禁断干政，相关诗作亦较少。

安史之乱后，国家处在乱离恢复期，此境况下的公主们，才在帝王有能力有精力关注时婚嫁，宅第园林的兴建缺少条件，其间的欢宴亦因此较少，而国力恢复后，亦有一些公主或驸马沉浸于欢宴中，其中最有代表性的即昇平公主与驸马郭暧，出于对文学的喜爱，驸马府时时汇聚着当时的文人才子，亦会举办欢宴，而公主则在帷幕之后观看，驸马的宴饮行为甚至受到皇室的责罚。

至晚唐，一些倡导节俭的帝王会劝诫公主勿奢侈、勿干政，如宣宗对公主约束极严，敦促公主生活俭约、恪守礼法，不得干政，据《资治通鉴》记载：

> （大中二年）十一月，庚午，万寿公主适起居郎郑颢……上曰："吾欲以俭约化天下，当自亲者始。"……诏公主执妇礼……毋得预时事。又申以手诏曰："苟违吾戒，必有太平、安乐之祸。"……由是终上之世，贵戚皆兢兢守礼法，如山东衣冠之族。①

而至末世，奢侈之风重起，懿宗同昌公主的府邸内常有极为奢华的欢宴。

初唐高祖太宗时、晚唐的公主府宴饮诗较少，中唐的郭钊大安山池、崔驸马园林、于驸马宅宴饮虽频繁，但皆有前述，不再赘述，本章仅选择有大量公主宴饮诗留存的初唐高宗至睿宗时及安史之乱后的昇平公主府宴集为代表探讨。

（一）烛影屏风里的公开夜宴：高宗至睿宗时受宠公主的公开密集社交

高宗、武则天、中宗、睿宗时期，公主不仅参政设府，能与当朝大臣、文人公开结交，有着广泛的社交圈，还常会在宅第与文士宴饮、聚会，一同游赏如诗如画的山庄美景。据史书记载太平公主"日益豪横，进达朝士多至大官，词人后进造其门者，或有贫窭，则遗之金帛，士亦翕然称之"②，可见太平公主因乐于引荐、资助朝士与后进，获得称赏。高官、文士环绕公主，并为她们作诗。这些诗多吟咏公主高贵的身份、衣饰的奢华、宴会游乐的

---

① 《资治通鉴》卷二四八《唐纪六四》，第 8036 页。
② 《旧唐书》卷一八三列传一三三《外戚传》，第十四册，第 4739 页。

欢畅、皇室重大庆典场面的盛大等,语言极尽铺张夸饰之能事。以此既可推知一些诗人在唐代宫廷政治中的生活轨迹,也可看到唐代公主的社交、娱乐活动境况。

公主宅第宴饮诗集中于安乐公主,通宵达旦的欢宴是大多数诗歌叙及、描摹的部分,烘托渲染夜宴华丽的则是烛影屏风。《韩熙载夜宴图》虽为五代权贵之家的夜宴生活描绘,但也可做安乐公主府夜宴的直观参照(见插页彩图124)。

留存的三十七首(除去重出的一首)诗题有"安乐公主"的诗作,二十二首以宴饮为题,其中九首为随从帝王赴公主府侍宴的应制诗,受帝王主导;十四首夜宴诗作,当为受公主邀约的宴会;另有帝王赴公主园林游玩的诗作,也会穿插歌舞与宴会,但多以游赏为核心;还有一首是冬日在公主府集会之作,至于两首为公主满月侍宴之作,与公主的娱乐社交无关。这些诗作也从另一侧面反映出唐前期的高宗至睿宗时文人与公主交往不受限制的事实。

表6 安乐公主宅宴饮诗作表

序号	类别	题目	作者
1	侍宴应制为题9首(帝王主导)	安乐公主移入新宅侍宴应制	宗楚客
2		侍宴安乐公主庄应制	李适
3		侍宴安乐公主新宅应制	
4		侍宴安乐公主山庄应制	苏颋
5		侍宴安乐公主山庄应制	李乂
6		侍宴安乐公主新宅应制	
7		侍宴安乐公主新宅应制	沈佺期
8		侍宴安乐公主新宅应制	武平一
9		安乐公主移入新宅侍宴应制同用开字	赵彦昭
10	移入新宅为题3首(赵彦昭的诗题有"移入新宅",又有"侍宴应制",参上)	安乐公主移入新宅(一作宗楚客诗,诗题不同,诗句同见1)	李适
11		安乐公主移入新宅	沈佺期

续表

序号	类别	题目	作者
12	夜宴为题13首	夜宴安乐公主宅	崔日用
13		夜宴安乐公主宅	李迥秀
14		宴安乐公主宅得空字	宋之问
15		夜宴安乐公主新宅	阎朝隐
16		夜宴安乐公主宅	卢藏用
17		夜宴安乐公主宅	韦元旦
18		夜宴安乐公主新宅	刘宪
19		夜宴安乐公主新宅	苏颋
20		夜宴安乐公主新宅	岑羲
21		夜宴安乐公主新宅	薛稷
22		夜宴安乐公主新宅应制	徐彦博
23		夜宴安乐公主宅	沈佺期
24		夜宴安乐公主宅	马怀素
25		夜宴安乐公主宅	武平一
26	奉和山庄应制为题10首	奉和幸安乐公主山庄应制	刘宪
27		奉和幸安乐公主山庄应制	卢藏用
28		奉和幸安乐公主山庄应制	岑羲
29		奉和幸安乐公主山庄应制	薛稷
30		奉和幸安乐公主山庄应制	马怀素
31		奉和幸安乐公主山庄应制	赵彦昭
32		奉和幸安乐公主山庄应制	萧至忠
33		奉和幸安乐公主山庄应制	李迥秀
34		奉和幸安乐公主山庄(一作"西园")应制	宗楚客
35		奉和幸安乐公主山庄应制	韦元旦
36	集会1首	同李舍人冬日集安乐公主山池	沈佺期

崔日用《夜宴安乐公主宅》云"银烛金屏坐碧堂,只言河汉动神光。主家盛时(一作'明')欢不极,才子能歌夜未央"①,用秾丽热烈的语词盛赞了在红烛摇曳辉映之下,锦屏掩映遮蔽之中,如仙宫般金碧辉煌的安乐公主宅第里,文人才子们通宵达旦的欢唱盛会,可谓公主宅第宴饮诗作的代表。而这些作品在艺术表现中,有着相似的突出特点:

1. 典故暗隐的词人擅场、堪比仙境的宴饮之雅

以典故表现唐代公主宴饮之盛,是唐代公主宴饮诗的突出特点。或引入仙话神话以渲染其宴饮的人间仙境气韵,或引入历史上的有名盛会与卓富盛名的才子与佳作,以表达其宴饮中曲乐歌舞之美与佳客云集、辞赋精美的特质。有些作品则将几类典故悉数纳入,如李适的《侍宴安乐公主庄应制》引入汉代平阳公主宅与沁水公主的沁园,以代指安乐公主宅,并暗指其宅邸庄园的富丽幽美,又以金榜、银河渲染其仙境气息与富贵景象,接以萧史弄玉吹箫引凤之楼的典故,而鹦鹉洲因东汉末年黄祖长子黄射宾客集会时祢衡即席写就的《鹦鹉赋》而得名,既叙写出其宅邸高朋满座、才子云集、佳作迭出的盛况,又赋予其凤凰飞舞、鹦鹉嘤鸣的奇丽动人的色彩,在这场欢宴里,众人举杯,热闹非凡,最后引入汉武帝济汾之游的典故与公主宅的欢游对比〔汉武事出自《汉武故事》,《文选》载汉武帝《秋风辞(并序)》亦有叙述:"上行幸河东,祠后土。顾视帝京欣然,中流与群臣饮燕,上欢甚,乃自作《秋风辞》。"②〕,以此烘托公主府宴饮的热闹盛况:

> 平阳金榜凤皇楼,沁水银河鹦鹉洲。彩仗遥临丹壑里,仙舆暂幸绿亭幽。前池锦石(一作"幔")莲花艳,后岭香炉桂蕊秋。贵主称觞万年寿,还轻汉武济汾游。③

(1)吹箫引凤与平阳歌舞之典

唐代文人极喜在公主宴饮诗引入吹箫引凤、平阳歌舞之典,这与其相同的公主身份,以及相同的宴饮、歌舞之盛相关。

弄玉萧史之典,衍生出很多典故名,公主宅第园林诗中亦大量出现,但秦台、凤台之典与出现"箫"字的吹箫引凤等典故侧重点不同,更能从字面

---

① 《全唐诗》卷四六,第一册,第563页。
② 《文选》卷四五《辞》,第636页上。
③ 《全唐诗》卷七〇,第二册,第777页。

上凸显公主宅里歌舞之妙,其他则是暗隐(可参前述宅第园林诗同典)。宗楚客的《安乐公主移入新宅侍宴应制(景龙元年十一月一日)》写道:"马向铺钱垺,箫闻弄玉台。人同(李适诗作'疑')卫叔美,客似(一作'是',一作'有')长卿才。"①以萧史弄玉吹箫引凤台比拟其曲乐之美,以卫玠之美、司马相如之才华比拟公主宴会上丰神俊逸、才华横溢之佳客云集的雅况。卫玠典出《晋书·卫瓘传附孙玠传》:"京师人士闻其姿容,观者如堵。玠劳疾遂甚,永嘉六年卒,时年二十七,时人谓玠被看杀。"②

唐代公主宴饮诗中引入"平阳歌舞"(另有"平阳宅"等同类典故,亦暗含平阳歌舞之事,但侧重点在宅第,可参前述)者极多。刘泊《安德山池宴集》云"平阳擅歌舞,金谷盛招携"③,以汉代平阳公主宅邸的歌舞之盛,西晋石崇金谷园景色之美、文人雅集之频繁,比拟公主驸马园林宴饮之雅况。其他则如"回(一作'向')晚平阳歌舞合"(李乂《侍宴安乐公主山庄应制》)、"平阳百岁后,歌舞为谁容"(李乂《高安公主挽歌二首》其一)、"只为平阳歌舞催"(李迥秀《夜宴安乐公主宅》④)、"林间花杂平阳舞,谷里莺和弄玉箫"〔韦嗣立(一作赵彦昭)《奉和初春幸太平公主南庄应制》〕、"平阳妙舞处,日暮清歌续"(郑愔《侍宴长宁公主东庄应制》)、"平阳音乐随都尉"(白居易《寄明州于驸马使君三绝句》其二)等。

唐文中亦有,如"平阳歌舞,适足愁人"(《郇国长公主神道碑铭》)、"万转笙竽,杂平阳之歌舞"(张鷟《公主出降礼钱判》)等。

(2)神话典故渲染的仙境宴饮气息

唐代诗人亦常常引入神话仙话故事,以此渲染公主府宴饮的人间难得气韵。李适《侍宴安乐公主新宅应制》以银河半落凤凰之台、鹦鹉杯盛放的玉酒在宾客手中相传叙写酒宴之精致华美,又以得道者严君平的典故喻欢宴之仙境气息(据《汉书》记载:"其后谷口有郑子真,蜀有严君平,皆修身自保,非其服弗服,非其食弗食"⑤):

银河半倚凤皇台,玉酒相传鹦鹉杯。若见君平须借问,仙槎一去

---

① 《全唐诗》卷四六,第一册,第564页。李适诗见《全唐诗》卷七〇,第二册,第776页。
② 《晋书》卷三六列传六,第1068页。
③ 《全唐诗》卷三三,第一册,第452页。
④ 《全唐诗》卷一〇四,第二册,第1092页。
⑤ 《汉书》卷七二列传四二《王吉传》,第十册,第3056页。

几时来。①

银河（云汉）、织女等神话传说的引入，亦让公主宅第宴饮有了仙境气息（可参前述）。苏颋《夜宴安乐公主新宅》描绘公主宅车水马龙的喧闹繁华，宅内楼台高耸，以衡汉（北斗和天河）泛指天宇比喻公主宅宴饮的仙境气息，最后以歌舞夜以继日收束：

车如流水马如龙，仙史高台十二重。天上初移衡汉匹，可怜歌舞夜相从（一作"逢"）。②

韦元旦《夜宴安乐公主宅》云"主第新成银作榜，宾筵广宴玉为楼。壶觞既卜仙人夜，歌舞宜停织女秋"③，以仙人夜代指公主宅宴饮，又引入织女的典故，以渲染其天宫仙境夜宴气息，亦白描其宴会上觥筹交错、歌舞不歇的场面。

（3）梁园雅集、金谷聚游等典故暗隐的佳客云集盛况

唐代公主宴饮诗中还会引入历史上有名的文人雅集的盛事典故，如梁园雅集与金谷聚游，以暗隐公主府宴饮才子词客云集的盛况。如刘洎《安德山池宴集》云"平阳擅歌舞，金谷盛招携"④。武平一《侍宴安乐公主新宅应制》写道：

紫汉秦楼敞，黄山鲁馆开。簪裾分上席，歌舞列平台。马既如龙至，人疑学凤来。幸兹（一作"忻"）联棣萼，何以接邹枚。⑤

以秦楼、鲁馆代指公主宅邸，其欢宴上歌舞排列，身着簪裾的达官显贵列座上席，府邸里车水马龙，才子云集。《水经注·睢水》引《汉书·梁孝王传》："梁王与邹、枚、司马相如之徒，极游于其上。"⑥两人皆以才辩著名当时。后因以"邹枚"借指富于才辩之士。

---

① 《全唐诗》卷七〇，第二册，第777页。
② 《全唐诗》卷七四，第二册，第814页。
③ 《全唐诗》卷六九，第二册，第772页。
④ 《全唐诗》卷三三，第一册，第452页。
⑤ 《全唐诗》卷一〇二，第二册，第1082页。
⑥ 《水经注》卷二四，第464页。

2. 白描铺叙渲染的歌舞不歇的宴饮之乐

阎朝隐《夜宴安乐公主新宅》选择开花的蜡烛、深夜的管弦描绘半醉半醒的宾客徐徐击打珍贵的珊瑚树,以耳畔拂晓的钟漏之声表现公主府宴饮的畅快尽兴、持久绵长:"凤凰鸣舞乐昌年,蜡炬开花夜管弦。半醉徐击珊瑚树,已闻钟漏晓声传。"①

韦元旦《奉和幸安乐公主山庄应制》起句有神话传说,接着均是白描铺叙,以帝王车辇,雕龙刻凤桂邸,琼箫奏响的仙乐,公主府内朝野欢娱争醉的情形,表现其宴饮的奢华富贵、热闹尽兴:

> 银河南渚帝城隅,帝辇平明出九衢。刻凤蟠螭凌桂邸,穿池叠石写蓬壶。琼箫暂下钧天乐,绮缀长悬明月珠。仙榜承恩争既醉,方知朝野更欢娱。②

苏颋《侍宴安乐公主山庄应制》以羽骑骎骎、旌旗飘飘、箫鼓震天、双凤来仪,渲染安乐公主府的热闹:

> 骎骎羽骑历城池,帝女楼台向晚披。雾洒旌旗云外出……箫鼓宸游陪宴日,和鸣双凤喜来仪。③

刘宪《夜宴安乐公主新宅》以度曲飞觞、通宵达旦、乐此不疲极写公主府夜宴的盛况:"层轩洞户旦新披,度曲飞觞夜不疲。"④徐彦伯《夜宴安乐公主新宅应制》叙写公主夜宴上经过两次或多次复酿的花酒一杯杯添满,散发着浓香:"凤楼开阖引明光,花酎(一作'酺')连添醉益香。"⑤李乂《侍宴安乐公主新宅应制》收束处叙写其通宵达旦的歌舞欢宴与鹦鹉杯酬献的美酒:"平旦鸂鶒歌舞席,方宵鹦鹉献酬杯。"⑥

卢藏用《夜宴安乐公主宅》描绘公主夜宴,珠玉装饰的油灯缀连着白天不知何为黑夜,玉制的酒杯倾泻着流霞直到清晨:

---

① 《全唐诗》卷六九,第二册,第769页。
② 《全唐诗》卷六九,第二册,第771页。
③ 《全唐诗》卷七三,第二册,第803页。
④ 《全唐诗》卷七一,第二册,第782页。
⑤ 《全唐诗》卷七六,第二册,第826页。
⑥ 《全唐诗》卷九三,第二册,第996页。

侯家主第一时新,上席华年不惜春。珠钉缀日(一作"月")那知夜,玉罞流霞畏底(一作"极")晨。①

岑羲《夜宴安乐公主新宅》先是叙写公主家的金榜重楼在深夜仍然敞开,精美的琼筵因珍爱宾客仍未散场,众人衔欢皆醉,不知夜已深、天将亮的情形:"琼筵爱客未言归……尽醉那知玉漏(一作'露')稀"②。

薛稷《夜宴安乐公主新宅》描写公主夜宴的楼阁外明月裴回,宴席上银烛摇曳,满座的香气排花四溢,扇后的歌声逐酒而来:

秦楼宴喜月裴回,妓筵银烛满庭开。坐中香气排花出,扇后歌声逐酒来。③

马怀素《夜宴安乐公主宅》描写站在公主宅第超越宫观的窈窕的凤楼三重门上,透过玲珑的绿色帷幔可下瞰长安城纵横交叉的大道,复道上的夜宴和乐愉快,令上客流连不愿离开:"凤楼窈窕凌三袭,翠幌玲珑瞰九衢。复道中宵留宴衎,弥令上客想踟蹰。"④武平一《夜宴安乐公主宅》云"遽惜琼筵欢正洽,唯愁银箭晓相催"⑤,描绘公主宅入夜时还敞开着大门珠帘,欢宴不歇,众人亦不愿离开,唯恐拂晓相催。

李迥秀《夜宴安乐公主宅》叙写公主宅邸给人的第一眼印象是岧峣入云金光闪闪的富丽门额,夜宴里的玉箫之声缭绕天际,又引《诗·小雅·宾之初筵》"侧弁之俄,屡舞傞傞"⑥之句,还借用平阳公主歌舞(指公主舞姬卫子夫的歌舞)之典,形容参宴者被公主府美妙的歌舞吸引,歪戴帽子急急回还:

金榜岧峣云里开,玉箫参差天际回。莫惊侧弁还归路,只为平阳歌舞催。⑦

李迥秀《奉和幸安乐公主山庄应制》对公主园林景致的描写极少,着

---

① 《全唐诗》卷九三,第二册,第1000页。
② 《全唐诗》卷九三,第二册,第1001页。
③ 《全唐诗》卷九三,第二册,第1003页。
④ 《全唐诗》卷九三,第二册,第1006页。
⑤ 《全唐诗》卷一〇二,第二册,第1083页。
⑥ 《十三经注疏·毛诗正义》卷一四之三,第487页上。
⑦ 《全唐诗》卷一〇四,第二册,第1092页。

意于众人随帝王在公主山庄的娱乐交游,帝王驾到万骑追随,欢宴上赏赐千金,歌舞场上古琴凤箫合奏,鹭羽翩翩,手舞足蹈,祝颂万岁(鹭羽本指白鹭的羽毛,古人用以制成舞具。《诗·陈风·宛丘》:"无冬无夏,值其鹭羽。"毛传:"鹭鸟之羽,可以为翳。"郑玄笺:"翳,舞者所持以指麾"①):

> 诘旦重门闻(一作"开")警跸,传言太主奏(一作"奉")山林。是日回舆罗万(一作"百")骑,此时欢喜赐千金。鹭羽凤箫参乐曲,荻园竹径接帷阴。手舞足蹈方无已,万年千岁奉(一作"奏")薰琴。②

3. 簪缨之词高频选入凸显的贵客云集宴饮之盛

有关唐代公主宴饮的诗作中"簪缨""簪裾"是选入频率极高的物象,这也从另一方面反映出公主宅宴饮者多为达官显贵的特质,如"丝竹扬帝熏,簪裾奉宸庆"(裴守真《奉和太子纳妃太平公主出降三首》其二)、"簪裾分上席,歌舞列平台"(武平一《侍宴安乐公主新宅应制》)、"合宴簪绅满,承恩雨露滋"(李乂《侍宴长宁公主东庄应制》)、"退朝追宴乐,开阁醉簪缨"(钱起《过杨驸马亭子》)等。

(二)幕前幕后的交接:盛唐的驸马宴集与公主自由交游个例

盛唐承接武韦时期而来,因前车之鉴,其公主社交自由受到限制,能直接与达官、文士交往的极少,由幕前向幕后递变。最初为交接期,仍有个别公主如玄宗之妹玉真公主仍保留着与文士公开直接交往的特权,大部分公主的交往权利被限制,但其驸马和文士们的交往仍密切频繁,在驸马府也就是公主府的宴饮、酬唱、游赏,在盛唐的很多大诗人的诗作中仍有表现。

1. 玉真公主的公开直接频繁交游个例

盛唐时,李白、王维等大诗人均与玉真公主有交往,而高适也曾留下《玉真公主歌》(其诗歌创作参前述)。李白曾前往玉真公主别馆,并赠诗玄宗女齐国公主驸马张垍,希望可以得到引荐,其《玉真公主别馆苦雨,赠卫尉张卿二首》云"秋坐金张馆……弹剑谢公子,无鱼良可哀","何时黄金盘,一斛荐槟榔。功成拂衣去,摇曳沧洲傍"③,表述着希望得到引荐以实践其功成身退理想的热望。王维则有《奉和圣制幸玉真公主山庄因题石壁

---

① 《十三经注疏·毛诗正义》卷七之一,第376页中。
② 《全唐诗》卷一○四,第二册,第1092页。
③ 《李太白全集》卷九(古近体诗四十三首),第475页。

十韵之作应制》诗作。

2. 因驸马而来的公主府频繁密集交游

盛唐时期的诗人与驸马交游密切,亦留下在公主府交游的诗作(具体阐释参前述)。如王维有《奉和杨驸马六郎秋夜即事》《过崔驸马山池》等多篇诗作。

杜甫则与当时的郑驸马、崔驸马有着密切联系,留有《郑驸马宅宴洞中》《郑驸马池台喜遇郑广文同饮》《奉陪郑驸马韦曲二首》《崔驸马山亭宴集(京城东有崔惠童驸马山池)》等诗作。

此时的公主府宴饮诗题大部分冠名驸马,冠名公主的仅个别公主,如玉真公主,这也从一个侧面说明了此时的公主能与文人聚会、游赏、吟唱、结交的已很少,没有了高宗至睿宗时的自由与热闹。

(三)中唐时帘幕之后的隐性社交

而后期的公主们由于受到约束与限制,不再公开出面,而是以隐蔽的方式转到幕后,观看、倾听驸马与文士的赋诗盛会,并由驸马给予打赏。

1. 昇平公主帷幄之后的欢宴观览

这一情形在公主之子《唐故银青光禄大夫检校左散骑常侍兼宫苑闲厩使驸马都尉郭公(郭铦)墓志铭》中即有记述:

> 乃诏子暧尚昇平公主。都尉主客皆贤,故长安中名人文士,自李端、司空曙之徒,咸游其门,赋诗席酒更日。①

对此唐代笔记《唐国史补》亦有记载:"郭暧,昇平公主驸马也。盛集文士,即席赋诗,公主帷而观之。……复有'金埒'、'铜山'之句,暧大喜,出名马金帛遗之。"②以此可以清晰见出公主与文士的社交已由公开自由转向帷幕之后。大历诗人钱起与李端的传记还对郭暧与公主举办的盛会进行回忆与盛赞:

> 郭暧尚主盛会,李端擅场。缅怀盛时,往往文会群贤毕集,觥筹乱飞,遇江山之佳丽,继欢好于畴昔,良辰美景,赏心乐事,于此能并矣。

---

① 《沈下贤集》卷一一《碑文、墓志、表》,《四部丛刊》影明翻宋本,第53页。《全唐文》卷七三八,第八册,第7618页下。《全唐文新编》第四部,第一册,第8564页。

② 《唐国史补》,《唐五代笔记小说大观》,第167页。

第七章 主家盛时欢不极,才子能歌夜未央:唐代公主的社交与娱乐 553

> 况宾无绝缨之嫌,主无投辖之困,歌阑舞作,微闻香泽,冗长之礼,豁略去之,王公不觉其大,韦布不觉其小,忘形尔汝,促席谈谐,吟咏继来,挥毫惊座。乐哉!古人有秉烛夜游,所谓非浅,同宴一室,无及于乱,岂不盛也!①

这段追忆足见昇平公主宴饮社交与高宗至睿宗时的相比发生的重大转折,及其对大历文学的隐性影响,公主府仍时时有热闹盛大的文会,众人摒弃繁文缛节,忘情交谈,热闹尽兴,群士或谈谐或吟咏,灵感迸发即生出佳作。

《唐才子传》提及李端时,还谈到郭暧尚昇平公主后,延纳俊士于馆之事,参加盛宴的文士竞赋诗作,佳句迭出,令主人惊喜不已,并赐以丰厚金帛:

> 暧尝进官,大宴酒酣,主属端赋诗,顷刻而就……主甚喜,一座赏叹。钱起曰:"此必端宿制,请以起姓为韵。"端立献一章……作者惊伏。主厚赐金帛,终身以荣。②

在《新唐书·卢纶传附李端传》中直接记载说:

> 始,郭暧尚昇平公主,主贤明有才思,尤招纳士,故端等多从暧游。③

可见公主以帷幕后的评赏仍隐性干预甚至决定着当时文坛的风尚乃至文人的命运,在公主的家宴上亦产生了大量作品。也由此可以得知:虽说唐朝中后期,皇室为禁止公主们干政,限制其与朝臣、文士的公开自由社交,但公主若喜欢文学,仍可以这种隐性方式结交文士。

时至晚唐,诗人罗隐经过昇平公主宅第时,仍在向往与追忆当时的文人盛会,对此感慨良多,其《昇平公主旧第》写道:

> 乘凤仙人降此时,玉箫才罢到文词。两轮水碾光明照,百尺鲛绡换好诗。带砺山河今尽在,风流樽俎见无期。坛场客散香街暝,惆怅

---

① 〔元〕辛文房著,傅璇琮主编:《唐才子传校笺》(第二册),中华书局1990年版,第45—46页。
② 《唐才子传校笺》第二册,第80页。
③ 《新唐书》卷二〇三列传一二八《文艺传(下)·卢纶传附李端传》,第十八册,第5786页。

齐竽取次吹。①

诗人于此追忆公主生平的两件善举,一是为公利舍弃私利,毁掉水硙,一是举办文人盛会,并给佳作以丰厚的赏赐,而如今公主已逝,绮宴散场,词客已去,只有惆怅的曲调仍然奏响。

2. 驸马社交宴饮无度的惩罚与节制

而当时公主府的宴游亦曾因违背礼仪被制裁,德宗贞元十二年,郭暧与魏国宪穆公主驸马王士平均受到惩罚,据《旧唐书》记载:

> (贞元十二年五月)丁巳,驸马郭暧、王士平……坐代宗忌辰饮宴,贬官归第。②

亦有《贬郭煦等诏》(《唐大诏令集补编》作《放驸马郭暧王士平归私第诏》):

> 先圣忌辰,才经叙慰,戚里之内,固在肃恭。而乃遽从宴游,饮酒作乐,既乖礼法,须有所惩。……其驸马郭暧、王士平,仍令并归私第。(《唐大诏令集补编》有"贞元十二年五月"字)③

中唐时期,昇平公主之子郭钊、东阳公主驸马崔杞、驸马于季友府的宴集仍然较多(参前述公主园林诗作的嬗变),但中唐时期有关公主府的游宴留存诗作与高宗至睿宗时期的风格迥异,没有彼时因帝王亲临而生成的奉和应制诗,有关"簪缨"之类的名词亦不再出现,平阳及其他文人雅集的典故仍然会引入,但频率并不高,对公主府景色、动植物等的描写增多。

(四)最后的繁华与谢幕退场:晚唐密集的内帷宴集、交游

晚唐时,有关公主府邸宴集的诗作极少。由于公主社交被不断限制,其交游则呈现出内帷密集宴饮、交游的社交模式。

---

① 潘惠慧校注:《罗隐集校注》卷八,浙江古籍出版社1995年版,第234页。
② 《旧唐书》卷一三本纪一三《德宗本纪下》,第二册,第383页。
③ 《全唐文》卷五二,第一册,第570页上。《唐大诏令集补编》卷一六,第三册,第685—686页。

1. 礼教与规制禁戒下的内帷交游限制与变化

这与此时帝王推崇妇德,不断提倡对公主妇德等的要求、对公主违礼言行的告诫与惩罚等〔如宣宗即不断告诫公主们应以太平、安乐等公主的参政行为为戒,又三令五申倡导礼仪与妇德,甚至出现宣宗因其妹安平公主不妒而欣悦之事:"刘异将赴镇,安平入辞,以异姬人从。安平左右皆宫人,上尽记之,忽见别姬,问安平曰:'此谁也?'安平曰:'刘郎音声人。'(俗呼如此。)上悦安平不妒,喜形于色,顾左右曰:'便与作主人。'不令与宫娃同处。"①〕以及不断颁布的对公主权力的限制息息相关,如颁布《禁公主家邑司擅行文牒敕》《公主县主有子女者不得再降敕》(宣宗)等。

唐代后期对公主生活的限制,还体现在对驸马与士人交往的自由也做出限制,如《驸马不许至要官私第状》等,有关此事《旧唐书》亦有记载:

> 穆宗不持政道,多所恩贷,戚里诸亲,邪谋请谒,传导中人之旨,与权臣往来,德裕嫉之。长庆元年正月,上疏论之曰:"伏见国朝故事,驸马缘是亲密,不合与朝廷要官往来。玄宗开元中,禁止尤切。访闻近日驸马辄至宰相及要官私第,此辈无他才伎可以延接,唯是泄漏禁密,交通中外,群情所知,以为甚弊。其朝官素是杂流,则不妨来往。若职在清列,岂可知闻?伏乞宣示宰臣,其驸马诸亲,今后公事即于中书见宰相,请不令诣私第。"上然之。②

可知,在唐穆宗时对皇亲管束宽松,亦多加恩宠,以致干政现象普遍。对此李德裕提出奏议,指出驸马出入宰相及要官私第之弊,并希冀下诏令予以禁止。

同时,也与唐后期帝王对奢靡的宴饮之风的训诫有关。穆宗时亦曾有朝臣谏言对奢靡喧哗的宴饮之风做出训诫:

> 对曰:"夫宾宴之礼,务达诚敬,不继以淫。故诗人美'乐且有仪',讥其屡舞。前代名士,良辰宴聚,或清谈赋诗,投壶雅歌,以杯酌献酬,不至于乱。国家自天宝已后,风俗奢靡,宴席以喧哗沉湎为乐。而居重位、秉大权者,优杂倡肆于公吏之间,曾无愧耻。公私相效,渐

---

① 〔唐〕裴庭裕著,田廷柱点校:《东观奏记》卷上,中华书局1994年版,第88页。
② 《旧唐书》卷一七四列传一二四《李德裕传》,第十一册,第4509—4510页。《全唐文》卷七〇五,第七册,第7240页。

以成俗,由是物务多废。独圣心求理,安得不劳宸虑乎。陛下宜颁训令,禁其过差,则天下幸甚。"①

谏言指出唐朝自天宝以后,宴席即以奢华喧嚣、放纵无度、越礼无仪为风俗时尚,以致荒废公务,于是建议帝王颁令禁止。

于是公主的宴饮、交游亦被限制在内帷的亲戚之间的聚会中。如《中朝故事》所叙:

> 搢绅子弟皆怯于尚公主。盖以帝戚强盛,公主自置群僚,以至庄宅库舆尽多主吏,宅中各有院落,聚会不同,公主多亲戚聚宴,或出盘游,驸马不得与之相见。……公主则恣行所为,往往数朝不一相见。唯于琮相国所尚广德公主,则贤和不同,乃懿皇亲妹。②

这种公主在内帷的宴集与交游之密集从同昌公主府的交游亦可见出,据《杜阳杂编》所叙公主曾于广化里宅第举办大型的夫族聚会,亦曾邀约韦氏诸家在宅第聚集玩叶子戏。

2. 规制突破后的奢华无度交游

然而尽管驸马的权力受到限制,仍有驸马本身即为要官,有唐一代驸马晋升为宰相者有四人,分别是唐宪宗女岐阳庄淑公主驸马杜悰、唐宣宗女万寿公主驸马郑颢、唐宣宗女广德公主驸马于琮、唐懿宗女卫国文懿公主驸马韦保衡,而晚唐则占三位,远远超出唐初、盛、中时期。但因晚唐时公主教育的儒教化倾向,笔记即记万寿公主小叔生病却观戏受宣宗怒斥之事,"上大怒且叹曰……命召公主",而公主惊惧,"走辇至,则立于阶下,不视久之。主大惧,涕泣辞谢"③,并为此向父皇致歉。而于琮因所尚公主为恪守妇礼者,于是在唐诗中并未留下痕迹,但在史书中却被详尽载述,墓志中亦被称颂。尽管有诏令劝诫禁断这种奢侈的宴饮之风,仍有公主如同昌公主还是以奢华的生活而著称,不仅生前生活让人叹为观止,府内宴集密集,日常衣食住行奢华至极,死后的葬礼更是令人瞠目,于是被史书和笔记详加书写,唐懿宗曾"自制挽歌,群臣毕和",并"诏百僚为挽

---

① 《旧唐书》卷一六本纪一六《穆宗本纪》,第二册,第485页。
② [五代]尉迟偓:《中朝故事》卷上,《唐五代笔记小说大观》,上海古籍出版社2000年版,第1785页。
③ [唐]张固:《大唐传载、幽闲鼓吹、中朝故事·幽闲鼓吹》,中华书局1958年版,第26页。

歌词,仍令韦保衡自撰神道碑"①,但有关同昌公主的挽歌应制诗作,在留存唐诗中未见。

于是从史籍、唐代诗文与笔记中仍可知,晚唐的末世之中,唐代公主们的宴集与社交呈现出三极:一边是受帝王约束又自律地克尽妇礼的极尽简约,一边是受到外界约束虽时有违规的奢华但又有尺度,一边是仍在奢华的狂欢中奏响着末世哀歌。

二、唐代公主的社交、娱乐活动

唐时由于国家强盛,游乐之风强劲,上自宫廷、文武百官,下至士人平民都喜爱纵情山水,诗酒起兴。四季之中,无论是春天的春暖花开,抑或是金秋的秋高气爽,还是白雪皑皑的冬日,甚至是夏日的艳阳高照,均会出行赏景,或春日寻花、赏花、惜花、叹花,或秋日对山水、长空放歌,或冬日赏雪游乐、踏雪寻梅,甚或夏日登楼纳凉、入山避暑。他们或群体,或个人,或与友人结伴,或举家前往,每到节日或景象大好之时,风光绮丽的郊野、寺观、园林、名山大川、街头曲巷,往往冠盖云集,他们踏青、赏花、斗草、礼佛、观灯、赏月,同时开展打毬、拔河、打猎、角觝、斗鸡、荡秋千、踏歌、吟诗、宴饮等文娱活动,生活十分丰富多彩。

公主的交游、娱乐亦少不了这些,又因特殊的身份而更丰富、更多样,并呈现出奢华富贵、礼节繁复等特点。

唐代公主因皇室身份而来的最重要的社交活动是观看各种朝中的盛典,如王子公主的婚典、宫殿建成、祥瑞出现的观礼等,据《大唐故淮南大长公主墓志铭(并序)》云"逮明堂之肇建,万国来朝;暨温洛之出图,三光叶曜。公主欣陪时令,庆睹嘉祥,竦踊壮观之情,怀荷曲私之泽"②。另据玄宗女建平公主驸马豆卢建墓志所言"遽接天姻,乃富贵之相逼;重联帝族,亦才貌之自取。且鹰鸡犬马之事,毬射琴壶之类,略见而臻境界,暂习而跻壶阃。……进陪宫邸之赏,退衔俦列之欢"③,亦可侧面见出公主娱乐的内容。但唐代公主娱乐活动的热度亦随着时代及公主个人的喜好发生变化,

---

① 《新唐书》卷八三《诸帝公主传》,第十二册,第3674页。《旧唐书》卷一九上《懿宗本纪》,第677页。
② 《唐代公主墓志辑略》,《碑林集刊》第三辑,第64页。《唐淮南大长公主墓志所反映的(唐代)历史问题》,《华夏考古》2008年第2期,第135页。
③ 《大唐故银青光禄大夫太仆卿驸马都尉中山郡开国公豆卢公墓志铭(并序)》,《隋唐五代墓志汇编(陕西卷)》第一册,第125页。《唐代墓志汇编》,第1565页。

如肃宗女郯国公主即"不务箫管,志勤组纴"〔《大唐故郯国大长公主墓志铭(并序)》①〕。

总体而言,其娱乐活动可分为因时节而来的特定娱乐活动,及不受时间限制的常规娱乐活动两大类:

(一)特定时节的娱乐活动

唐代公主受时节限制而来的娱乐活动,主要有四时游赏和节日狂欢两大类:

1. 四时游赏

唐代高宗、中宗、武韦时期公主的游乐活动极为频繁丰富,公主除经常参加宫廷游乐活动外,她们建造的园林山池,也成为当时的游乐场所与诗文兴发地。从《全唐诗》与《全唐文》中保留的诗文中,即可明显见出。其中在太平公主宅或山庄游宴的诗歌十四首,侍宴长宁公主东庄、游乐于长宁公主流杯池的诗十一首,文人大臣在安乐公主宅或山庄饮宴游乐所留下的诗歌最多,达三十五首,这些诗生动形象地描绘了当时游赏的热闹盛大场面。武则天长安年间,太平公主在乐游园置亭,游赏者众多,文士争相赋诗。《两京新记》记载:

> (汉)宣帝乐游庙〔亦名乐游苑,亦名乐游原。(《校正》有"又云:升平坊乐游园,汉宣帝所立")唐长安中,太平公主于原上置亭游赏。其地最高,四望宽敞,每三月上巳、九月重阳,士女游戏就此,祓禊登高,幄幕云布,车马填塞,绮罗耀日,馨香满路。朝士词人赋诗,翌日传于京师。故杜少陵有《乐游园》歌。(《新编古今事文类聚前集》卷八)〕②

高宗至睿宗时期,公主们的园林成为文人们游赏之绝佳去处,太平公主之园林游赏,在宋之问的《太平公主山池赋》中有细致记载:

> 山池成兮帝子游,试一望兮消人忧。召七贤,集五侯,棹浦曲,席岩幽,鸣玉佩兮登降,列金觞兮献酬,未穷观而极览,忽云散而风流。

---

① 《全唐文新编》卷四七八第三部第一册有录文,第5609页。《全唐文补遗》第三辑,第123页。

② 〔唐〕韦述著,辛德勇辑校:《〈两京新记〉辑校》卷二,第21页。

于是乎上客既旋,重扃严闭。榜童俨而齐发,绦女分而为卫,牵水叶兮张水嬉,摘山花兮咏山桂(《全唐文》作"折")。燕姬荆艳兮代所稀,凤舞鸾歌兮俨欲飞。披烟弄月兮宵未归,桂枝清雾兮湿罗衣。奕奕济济,夜旋玉邸。隐隐祟祟,朝趋帝宫。银炉龛习,烟生雾集。绛节缤纷,扬光吐文。行轩即(《全唐文》作"节")水,去马腾云。锵锵翼翼兮驰丹阙,超超遥遥兮向紫氛。宠极兮慈掌,情勤兮幽赏。恋宸扆兮出入,忆幽山兮来往。采朱蕚兮山之侧,步兰庭兮候颜色。掇绿蘋兮于涧潦,宜室家兮叶仇好。既而贞心内洁,淑则远传,诙谈者闻之而必劝,缺薄者闻之而凛然。况复淮王招隐,秦主随仟,弄紫房之琴瑟,驰碧落之风烟。宾屈、宋于珠履,引邹、枚于玳筵。秋叶飞兮散红树,春苔生兮覆绿泉。春秋寒暑兮岁荣落,林峦沼沚兮日芳鲜。吾君永保南山寿,车骑往来千万年。①

从中可知公主山池是当时帝王、贵族、朝臣们游宴的绝佳胜地,公主亦会召集贤良,在曲沼水浦泛舟,列席于幽岩,穷观极览园林的山容水貌,或观看水嬉,或欣赏优美的歌舞,或吟咏其间的山川草木,采摘山间的花朵、水中的绿蘋,观览者的游赏兴致勃发,常常至深夜亦未停歇。

朝廷亦会颁布诏令,令大臣陪公主去其他亲王园林赴宴游赏,宋之问还有《奉敕从太平公主游九龙潭寻安平王宴别序》之文,其中写道:

安平王……属圣主之能仁,遂贤王之雅好。罗纨罢御,与朱邸而长辞;金玉满堂,栖白云而不顾。……群公等衔(《全唐文》作"闲")紫泥之宠命,问(《全唐文》作"藉")清溪之逸游,驻骖騑,步岩石,籍(《全唐文》作"衔")落花而听时鸟,累宿忘归;荫芳树而弄春泉,穷年不厌。衣冠车马,明日下于春山;鸾鹤笙歌,今宵共乎芳月。②

从标题可知,一众臣子是奉帝王诏命跟随太平公主游赏九龙潭,并前去安平王府宴集。而文章中则详述了众人在王府中游赏,流连于岩间,看落花、听鸟鸣、开春泉、赏芳树、观乐舞的尽兴游赏。

---

① 《沈佺期宋之问集校注·宋之问集校注》卷五(赋),第 638、639 页。《全唐文》卷三一一,第 2427 页下—2428 页上。
② 《沈佺期宋之问集校注·宋之问集校注》卷六(序),第 658 页。《全唐文》卷二四一,第 2435 页。

亦有大臣文士奉陪驸马去园林游宴,《奉陪武驸马宴唐卿山亭序》云:

> 一人御历,乾坤尽覆载之功;四海为家,朝野得欢娱之契。若乃侯门向术,近对城隅;帝子垂休,时过戚里。银炉绛节,辞北禁而渡河桥;骏马香车,出东城而临甲第。……芳醪既溢,妙曲新调,林园过卫尉之家,歌舞入平阳之馆。是日也,凉阴稍下,溽暑将阑,前阶晚而白露生,后池夕而秋风起。重兹行乐,欣陪驸马之游;继以望舒,不顿六龙之辔。爰命笺札,咸令赋诗,记清夜之良游,歌太平之乐事……①

可知在当时,王公贵戚于休闲时相互游赏甲第、园林,于此宴饮赋诗并听歌赏舞,蔚为风尚。而公主驸马的林园、馆阁自然也是时常过往之地。

盛唐时期出外游赏已是一种社会风尚,帝王之家更是巡行频繁。唐玄宗在天宝时期几乎年年冬季都会巡幸骊山温泉宫,随行会带皇亲国戚,包括公主与驸马。最得玄宗宠爱的太华公主与驸马杨锜的出游生活,由史书记载可见一斑:

> 每十月,帝幸华清宫,五宅车骑皆从,家别为队,队一色,俄五家队合,烂若万花,川谷成锦绣,国忠导以剑南旗节。②

此时的游乐风俗尤以长安最盛,据《开元天宝遗事》记载:

> 都人士女每至正月半后,各乘车跨马,供帐于园圃或郊野中,为探春之宴。……
> 长安士女游春野步,遇名花则设席藉草,以红裙递相插挂以为宴幄,其奢逸如此也。③

李隆基即有《同玉真公主过大哥山池》,又有《过大哥山池题石壁》云"林亭自有幽贞趣,况复秋深爽气来",④此诗是唐玄宗携同玉真公主同游

---

① 《沈佺期宋之问集校注·宋之问集校注》卷六(序),第676页。《全唐文》卷二四一,第2435页。
② 《新唐书》卷七六列传一《后妃上·杨贵妃传》,第十一册,第3494页。
③ 《开元天宝遗事·天宝卷下》,第49、56页。
④ 《全唐诗》卷三,第一册,第30、41页。

其兄长让皇帝李宪园林①的作品,由此亦可见公主的交游情形。随行的张说亦附和两首,《奉和(〈全唐诗〉有"圣制"二字)同玉真公主过大哥山池题石壁(应制二首)》其二:"乘龙与骖凤,歌吹满山林……忘忧题此观,为乐赏同心。"②

唐玄宗时孙逖的《为宰相谢赐永穆公主池亭游宴表》,即可见出开元时期宫中盛行的春游时尚,时值春光绚烂之时,帝王总会赐文武重臣随驾巡游,公主们的幽雅池亭往往会成为首选之地,已故永穆公主的池亭即为其中之一:

(玄宗诏)赐臣等明日于永穆公主池亭游宴者。谬承天泽,频赐春游。小人之腹,每辱于珍膳;下里之听,屡闻于仙乐。殊私荐及,荣施难酬。虽朝野多欢,实乐太平之运;而涓埃莫效,弥惭非据之恩。③

张说的《晦日诏宴永穆公主亭子赋得流字》写道:

堂邑山林美,朝恩晦日游。园亭含淑气,竹树绕春流。舞席千花妓,歌船五彩楼。群欢与王泽,岁岁满皇州。④

叙写公主园林美景,其间淑气缭绕,春天时清澈流水环绕竹林,宴会上舞姬艳丽繁多,五彩楼船上歌舞动听。

唐懿宗同昌公主出游是长安街上的盛事,围观之人惊叹不已,《杜阳杂编》云"芳馥满路,晶荧照灼,观者眩惑其目"⑤(详参"七宝步辇"引文)。

2. 节日狂欢

除过平日的聚会游赏、宫廷游宴、春游夏赏、秋巡冬幸外,唐代还有很多的节日,每逢节日,长安城的人们必定会倾城而出,万头攒动,举城欢庆,热闹非常,公主们亦会出宫或出府游赏观景,成为人群中最亮丽的风景。

---

① 大哥山池为李宪园林之说,王兰州、马芳印《唐明皇与唐让皇》(高世瑜等编著《唐玄宗与泰陵》,陕西旅游出版社1992年版,第25页)、李浩《唐代园林别业考录》(指出宁王山池在胜业坊东南隅,上海古籍出版社2005年版,第22页)、张全民编《隋唐长安城》(西安出版社2016年版,第106页)、徐志华《唐代园林诗述略》(中国社会科学出版社2011年版,第22页)等均有表述,可参阅。

② 《张说集校注》卷二,第60—61页。

③ 《全唐文》卷三一一,第3162页上。

④ 《张说集校注》卷五,第174页。

⑤ 《杜阳杂编》卷下,第26页。

(1) 上元的观灯狂欢

在唐代,上元节日最为热闹,观灯、夜游为必有的活动,甚至形成灯市,蔚为壮观。而这样的热闹境况怎会少了公主们的身影?神龙之际有公主参加的上元团圆、家宴、灯会则是唐代史书与文学中均有浓墨重彩叙及之事。时至上元,皇室先是聚会团圆,要么在皇宫,要么在王子公主贵戚宅第,接着会观灯,在街市与民同乐,众人随行共同观灯赏月,饮酒赏乐。据《新唐书》载:

> (神龙)四年……丁卯,微行以观灯,幸韦安石、长宁公主第。①

《旧唐书·中宗本纪》记载:

> 四年……丙寅上元夜,帝与皇后微行观灯,因幸中书令萧至忠之第。是夜,放宫女数千人看灯,因此多有亡逸者。丁卯夜,又微行看灯。②

《大唐新语》描绘上元灯会王子公主马上作乐,文人竞相赋诗之盛事:

> 神龙之际,京城正月望日,盛饰灯影之会。金吾弛禁,特许夜行。贵游戚属,及下隶工贾,无不夜游。车马骈阗,人不得顾。王主之家,马上作乐以相夸竞。文人皆赋诗一章,以纪其事。作者数百人,惟中书侍郎苏味道、吏部员外郭利贞、殿中侍御史崔液三人为绝唱。③

苏味道的《正月十五夜》诗云"火树银花合,星桥铁锁开。暗尘随马去,明月逐人来"④,描绘长安城灯月辉映、游人如织的景象。崔液《上元夜六首(一作〈夜游诗〉)》(叙及灯轮的参前述)以赋的方式铺排当时灯会的壮观情境:

> 玉漏银(一作"铜")壶且莫催,铁关金锁彻明开。谁家见月能闲

---

① 《新唐书》卷四本纪四《则天皇后·中宗本纪》,第一册,第112页。
② 《旧唐书》卷七本纪七《中宗本纪》,第一册,第149页。
③ 《大唐新语》卷七《文章一八》,第127—128页。
④ 《李峤诗注·苏味道诗注》卷一,第3页。

坐,何处闻(一作"逢")灯不看来。

今年春色胜常年,此夜风光最可怜。鸊鹈楼前新月满,凤皇台上宝灯燃。

金勒银鞍控紫骝,玉轮珠幰驾青牛。骏骅始散东城曲,倏忽还来南陌头。

公子王孙意气骄,不论相识也相邀。最怜长袖风前弱,更赏新弦暗里调。

星移汉转月将微,露洒烟飘灯渐稀。犹惜路(一作"道")傍歌舞处,踌蹰相顾不能归。①

可知当时的长安城不再宵禁,金锁打开,城门彻夜洞开,面对如此佳节明月、煌煌灯火,谁家能不前来观看,公子王孙骑着装饰奢华的紫骝宝马,公主佳人们乘坐着青牛拉的玉轮珠幰之车,纷至沓来,大家意气所至,即便不相识也会相互邀约,贪看着狂欢歌舞直至深夜,亦不舍离去。

而睿宗传位于玄宗的第二年上元观灯之风更为炽烈,此后的开元天宝上元燃灯之俗相继,据《旧唐书》记载:

> (先天)二年……上元日夜,上皇御安福门观灯,出内人连袂踏歌,纵百僚观之,一夜方罢。
>
> 二月丙申……初,有僧婆陀请夜开门然灯百千炬,三日三夜。皇帝御延喜门观灯纵乐,凡三日夜。左拾遗严挺之上疏谏之,乃止。
>
> (开元)二十八年春正月……壬寅,以望日御勤政楼宴群臣,连夜烧灯,会大雪而罢,因命自今常以二月望日夜为之。
>
> (天宝三载十一月)癸丑,每载依旧取正月十四日、十五日、十六日开坊市门燃灯,永以为常式。②

《旧唐书》还记载了玄宗时的上元之夜公主观灯的一幕:

---

① 《全唐诗》卷五四,第一册,第669页。
② 《旧唐书》卷七、九本纪七、九《睿宗本纪》、《玄宗本纪下》,第一册,第161、212、218页。

>十载正月望夜，杨家五宅夜游，与广平公主骑从争西市门。杨氏奴挥鞭及公主衣，公主堕马，驸马程昌裔扶公主，因及数挝。公主泣奏之，上令杀杨氏奴，昌裔亦停官。①

公主悠游在长安城的火树银花间，在西市门和前来观灯的杨家争道，发生冲突，杨氏家奴挥鞭触及公主衣裙，致使公主惊惧落马，前来相扶的驸马也挨了几鞭。

《开元天宝遗事》"百枝灯树"与"千炬烛围"条记载，"韩国夫人置百枝灯树，高八十尺，竖之高山，元夜点之，百里皆见，光明夺月色也"，"杨国忠子弟每至上元夜，各有千炬红烛围于左右"②。

时至晚唐，上元时的皇室聚会、团圆、观灯仍然保持着。《旧唐书·后妃传下·穆宗贞献皇后萧氏传》亦记载了正月十五日的皇宫聚会：

>开成中正月望夜，帝于咸泰殿陈灯烛，奏《仙韶乐》，三宫太后俱集，奉觞献寿，如家人礼，诸亲王、公主、驸马、戚属皆侍宴。③

李商隐在《正月十五夜闻京有灯，恨不得观（会昌五年）》中写下"月色灯光满帝都，香车宝辇隘通衢"④的诗句，描绘了当时的长安城观灯规模之宏大，大道上车马填塞，观看人群摩肩接踵，处处洋溢着欢乐愉悦、热烈喧闹的氛围。

宫廷上元家宴、游赏中往往穿插有管乐歌舞，又有美味珍馐，其间丝竹杂陈，热闹尽兴。而身处时尚风气之下的公主们，自然也深受濡染。这种游乐之风，即便到时运衰颓的晚唐时期，仍然风行不辍。晚唐文宗时的袁不约在《长安夜游》中则写出了长安城中公主们连夜巡游的情景：

>凤城连夜九门通，帝女皇妃出汉宫。千乘宝莲珠箔卷，万条银烛碧纱笼。歌声缓过青楼月，香霭潜来紫陌风。长乐晓钟归骑后，遗簪堕珥满街中。⑤

---

① 《旧唐书》卷五一列传一《后妃上·杨贵妃传》，第七册，第2180页。
② 《开元天宝遗事·天宝卷下》，第55页。
③ 《旧唐书》卷五二列传二《穆宗贞献皇后萧氏传》，第七册，第2203页。
④ 《李商隐诗歌集解·编年诗》，第490页。
⑤ 《全唐诗》卷五〇八，第八册，第5814页。

整个凤城九门洞开,灯火辉煌,公主们乘坐的玉辇上宝莲珠帘卷起,细腻华美的碧纱灯笼内银烛摇曳,明净的青楼月色里清歌缓缓飘过,紫陌清风吹过带来阵阵幽香,当长安晨钟响起,公主们笙歌散尽人去后,长安城的大街上撒满公主王妃们遗落下的金簪银珥,足见公主们游乐之畅快尽兴。

(2)上巳的水边祓禊游赏

上巳节是唐代三大节日之一(上巳、晦日和重九)。古人对节令之变化异常敏感,对大自然又极为敬畏,而水则被认为最具灵性的,遂萌生对水之崇拜,于是上巳节即有水边祭仪活动,称为"禊"或"祓禊"。祓,是祓除病气;禊,是修洁净身。《周礼·春官》云:"女巫掌岁时祓除衅浴。"郑玄注:"岁时祓除,如今三月上巳如水上之类。衅浴:谓以香薰草药沐浴。"[①] 三月是一年中万物萌动、生机勃发之时,于是出游巡赏,尽享大自然绝好馈赠,成为人们生活中不可少之美事。上巳节因此成为既热闹愉悦,又神圣隆重的重大节日。其节日氛围,唐诗中多有展现,"帝京元巳足繁华,细管清弦七贵家。此日风光谁不共,纷纷皆是掖垣花"(杨凝《上巳》[②]),即勾勒出此日帝京皇室贵戚之家歌舞管弦之盛,皇室女性走出宫掖踏春郊游之众。

唐时的上巳节,长安城的人们倾城出动,热闹非凡。皇亲贵族多在曲江,亦会泛舟游赏。万齐融的《三日(一作"上巳")绿潭篇》写道:

> 春潭滉漾接隋宫,宫阙连延潭水东。蘋苔(一作"芷")嫩色涵波绿,桃李新花照底(一作"水")红。垂菱布藻如妆镜,丽日晴天相照映。素影沉沉(一作"灏灏")对蝶飞,金沙砾砾窥鱼泳。佳人祓禊赏韶年,倾国倾城并可怜。拾翠总来芳树下,踏青争绕绿潭边。公子王孙恣游玩,沙阳(一作"场")水曲情无厌。……[③]

记载了当年上巳节长安城的热闹情形,公子王孙们恣意游玩,自然也少不了公主驸马们。公主们有时会随同圣驾奔赴盛会,玄宗天宝年间的集贤院学士崔国辅写道:"元巳秦中节,吾君灞上游。鸣銮通禁苑,别馆绕芳洲。鹓鹭千官列,鱼龙百戏浮。桃花春欲尽,谷雨夜来收。"(《奉和圣制上巳祓

[①] 《十三经注疏·周礼注疏》卷二六,第816页下。
[②] 《全唐诗》卷二九〇,第五册,第3296页。
[③] 《全唐诗》卷一一七,第二册,第1183页。

禊应制》①)君王出游,文武百官鱼贯而列,观看鱼龙百戏,此时已至暮春桃花快要开尽,夜来的谷雨又收去一些花朵。杜甫的《丽人行》描绘杨贵妃家族上巳春游场面:"三月三日天气新,长安水边多丽人"②,公主们自然也是丽人群中耀目的群体。

除了城郊江畔游春踏青之外,唐代上巳还有一些活动,如泛舟、竞渡、赏花等。薛逢《观竞渡》(一作刘禹锡或张建封诗)详细描写了当时的情形:

> 三月三日天清明,杨花绕江啼晓莺……鼓声三下红旗开,两龙跃出浮水来……江上人呼霹雳声,竿头彩挂虹霓晕。前船抢水已得标,后船失势空挥桡。疮眉血首争不定,输岸一朋心似烧……③

竞渡的场面壮大热烈,不只是竞技的人全身心投入,两岸围观的人也激动不已,有着一种扣人心弦的紧张炽热的氛围。

由上可见上巳节唐人活动之丰富,而公主们总是这些活动的积极参与者,也成为其中的人文景观。安史之乱后,长安城繁华不再,荒凉冷落,曲江池头已难见昔日帝妃、公主的身影。羊士谔《乱后曲江》追忆:"忆昔曾游曲水滨,春来长有探春人。游春人静空地(一作'池')灰,直至春深不似春。"④

(二)不受时节限制的常规活动

四季、节气、节日之外的公主常规娱乐活动亦相当丰富,主要包括观赏或参加歌舞、竞技活动,以及饲养逗弄宠物等。

1. 歌舞曲乐的文艺赏心乐事

歌舞音乐之盛,于公主宴饮诗中可见一斑。这些宴饮诗中几乎均会以平阳歌舞之盛比喻公主府的歌舞盛况,亦会以萧史弄玉吹箫引凤比喻公主府乐曲之动听(参前述)。张鹭《公主出降礼钱判》亦云"万转笙竽,杂平阳之歌舞"⑤。

据《资治通鉴》载宣宗的万寿公主就相当热衷于当时的表演技艺,以

---

① 《全唐诗》卷一一九,第二册,第 1201 页。
② 《杜诗详注》卷二,第 156 页。
③ 《全唐诗》卷五四八,第八册,第 6375 页。
④ 《全唐诗》卷三三二,第五册,第 3715 页。
⑤ 《全唐文》卷一七二,第二册,第 1751 页上。

致在驸马之弟生重病生命垂危时,仍在慈恩寺观戏,并因此受到帝王的责罚:

> (大中二年)十一月,庚午,万寿公主适起居郎郑颢……颢弟顗,尝得危疾,上遣使视之。还,问"公主何在?"曰:"在慈恩寺观戏场。"……上责之曰:"岂有小郎病,不往省视,乃观戏乎!"遣归郑氏。①

当时唐代的主要戏种包括"泼寒胡戏""参军戏""大面""拨头"和"踏摇娘""傀儡戏(又称木偶戏)"等。据《资治通鉴》记载:

> (神龙元年)(十一月)己丑,上御洛城南楼,观泼寒胡戏。清源尉吕元泰上疏,以为"谋时寒若,何必裸身挥水,鼓舞衢路以索之!"疏奏,不纳。②

可知中宗时宫廷即流行泼寒胡戏,即便是在冬天,尽管朝臣上疏谏议,仍未被采纳。

2. 打毬、拔河、斗鸡、狩猎的竞技观赏或参加之乐

唐代盛行的活动有打毬、拔河、角觗、斗鸡等,少不了公主们的身影。

(1)观看或参加打毬之乐

当时宫廷盛行球类运动,如击鞠(蹴鞠、踏毬)等。蹴鞠亦称踏鞠,是古代的足球运动,除两队角逐以定胜负的比赛形式外,还有单人表演赛、两人对踢赛等。击鞠又称击毬、打毬,骑在马上持杖击毬,向达《长安打毬小考》,认为马上打毬的游戏"发源于波斯……唐代名波罗毬戏为打毬,一名击鞠"③,《旧唐书·吐蕃传上》记载了唐皇室成员与吐蕃前来迎娶公主的使臣间的打毬比赛:

> 景龙三年十一月,又遣其大臣尚赞吐等来迎女,中宗宴之于苑内毬场,命驸马都尉杨慎交与吐蕃使打毬,中宗率侍臣观之。④

唐代马毬的比赛规则,据研究是"参加者分两队比赛,毬场没有毬门,

---

① 《资治通鉴》卷二四八《唐纪六四》,第8036页。
② 《资治通鉴》卷二〇八《唐纪一四》,第6596页。
③ 向达:《唐代长安与西域文明》,河北教育出版社2001年版,第79页。详考见第79—87页。
④ 《旧唐书》卷一九六上列传一四六上《吐蕃传上》,第十六册,第5226页。

出场者一人骑一马,手持一杖,共争一毬,以入门为得筹,以得筹多少定赢输"①。而唐代"玄、穆、敬、宣、僖数宗均所擅长……惟君主所好,故其风推及宫娥"②,公主驸马则争建奢华毬场,据记载驸马"崇训与驸马都尉杨慎交注膏筑场,以利其泽,用功不訾,人苦之"③。《资治通鉴》"中宗景龙二年"条对此仍有记载:

  上好击毬,由是风俗相尚,驸马武崇训、杨慎交洒油以筑球场。④

  王建《宫词》多处叙及唐皇室打毬的场景:"新调白马怕鞭声,供奉骑来绕殿行。为报诸王侵早入,隔门催进打毬名","对御难争第一筹,殿前不打背身毬。内人唱好龟兹急,天子鞘回过玉楼""殿前铺设两边楼,寒食宫人步打毬。一半走来争跪拜,上棚先谢得头筹。"(此首又作花蕊夫人诗,载《全唐诗》,浦《考》作王建诗)⑤;而《朝天词十首寄上魏博田侍中》云:"无人敢夺在先筹,天子门边送与毬。遥索彩箱新样锦,内人昇出马前头","御马牵来亲自试,珠毬到处玉蹄知。殿头宣赐连催上,未解红缨不敢骑"。⑥

  《唐语林》叙述朝臣建议年纪已高的玄宗观看驸马等的竞技即可,玄宗与臣子鉴别打毬良马的谑语,乃至勾勒了打毬的发展源流:

  玄宗尝三殿打毬,荣王堕马闷绝。黄幡绰奏曰:"大家年几不为小,圣体又重,傥马力既极,以至颠蹶,天下何望!何不看女婿等与诸色人为之?……驰逐忙遽,何暇知乐?"

  (上)与幡绰语曰:"吾欲良马久矣,谁能通《马经》者?"幡绰奏:"臣能知之,今丞相悉善《马经》。"上曰:"……尔焉知之?"幡绰曰:"臣每日沙堤上见丞相所乘,皆良马。是必能通知。"上大笑。

  打毬,古之蹴鞠也。《汉书·艺文志》"《蹴鞠》二十五篇",颜注

---

  ① 钱宗范等分册主编的《中国古代史(新版)》上(福建人民出版社2004年版,第515页)参引阴法鲁《唐代西藏马球戏传入长安》(《历史研究》1959年第6期)、王赛时《唐代马球综考》(《中国唐史学会论文集》,三秦出版社1993年版)、王永平《唐代游艺》(西北大学出版社1995年版)等对此有总结。
  ② 岑仲勉:《隋唐史》,河北教育出版社2000年版,第640页。
  ③ 《新唐书》卷二〇六列传一三一《外戚传·武士彟传附三思传》,第十九册,第5841页。
  ④ 《资治通鉴》卷二〇九《唐纪二五》,第6624页。
  ⑤ 《王建诗集校注》卷一〇,第557、558、620页。
  ⑥ 《王建诗集校注》卷九,第428、429页。

云:"鞠,以韦为之,实之以物,蹴蹋为戏。鞠,陈力之事,故附于兵法。蹴音千六切,鞠音距六切。"近俗声讹,谓鞠为毬,字亦从而变焉,非古也。开元天宝中,上数御观打毬为事,能者左萦右拂,盘旋宛转,殊有可观,然马或奔逸,时致伤毙。永泰中,……刘钢于邺下上书于刑部尚书薛公云:"打毬一则损人,二则损马。为乐之方甚众,何乘兹至危,以邀晷刻之欢耶?"薛公悦其言……然打毬乃军州常戏,虽不能废,时复为之耳。今乐人又有蹋毬之戏,作彩画木毬,高一二尺,女妓登蹋,毬转而行,萦回去来,无不如意,盖古蹴鞠之遗事也。①

唐明皇击毬亦被绘制于画,宋有李公麟、佚名《明皇击毬图》,可见唐皇室的击毬竞技亦有女性成员参加,包括贵妃甚或公主(见插页彩图125、126)。

至中唐公主贵族之家的马毬活动,仍盛行不歇。元稹《春六十韵》写道:"贵主骄矜盛,豪家恃赖雄。偏沾打毬彩,频得铸钱铜。"②

出土文物中即有打马球俑包括不少三彩打毬女俑、雕刻打马毬图案的铜镜(见插页彩图127、128、129),亦有打马球壁画,唐安公主墓室壁画中还绘有手执马毬杆的男侍形象(见图62)。

图62 唐安公主墓手执马毬杆男侍图

(图片来源:《高贵的葬仪:唐代皇陵与皇亲国戚墓》,第151页)

---

① 《唐语林校证》卷五,第470、472、473、474页。
② 《元稹集》卷一三,第147页。

(2) 观看斗鸡之乐

唐代的斗鸡娱乐亦极盛,帝王好斗鸡,亦延及公主之家,据《东城老父传》叙述:"上之好之,民风尤甚。诸王世家,外戚家,贵主家,侯家,倾帑破产市鸡,以偿鸡直。都中男女,以弄鸡为事。"①

(3) 观看拔河之乐

拔河也是当时宫廷盛行的娱乐,帝王会带皇室成员包括公主在梨园或者毬场观看文武百官拔河。据《旧唐书·中宗本纪》记载:

(景龙四年二月庚戌)令中书门下供奉官五品已上、文武三品已上并诸学士等,自芳林门入集于梨园毬场,分朋拔河,帝与皇后、公主亲往观之。②

《资治通鉴》"睿宗景云元年"条对此亦有记载:

(春,正月)庚戌,上御梨园毬场,命文武三品以上抛毬及分朋拔河。韦巨源、唐休璟衰老,随絙踣地,久之不能兴;上及皇后、妃、主临观,大笑。③

这是一次大型的宫廷拔河活动。在热气腾腾的呐喊声中,文武百官、宫中众人挥汗如雨,而后妃、公主端坐一旁兴致勃勃地观看这沸腾的娱乐活动。

玄宗对此俗戏亦甚是喜爱,多次在宫中御楼前设拔河之戏,并亲作《观拔河赋》。张说的《奉和观拔河(俗戏)应制》对这种宫中盛行,帝王、后妃、公主、大臣们乐于观赏的娱乐节目亦有描述:

今岁好拖钩,横街敞御楼。长绳系日住,贯索挽河流。斗力频催鼓,争都更上筹。春来百种戏,天意在宜秋。④

可知时人好"拖钩"俗戏,横街御楼敞开,观看鼓乐声催中拔河双方斗力

---

① 〔唐〕陈鸿祖:《东城老父传》,袁闾琨、薛洪绩主编:《唐宋传奇总集·唐五代》,河南人民出版社 2001 年版,第 282 页。
② 《旧唐书》卷七本纪七《中宗本纪》,第一册,第 149 页。
③ 《资治通鉴》卷二〇九《唐纪二五》,第 6640 页。
④ 《张说集校注》卷一,第一册,第 54 页。

争胜。

《唐语林》对这种俗戏有较为详细的叙述,可知唐皇室亦会组织,驸马与一众文武大臣均加入其中,这种拔河之戏在中宗乃至玄宗朝可谓极为风行:

> 拔河,古谓之牵钩。襄汉风俗,常以正月望日为之。相传楚将伐吴,以为教战。梁简文临雍部,禁之而不能绝。古用篾缆,今代以大麻絙,长四五十丈,两头分系小索数百条,挂于胸前,分两朋,两向齐挽。当大絙之中,立大旗为界,震声叫噪,使相牵引,以却者为胜,就者为输。名曰"拔河"。中宗曾以清明日御梨园球场,命侍臣为拔河之戏。时七宰相、二驸马为东朋,三宰相、五将军为西朋。东朋贵人多,西朋奏"胜不平",请重定,不为改。西朋竟输。韦巨源、唐休璟年老,随絙而踣,久不能兴。上大笑,令左右扶起。明皇数御楼设此戏,挽者至千余人,喧呼动地,蕃客庶士,观者莫不震骇。进士河东薛胜为《拔河赋》,其词甚美,时人竞传之。①

(4)观看或参加狩猎之乐

公主会观看或参加狩猎。我国自古重视狩猎,据《礼记·王制》:"天子、诸侯无事则岁三田;一为干豆,二为宾客,三为充君之庖。无事而不田,曰'不敬'。"②《春秋左传·隐公五年》云"春蒐、夏苗、秋狝、冬狩,皆于农隙以讲事(武事)也"③。"'蒐'指选择未怀孕的禽兽打猎,'苗'指为庄稼除害兽,'狝'是杀的意思,以顺应秋气,'狩'是围收之意"④,可知四季均有狩猎活动,但秋冬好。唐代墓室壁画有《狩猎图》,可见当时狩猎的基本境况(见插页彩图130)。

永泰公主墓即出土一批胡人狩猎俑,有骑马、带犬、驾鹰、斗豹、猎狮等不同姿态的狩猎胡人形象(见插页彩图131、132、133),由此可知胡人应是公主府或者公主参加的皇室狩猎活动中的重要狩猎群体,亦足见参与观赏狩猎对公主生活之重要。永泰公主墓出土的三彩骑马驾鹰狩猎俑,俑头戴黑色幞头,身着绿色翻领胡服。唐代放鹰打猎盛行,皇宫大鹰坊里即饲养有雕、鹘、霜雕、鹞、苍鹰等鹰,其中一部分来自本土,亦有大

---

① 《唐语林校证》卷五,第474—475页。
② 《礼记集解》卷一二《王制》第五之一,第333—334页。
③ 《春秋左传注》,第一册,第42页。
④ 《中华国宝:陕西珍贵文物集成·唐三彩卷》,第162页。

量为域外进贡①，在这种皇室喜好氛围影响之下，唐代公主们亦热衷于这项活动，以致唐帝王要颁布《公主等所养鹰鹞不得越界按放诏》，而驸马狩猎活动亦受到大臣王播的进谏规劝（内容参后述）。有关公主墓出土的胡人狩猎俑，亦有学者对其细节做出研究，可部分还原永泰公主乃至其他公主们所观赏的这种狩猎活动的部分情节，如彩绘陶胡人骑马狩猎俑，关于搭挂在马鞍上的东西和胡人所带之犬，葛承雍先生认为"马鞍后携带有大雁、野兔等物，应是猎后收获"，"可能就是知名的'波斯犬'，又称'细狗'"，②从这批狩猎俑可见唐代公主观赏的狩猎活动应具备两个基本特点：

其一是人员精良、配置奢华，这从其参与的人物乃至配备的动物及其配置物可见一斑，选用的人物中有极为骁勇善射的胡人，所骑之马看起来既肥硕高大又俊健有力，马匹配置华丽，亦备有异域进贡的犬、鹰乃至猎豹。

其二是场面热烈、内容丰富，既有遣猎犬逐奔兔的迅疾场面，又有驾鹰逐猎物的宏阔场面，甚至有遣猎豹"猎取麋鹿、羚羊、野猪"等惊心动魄的情境。

3. 驯养禽鸟与宠物的逗弄、观赏之乐

唐皇室饲养有大量骏马，另备有打猎所养的雕、鹘、鹰、鹞、狗等，并有专门的机构与官员管理、饲养。据《新唐书·百官志》记述：

> 左右仗厩：左曰奔星，右曰内驹。两仗内又有六厩：一曰左飞，二曰右飞，三曰左万，四曰右万，五曰东南内，六曰西南内。园苑有官马坊，每岁河陇群牧进其良者以供御。六闲马，以殿中监及尚乘主之。武后万岁通天元年，置仗内六闲：一曰飞龙，二曰祥麟，三曰凤苑，四曰鹓鸾，五曰吉良，六曰六群，亦号六厩。以殿中丞检校仗内闲厩，以中官为内飞龙使。圣历中，置闲厩使，以殿中监承恩遇者为之，分领殿中、太仆之事，而专掌舆辇牛马。自是，宴游供奉，殿中监皆不豫。开元初，闲厩马至万余匹，骆驼、巨象皆养焉。以驼、马隶闲厩，而尚乘局名存而已。闲厩使押五坊，以供时狩：一曰雕坊，二曰鹘坊，三曰鹞坊，

---

① 《中华国宝:陕西珍贵文物集成·唐三彩卷》，第179页。
② 《唐代狩猎俑中的胡人猎师形象研究》，《故宫博物院院刊》2010年第6期，第131、130页。

四日鹰坊,五日狗坊。①

唐慧琳《一切经音义》云:"《说文》谓养鸟兽使服习谓之驯。"②唐代皇室女性多驯养宠物、禽鸟,花蕊夫人《宫词》云"安排竹栅与笆篱,养得新生鹁鸽儿。宣受内家专喂饲,花毛间(一作'闲')看总皆知"③,即描述了宫廷女性饲养禽鸟、宠物的情形。许多公主亦观看并饲养珍稀动物,其观看或饲养者亦多来自皇室贡品。《唐会要》记载了来自边域、藩属国和域外的多种珍稀动物:高昌"武德七年,献狗,雌雄各一,高六寸,长一尺余。(中国有拂菻狗,自此始也。)";契丹"武德二年二月,遣使贡名马、丰貂";回鹘长庆元年贡"驼五十头";林邑国"(贞观)五年,又献白鹦鹉,精识辨慧,善于应答","永徽总章中,其王钵迦舍波摩累献驯象。先天开元中,其王建多达摩又献驯象","天宝八载,其王卢陀罗使献……驯象二十只……贞元九年,环王因遣使贡犀牛";真腊国"永徽二年,遣使献驯象","圣历元年、开元五年、天宝九年,并遣使朝贡,并献犀牛";吐火罗国"永徽元年,献大鸟,高七尺,其色元(玄),足如驼,鼓翅而行,日三百里,能啖铁,夷俗谓之驼鸟";康国"贞观九年七月,献狮子",开元初献"狗、豹之类";罽宾国"永徽二年,献褥特鼠,喙尖尾赤,能食蛇,螫者,以尿涂疮即愈";史国"开元十五年,其王阿忽必多延屯遣使献胡旋女子及豹";耨陀洹国贞观十八年献"白鹦鹉,首有十红毛,齐于翅";诃陵国元和八年献"五色鹦鹉、频伽鸟";天竺国"(开元)八年五月,南天竺遣使献豹皮、五色能言鹦鹉";拘萎蜜国"永徽六年八月,遣使献五色鹦鹉";薛延陀献"拔兰鹿,毛如牛,角大如麂";西蕃、突厥"献马蹄羊,其蹄似马";波斯国"献活褥蛇,其状如鼠而色青"④。

新城公主墓出土陶制狗、骆驼、猪、牛、羊(见图63),猪、牛、羊为家畜,也是祭祀之物。狗和骆驼应是驯养、观赏之物。

---

① 《新唐书》卷四七志三七《百官二》,第四册,第1217—1218页。
② 〔唐〕释玄应撰,黄仁瑄校注:《大唐众音经音义校注》卷七《正法华经》,中华书局2018年版,第279页。熊丽萍:《河南博物院藏三彩调鸟俑研究》,《寻根》2017年第5期,第81页。
③ 《三家宫词》,第38页。《蜀中广记·蜀中名胜记》卷四《成都府四》,第48页。《全唐诗》卷七九八,第十二册,第9069页。
④ 《唐会要》卷九五、九六、九八、九九、一〇〇,第1701、1717、1748、1751、1752、1772、1774、1776、1777、1779、1782、1783、1784、1793、1796页。

图 63　新城公主墓出土陶卧狗、陶骆驼
(图片来源：《唐新城长公主墓发掘报告》图版十四、十三)

驯养禽鸟是唐代娱乐生活的重要组成部分，公主们自不会例外。唐代公主所养禽鸟种类众多，包括打猎之鹰鹞，永泰公主、太平公主之女薛氏墓中即出现鹰鹞身影①。宪宗朝即颁布《公主等所养鹰鹞不得越界按放诏》：

> 公主、郡主、驸马等所养鹰鹞，按放但于城南，不得辄越诸界。其故违者，府县切加检察，录名闻奏。（《册府》百四十一）②

而《旧唐书·王播传》还记录了王播奏请驸马等权贵勿在京畿放鹰犬打猎之事：

> 播奏请畿内军镇将卒，出入不得持戎具，诸王驸马权豪之家，不得于畿内按试鹰犬畋猎之具。③

张籍的《崔驸马养鹤》，也道出了公主家养有珍禽异兽的嗜好。永泰公主墓棺椁线刻画绘有大量禽鸟与侍女侍弄禽鸟图（见图64、65、66），以长尾鸟、鸳鸯、鸿雁、仙鹤、黄鹂为多，唐安公主墓壁画花鸟图中亦有两只长尾鸟翩然飞翔。

---

① 程旭：《丝路画语——唐墓壁画中的丝路文化》，陕西人民出版社2016年版，第100页。
② 《全唐文·唐文拾遗》卷六《宪宗皇帝》，第10430页。
③ 《旧唐书》卷一六四列传一一四《王播传》，第十三册，第4276页。

第七章 主家盛时欢不极,才子能歌夜未央:唐代公主的社交与娱乐 575

图64 永泰公主墓石椁内柱与外壁线刻长尾鸟图

(图片来源:《线条艺术的遗产:唐乾陵陪葬墓石椁线刻画》第 231、223、221、233 页)

图65 永泰公主墓石椁内柱线刻鸿雁、鸳鸯(左图)与黄鹂、鸿鹄(右图)
(图片来源:《线条艺术的遗产:唐乾陵陪葬墓石椁线刻画》,第237、238页)

图66 永泰公主墓石椁外壁线刻鸿鹄(左图)与黄鹂、天鹅(右图)
(图片来源:《线条艺术的遗产:唐乾陵陪葬墓石椁线刻画》,第227、253页)

总之，由文献史料记载来看，社会娱乐生活的多样，使得公主们的日常生活拥有各种各样变化多姿的内容，身处在纷纭有趣的活动里，公主们尽享了人间生活的种种情趣。

本章结论

其一，宴饮既属于重要的社交方式之一，也是娱乐的重要内容之一，唐代前期的高祖、太宗阶段，由于国家初创，太宗及其长孙皇后对公主们有较严格的礼乐、妇德等限制，公主中仅极具个性者如房陵公主、高阳公主，社交、娱乐较为自由；至高宗、武韦时期，由于经济繁荣、国家富强，加之武则天与韦后等女性掌握政权，一些得宠的公主们尤其是太平、长宁、安乐等公主往往拥有一定的社交自由，她们可以在府第接引帝王及其随行的朝中大臣、文人才子宴饮，也可以自己邀请大臣、文士们通宵达旦地狂欢。而玄宗以后的公主们由于帝王的告诫、诏令的限制，宫廷教育儒教化的趋向，往往不再直接与大臣、文士交游，仅有个别公主拥有自由交往权，而一些热爱文学的公主则转向帷幕之后，看驸马与文士的宴饮赋诗活动。唐代诗歌中的公主宴饮诗极多，集中见于高宗、武后、中宗时期的受宠公主如太平、安乐、长宁等，诗人们往往借助神话、仙话和前朝著名的文人雅集典故以渲染暗隐公主宴饮的人间仙会、富贵奢华、佳客云集特质，又通过白描铺绘其通宵达旦、歌舞宴饮不歇的畅快尽兴、诗赋佳作迭出的文学盛事。

其二，除过社交宴饮活动外，唐代公主们的娱乐活动相当丰富多彩，包括四时游赏，重大节日的狂欢，尤其是上元、上巳节，公主们会乘坐香车宝马，穿行在火树银花的长安大街或曲江水边。而宫廷或公主府的歌舞、曲乐、表演、拔河、斗鸡、打马毬、驯化宠物、狩猎等娱乐活动，公主们亦会观看或参加。其参与观赏的狩猎具有人员精良、配置奢华、场面热烈、内容丰富，甚至激烈等特点，有极为骁勇善射的胡人，骏健高大的马，华丽的装置，异域进贡的犬、鹰乃至猎豹；又有猎犬逐兔、鹰逐猎物、猎豹取鹿等惊心动魄的情境。

结语　车如流水马如龙，仙史高台十二重： 唐代公主的日常生活总论

　　唐代公主的教育、衣食住行、社交娱乐等日常生活基本上可以呈现唐代女性物质生活、精神生活所能达到的最高境地。对于贫女而言，她们是这些物质的创造者，却不是拥有者和享受者；对于贵族女性，甚至嫔妃，虽能享受丰厚的物质生活，却因其依附于男性生活的底色，使得她们会被作为群体而受到关注，但作为个体在诗歌中被吟咏、在历史中被记载的则少之又少，而唐代公主则是其中最特殊的女性群体，她们或作为群体，或作为个体，不仅在史书中被专门立传，亦得到了当时的主要文学样式诗歌、文章、笔记、传奇等的大量关注，还在出土文物与存世绘画中留下众多踪迹，综合这些材料，得以还原出她们在历史与文学深处的更多现场、细节与记忆。

　　通过上述各章的分析，可知唐代公主的日常生活包括教育、衣食住行、社交娱乐等，具有以下特点：

　　其一，皇室特性。唐代公主的日常生活以其出嫁分期可分作两大阶段，公主出嫁前，其衣食住行就在皇宫。出嫁后虽有一定独立性，但仍属其中一分子，其教育在公宫，由皇室负责，会接受高规格、高等级的全面广阔教育；其宅第由唐王朝国库出资，并派出专门官吏建造，具有皇室规制；其服饰、饮食亦有一部分来自皇室的赐予，包括节日庆典的赏赐，与帝后出于宠爱的日常赠送；其社交活动，亦与皇室有千丝万缕的联系，仍要参加频繁的皇室大典、娱乐与宴集活动。

　　其二，天人合一的象征性。受天命观的影响，作为受命于天的帝王之女，公主们亦有天之血统，于是被称作天女，其日常生活亦应具有融天地人于一体的象征性，呈现出皇室受命于天的身份象征特性。

　　其三，政治性。公主们的教育、衣食住行、社交娱乐等日常生活，均与唐王朝的社稷稳定甚至安危息息相关，具有浓厚的政治性。其日常生活的节俭或奢侈，往往成为帝王政治清明或昏聩，仁爱百姓或不恤民生的象征。其教育内容、目标要以政治需要为取向；其相关建筑的营造，首先要考虑的是政治需要，亦会成为朝堂上争议的事件；其社交娱乐亦与政治息息相关，

交往对象常常受政治需要的制约,并随政治的变化而发生变化,还常常卷入错综复杂的政治斗争之中,命运亦随此浮沉。

其四,等级性。宗法社会里,教育、衣食住行、社交娱乐等均有严格的礼制规定,公主的衣食住行是其身份地位的象征,不容改易。但特殊时期或极受宠爱的一些公主往往会突破这样的规定,其衣食住行规格会上升到帝后等级,甚至超越皇宫。

其五,阶段性。唐代公主的日常生活与唐王朝不同时段的经济、政治、意识形态,帝王的政策调整、风尚倡导乃至喜好息息相关,并随此递变,呈现出一定的阶段性特点。其衣食住行与社交娱乐活动,往往是在简约节制与奢华无度之间,或总体倾向于某一端,或交错并行。总体而言呈现出以下阶段性变化规律:建国之初或经由动乱恢复之初,受国力需要休养生息的影响,帝王往往会倡导节俭节制,于是公主衣食住行、社交娱乐等总体上亦为简约,但不排除个别公主的违规奢华现象;而经过长时间的经济发展,国力强盛,社会相对安定繁荣后,则会出现奢华风尚;发展至后期,会有两种交错现象,一方面是帝王为改变现状所做的不断规诫限制,一方面是屡禁不止的奢华与无度的狂欢;至末世,在尺素难求、饥寒交迫、流离失所的凄苦悲凉中走向灭亡。

其六,个体性与变化性。其衣食住行与社交娱乐的风格,奢华或节俭,还与公主个人品性、修养、喜好,因个人信仰而来的个体生活选择相关。在和平安定繁盛的时期仍有一些能够律己自制,并以皇室帝王希冀的规范要求自己的公主,往往追求一种简约自制的日常生活模式,不追逐奢华与时尚;另有一些有特殊道教、佛教信仰的公主,其衣食住行会以简约为主。总之,唐代公主的日常生活会随时间和个体的不同追求,呈现出一定的变化。

其七,时尚性与标杆性。"上有所好,下必效焉",作为皇室成员,唐代公主的日常生活具有引领整个唐代女性生活方式的时尚性与标杆性。其服饰为宫样妆,采用来源于古今中外的最好材质制作,亦由举国最好的制作者制成,公主们会主动追求当时流行的趋势,走在时尚的前沿,或身着当时时尚的男装胡妆,或以奇思妙想制作出极为时尚的百鸟毛裙并被时人追摹,或身着纯净飘逸的羽衣,头戴耀目晶莹、摇曳多姿的玉叶冠而仙气飘飘,或梳妆绿意闪耀的绿云鬓,或身着多破多折的裙装,打造出时人争相效仿的服饰、妆容典范,这种情形在史书和唐代文学中均有记录和描摹。

其八,奢华珍稀与集合包容性。唐代公主的衣食住行会选用来自古今中外的上好、珍稀、奢华材质,亦会吸取古今中外的制作技艺,因而具有奢华珍稀与包容古今中外的突出品质。

其九，世俗荣华富贵与宗教超凡永生寄寓的交融性。唐代公主作为唐王朝身份、地位极高者，又有皇室血统，以"普天之下莫非王土"的强大财力支撑着其生前的世俗荣华富贵生活；同时受根深蒂固的天子受命于天的思想影响，唐代公主为天子的血脉，其日常生活理应具有天之高贵超凡特质，同时受唐时释道思想尤其是道家思想的影响，其日常生活亦会有意识地打造与追摹仙家仙境至高者的范式，这在史书中有简单记录，在文学中更是得到有意识的、大量的描摹和凸显，于是可以看到其生活空间中的宅第、园林、道观等有意识的追摹仙境天宫的特点，亦可以看到其身着羽衣、玉冠，乘坐七香七宝车、羽车等仙气、佛气飘飘而来的情境。

其十，寄寓祥瑞性。对已掌握天下的唐皇室而言，天长日久乃至万世不朽地拥有既得的一切，是他们内心最核心的渴望，这种渴望亦被融入其物质与精神生活中，其日常生活具有了吉祥如意的祥瑞表征，于是可以看到唐代公主的衣食住行的器物上都会加入一些具有祥瑞意蕴的元素。或织绣或雕镂或绘入龙凤鹤莲等纹样，以营造这种吉祥如意、幸福美满、富贵团圆的氛围。

而唐代公主日常生活之特点，是藉由史书简述，文物呈示以及唐代文学的书写三方合力，才得以部分还原的，尤其是唐代文学，叙述、描绘出更多、更清、更细的情境。综合前述各章节的阐释，亦可知唐代文学的公主日常生活书写的若干特点与规律：

其一，众体皆述亦各有侧重。唐代的众多文学样式中，均有唐代公主日常生活的印记，其记述之多以唐诗为首。唐诗中以公主为题的专咏，即有143题184首之多，涉及出降、满月、侍宴、游赏、挽歌等公主的日常生活内容，以驸马为题的，又有51题55首。又有以公主修道场所、驸马园林为题的数十首，另有数首题目未标明，但实为吟咏驸马的诗作，还有留存的少量的公主或驸马的个人创作，而内容中叙及公主、驸马的则更多。有关公主的专题吟咏，从其叙述的公主看，主要为高宗至中宗时期的公主，又以太平、安乐、长宁为多。其次为睿宗女（但主要活动在玄宗朝）玉真公主、蔡国公主，玄宗女永穆公主、唐昌公主，一些入道公主的道观亦会被歌咏。中唐时进入诗歌诗题的公主明显减少，以和亲公主太和公主为多，另有昇平公主和于家公主，而公主的衣食住行娱乐等日常生活，则多以另一种隐性的方式在诗歌中得到呈现，即冠名驸马的唐诗专题吟咏。从题材上看，有关公主的唐诗多为游赏、宴饮之作，此外送和亲公主或迎和亲公主回还的亦较多，同时有关公主出降的题材亦不少，另有一些公主挽歌。从其性质看，以奉和、应制诗作为多。若以书写时空看，多为现时现地之作，亦有一些事后的现地追忆之作。从创作者看,多为朝臣,公主直接创作的则极少,亦有一些驸马的创作。

《唐大诏令集》《全唐文》《全唐文补遗》《全唐文补编》收录有数百篇有关唐代公主的唐文,多为册封文与墓志铭,又不断有出土的公主、驸马及其子女、家族墓志。其中会简述公主的教育、衣食住行、宴饮等情境,尤其是墓志在总评称颂公主的品性时,多会以公主衣食住行不慕奢华、崇尚节俭为例,而叙述公主婚嫁、丧葬等人生重大事迹时,亦会用及相关礼服名词。出土墓志与册封文,对公主品性的叙述,多有为尊者讳的成份,但亦从另一侧面反映出唐王室对公主品性、形象的期许。

唐代笔记中亦有不少关于公主、驸马的叙述,也是以太平、安乐、长宁、玉真、昇平、唐昌、同昌等公主为主,亦会涉及到其他公主,还会有一些未明确标明,但事实上叙述了公主生活的传奇、笔记,如《南柯太守传》等。相比于唐代诗文,笔记的叙事要真切细致得多。

其二,体裁不同,精度细度各不相同。唐诗多概述总括,少细描精雕。有关公主日常衣食住行之书写,唐诗多以"金、玉、珠、宝、香""仙、神、天、帝、皇"等标识富贵奢华与尊贵身份的修饰词、限定词总括、勾勒其日用衣食住行器物,但对其具体形态、制作工艺等缺少具体精细地描绘,从中约略可知其材质与特征。而笔记小说,则多有精细叙述与描绘,同时笔记亦多与唐史记载重合,但所记不多。唐文中亦有大量涉及公主日常生活的篇章,叙及公主的生平、个性、主要事迹、家庭生活等,较史籍和诗歌而言,叙述更细更丰富,但对公主的衣食住行、社交娱乐等日常生活,多如唐诗,往往简写,仅是点及其日常生活器物,并以限定词、金银珠玉等修饰词以定性概述,仅有少量篇章,对公主园林与交游情形作出更细致的叙述。

其三,写实与虚幻相生。唐代诗文多以典故、神话、仙话营造其仙境气韵,多以仙话、神话中的物象称谓公主的衣食住行器物,从而铺设出公主仙境般的日常生活气韵。唐代笔记相对写实,唐传奇则会以公主的现实生活为基础虚构出奇幻的部分。

总之,唐代公主的日常生活具有极为丰富突出的特点,亦是整个唐代物质与精神生活所能达到的标杆,透过历史的极简记录,结合文学的细致、生动描摹,我们在模拟复原出的漫长渺远的历史时空记忆现场,感受其繁华丰富的日常生活情境,观看其从奢华走向零落的历史发展印记,亦会被震撼、被点染,为其惊叹,亦为其唏嘘。

参考文献

一、基本古籍文献(包括近代辑本,以四部分类再分小类,各以年代排序)

【经部】(以经、礼、小学、乐分类排序)

[1]程俊英、蒋见元注析:《诗经注析》,中华书局1991年版。

[2]杨伯峻注:《春秋左传注》,中华书局1981年版。

[3]〔汉〕毛亨传,郑玄笺,〔唐〕孔颖达疏:《十三经注疏》,中华书局1980年版。

[4]〔宋〕朱熹注,《诗集传》,中华书局上海编辑所1958年版。

[5]〔汉〕郑玄注,〔唐〕贾公彦疏,黄侃经文句读:《周礼注疏》,上海古籍出版社1990年版。

[6]〔清〕孙诒让撰,王文锦、陈玉霞点校:《周礼正义》,中华书局1987年版。

[7]〔汉〕戴德著,〔北魏至北周〕卢辩注:《大戴礼记》,中华书局1985年版。

[8]〔清〕孙希旦集解:《礼记集解》,中华书局1989年版。

[9]〔清〕朱彬撰,饶钦农点校:《礼记训纂》,中华书局1996年版。

[10]〔宋〕聂崇义集注:《新定三礼图》,上海古籍出版社1985年版。

[11]〔汉〕许慎著,〔清〕段玉裁注:《说文解字注》,上海古籍出版社1988年第2版。

[12]〔汉〕刘熙:《释名》,中华书局1985年版。

[13]〔清〕王先谦:《释名疏证补》,上海古籍出版社1984年版。

[14]〔汉〕史游著,张传官校理:《急就篇校理》,中华书局2017年版。

[15]〔南朝梁〕顾野王:《大广益会玉篇》,中华书局1987年版。

[16]〔明〕张自烈:《正字通》,上海古籍出版社1996年版。

[17]〔明〕方以智:《通雅》,中国书店1990年版。

[18]〔宋〕陈旸著,张国强点校:《乐书点校》,中州古籍出版社2016年版。

【史部】(以正史、编年、别史、杂史、职官、政书、地理、诏令奏议、传记归类)

[19]〔汉〕司马迁著,〔唐〕司马贞索隐,〔唐〕张守节正义:《史记》,中华书局1959年版。

[20]〔汉〕班固:《汉书》,中华书局1999年版。

[21]〔南朝宋〕范晔著,〔唐〕李贤等注:《后汉书》,中华书局1965年版。

[22]〔唐〕房玄龄等:《晋书》,中华书局1974年版。

[23]〔梁〕沈约:《宋书》,中华书局1974年版。

[24]〔北齐〕魏收:《魏书》,中华书局1974年版。

[25]〔南朝梁〕萧子显:《南齐书》,中华书局1972年版。

[26]〔唐〕李延寿:《南史》,中华书局1975年版。

[27]〔唐〕令狐德棻:《周书》,中华书局1971年版。

[28]〔五代〕刘昫等:《旧唐书》,中华书局1975年版。

[29]〔宋〕欧阳修、宋祁:《新唐书》,中华书局1975年版。

[30]〔元〕脱脱、阿鲁图:《宋史》,中华书局1977年版。

[31]〔宋〕司马光:《资治通鉴》,中华书局1956年版。

[32]〔隋〕王通撰,〔唐〕薛收(续并撰),〔宋〕阮逸注:《元经》,《影印文渊阁四库全书·史部二·编年类》,第三〇三册,台湾省商务印书馆1982年版。

[33]〔汉〕刘珍撰,吴树平校注:《东观汉记校注》,中华书局2008年版。

[34]〔战国〕左丘明著,〔三国吴〕韦昭注,胡文波校点:《国语》,上海古籍出版社2015年版。

[35]〔汉〕卫宏撰,〔清〕孙星衍校:《汉旧仪(附补遗)》,中华书局1985年版。

[36]〔汉〕应劭撰:《汉官仪》,《丛书集成初编》,第八七五册,商务印书馆1936年版。

[37]〔唐〕李林甫著,陈仲夫点校:《唐六典》,中华书局1992年版。

[38]〔唐〕长孙无忌等著,刘俊文点校:《唐律疏议》,上海古籍出版社1983年版。

[39]〔唐〕杜佑著,王文锦等点校:《通典》,中华书局1985年版。

[40]〔宋〕王溥:《唐会要》,中华书局1955年影清武英殿聚珍版丛书本。

[41]〔宋〕欧阳修:《太常因革礼》,《丛书集成初编》(社会科学类),第一〇四五册,商务印书馆据《史学丛书》排印本1935年版。

［42］〔清〕计成著,陈植注:《园冶注释》,中国建筑工业出版社 1988 年版。

［43］〔汉〕佚名著,〔清〕毕沅校正,〔清〕孙星衍、〔清〕庄逵吉校定:《三辅黄图》,商务印书馆 1936 年版。

［44］〔晋〕嵇含:《南方草木状附图》,商务印书馆 1955 年版。

［45］〔北魏〕郦道元注,陈桥驿点校:《水经注》,上海古籍出版社 1990 年版。

［46］〔北魏〕杨衒之撰,范祥雍校注:《洛阳伽蓝记校注》,上海古籍出版社 1958 年版。

［47］〔南朝梁〕宗懔著,姜彦稚辑校:《荆楚岁时记》,岳麓书社 1986 年版。

［48］〔唐〕韦述著,陈子怡校正:《校正〈两京新记〉》,西京筹备委员会 1936 年版。

［49］〔唐〕韦述著,辛德勇辑校:《〈两京新记〉辑校》,三秦出版社 2006 年版。

［50］〔唐〕段公路:《北户录》,中华书局 1985 年版。

［51］〔宋〕宋敏求:《长安志》,中华书局 1991 年版。

［52］〔宋〕孟元老:《东京梦华录》,中州古籍出版社 2010 年版。

［53］〔宋〕范成大:《桂海虞衡志校注》,广西人民出版社 1986 年版。

［54］〔明〕曹学佺:《蜀中广记》,上海古籍出版社 1993 年版。

［55］〔清〕徐松著,阎文儒、阎文钧编补:《〈两京城坊考〉补》,河南人民出版社 1992 年版。

［56］〔清〕徐松著,张穆校补:《唐两京城坊考》,中华书局 1995 年版。

［57］〔清〕徐松著,李健超增订:《增订唐两京城坊考》,三秦出版社 2006 年版。

［58］〔清〕李调元著,林子雄点校:《南越笔记》,广东人民出版社 2006 年版。

［59］〔宋〕宋敏求:《唐大诏令集》,中华书局 2008 年版。

［60］李希泌主编,毛华轩等编:《唐大诏令集补编》,上海古籍出版社 2003 年版。

［61］〔汉〕赵岐著,〔晋〕挚虞注:《三辅决录》,三秦出版社 2006 年版。

［62］〔元〕辛文房著,傅璇琮主编:《唐才子传校笺》,中华书局 2001 年版。

【子部】(以儒部、杂家、类书、医家、谱录、小说家、释家、道家归类)

[63]〔三国〕王肃注:《孔子家语》,上海古籍出版社1990年版。

[64]〔战国〕荀况著,〔唐〕杨倞注,耿芸标校:《荀子》,上海古籍出版社2014年版。

[65]〔汉〕扬雄著,汪荣宝撰,陈仲夫点校:《法言义疏》,中华书局1987年版。

[66]〔唐〕宋若莘、宋若昭:《女论语》,〔清〕陈宏谋编:《五种遗规》之《教女遗规》,中华书局(上海编辑所)1934年版。

[67]〔清〕毕沅校注,吴旭民校点:《墨子》,上海古籍出版社2014年版。

[68]〔汉〕刘安等编,刘文典集解,冯逸、乔华点校:《淮南鸿烈集解》,中华书局1989年版。

[69]〔汉〕应劭著,王利器校注:《风俗通义校注》,中华书局1981年版。

[70]〔晋〕崔豹:《古今注》,中华书局1985年版。

[71]〔唐〕封演著,赵贞信点校:《封氏闻见记校注》,中华书局2005年版。

[72]〔唐〕宇文氏著,文怀沙主编:《四部文明·隋唐文明·妆台记》,陕西人民出版社2007年版。

[73]〔五代〕马缟:《中华古今注》,中华书局1985年版。

[74]〔宋〕吴曾:《能改斋漫录》,上海古籍出版社1960年版。

[75]〔宋〕洪迈著,穆公校点:《容斋随笔》,上海古籍出版社1978年版。

[76]〔宋〕程大昌著,许逸民校证,《演繁露校证》,中华书局2019年版。

[77]〔宋〕陆游著,李剑雄、刘德权点校:《老学庵笔记》,中华书局。

[78]〔宋〕周密:《齐东野语》,中华书局1983年版。

[79]〔明〕杨慎著,王大亨笺证:《丹铅总录笺证》,浙江古籍出版社2013年版。

[80]〔明〕高濂著,赵立勋校注:《遵生八笺校注》,人民卫生出版社1994年版。

[81]〔明〕文震亨:《长物志》,《丛书集成初编》(艺术类),第一五〇八册,商务印书馆1936年版。

[82]〔明〕陈衎:《槎上老舌》,中华书局1985年版。

[83]〔清〕王士禛著,勒斯仁点校:《池北偶谈》,中华书局1985年版。

[84]〔清〕顾炁:《觉非盦笔记》,《续修四库全书·子部杂家类》,第一一五四册,上海古籍出版社2002年版。

[85]〔清〕桂馥:《札朴》,中华书局1992年版。

[86]〔隋〕杜公瞻:《编珠》,《影印文渊阁四库全书·子部类书类》,第八八七册,台湾省商务印书馆1983年版。

[87]〔唐〕欧阳询等:《艺文类聚》,上海古籍出版社1985年版。

[88]〔唐〕徐坚:《初学记》,中华书局1962年版。

[89]〔唐〕白居易:《白氏六帖事类集》,文物出版社1987年版。

[90]〔宋〕王钦若:《册府元龟》,中华书局影明刻初印本1955年版。

[91]〔宋〕李昉:《太平御览》,中华书局1963年版。

[92]〔宋〕谢维新:《古今合璧事类备要》,《影印文渊阁四库全书·子部类书类》,第九三九册,台湾省商务印书馆1983年版。

[93]〔宋〕高承著,〔明〕李果订,金圆、许沛藻点校:《事物纪原》,中华书局1989年版。

[94]〔明〕王圻著,王思义编著:《三才图会》,上海古籍出版社1988年版。

[95]〔清〕陈元龙:《格致镜原》,江苏广陵古籍刻印社1987年版。

[96]〔清〕王初桐辑:《奁史》,文物出版社2017年版。

[97]〔唐〕王焘:《外台秘要》,人民卫生出版社1955年版。

[98]〔五代〕李珣著,谭启龙集解:《海药本草集解》,湖北科学技术出版社2016年版。

[99]〔宋〕沈括:《历代笔记小说大观·梦溪笔谈》,上海古籍出版社2015年版。

[100]〔宋〕太平惠民和剂局编,刘景源点校:《太平惠民和剂局方》,人民卫生出版社1985年版。

[101]〔宋〕唐慎微著,陆拯、郑苏、傅睿校注:《证类本草(重修政和经史证类备用本草)》,中国中医药出版社2013年版。

[102]〔宋〕陈直撰,〔元〕邹铉续增:《寿亲养老新书》,上海古籍出版社1990年版。

[103]〔明〕李时珍:《本草纲目》,人民卫生出版社1978年版。

[104]〔宋〕周必大:《玉蕊辨证》,中华书局1985年版。

[105]〔清〕陈淏子辑,伊钦恒校注:《花镜》,农业出版社1962年版。

[106]〔晋〕郭璞注,袁珂校注:《山海经校注》,上海古籍出版社1980年版。

[107]〔晋〕郭璞:《山海经图赞译注》,岳麓书社 2016 年版。

[108]〔汉〕刘歆等著,〔晋〕葛洪集,向新阳、刘克任校注:《西京杂记校注》,上海古籍出版社 1991 年版。

[109]〔汉〕郭宪:《汉武帝别国洞冥记》,中华书局 1991 年版。

[110]〔汉〕伶玄:《赵飞燕外传》,中华书局据《丛书集成初编》所选《阳山顾氏文房》本影印 1991 年版。

[111]〔晋〕张华著,范宁校证:《博物志校正》,中华书局 1980 年版。

[112]〔前秦〕王嘉著,〔南朝梁〕肖绮录,齐治平校注:《拾遗记》,中华书局 1981 年版。

[113]〔晋〕郭璞注:《穆天子传》,上海古籍出版社 1990 年版。

[114]〔晋〕干宝著,曹光甫点校:《历代笔记小说大观·搜神记》,上海古籍出版社 2012 年版。

[115]〔南朝宋〕刘义庆著,〔南朝梁〕刘孝标注,朱碧莲详解:《世说新语详解》,上海古籍出版社 2013 年版。

[116]〔南朝梁〕任昉:《述异记》,中华书局《丛书集成初编》据《汉魏丛书》本排印 1991 年版。

[117]〔唐〕张鷟:《朝野佥载》,中华书局 1979 年版。

[118]〔唐〕张鷟:《游仙窟》,上海书店 1929 年版。

[119]曹小云:《日藏庆安本〈游仙窟〉校注》,黄山书社 2014 年版。

[120]〔唐〕戴孚:《广异记》,远方出版社 2005 年版。

[121]〔唐〕刘餗:《隋唐嘉话》,中华书局 2005 年版。

[122]〔唐〕陈鸿祖:《东城老父传》,袁闾琨、薛洪绩主编:《唐宋传奇总集·唐五代》,河南人民出版社 2001 年版。

[123]〔唐〕郑处诲著,田廷柱点校:《明皇杂录》,中华书局 1994 年版。

[124]〔唐〕刘肃撰,许德楠、李鼎霞点校:《大唐新语》,中华书局 1984 年版。

[125]〔唐〕韦绚:《刘宾客嘉话录》,中华书局 1985 年版。

[126]〔唐〕李肇:《唐国史补》,上海古籍出版社 1979 年版。

[127]〔唐〕段成式著,方南生点校:《酉阳杂俎》,中华书局 1981 年版。

[128]〔唐〕苏鹗:《杜阳杂编》,《丛书集成初编》(文学类),第二八三五册,商务印书馆据学津讨原本排印 1936 年版。

[129]〔唐〕范摅著,唐雯校笺:《云溪友议校笺》,中华书局 2017 年版。

[130]〔唐〕康骈:《剧谈录》,古典文学出版社 1958 年版。

[131]〔唐〕谷神子:《博异志》,中华书局 1980 年版。

[132]〔唐〕韩鄂:《岁华纪丽》,中华书局1985年版。
[133]〔五代〕王定保:《唐摭言》,中华书局1985年版。
[134]〔五代〕王仁裕:《开元天宝遗事》,中华书局2006年版。
[135]〔宋〕钱易著,黄寿成点校:《南部新书》,中华书局2006年版。
[136]〔宋〕孔平仲:《续世说》,中华书局1985年版。
[137]〔宋〕王谠著,周勋初校正:《唐语林校证》,中华书局1987年版。
[138]〔曹魏〕天竺三藏康僧铠译:《大无量寿经》,〔日〕高楠顺次郎等编纂:《大正新修大藏经·宝积部·涅槃部》,第十二册,第三六〇部,台北新文丰出版社1990年版。
[139]〔东晋〕释法显著,许全胜笺注:《沈曾值史地著作九种辑校本·佛国记笺注》,中华书局2019年版。
[140]〔东晋〕天竺三藏佛陀跋陀罗、沙门法显译:《摩诃僧祇律》,《大正新修大藏经·律部一》,第二十二册,第一四二五部。
[141]〔北朝姚秦〕罽宾三藏佛陀耶舍、竺佛念等译:《四分律》,《大正新修大藏经·律部一》,第二十二册,第一四二八部。
[142]〔后秦〕龟兹国三藏法师鸠摩罗什译:《妙法莲华经》,《大正新修大藏经·法华部》,第九册,第二六七部。
[143]龙树菩萨造,〔后秦〕鸠摩罗什译:《大智度论》,《乾隆大藏经》第七十八——八十册。
[144]〔刘宋〕畺良耶舍译:《佛说观无量寿佛经》,《大正藏·宝积部》,第十二册,第三六五部。
[145]〔萧齐〕释僧祐:《释迦谱》,《大正藏·史传部二》,第五〇册,第二〇四〇部。
[146]〔北凉〕天竺三藏昙无谶译:《大般涅槃经》,《大正藏·涅槃部》,第十二册,第三七五部。
[147]〔北凉〕三藏法师昙无谶译:《金光明经》,《大正藏·经集部三》,第六六三部。
[148]〔南宋〕僧法云编:《翻译名义集》,《大正新修大藏经·目录部》,第五十四册,第二一三一部。
[149]〔晋〕张湛注,〔唐〕卢重玄解,〔唐〕殷敬顺、〔宋〕陈景元释文,陈明校点:《列子》,上海古籍出版社2014年版。
[150]〔清〕郭庆藩撰,王孝鱼点校:《庄子集释·杂篇》,中华书局1961年版。
[151]〔汉〕刘向、〔晋〕葛洪:《列仙传·神仙传》,上海古籍出版社影

印《四库全书·子部十四·道家类》1990年版。

[152]《洞真太上素灵洞元大有妙经》,《正统道藏·正一部》,第一三三四部,第三十三册,文物出版社、上海书店、天津古籍出版社影印《道藏》1987年版。

[153]《太真玉帝四极明科经》,《正统道藏·洞真部·戒律类》,第一三八部,第三册。

[154]〔南朝宋〕陆修静:《太上洞玄灵宝授度仪》,《正统道藏·洞玄部·威仪类》,第五五六部,第九册。

[155]〔梁〕陶弘景著,〔日〕吉川忠夫、麦谷邦夫校注,朱越利译:《真诰校注》,中国社会科学出版社2006年版。

[156]〔北周〕宇文邕辑,周作明点校:《无上秘要》,中华书局2016年版。

[157]《太上灵宝五符序》,《正统道藏·洞玄部·神符类》,第三九八部,第六册。

[158]《洞玄灵宝三洞奉道科戒营始》,《正统道藏·太平部》,第一一四八部,第二十四册。

[159]〔宋〕蒋叔舆:《无上黄箓大斋立成仪》,《正统道藏·洞玄部·威仪类》,第五三六部,第九册。

[160]《灵宝玉鉴》,《正统道藏·洞玄部·众术方法类》,第五七四部,第十册。

【集部】(以总集、别集、诗文评、词曲等归类排序)

[161]〔宋〕洪兴祖补注,白化文、许德楠等点校:《楚辞补注》,中华书局1983年版。

[162]〔南朝梁〕萧统著,〔唐〕李善注:《文选》,中华书局1977年版。

[163]〔南朝陈〕徐陵编,〔清〕吴兆宜等注、程琰删补,穆克宏点校:《玉台新咏笺注》,中华书局1985年版。

[164]〔后蜀〕赵崇祚编,沈祥源、傅生文注:《花间集新注》,江西人民出版社1997年版。

[165]〔宋〕李昉等:《文苑英华》,中华书局1956年版。

[166]〔宋〕李昉:《太平广记》,中华书局1961年版。

[167]〔宋〕姚铉:《重校正唐文粹》,《四部丛刊》影元翻宋小字本。

[168]〔宋〕郭茂倩:《乐府诗集》,中华书局1979年版。

[169]〔清〕董诰等:《全唐文》,中华书局1983年影印本。

[170]〔清〕彭定求等:《全唐诗》,中华书局1997年版。

[171] 严可均:《全上古三代秦汉三国六朝文》,中华书局2000年版。

[172] 陈长安主编:《隋唐五代墓志汇编》,天津古籍出版社1991年版。

[173] 周绍良主编:《唐代墓志汇编》,上海古籍出版社1992年版。

[174] 吴钢主编:《全唐文补遗》,三秦出版社1998年版。

[175] 周绍良主编:《全唐文新编》,吉林文史出版社2000年版。

[176] 周绍良、赵超主编:《唐代墓志汇编续集》,上海古籍出版社2001年版。

[177] 郭青萍编:《太原郭氏金石注集》,福建省郭氏文化研究会2014年版。

[178] 高步瀛:《唐宋文举要》,上海古籍出版社1982年版。

[179]《笔记小说大观》,第三十一册,江苏广陵古籍刻印社1983年版。

[180] 赵幼文校注:《曹植集校注》,人民文学出版社1998年版。

[181] 金涛声点校:《陆机集》,中华书局1982年版。

[182] 丁福林、丛玲玲等校注:《鲍照集校注》,中华书局2012年版。

[183] 〔南朝梁〕何逊:《何逊集》,中华书局1980年版。

[184] 〔明〕胡之骥注,李长路、赵威点校:《江文通集汇注》,中华书局1984年版。

[185] 许逸民校笺:《徐陵集校笺》,中华书局2008年版。

[186] 〔北周〕庾信著,〔清〕倪璠注,许逸民校点:《庾子山集注》,中华书局1980年版。

[187] 〔北周〕庾信著,〔清〕吴兆宜注:《庾开府集笺注》,《影印文渊阁四库全书·集部二·别集类》,第一〇六四册,台湾省商务印书馆1983年版。

[188] 〔清〕许梿评选,〔清〕黎经诰注:《六朝文絜笺注》,《续修四库全书·集部·总集类》,第一六一一册,上海古籍出版社2002年版。

[189] 徐定祥注:《李峤诗注》,上海古籍出版社1995年版。

[190] 〔唐〕骆宾王著,〔清〕陈熙晋笺注:《骆临海集笺注》,上海古籍出版社1985年版。

[191] 李云逸校注:《卢照邻集校注》,中华书局1998年版。

[192] 〔唐〕王勃著,〔清〕蒋清翊注:《王子安集注》,上海古籍出版社1995年版。

[193] 徐鹏校点:《陈子昂集》修订本,上海古籍出版社2013年版。

[194]陶敏、易淑琼校注:《沈佺期宋之问集校注》,中华书局 2001 年版。

[195]佟培基笺注:《孟浩然诗集笺注》,上海古籍出版社 2000 年版。

[196]熊飞校注:《张说集校注》,中华书局 2013 年版。

[197]王琦注:《李太白全集》,中华书局 1977 年版。

[198]陈铁民校注:《王维集校注》,中华书局 1997 年版。

[199]刘开扬编年笺注:《高适诗集编年笺注》,中华书局 2004 年版。

[200]廖立笺注:《岑嘉州诗笺注》,中华书局 2004 年版。

[201]胡问涛、罗琴校注:《王昌龄集编年校注》,巴蜀书社 2000 年版。

[202]隋秀玲校注:《李颀集校注》,河南人民出版社 2007 年版。

[203]〔清〕仇兆鳌注:《杜诗详注》,中华书局 1979 年版。

[204]储仲君笺注:《刘长卿诗编年笺注》,中华书局 1996 年版。

[205]〔唐〕颜真卿:《颜鲁公文集》,《三长物斋丛书》本。

[206]王定璋校注:《钱起诗集校注》,浙江古籍出版社 1992 年版。

[207]文航生校注:《司空曙诗集校注》,人民文学出版社 2011 年版。

[208]赵昌平校编:《顾况诗集》,江西人民出版社 1983 年版。

[209]孙望校笺:《韦应物诗集系年校笺》,中华书局 2002 年版。

[210]刘初棠校注:《卢纶诗集校注》,上海古籍出版社 1989 年版。

[211]臧维熙注:《戎昱诗注》,上海古籍出版社 1982 年版。

[212]范之麟注:《李益诗注》,上海古籍出版社 1984 年版。

[213]〔唐〕陆贽著,刘泽民校点:《陆宣公集》,浙江古籍出版社 1988 年版。

[214]余恕诚、徐礼节整理:《张籍系年校注》,中华书局 2011 年版。

[215]王宗堂校注:《王建诗集校注》,中州古籍出版社 2006 年版。

[216]〔清〕方世举笺注,郝润华、丁俊丽整理:《韩昌黎诗集编年笺注》,中华书局 2012 年版。

[217]吴企明笺注:《李长吉歌诗编年笺注》,中华书局 2012 年版。

[218]卞孝萱编订:《刘禹锡集》,中华书局 1990 年版。

[219]〔唐〕吕温:《吕衡州文集附考证》,中华书局 1985 年版。

[220]卢燕平校注:《李绅诗集注》,中华书局 2009 年版。

[221]朱金城笺校:《白居易集笺校》,上海古籍出版社 1988 年版。

[222]《柳宗元集》,中华书局 1979 年版。

[223]冀勤点校:《元稹集》,中华书局 1982 年版。

[224]郭广伟点校:《权德舆诗文集》,上海古籍出版社 2008 年版。

[225]齐文榜校注:《贾岛集校注》,人民文学出版社2001年版。

[226]华忱之、喻学才校注:《孟郊诗集校注》,人民文学出版社1995年版。

[227]吴河清校注:《姚合诗集校注》,上海古籍出版社2012年版。

[228]李德裕:《李文饶集》,《四部丛刊》影明本。

[229]周啸天、张效民注:《雍陶诗注》,上海古籍出版社1988年版。

[230]羊春秋辑注:《李群玉诗集》,岳麓书社1987年版。

[231]吴在庆校注:《杜牧集系年校注》,中华书局2008年版。

[232]刘学锴、余恕诚集解:《李商隐诗歌集解》,中华书局1998年版。

[233]刘学锴校注:《温庭筠全集校注》,中华书局2007年版。

[234]严寿澄校编:《张祜诗集》,江西人民出版社1983年版。

[235]严寿澄、黄明、赵昌平笺注:《郑谷诗集笺注》,上海古籍出版社1991年版。

[236]〔唐〕许浑著,罗时进笺证:《丁卯集笺证》,中华书局2012年版。

[237]谭优学注:《赵嘏诗注》,上海古籍出版社1985年版。

[238]潘慧惠校注:《罗隐集校注》,中华书局2011年修订版。

[239]何锡光校注:《陆龟蒙全集校注》,凤凰出版社2015年版。

[240]《宋蜀刻本唐人集丛刊·杜荀鹤文集》,上海古籍出版社2013年版。

[241]祖保泉、陶礼天笺校:《司空表圣诗文集笺校》,安徽大学出版社2002年版。

[242]齐涛笺注:《韩偓诗集笺注》,山东教育出版社2000年版。

[243]聂安福笺注:《韦庄集笺注》,上海古籍出版社2002年版。

[244]胡大浚笺注:《贯休歌诗系年笺注》,中华书局2011年版。

[245]王秀林校注:《齐己诗集校注》,中国社会科学出版社2011年版。

[246]〔明〕杨慎:《升庵集》,上海古籍出版社1993年版。

[247]〔明〕毛晋辑:《三家宫词》,《丛书集成初编》(文学类),第一七五九册,商务印书馆《诗词杂俎》影印本1936年版。

[248]〔南朝梁〕刘勰著,范文澜注:《文心雕龙注》,人民文学出版社2001年版。

[249]〔清〕陈鸿墀:《全唐文纪事》,上海古籍出版社1987年版。

[250]〔明〕苏复之:《金印记》,明刊本。

二、近人研究著作(先分类后排序,多次再版论著按其最初出版年)

(一)【哲学、文化、历史综论、社会生活史、女性婚姻史、文学等】

[251]冯友兰:《中国哲学史》,华东师范大学出版社1999年版。

[252]沈从文:《沈从文讲中式美学》,江苏凤凰文艺出版社2019年版。

[253]张岱年、方克之等编:《中国文化概论》,北京师范大学出版社1999年版。

[254]李斌城:《唐代文化》,中国社会科学出版社2002年版。

[255]徐连达:《唐代文化史》,复旦大学出版社2003年版。

[256]黄现璠:《唐代社会概略》,商务印书馆1926年版。

[257]向达:《唐代长安与西域文明》,河北教育出版社2001年版(哈佛燕京出版社1933年版)。

[258]岑仲勉:《隋唐史》,高等教育出版社1957年版。

[259]陈寅恪:《陈寅恪文集》,上海古籍出版社1980年版。

[260]宋肃懿:《唐代之长安研究》,台北大立出版社1983年版。

[261]郭声波:《四川历史农业地理》,四川人民出版社1993年版。

[262]朱绍侯等主编:《中国古代史》,福建人民出版社2004年版。

[263]胡戟、刘后滨主编:《唐代政治文明》,西安出版社2013年版。

[264]荣新江:《中古中国与粟特文明》,北京三联书店2014年版。

[265]张全民:《隋唐长安城》,西安出版社2016年版。

[266]宋银虎主编:《双林镇志》,方志出版社2018年版。

[267]张大可:《史记全本新注》,华中科技大学出版社2020年版。

[268]李斌城等:《隋唐五代社会生活史》,中国社会科学出版社1998年版。

[269]毕宝魁:《隋唐生活掠影》,沈阳出版社2002年版。

[270]周巍峙主编,吴效群、彭恒礼本卷主编:《中国节日志·春节·河南卷》,光明日报出版社2014年版。

[271]陈顾远:《中国婚姻史》,上海书店1984年版。

[272]陈东原:《中国妇女生活史》,商务印书馆1998年版。

[273]陈鹏:《中国婚姻史稿》,中华书局1990年版。

[274]高世瑜:《唐代妇女》,三秦出版社1988年版。

[275]李永祜等:《奁史选注——中国古代妇女生活大观》,中国人民大学出版社1994年版。

[276]李娜:《唐代公主的婚姻生活》,三秦出版社2008年增订版。

[277]卢玲:《屈辱与风流——图说中国女性》,团结出版社2000

[278] 段塔丽:《唐代妇女地位研究》,人民出版社2001年版。

[279] 邓小南主编:《唐宋女性与社会》,上海辞书出版社2003年版。

[280] 郭海文:《大唐公主命运图谱》,陕西师范大学出版社2020年版。

[281] 傅璇琮:《唐代诗人丛考》,中华书局1980年版。

[282] 吴汝煜、胡可先:《〈全唐诗〉人名考》,江苏教育出版社1990年版。

[283] 陶敏:《〈全唐诗〉人名考证》,陕西人民教育出版社1996年版。

[284] 陶敏:《〈全唐诗〉人名汇考》,辽海出版社2006年版。

[285] 葛晓音:《山水田园诗派研究》,辽宁大学出版社1993年版。

[286] 林继中:《唐诗,日丽中天》,广西师范大学出版社2000年版。

[287] 林雪铃,《唐诗中的女冠》,台北文津出版社2002年版。

[288] 聂永华:《初唐宫廷诗风流变考论》,中国社会科学出版社2002年版。

[289] 刘洪生:《唐代题壁诗》,中国社会科学出版社2004年版。

[290] 韩学宏著,杨东峰摄影:《唐诗鸟类图鉴》,中州古籍出版社2005年版。

[291] 王明信:《济源古代诗词赏析》,中国文联出版社2008年版。

[292] 郁贤皓:《李白与唐代文史考论第二卷·李白论稿》,南京师范大学出版社2008年版。

[293] 汪曾祺:《老学闲抄》,生活·读书·新知三联书店2016年版。

(二)【文物类(以书画、陵墓、碑刻、玉器、金银器、其他文物归类)】

[294] 故宫博物院藏画集编辑委员会:《中国历代绘画:故宫博物院藏画集·东晋隋唐五代部分》,人民美术出版社1978年版。

[295] 《中国美术全集·绘画编二·隋唐五代绘画》,人民美术出版社1984年版。

[296] 李国珍:《大唐壁画》,陕西旅游出版社1996年版。

[297] 陕西历史博物馆:《新城、房陵、永泰公主墓壁画》,文物出版社2002年版。

[298] 启功主编:《中国历代绘画精品(人物卷):墨海瑰宝》,山东美术出版社2003年版。

[299] 段文杰、樊锦诗主编:《中国敦煌壁画全集》,天津人民美术出版社2006年版。

[300]冀东山主编,申秦雁分卷主编:《神韵与辉煌:陕西历史博物馆国宝鉴赏(唐墓壁画卷)》,三秦出版社2006年版。

[301]浙江大学中国古代书画研究中心编:《宋画全集》,浙江大学出版社2009年版。

[302]刘婕:《唐代花鸟画研究》,文化艺术出版社2013年版。

[303]赵启斌主编:《中国历代绘画鉴赏》,商务印书馆国际有限公司2013年版。

[304]樊英峰、王双怀:《线条艺术的遗产:唐乾陵陪葬墓石椁线刻画》,文物出版社2013年版。

[305]黄仁达编:《中国颜色》,东方出版社2013年版。

[306]故宫博物院:《中国书画鉴定与研究:傅熹年卷》,故宫出版社2014年版。

[307]朱良志主编:《历代名画录:魏晋隋唐》,江西美术出版社2014年版。

[308]栾保群主编:《书论汇要》,故宫出版社2014年版。

[309]张婷婷编:《线装藏书馆:中国传世人物画》,西安交通大学出版社2015年版。

[310]李明、胡春勃著:《万古丹青:陕西古代壁画》,陕西人民出版社2016年版。

[311]程旭:《丝路画语:唐墓壁画中的丝路文化》,陕西人民出版社2016年版。

[312]冯骥才:《画史上的名作(中国卷)》,文化艺术出版社2016年版。

[313]中国美术家协会壁画艺委会:《中国壁画(西安美术学院卷)》,江苏凤凰美术出版社2018年版。

[314]故宫博物院编:《故宫画谱·牛马》,故宫出版社2018年版。

[315]高世瑜、阎宋诚、马芳印:《唐玄宗与泰陵》,陕西旅游出版社1992年版。

[316]张沛:《昭陵碑石》,三秦出版社1993年版。

[317]李炳武主编:《中华国宝:陕西珍贵文物集成·唐三彩卷》,陕西人民教育出版社1998年版。

[318]陈安利:《高贵的葬仪:唐代皇陵与皇亲国戚墓》,四川教育出版社1998年版。

[319]中国文物研究所、陕西省古籍整理办公室:《新中国出土墓志》,

文物出版社 2000 年版。

[320] 山西省考古研究所:《唐代薛儆墓发掘报告》,科学出版社 2000 年版。

[321] 拜根兴、樊英峰:《永泰公主与永泰公主墓》,三秦出版社 2004 年版。

[322] 陕西考古所、陕西历史博物馆、礼泉县昭陵博物馆:《唐新城长公主墓发掘报告》,科学出版社 2004 年版。

[323] 刘向阳、王效锋、李阿能:《丝绸之路鼎盛时期的唐代帝陵》(三秦出版社 2015 年版。

[324] 李炳武总主编,张志学主编:《大唐歌飞的千年传奇:昭陵博物馆》,西安出版社 2018 年版。

[325] 收藏家杂志社编著:《收藏鉴赏图鉴——玉器》,中国轻工业出版社 2010 年版。

[326] 杨伯达主编,卢兆荫卷主编,敦竹堂等图版摄影:《中国玉器全集:秦汉—明清》中册,河北美术出版社 2005 年版。

[327] 杨岐黄:《玲珑剔透——陕西古代玉器》,陕西人民出版社 2016 年版。

[328] 申秦雁:《(陕西历史博物馆珍藏)金银器》,陕西人民美术出版社 2003 年版。

[329] 高延青主编:《内蒙古珍宝:金银器》,内蒙古大学出版社 2007 年版。

[330] 杨善彬编:《世界科技全景百卷书一三:生活用品大观》,中国建材工业出版社 1998 年版。

[331] 高丰:《中国设计史》,广西美术出版社 2004 年版。

[332] 史树青总主编,丁山等编撰:《中国艺术品收藏鉴赏百科全书》,北京出版社 2005 年版。

[333] 林树中主编:《海外藏中国历代雕塑》中,江西美术出版社 2006 年版。

[334] 《丝绸之路:大西北遗珍》,文物出版社 2010 年版。

[335] 许星、廖军主编:《中国设计全集》,商务印书馆 2012 年版。

[336] 林乾良:《镜文化与铜镜鉴赏》,西泠印社出版社 2012 年版。

[337] 霍宏伟:《鉴若长河:中国古代铜镜的微观世界》,生活·读书·新知三联书店 2017 年版。

[338] 孙机:《仰观集·古文物的欣赏与鉴别(修订本)》,文物出版社

2015 年第 2 版。

[339] 南京博物馆编:《温·婉:中国古代女性文物大展》,译林出版社 2015 年版。

[340] 李之檀、季元:《中华历代服饰泥塑》,文化艺术出版社 2015 年版。

[341] 中国国家博物馆:《中国国家博物馆馆藏文物研究丛书·陶俑卷》,上海古籍出版社 2015 年版。

[342] 赵佳琛主编:《房山古塔》,北京联合出版公司 2015 年版。

[343] 孙伟刚、梁勉:《大音希声:陕西古代音乐文物》,陕西人民出版社 2016 年版。

[344] 葛嶷、齐东方:《异宝西来:考古发现的丝绸之路舶来品研究》,上海古籍出版社 2017 年版。

[345] 李炳武主编:《石破天惊的盛世佛光:法门寺博物馆》,西安出版社 2018 年版。

[346] 唐祜主编:《武威文物精品图集》,读者出版社 2019 年版。

(三)【辞典类】

[347]《辞海》,上海辞书出版社 1979 年版。

[348] 卢翰明编:《学佛雅集——古代衣冠辞典》,常春树书坊 1980 年版。

[349] 叶大兵、乌丙安:《中国风俗辞典》,上海辞书出版社 1990 年版。

[350] 朱世英、季家宏主编:《中国酒文化辞典》,黄山书社 1990 年版。

[351] 张哲永等主编:《中国茶酒辞典》,湖南出版社 1991 年版。

[352] 许嘉璐主编:《中国古代礼俗辞典》,中国友谊出版公司 1991 年版。

[353] 卢德平:《中华文明大辞典》,海洋出版社 1992 年版。

[354] 华夫主编:《中国名物大典》,济南出版社 1993 年版。

[355] 何贤武、王秋华主编:《中国文物考古辞典》,辽宁科学出版社 1993 年版。

[356] 夏亨廉、肖克之:《中国农史辞典》,中国商业出版社 1994 年版。

[357] 中国旅游文化大辞典编辑委员会:《中国旅游文化大辞典》,江西美术出版社 1994 年版。

[358] 国家文物局主编:《中国文物精华大辞典:金银玉石卷·织绣篇》,上海辞书出版社、商务印书馆 1996 年版。

[359] 钱玉林、黄丽丽主编:《中华古代文化辞典》,齐鲁书社 1996

年版。

[360] 杨金鼎主编:《中国文化史词典》,浙江古籍出版社 1987 年版。

[361] 孙书安编著:《中国博物别名大辞典》,北京出版社 2000 年版。

[362] 林剑鸣、吴永琪主编:《秦汉文化史大辞典》,汉语大词典出版社 2002 年版。

[363] 邵洛羊总主编:《中国美术大辞典》,上海辞书出版社 2002 年版。

[364] 何本方等主编:《中国古代生活辞典》,沈阳出版社 2003 年版。

[365] 叶佩兰主编:《文物收藏鉴赏辞典:陶瓷·玉器·杂项·书法·绘画彩图版》,大象出版社 2004 年版。

[366] 季羡林:《敦煌学大词典》,上海辞书出版社 2005 年版。

[367] 龚延明:《中国历代职官别名大辞典》,上海辞书出版社 2006 年版。

[368] 郑若葵:《中国古代交通图典》,云南人民出版社 2007 年版。

[369] 中国文物学会专家委员会:《中国文物大辞典》,中央编译出版社 2008 版。

[370] 钱玉林、黄丽丽:《中华传统文化辞典》,上海大学出版社 2009 年版。

[371] 吴山、陆原主编:《中国历代美容美发美饰辞典》,福建教育出版社 2013 年版。

[372] 王巍主编:《中国考古学大辞典》,上海辞书出版社 2014 年版。

[373] 徐家华:《(中国历史人物造型图典书系)汉唐盛饰》,上海文艺出版社 2018 年版。

(四)【日常生活类(以总论、衣住食、医药、出行、娱乐类排序)】

[374] 许嘉璐:《中国古代衣食住行》,北京出版社 2002 年版。

[375] 徐有富:《唐代妇女生活与诗》,中华书局 2005 年版。

[376] 庄申、赖瑞和:《唐代士人的日常生活》,香港大学美术博物馆 2008 年版。

[377] 李朋主编:《话说中国礼仪》,天津古籍出版社 2007 年版。

[378] 彭梅芳:《中唐文人日常生活与创作关系研究》,人民出版社 2011 年版。

[379] 尚永亮:《诗映大唐春:唐诗与唐人生活》,北京大学出版社 2017 年版。

[380] 杨泓:《古物的声音:古人的生活日常与文化》,商务印书馆 2018

年版。

[381]于赓哲:《唐朝人的日常生活》,上海文化出版社2022年版。

[382]沈从文:《中国古代服饰研究》,商务印书馆2013年版(商务印书馆香港分馆1981年版)。

[383]杨志谦等:《唐代服饰资料选》,北京市工艺美术研究所1979年版。

[384]周锡保:《中国古代服饰史》,中国戏剧出版社1984年版。

[385]朱正昌总主编,王绣等编著:《服饰》,山东友谊出版社2002年版。

[386]周汛:《中国古代服饰风俗》,陕西人民出版社2002年版。

[387]管彦波:《中国头饰文化》,内蒙古大学出版社2006年版。

[388]黄能馥:《中国服饰通史》,中国纺织出版社2007年版。

[389]王金华:《图说清代银饰》,中国轻工业出版社2007年版。

[390]高春明:《中国历代服饰艺术》,中国青年出版社2009年版。

[391]黄能福、陈娟娟、黄钢编著:《服饰中华:中华服饰七千年》,清华大学出版社2011年版。

[392]黄辉:《中国历代服制服式》,江西美术出版社2011年版。

[393]马振凯:《腰带上的艺术:带钩考识》,山东友谊出版社2011年版。

[394]王苗:《珠光翠影:中国首饰史话》,金城出版社2012年版。

[395]胡戟、刘后滨主编,吕卓民、赵斌著:《唐代宫廷服饰》,西安出版社2013年版。

[396]马美惠编著:《至精至好且不奢:手工艺卷》,北京工业大学出版社2013年版。

[397]冯盈之:《中国服饰文化的语言记忆》,东华大学出版社2014年版。

[398]扬之水:《中国古代金银首饰》,故宫出版社2015年版。

[399]华梅等:《中国历代〈舆服志〉研究》,商务印书馆2015年版。

[400]冯盈之、余赠振:《古代中国服饰时尚100例》,浙江大学出版社2016年版。

[401]孙机:《华夏衣冠:中国古代服饰文化》,上海古籍出版社2016年版。

[402]沈周编著:《印象中国·纸上博物馆·服饰》,黄山书社2016年版。

[403] 李薇主编:《国粹图典——服饰》,中国画报出版社 2016 年版。

[404] 戚琳琳编著:《古代佩饰》,黄山书社 2016 年版。

[405] 侯乃慧:《诗情与幽境:唐代文人的园林生活》,台北东大图书股份有限公司 1991 年版。

[406] 林继中:《唐诗与庄园文化》,漓江出版社 1996 年版。

[407] 李浩:《唐代园林别业考论》,西北大学出版社 1998 年修订版。

[408] 周作明编著:《中国起居图说 2000 例》,漓江出版社 1999 年版。

[409] 鹤坪:《中华门墩石艺术》,百花文艺出版社 2007 年版。

[410] 曾辉编著:《设计的故事》,北京出版社 2007 年版。

[411] [美] 杨晓山:《凤凰文库·海外中国研究系列·私人领域的变形——唐宋诗歌中的园林与玩好》,江苏人民出版社 2008 年版。

[412] 宋其加编:《解读中国古代建筑》,华南理工大学出版社 2009 年版。

[413] 徐志华:《唐代园林诗述略》,中国社会科学出版社 2011 年版。

[414] 扬之水:《明式家具之前》,上海书店出版社 2011 年版。

[415] 陈鹤岁:《汉字中的中国建筑》,天津大学出版社 2015 年版。

[416] 邵晓峰:《敦煌家具图式》,东南大学出版社 2018 年版。

[417] 杜金鹏等编著:《中国古代酒具》,上海文化出版社 1995 年版。

[418] 李春祥:《饮食器具考》,知识产权出版社 2006 年版。

[419] 徐海荣主编:《中国饮食史》,杭州出版社 2014 年版。

[420] 王俊:《中国古代酒具》,中国商业出版社 2015 年版。

[421] 王荣主编:《香药广用》,阳光出版社 2018 年版。

[422] 傅京亮:《香学三百问》,三晋出版社 2019 年版。

[423] 仲立:《秦陵铜车马与车马文化》,陕西人民教育出版社 1994 年版。

[424] 王永平:《唐代游艺》,西北大学出版社 1995 年版。

三、论文

(一) 期刊、集刊类

【日常生活类(以总论、动植物、娱乐、衣住行、文物排序)】

[425] 陈伯海:《唐代文人的生活道路与诗歌创作》,《学术月刊》1987 年第 9 期。

[426] 陈若水:《初唐政治中的女性意识》,邓小南主编:《唐宋女性与社会》,上海辞书出版社 2003 年版。

[427]《韩愈日常生活研究:唐贞元长庆间文人型官员日常生活研究

之一》，黄正建：《走进日常：唐代社会生活考论》，中西书局 2016 年版。

[428] 刘宁：《盛衰体验对欧阳修诗歌日常化书写的影响》，《苏州大学学报（哲学社会科学版）》2018 年第 1 期。

[429] 祁振声：《唐代名花"玉蕊"原植物考辨》，《农业考古》1992 年第 3 期。

[430] 萧正洪：《新旧唐书所载若干植物名实考》，《陕西师范大学学报（哲学社会科学版）》1996 年第 3 期。

[431] 罗勇来：《唐代润州的玉蕊花》，《文史知识》2003 年第 3 期。

[432] 熊丽萍：《河南博物院藏三彩调鸟俑研究》，《寻根》2017 年第 5 期。

[433] 欧佳：《鲜见于唐代文献的驯禽——红嘴蓝鹊》，《动物世界》2017 年第 6 期。

[434] 阴法鲁：《唐代西藏马球戏传入长安》，《历史研究》1959 年第 6 期。

[435] 王赛时：《唐代马球综考》，《中国唐史学会论文集》，三秦出版社 1993 年版。

[436] 陈根远：《珠球忽掷 月杖争击——唐代马球运动》，《华夏文化》1996 年第 4 期。

[437] 葛承雍：《唐代狩猎俑中的胡人猎师形象研究》，《故宫博物院院刊》2010 年第 6 期。

[438] 袁红军：《古老的纸牌游戏：叶子戏》，《文史知识》2013 年 01 期。

[439] 单留：《扑克牌》，《上海集邮》2014 年第 2 期。

[440] 李鹏翔：《唐代美容术》，《民族大家庭》1999 年第 6 期。

[441] 卢秀文：《敦煌壁画中的妇女饰黄妆——妆饰文化研究之七》，《唐史论丛》第十一辑，三秦出版社 2009 年版。

[442] 马冬：《"鞢𩎟带"综论》，《藏学学刊》第五辑，四川大学出版社 2009 年版。

[443] 肖雪：《桃花，美容养颜第一花》，《女性天地》2012 年第 4 期。

[444] 杨小亮：《里耶秦简中有关"捕羽成"的记录》，《出土文献研究》第 11 辑，中西书局 2012 年版。

[445] 王子今：《里耶秦简"捕羽"的消费主题》，《湖南大学学报（社会科学版）》2016 年第 4 期。

[446]《玉组佩》，《文史月刊》2015 年第 7 期。

[447] 葛英颖、孟小愉:《唐代鸟羽装考辨》,《兰台世界》2015 年第 12 期。

[448] 宋艳萍:《海昏侯墓所见"羽人"考》,《南方文物》2018 年第 4 期。

[449] 王永晴、王尔阳:《隋唐命妇冠饰初探——兼谈萧后冠饰各构件定名问题》,《东南文化》2017 年第 2 期。

[450] 陈诗宇:《从花树冠到凤冠——隋唐至明代后妃命妇冠饰源流考》,《艺术设计研究》2017 年 01 期/春。

[451] 马楠:《古代"七事"小考》,《文物世界》2018 年第 2 期。

[452] 谢云秋:《"绿云"浅探》,《南京师范大学学报(社会科学版)》1982 年第 1 期。

[453] 胡桂芳:《"绿云扰扰"中的"绿"字——兼谈"避实"修辞方式》,《当代修辞学》1985 年第 1 期。

[454] 訾永明:《"绿云扰扰"新解》,《文史杂志》2011 年第 3 期。

[455] 左高超:《再辨"绿云扰扰"》,《文史杂志》2020 年第 1 期。

[456] 王兆祥:《唐代住宅别业建筑的豪华、野趣风格》,《中国房地产》2006 年第 8 期。

[457] 刘永连:《唐代园林与西域文明》,《中华文化论坛》2008 年第 4 期。

[458] 李智瑛:《火树银花树形灯》,《收藏家》2009 年第 7 期。

[459] 杨国荣:《唐代庄园别业中诗歌创作的同题共咏现象研究》,《福建广播电视大学学报》2012 年第 3 期。

[460] 鲁玉洁:《唐代长安朱雀街西坊增订几则》,《成都师范学院学报》2016 年第 2 期。

[461] 沙武田:《一幅珍贵的唐长安夜间乐舞图——以莫高窟第 220 窟药师经变乐舞图中灯为中心的解读》,《敦煌研究》2015 年第 5 期。

[462] 钱婉约:《汉唐丝路文化"多元共生"特性探微——以"上元燃灯"习俗中儒佛道文化的共生融合为例》,《中国文化研究》2016 年第 4 期。

[463] 梁志坚:《让"名物"回放唐代上元节》,《博览群书》2020 年第 10 期。

[464] 邓长风:《谈唐诗中的"五花马"》,《黄石师范学院学报》1984 年第 2 期。

[465] 赵声良:《轿子小考》,《文史知识》1991 年第 11 期。

[466] 胡昌明:《"青骢马"辨》,《语文建设》1998 年第 10 期。

[467]武仙竹:《唐初"云中车马图"浅议》,《四川文物》1995年第4期。

[468]马鸿雁:《李白〈将进酒〉中的"五花马"为何物》,《阜阳师范学院学报(社会科学版)》2006年第1期。

[469]闫艳:《释"辇""舆"及其他》,《艺术百家》2010年第2期。

[470]赵士城:《唐诗中"五花马"研究述评》,《湖南工业职业技术学院学报》2011年第11期。

[471]冉万里:《李白〈将进酒〉中"五花马"的考古学观察》,《中原文化研究》2014年第2期。

[472]贾小军:《也谈"五花马"》,《农业考古》2016年第4期。

[473]刘彪彪、王凯:《人力代畜力:唐后期肩舆发展刍议》,《史志学刊》2020年第2期。

[474]王兰州、马芳印:《唐明皇与唐让皇》,高世瑜、阎宋诚、马芳印编著:《唐玄宗与泰陵》,陕西旅游出版社1992年版。

[475]唐昌东、李国珍:《唐墓壁画艺术》,周天游编:《唐墓壁画研究文集》,三秦出版社2006年版。

[476]樊光春:《陕西新发现的道教金石》,卓新平、杨富学主编:《中国西北宗教文献·道教》卷4,甘肃民族出版社2012年版。

【唐代公主类(以实食封、住食行、入道、和亲、个体、文物排序)】

[477]李晶莹:《唐代公主与食封制度》,《首都师范大学学报》2006年第6期。

[478]京洛:《唐长安城太平公主宅第究竟有几处》,《中国历史地理论丛》1999年第1期。

[479]蒙曼:《唐代长安的公主宅第》,《唐研究》第9卷,北京大学出版社2003年版。

[480]李娜:《唐代文学中的公主园林别墅》,《西北大学(哲学社会科学版)》2010年第1期。

[481]滕云:《论初唐公主庄园宅第诗的园林艺术》,《求索》2012年第5期。

[482]郭海文:《大唐公主衣食住行之住研究》,黄留珠、贾二强主编:《长安学研究》第1期,中华书局2016年版。

[483]张维慎、李聪、张红娟:《唐房陵大长公主墓壁画"托果盘侍女图"正名》,《文博》2014年第4期。

[484]郭海文:《唐代公主饮食及其文化研究》,《南开学报(哲学社会

科学版）》2017年第9期。

［485］王晶晶：《房龄大长公主墓托果盘侍女图新考》，《收藏家》2020年第6期。

［486］郭海文：《大唐公主出行工具及其文化研究》，《唐史论丛》第二七辑，三秦出版社2018年版。

［487］李嘉郁：《长伴吹箫别有人——谈唐代中后期女冠公主的社交与恋情》，《中华女子学院学报》1999年第4期。

［488］邹流芳：《唐代公主入道现象探析》，《衡阳师范学院学报（社会科学）》2001年第4期。

［489］焦杰：《论唐代公主入道原因与道观生活》，《世界宗教研究》2013年第2期。

［490］滕云：《论唐代公主的道教情缘——兼论唐代公主庄园宅第诗的道教自然生态意识》，《桂林师范高等专科学校学报》2014年第4期。

［491］邝平章：《唐代公主和亲考》，《史学年报》1935年第2卷第2期。

［492］郭声波：《唐代河西九曲羁縻府州及相关问题研究》，《历史地理》第21辑，上海人民出版社2006年版。

［493］郁贤皓：《李白与玉真公主过从新探》，《文学遗产》1994年第1期。

［494］郁贤皓：《再谈李白诗中"卫尉张卿"和"玉真公主别馆"——答李清渊同志质疑》，《南京师范大学学报（社会科学版）》1994年第1期。

［495］陶敏：《刘禹锡诗中的九仙公主考》，《云梦学刊》2001年第5期。

［496］丁放、袁行霈：《玉真公主考论——以其与盛唐诗坛的关系为归结》，《北京大学学报（哲学社会科学版）》2004年第2期。

［497］刘仲宇：《唐玉真公主入道受箓研究》，《宗教学研究》2015年第2期。

［498］丁放：《玉真公主、李白与盛唐道教关系考论》，《复旦学报（社会科学版）》2016年第4期。

［499］[日]手岛一真：《关于金仙公主送纳经典的事业——"新旧译经四千余"与〈开元释教录〉》，房山石经博物馆、房山石经与云居寺文化研究中心编：《石经研究》第一辑，北京燕山出版社2016年版。

［500］段莹：《大历诗风向齐梁复归中的女性介入：以昇平公主为中心》，《云梦学刊》2013年第6期。

［501］陈安利、马咏钟：《西安王家坟唐代唐安公主墓》，《文物》1991

年第 9 期。

[502] 王其祎、周晓薇:《唐代公主墓志辑略》,西安碑林博物馆编:《碑林集刊》第三辑,三秦出版社 1995 年版。

[503] 陕西省考古研究所、陕西历史博物馆、昭陵博物馆:《唐昭陵新城长公主墓发掘简报》,《考古与文物》1997 年第 3 期。

[504] 王瑛:《唐永泰公主墓出土玉器研究》,台北故宫博物院《故宫文物月刊》(192 期)1999 年。

[505] 邹规划等:《长乐公主墓壁画〈瑞云车马送行图〉琐谈》,《陕西历史博物馆馆刊》第六辑,陕西人民教育出版社 1999 年版。

[506] 文军:《佛教与世俗的结合——长乐公主墓壁画〈云中车马图〉初探》,《陕西历史博物馆馆刊》第八辑,陕西人民教育出版社 2001 年版。

[507] 程义:《长乐公主墓云中车马图试释》,樊英峰主编:《乾陵文化研究》第二辑,三秦出版社 2006 年版。

[508] 于静芳:《唐长乐公主墓壁画〈云中车马图〉考》,《南京艺术学院学报(美术与设计版)》2014 年第 5 期。

[509] 崔庚浩:《唐纪国大长公主及夫郑沛墓志合考》,西安碑林博物馆编:《碑林集刊》第六辑,三秦出版社 2000 年版。

[510] 张云:《唐〈新城长公主墓志〉考》,西安碑林博物馆编:《碑林集刊》第六辑,三秦出版社 2000 年版。

[511] 范淑英:《唐墓壁画〈仪卫图〉的内容和等级》,周天游主编:《唐墓壁画研究文集》,三秦出版社 2001 年。

[512] 李文英、师小群:《唐〈普安公主及其夫郑何墓志〉考》,《陕西历史博物馆馆刊》第 8 辑,陕西人民美术出版社 2002 年版。

[513] 岳连建:《富平县唐〈淮南大长公主与驸马封言道合葬墓志〉考释》,《考古与文物》2004 年第 4 期。

[514] 岳连建、柯卓英:《唐淮南大长公主墓志所反映的唐代历史问题》,《华夏考古》2008 年第 2 期。

[515] 刘飞龙、崔金一:《以永泰公主墓壁画说唐代妇女服饰》,《剑南文学》2012 年第 2 期。

[516] 张全民:《〈唐故普康公主墓志铭〉与道教五方真文镇墓石》,《唐史论丛》第十六辑,陕西师范大学出版总社有限公司 2013 年版。

[517] 西安市文物保护研究院:《唐郭仲恭及夫人金堂长公主墓发掘简报》,《文博》2013 年第 2 期。

[518] 张全民:《〈唐昌公主墓志铭〉考释》,《唐研究》卷二〇,北京大

学出版社 2014 年版。

[519]陕西省考古研究院:《唐代李倕墓发掘简报》,《考古与文物》2015 年第 6 期。

[520]张建林:《李倕墓出土遗物杂考》,《考古与文物》2015 年第 6 期。

[521]刘铁:《典雅静谧:唐代李倕公主墓出土文物精品》,《收藏》2018 年第 11 期。

[522]姜捷、刘向阳、王仓西等:《永泰公主墓所现帽冠、发髻、服饰考》,樊英峰主编:《乾陵文化研究》第九辑,三秦出版社 2015 年版。

[523]郭海文、赵文朵、贾强强:《〈大唐故寿光公主墓志铭并序〉考释》,《唐史论丛》第二十辑,三秦出版社 2015 年版。

[524]穆兴平、白艳妮:《唐义阳公主驸马权毅墓志考》,《乾陵文化研究》第九辑,三秦出版社 2015 年版。

[525]石润宏:《唐长安城唐昌观玉蕊花景观兴废考》,《唐都学刊》2016 年第 1 期。

[526]焦杰、孙华:《唐代文安公主杂考》,《平顶山学院学报》2016 年第 3 期。

[527]郭海文:《唐淮南大长公主墓志铭研究》,《社会科学战线》2017 年第 10 期。

[528]郭海文、远阳:《新见〈唐故汾阳公主赠郑国温仪大长公主墓志铭〉考释》,《唐史论丛》第三十一辑,三秦出版社 2020 年版。

[529]装饰杂志社编:《装饰文丛》,辽宁美术出版社 2017 年版。

(二)学位论文

(1)唐代公主研究论文

[530]李娜:《唐代公主的生活与文学》,西北大学硕士学位论文,2005 年。

[531]滕云:《初唐公主庄园宅第诗研究》,广西师范大学硕士学位论文,2005 年。

[532]李佳蔚:《唐代妇女出游研究》,四川师范大学硕士学位论文,2006 年。

[533]孙丽丽:《唐代公主生活研究》,陕西师范大学硕士学位论文,2007 年。

[534]李晶莹:《唐代后妃与公主经济生活初探》,首都师范大学硕士学位论文,2007 年。

［535］王晓晓:《玉真公主的道观诗情——玉真公主与盛唐诗歌研究》,天津师范大学硕士学位论文,2013年。

［536］关小艳:《唐宫廷女性出行研究》,安徽大学硕士学位论文,2014年。

［537］魏徽:《初盛唐公主庄园诗研究》,湘潭大学硕士学位论文,2017年。

(2)日常生活研究论文

［538］韩梅:《唐宋词与唐宋文人日常生活》,浙江大学博士学位论文,2007年。

［539］刘景会:《杜甫诗歌中的日常生活物象》,江西师范大学硕士学位论文,2007年。

［540］邹婧:《佛教对唐代服饰文化的影响》,湖南工业大学设计艺术学硕士学位论文,2009年。

［541］邢昊:《〈后汉书·舆服志〉车名类名物词分析》,重庆师范大学硕士学位论文,2014年。

［542］李丹丹:《杜诗日常生活描写研究》,江西师范大学硕士学位论文,2015年。

［543］赵欢:《唐五代时期敦煌地区燃灯活动研究》,兰州大学硕士学位论文,2015年。

［544］李玭玭:《唐五代宋初敦煌佛教供养具研究》,西北师范大学硕士学位论文,2017年。

［545］张晓艳:《唐代外来宝石研究》,西南大学硕士学位论文,2016年。

［546］顾梦宇:《隋唐贵族妇女冠饰研究》,陕西师范大学硕士学位论文,2018年。

(三)报纸及其网络论文

［547］刘铭恕:《唐代公主下降回纥婚礼考察》,《中央日报》1947年5月19日。

［548］黄正建:《关于唐代日常生活史研究现状的思考》,《中国社会科学院院报》2004年9月14日。

［549］常建华:《从社会生活到日常生活》,《人民日报》2011年3月31日。

［550］王金中:《精美绝伦:海昏侯墓中的吉祥纹饰》,"光明网"2017年3月14日。

[551]扬之水:《"博鬓"造型溯源》,《文汇学人》2019年3月29日。

[552]《隋唐洛阳考古获重大进展:正平坊遗址院落可能为太平公主宅》,《河南日报》2021年12月15日第3版。

(四)微信公众号论文

[553]张婉丽:《唐代服饰配饰之"承露囊"》,昭陵博物馆微信公众号2016-07-04。

[554]程旭:《从唐墓壁画看丝路文明》,文明杂志微信公众号2017-03-09。

[555]张婉丽:《长乐公主墓〈云中车马图〉》,昭陵博物馆微信公众号2019-05-24。

四、国外著作

[556]〔新罗〕崔致远撰,党银平校注:《桂苑笔耕集》,中华书局2007年版。

[557][美]爱德华·谢弗著,吴玉贵译:《撒马尔罕的金桃——唐朝的舶来品研究》,中国社会科学出版社1995年版。

[558][美]斯蒂芬·欧文:《唐代别业诗的形成》,《古典文学知识》1997年第6期。

[559][美]查尔斯·本著,姚文静译:《中国的黄金时代:唐朝的日常生活》,经济科学出版社2012年版。

[560][日]田中天著,苏黎衡译:《图说中世纪服装》,汕头大学出版社2006年版。

[561][日]丸山茂著,张剑译:《唐代文化与诗人之心》,中华书局2013年版。

[562][日]百桥明穗著,王云、苏佳莹等译:《丝绸之路与古代日本——女性们的道路》,《东瀛西域》,上海书画出版社2013年版。

[563][日]关卫著,熊得山译述:《西方美术东渐史》,河南人民出版社2017年版。

[564][日]木下弘美著,郑涛译:《(珍藏中国)帝王巨观:波士顿的87件中国艺术品》,上海书画出版社2018年版。

索 引

黑白插图索引

图 1	郾国长公主神道碑铭刻"食邑"细节图	32
图 2	皇后的袆衣、阙翟、褕翟	109
图 3	懿德太子墓棺椁外壁线刻画戴凤冠穿朝服腰垂玉组佩侍女图	112
图 4	永泰公主墓出土玉器、玉璜	112
图 5	新城公主墓出土琉璃花饰、琉璃球	116
图 6	两博鬓、钗、冠等发饰图	119
图 7	薛儆墓出土墓志盖上的捧盘、合掌羽人图	159
图 8	永泰公主墓棺椁线刻画佩钻鞢带捧盒侍女图	173
图 9	章怀太子墓棺椁内壁线刻画插长簪、戴凤钗侍女图	186
图 10	永泰公主墓棺椁线刻插长簪侍女图	186
图 11	永泰公主墓石刻插单支凤鸟口衔珠串步摇簪侍女图	199
图 12	唐安公主墓室壁画梳回纥(鹘)髻侍女图	203
图 13	唐安公主墓出土象牙簪图	215
图 15	薛儆石椁内十六、二十之上部手持宝珠莲花、花朵侍女	216
图 16	唐穆宗女凉国公主墓出土镜	223
图 17	东汉"宜子孙"铭七子镜、百济武宁王陵铜七子镜	225
图 18	汉四灵七子镜、汉大鹏巨灵七子镜	225
图 19	永泰公主墓石椁外壁线刻画捧梳妆盒侍女	227
图 20	新城公主墓出土小陶盏	251
图 21	唐永泰公主墓出土陶碗、食案	254
图 22	薛儆墓石椁内六之上部、石椁外十六之上部捧碗侍女图	255
图 23	永泰公主墓石椁外壁线刻画手持胡瓶侍女	256
图 24	北魏宁懋石室线刻出行图和庖厨图中的步障	267
图 25	河南邓州市学庄村南朝墓葬模印加彩画像砖中的行障	269
图 26	新城公主墓出土陶马	287

图 27	新城公主墓 D 型、E 型女骑俑	288
图 28	新城公主墓墓道西壁壁画鞍马、牛车图	305
图 29	西京宫城图	336
图 30	东京宫城皇城图	337
图 31	永泰公主墓石椁外壁线刻画萱草、长尾鸟	448
图 32	永泰公主墓石椁外壁线刻画萱草、鸳鸯、鸿鹄	448
图 33	永泰公主墓石椁外壁线刻画赏花侍女、章怀太子墓石椁内壁线刻画捧盆景侍女	450
图 34	唐安公主墓室西壁花鸟图及线描图	452
图 35	薛儆墓甬道顶部仙鹤	453
图 36	驸马薛儆墓出土石椁外七之仙鹤、石椁内三之仙鹤	454
图 37	驸马薛儆墓石椁外九、十七之鸳鸯	455
图 38	《宫苑图》建筑、长乐公主墓室墓道北壁《楼阁图》线描	457
图 39	新城公主墓室石门各部件组合还原线刻画	473
图 40	驸马薛儆墓出土石椁外四下部石门	473
图 41	唐安公主墓石门西扇、东扇刻纹摹本	474
图 42	新城公主墓室石门楣线刻画拓片、薛儆墓石门楣凤刻纹	475
图 43	新城公主墓室石门额线刻画	476
图 44	薛儆墓出土石门额双狮、麒麟、马刻纹	476
图 45	驸马薛儆墓出土石门额虎、凤刻纹	477
图 46	新城公主墓室石右立门框线刻画	477
图 47	驸马薛儆墓出土石门框（右）	477
图 48	薛儆墓石门扉（左右）上门吏	478
图 49	新城公主墓室石门右门扉线刻画	478
图 50	新城公主墓室石门槛线刻画	479
图 51	驸马薛儆墓出土石门槛对凤纹	479
图 52	唐安公主墓石门坎（槛）刻纹摹本	479
图 53	新城公主墓室石门左、右门墩线刻画	480
图 54	唐临川公主墓出土铜锁具	481
图 55	唐宗女李倕墓出土鎏金小银锁锁体图	481
图 56	唐宗女李倕墓出土鎏金小银锁锁芯、钥匙	482
图 57	永泰公主墓出土三彩灯台	491
图 58	金堂公主墓出土鸟形石器熏炉	501
图 59	鄎国公主驸马薛儆墓棺椁线刻执扇侍女	516

图 60	金堂公主墓出土石枕	522
图 61	长乐公主墓出土白瓷辟雍砚图	533
图 62	唐安公主墓手执马毯杆男侍图	564
图 63	新城公主墓出土陶卧狗、陶骆驼	569
图 64	永泰公主墓石椁内柱与外壁线刻长尾鸟图	570
图 65	永泰公主墓石椁内柱线刻鸿雁、鸳鸯(左图)与黄鹂、鸿鹄(右图)	571
图 66	永泰公主墓石椁外壁线刻鸿鹄(左图)与黄鹂、天鹅(右图)	571

彩色插图索引

彩图 1	新城公主墓第四过洞东壁北幅、第五过洞东壁中幅捧书画轴侍女	1
彩图 2	传金仙公主增修云居寺建五峰之塔	1
彩图 3	宋仁宗曹皇后、宋徽宗郑皇后朝服	2
彩图 4	新城公主墓出土小玉佩	2
彩图 5	永泰公主墓出土大、小蝙蝠形玉佩、玉带銙表框	2
彩图 6	西周晋穆侯次夫人墓出土玉组佩	2
彩图 7	永泰公主墓出土玉偏心孔环、玉璜	3
彩图 8	唐李倕墓出土玉佩	3
彩图 9	唐宗女李倕大带、裙腰佩饰	3
彩图 10	唐宗女李倕裙腰下身佩饰	4
彩图 11	新城公主墓出土金箔、小绿松石片	4
彩图 12	新城公主墓出土坠玉、水晶鸡心饰	4
彩图 13	新城公主墓出土铜片饰、丝及珠	4
彩图 14	扬州博物馆展复原萧后冠、十三朵花树细节	5
彩图 15	新城公主墓鎏金铜花钿、六瓣形铜钿	5
彩图 16	萧后花树冠花钿	5
彩图 17	复原的盛唐宗女李倕墓出土的凤鸟形冠饰	5
彩图 18	永泰公主墓室前室东壁南侧宫女	6
彩图 19	永泰公主墓室壁画侍女服饰	6
彩图 20	宋徽宗摹张萱《捣练图》真迹局部	7
彩图 21	曾侯乙墓内棺漆画、海昏侯墓漆盒上的羽人图像	7
彩图 22	日本正仓院藏鸟毛立女屏风	8

彩图 23	新城公主墓室北壁东幅着窄袖襦露胸衣侍女 ……	8
彩图 24	新城公主墓室北壁西幅、西壁北幅侍女 ……	9
彩图 25	新城公主墓室西壁中幅、西壁南幅侍女 ……	9
彩图 26	房陵公主墓室前室南壁、后甬道西壁侍女 ……	10
彩图 27	三彩骑马女俑 ……	10
彩图 28	新城公主墓第二过洞西壁中幅、前室西壁持扇侍女与男装侍女 ……	11
彩图 29	房陵公主墓后室北壁、前甬道西壁着波斯裤男装侍女 ……	11
彩图 30	新城公主墓第四过洞西壁北幅秉烛着波斯裤男装侍女 ……	12
彩图 31	江苏扬州隋炀帝墓出土十三环带 ……	12
彩图 32	何家村出土九环玉带、唐窦皦墓出土玉梁金筐宝钿珍珠装玉环带 ……	12
彩图 33	何家村出土白玉伎乐人纹、白玉狮纹带銙 ……	12
彩图 34	何家村出土斑玉带、白玉有孔带 ……	13
彩图 35	唐狩猎纹金鞢鞢带 ……	13
彩图 36	永泰公主墓出土系鞢鞢带、鞶囊捧盒、执胡瓶男装侍女俑 ……	13
彩图 37	章怀太子墓壁画《观鸟捕蝉图》系鞢鞢带、鞶囊侍女 ……	14
彩图 38	新城公主墓第五过洞西壁中幅戴幞头侍女 ……	14
彩图 39	传吴道子《八十七神仙图》局部 ……	15
彩图 40	《挥扇仕女图》中梳抛家髻仕女 ……	16
彩图 41	榆林窟戴凤鸟、花钿发饰贴绿色花子翠钿五代女供养人 ……	16
彩图 42	翠羽簪 ……	16
彩图 43	清代镶宝点翠银花簪 ……	17
彩图 44	清代珠翠团花、清黑缎点翠串珠花女帽 ……	17
彩图 45	宋摹本唐张萱《虢国夫人游春图》梳堕马髻女子 ……	18
彩图 46	新城公主墓第二过洞西壁北幅、东壁中幅侍女 ……	18
彩图 47	新城公主墓第三过洞东壁南幅、第四过洞东壁北幅侍女 ……	19
彩图 48	新城公主墓第五过洞东壁南幅、西壁北幅侍女 ……	19
彩图 49	新城公主墓南壁北幅梳双刀半翻髻、东壁北幅簪珠花宝树侍女 ……	20
彩图 50	新城公主墓甬道东壁中幅、墓室东壁中幅侍女 ……	20
彩图 51	永泰公主墓梳胡髻三彩女立俑 ……	21
彩图 52	唐鎏金菊花纹银钗、鎏金蔓草蝴蝶纹银钗 ……	21
彩图 53	《簪花仕女图》 ……	22

彩图 54	《簪花仕女图》局部:簪海棠花仕女、簪荷花仕女	22
彩图 55	《簪花仕女图》局部:簪芍药花(一说牡丹花)仕女	23
彩图 56	唐宗女李倕墓出土小螺钿镜(宝相花纹)、大螺钿镜	23
彩图 57	唐宗女李倕墓出土银背海兽葡萄镜	24
彩图 58	传晋顾恺之《女史箴图》镜台	24
彩图 59	房陵公主墓后室东壁、永泰公主墓前室北壁捧盝顶方盒侍女	24
彩图 60	房陵公主墓前室东壁南侧、后甬道东壁晕染胭脂侍女	25
彩图 61	敦煌莫高窟第98窟饰花钿供养人	25
彩图 62	唐《宫乐图》	26
彩图 63	新城公主墓出土青釉深腹瓷缸	26
彩图 64	鎏金蔓草纹银羽觞	26
彩图 65	唐代金筐宝钿团花纹金杯	26
彩图 66	唐镶金兽首玛瑙杯	26
彩图 67	房陵公主墓前室东壁南侧侍女	27
彩图 68	房陵公主墓室后室北壁拿高足杯、胡瓶侍女	27
彩图 69	汉代银卮	27
彩图 70	唐宗女李倕墓出土三足白釉瓷铛	27
彩图 71	双狮纹金铛	28
彩图 72	唐宗女李倕墓出土铜缶	28
彩图 73	房陵公主墓前室西壁持多曲盘侍女	29
彩图 74	永泰公主墓出土三彩盘	29
彩图 75	新城公主墓第三过洞东壁中幅、第五过洞西壁南幅托果盘、深盘侍女	29
彩图 76	永泰公主墓室壁画捧葡萄果盘侍女	30
彩图 77	唐宗女李倕墓出土铜盘	30
彩图 78	房陵公主墓前室东壁持食案侍女	30
彩图 79	唐代鸳鸯莲瓣纹金碗	30
彩图 80	唐宗女李倕墓出土银碗	31
彩图 81	鎏金折枝花纹银盖碗	31
彩图 82	唐永泰公主墓出土三彩碗	31
彩图 83	唐永泰公主墓出土绿釉碗	31
彩图 84	唐宗女李倕墓出土铜碗	31
彩图 85	房陵公主墓室前室西壁捧小瓶侍女	31

彩图 86	新城公主墓出土青釉细颈瓷瓶	32
彩图 87	唐宗女李倕墓出土瑞禽花卉纹三足银壶	32
彩图 88	唐宗女李倕墓出土铜提梁罐、双系白瓷罐	32
彩图 89	唐宗女李倕墓出土塔式罐、铜提梁罐	33
彩图 90	长乐公主墓室壁画《甲胄仪仗图》摹本	33
彩图 91	长乐公主墓室壁画《战袍仪卫图》	34
彩图 92	阎立本《步辇图》	34
彩图 93	永泰公主墓出土三彩仰头马和低头马俑	35
彩图 94	新城公主墓室墓道东壁《牵马图》	35
彩图 95	新城公主墓出土方形、花瓣形、圭形、三叶形铜片饰	35
彩图 96	新城公主墓出土鎏金铜马镳、铜马镫	35
彩图 97	新城公主墓出土 A 型男骑俑、A 型女骑俑	36
彩图 98	新城公主墓出土 B 型男骑俑、B 型女骑俑	36
彩图 99	新城公主墓出土 B 型、C 型女骑俑	36
彩图 100	永泰公主墓室东壁《牵马胡人图》	37
彩图 101	永泰公主墓出土三彩牵马胡人俑	37
彩图 102	新城公主墓室墓道东壁《檐子图》	37
彩图 103	长乐公主墓室壁画《云中车马图》及其人物细节	38
彩图 104	唐懿德太子墓室壁画阙楼、长乐公主墓第一天井北壁《门阙图》	38
彩图 105	李昭道《龙舟竞渡图》	38
彩图 106	白练鸟	38
彩图 107	淮南大长公主墓室后甬道西壁《云鹤图》	38
彩图 108	传李思训《宫苑图》	39
彩图 109	南宋佚名摹《九成避暑图》	39
彩图 110	李嵩《高阁焚香图》、《汉宫乞巧图》	39
彩图 111	永泰公主墓前室西壁南侧捧烛台宫女	40
彩图 112	莫高窟中唐 159 窟西龛、五代 146 窟北壁灯轮图	40
彩图 113	绿地对羊对鸟灯树文锦、彩绘木连枝灯	41
彩图 114	战国十五盏连枝灯、东汉洛阳七里河十三枝陶灯	41
彩图 115	莫高窟 220 窟北壁药师经变乐舞图的灯楼、433 窟隋代药师经变佛两侧的灯轮	42
彩图 116	东晋顾恺之《列女图卷》	43
彩图 117	唐鎏金卧龟莲花纹双凤纹五足朵带银炉与炉台	43

彩图 118	鎏金镂空缠枝纹银香囊(球、炉)	43
彩图 119	日本正仓院藏紫檀金钿柄立狮子香炉细节	43
彩图 120	李嵩《水殿招凉图》	43
彩图 121	日本正仓院藏螺钿紫檀琵琶全姿图、细节图	44
彩图 122	日本正仓院藏螺钿紫檀五弦琵琶正面、背面图	44
彩图 123	日本正仓院藏螺钿紫檀阮咸正面、背面图	45
彩图 124	《韩熙载夜宴图》	46
彩图 125	佚名《明皇击毬图》	47
彩图 126	佚名《明皇击毬图》贵妃与其他妃嫔细节	47
彩图 127	章怀太子李贤墓《打马毬》壁画	48
彩图 128	唐彩绘打马毬女俑、唐骑马打毬女俑	48
彩图 129	唐打马毬女俑	48
彩图 130	唐章怀太子墓室东道狩猎图	49
彩图 131	永泰公主墓骑马狩猎俑、骑马驾鹰狩猎俑	49
彩图 132	永泰公主墓胡人带犬狩猎俑、胡人斗豹俑	50
彩图 133	永泰公主墓胡人力士骑马俑、胡人骑马狩猎俑	50

表格索引

表 1	公主册封文、墓志高频词表	65
表 2	唐代公主宅第、寺庙、道观长安里坊布局平面图表	340
表 3	题名唐代公主或其道观且内容叙及其宅第、园林、道观的唐诗表	351
表 4	叙及唐代公主驸马宅第、园林的唐诗表	356
表 5	言及"主第"(除去以公主、驸马及其道观为题)的唐诗表	360
表 6	安乐公主宅宴饮诗作表	539

后 记

在这部著作终于收工之际,感慨良多,当然长吁一口气的如释重负感,是面对这部 20 年来断断续续终于完成后的专著的最突出感觉。

整部书的整体框架建构最早可追溯到 2003 年硕士论文定题为"唐代公主的生活与文学"时。最初拟定的选题是硕导建议的"唐代的邮驿与文学",然而这一宏大又新颖的选题,以当时自己的眼界、兴趣与能力而言,显然是不甚喜欢并很难驾驭的,尤其是选题与交通相关,但自己天生不辨方向,是典型的路盲路痴啊,于是在搜集一阵资料后,忐忑中找到导师,告诉他自己并不想做这个题目,导师虽有不悦,但亦同意我自选题目。随后我拿出两个自觉喜欢的题目,但导师随即拿出已有全面研究的论著,我的自选题目自然是被否决了。而他也是看出我热衷于女性群体研究,遂建议我将研究目光锁定在这个充满传奇的特殊群体之上。

接下来我的构思是展开有关唐代公主的系统全面研究,于是我布局出从其册封、封爵与实封制度及相关礼仪与教育,到其衣食住行(包括宅第、山庄、道观与寺庙,宴饮、社交与娱乐活动,饮食、服饰等日常生活及享受的特权等节),再到唐代公主的婚姻(包括驸马的选择标准,唐代公主的婚礼、婚姻生活,唐代驸马迎娶公主的心态分析),唐代公主的形象的大框架,并论述了唐代公主与文学的关系,揭示出隐藏在她们繁华富贵生活表层后的悲剧意蕴,最后列出唐代公主谱表。

毕业后,我自然是以此为核心,继续修改、打磨论文,亦不断搜集并细读资料,之后将其中完善的婚姻部分择出,出版了《唐代公主的婚姻生活》专著,还留有公主册封、教育、衣食住行、娱乐社交、形象等的 10 多万字底稿,并在 2006 年至 2011 年,先后申请到学校的"唐代公主的衣食住行研究""唐代驸马与文学""唐代公主的生活与文学及其产业化研究",教育厅的"唐代公主的生活与文学"等多项课题,又不断细化、打磨已有资料和底稿,在 2014 年 9 月以形成的 20 多万字(加上脚注)的"唐代公主的衣食住行"书稿,申请陕西省哲学社会科学后期资助项目,但未获批。之后继续搜集资料,打磨成稿,于 2019 年获得国家社科基金后期资助项目。接着,就是沉潜下来,不断细读、思考与发现新问题,不断修改、打磨直至定稿的艰难跋涉。

在这里，当然得感谢我的导师，是他引领我迈入研究之门，为我选定这个我乐意于此驻足、不断开拓的研究方向。也自然要感谢那些审阅我的书稿，并提出中肯意见的评审老师，他们不仅让我的心血得到认可与资助，也以敏锐的研究眼光，发现书稿存在的主要问题，为这部论著的不断完善指明方向。

而我的博士导师规定的方向是东西方文化交流领域，在此课题上未曾直接指导，但因为他是文物、考古专家，也倒逼我在全新的领域阅读、思考、探索，以此获得更广阔的研究视野，从而使此前一些让我困惑的问题豁然开朗，大有"踏破铁鞋无觅处，得来全不费工夫""山重水复疑无路，柳暗花明又一村"之感，又深深领悟到那种"众里寻他千百度，蓦然回首，那人却在灯火阑珊处"的研究新境界。

整个著作的创作过程，当然要感谢家有顽皮可爱的小朋友与宽厚温和的爱人，是他们温暖与快乐的爱包围着我，缓解并消释着我因创作而来的诸多艰辛、困顿、沮丧等不良情绪，支撑着我最终坚持并完成这一艰难任务。而我的妹妹、课题参与人渭南师范学院外语系教师李侠，为著作的完成做了大量辅助工作，包括资料的搜集、英文资料的翻译，稿件的反复校对、修改等，让论著能臻于完善，亦让我能安心创作。

最后，我要感谢遇见的诸位良师。2013年我再回母校攻读博士学位，修习了赵小刚、张文利、贾三强、姜彩燕等老师的课程；2015年为了搜集博士论文资料，提升自己，我来到北京师范大学进修，选修了过常宝、李山、康震、马东瑶等老师的课程。老师们博雅开阔、精彩纷呈又充满人文情怀的课程，不仅在方法上给我以启示，亦点亮、开阔了我的思维与视野。也是在这期间，我一边听课，一边在西北大学图书馆、国家图书馆和北京师范大学图书馆搜集资料，亦得以潜心思索，为我的博士论文以及本著作的完成奠定了坚实的基础。而出版社的终校老师和责任编辑晏黎老师亦以严谨细致的专业精神，促成了书稿的尽可能完善。

这部书稿的完成，算是了结了我长达20年的追索之旅，也算是我在这一研究领域的一个深入细化系统的全景深耕之作吧，虽有满心喜悦与自足之乐，甚至有再去尝试拓开未知小说创作领域之念，但亦深知既然选择并已深入其门，这条充满艰难困苦的学术创作之路，才是自己的首要使命与终极宿命了吧，"了了何曾了，了了终不了"，这条路终是要坚定不移走下去。这部著作的完成亦只是我在学术之路上踏出的一个坚实脚印，此后吾辈仍当持续发力，在更广阔的学术天空下，开出更绚烂的花朵。